津市年鉴

（2019）

津市市地方志编纂室　编

方志出版社

图书在版编目(CIP)数据

津市年鉴. 2019 / 津市市地方志编纂室编. — 北京：方志出版社，2019. 12
ISBN 978-7-5144-3924-3

Ⅰ. ①津… Ⅱ. ①津… Ⅲ. ①津市市—2019—年鉴
Ⅳ. ①Z526.44

中国版本图书馆 CIP 数据核字(2019)第 265168 号

津市年鉴(2019)

编　　者:津市市地方志编纂室
责任编辑:罗　滔

出 版 者:方志出版社
地址　北京市朝阳区潘家园东里 9 号(国家方志馆 4 层)
邮编　100021
网址　http://www.fzph.org
发　　行:方志出版社图书经销中心
电话(010)67110500
经　　销:各地新华书店
印　　刷:石门县教育印刷厂

开　　本:889×1194　　1/16
印　　张:22
字　　数:816 千字
版　　次:2019 年 12 月第 1 版　　2019 年 12 月第 1 次印刷
印　　数:0001~1500 册
ISBN　978-7-5144-3924-3　　定价:180.00 元

津市名片：

全国卫生城市
全国平安建设先进县市区
全国平安畅通县市
全国道路交通管理优秀城市
全国科技进步先进县市
全国法制宣传教育先进县市
湖南省文明城市
湖南省园林城市
国家新型城镇化综合试点县市
全国中小城市综合改革试点城市
全国农村生活垃圾分类和资源化利用示范县市
全国养老服务社会化示范县市
全国智慧城市建设试点县市
全省美丽乡村整域推进示范县市
全省海绵城市建设试点城市

2　0　1　8　,

面积：558平方公里

户籍人口：233414人

建成区面积：17.02平方公里

城市化率：65.8%

地区生产总值：158.2亿元

规模以上工业总产值：272亿元

全社会固定资产投资：137.5亿元

社会消费品零售总额：73.7亿元

财政总收入：7.86亿元

数　字　津　市

规模以上工业企业：119家

高新技术企业：18家

省级工程技术研究中心：6个

院士工作站：1个

金融机构年末存款余额：150.7亿元

城镇登记失业率：3.14%

森林覆盖率：19.7%

空气质量优：73天

空气质量良：246天

城镇居民人均可支配收入：33055元

农村居民人均可支配收入：15471元

津市澧水二桥

津市澧水二桥工程位于澧水大桥下游约 1.7 公里，是跨越澧水的一座特大型桥梁。该项目北起洞庭大道跨澧水，经阳由垸，接清远路上S205。工程全长6129米，其中主桥全长1903延米，连接线长4226米。采用公路Ⅰ级标准设计施工，主桥桥宽 21.5 米，连接线路基宽 21.5 米，工程总投资约 3.7 亿元。津市澧水二桥已作为省道公路桥梁列入省“十三五”干线公路建设规划，同时，该桥梁也是湖南省洞庭湖生态经济区规划中西洞庭湖环湖公路过澧水的特大型桥梁。

该项目实施后，将加速津市城区建设，缓解澧水大桥的交通压力，拉动我市东区城乡结合部及城南阳由大垸的综合开发，推动城乡统筹进程，增强防汛抢险疏导能力，促进澧水两岸物流运输。2018 年底完成桥梁主体工程。

津市澧水河上又一道彩虹即将精彩亮相！

津市澧水二桥效果图

津市窑坡千吨级码头

窑坡渡千吨级码头建设项目位于津市高新区附近澧水河段西岸，是湖南省水路交通“十二五”重点建设项目之一。码头陆域纵深 185 米，占用岸线长 200 米，总占地约 83 亩。建设规模预测货物吞吐量 56 万吨，其中集装箱 1 万 TEU（标准箱），拟建 1000 吨级通用泊位 2 个，主要为津市高新区及周边部分区县物资运输服务，工程总投资约 1.3 亿元。

该项目于 2016 年 10 月正式动工建设，2018 年 10 月建成。

选址

勘察

试桩

施工

津市澧水风光带

津市澧水风光带

一个湿地就是一个
缓冲器
一个湿地就是一个
生态园
湖南毛里湖国家湿地公园
HUNAN MAOLI LAKE NATIONAL WETLAND PARK
清清毛里湖 悠悠养心洲
物资库
空调器
净化器

毛里湖国家湿地公园

毛里湖国家湿地公园

纪念津市建市70周年书画作品展

书法　王超尘

书法　王超尘

书法　向满华

无言之美

金石永寿

篆刻　潘桂生

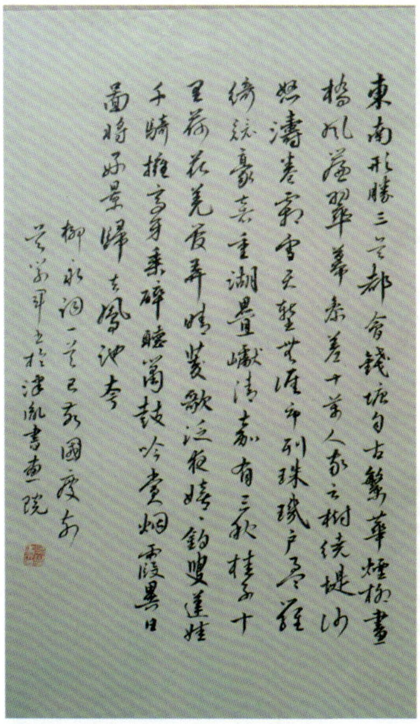

书法　吴学军

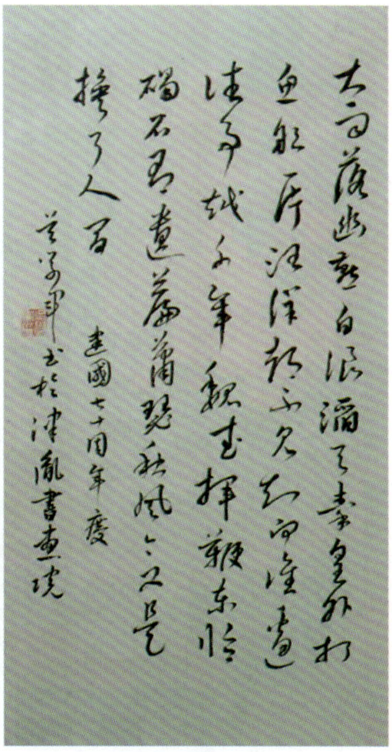

书法　吴学军

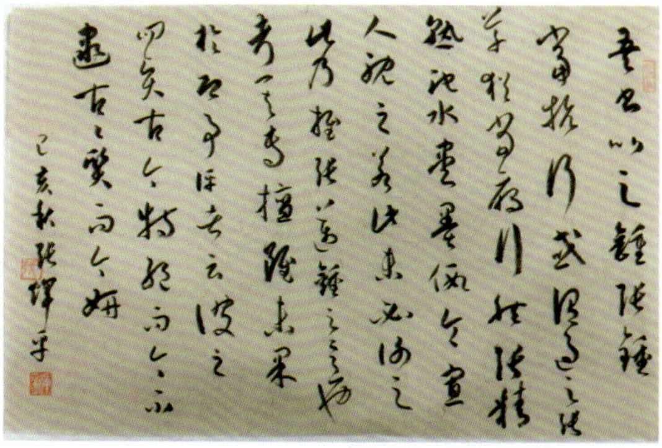

书法　张辉平

刘泽荣书法篆刻作品

刘泽荣，别署江南一痕。1954 年 3 月出生于津市，曾任津市市文联主席。2004 年在长沙创建中国印艺术馆。曾荣获“德艺双馨全国十杰篆刻家”等称号。现为中国书协会员，洞庭印社创社人。有《刘泽荣篆刻选》《中国篆刻百家 · 刘泽荣卷》等著作出版。

笃行

不以物喜

惟楚有材

和光同尘

能除一切苦

烟雨洪江

刘泽荣书法篆刻作品

一以贯之

悟道

洗心

平安是福

仁者寿

纪念津市建市70周年书画作品展

三湖公园 吴学强

荷塘清趣 吴学强

油画 傅宇华

油画 傅宇华

荷香十里 余旭辉

油画 张业堂

油画 张业堂

《津市年鉴(2019)》编纂委员会

名誉主任： 傅　勇

主　　任： 黄旭峰

副 主 任： 熊　斌

杜登全

易　榕(女)

委　　员： 韩宝诚　　彭进华

齐绍进　　皮怀忠

李子牙　　罗　斌

蒋勇林　　郭久平

颜　述　　黄毅明

曾海涛　　雷忠武

《津市年鉴》编辑部

总　　编： 熊　斌

主　　编： 雷忠武　　向满华（执笔）

编　　辑： 谈凤翔

津市市地方志编纂室

主　　任： 雷忠武

副 主 任： 雷　虹　　吴　琛

工作人员： 向满华　　谈凤翔

编辑说明

一、《津市年鉴》是由中共津市市委、津市市人民政府主办，津市市人民政府地方志办公室编纂、出版的综合性地方年鉴。《津市年鉴(2019)》收载2018年津市市经济和社会发展基本情况和基本资料。

二、《津市年鉴(2019)》以马克思列宁主义、毛泽东思想、邓小平理论、“三个代表”重要思想、科学发展观、习近平新时代中国特色社会主义思想为指导，坚持辩证唯物主义和历史唯物主义的立场、观点和方法。全面、系统、真实地记载了2018年津市市自然、经济、政治、文化和社会发展的历史进程，为各级党政领导科学决策提供可靠依据和最新信息，为国内外广大读者了解津市、研究津市提供基本资料；为编纂《津市市志》积累保存史料。

三、本年鉴采用分类编辑法，以“部类”为单元，“部类”由“分目”和“条目”组成，“条目”为收录资料信息的基本单元。本年鉴所有资料，均由市直各部门、各乡镇街道及驻津各单位负责撰写，并经撰稿单位领导审核，资料具有权威性。

四、本年鉴凡涉及津市市国民经济发展的全面性数据概以津市市统计局提供的数据为准。因统计口径等原因，有关部门所用的个别数据可能与“统计资料”中的数据不尽一致，采用时请酌选。市级领导名录、市直单位及乡镇街道领导名录由中共津市市委组织部提供，各驻津单位领导名录由相关单位提供，任职时间截止于2018年12月31日。

市委市政府中心工作

特　　载

大　事　记

综　　述

中共津市市委员会

津市市人民代表大会

津市市人民政府

中国人民政治协商会议津市市委员会

民主党派　社会团体

军　事

检察　法院

公安　司法

交通　邮政　通信

城市建设与管理

工业　科技　电力

农业　水利

商　贸

金　融

财政　税务

经济执法与监督

教　育

卫生　计生　医疗

文化　新闻　体育

镇　街道　开发区

地 方 文 献

市委市政府中心工作

津港新城建设

【概况】2018年,津港新城建设指挥部办公室建立健全工作机制;完成津港新城建设工作计划汇编,全面启动建设工作;立足实际,建言献策,优化津港新城和津市港的规划与设计;编制津港新城招商投资指南与手册,确定合作对象,于12月21日签订津市港战略合作框架协议。

2018年4月,经市委、市政府决定成立津港新城建设指挥部,指挥部下设办公室。津港新城建设指挥部办公室围绕津港新城建设工作,启动基础设施建设、港口招商合作工作。

指挥部办公室组建后一个月之内,完成办公室的选址、办公用房的整修和办公设施的添置,设立"津港新城规划与设计"的大型宣传橱窗,建立相关工作制度,明确工作人员的岗位职责,调动和发挥全员工作的积极性和创造性。

指挥部办公室组建伊始,快速完成津港新城建设(一期)工作计划的归集汇编工作,筹备召开"津港新城建设工作任务交办会",将年度工作任务分解下达到各有关职能部门和单位,建立工作调度专门台账,对各部门和单位的工作进展情况进行日跟踪与周调度。4月以后,指挥部办公室先后组织召开津港新城建设8次工作调度会及协调工作会议。津市港整体规划设计工作进度协调会、津港新城建设征地拆迁工作调度会、津港大道施工设计管线单位工作协调会以及重点工程项目进度督办和港口招商工作谋划磋商会等。对工作中存在的困难和问题作出快速反应,有针对性地进行果断处理,确保各项工作按时间节点稳步推进。

对综合性较强、问题比较集中和突出的工作,加强部门协调,先后化解处理30余项工作中的矛盾和问题。全市砂石码头关停及规范工作中的问题,千吨级码头堆场和津港大道的衔接问题,新洲砂石码头的建设及经营模式问题等。对征收工作主动介入,及时掌握工作动态,先后10多次协调处理津港大道和新洲砂石码头通道建设征地拆迁中的相关疑难问题,做到不推诿不回避。

在津港新城和津市港的规划与设计过程中,先后多次给市委、市政府提出建议,对津港新城概念规划及津市港总体规划进行多方面的修改。指挥部办公室在考察黄石新港和岳阳城陵矶港之后,向市委、市政府递交考察报告,阐述津市港的建设和经营理念,探索港口招商运营合作模式。在津市港的招商活动中,针对招商工作中出现的一些疑难问题、底线问题和涉规涉法问题等,在广泛调查、咨询和研究之后,适时向市委、市政府领导提出意见和建议40余条。

津港新城主要工程建设项目有千吨级码头、新洲砂石码头、津港大道、沿江路、公用锚地及锚地服务区以及松虎航道疏浚、孟家洲吹填等。其中,千吨级码头建设总投资为1.3亿元,项目主体完工,正在进行附属设施建设;新洲砂石码头完成项目设计,该项目工程预算总投资为0.6亿元;津港大道建设总投资为1.7亿元,完成拆迁107户,完成招

9月18日,市委书记傅勇调度津港新城建设工作

2018 年 12 月 21 日，津市市人民政府与深圳市盐田港股份有限公司签订津市港战略合作框架协议并合影留念

标前期工作；沿江路建设总投资估算为0.4 亿元，完成项目设计；公用锚地建设交工验收；松虎航道疏浚、孟家洲吹填等工程项目，正在积极对接，争取立项。

指挥部办公室编制《津港新城招商投资指南》、《津市港招商合作投资指南》和《津市港招商手册》，接待 20 余家 40 余批次前来津市进行考察和咨询的外地客商，组织实地考察学习和咨询，通过对接与了解，确定盐田港集团为合作对象。自 6 月开始，和盐田港集团对接、磋商、洽谈，经过半年的不懈努力，于 2018 年 12 月 21 日，市政府与盐田港集团在深圳市签订津市港战略合作框架协议。 （杨星宇）

脱贫攻坚

【概况】津市市是全省 59 个非贫困

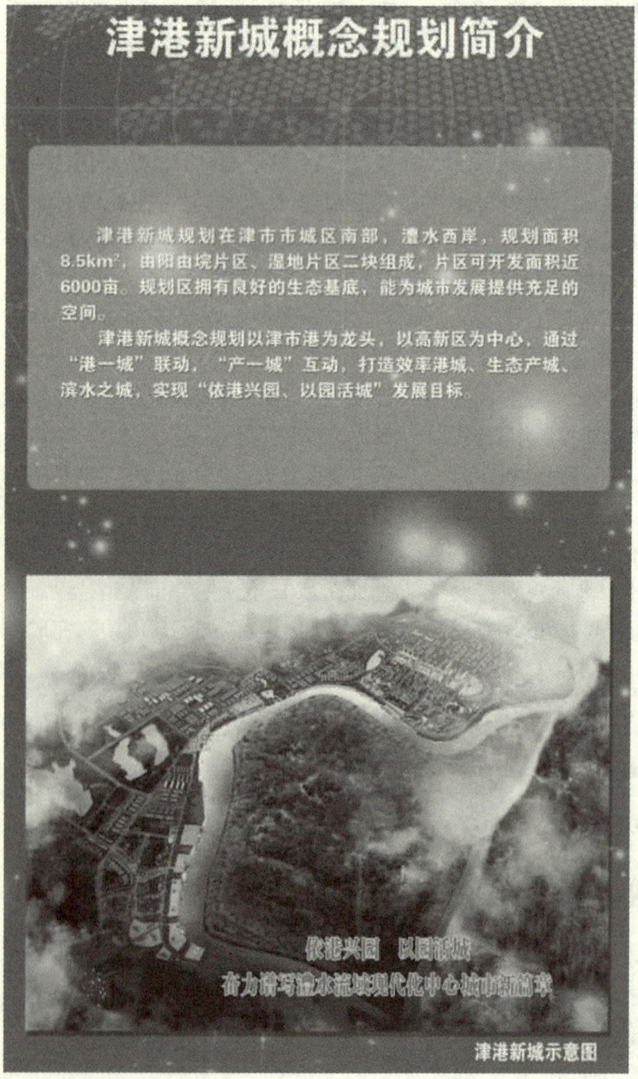

津港新城概念规划简介

津市港交通区位及经济腹地简介

县之一，2016—2018 年连续 3 年被评为全省脱贫攻坚工作先进县市。全市有建档立卡贫困村 11 个，2017 年出列 7 个，2018 年出列 4 个；2018 年 12 月动态管理完成后，系统内有建档立卡贫困人口 1814 户 5558 人，其中 2014—2017 年脱贫 940 户 3128 人，2018 年脱贫 414 户 1240 人，还有未脱贫和返贫人口 460 户 1190 人，全市贫困发生率降至 0.84%。（马珊珊）

【驻村帮扶】按照上级全面实施“两个全覆盖”的要求，津市对于 11 个贫困村，每个村由 1 名以上市级领导联点、1 支市委派驻的工作队驻村、9~12 家单位后盾帮扶，每个贫困户由 1 名后盾单位干部结对帮扶，实现驻村帮扶全覆盖。对贫困人口在 100 人以上的非贫困村，分别由 1 名副处级以上市级领导联点、1 家单位联系，并由该单位派出协调组长、工作队长和队员驻村，同时，对该村的所有建档立卡贫困户，由该联系单位组织干部进行全覆盖结对帮扶。2018 年，全市 115 家后盾单位及各镇、村 1188 名干部结对帮扶 1811 户建档立卡贫困户，实现结对帮扶全覆盖。（马珊珊）

【金融扶贫】2018 年，津市市扶贫小额信贷累计发放贷款 476 笔 2166 万元。通过与农商行合作，累计发放金融扶贫小额贷款 371 笔 1641 万元；通过与邮政银行合作，累计发放 105 笔 525 万元。（马珊珊）

【健康扶贫】全市健康扶贫“一站式”结算系统运行良好，“三提高、两补贴、一减免、一兜底”优惠政策全面落实；至 2018 年 10 月，全市先诊疗后付费一站式系统共结算 1173 人，医疗总费用 1188.17 万元，医保总报销 1078.86 万元，其中，基本医保报销 848.84 万元，大病报销 35.7 万元，扶贫特惠保报销 11.2 万元（特惠保报销 29 万元，其中一站式结算 11.2 万元），医疗救助 159 万元，医院减免 2.1 万元，政府兜底 22 万元。（马珊珊）

【危房改造】2018 年，按照“两不愁三保障”标准，全市共完成贫困户危房改造 152 户，由财政直接打卡发放补贴 338.4 万元。（马珊珊）

【教育扶贫】2018 年全面落实各阶段贫困学生的教育资助，春季资助建档立卡幼儿 135 人 6.75 万元，义务教育阶段学生 521 人 27.5625 万元，免除高中生学杂费 16.04 万元、教辅资料和科教书费 4.14 万元，中职就读的 54 人全部按最高档落实助学金。全市贫困户中的高中生、职校生、义务教育阶段学生以及学前教育学生，教育资助实现应补尽补。至 11 月，秋季资助建档立卡补助资金全部发放到位。2018 年雨露计划春季学员申报 97 人，发放资金 14.55 万元。（马珊珊）

【产业扶贫】2018 年，津市市安排产业扶贫项目资金 581 万元，发展陈皮基地 69 亩；茶叶种植 58 亩；果蔬种植 4485 亩；油茶种植 103 亩；药材种 100 亩；油牡丹种植 190 亩稻虾养殖 1200 亩；稻蛙养殖 130 亩；青蛙养殖 110 亩。重点产业发展项目为杨坝垱村有机高钙菜种植项目。围绕优质稻、油菜、香菇、优质水果等栽培技术，以及相关法律法规、农业政策解读等内容，开展现场指导 21 场次，举办培训班 26 期，培训贫困户 1100 多人，发放技术资料 3000 多份。（马珊珊）

【就业扶贫】2018 年，出台《津市市就业扶贫工作措施十条》等就业扶贫政策，完成全市所有法定有劳动能力贫困人口数据信息维护 2626 人，稳定就业 1417 人，其中新增农村贫困劳动力转移就业 200 人。开展 B2 驾驶员培训 7 人，职业中专在校生创业培训 18 人，开展建档立卡人口育婴员培训 60 人，农村特色种植加工技术培训 100 人。举办“春风行动”就业脱贫现场招聘会、就业扶贫系列招聘活动共 17 场，135 个贫困人口达成就业意向。落实 2017 年贫困人口交通补贴 1.9 万元。2018 年贫困人口交通补贴 14.5 万元，劳务经纪人就业创业服务补贴 0.96 万元。（马珊珊）

【社会保障兜底脱贫】2018 年，对照“五条标准”“八个步骤”对社会保障兜底脱贫对象进行精准识别，全市社会保障兜底对象由清理整顿前的 124 户 321 人减少到 107 户 280 人；保障标准由 320 元 / 月提高到 330 元 / 月，年救助标准达到 3960 元。全年对建档立卡贫困人口实施临时救助 174 人 19.24 万元。（马珊珊）

【“六件实事”建设】2018 年，7.6 公里农村公路安防工程、20.4 公里农村公路窄路加宽工程以及 60.3 公里自然村通水泥路工程已全部完成；全市安全饮水已全覆盖，贫困户均实现饮水安全；完成沟渠疏浚 17 公里，改造机埠 19 处，整修堰塘 23 口；信息网络已实现全市无缝隙覆盖，农村移动端信号和接通互联网情况达到 100%，光纤通达 100%，电视网络整体覆盖率达到 100%；贫困村电网升级改造工程全面完成；村部平台建设均已达标，各贫困村集体经济均有较好发展。（马珊珊）

【电商扶贫】2018 年，指导常德绿岛蓝湾生态农业发展有限公司、津市市萌小虎贸易有限公司、津市市康舜天食品有限公司、津市湘村电子商务公司等本地电商企业主动对接贫困村、贫困户开展产业扶贫工作，直接帮扶贫困人员 120 人，解决 26 名贫困户脱贫问题；联合人民银行、邮政等部门，多次下村实地选址，投入资金 7.5 万元，在津市市 11 个贫困村中，建设 5 个贫困村电商服务站点，并于 2018 年 7 月完成建设。通过电商站点的湘村购平台，因地制宜解决农产品上行问题，方便乡村居民就近消费，代卖本村农特产品、并提供代缴话费、电费、代订机票和车票等配套服务，并帮助村民发布农特产品供应信息促进销售。津市市在 22 个行政村中开设销售当地贫困对象生产的农特产品的网点，主要销售的农产品有有机高钙菜、土鸡、湘莲、虫草参、土鸡蛋、桃子、茶油、食用菌、大米、葛果、蜜柚、老姜糖、乌梅、腐乳、鱼制品、蘑菇、柑橘、莲蓬等，通过湘村购物流网络，农村网点累计销售贫困村农产品达 700 多万元。（马珊珊）

【社会扶贫】2018 年 10 月 17 日，由行业扶贫各成员单位组成的爱心帮扶小组，在市区法治广场集中开展“10·17”扶贫日宣传系列活动,市委书记、市长到场指导。通过设立行业扶贫政策宣传展牌和咨询台进行现场答疑，累计发放宣传彩页10000余份。市劳动就业处组织18家企业进行专场招聘，现场求职人数达826余人,其中精准扶贫对象218人；市卫计系统医务人员在场内开展扶贫日健康义诊活动,免费发放计生药具;人民医院自发开展“捐出一天生活费”支助贫困户教育、医疗行动,全院539人参与,募集资金16150元;扶贫部门开设2台宣传车,在全市各镇流动宣传各项扶贫政策。除市区外,各镇和后盾单位也开展内容丰富、形式多样的扶贫宣传活动;11月14日,津市市“我想有个家”公益募捐活动温情开启,10余家爱心企业现场募捐资金4.8万元,募捐所得款项全部用于缓解部分贫困家庭危房改造资金不足的问题；当前,中国社会扶贫网已经成为“互联网+”社会扶贫的有效手段,是有效可信的信息化平台。2017年10月底,津市市正式启动中国社会扶贫网上线工作。截至年底，共注册贫困户2798户，爱心人士2555人,村级管理员71人;贫困户共发布需求2471件。其中，发布物资需求2395件,成功对接2032件,发布资金需求76件，成功对接36件，累计成功对接率83.7%。（马珊珊）

项目建设

【概况】2018年,全市共有重点建设项目57个,投资总额53.2亿元,各个项目顺利推进，超额完成年度投资任务。其中溢多利生物医药产业扩建和甾体药物中间体及药物制剂项目2个项目成功入选省“5个100”项目和省重点项目,溢多利被评为“2018年实体经济振兴项目”,获得200万元专项资金。

高标准定位,全力以赴谋项目。为切实推进津市经济高质量发展,在确定2018年全市重点建设项目时,从项目投资结构、项目类别等多方面进行筛选，57个重点项目中产业项目占年度投资比例较上年增长36个百分点，民间投资占年度总投资比重较上年增长33个百分点。同时,紧扣开放强市产业立市战略部署,储备谋划一批大项目、好项目。围绕上级政策谋划。围绕城市水质提升、国控断面污染防治、乡村振兴及绿色城镇、旧城改造、洞庭湖生态经济圈等政策策划一批项目,提前为“十四五”项目谋划做准备。结合津市实际谋划。依托我市生物医药、装备制造、健康食品主导产业及其他优势产业,着眼产业做大做强,围绕服务配套、完善产业链策划一批项目。围绕高质量发展谋划。围绕产业转型升级、战略性新兴产业等方面策划一批带动性强、科技含量高的产业项目;围绕京津冀、珠三角、长三角产业转移,结合中西部承接东部沿海地区产业转移政策，在加工制造业、资源型加工业方面策划一批项目。

高规格推进,凝心聚力抓项目。强化调度,建立书记、市长季调度,分管市领导月调度,责任单位周调度的项目建设“三级调度”机制,及时协调解决项目推进中存在的问题，通过健全机制、明确责任,全市上下形成“心往一处想,劲往一处使”的强大合力。优化服务,联合相关职能部门将涉及项目前期的39项行政审批事项的“2号公章”直接盖到园区,盖出从建厂到投产不足100天的津市嘉一公司蔬菜食品精深加工生产线建设项目。坚持简单问题快速解决、突出问题精准解决、共性问题跟踪解决，对于推进较慢的项目，建立问题档案，对责任单位下发交办函，实行销号管理。全市共下发问题交办函9份,其中基础设施项目下发3份。严格考核,坚持季度通报、考核评价等工作机制。建立领导干部参与项目建设履职档案,将干部参与项目建设情况与奖惩兑现和干部使用挂钩,激发干部参与项目建设的活力。

高效率落实,突出重点建项目。建成一批产业项目。津市干湿米粉及桶瓶装水生产线建设工程、津市力鼎公司年产300万双鞋底生产线建设工程等一批产业项目建成投产。特别是省、常德市重点建设项目溢多利生物医药扩建项目进展迅速,作为常德产业项目建设流动现场会重点视察项目之一的康捷生物已建成投产。推进一批城建项目。围绕推进产业发展，城市功能完善,拉通城市“天网”、路网,拓展城市发展空间,2018年全市共实施城建项目7个,涵盖道路、管网、风光带、津港新城等多个方面。引进一批重点项目。2018年,全市共引进新项目30个，协议总投资额达63.2亿元,其中过亿元项目20个,投资5.4亿元的广域化学项目提前动工建设。还与北京、湖南、山东医药行业协会等一批战略合作者签订合作协议,一批重点项目跟踪在谈。（陈奕）

不忘初心　牢记使命
奋力开创澧水流域现代化中心城市新局面

——在2018年市委经济工作会议上的讲话

（2018年1月8日）

市委书记　傅　勇

一、盘点成绩，坚定发展信心

刚刚过去的2017年，是党的十九大胜利召开之年。在省委、常德市委的坚强领导下，市委、市政府团结带领全市人民，全面贯彻市第十二次党代会精神，大力实施“工业立市、产业兴城”战略，全力开展园区攻坚、城镇带动、交通跨越、脱贫攻坚“四大会战”，奠定了澧水流域现代化中心城市的坚实基础。

一年来，我们聚力产业发展，加速城市建设，实施重大项目，综合实力不断提升，县域经济基本竞争力进入全省前十强；我们大力推进工业产业集聚，生物医药、装备制造、健康食品三大主导产业初步形成；我们全力推进基础设施建设，澧水二桥、窑坡渡千吨级码头等一批重大项目进展迅速；我们扎实推进海绵城市建设，三湖公园提质改造全面完成，“城市客厅”焕然一新；我们不断擦亮城市名片，成功创建“国家卫生城市”，蝉联“省级文明城市”；我们大力推进改革创新，津澧融城“十件实事”务实推进，国家新型城镇化综合改革试点工作在中部地区交流会上作典型发言；我们深入推进农村环境整治，成功纳入全国首批农村生活垃圾分类和资源化利用示范县市，农村垃圾分类处理“绿色存折”制度获全省管理创新奖第一名；我们成功应对“6·23”局地暴雨袭击，确保了群众生命财产安全。可以说，这一年是全市经济发展明显提速、各项工作卓有成效的一年。

市委书记傅勇作报告

主要体现在以下几个方面：

经济运行稳中有进。主要经济指标实现稳步增长。预计完成地区生产总值142.8亿元，增长8.1%；实现规模工业增加值50亿元，增长9.5%；完成社会固定资产投资136.6亿元，增长15%；完成财政总收入7.08亿元，增长10%；完成社会消费品零售总额67.8亿元，增长11.2%；城乡居民人均可支配收入分别达到30805元、14285元，全面小康有望提前达标。

产业实力持续增强。工业经济乘势而上。生物医药、新材料等新兴产业发展势头强劲，盐化工、纺织等传统产业转型升级加快，溢多利集团、省粮食集团等一批战略投资者成功落户，恒博尔热风机、菲托葳生物等一批项目建成投产，溢多利系列项目、引航生物等一批项目强力推进，新合新生物、新中意食品等8家企业申报为高新技术企业。大力开展企业结对帮扶，鑫洲汽配、华弘科技、乔锐纺织等一批闲置低效企业成功盘活。现代农业发展加快。生猪、食用菌等特色产业蓬勃发展，"灵犀"山茶油荣获国际粮油展示会金奖。服务业稳步提升。电商产业园初具规模，三湘和达荣获国家AAAA级仓储物流企业。长沙银行、湘淮村镇银行相继开业。博联家居建材城、九码头商业美食街完成建设。"津市牛肉米粉"享誉湖南，走向全国。

城乡面貌显著改善。持续开展城市创建、棚改攻坚和农村环境整治，智慧城市建设稳步推进，城乡人居环境显著改善，城市管理明显提质。孟姜女大道、津澧大道、城镇供水管网等一批基础设施完成提质改造，西河街、生产街、东城区开发有序推进。美丽乡村建设整市推进，集镇建设全面提质，村镇面貌焕然一新，新洲镇被评为湖南省历史文化名镇。药山、毛里湖旅游景区建设快速推进，94公里绿色走廊全线贯通，毛里湖国家湿地公园获批全国森林康养基地试点。S238棠华—药山段启动建设，城乡公路畅通条件全面提升。大力开展移风易俗，常德市移风易俗流动现场会在我市成功召开。

民生保障越来越实。举全市之力推进脱贫攻坚，严格落实脱贫攻坚突出问题集中整改要求，认真开展精准识别、精准帮扶，全面完成年度减贫任务。教育卫生事业稳步发展，教育布局优化调整，一中美丽校园建设完成，二小、三小、双济学校实现一体化办学，职教集团南北校区完成合并，中考成绩挤入常德市第一方阵，获评全省义务教育先进县(市、区)。人民医院改扩建和中医院整体搬迁项目启动，与常德市第一人民医院实现深度战略合作。文体事业持续繁荣，五环时代全民健身中心开工建设，虎爪山遗址保护工程启动，省级文学创作示范基地在毛里湖国家湿地公园挂牌，圆满承办"健康湖南·动起来"津市首发站赛事。城乡低保持续提标，城镇就业保障有力，住房保障更加全面，养老服务更加完善。生态环保力度空前，中央环保督察问题全面整改，毛里湖"两拆两退"综合治理扎实开展。社会大局和谐稳定，平安津市、法治津市建设深入推进，无上访村(社区)创建扎实开展，一批信访突出问题得到有效化解，全省社会治安综合治理民意调查测评继续保持全省前列、常德第一，连续14年保持全省平安县市称号。

党的建设全面加强。强化政治建设，牢固树立"四个意识"，认真落实常德市委全面从严治党"18条"要求，推进全面从严治党向纵深发展。强化思想建设，坚持以习近平新时代中国特色社会主义思想武装头脑，推进"两学一做"学习教育常态化制度化。树立正确选人用人导向，不断优化干部队伍结构，突破身份竞争性选拔了一批实绩突出的干部。强化组织建设，推进农村综合服务平台建设和"智慧党建"，基本实现"三务合一"；圆满完成村(居)"两委"换届选举，选优配强了基层干部队伍；构建大统战工作格局，爱国统一战线得到巩固、发展和壮大；党对人大、政协工作的领导全面加强；党管武装工作取得新的成绩。有序推进纪检监察体制改革，充分发挥审计监督作用，持之以恒纠"四风"、治陋习，深入开展"雁过拔毛"式腐败等专项整治，干部作风持续好转。

事非经过不知难。经过这一年的艰苦努力，我们办成了不少大事，取得了来之不易的成绩。这些成绩的取得，离不开全市广大干部群众的辛勤汗水和奋力拼搏，离不开各位企业家的负重奋进和突出贡献，也离不开社会各界人士的长期关心和大力支持。在此，我代表市委，对大家表示衷心的感谢和崇高的敬意！

在肯定成绩的同时，也要清醒地看到，我市当前发展中还存在的矛盾和问题。一是经济总量不大。经济增长速度不快，产业集聚度不高，带动能力强的战略项目还不多。二是产业转型升级不快。传统产业底子薄、转型能力弱，企业自主创新热情不高，科技孵化平台少，创新型人才匮乏。三是城市吸附力不强。城市业态布局还不完善，缺乏高品质服务项目，城市活力不足。四是干部推动发展的能力不足。部分干部思想不够解放，推动发展的能力有所欠缺，特别是在招商引资、项目建设、改革创新等方面的办法不多。这些问题，我们必须认真对待、全力改进。

二、明晰思路，实现重点突破

2018年，是深入贯彻落实党的十九大精神的开局之年，是决胜全面建成小康社会、实施"十三五"规划承上启下的关键一年，更是全面推进澧水流域现代化中心城市建设的攻坚之年。做好今年工作，我们一定要把握发展大势，认清阶段性特征，加快谋求新发展。从宏观政策机遇来看。党的十九大胜利召开，为新一轮县域经济崛起在理念、战略、预期上注入了强大动能。省委"创新引领、开放崛起"、常德市委"开放强市、产业立市"战略的深入实施，必将出台一系列推动高质量发展的政策措施，为我市推进"工业立市、产业兴城"战略，争取项目投资、加快产业发展带来了新的机遇。从自身基础条件来看。通过历届市委、市政府及全市上下的共同努力，我市经济发展稳的基础在巩固，进的动能在增强。产业方面，工业主导产业来势喜人，现代服务业加快成长，金融、物流、旅游、养老等新的经济增长点正在形成。区位方面，随着"二广"高速通车，"安慈"高速启动建设，高铁、城际铁路规划向津市汇聚，航道疏浚、千吨级码头等水运工程加快实施，津市将以更加开放的姿态融入区域发展。平台方面，高新区设施和功能不断完善，正向国家级园区发起冲刺；城市配套服务更加优化，产业吸纳和承载能力进一步增强。从干事创业氛围来看。市第十二次党代会以来，全市上下一心、实干担当，汇聚成了强大的发展合力，营造了良好的发展氛围。今天的津市，发展理念更加开放，发展思路更加清晰，全市上下推进"工业立市、产业兴城"的决心空前，力度空前。综合研判宏观发展形势和我市发展基础，新的一年，我们必将能够开创澧水流域现代化中心城市新局面。

2018年，全市经济工作的指导思想是：坚持以习近平新时代中国特色社会主义思想为指导，全面贯彻党的十九大和中央、省委、常德市委经济工作会议精神，紧跟省委“创新引领、开放崛起”和常德市委“开放强市、产业立市”战略部署，紧盯“工业立市、产业兴城”目标定位不动摇，坚持稳中求进工作总基调，加快开放创新、加速产业集聚、加强城乡统筹，奋力开创澧水流域现代化中心城市新局面。主要预期目标是：地区生产总值增长8.5%以上，规模工业增加值增长10%以上，固定资产投资增长12%以上，财政总收入增长10%以上，社会消费品零售总额增长11%以上，城乡居民人均可支配收入增长8.5%以上；完成上级下达的节能减排目标任务。

按照上述总体要求，完成发展预期目标，必须重点抓好以下五个方面的工作。

1.坚持工业立市，做大做强实体经济。大力实施产业立市三年行动计划和“1115”工程，大力开展“产业项目建设年”活动，在工业经济中心建设上取得重大突破。力争新引进工业项目20个以上，其中亿元以上项目10个以上，规模工业总产值达到275亿元。

突出产业培育。以战略思维、世界眼光，谋划产业发展定位，增强核心竞争力。聘请第三方高端机构，立足产业实际，深度研究，制定产业发展专项规划，加快建设现代专业园区。着力打造生物医药产业园。以溢多利四大基地系列项目为依托，加快康捷生物、格瑞生物、科益新生物等项目建设，争取年内建成投产，达成规模效应。大力引进生物酶制剂、医药中间体、生物制药及医疗器械生产等关联企业，将“两湖”生物医药园打造成世界一流、国内领先的生物医药专业园区。着力打造装备制造产业园。以中联车桥为龙头，加强与中联集团对接合作，积极谋划冷链商用车项目，大力整合装备制造关联企业，努力打造湖南地区重要的汽车零部件及商用车生产基地。着力打造健康食品产业园。紧盯省粮食集团、盐津铺子等战略投资者，启动含乳甜品、牛肉米粉、熟食、坚果杂粮等食品产业项目建设，加速食品产业整合进程，扶持新中意食品、润农生态茶油成长上市，将津市打造成“湖南健康食品之都”。顺应产业变革趋势，加快发展新能源、新材料等新兴产业，启动欣龙非织造二期、天泰天润二期项目建设，培育工业经济新的增长点。加快改造提升盐化工、纺织等传统产业。

做实园区平台。园区是产业发展的主阵地。围绕创建国家级园区，进一步提升园区形象、服务功能和配套能力。力争规上企业突破100家，实现园区技工贸总收入220亿元，综合税收2.6亿元，争创“全省十大开放特色园区”。强化基础配套。推进调区扩规，进一步完善道路、管网建设，强化园区生产、生活服务业配套，打造生产高效、生活便捷、生态优美的现代化新型园区。做实管理平台。巩固深化园区“一权两制一司”改革，让园区充分享有县级经济社会管理权限。加速嘉山实业等平台公司实体化、市场化、现代化转型步伐。推进园区用人机制改革，打破身份界限，探索高薪引智、高薪引才，合理拉开薪酬差距，激发人才活力。加快创新研发。发挥科技成果转移转化示范县优势，强化企业创新主体作用，加快建设国家级生物医药研发中心、省级装备制造研发中心、省级健康食品研发中心，引导传统企业开展技改创新，在创新研发中心建设上取得新突破。

深化企业帮扶。继续推行“领导联产业、部门服务企业”“企业特派员”制度，“一企一策”帮扶企业发展。建立完善涉企收费公示制度，实行目录清单管理，坚决兑现帮扶企业、降费减负、促进工业园区发展、扶持开放型经济等政策措施，让企业享受到真金白银的支持。深化“四大家牵头包保”，继续开展闲置低效企业盘活工作。大力开展“二次招商”，大胆推动依法破产，处置一批闲置低效企业，盘活一批闲置资产。

2.突出产业兴城，提升区域辐射能力。振兴津市，是津市几代人的梦想。我们要以津澧融城为契机，建设功能完善、产业集聚、协作共赢的现代城市。

提升城市品质。按照“扩容提质、完善功能”的思路，统筹推进“三规合一”，加快城市建设。拉开城市框架。以主城区为中心，做强城北区、阳由片区、园区三大板块，完成澧水二桥建设，拉通澧水二桥—窑坡渡码头津港大道，形成城市循环“大动脉”。加快城市“颜值”和功能提升。以“一街两片”“一水两岸”为抓手，完成澧水沿江风光带建设，加快西河街片区开发，打造一条城市地标性经济带、景观带。完成海绵城市试点建设，将津市打造成一座“会呼吸的城市”。加快车胤文体公园、澹津公园、工人文化宫建设，加快广场、停车场等基础设施配套，加快城中村、老城区棚改步伐，让市民享受更高品质的生活。强化城市管理。巩固国家卫生城市成果，持续开展城市创建，积极申报国家园林城市、国家交通管理模范城市。坚持建管并重，深入推动大城管体制改革，加快智慧城市建设，继续推进“3+N”社区自治模式，实现城市每一个“细胞”管理升级。加大市容市貌、控违拆违、乱搭乱建、渣土扬尘、工程项目等方面管控力度，优化城市生活环境。加强土地执法力度，严肃查处土地违法行为，盘活闲置土地，激活土地市场。

繁荣城市产业。以提升城市人气、搞活城市经营为目标，完善业态布局，提升服务品质。加快发展城市商贸服务业。围绕“东、西入城口”片区开发，重点打造西河街、五星级酒店等城市地标。积极引进战略合作者，推动金融服务、电子商务、餐饮娱乐等产业向专业化转变，扶持已建成的城市综合体、专业市场健康发展。充分挖掘小食品特色，做好品牌推广，做大津市牛肉米粉产业链。引进国内一流开发商，稳步推动楼宇经济发展。加快打造现代物流中心。以三湘和达物流园为主体，引进专业化运营企业，强化物流功能集聚，培育1家国家AAA级综合型物流企业、10家以上电商企业，加快构建区域性现代物流网络和城乡一体化物流综合服务体系。着力推动金融服务中心建设。加快人民银行津市支行发行库扩建项目，积极引进股份制商业银行、村镇银行、保险公司、证券公司等各类金融机构，进一步做大金融体量。完善金融信贷体系，拓展金融业务领域，扩大金融机构辐射效应。做大做强养老产业。探索“医养结合”新模式。加快毛里湖养老产业园开发，抓好高端健康养老社区、普惠居家养老小区建设，让养老产业成为三产服务业新的增长极。

打造津港新区。港口是津市经济发展腾飞的新出路、新引擎。要加强规划设计。立足“长江经济带”“洞庭湖生态经济区”战略布局，大力争取上级海关、商务、交通、水务等部门支持，加强与城陵矶港务集团深度对接合作，以阳由垸为依托，重新整合中心港区、窑坡渡港区、新洲港区，打造6平方公里的津港新区，把津市港建设成连通湘西北、辐射鄂西南的澧水流域中心港。强力升级打造。完成窑坡渡千吨级码头建设，启动锚地服务区、散货码头区、船舶给养区项目建设，规范砂石码头经营。加快澧水航道疏浚工程，争取马颈口至青龙窖段航道整治尽快实施，实现津市水运由“沅澧时代”跨越“洞庭时代”，迈入“长江时代”。发展港口经济。围绕港区产业发展，完善基础设施配套，推进生产性服务等众多业态融合。利用园区的产业集聚和临港优势，推动“园港融合”，形成依港兴园、以园促城的联动发展格局。

推进津澧融城。按照“环洞庭湖、湘鄂边界及澧水流域中心城市、常德市域副中心、产城融合的现代宜居新城”定位，积极推进津澧融城。谋划区域交通。争取荆常高铁纳入上级规划笼子，抓好安慈高速津市段建设。推进试点建设。加快国家新型城镇化综合改革试点建设，确保通过中期评估验收。统筹公共服务。按照“共商共建共享”原则，继续推进“十件实事”，加强津澧两地医疗卫生、养老保障等政策统筹，推动两地信息共享、政策统一、待遇同等。

3.推进乡村振兴，全面建设美丽家园。按照产业兴旺、生态宜居、乡风文明、治理有效、生活富裕的要求，加快推进农业农村现代化。

加快发展现代农业。以农业供给侧结构性改革为主线，加快构建现代农业产业体系、生产体系、经营体系，推动农业经济规模化、产业化发展。推进“三园”建设。发展生态林果、食用菌、有机葛果、生猪养殖等种养产业，建设一批无公害畜禽产品、绿色蔬菜、有机瓜果产业基地，打造农产品加工园。以涔澹农场为载体，积极开发农业旅游、文化、康养等多重功能，打造现代农业示范园。以药山村、青苗村、大关山村为载体，发展特色产业、休闲农业、乡村旅游，推动“三产”融合，积极培育田园综合体。培育名品名牌。鼓励引导企业参加各类品牌评选、农产品展销活动，推广生态茶油、有机葛果等本土知名农产品，擦亮我市农业品牌。进一步抓好“三品一标”认证工作，整合农产品监管检测力量，确保农产品质量安全，让生态农副产品成为津市的一张绿色名片。培优新型主体。按照规模化、专业化、标准化的要求，积极扶持种养大户、专业合作社、家庭农场，培养一批农村经济发展的“领头羊”。规范完善农民合作社运营管理机制，在生产组织、产品营销、股份合作等方面积极探索创新。大力扶持培育龙头，按照扶优扶强原则，扶持壮大农业产业化龙头企业，带动农民增收。推进农村改革。全面完成农村土地确权颁证，引导土地有序流转，发展多种形式适度规模经营。加强基本农田保护，坚守耕地红线。深化供销合作社综合改革，提升涉农综合服务水平。大力发展农村电商，搞活农产品流通。

加快建设特色村镇。整域推进美丽乡村建设，加快城乡融合进程。坚持“一镇一特、一镇一品”，整合产业、文化、旅游功能，加快推进毛里湖康养小镇、药山唐风小镇等特色小镇建设。继续抓好集镇棚改、控违拆违、管线入地和新型农村社区建设。深化农村环境综合整治，建设一批各具特色、尽显其美的美丽乡村。加快推进“四好公路”建设，积极推进“厕所革命”。全面推进移风易俗，培育文明乡风。夯实农田水利基础，加大农村电网改造力度，全面改善农村基础条件。

加快推进全域旅游。按照“全域旅游、城乡一体”的发展思路，加快编制全域旅游发展规划，成立全域旅游发展中心，推进旅游与工业、美丽乡村、文化体育等融合发展。立足津市实际，整合各类旅游资源，重点打造“一街一山一水”核心景区。依托澧水沿江风光带建设，围绕西河街片区，深入挖掘牛肉米粉等特色美食，彰显商旅文化、码头文化底蕴，打造特色饮食文化旅游基地；突出文化养性，充分挖掘药山文化底蕴，加快药山景区设施配套，提升景区接待能力，打造国际知名的文化旅游景区；突出生态养生，依托毛里湖自然生态资源，加快推进毛里湖湿地公园一期能力建设，打造健康养老产业基地。加强旅游品牌形象推广，大力开展旅游节会、赛事活动，提高知名度，打响毛里湖、药山文化旅游品牌。

4.强化招商引资，增强经济发展活力。招商引资是对外开放的重要抓手，是地方经济的重要引擎。我们要以更加开放的思维，更加有力的举措，更加务实的行动，寻求招商引资新突破。

要落实责任抓招商。力争全年引进2000万元以上项目25个，其中亿元以上项目15个、10亿元以上项目1个，协议引资额突破25亿元。要集中招商精力。建立招商引资目标责任制，县处级领导要主动担责、带头招商，高新区90%以上的干部、用90%以上的精力抓招商，市直相关部门、镇(街)主要负责人要拿出主要精力抓招商，群策群力打好招商引资的“组合拳”。要强化招商实效。找准对外招商引资的切入点、突破口，根据产业政策、发展规划和自身发展基础，制定招商手册，提高招商的针对性和实效性。要严格招商督导考核。严把投资强度、建设速度等关口，将督查结果作为年终考核的重要依据。

要创新方法抓招商。坚持招商引资“首位战略”不动摇，主动对接世界500强、中国500强、中国民营500强企业等战略投资者。坚持以商招商。充分发挥企业家的商圈、人脉优势和“现身说法”效应，鼓励本土企业围绕产业链，与大企业、大财团进行战略合作，引导他们发动合作伙伴，来津投资兴业。深入开展“迎老乡、回故乡、建家乡”活动，鼓励在外老乡投资家乡、建设家乡。敢于敲门招商。成立产业招商小组，围绕产业发展，理清招商思路，捕捉招商信息，变坐等上门为主动敲门，交流信息、广交朋友，吸引一批战略投资者来津考察洽谈，力争一批重大产业项目落户。实行驻点招商。瞄准长三角、珠三角、京津冀等重点区域，设立招商联络处，派驻长期招商工作小组，选拔一批懂产业、懂市情、懂业务的干部，开展小分队驻点招商。对于意向性企业，特别是关联度高的工业企业、服务业龙头企业，要紧盯不放，克服万难，确保落地。

要创优环境抓招商。重商亲商，才能安商富商。大力弘扬企业家精神，继续开展"十佳百优"等评选奖励活动，在全社会营造成就企业家、厚待投资者的浓厚氛围。要大胆和企业家交朋友，大胆为企业搞服务，对企业家做到政治上尊重、事业上支持、生活上关心，进一步营造亲清新型政商关系。实行"保姆式"服务，推行全程代办、一站式审批和"最多跑一次"政策，一次性解决涉企审批手续，让企业从投资到投产没有后顾之忧。要营造宽松优惠的金融环境。集中财力办大事，设立生物医药、装备制造、健康食品三支产业发展基金，发挥财政资金杠杆作用，撬动社会资本投资，旗帜鲜明地支持诚信企业融资。同时加快津鑫公司、城投公司等政府平台市场化、实体化运作，引导银行加大对实体经济投入。要营造优质高效的服务环境。严格执行封闭式管理和企业宁静日制度，对强揽工程、强买强卖、乱收乱罚等破坏经济环境的行为，坚决露头就打、一查到底。

5.突出民生改善，提升群众幸福指数。坚持以人民为中心，人民对美好生活的向往，就是我们的奋斗目标。要突出打好"三大攻坚战"，切实保障和改善民生，让人民群众有更多的幸福感、获得感。

打好防范化解重大风险攻坚战。强化问题导向、底线思维，加强对重点行业、重点领域、重点区域的风险防范化解。摸清政府债务特别是隐形债务底数，明确责任，精准发力，严格控制增量、逐步消化存量。健全社会矛盾排查预警、重大决策社会稳定风险评估、矛盾多元化解机制，依法打击金融违法行为，规范融资平台管理和民间融资行为，争创省级金融安全区。禁止领导干部和国家公务人员参与非法入股、地下经营等活动。

打好精准脱贫攻坚战。进一步压实工作责任，落细工作举措，提高群众满意度。坚持"两个帮扶全覆盖""五个精准到户"，注重扶贫同扶志、扶智相结合，鼓励和引导贫困群众自力更生、自强不息。突出产业扶贫。以争取政策、撬动民间资本和农村资源为抓手，积极发展合作经济，带动群众脱贫致富。积极引导村级组织以股份合作、使用权有偿转让、租赁等形式，盘活集体资产，发展集体经济。实施技术培训和劳动力转移就业培训，引导贫困户创业和加入农民合作社，增强自身造血功能。突出能人扶贫。按照"四跟四走"要求，积极搭建平台，鼓励能人大户发挥自身特长，辐射带动贫困人口增收致富。大力推进健康扶贫、教育助学，让贫困户享有精准的医疗教育帮扶，真正把脱贫攻坚工作做到老百姓的心坎上。继续推进农村危房改造，全面解决建档立卡贫困户住房安全问题。

打好污染防治攻坚战。加强生态系统保护。实施生态绿化工程，加快嘉山国家森林公园植被恢复工程和毛里湖植物园建设。加强毛里湖生态环境保护，强力推进"两拆两退"，开展综合整治专项行动；力争涔澹水流域综合治理项目列入国家环保项目计划。深化环境综合治理。持续巩固中央环保督察问题整改成果，严格落实"河长制"，启动实施"湖长制"；抓好工业污水、生活污水、黑臭水体、重要河段治理和城乡饮用水水源地保护。加大土壤污染防治，推动大气污染防控，切实改善区域环境质量。开展环境督察联动执法，严厉打击和曝光一批破坏生态环境的违法行为和案件。推进绿色循环发展。加大项目环评前置审查，坚决抵制高污染、高能耗项目进入园区。大力发展循环农业，减少面源污染，大力倡导低碳出行和绿色生活方式。

全力办好民生实事。优先发展教育事业。稳妥推进农村教育布局调整，优化教育资源分配，加快城东高标准寄宿制幼儿园小学一体化建设，继续实施美丽校园建设和农村薄弱学校提质改造，推进"智慧教育"工程，不断改善办学条件。提升一中办学质量，积极应对新高考。实施"四名工程"，培养高素质高水平教师队伍。加快发展卫生健康事业。推进"健康津市"建设，深化医药卫生体制改革，建立健全医患纠纷调解机制，完善医疗卫生服务体系。加快人民医院改扩建、中医院异地新建项目，做好妇幼保健院异地新建规划，进一步深化与常德市第一人民医院战略合作，全面提升医疗服务水平。加快社区卫生服务中心提质改造，改善群众就医条件。坚持计划生育基本国策，抓好计生惠民政策落实。完善社会保障体系。落实国家社保惠民和优抚安置政策，最大限度挖掘社保扩面潜力，依法保障职工合法权益。规范低保对象认定和发放管理，加强社保基金监管，继续抓好住房保障、医疗保障工作。大力发展文化体育事业。放眼澧水流域，践行文化自信，打捞和梳理本土文化。完成五环全民健身中心项目建设，办好"健康湖南·动起来"全民健身大赛季、欢乐津城等文体活动。实施文艺精品工程，依托省散文创作基地优势和荆河戏等本土文化资源，力求出精品，弘扬主旋律。抓好虎爪山遗址保护工程，积极推进基层文化服务体系建设。全力维护安全稳定。深入推进平安津市建设，扎实开展"八大平安"创建活动，继续保持全国、全省平安建设先进县（市）金字招牌。全面建设"无上访"村（社区），注重源头化解矛盾纠纷。持续抓好社会治安综合治理，积极回应民调关注，重点打击网络诈骗、"两抢一盗"、涉恶、涉毒、涉赌等各类违法犯罪行为。树立安全发展理念，着力加强安全生产隐患排查整治，健全公共安全体系，完善安全生产责任制，坚决遏制重特大安全事故发生。加强食品药品安全监管和地质灾害防治，确保群众生命财产安全。

三、凝心聚力，强化发展保障

新时代开启新征程，新时代呼唤新作为。做好全年经济工作，关键在党，关键在人。要把坚持和加强党的全面领导作为根本原则，把党的领导贯穿经济建设各领域、全过程，为加快建成澧水流域现代化的中心城市提供坚强保障。

1.以十九大精神为指引，广泛凝聚发展共识。开创澧水流域现代化中心城市新局面，需要全市上下进一步解放思想，凝聚发展共识，汇聚磅礴力量。要贯彻新思想。要把学习贯彻党的十九大精神作为当前和今后一个时期的首要政治任务，落实意识形态工作责任制，深入开展“不忘初心、牢记使命”主题教育，引导党员干部牢固树立“四个意识”、坚定“四个自信”、做到“四个服从”。坚决贯彻新发展理念，努力增强驾驭复杂形势、做好群众工作、推动科学发展的本领，切实用党的创新理论武装头脑。要实现新作为。津市的复兴，必须靠津市广大干部群众用自己的双手去实现。过去的津市，在条件差、底子薄的情况下，创造了一个时代的辉煌，关键得益于老一辈带头开拓进取、真抓实干。今天的津市，面临着跨越发展、重塑辉煌的历史机遇，我们要以高度的责任感、使命感，敢于在总量上争一流，在质量上争一流，在速度上争一流，不要因小而不为、因小而不争。特别是在谋划产业发展上，格局要更大一点；在推动项目建设上，速度要更快一点；在招商引资上，盯得要更紧一点。要用一流的理念，干一流的事业，留下一流的业绩。要营造新气象。着力培育社会主义核心价值观，大力提升市民文明素质，深化“书香满津城，学习促发展”创学活动。全市各单位和干部要敢于领先，在招商引资上比贡献，在项目建设上比作为，在事业发展上比能力，在全市上下形成一种比学赶超的新气象。

2.加强队伍建设，激发干事创业活力。宏伟的事业、艰巨的任务，需要一支想干事、敢干事、能干事的人才队伍来支撑。推进党政干部队伍建设。积极组织领导干部、年轻干部到发达地区、知名院校、企业参加培训学习，提高干部抓产业、抓招商、抓服务的能力和水平。推进企业家队伍建设。实施企业家素质提升计划，发挥企业家协会作用，积极支持企业家外出培训、行业考察、联谊交流等活动，提高企业家创新发展、决策管理、资本运作和市场开拓的能力，培育一批视野开阔、管理高效、创新有为的企业家。推进专技人才队伍建设。继续实施“五百英才引进工程”，建立紧缺急需人才需求目录，实行特殊人才特殊待遇，大力引进一批“名师”“名医”“名家”，鼓励企业吸引一批博士、硕士等高学历人才到企业从事科技研发、生产经营。发挥职教实训基地作用，为企业培养一批实用型技能人才。推进基层干部队伍建设。注重在基层一线培养干部、发现干部、使用干部。畅通基层干部上升渠道，通过公务员招考、竞争性选拔等方式，加大优秀基层干部、乡土人才的培养选拔力度，为实绩突出的优秀村（居）干部提供更多上升通道，让扎根基层、心系群众的干部有出路、有劲头。建立容错纠错机制和正向激励机制，旗帜鲜明为敢于担当、踏实做事、不谋私利的干部撑腰鼓劲，鼓励各级干部在各自岗位上勇挑重担、大胆作为。逐年提高干部经济待遇，落实公休假制度，定期组织干部健康体检。

3.突出改进作风，全面提升干部素质。推进和引领津市发展，干部必须思想过硬、能力过硬、作风过硬。要让敢于担当的干部有底气。有多大担当才会尽多大责任，尽多大责任才会有多大成就。要坚决克服“安于现状、小成即满”“多干多错、不干不错”的消极心态，对那些有本事、讲原则、敢担当的干部，各级组织要为他们排除干扰，撑腰鼓劲。要让作风务实的干部有市场。通过树立一批靠前指挥、以上率下的干部典型，重用一批作风务实、业绩突出的干部，全面提高他们的政治地位和经济待遇，让他们有尊严、有地位。要倡导深入学习、认真调研、务实肯干，反对谋事不细、做事不深、韧劲不足，切忌“经验主义”和“教条主义”。要让主动作为的干部有舞台。坚持“以发展论英雄，凭实绩用干部”，健全落实干部能上能下机制。对那些奋发有为、埋头苦干、能力突出的干部要大胆使用。对履职不力、工作平庸、不适宜担任现职的，要畅通“下”的渠道，明确“下”的硬性标准，及时调整，建立“不换状态就换岗位”的机制。

4.坚持正风肃纪，营造良好政治生态。各级党组织要切实扛起管党治党的政治责任，坚持问题导向，聚焦正风肃纪，坚定走好新时代全面从严治党的长征路。全面压实责任。要紧紧抓住全面从严治党这个主责主业，毫不含糊地把主体责任扛在肩上。各级纪检监察机关要认真履行监督责任，切实做到有案必查、有腐必惩，有责必问、问责必严。各级领导干部要严格落实“一岗双责”，扎实开展“两同时”谈话，真正把责任落在平时、落在经常。强化监督执纪。加强和规范党内政治生活，认真贯彻“一准则两条例”，强化党内监督。有序推进监察体制改革，完善纪检派驻改革和巡察工作，运用好监督执纪“四种形态”，发挥好巡察利剑作用和派驻纪检“探头”作用。严厉查处“雁过拔毛”式腐败，深入开展纠“四风”、治陋习等专项整治，以零容忍的态度保持反腐败高压态势，切实推动全面从严治党向纵深发展，让形形色色的腐败行为没有藏身之地。强化制度建设。把制度建设贯穿全面推进党的政治建设、思想建设、组织建设、作风建设、纪律建设全过程，不断把党风廉政建设和反腐败斗争引向深入。建立健全反腐倡廉制度，完善民主决策、干部任用、项目审批等领域监督制度，探索权力监督制约和行为规范办法，不断扎紧防腐治腐制度笼子，从源头解决发生在群众身边的不正之风和腐败问题。

2018 年政府工作报告

——在津市市第十七届人民代表大会第三次会议上

（2018 年 1 月 10 日）

代市长　黄旭峰

2017 年工作回顾

一年来，在市委的正确领导下，在市人大、市政协的监督支持下，我们团结和带领全市人民，砥砺前行，开拓奋进，经济社会稳步发展。实现地区生产总值 142.8 亿元（预计数，下同），增长 8.1%；财政总收入 7.08 亿元，增长 10%；全社会固定资产投资 136.6 亿元，增长 15%；全社会消费品零售总额 67.8 亿元，增长 11.2%；城镇居民人均可支配收入达到 30805 元，增长 9.1%，农民人均可支配收入达到 14285 元，增长 8.7%。回顾一年来的工作，主要是：

突出提质提效兴产业，综合实力不断提升。工业经济升级壮大。完成规模工业总产值 224 亿元，增长 13.8%；规模工业增加值达到 50 亿元，增长 9.5%；新增规模工业企业 15 家。优势产业势头强劲，生物医药产业加速成长，投资 10 亿元的溢多利生物医药产业园四大基地稳步推进。装备制造产业整体回暖，规模企业产值增速在 15%以上。健康食品产业来势较好，与省粮食集团签署合作协议，拟投入 30 亿元，共建健康食品产业园。创新力度加大，新获批高新技术企业 8 家，新合新甾体工程技术中心获批省级企业技术中心，省级生物医药产业专业孵化器投入使用。企业帮扶有力有效。全面落实降费减负政策，设立 1000 万元产业发展基金，组建津鑫投资发展有限公司，有效降低了企业“过桥贷”融资成本。由“四大家牵头包保”，采取破产重组、“二次招商”等措施，有效盘活华弘科技、鑫洲汽配等 7 家闲置低效企业，鑫嘉城、百特机械等 6 家进入破产程序的企业有了意向投资者。现代农业量效齐升。食用菌、藠果、林果、生猪等特色产业稳步发展，稻田综合种养、设施蔬菜种植提质增效。规模企业农产品加工总产值达到 100 亿元，增长 22.8%，新中意和金湘猪鬃成功入选全省小巨人企业，新增“三品一标”认证 8 个，“灵犀”山茶油荣获国际粮油展示会金奖，整合成立了农产品质量检验检测中心。第三产业加速发展。金融服务中心建设稳步推进，长沙银行、湘淮村镇银行正式开业，金融机构各项存款、贷款余额分别达到 120 亿元、44 亿元，较年初分别增长 8.2%、25.1%。“津市牛肉米粉”品牌影响力持续扩大，九码头商业美食街完成建设。电商产业园二期即将投入运营。开放型经济发展提速，A 型保税物流中心、海关监管区域码头申报取得重大进展。旅游业加快发展，毛里湖、药山、古大同森林公园等景区建设提速，以青苗社区、大关山村为代表的乡村旅游持续升温。

代市长黄旭峰作报告

坚持有力有序促项目，发展后劲不断增强。项目建设成效明显。全市 70 个重点项目开工建设 62 个，22 个前期项目均达到目标进度，其中 11 个项目已提前动工，谋划重大项目 89 个。完成 PPP 项目入库 16 个，城乡供水一体化、集镇污水处理等项目落地实施，并同时申报为财政部第四批示范项目。交通攻坚步伐加快，淞澧航道疏浚纳入上级规划，S238 棠华至药山段启动建设，澧水二桥、窑坡渡千吨级码头建设有力推进。招商引资成果丰硕。强化招商力量，创新招商方式，“四大家”主要领导挂帅招商的常态机制基本形成，共引进新项目 34 个，协议投资额达 30.5 亿元，增长 22%，其中过亿元项目 7 个。向上争取资金 23.8 亿元，超额完成任务。园区建设稳步推进。投入建设资金 2.3 亿元，嘉山电排、工业污水处理厂基本建成，实训基地、孵化园综合楼等项目有序推进，承载能力不断提升。新开工产业项目 17 个、投产 13 个，其中 6 个项目实现当年开工、当年投产。园区实现规模工业总产值 188 亿元，增长 18.4%，税收总额首次突破 2 亿元，增长 28%。

围绕精致精美抓建管，人居环境不断改善。城市品质不断提升。实施城镇带动大会战，孟姜女大道（澧水大桥南至清远路）、津澧大道、三湖公园提质改造等重点项目建设完工，智慧城市、海绵城市建设加快推进。扎实抓好棚改攻坚，以“一街两片”为重点，全面完成4544户棚改征收任务，与常德城投公司合作，成立津盛投资开发有限公司，共同运营西河街棚改片区开发项目。城市创建摘得硕果，成功跻身“国家卫生城市”，蝉联“省级文明城市”。津澧融城取得实质性进展，两大国家级试点工作经验得到国家发改委高度肯定，《津澧新城总体规划（2015—2030）》正在按程序报省政府批准，组建津澧投融资平台公司，开通津澧城区公交线路，初步实现两地居民医保无差别化报销，逐步放开高中阶段招生政策。镇村形象不断改善。累计投入资金1.5亿元，以“一带四镇”为引领，大力实施特色打造，集镇面貌焕然一新，新洲镇、药山村分别成功申报全省第五批历史文化名镇、名村。推进美丽乡村建设，各级示范村覆盖率达到75%，被推荐为常德市唯一一个全省美丽乡村整域推进示范县市。率先在新洲、白衣开展移风易俗工作试点，承办了常德市现场会。生态优势持续巩固。全面完成中央环保督察反馈问题整改任务。持续开展大气污染防治，依法取缔燃煤锅炉、黏土砖厂，市区空气质量优良天数较去年提高7%。推进落实“河长制”，依法关闭了沿毛里湖200米范围内的10家藠果加工企业，实施“两拆两退”专项行动，完成养殖场（户）退养352户、网箱退养664口，拆除拦网1.7万米。继续推进“绿色走廊”建设，全程94公里基本贯通。顺利通过全省农村环境综合整治整县推进项目验收，“绿色存折”制度荣获全省管理创新奖第一名，成功获批全国首批农村生活垃圾分类和资源化利用示范县市。

持续倾心倾力惠民生，幸福指数不断攀升。脱贫攻坚稳步推进。统筹各类项目资金，硬化公路18公里、疏浚沟渠70公里、维修机埠25处、整修堰塘33口、改造危房596户，贫困村生产生活设施基本完善。发放金融扶贫小额贷款216户、877万元。“五个精准到户”政策全面落地，123户、325名社会保障兜底扶贫对象实现了与贫困标准“两线融合”，建档立卡贫困户家庭医生签约率达到100%，全面完成年度减贫任务。社会保障持续加力。新增城镇就业4821人，农村劳动力转移就业1212人，发放创业担保贷款2153万元。社保扩面6000余人。建设公租房1272套，发放租赁补贴3513户、707.6万元，惠及群众近万人。民生相关支出占地方本级支出的81%，村、社区运转保障经费分别提高到18万元、22万元。推行“国地税+”综合治税护税新模式，财政收入税收占比达到80.4%，改革经验获得省级推介，收入质量在常德领先。社会事业全面发展。投入1亿多元，完成美丽校园建设和农村薄弱学校改造年度任务，一中教学科技大楼投入使用，职教集团南北校区整合到位，特校、七小实现整体搬迁，车胤中学成功重建，二小、三小、双济实现一体化办学，中考成绩进入常德市第一方阵，获评全省义务教育先进县（市区）。投资3.2亿元，人民医院改扩建和中医院整体搬迁项目启动，与常德市第一人民医院实现深度战略合作。五环时代全民健身中心、虎爪山遗址保护工程开工建设。成功举办“健康湖南·动起来”全民健身大赛津市首发站活动。省文学创作示范基地落户毛里湖国家湿地公园。以优秀等次通过国家三类城市语言文字工作评估验收。计划生育政策全面落实。保持严打高压态势，挤压违法犯罪空间。全面开展“无上访村（社区）”建设，信访维稳形势持续向好。安全生产基础进一步夯实，未发生较大及以上生产安全事故。综治民调测评继续位居全省前列、领跑常德，连续14年保持全省平安县市称号。人民防空、国防教育和民兵预备役工作水平稳步提高。监察、审计、统计、物价、外事侨务等部门切实履行了职能。广播电视、民族宗教、地震、保密、档案、方志、老龄、残联等各项工作都有新的提升。各民主党派、工商联、工会、共青团、妇联、文联发挥了重要作用。

注重实干实效转作风，自身建设不断加强。法治建设进一步深化。坚持政府常务会议会前学法，遵守议事规则，行政决策程序规范、民主高效。自觉接受人大及其常委会的法律监督和工作监督、政协的民主监督，办理人大议案1件、代表建议72件，政协委员提案77件，解决了一大批实际问题。政务服务进一步提速。推进“两集中、三到位”，“市民之家”投入使用，基本实现了“进一扇门、办所有事”的目标。取消行政审批事项4项，审批时限控制在法定时限的50%以内。实施工程建设、办事服务等领域的专项整治，经济发展环境持续改善。作风形象进一步改进。推进“两学一做”学习教育常态化制度化。严格落实作风建设规定，压缩“三公”经费支出15%。加强行政监察和审计监督，查处了一批违法违纪案件。

各位代表，过去一年的成绩来之不易。这是市委科学决策、正确领导的结果，是市人大、市政协有效监督、大力支持的结果，是全市干部群众同心同德、奋力拼搏的结果。成绩的取得，饱含了各位代表、各位委员的智慧和力量，凝聚了全市人民的心血和汗水。在此，我谨代表市人民政府，向广大干部群众，向人大代表、政协委员，向各民主党派、工商联、无党派人士和人民团体，向驻津部队官兵，向离退休老同志，以及所有关心支持和帮助津市发展的社会各界朋友，表示崇高的敬意和衷心的感谢！

回顾成绩的同时，我们也清醒地看到，发展中面临不少困难和问题：一是受各种因素影响，地区生产总值、社会消费品零售总额等未达到预期目标；二是经济总量不大，产业结构不优，企业生产经营困难的问题依然突出；三是民生事业还有欠账，城乡发展还有较大差距；四是少数政府工作人员作风不优、为官不为的现象仍然存在，等等。对于这些问题，我们将一丝不苟整改、一项不漏攻坚、一抓到底解决，以扎实的成效兑现厚实的承诺。

2018年工作安排

各位代表，2018年是落实党的十九大精神的开局之年。根据新的形势和任务，政府工作的总体要求是：坚持以习近平新时代中国特色社会主义思想为指导，全面贯彻党的十九大精神，以中央、省委、常德和市委经济工作会议精神为指针，坚持工业立市、产业兴城，围绕市十二次党代会确定的目标、市委确定的三个“一号工程”、干部群众关心关注的六件大事，以执行、高效、廉洁为准则，全力以赴抓推进、抓落实，奋力开创澧水流域现代化中心城市新局面。经济社会发展的主要预期目标是：地区生产总值增长8.5%以上，财政总收入增长10%以上，规模工业增加值增长10%以上，全社会固定资产投资增长12%以上，社会消费品零售总额增长11%以上，城乡居民人均可支配收入增长8.5%以上，完成上级下达的节能减排目标任务。

再宏伟的蓝图不落实终究在纸上，再远大的理想不践行就是空想。要做好2018年各项工作，政府将始终坚持党领导一切的政治原则，坚持以人民为中心的发展理念，坚持抓执行抓落实的工作导向，确保完成各项目标任务，推动津市更高质量发展。主要抓好以下七个方面的工作：

1.做大增量、做优质量，着力壮大工业经济

大力推进产业立市三年行动计划和“1115”工程，全力建设工业经济中心。力争规模工业总产值达到275亿元，新增规模工业企业20家以上，新引进工业项目20个以上，其中亿元以上工业项目10个以上。

发展产业集群。建立“一个产业、一个规划、一个领导、一个专门班子、一个考核办法”的工作机制，着力打造生物医药、装备制造、健康食品三大支柱产业，提质升级盐化工、纺织等传统产业，壮大新材料新能源等战略性新兴产业，推动产业精深化、链条化、集约化发展。做强生物医药产业，加快溢多利系列项目建设，争取康捷、格瑞、科益新生物项目建成投产，启动生物医药特色小镇创建。做强装备制造产业，以中联车桥为龙头，积极进军冷链商用车市场，大力整合关联企业，努力打造中部地区重要的汽车零部件及整车生产基地。做强健康食品产业，紧盯省粮食集团、盐津铺子等战略投资者，建好健康食品产业园，尽快启动含乳甜品、坚果杂粮等项目，推进张老头、南北特等企业并购重组，打造“湖南健康食品之都”。

狠抓平台建设。紧盯创建国家级园区目标，推动园区走集约化、特色化、人性化发展道路。推进园区调区扩规，加强水电路气等基础设施建设，完善医疗、商贸等配套服务设施，适时启动大数据服务中心、产品检测等公共服务平台建设。走“基金+专业园区”的路子，成立生物医药、装备制造、健康食品产业发展基金，重点打造“两湖”生物医药园、装备制造产业园、健康食品产业园。继续推动园区去行政化、趋市场化，在选人用人、管理审批、薪酬标准等方面给予更大自主权。力争实现技工贸总收入220亿元，综合税收2.6亿元，争创“全省十大开放特色园区”。

增强内生动力。推进创新研发中心建设，强化企业创新主体地位，加快建设国家级生物医药研发中心、省级装备制造研发中心、省级健康食品研发中心。新增高新技术企业5家以上、发明专利20件以上，高新技术产业增加值增长15%以上。弘扬企业家精神和“工匠精神”，支持企业创建名品名牌，新创省级以上名品名牌4个以上。设立园区劳动服务公司，深化与高等院校的合作，为产业发展提供人才支撑。

强化精准帮扶。构建亲清新型政商关系，深化“领导联产业、部门服务企业”活动，进一步发挥企业特派员作用，实行“一企一策”贴心帮扶。推行全程代办、一站式审批和“最多跑一次”政策，让企业从投资到投产没有后顾之忧。用好用活政策清单，坚决兑现降费减负等政策措施。引导企业对接资本市场，支持优质企业在新三板、主板上市融资，力争1~2家企业与主办券商签订新三板推荐挂牌协议。继续开展闲置低效企业盘活工作，对资不抵债、扭亏无望的企业，推动依法破产，对具备发展潜力、盘活有望的企业，抓好“二次招商”。重视和发挥工商联、企业家协会等组织的纽带作用，大力开展“十佳百优”等评选活动，让办企业被尊重、做实业受追捧、投资者得实惠、创业者有成就！

2.力推项目、力抓招商，着力扩大有效投资

突出抓好“产业项目建设年”活动，实施投资1500万元以上的重点项目56个，重大项目前期30个，重点项目开发42个以上。

以项目攻坚推动大投资。深入研究国家政策，重点围绕全省新兴优势产业链培育计划，积极对接省里“五个100”工作部署，包装策划一批项目，扎实做好可研、环评等前期工作，力争有更多项目挤进上级规划笼子。进一步优化投资结构，提升产业项目投资比重。继续坚持项目建设市级领导负责制，确保意向项目抓签约、签约项目抓开工、开工项目抓进度、竣工项目抓投产。

以开放招引带动大投资。坚持市级领导带头招商，部门单位主要负责人集中精力招商，高新区全力招商。力争全年引进2000万元以上项目25个，其中，亿元以上项目15个，10亿元以上项目1个，协议引资额突破25亿元。开展定向性、跟进式、精准化招商，围绕主导产业，着力引进产业关联性大、带动力强的上下游项目。做好现有战略伙伴的跟踪对接，支持他们对本地企业实施兼并重组。瞄准长三角、珠三角、京津冀等区域，积极对接世界500强、中国500强、民营500强企业，实行敲门招商、以商招商，开展“迎老乡、回故乡、建家乡”活动。设立津市驻异地商会招商联络处，选派一批懂产业、懂市情、懂业务的干部充实到招商一线，开展小分队驻点招商。

以要素集聚保障大投资。坚持集约节约用地，加大报批力度，保障重点项目用地需要。紧跟投资政策导向，积极争取上级支持，确保争资23亿元以上。强化预算管理、国资管理，增强自主投资能力。深化投融资体制改革，推动融资平台公司实体化，引导更多企业资金、民间资金、外来资金投入项目建设。开展优化经济发展环境专项整治行动，着力优化政务服务、企业生产和项目施工环境。

3.精致建设、精细管理，着力提升城市品位

以津澧融城为契机，建设功能完善、产业集聚、协作共赢的现代城市。

提质中心城区。坚持规划引领，力争城市总规获批，加快控

制性详规和专业规划编制，统筹推进“三规合一”。以城市双修工作为重点，抓好封家台路、孟姜女大道等道路的新建和改造，推进兰津广场、车胤文体公园、大型停车场建设和澹津公园二期提质改造，继续实施海绵城市和智慧城市建设。抓好棚改攻坚，积极对接老旧小区改造政策，做好项目包装，完成棚户区改造3013户、征收1813户，功能性改造1200户。实施片区开发，城北区有序推进生产街地块棚改项目，加快西河街片区和澧水沿江风光带开发建设；城南区结合港区产业发展，以阳由垸为依托，引入战略投资者，打造具有港口特色、涵盖多种业态的现代化新城。

推进津澧融城。按照“环洞庭湖、湘鄂边界及澧水流域中心城市、常德市域副中心、产城融合的现代宜居新城”定位，积极推进津澧融城。加强与澧县的沟通衔接，共同做好对接汇报，争取国家更多支持。继续抓好“十件实事”，协同澧县抓好津澧大道提质改造，积极推进车胤大道、沿河大道与澧县路网对接，构建津澧快速通道。加快津澧新城两大国家级试点工作推进，确保通过中期验收。

构建交通体系。铁路方面，全力争取荆常高铁、沅澧轻轨建设。水路方面，完成窑坡渡千吨级码头建设，启动锚地服务区、散货码头区、船舶给养区等项目，加快推进澧水、淞澧航道疏浚，争取与城陵矶港务集团深度合作，建设联通湘西北、辐射鄂西南的澧水流域中心港。公路方面，启动津港大道（澧水二桥至窑坡渡千吨级码头）建设，加快澧水二桥、S238新洲至药山公路等工程建设，积极推进安慈高速津市段建设。

强化经营管理。充分发挥土地经营管理、国有资产经营管理、投融资管理三大委员会作用，在财政风险可控范围内，坚持走“政府主导、多元融资”的城市建设路子。加大土地收储力度，实施宗地管理，严控零星建设，着力提高土地使用效益。巩固国家卫生城市创建成果，建立健全城市管理长效机制，逐步完善大城管格局。持续开展城市创建，积极申报国家园林城市、国家交通管理模范城市。坚持问题导向，用脚步丈量城市，重点开展渣土运输、控违拆违、市容市貌专项整治，提升居民小区物业和自治管理水平。

4.打造特色、打响品牌，着力推进乡村振兴

按照产业兴旺、生态宜居、乡风文明、治理有效、生活富裕的要求，推动城乡一体，加快乡村振兴。

以更高标准打造特色小镇。强化规划管理和执法，严厉打击批建不符、未批先建、乱搭乱建等违法行为。深入挖掘地域文化，重点抓好新洲“江南第一楚城”、药山唐风小镇、毛里湖康养小镇、白衣生态宜居小镇等特色小镇建设。继续推进集镇棚改、管线入地和新型农村社区建设。

以全域视野建设美丽乡村。坚持因地制宜、因势引导、因村而异，结合农村双改工作，推进全域美丽乡村建设，建成省级授牌村1个、常德市级授牌村2个。以“四好农村路”为标准，新建农村公路70公里。完善农田水利设施，除险堤防5处，新建疏挖塘坝200口，清淤渠道150公里。继续抓好农村电网改造、高标准农田和机耕道建设，积极推进“厕所革命”。深化农村环境综合整治，全面推广“绿色存折”制度。抓好移风易俗，丰富农村文化生活。

以绿色理念发展现代农业。坚持最严格的耕地保护制度，落实粮食安全战略。突出绿色兴农，结合健康食品产业发展，优化农业产业布局，培育做大生猪、食用菌、葡果、油茶等特色农业，建设一批无公害畜禽产品、绿色蔬菜、有机瓜果产业基地。加快农业产业化进程，推进现代农业示范区、农产品加工园区建设。实施农业品牌战略，大力开展农产品产地认定、“三品一标”认证，打响特色农产品品牌。

以创新举措促进农民增收。全面落实强农惠农政策，深化农村集体产权制度改革，引导土地有序流转，发展多种形式适度规模经营，加快培育专业大户、家庭农场、农民合作社等新型农业经营主体，培养新型职业农民，新发展农民合作社10个以上。加快农村一、二、三产业融合，发展壮大电商农业、生态农业、观光农业等新业态。

5.提速开放、提质三产，着力繁荣城市经济

全方位推动开放发展，力促服务业发展提速升级，激活城市人流、物流、资金流。

推动开放型经济跨越赶超。依托海关工作站和公共保税仓，加快申报建设A型保税物流中心、海关监管区域码头、省级出口工业产品质量示范区。深入实施“破零倍增”和业绩回流行动，新增“破零”“倍增”企业各2家以上。引导企业开展加工贸易，大力发展跨境电商。实施“津品出海”，积极参与对外经济贸易交流和展销活动。完成进出口总额5000万美元以上。

推动商贸物流产业集聚壮大。合理布局商贸网点，加快引进五星级酒店、大型专业市场、连锁品牌店，扶持发展现有城市综合体、专业市场，提升城市人气。深化“津市牛肉米粉”标准化建设，推动连锁化、产业化经营。加快推进现代物流中心建设，支持本地物流龙头企业做大做强，争取引进国内大型物流企业。支持电子商务发展，完善物流服务平台和配送网络，争取与知名电商平台合作。促进军民融合，抓好湘西北军供物流配送中心建设。引导房地产业健康发展。

推动金融服务产业创新做优。以打造金融服务中心为目标，加快人民银行津市支行发行库项目建设，吸引银行、证券、保险、担保和小额信贷等机构进驻。引导金融机构加大对实体经济信贷投放，积极培育融资租赁、股权众筹等金融业态。支持金融机构做优做强，推动湘淮村镇银行到市外设立分支机构，支持农村商业银行引进有实力的新股东。加强社会信用体系建设，规范民间投融资市场和互联网金融，争创省级金融安全区。

推动文旅康养产业全域繁荣。牢固树立“全域旅游”“旅游+”理念，加快编制全域旅游发展规划，成立全域旅游发展中心。整合各类资源，重点抓好西河街、药山、毛里湖等核心景区打造。实施“文化搭台，旅游唱戏”，充分利用孟姜女、车胤等历史文化资源，举办节会活动。紧扣全域美丽乡村建设，加快发展民居民宿、农耕文化等业态。积极探索医养结合新路径，引入社

会资本，加快建设毛里湖健康养老产业园，抓好高端健康养老社区、普惠居家养老小区建设。

6.共建和谐、共享成果，着力保障人民福祉

扎实做好保障和改善民生工作，打好防范化解重大风险、精准脱贫、污染防治“三大攻坚战”，让人民生活更加幸福美满。

精准脱贫帮民富。进一步压实工作责任、落细工作举措，打好精准脱贫攻坚战。坚持“两个全覆盖”“五个精准到户”，突出提升群众满意度，集中力量打好健康扶贫、教育助学、就业创业、住房安全、产业发展、基础建设“六大硬仗”，真正把脱贫工作做到老百姓的心坎上。坚持大扶贫格局，帮扶责任人、驻村第一书记、帮扶工作队要真正工作在农村，解决问题在农村。坚持扶贫同扶志、扶智相结合，认真对接落实各项政策，抓好已脱贫对象的“回头看、回头查、回头帮”，帮助贫困群众稳定脱贫。

强化保障解民忧。以创业带动就业，出台优惠政策，吸引青年人返乡创业，抓好农村转移劳动力、城镇就业困难人员和退役军人就业，新增创业主体 1500 户、城镇就业 4800 人、农村劳动力转移就业 1200 人。落实国家社保惠民和优抚安置政策，实施全民参保计划，继续抓好住房、医疗保障工作，加大对特殊困难群体兜底保障服务，进一步扎牢社会保障网。关爱失独家庭、农村留守人员，重视老龄事业、社会志愿服务及慈善事业发展，加强残疾人保障工作。

办好实事惠民生。优先发展教育事业，加快城东高标准寄宿制幼儿园小学一体化建设，新建和改建一批高品质幼儿园，持续推进农村薄弱学校、城区学校提质改造。提升一中办学质量，培养高素质教师队伍，支持发展职业教育和成人教育，重视特殊教育和老年教育。推进“健康津市”建设，深化医药卫生体制改革，抓好人民医院改扩建、中医院异地新建，深化与常德市第一人民医院的战略合作。坚持计划生育基本国策。践行文化自信，打捞和梳理本土文化。强力推进文化馆、图书馆、工人文化宫及五环时代全民健身中心建设，建好虎爪山遗址保护工程。推动全民健身，继续办好体育赛事。加强国防动员、人民防空和民兵预备役建设，抓好审计、统计、外事侨务、民族宗教、对台、档案、方志、保密、地震、文联、科协等工作，支持各民主党派、工商联、工会、妇联、共青团开展工作。

保护生态增民福。打好污染防治攻坚战，严守生态保护红线，全力推进第二次全国污染源普查工作。加大项目环评前置审查，严控工业污染物排放。强化企业主体责任，加强环境督察联动执法，严查一批破坏生态环境的违法行为和案件。狠抓餐饮油烟、工地扬尘等污染治理，力争市区空气质量优良率达到 85%以上。全面落实“河长制”，启动“湖长制”，抓好工业、生活污水处理和黑臭水体治理，严控农村面源污染，力争涔澹水流域综合治理项目列入国家环保项目计划。保护好毛里湖生态环境，继续抓好“两拆两退”。

维护稳定保民安。加强信访工作规范化建设，继续推进“无上访村（社区）”建设、信访积案化解等工作。深入开展平安创建，完善立体化社会治安防控体系建设，推进雪亮工程，落实各行业领域实名制管理，重视网络信息安全。依法严厉打击各类违法犯罪行为，提高突发事件应急处置能力。全面建立和完善安全生产责任体系，坚决杜绝较大及以上生产安全事故。加强食品安全监管，积极开展地质灾害防治。打好防范化解重大风险攻坚战，加强政府债务管理，防范区域金融风险。

7.从严要求、从实作为，着力提升政府形象

面对新时代、新目标，政府必须要有新气象、新作为，要继承和发扬历届政府班子的好传统、好作风，围绕执行、高效、廉洁，进一步加强自身建设，提升执行力，强化落实度，确保工作推进效果更好、服务群众能力更强。

以务实执行履职尽责。把强执行、抓落实作为政府工作的第一责任。树立落实导向。凡重大决策一以贯之，坚决落地落细，决不动摇折腾，凡重大项目一抓到底，严格督促检查，决不半途而废，对落实不力的，严格按照《政府工作落实责任追究办法》进行追责，确保市委的决策、政府的部署、对群众的承诺，定一件办一件，办一件成一件。推行一线作为。大力践行“一线工作法”，让领导在一线指挥，干部在一线工作，问题在一线解决，能力在一线提升，绩效在一线考核，奖惩在一线兑现。政府领导班子要率先垂范，做到走进办公室就是思考问题，走出办公室就是解决问题。坚持法治思维。带头尊法学法守法用法，落实重大行政决策程序。坚决维护市委权威，自觉接受人大及其常委

人民代表大会第四次会议会场

会的法律监督和工作监督、政协的民主监督，广泛接受社会公众和新闻舆论监督。

以高效作为履职尽责。把抓效率、提效能作为政府工作的第一要求。创新管理方式。继续清理规范行政审批中介服务事项，推广“互联网＋政务服务”，加大电子化办公、信息化建设和网上服务力度，优化工作流程，打通服务群众“最后一公里”，特别是要解决好特殊时段、特殊窗口老百姓办事不便的问题。规范运转程序。进一步优化《政府工作规则》，严格会议审批程序，规范会议流程，能不开的坚决不开，可以合并的坚决合并，原则上政府每月召开的全市性会议不超过4次，每次时长不超过2小时，政府文件签发、文电处理原则上在2个工作日内办结。

以廉洁品格履职尽责。把守规矩、守底线作为政府工作的第一保障。认真落实“两个责任”，带头执行党风廉政建设各项规定，决不让“四风”问题反弹回潮。强化预算执行监管，严控不必要支出，继续压缩“三公”经费，集中财力办大事。深化政务公开，完善政府信息发布制度，保障公民知情权、参与权和监督权。建立健全工程监管、政府采购等关键环节、关键领域制度，对重要财政支出、重大项目建设提前介入审计、全程跟踪，坚决严厉打击破坏经济环境的人和事，打造干净干事、清正清廉的政府形象。

津市市人大常委会工作报告

——在津市市第十七届人民代表大会第三次会议上

（2018年1月10日）

市人大常委会主任　王育平

2017年工作回顾

2017年，是市第十七届人大常委会开局之年。过去的一年，我们在党的十九大精神指引下，在市委的坚强领导下，围绕“工业立市、产业兴城”战略，依法履职，开拓进取，为建设澧水流域现代化中心城市发挥了积极作用。一年来，共召开常委会会议6次，听取和审议专项工作报告24个，作出决议、决定10个，组织视察、调研20余次，较好地完成了市十七届人大二次会议确定的目标任务。

一年来，我们把准方向、务实担当，服务大局有作为坚定不移坚持党的领导。认真学习宣传党的十九大精神，深学笃行习近平新时代中国特色社会主义思想。坚持重大事项请示报告制度，定期向市委全面报告工作，自觉维护市委权威。坚持集体行权，坚持民主集中制原则，充分发挥好人大常委会党组作用，对市委交办的重大事项，严格遵循党组先行研究、常委会会议再作决定的议事程序，实现党内民主和人民民主有机统一。

坚决贯彻市委重大决策。审议大事要事。落实市委“七五”普法规划，两次审议市政府关于开展法治宣传教育工作的报告，作出决议，营造良好的法治宣传氛围。听取和审议《湖南省常德市津澧新城总体规划（2016—2030）》，及时形成审议意见，提升了规划的科学性、合理性，为推动津澧融城发展贡献了人大智慧。助力“四大会战”。听取园区基础设施建设、棚改工作、海绵城市建设等情况报告，组织代表视察澧水二桥、千吨级码头等交通重点工程，全面参与、全程监督脱贫攻坚，为实现经济快速发展发挥了促进作用。服务市委中心。紧跟市委盘活闲置低效企业部署，主任会议定期调度，班子成员结对帮扶，帮助企业回归正轨。扎实开展招商引资，工作成效较为明显。全力支持城市建设，积极协调西河街片区征拆，确保工作有序推进。

认真落实组织人事意图。精心组织政府工作部门随届任命，邀请部门班子成员、人大代表列席观摩，电视台同步录播，履职承诺向社会公开，增强了任命对象的责任感和使命感。坚决贯彻常德市委人事意图，及时召开会议，个别任免副市长、决定代理市长。出台《津市市人大常委会人事任免办法》，进一步明确和规范了任前调查、法律考试、任职发言、任后宣誓、就职表态等任免程序，全年共依法任免国家机关工作人员57人（次）。

市人大常委会主任王育平作报告

扎实推进基层人大建设。认真贯彻中央、省委、常德市委关于加强县乡人大工作和建设的要求，不断提升基层人大工作整体水平。完善机制。建立健全了常委会组成人员联系镇（街）制度、镇（街）人大工作联席会议制度、基层人大工作考核机制等，以制度规范基层人大工作开展。加强指导。定期召开镇（街）人大联席会进行工作调度，经常深入镇（街）调研督促工作开展，全程督导镇人民代表大会、主席团会议规范召开，依法组织代表补选，镇（街）人大履职实效更加凸显。强化保障。街道设立人大工作委员会，主任纳入人大常委会任命范围；镇人大配备副主席、专干，基层人大工作基础进一步夯实。

一年来，我们突出重点、精准发力，依法监督有成效加强财经监督，助推经济稳健运行。关注财政经济形势。听取和审议财政预（决）算、税收征管、工业经济发展等情况报告，及时全面了解真实情况，针对财政经济运行中存在的突出问题，提出意见、建议，推动经济健康发展。强化专项资金监督。开展国有土地出让金收支管理及使用情况专题调研，提出健全机制、抓好管理、加强审查、提高收益等建议，调研成果引起市委、市政府高度重视，市政府成立了土地经营管理委员会，出台文件规范了国有土地出让管理，追缴了欠缴的土地出让金。督促审计问题整改。财经委跟踪监督审计查出问题的整改，常委会专题听取和审议6个部门整改情况报告，首次进行满意度测评，强化了责任，传导了压力，提升了审计查出问题整改实效，社会反响较好。

强化法律监督，促进社会公平正义。推动依法行政。我们通过听汇报、查阅行政执法案卷，督促相关单位整改了执法程序不够规范等问题。对市政府办报备的13份规范性文件进行审查，提出建议20多条，保证了文件的合法性。评议“两官”履职。我们改进“两官”评议方式，变督导为主导，主任会议投票定对象，调查组随机抽查案卷、走访案件当事人，函询相关职能部门，开展社会问卷调查，使评议调查更全面、更深入。常委会上“两官”现场述职、代表直接询问、当场投票表决，增强了评议效果。监督司法工作。给力法院破解执行难题，以涉特殊主体执行积案为突破口，发出交办函，约谈部门负责人，推动解决了部分执行积案。助推检察院建立了行政执法检察监督联席会议系列制度、检察建议报备制度等，检察监督更加规范。针对涉法涉诉信访问题，督促司法机关积极化解矛盾，妥善处理好了胡某20世纪90年代遗留问题等信访事项。

抓实民生监督，回应人民群众关切。关注环境改善。组织《大气污染防治法》执法检查，曝光问题，开展询问，督促部门加强工业废气、道路工地扬尘、餐饮油烟等污染源控制，让津市天更蓝、空气更清新。紧盯畜禽退养、毛里湖周边环境整治，开展视察、检查、暗访近20次，助推环境综合治理工作深入开展。关注食品药品安全。明查和暗访相结合，全领域监督学校食堂、农贸市场、大型超市、食品作坊、屠宰场等场所，有力捍卫了人民群众“舌尖上的安全”。关注教育卫生事业发展。多次深入美丽校园建设现场，监督工程质量；专题视察教育教学工作，提出谋划长远发展、优化师资结构、培养领军人物、打造龙头品牌等建议，促进教育教学工作全面提质。听取市政府关于卫生三年攻坚计划完成情况的报告，关注医疗机构布局调整，推动提升医疗服务水平。关注弱势群体社会保障。聚焦民政救助，组织专题调研，听取政府汇报，形成审议意见，促成临时救助审批权限下放、低收入认定平台启动、医疗救助“一站式”结算等问题解决，推动了社会弱势群体救助更加及时、精准、高效。

开展“五行”活动，统筹推进协调发展。“环保世纪行”以环境污染防治为重点，聚焦中央环保督察问题整改，调动社会力量参与，持续强力督导，推动环保突出问题有效解决。“农产品质量安全行”以病死畜禽处理、农产品质量监测监管为重点，突出过程监督，规范检测机构运行，农产品质量安全进一步得到保障。“农民健康行”以加强“健康镇村”建设为重点，推进健康扶贫工程，促进了农村公共卫生服务水平提升。“民族团结进步行动”以“共享幸福生活”为主题，督促民族政策落实，营造了良好的民族团结进步氛围。“司法公正常德行”以“严格依法履职，维护公平正义”为主题，盯住重点领域，强化监督举措，助推司法干警提升了法治意识、履职能力，活动组委会连续三年被常德市评为先进，工作经验在常德推介。

一年来，我们强化保障、优化举措，代表履职有活力开展履职培训。率先组织86名市人大代表在常德市委党校开展封闭式初任培训，提升履职能力，得到常德市人大的高度肯定，基层代表反映良好。分期分批选送代表赴全国人大培训基地学习、到周边区县观摩，拓宽代表视野，开阔履职思路。开展《监督法》、代表建议提出等专题辅导，有针对性地提升了代表履职水平。指导镇(街)人大以会代训，学习省委、常德市委人大工作和建设推进会精神，强化了代表履职的责任感和使命感。

完善履职服务。规范履职行为。出台《津市市人大代表履职守则》，从坚持政治方向、明确履职标准、提高履职能力、加强履职约束等方面进行规范，为更好发挥代表作用提供了制度遵循。搭建履职平台。规范建设镇(街)“人大代表联系群众工作室”，建成了一个高标准的常德市级人大代表活动室，保证本市代表履职有舞台、常德市代表活动有阵地。拓宽履职渠道。召开政情通报会，免费赠阅人大刊物，组织、推荐代表列席人大常委会、“一府两院”重要会议，参与执法检查、代表视察和工作调查，推荐代表担任行业监督员，让代表有更多的机会和途径参与全市经济社会建设。

督办议案建议。2017年，我们先后3次组织代表视察《关于建设城区及周边绿色走廊的议案》的办理情况，常委会会议2次专题听取情况汇报，推动了绿色走廊建设进程。及时向“一府两院”交办代表提出的73件建议，主任会议成员领衔督办，反复跟踪了11件群众关注度较高的建议。选择5件重点督办建议，进行办理情况满意度测评，达到了以点带面、统筹推进的良好效果。

一年来，我们着眼长远、勇于探索，自身建设有突破。

深入推进党的建设。推进“两学一做”学习教育常态化制度化。组织学习党章党规、习近平总书记系列讲话、十八届六中全会和十九大精神等20余次，提升了干部的政治素养。规范党内政治生活。认真落实“三会一课”制度，开展主题党日、党性教育等活动，增强了人大党组织的凝聚力。抓实党风廉政建设。严格执行“两个责任”谈话制度，如实报告领导干部个人有关事项，开展领导干部插手重大工程项目、违规参与涉矿涉水涉砂经营等专项清理清查，压紧压实了廉政责任。

不断推进规范化建设。修订了《人大常委会议事规则》，制定了两个专门委员会议事规则、《常委会组成人员守则》，健全了常委会集体学法制度，常委会科学决策、民主议事、依法监督水平不断提升。以文明机关创建为抓手，加强内部管理，完善了岗位目标责任、信息调研宣传等制度，用制度规范事、约束人。丰富机关文化生活，组织开展道德讲堂、我们的节日、志愿者服务等活动10余次，增强了机关活力。

创新推进信息化建设。落实省、常德市人大关于加强信息化建设的要求，建立了办公自动化应用系统、代表履职服务平台、代表建议办理平台，为人大各项工作开展提供了便捷服务。信息化建设经验在省、常德市人大专题会上推介。深入推进人大宣传调研工作，开展课题调研，组织集中点评，引导干部勤思善谋、多写多练，全年在常德市级以上媒体、刊物发表调研文章、信息267篇，人大工作影响力不断增强，河南省桐柏县、长沙市岳麓区等多地人大来我市学习交流。

各位代表，回顾2017年所做的工作，我们觉得动得有脑筋、花得有精力、抓得有成效的还有以下五件事：

第一,我们谋了一件“大”事,就是推动淞澧航道疏浚进入交通运输部水运“十三五”发展规划。淞澧航道,连接湖南、湖北两省,是湘西北水系连接长江的第二大黄金水道。打通淞澧航道,对于津市融入洞庭湖生态经济区、对接长江经济带,具有重要的战略意义。去年初,我们紧扣市委“交通跨越大会战”的决策部署,结合实际,大胆设想,实地踏勘,主动给市委参谋,积极与常德市交通局、海事局衔接,对接湖北省荆州市人大,争取支持配合,提出了《关于打通澧资—淞虎航道的建议》,借助津市籍全国人大代表刘绍英之力,递交到全国人民代表大会,得到高度重视,交通运输部迅速交湖南、湖北两省交通运输厅办理。之后,我们积极跟进,几次邀请刘绍英代表、常德市人大领导、上级海事部门负责人沿航道实地调研,提出疏通整治航道的具体建议。在几级交通部门的全程跟踪努力下,淞澧航道疏浚正式列入上级主管部门议事日程,省交通运输厅已经完成了工程可行性研究报告的编制,正在进行环境影响评价论证,下一步即可申请进入交通运输部水运“十三五”发展规划。

第二,我们办了一件“好”事,就是助推湿米粉生产提质工程。牛肉米粉是我市的一张“名片”,湿米粉质量是成就这张名片的基础,群众关心,代表关注。去年2月市十七届人大二次会议上,代表就提出了《关于加快我市湿米粉提质工程的建议》。主任会议研究决定,把该建议作为“一号民生工程”进行督办。会后两个月,督促相关部门采取关、停、并、转等方式,整合湿米粉小作坊,成立津市市绿达米粉有限公司。随后,人大常委会全程跟进企业入园,协调高新区管委会、食药工质局、电力、自来水等部门和企业，搞好企业入园服务，及时解决建设用地、供电、供水等问题。在多方努力下,一座拥有三条米粉生产线、一条米面生产线,年生产1500万斤米粉米面的工厂在园区建成。值得点赞的是,实施湿米粉生产提质工程,我们率先在常德区县实现了标准化、规模化生产及小作坊的成功转型,有力促进了我市米粉产业健康发展,让老百姓吃上了“放心粉”。

第三,我们督了一件“难”事,就是整合农产品检验检测资源。农产品质量检测是保障食品安全的第一道关口。多年来,由于体制的原因,我市农产品检验检测机构分散、职能交叉、职责不清,导致农产品检测覆盖面不广、批次不达标、结果公布不及时,为人民群众的餐桌安全留下了隐患。自市十六届人大以来,常委会就将整合农产品检验检测资源列入了民生监督的重要议事日程,通过代表建议连续提、主任会议持续听、常委会议专题审、代表视察反复督,历时五年,于2017年取得了突破。去年5月,市政府常务会议专题研究,重新划定职能,单独核定编制,安排专项经费,完成了蔬菜、水果、畜禽、水产品等农产品检测职能的整合，挂牌成立津市市农产品质量检验检测中心,该项工作走在了常德各区县的前列。目前,新成立的检测中心正常运转,全年检测样品上万批次,有力地保障了老百姓餐桌上的安全。

第四,我们干了一件“新”事,就是监督政府投资项目工程质量和安全。打造精品工程,才能提升城市品质、塑造城市形象。2017年,我们首次将监督触角延伸到具体项目工程,整合人大监督力量、政府监管力量、社会行业力量盯住工程质量和安全。4月,聘请省工程建设专家、邀请邻县和本市行家、组织部分人大代表,视察了工业污水处理厂、千吨级码头、一中综合楼、三湖公园提质改造等8个重点项目工程,专家代表现场指出问题,人大常委会列出问题清单交市政府督促整改,采取照片比对、现场核实等方式,监督整改效果。10月,再次邀请专家代表及相关职能部门视察部分重点项目，并跟踪整改落实情况,确保发现的问题全部按要求整改到位。通过项目工程质量和安全监督,强化了部门责任,规范了行业质保体系,工程质量问题明显减少,建筑领域的安全生产事故降至历年来最低。

第五,我们盯了一件“要”事,就是确保农村公交客运环线正常运行。2013年,市十六届人大二次会议提出了《关于建立农村公交大环线的议案》,当年办成,为沿线群众的出行提供了极大方便。几年来,我们始终关注环线运行状况,去年4月群众反映,因为车队间利益矛盾造成环线停运,常委会立即进行督办,发出询问函,约谈部门负责人,问题在较短时间内得到有效解决。11月,环线再次停运,我们再次督促,责成相关部门加强调度,恢复了营运。为确保群众出行方便,我们还将继续紧盯这件事,一盯到底,把服务老百姓的好事办好。

各位代表,人大常委会过去一年所取得的成绩,得益于市委的正确领导,得益于“一府两院”的主动配合,得益于全体人大代表以及人大工作者的辛勤付出,得益于市政协、市人武部和社会各界、全市人民的信任支持。在此,我谨代表市人大及其常委会向大家表示衷心的感谢和崇高的敬意!

总结成绩的同时,我们也清醒地认识到,对照新时代提出的新要求,对照改革发展面临的新形势,对照人民群众对美好生活的新期盼,人大常委会的工作还有一定差距,主要是:监督方式有待进一步创新,代表作用有待进一步发挥,基层人大工作指导有待进一步加强。对此,我们将深入思考、大胆实践,采取有力措施予以改进。

2018年工作思路

各位代表,中国特色社会主义进入了新时代。新时代意味着新起点、新要求,新时代呼唤着新气象、新作为。

2018年,市人大常委会工作的指导思想是:高举习近平新时代中国特色社会主义思想伟大旗帜,全面贯彻落实党的十九大精神,坚持党的领导、人民当家作主、依法治国有机统一,紧扣市委决策部署,不忘初心,牢记使命,依法履职,不懈奋斗,努力开创人大工作新局面。

一、紧扣新思想,坚定人大发展方向

贯彻落实好党的十九大精神。全面系统学习党的十九大精神,结合人大工作实际,在学懂、弄通、做实上下功夫,把思想聚焦到习近平新时代中国特色社会主义思想上来,把力量凝聚到党的十九大确定的目标任务上来，把行动统一到全面履行宪法法律赋予的各项职责上来，不断推动我市人大工作发展完善。

坚持党委领导核心。始终维护市委核心地位，自觉坚持在市委领导下履行职责、开展工作。主动将人大工作中的重大问题、重大事项向市委请示报告。坚持党管干部与人大依法任免干部有机统一，严格执行人事任免办法，确保人事任免的法律性、权威性。配合完成监察委员会选举、任免工作，支持对所有行使公权力的公职人员依法实施监察。

推进人大工作和建设。指导镇人大依法召开代表大会，确保镇人大每年举行两次大会。丰富人民代表大会会议形式，完善“听、审、问、评”相结合的议事模式，提高会议质量。落实镇（街）人大定期召开联席会议制度，全面提升基层人大工作水平。健全人大与“一府一委两院”联系协调机制，督促落实重大决策和重要事项向人大报告制度。

服务和保障发展大局。第一时间跟进、第一时间落实市委经济工作会议精神，围绕大局议发展，立足支持促发展，突出重点助发展，为发展提供更好的法制保障和动力支持。

二、着眼新任务，展现人大工作作为

围绕市委总体部署，突出“工业立市、产业兴城”主题，听取“十三五”规划实施中期评估情况报告，强化园区建设、产业发展三年行动计划推进、品牌建设等工作监督，促进经济快速发展。

围绕财政健康平稳运行，听取和审议预算编制、预算执行、预算绩效管理、财政收支审计等情况的报告，深入开展审计问题整改监督，探索推进预算联网监督，组建财经专家库、财经代表小组，以监督保障财政资金安全、提高财政资金使用效益。

围绕城乡环境改善，听取和审议年度环境状况和环境保护目标任务完成情况报告、《大气污染防治法》执法检查问题整改情况报告；支持推进全域旅游发展、美丽乡村建设，监督城建计划、项目工程质量、“河长制”落实。

围绕增进民生福祉，把人民群众关心的热点作为监督的重点，关注医疗布局调整、“三馆一中心”建设、脱贫攻坚、农产品检验检测规范运行等民生事项，听取和审议教育提质、健康津市建设、公共文化服务、中医药事业发展等情况报告，保障和改善民生。

围绕依法治市实践，开展规范性文件备案审查，完善机制，改进方法，提升审查质量。听取和审议公益诉讼、道路交通安全管理情况报告，继续开展司法案件备案审查、旁听庭审等活动，推动公正司法。

围绕改善群众生产生活条件、维护社会公平正义，深入开展“农产品质量安全行”“环保世纪行”“农民健康行”“民族团结进步行动”和“司法公正常德行”活动，努力提高活动实效。

三、探索新举措，彰显人大监督力量

开展《湖南省农药管理条例》贯彻实施情况执法检查。采取个别走访、问卷调查等形式，拓宽直接听取群众意见的渠道。把重点检查与一般检查、突击检查与随机检查、明查与暗访相结合，全面了解和掌握实施情况。曝光检查中发现的问题，运用询问、特定问题调查等监督手段督促整改，推动“法之必行”。

开展热点问题专题调研。坚持问题导向，带着问题调研，将“调”与“研”有机结合，写出反映群众心声、能够解决实际问题的建议。注重成果转化，向市委汇报，与政府沟通，将调研成果体现在为决策服务中、体现在工作实践中。

开展平安校园建设、饮用水水源保护、棚改工作等视察。立足民生事业发展，邀请行业相关、专业相近的人大代表视察工作，提出合理建议，力求代表视察一项、问题解决一些、工作推进一步。

开展工作评议。以部门年度工作评价结果为依据，确定评议对象。扩大评议的参与面，让更多的基层代表和人民群众参与评议监督过程。在评议中设定代表询问程序，询问不预设问题、不确定对象、不事先安排，评出优劣、评出干劲。评议结果报告市委，评议发现的问题逐一督促整改，切实提升工作评议实效。

四、履行新使命，发挥人大代表作用

拓宽代表知政参政渠道。邀请、推荐代表列席人大常委会、政府常务会议、政情通报会等，组织代表参加执法检查、视察调研、工作评议、旁听庭审等，不断扩大代表参与人大集体履职的范围，提升代表参政意识和水平。

抓好代表学习培训。组织市人大代表赴全国人大培训基地培训2次以上。开展专题学习、代表履职经验交流等活动，提升代表履职能力。

加强代表与群众的联系。规范好、利用好“代表联系群众工作室”平台，严格实行代表按期接待选民、走访选民制度，督促代表深入选民，把代表联系选民工作落到实处。

提高代表小组活动质量。完善代表小组活动主题管理制度，开展代表课题调研活动，引导代表围绕中心、服务大局发挥作用。

强化代表履职管理。建立代表履职网络平台，公示代表个人履职情况；健全代表履职考核办法，细化、量化考核标准，开展评先评优；组织代表向原选举单位述职，进行满意度测评，推动代表积极作为。

督促代表议案建议办理。完善议案、建议交办、督办、评价机制，定准主办、会办单位，邀请代表参与建议督办，继续实行建议重点督办制度，推动代表议案、建议办理工作由签字满意向结果满意转变，选取部分重点督办建议进行满意度测评，提高建议办成率。

五、适应新要求，提升人大自身形象

推进人大机关党建工作。开展“不忘初心、牢记使命”主题教育活动。严肃党内政治生活，严格党员教育管理，遵守政治纪律和政治规矩，营造人大风清气正的良好氛围。

提升履职能力和水平。采取人大基地培训、专题学习、集中学法、外出交流等方式，提升常委会组成人员、基层人大工作者的履职能力。深入推进人大机关信息化建设，规范工作程序，加强工作力量，为建设“两个机关”（全面担负宪法法律赋予各项职责的代表机关、同人民群众保持密切联系的工作机关）奠定坚实基础。

加强人大宣传工作。组织开展人大制度理论研讨，全方位、深层次、多角度地宣传人大工作，大力推介优秀代表先进事迹、基层人大特色工作，增强人大宣传的感染力和影响力。

巩固机关创建成果。深化文明机关创建，完善工作制度和管理制度，确保各项工作快速、高效、规范运行。开展形式多样的活动，丰富组织生活，激发团队活力。

第七届三次会议第一次全体会议

津市市政协常委会工作报告

——在政协津市市第十二届委员会第三次会议上

（2018年1月9日）

市政协主席　姜正才

2017年工作回顾

2017年，是市十二届政协开局之年。一年来，在中共津市市委的坚强领导下，市政协牢牢把握团结和民主两大主题，坚持“忠实履职，奉献津市”，服务科学发展，聚力改善民生，助推“工业立市、产业兴城”，认真履行政协职能，协调关系、汇集力量、建言献策、服务大局，为全市经济社会健康发展做出了新的贡献，实现了新一届政协的良好开端。

一、坚持聚焦发展，在协商议政中贡献了政协智慧

全会协商扣准热点。市政协紧扣市第十二次党代会提出的“建设澧水流域现代化的中心城市”战略目标，组织政协委员围绕建设澧水流域工业经济中心、现代物流中心、区域金融中心、创新研发中心和药山文化保护利用等重大课题进行大会协商发言。会议期间，委员们更是聚焦“工业立市、产业兴城”，踊跃建言，献计献策。市委市政府高度重视，主要领导对大会协商发言材料现场签批，市政府召开专门会议，明确分管领导牵头，督促相关部门办理。

专题协商突出重点。围绕棚改攻坚工作，市政协召开十二届三次常委会议进行专题协商，形成了常委会议建议案《关于我市棚改工作的建议》，市委市政府主要领导签批，并交市委督查室和市政府督查室督促办理；围绕经济社会发展，市政协召开十二届四次常委会议，听取市政府关于我市上半年经济社会运行情况的通报，并对《湖南省常德市津澧新城总体规划（2016—2030）》（送审稿）进行了专题协商。围绕打造津市米粉品牌，市政协主席会议专题协商了我市牛肉米粉产业发展工作；围绕加强城市建设，市政协主席会议专题协商了海绵城市建设工作，形成了主席会议建议案《关于加强海绵城市建设工作的建议》，提出了进一步营造氛围、树立样板、解决突出问题、做好统筹文章等建议。

对口协商关注民生。市政协坚持把民本民生问题作为协商议政的重要内容，积极在民生改善上发声发力。各委室围绕加强渣土车管理、规范地名和城区门牌号码、推进食品产业集群发展、药山文化遗产保护与利用、乡镇便民服务中心规范与管理，积极开展对口协商。社会群团工作组、白衣镇活动组分别围绕养老服务业发展、乡风文明建设开展界别务实协商。

市政协主席姜正才作报告

提案办理协商注重实效。市政协十二届二次会议以来，共立案提案79件，分别从工业经济、农业农村、城建交通、科教文卫、商贸旅游、党群综合等不同层面，聚焦经济建设、反映社会热点、关注民生民情。市政协积极组织开展“提案撰写月”和“提案办理协商月”活动，注重提案质量和办理实效，提案办复率、委员满意率和基本满意率均达100%。

二、创新履职方式，在委员论坛中彰显了政协作为

立足实际，选题精准。市政协广泛征求意见，经主席会议研究，报请市委同意，十二届政协继续以“美丽津市”为主题举办委员论坛，确定本届政协第一次委员论坛专题为“美丽津市·清清毛里湖”。为选准论坛课题，市政协广泛发动，公开征集，并多次召开主席会议进行筛选，最后确定了《加大投入，保建并举，推进毛里湖国家湿地公园高品质发展》等7个专题论坛课题，拍摄《走近毛里湖》专题视频。

科学调度，组织精细。市政协高度重视政协委员论坛的筹备工作，成立了主席领衔、副主席牵头、委室负责、工作组（活动组）承办的工作班子，成立了7个课题调研组和1个视频拍摄组。调研组通过实地走访、深入调研，认真撰写、反复修改，形成调研文稿，主席会议逐一审阅，最后提交论坛发言；拍摄组多次深入毛里湖，确保了专题片的质量和水平。

关注发展,建言精辟。本次论坛分为专家讲坛、专题视频、专题论坛、网络论坛、摄影大赛,全方位、多角度地展现了社会各界对毛里湖的关心关注。专家讲坛内容丰富,国家知名生态专家唐小平院长作了《践行生态文明,保护利用好毛里湖湿地》的专题讲座,总结了十八大以来中央加强生态文明建设的政策举措和丰硕成果,阐述了党的十九大关于生态文明建设的方针政策。论坛专题片导向明确,直面问题。专题论坛分别对毛里湖的水污染治理、生态修复、产业发展、文化建设、品牌宣传、共建共享、能力建设等方面建言立论,得到市委、市政府领导的高度肯定,受到各界人士的广泛赞誉。同时,举办网络论坛收集社会各界对毛里湖保护开发的意见建议,举办摄影大赛展示毛里湖的美景。

影响深远,效果精彩。本次论坛共邀请各级领导、专家、委员等近330人参加,形成的政协常委会建议案《关于深入推进毛里湖国家湿地公园生态保护与绿色发展的建议》,得到市委市政府高度重视,主要领导多次召开调度会进行工作部署,有力地助推了毛里湖湿地“三退三还三拆”工作。一场专家讲坛、一次专题论坛、一册专辑汇编、一部专题视频、一本专门影集、一篇建议案,为政协委员搭建了一个参政议政的新载体、交流政见的新平台、展示风采的新舞台,开创了常德乃至全省县级政协的先河,展现了大参与、大影响、大品牌、大启迪的效果。《湘声报》以《为了那一湖清水》为题进行了专版专题报道,《常德日报》进行了跟踪报道,省市政协网站都作了相关报道,政协委员论坛的影响在全省进一步扩大。

三、突出为民理念,在民主监督中体现了政协担当

通过组织委派进行民主监督。市政协围绕脱贫攻坚“五个精准到户”,把“扶贫政策落实情况”作为监督主题,对市农业局、市教育局、市住建局、市卫计局、市民政局等5个单位委派民主监督小组,进行集中监督,重点监督了脱贫攻坚领域的政策落实、资金使用、项目推进、工作作风等方面的情况。各监督小组认真履职,通过听取汇报、查阅台账、座谈调研、问卷调查、明察暗访等系列措施,抓住问题,分析原因,研究对策,提出具体整改建议。市政协召开了委派民主监督小组工作评议会,并将监督结果向市委、市政府和各相关单位反馈,助推脱贫攻坚工作。此外,市政协还根据工作需要,择优选派部分委员,担任优化经济环境监督员,对优化经济环境、人才引进等工作进行监督,参加毛里湖宣教中心规划与建设等重点项目的监督工作。

通过专题视察进行民主监督。市政协重点围绕毛里湖周边畜禽退养、特色小镇建设、智慧城市建设、专项基金项目建设等课题,开展了4次主席会议视察活动,形成了《关于继续推进毛里湖周边畜禽退养工作的建议》《关于加快推进我市专项基金项目建设工作的建议》2件建议案,提出一系列针对性较强的建议,推动了相关工作。

通过反映社情民意信息进行民主监督。市政协坚持把维护群众利益作为第一追求,开展了“集中反映社情民意信息活动月”活动。全体政协委员积极参与,围绕我市经济社会发展的热点难点问题反映社情民意信息190多件,4件受到市委市政府主要领导批示;向上级政协报送7件,5件被常德市政协采用,《城乡医保整合后群众获得感不升反降需重视》《当前畜禽退养存在五大涉稳因素不容忽视》2件社情民意信息被省政协采用,我市社情民意信息工作迈入了常德区县(市)政协第一方阵。

通过提案督办进行民主监督。市政协提案委联合市委督查室、市政府督查室,采取阶段调度、督办检查、现场视察、“回头看”等形式,保证提案督办的效果。召开年度重点提案办理工作评议会,有效加强了“提”“办”双方沟通,促进了提案办理落实。

四、紧扣党政中心,在服务大局中发挥了政协作用

助力脱贫攻坚大会战。一是市政协按照市委市政府统一部署,在毛里湖镇花桥村开展结对帮扶,完成了贫困户扶贫信息采集工作,制定并落实帮扶措施30条,定期开展走访和节日慰问等活动。经过一年的努力,市政协办公室结对的10户贫困户正在逐步地有序脱贫。二是继续开展省市县三级政协委员联动“三个一”扶贫行动,每名政协委员都参与了结对帮扶活动,共帮扶贫困户120户,帮助解决就业52人,助学89人,办好事实事267件,有力地支持了脱贫攻坚工作。三是在全体政协委员中开展“精准扶贫爱心捐建”活动,第一期募集爱心善款近5万元,帮扶毛里湖镇花桥村20户建档立卡贫困户进行了无害化厕所改造,推动了“厕所革命”。

参与盘活低效企业。根据市委关于低效闲置企业盘活工作的总体安排和部署,市政协主席会议成员牵头对湖南楚天纺织有限公司、益海嘉里(岳阳)粮油工业有限公司津市分公司、湖南卡普吉诺建材有限公司、湖南皇瑞新材料科技有限公司、津市市朝宏油泵有限公司等五家企业进行跟踪服务,通过下企业了解情况、调度相关单位协商帮扶、外出招商等措施开展了卓有成效的工作,目前进展顺利,基本达到预期目标。

完成市委交办的其他工作。市政协主席会议成员按照市委统一安排,积极参与毛里湖湿地公园一期能力建设、药山景区建设等工作,先后赴浙江、广东、湖北等地招商引资,参与部门服务企业、项目建设、西河街旧城改造、智慧城市建设、城市创建等中心工作。

五、充分发挥优势,在联络联谊中汇聚了政协力量

注重合作共事。充分发挥人民政协作为爱国统一战线组织的重要作用,积极营造团结、包容的协商氛围,有计划地邀请各民主党派和社会团体参加政协组织的重要履职活动,为党派团体参政议政搭建平台。一年来,各民主党派、工商联、无党派人士提交提案53件,反映社情民意信息90多件,在各类会议上协商发言30多人次,为促进我市经济社会发展建言献策。

深化团结联谊。坚持“走出去”和“引进来”相结合,先后赴湖北黄州、湖南桃源、汉寿、桑植等地交流政协工作,分别学习景区建设经验、考察城市建设工作、学习反映社情民意信息先进经验、开展“宣传十九大,溯源澧水,保护母亲河”主题活动;

重庆开州、江西鹰潭、湖北洪湖、湖南宁乡、祁阳、新宁、武陵等政协组织先后来津考察智慧城市建设、毛里湖国家湿地公园建设、美丽乡村建设、乡镇自来水建设管理、棚户区改造、农村环境综合整治等工作。注意加强旅外委员联系联谊,发挥旅外委员作用,引导他们积极利用自身优势为家乡发展献计出力。注重做好住津常德政协委员活动组的服务工作,为他们搭建知情明政、调研视察、协商建言的活动平台,周欢委员的《加强我市网约车规范管理正当时》就是常德市政协七届一次会议上仅有的两个县级政协协商发言之一,王波委员在前不久召开的常德市政协七届二次会议上代表津市活动组作了《做实产业立市战略,共创津澧国家园区》的大会协商发言,为津市争得了荣誉。

促进社会和谐。发挥政协位置超脱、联系广泛的优势,利用委员走访和组内活动机会,加强与少数民族、宗教界委员联系,广泛听取和反映不同社会阶层、不同利益群体的诉求,促进政党关系、民族关系、宗教关系、阶层关系和谐,维护社会稳定。

六、加强自身建设,在夯实基础中提升了政协效能

进行委员集中走访。年初,市政协以"发挥政协委员主体作用"为主题,集中开展"委员走访月"活动。政协主席会议成员带队、委办主任联系、界别工作组长参与,深入单位、企业、社区,走访委员 150 人次,召开座谈会 26 次,与委员谈心交流,了解委员思想动态,收集意见建议 120 多条,引导委员以更加负责的态度关注发展,以更加饱满的热情履行职责,画出政协"最大同心圆"。

开展委员集中培训。市政协针对换届以来新任委员较多的情况,举办了集中培训班,通过听讲座、读专辑、谈体会,委员们掌握了政协的基本内涵,知道了政协的基本工作方法,提高了认识,明确了方向,为建设一支"懂政协、会协商、善议政"的政协委员队伍奠定了良好基础。本次全会前,我们重点围绕贯彻落实党的十九大精神、提案工作、反映社情民意信息、政协云 APP 的使用以及如何当好一名优秀政协委员等,组织了集中学习和专题交流。

规范委员工作室运行。根据上级安排,结合自身实际,巩固提质了薛君委员工作室,薛君委员工作室继续发挥自身优势,集聚委员力量,多次开展幼儿健康知识讲座、组织社会读书活动,受到社会广泛好评。新成立了朱德文委员工作室和襄阳街街道委员工作室,并对委员工作室的工作制度、工作台账等统一要求,引导委员工作室制度化、规范化发展。

推进机关队伍建设。一是加强政协党建工作。制定了政协党组议事规则和年度工作要点、机关支部年度工作计划,认真落实"三会一课"制度,组织庆"七一"系列活动和主题党日活动。围绕"增强'四个意识',践行'四个合格'"召开领导班子民主生活会,严肃党规党纪,严格"两个责任",落实"两同时"谈话制度,始终把纪律规矩挺在前面,营造了风清气正的良好政治生态环境。二是创建学习型机关。以"政协理论知识学习年"为契机,积极开展"书香满津城,学习促发展"主题学习活动,在机关青年干部中进行了"四个一"学习活动,打造智慧、创新、务实、和谐的"四型"政协。三是加强信息化建设。按照省市两级政协要求,推广使用湖南政协云,全市政协委员和政协干部的 APP 安装率达到 100%,同时,以湖南政协云为依托,加强津市板块建设,为广大政协委员知情明政拓展了新渠道。

各位委员、同志们,过去一年的成绩来之不易,是中共津市市委高度重视、坚强领导的结果,是市人大、市政府、市人武部大力支持、鼎力相助的结果,是全市各部门单位、社会各界人士充分理解、团结协作的结果,是市政协各参加单位和广大政协委员认真履职、倾情奉献的结果。在此,我代表市政协常委会,向各位委员,向所有关心支持政协事业发展的各级领导、各界人士、各位朋友,表示衷心的感谢!

在肯定成绩的同时,对照新形势下政协工作的新要求,我们还存在一些不足,主要是委员履职能力有待提升,政协信息化工作水平有待提高,履职成果转化有待加强等等,这些问题,我们将在今后的工作中高度重视,切实改进。

2018 年主要工作任务

2018 年,是全面贯彻落实十九大精神的开局之年,是"工业立市、产业兴城"战略的推进之年,是"十三五"规划实施的关键之年,也是决胜全面建成小康社会的攻坚之年。市政协工作的指导思想是:坚持以习近平新时代中国特色社会主义思想为指导,认真贯彻落实党的十九大精神和中央、省委、常德市委、津市市委经济工作会议精神,牢牢把握团结和民主两大主题,以助推"工业立市、产业兴城"为主线,抓学习、攻重点、补短板、强弱项、创特色、交朋友、提素质,充分发挥政协优势,认真履行三大职能,为开创澧水流域现代化中心城市新局面做出新的贡献。

——做好新一年工作,必须把党的十九大精神作为第一遵循。党的十九大对新时代推进中国特色社会主义伟大事业和党的建设新的伟大工程作出了全面部署,是推动党和国家事业发展的强大思想武器,是做好政协工作的科学指南和根本遵循。我们要认真学习贯彻党的十九大精神,深刻领会习近平新时代中国特色社会主义思想,自觉用十九大精神引领政协工作、指导政协履职、发展政协事业。

——做好新一年工作,必须把助推"工业立市、产业兴城"作为第一要务。市委准确把握津市发展阶段性特征,审时度势作出"工业立市、产业兴城"的重大战略部署,这是津市未来发展的潜力所在、希望所在、出路所在。我们要牢牢把握"工业立市、产业兴城"这条主线,"忠实履职,奉献津市",始终与市委保持思想同心、目标同向、行动同步。

——做好新一年工作,必须把创新引领作为第一动力。主动顺应新时代新要求,把创新发展的理念贯穿到政协工作的各方面、落实到政协履职的全过程。积极探索和完善发挥界别作用的新途径、加强民主监督的新形式、促进履职成果转化的新机制、运用政协云履职的新办法,不断通过思路创新、制度创新、实践创新,推动政协事业创新发展。

——做好新一年工作，必须把发挥委员主体作用作为第一抓手。坚持一手抓服务、一手抓管理，着力在提高委员履职能力、拓展委员知情明政渠道、丰富委员履职活动载体、完善委员履职评价机制等方面想办法、出实招，努力为委员履职搭好平台、搞好服务、当好后盾，更好激发委员队伍活力，最大限度地调动委员履职积极性。

今年，重点做好以下七项工作：

一、贯彻落实十九大精神，进一步提高政治执行力

组织学习。把2018年作为"委员学习提升年"，加强政协委员、政协干部的思想政治教育，提高政治站位、保持政治定力，增强"四个意识"，始终保持坚定正确的政治方向。组织政协委员、政协干部深入学习十九大精神，深刻领会习近平新时代中国特色社会主义思想，全面理解报告内容、准确把握精神实质，自觉在学懂、弄通、做实上下功夫。

凝聚力量。广泛宣传十九大的新思想、新理论、新论述、新部署，引导各党派团体和社会各界人士，始终不渝地坚持中国共产党的领导，始终不渝地坚持和发展中国特色社会主义，引导各界群众把思想和行动统一到十九大精神上来，把智慧和力量凝聚到十九大确定的目标任务上来。

注重落实。坚持学精神、抓落实、促工作，通过举办知识竞赛、理论考试、组织会前集训和外出培训等方式，增强学习效果，鼓励政协委员和政协工作者，自觉把学习贯彻十九大精神，与做好政协各项工作结合起来，与"忠实履职，奉献津市"结合起来，与助力脱贫攻坚结合起来，推动十九大精神在政协履职实践中落地生根。

二、强化协商议政，进一步推进规范履职

做好年度协商规划。广泛深入征求社会各界意见建议，结合我市实际，制定"12310"年度协商计划。突出"工业立市、产业兴城"中的重点难点问题，突出人民群众生产生活中的实际问题，重点围绕农村公路建设与管养、津港新城建设规划等课题，组织开展2次常委会议协商；重点围绕车胤公园建设、津市城市文化传承、牛肉米粉产业发展等课题，组织开展3次主席会议协商；围绕加大老旧小区治理力度、"津市工匠"评选、推进生态节地殡葬、规范低速电动汽车管理、加强老年保健品市场监管等课题，组织开展10次对口协商和提案办理协商。

加强提案办理协商。坚持重点提案督办协商、面上提案规范协商、特殊提案联合协商，继续开展"提案办理协商月"活动，组织召开"年度重点提案办理工作评议会"，完善提案办理"回头看"机制，严格执行联合督办制度，着力提升提案跟踪督办水平，实现提案工作办理实、督办严、服务优。

开展网络协商。坚持提高政协工作信息化水平，有针对性地选择1~2个重点课题，通过政协云提出微建议、开展微协商，打开网络议政通道，让各界群众有序参与协商议政。

三、加强民主监督，进一步关注改善民生

强化组织委派监督。坚持绿色发展理念，做好"美丽津市·清清毛里湖"政协委员论坛成果转化工作，围绕生态恢复与污染治理，把"毛里湖流域水环境综合治理"作为监督主题，统一选派民主监督小组，对市环保局等7个相关职能部门进行集中监督，重点监督依法行政、项目建设、工作效能、工作作风等方面情况，助推毛里湖国家湿地公园建设。

实施专题视察监督。进一步规范视察活动方式，把听取情况与实地考察结合起来，围绕2017年脱贫攻坚民主监督建议以及政协重要协商建议的整改落实情况进行回访视察，主席会议重点围绕乡镇卫生院、生物医药产业、交通大会战等课题，按照有方案、有主题、有调研、有成果的要求开展3次专题视察活动，确保工作实效。

开展经常性监督。通过提案督办、反映社情民意信息、持证视察、参与市委市政府相关部门特邀监督、参加全市优化经济发展环境评议等方式加强和改进政协民主监督，认真贯彻中央关于加强和改进政协民主监督工作的意见，履行好民主监督职能，坚持"寓支持于监督之中，寓监督于服务之中"。

四、反映社情民意信息，进一步发挥委员能动性

健全工作机制。出台专门文件，对反映社情民意信息工作的管理、联络、反馈、激励等机制进行系统性、全局性安排部署。加强与党政部门的沟通联系，及时通报信息的采用情况、处理意见、有关批示及落实情况，切实回应委员关切、改善实际问题，激发委员履职积极性。对反映社情民意信息工作做出突出成绩的政协组织和政协委员，给予表彰和奖励。

强化队伍建设。遴选一批优秀的政协委员，组织各职能部门相关同志，建立一支专门的反映社情民意信息员队伍，充分发挥自身优势，积极反映社情民意信息。同时，注重发挥委员工作室"一室四站"优势，将群众反映的意见建议及时收集整理成社情民意信息，帮助市委市政府及时解决问题。

发挥专委会作用。各专委会要主动加强同委员的联系，把做好日常工作与反映社情民意信息有机结合，引导委员更多地关注经济社会发展中的热点难点问题，有针对性地收集民情、汇集民意，提出真知灼见，更好地发挥决策参考作用。

五、加强政协文史工作，进一步讲好津市故事

传承历史。把不断挖掘津市历史文化、传承津市城市品牌作为本届政协文史工作的重要任务，积极开展文史资料征集工作，启动编辑《津市城市基因》系列丛书，以文史明历史，打捞津市城市记忆，展示津市丰富多彩的文化。

上下联动。注重发挥政协文史资料"存史、资政、团结、育人"的作用，实现与省市政协的联动，协助做好《常德抗战》《常德古镇古村》等文史资料的征集工作，展现津市文化魅力。

注重创新。重视发挥委员的主体作用，激发委员们自愿参与政协文史工作的积极性和主动性，通过多种渠道尽可能把政协文史工作与委员开展本职业务、参加政协履职结合起来，充分利用委员界别资源优势促进文史工作，借助新媒体覆盖广泛的优势，扩大政协文史工作影响力。

六、把握团结民主主题，进一步扩大政协"朋友圈"

加强与党派团体合作。主动邀请党派团体参加政协组织的协商、调研、视察、监督等重要履职活动，支持党派团体的委员通过大会协商发言、提交提案、反映社情民意信息等形式，通过政协平台建言发声、表达意愿和主张，充分发挥政协“揽八方俊才，集各界精英”的作用。

加强与民族宗教界交流。积极协助党委政府做好民族宗教工作。注重发挥民族界、宗教界委员的桥梁纽带作用，深入开展慰问走访、政策宣传、座谈交流等活动，加强同少数民族和信教群众联系，促进民族团结、宗教和睦。

加强对外联系交流。以助推“工业立市、产业兴城”为目标，广泛开展联谊交流，广泛联系港澳台同胞、海外侨胞，引导他们更好发挥积极作用。

加强与旅外委员联系。畅通旅外委员了解情况、反映意见的渠道，帮助旅外委员更好地履行职责，发挥旅外委员资源优势，激发他们为家乡发展献计出力的热情。

七、坚持崇严尚实标准，进一步加强自身建设

完善职能建设。贯彻落实省政协和常德市政协统一部署，建立津市市政协“政协云管理服务办公室”，负责“政协云”平台管理、服务，承办省、市、县政协远程协商会议，开展市政协委员远程教育培训，管理、维护市政协协同办公系统，网上受理市政协委员“微提案”“微建议”，承担市政协日常工作的采编宣传，负责维护更新市政协门户网站。

激发队伍活力。组织部分优秀政协委员和政协干部到全国政协干部培训中心等地集中学习培训，开展政协理论知识竞赛，提升履职能力。组织各工作组、活动组围绕委员们关注的热点问题开展主题调研活动。认真总结和推广委员工作室规范化建设试点经验，出台标准化建设、规范化运行的制度和办法，指导有条件、有意愿的委员建立一批新的委员工作室。筹措组建老委员联谊会，为老委员延伸履职搭建平台，将老委员深厚的“政协情节”和“政协智慧”转化为不竭的“政协力量”。

深化宣传工作。认真贯彻落实全省政协新闻宣传工作会议精神，精心组织反映政协重大履职活动和委员履职风采的实时报道、深度报道，传播政协好声音，扩大政协影响力。

强化机关管理。深入推进“书香满津城，学习促发展”主题学习型机关创建活动和常德市文明标兵单位创建活动。进一步健全政协各项议事规则机制，推进政协工作制度化、程序化、规范化。加强政协党建工作，更好地发挥政协党组引领政协事业发展的领导核心作用，在政协机关干部中开展“不忘初心、牢记使命”主题教育，深入开展“两学一做”学习教育常态化制度化建设，进一步提高服务履职、服务委员的能力和水平。认真落实全面从严治党要求，坚持挺纪在前，从严抓作风，从严管队伍，维护风清气正的政协形象。

1月8—11日，市政协十二届三次会议在津市召开

大事记

2018 年 1 月

2 日　市委工作务虚会召开。

3 日　2018 年第 1 次市政府常务会议召开。

4 日　市第十七届人大常委会第八次会议召开。

5 日　全市垂直管理单位工作调度会召开。市委副书记、代市长黄旭峰，市委常委、常务副市长熊斌及全市垂直管理单位参加会议。

7 日　黄旭峰调研健康食品产业。

8 日　市委经济工作会议召开。会议由市委副书记、代市长黄旭峰主持，在主席台就座的市领导有：傅勇、黄旭峰、杨文惠、王育平、姜正才、熊斌、张海卿、伍子科、姜超、李景峰、胡杰、王俊、吴拥华、杜登全，全体市级领导和副处级以上领导干部，高新区、各镇、街道党政班子成员和办公室主任，市直正科级以上行政事业单位班子成员和办公室主任，副科级行政事业单位主要负责人，市纪委各派驻纪检组组长，驻津市（线管）单位主要负责人和办公室主任，驻村工作队队长，离退休老干部代表，部分规模企业、建筑公司、房地产公司法人代表，商贸流通企业代表，各村、社区党（总）支部书记参加了会议。

同日　政协津市市第十二届委员会第三次会议预备会议召开。会议由市政协副主席（兼）、残联理事长董新满主持，市政协主席姜正才、市委副书记杨文惠、市政协副主席（兼）、人民法院副院长阿毅，市政协副主席（兼）梁文利参加会议。

同日　津市扶贫领域专项巡察问题整改工作部署会召开。会议由市委副书记杨文惠主持。市政府副市长高见、市委常委、纪委书记伍子科参加会议。

同日　全市应对冰雪灾害天气暨安全生产工作调度会召开。会议由市委常委、常务副市长熊斌主持。市委副书记，代市长黄旭峰、市领导王俊、杜强、戴志刚、徐兴勇、陈顺勇，市政府办、应急办、各镇、各街道、安委会成员单位及国网津市供电公司、自来水公司等部门单位负责人参加会议。

同日　五星级酒店项目签约仪式举行。签约仪式由市委常委、副市长王俊主持，市委副书记、代市长黄旭峰与厦门实权能源投资有限公司董事长袁万忠现场签约。市委书记傅勇，市委副书记杨文惠，市人大常委会主任王育平，市政协主席姜正才，市委常委、常务副市长熊斌，市委常委、纪委书记伍子科，市委常委、市委办主任杜登全，市政府副市长徐兴勇参加签约仪式。

9 日　津市市第十七届人民代表大会第三次会议大会主席团第一次会议召开。市领导傅勇、王育平、黄旭峰、杨文惠、伍子科、胡杰、黄费武、李亚林、胡湘萍、邓开泉参加会议。

同日　津市市第十七届人民代表大会第三次会议预备会议召开。市领导傅勇、黄旭峰、杨文惠、王育平、伍子科等参加会议。

同日　中国人民政治协商会议津市市第十二届委员会第三次会议开幕式暨第一次全体会议举行。傅勇、黄旭峰、姜正才、杨文惠、王育平、曹后新、董新满、阿毅、梁文利、雷光键、周晓奇参加会议。

同日　黄旭峰调研市安监局工作。

同日　四大家领导调研智慧平台建设工作。

10 日　津市市政协第十二届三次会议联组会议举行。傅勇、黄旭峰、杨文惠、姜正才等市领导分别前往各联组分会场参与协商讨论。

同日　津市市第十七届人民代表大会第三次会议大会主席团第二次会议举行。市领导傅勇、王育平、黄旭峰、杨文惠、伍子科、黄费武、李亚林、胡湘萍、邓开泉等主席团全体成员参加会议。市委常委、组织部长胡杰列席会议。

同日　津市市第十七届人民代表大会第三次会议开幕式及第一次全体会议举行。傅勇、王育平、黄旭峰、杨文惠、姜正才、伍子科、邓惠荣、黄费武、李亚林、胡湘萍、邓开泉及老干部代表唐超虎参加会议。

11 日　政协津市市第十二届委员会常务委员会第七次会议召开。会议由市政协主席姜正才主持，市领导杨文惠、胡杰出席会议，市政协常务委员会全体组成人员参加会议。

同日　津市市第十七届人民代表大会第三次会议分团活动举行。市委书记傅勇参加街道代表一团分团讨论，市委副书记、代市长黄旭峰参加农村代表一团分团讨论。杨文惠、王育平、熊斌、伍子科、李景峰、胡杰、杜登全、李亚林、王俊、戴志刚、高见、徐兴勇、陈顺勇等市领导参加分团活动。

同日 傅勇、黄旭峰看望人大代表。市领导王育平、伍子科、杜登全参加慰问。

同日 津市市第十七届人民代表大会第三次会议大会主席团第三次会议举行。大会主席团全体成员参加会议。

同日 政协津市市第十二届委员会第三次会议胜利闭幕。傅勇、黄旭峰、姜正才、杨文惠、王育平、曹后新、董新满、阿毅、梁文利、雷光键、周晓奇出席。

12日 津市市第十七届人民代表大会第三次会议大会主席团第四次会议举行。大会主席团全体成员参加会议。

同日 津市市第十七届人民代表大会第三次会议胜利闭幕。傅勇、王育平、黄旭峰、杨文惠、姜正才、伍子科、邓惠荣、黄费武、李亚林、胡湘萍、邓开泉及老干部代表唐超虎出席。

同日 市政府中央环保督察反馈问题整改回头看工作紧急调度会召开。

13日 市监察委员会挂牌成立。市领导傅勇、王育平、伍子科、李景峰、胡杰、杜登全、戴志刚参与活动。

15日 北京清尚设计研究院教授刘建华带领设计团队调研津市药山镇文化旅游建设工作 。市委副书记杨文惠、市政协主席姜正才、市领导张伟莉及市药山镇相关负责人参加调研。

同日 药山振兴发展创意暨药山文化旅游景区旅游总体规划设计签约仪式举行。副市长李阳主持,市政协主席姜正才致辞。市委副书记、市长黄旭峰,清华大学北京清尚建筑设计研究院第二设计所执行所长、中国美丽乡村协同建设专委会副主任蔡治,宁波高新区明古尚贤文化传播工作室总经理虞彬现场签约。市委书记傅勇,市委副书记杨文惠,市人大常委会主任王育平,市委常委、常务副市长熊斌,市委常委、市委办主任杜登全,市政府正处级干部张伟莉及北京新营地旅游文化有限公司等相关负责人参与仪式。

同日 市虎爪山遗址抢险加固工程开工奠基仪式举行。湖南省文化厅原厅长、省政府原参事金则恭,湖南省文物局常务副局长江文辉,常德市文物局党组书记宋仁恒,常德市文物局局长陈宏元,市领导傅勇、黄旭峰、张海卿、杜登全、胡湘萍、杜强、曹后新及市直部分单位主要负责人出席。

16日 津市学习贯彻中共十九大精神第一期集中培训班举行。培训由市委书记傅勇主持。市委副书记杨文惠作培训动员讲话。市委副书记、市长黄旭峰,市人大常委会主任王育平,市政协主席姜正才,市委常委、宣传部长张海卿,市委常委、纪委书记伍子科,市委常委、统战部长吴拥华,市人大常委会副主任李亚林、邓开泉,市政府副市长杜强、徐兴勇、陈顺勇,市政协副主席曹后新、梁文利、雷光键等市领导及各镇、街道、市直单位班子成员参加培训。

17日 傅勇为全市学习党的十九大精神第一期培训班学员作辅导报告。 市委副书记、市长黄旭峰主持培训。市领导杨文惠、王育平、姜正才、张海卿、伍子科、胡杰、吴拥华、李亚林、邓开泉、杜强、徐兴勇、陈顺勇、曹后新、梁文利、雷光键及各镇、街道、市直单位班子成员参加培训。

18—22日 傅勇带队赴长三角地区、京津冀地区招商。

19日 全市学习贯彻中共十九大精神第一期集中培训班结业。结业仪式由市委副书记杨文惠主持。市委副书记、市长黄旭峰作总结讲话。

22日 市生态环境保护委员会2018年第1次全体会议召开。

24日 青苗腊八节暨市农产品博览会开幕。

同日 市推进产业立市三年行动指挥部挂牌成立。傅勇、黄旭峰、熊斌、杜登全出席。

同日 黄旭峰调研装备制造产业。

25日 朱水平(常德市委副书记)调研市工业发展情况和防冻抗灾工作。常德市委副秘书长石玉林,常德市发改委主任刘凡荣,常德市经信委主任周功表,市委书记傅勇,市委副书记杨文惠,市委常委、市委办主任杜登全参加调研。

同日 黄旭峰调研盐化工及其他产业发展运行情况。

26日 全市低温雨雪天气应对工作紧急调度会召开。

同日 全市2018企业家新春联谊会暨2017年度经济人物颁奖典礼举行。市领导傅勇、黄旭峰、杨文惠、熊斌、李景峰、吴拥华、杜登全、高见、黄费武、胡湘萍参加。

同日 傅勇、黄旭峰调研市一中工作。

同日 全市召开2018年民兵预备役暨国动委全会。市委书记、市人武部党委第一书记傅勇,市委副书记、市长、市国动委主任黄旭峰,市委副书记杨文惠,市委常委、常务副市长熊斌,市委常委、市人武部政委姜超,市委常委、市委办主任杜登全参加。

29日 2017年市委年轻干部读书班结业。

同日 全市人才工作座谈会召开。

30日 市高新区举办园企文艺会演。

同日 江苏广域化学有限公司来津市洽谈精细化工项目。江苏广域化学有限公司董事长康杰,湖北仙盛科技有限公司董事长邵新华,市委书记傅勇,市委常委、政法委书记李景峰,市政府副市长高见参加。

31日 市产业立市三年行动生物医药产业专项小组工作会议召开。傅勇、杜登全、徐兴勇参加。

同日 傅勇检查指导全市安全生产工作。

同日 市产业立市三年行动健康食品专项小组第一次工作调度会召开。市人大常委会主任、市推进产业立市三年行动健康食品专项小组组长王育平,市委常委、组织部部长胡杰,市政府副市长杜强参加。

2018年2月

2日 黄旭峰调度部门“要素向园区集中”工作。

同日 市委常委班子2017年度民主生活会召开。市委书记傅勇主持。市领导黄旭峰、杨文惠、王育平、姜正才、熊斌、张海卿、伍子科、李景峰、胡杰、吴拥华、杜登全参加。

5 日　常德市委常委、组织部部长梁仲检查津市安全生产工作、开展走访慰问活动。市委书记傅勇，市委常委、组织部部长胡杰，市政府副市长陈顺勇参加。

同日　现代物流专项小组调度会召开。市委常委、市纪委书记伍子科，市委常委、市政府副市长王俊出席。

6 日　市老干部政情通报会召开。

同日　傅勇调研澧水二桥建设工作。

同日　市领导开展春节走访慰问活动。

7 日　市 2018 年“讴歌新时代 开启新征程”迎新春文艺晚会举行。

同日　傅勇开展春节走访慰问活动。

8 日　傅勇调研西河街项目征拆及涔水新城项目建设工作。

9 日　开展“我的青春在津市”津市籍大学生参观交流活动。

11 日　毛里湖镇樟树村美丽乡村结硕果颁奖典礼举行。

同日　中共津市市委 2018 年度第 3 次常委会(扩大)会议召开。市领导傅勇、黄旭峰、杨文惠、王育平、姜正才、张海卿、伍子科、姜超、李景峰、胡杰、王俊、吴拥华、杜登全、杜强、李阳、戴志刚、徐兴勇参加。

12 日　傅勇调度市创新创业园进驻工作。

13 日　傅勇、黄旭峰考察城区亮化工作。

同日　傅勇开展慰问一线干部职工暨节前安全生产检查工作。

22 日　黄旭峰调研中联车桥发展情况。

同日　傅勇走访慰问市“四大家”干部职工。

同日　中共津市市委 2018 年度第 4 次常委会(扩大)会议召开。

23 日　中国共产党津市市第十二届纪律检查委员会第四次全体会议召开。市委书记傅勇，市委副书记、市长黄旭峰，市委副书记杨文惠，市委常委、纪委书记、监委主任伍子科参加。

25 日　市新年首单 PPP 环保项目成功签约。市委书记傅勇，市委常委、常务副市长熊斌，市政府副市长徐兴勇出席。

27 日　市委政法工作暨全市信访工作会议召开。

同日　市政府开展 2 月“头脑风暴”学习活动。市领导黄旭峰、熊斌、王俊、杜强、李阳、戴志刚、高见、徐兴勇、陈顺勇参加。

2018 年 3 月

1 日　市领导调研农业农村工作。

2—6 日　黄旭峰赴京对接重大项目。

7 日　北京医药行业协会到津市市考察。市委书记傅勇，市委副书记、市长黄旭峰，市委常委、市委办主任杜登全，市政府副市长高见参加。

同日　津市市生物医药产业战略合作签约仪式举行。

同日　市委“五人小组”会议专题研究巡察工作召开。市委书记傅勇，市委副书记、市长黄旭峰，市委副书记杨文惠，市委常委、纪委书记伍子科，市委常委、组织部部长胡杰出席。

9 日　传达学习中共十九届三中全会精神暨 2018 年全市党委系统工作会议召开。市委书记傅勇，市委副书记杨文惠，市政协主席姜正才，市委常委、宣传部部长张海卿，市委常委、纪委书记、监委主任伍子科，市委常委、人武部政委姜超，市委常委、政法委书记李景峰，市委常委、组织部部长胡杰，市委常委、统战部部长吴拥华，市委常委、市委办主任杜登全参加。

10 日　开展义务植树活动。市委、市人大、市政府、市政协四大家主要领导参加。

12 日　傅勇调度推新工作。市委常委、政法委书记李景峰，市委常委、市委办主任杜登全，市政府副市长高见参加。

同日　黄旭峰调研发改工作。

同日　市安全生产委员会第二次全会(扩大)会议暨全市安全生产“打非治违百日行动”调度会召开。市领导黄旭峰、熊斌、王俊、陈顺勇、杜强、李阳、高见参加。

12—13 日　杨文惠带队调研企业创新研发工作。

13 日　黄旭峰主持召开 2018 年第 2 次市政府常务会议。

14 日　傅勇主持召开脱贫攻坚大会战指挥部第一次全体会议。

同日　中共津市市委 2018 年度第 5 次常委会议开展会前学法活动。市领导傅勇、黄旭峰、王育平、姜正才、熊斌、张海卿、伍子科、姜超、李景峰、胡杰、王俊、杜登全参加。

15 日　市“四大家”领导调研港口规划及津港大道建设。市委书记傅勇，市委副书记、市长黄旭峰，市人大常委会主任王育平、市政协主席姜正才参加。

16 日　黄旭峰调研毛里湖国家湿地公园建设情况，强调：要始终把保护湿地摆在首要位置。

同日　溢多利生物科技股份有限公司到津市洽谈项目推进事宜。市委书记傅勇，市委副书记、市长黄旭峰，市委常委、政法委书记李景峰，市委常委、市委办主任杜登全参加。

19 日　黄旭峰调度城市建设与管理工作。

20 日　市委人才工作领导小组会议召开。

同日　推进产业立市三年行动工作调度会召开。市委书记傅勇，市委副书记、市长黄旭峰，市委常委、常务副市长熊斌，市领导姜正才、张海卿、伍子科、姜超、李景峰、胡杰、王俊、吴拥华、杜登全、杜强参加。

20—21 日　常德市第七届人大联络工作第二次联席会议在津市市召开。市委副书记、市长黄旭峰，市人大常委会主任王育平，市政府副市长高见参加。

21 日　黄旭峰主持召开 2018 年第 3 次市政府常务会议。

22 日　傅勇考察五环时代全民健身中心工程项目。

同日　傅勇调研园区土地要素保障工作。

23 日　市委农村工作领导小组二季度工作例会暨乡村振兴工作务虚会召开。

同日 碧桂园集团到津考察。市委书记傅勇、市人大常委会主任王育平、市政协副主席雷光键参加。

同日 姜正才率市文旅康养推进小组赴南县学习考察。

同日 津市市工会第十六次代表大会召开。市委副书记杨文惠,市委常委、组织部部长胡杰参加。

26日 傅勇调研市襄阳街街道工作情况。

27日 市委2018年年轻干部读书班开班。

同日 举行高端液晶材料及中间体生产基地项目签约仪式。

28日 傅勇调研市金鱼岭街道工作情况。

29日 中共津市市委2018年度第6次常委会议开展会前学法活动。市领导傅勇、黄旭峰、杨文惠、熊斌、伍子科、李景峰、胡杰、王俊、吴拥华参加。

同日 市政府开展3月"头脑风暴"学习活动。市委常委、常务副市长熊斌,市委常委、政法委书记李景峰,市人大常委会副主任李亚林,市政府副市长高见,市政协副主席阿毅参加。

2018年4月

1日 津市市深圳客商考察交流座谈会召开。市委书记傅勇,市委副书记、市长黄旭峰,市委常委、常务副市长熊斌,市委常委、政法委书记李景峰,市委常委、市委办主任杜登全,市人大常委会副主任李亚林,市政府副市长高见,市政协副主席曹后新参加。

2日 华强北津市电子产业园项目签约。市领导傅勇、杨文惠、王育平、姜正才、李景峰、杜登全、戴志刚出席。

同日 黄旭峰主持召开2018年第4次市政府常务会议。

8日 傅勇主持召开市委常委会(扩大)会议。

9—10日 省政协到津调研洞庭湖生态环境治理推进落实情况。省政协常委、省政协社法委兼职副主任、省民政厅副厅长陈慈英,市委副书记杨文惠、市政协主席姜正才、市政府副市长徐兴勇参加。

10日 2018年银企对接交流会召开。

11日 市人民政府第十七届二次全体会议召开。市委书记傅勇,市委副书记、市长黄旭峰,市人大常委会主任王育平,市政协主席姜正才参加。

同日 推进产业立市三年行动指挥部第一次全体会议召开。市委书记傅勇,市委副书记、市长黄旭峰,市委副书记杨文惠,市委常委、常务副市长、市推进产业立市三年行动指挥部办公室主任熊斌参加。

同日 全省示范性县级党校评审、各级党校工作会议精神落实情况督查汇报会召开。常德市委组织部副部长姚敦科、常德市委党校副校长曹桂清、市委副书记杨文惠、市委常委、市委组织部部长胡杰参加。

12日 市"四大家"会商毛里湖国家湿地公园建设工作。市领导傅勇、黄旭峰、杨文惠、王育平、姜正才、熊斌、杜登全、李阳、徐兴勇、曹后新参加。

13日 全市扫黑除恶专项斗争工作调度会召开。市委常委、政法委书记李景峰主持,市委书记傅勇,市委副书记杨文惠出席。

同日 黄旭峰带队赴湖南城陵矶新港区考察对接。

16日 市委常委会召开扩大会议传达贯彻省委、常德市委常委会(扩大)会议及全省金融工作会议精神。市领导傅勇、黄旭峰、杨文惠、王育平、姜正才、熊斌、伍子科、姜超、李景峰、胡杰、王俊、吴拥华、杜登全、李阳、戴志刚、徐兴勇参加。

同日 法国开发署抵津实地考察毛里湖国家湿地公园生物多样性保护与合理利用示范工程项目。

同日 市津港新城建设工作任务交办会召开。市委副书记、市长黄旭峰,市委常委、常务副市长熊斌,市委常委、组织部部长胡杰,市委常委、市政府副市长王俊,市政府副市长徐兴勇参加。

同日 市2018年城市创建工作会议召开。

同日 黄旭峰调研西河街项目建设工作情况。

同日 黄旭峰主持召开中央环保督查反馈问题及土地卫片执法整改任务交办会议。熊斌、王俊、李阳、戴志刚、徐兴勇参加。

16—20日 杨文惠、王育平赴福建等地考察学习。

18日 傅勇参加市委办机关支部全体党员大会。

20日 市脱贫攻坚作风建设推进会召开。市委书记傅勇,市委副书记、市长黄旭峰,市政府副市长李阳参加。

23日 市西河街棚改项目设计方案汇报会召开。市委书记傅勇,市委副书记杨文惠,市人大常委会主任王育平,市委常委、常务副市长熊斌,市委常委、组织部部长胡杰,市委常委、市委办主任杜登全,市政协副主席雷光键参加。

同日 黄旭峰检查全市防汛备汛、砖厂整治及交通项目工作。

24日 黄旭峰主持召开2018年第5次市政府常务会议。

同日 组织收看全省扶贫工作暨作风建设年动员大会。省委书记、省人大常委会主任杜家毫,省委副书记、省长许达哲出席会议并讲话,省委副书记乌兰主持会议。市委书记傅勇,市委副书记、市长黄旭峰,市委副书记杨文惠,市人大常委会主任王育平参加。

同日 市领导赴园区开展"抓重点、补短板、强弱项"调研活动。市委副书记杨文惠,市委常委、统战部长吴拥华参加。

25日 开展领导干部警示教育活动。市委书记傅勇,市委副书记、市长黄旭峰,市委副书记杨文惠,市人大常委会主任王育平,市政协主席姜正才参加。

26日 常德市深化供销社综合改革现场会在津市召开。常德市委副书记朱水平出席会议并讲话,常德市副市长杨成英主持会议。市委副书记杨文惠、市政府副市长李阳参加。

同日 市一季度经济形势分析会召开。市委副书记、市长黄旭峰主持。市领导傅勇、王育平、熊斌、张海卿、伍子科、姜超、李景峰、胡杰、王俊、吴拥华、杜强、李阳、徐兴勇、高见。

27 日　全市“创新引领未来，弘扬工匠精神” 技能比武活动启动。

同日　津市市举行常德市金融服务实体津市行暨津市产融对接大会。市委常委、常务副市长熊斌主持。市委书记傅勇、市委副书记杨文惠、市人大常委会主任王育平、市政府副市长高见出席。

28 日　全市防汛会商会召开。市委副书记、市长黄旭峰，市人大常委会主任王育平，市政协主席姜正才，市委常委、人武部政委姜超，市委常委、市政府副市长王俊参加。

同日　市委农业农村工作暨防汛抗旱动员、河长制工作会议召开。

2018 年 5 月

3 日　杨文惠调度津市牛肉米粉产业发展工作。

同日　市现代物流专项小组第三次调度会召开。

同日　市年轻干部座谈会召开。

8 日　傅勇主持召开市委基层党建工作领导小组会议。市委副书记杨文惠，市委常委、组织部长胡杰参加。

9 日　梁仲调研市毛里湖镇基层党建工作。市委书记傅勇参加。

10 日　市生态环境保护委员会 2018 年第 2 次全体会召开。

同日　梁仲、谭弘发检查津市防汛工作。市委副书记、市长黄旭峰，市委常委、组织部长胡杰参加。

14 日　黄旭峰调度智慧党建政务服务事项下沉工作。

15 日　傅勇开展园区双月调度时强调：加快推进重点项目建设 努力保持经济持续健康发展势头。市委常委、政法委书记李景峰主持，市委常委、市委办主任杜登全，市人大常委会副主任胡湘萍，市政府副市长高见参加。

同日　陈飞到津调研工业经济发展情况。常德市委副书记、市长曹立军，常德市人民政府副市长汤祚国，市委书记傅勇，市人民政府副市长高见参加。

16 日　傅勇主持召开市委全面深化改革领导小组 2018 年度第 1 次会议。市委副书记、市长黄旭峰，市委副书记杨文惠，市人大常委会主任王育平，市政协主席姜正才参加。

同日　傅勇调研特殊人群康复保障工作。

17 日　市护市垸召开防汛抗旱动员大会。

同日　傅勇调研湘澧盐矿生产经营情况。

22 日　李忠调研督导津市扫黑除恶工作。市委书记傅勇，市委常委、政法委书记李景峰，市政府副市长、公安局长戴志刚参加。

23 日　省妇联副主席张媛媛到津开展调研。常德市妇联主席袁世平，市委副书记杨文惠参加。

同日　市政府开展 5 月“头脑风暴”学习活动。市领导黄旭峰、王育平、李景峰、王俊、胡湘萍、杜强、李阳、高见、陈顺勇参加。

同日　傅勇调研全市防汛抗旱工作。

24 日　傅勇调研全市纪检监察工作。

同日　召开城市建设与管理工作调度会。

25 日　傅勇主持召开脱贫攻坚大会战指挥部第二次全体会议。

28 日　黄旭峰主持召开 2018 年第 6 次市政府常务会议。

29 日　傅勇调研毛里湖“两拆两退”工作。

同日　中共津市市委 2018 年度第 9 次常委会(扩大)会议召开。市领导傅勇、黄旭峰、杨文惠、王育平、姜正才、熊斌、李景峰、胡杰、王俊、吴拥华、杜登全、杜强、戴志刚、高见、徐兴勇、陈顺勇参加。

同日　黄旭峰调研高新区发展情况。

30 日　黄旭峰调研全市教育工作。

2018 年 6 月

1 日　傅勇调研宣传文化系统工作时强调：打好“创学”品牌 树立创新思想、为新时代津市发展凝聚力量。

4 日　黄旭峰调度全市污染防治攻坚工作。

5 日　省文化厅副厅长鄢福初调研津市文化工作。常德市文体广新局党组书记、局长王鳌，市人大常委会主任王育平，市委常委、宣传部长张海卿，市政府副市长杜强参加。

6 日　傅勇、黄旭峰调研高考考务工作。

8 日　召开小区长效管理暨控违拆违工作推进会。

10 日　杨文惠调研规上服务业企业经营情况。

11 日　傅勇调研澧水环境保护工作。

12 日　黄旭峰主持召开 2018 年第 7 次市政府常务会议。

同日　梁仲调研市毛里湖镇樟树村美丽乡村建设工作。

同日　周德睿深入津市开展“三走访、三签字”和污染防治调研活动。常德市委常委、市委秘书长罗先东，市领导傅勇、黄旭峰参加。

20 日　杨文惠主持召开市委片闲置低效企业盘活工作专题调度会。

25 日　市政府开展 6 月“头脑风暴”学习活动。市领导黄旭峰、李景峰、熊斌、黄费武、杜强、李阳、戴志刚、高见、陈顺勇、雷光键参加。

26 日　傅勇调度乡村振兴规划编制工作。

27 日　全市智慧党建、政务服务下沉工作调度会召开。

同日　傅勇“七一”节前走访慰问药山村困难党员、开展“庆七一、上党课”活动。

同日　傅勇赴白衣镇、药山镇开展“三走访、三签字”调研。

28 日　三洲驿街道举办“不忘初心　牢记使命”庆‘七一’总结表彰暨文艺汇演。

2018 年 7 月

2 日　市委办党支部 2018 年上半年组织生活会召开。市领导傅勇、杨文惠、杜登全、李力、张宏平、唐熙刚参加。

4日　朱水平调研津市乡村振兴和脱贫攻坚工作。

6日　省委、常德市委统战部调研三新垸村同心美丽乡村建设工作。省委统战部民宗处副处长王志刚，常德市委统战部副部长余仁辉，津市市委常委、统战部部长吴拥华参加。

10日　黄清宇到津调研指导政法工作。市委常委、政法委书记李景峰，市政府副市长、市公安局局长戴志刚参加。

12日　市政府办党支部2018年上半年组织生活会召开。市领导黄旭峰、熊斌、王俊、杜强、陈顺勇、严东平、温南军参加。

同日　黄旭峰主持召开2018年第9次市政府常务会议。

同日　李忠督导津市公安、信访、司法等部门半年工作情况。市委副书记、市长黄旭峰，市政府副市长、公安局局长戴志刚参加。

同日　黄旭峰调研食品产业发展情况。

13日　黄旭峰考察澧水—淞虎航道。

16日　市委中心组(扩大)学习暨新时期人口形势和计划生育工作转型发展、习近平新时代中国特色社会主义思想学习讨论会召开。

18日　津市园区双月调度会召开。在高新区四楼会议室召开园区双月调度会。市委常委、政法委书记李景峰主持，市委书记傅勇，市委常委、市委办主任杜登全，市人大常委会副主任胡湘萍参加。

同日　生物酶催化及酶发酵项目签约落户津市。市政府副市长高见主持，市委常委、政法委书记李景峰致辞，市委常委、市政府常务副市长熊斌签约。市委书记傅勇，市委常委、市委办主任杜登全，市政府副市长徐兴勇出席。

24日　中共津市市第十二届委员会第六次全体(扩大)会议召开。市委书记傅勇主持，市领导黄旭峰、杨文惠、王育平、姜正才、熊斌、张海卿、伍子科、李景峰、胡杰、王俊、吴拥华、杜登全参加。

24—31日　市领导开展“八一”拥军优属、拥政爱民活动。黄旭峰、杨文惠、王育平、姜正才、熊斌、张海卿、伍子科、姜超、李景峰、胡杰、王俊、吴拥华、杜强、李阳、徐兴勇、陈顺勇参加。

25日　市人大常委会召开2018上半年政情通报会。市人大常委会主任王育平，市委常委、市政府副市长王俊参加。

同日　市第十七届人大常委会举行第十二次会议。

同日　傅勇开展“八一”走访慰问活动。

30日　梁仲到津督导检查环保问题整改工作。市委副书记、市长黄旭峰，市委常委、组织部部长胡杰，市政府副市长徐兴勇参加。

同日　梁仲到津开展“八一”走访慰问活动。市委书记傅勇，市委常委、组织部部长胡杰参加。

31日　津港新城招商引资工作会商会议召开。市委书记傅勇，市委副书记、市长黄旭峰参加。

2018年8月

1日　招商引资工作领导小组半年工作调度会召开。市领导黄旭峰、李景峰、黄费武、高见、曹后新参加。

10日　碧桂园西河街棚改综合开发建设项目签约。市领导杨文惠、姜正才、邓开泉、徐兴勇、雷光键出席。

13日　黄旭峰调研高新区企业生产经营情况。

21日　傅勇调研高新区企业发展情况。

22日　傅勇调研全市抗旱工作。

28日　省人大常委会到津开展促进科技成果转化“一法一办法”执法检查。常德市人大常委会副主任杨新辉，常德市政府副市长汤祚国，常德市人大常委会秘书长万利，市委书记傅勇，市人大常委会主任王育平，市委常委、市委办主任杜登全，市人大常委会副主任胡湘萍，市政府副市长高见参加。

29日　天津沃佰艾斯有限公司到津考察。市委副书记、市长黄旭峰，市委常委、政法委书记李景峰，市政府副市长高见参加。

同日　傅勇调研市财税工作。

同日(至9月2日)　黄旭峰带队赴北京招商引资。市委常委、政法委书记、推新工作领导小组组长李景峰，市政府副市长高见参加。

31日　市委巡察工作领导小组听取十二届市委第三轮巡察工作汇报。

2018年9月

3日　市委“五人小组”听取十二届市委第三轮巡察情况汇报。市委书记傅勇，市委副书记、市长黄旭峰，市委副书记杨文惠，市委常委、市纪委书记、市监察委主任伍子科出席。

4日　市全市优化经济发展环境工作专题调度会召开。

10日　黄旭峰调研食品企业发展情况。

同日　罗云寿到津调研新农村建设工作。省委政研室办公室副主任费志勇，常德市委政研室主任马吉云，市委常委、市委办主任杜登全，市政府副市长李阳参加。

11日　傅勇调研全市重点项目建设工作。

同日　常德市政协到津开展古镇古村古建筑调研。常德市政协副主席彭孟雄、市政协主席姜正才、市政协副主席曹后新参加。

12日　黄旭峰主持召开2018年第11次市政府常务会议。

13日　召开学习贯彻习近平总书记在全国宣传思想工作会议重要讲话精神动员大会。市领导傅勇、王育平、姜正才、张海卿、伍子科、王俊、吴拥华、杜登全参加。

同日　组织收看湖南省第四环保督察组常德市意见反馈会。市委书记傅勇，市委副书记、市长黄旭峰及全体在家市级领导参加。

14日　市高新区热电联产项目正式签约。市政府副市长高见主持签约仪式，市委书记傅勇出席签约仪式并讲话，市委副书记、市长黄旭峰上台签约。市人大常委会主任王育平，市政协主席姜正才，市委常委、市委办主任杜登全参加。

同日　副省长陈文浩到津调研河长制及水污染防治工作。省住建厅厅长鹿山，常德市委副书记、市长曹立军，常德市政府副市长龚德汉，市委书记傅勇，市委常委、市政府副市长王俊，市政府副市长李阳参加。

18日　黄旭峰调研窑坡渡国控考核断面水质监测工作。

同日　常德市"司法所规范化建设年"工作现场推进会在津市召开。常德市委常委、政法委书记黄清宇，常德市政府副市长李忠，市委书记傅勇，市委常委、政法委书记李景峰参加。

同日　傅勇调度津港新城建设工作。

19日　津市市布朗风幼稚园开工奠基。

同日　黄旭峰调研安全生产检查工作。

同日　召开安全监管"强执法防事故"行动上劲会暨市安委会第四次全体会议。

20日　常德市农村人居环境整治流动现场会到津市考察。常德市委书记、市人大常委会主任周德睿，常德市委副书记、市长曹立军，常德市委副书记朱水平，常德市委常委、秘书长罗先东，常德市人大常委会副主任宋云文，常德政协副主席熊国建，常德市政府副市长龚德汉，市委书记傅勇，市委副书记、市长黄旭峰，市委常委、市政府常务副市长熊斌，市委常委、市委办主任杜登全，市政府副市长李阳，市领导王文军参加。

26日　市政府开展9月"头脑风暴"学习活动。市领导黄旭峰、王育平、姜正才、王俊、邓开泉、陈顺勇参加。

同日　省老科协到津开展经验交流现场会。原全国老科协副会长杨继平，原副省长、省老科协会长唐之享，原省人大常委会副主任蔡力峰，常德市政府副市长汤祚国，市委书记傅勇，市委常委、市委办主任杜登全，市政府副市长李阳、高见参加。

27日　市委中心组(扩大)开展集中学习。市委书记傅勇主持，市委中心组成员王俊、吴拥华、杜登全分别主题讲课，市领导伍子科、李景峰、胡湘萍、陈顺勇、梁文利分别讨论发言，市领导黄旭峰、王育平、姜正才、张海卿、黄费武、杜强、李阳、曹后新、董新满、梁文利、雷光键参加。

28日　市第十七届人大常委会举行第十三次会议。市人大常委会副主任李亚林主持，市人大常委会主任王育平、副主任邓惠荣、黄费武、胡湘萍、邓开泉参加，市委常委、市人民政府副市长王俊，市人民政府副市长杜强、李阳、戴志刚列席。

同日　傅勇赴毛里湖镇开展"三走访、三签字"调研。

2018年10月

9日　召开园区双月调度会。

同日　南京常德商会到津考察洽谈。常德市工商联党组副书记、副主席赵晓波，市委书记傅勇，市领导杜登全、胡湘萍、高见参加。

10日　傅勇重阳节前走访慰问退休老干部。

同日　傅勇调研市房地产市场工作。

15日　黄旭峰调研市乡村振兴工。

16日　黄旭峰重阳节走访慰问老干部。

同日　举办2018年重阳节文艺汇。市委书记傅勇，市委副书记、市长黄旭峰，市委常委、常务副市长熊斌，市人大常委会副主任邓惠荣，市政协副主席雷光键出席。

同日　中共津市市委2018年度第17次常委(扩大)会议召开。市领导傅勇、黄旭峰、熊斌、伍子科、姜超、李景峰、王俊、吴拥华、邓惠荣、李亚林、胡湘萍、邓开泉、徐兴勇、陈顺勇、董新满、阿毅、李力、王文军、温南军参加。

17日　黄旭峰调研环保及2019年城建、棚改计划工作。

18日　黄旭峰主持召开2018年市政府第12次常务会议。

同日　迎接全省"七五"普法中期检查验收工作。省委法治办专职副主任、省司法厅法制宣传处处长刘刚魁，常德市政府副秘书长谢朝君，常德市司法局党组书记、局长曾勇，市委常委、政法委书记李景峰参加。

同日　省委副书记乌兰到津调研考察。常德市委书记、市人大常委会主任周德睿，常德市委副书记朱水平，市委书记傅勇，市委副书记杨文惠参加。

19日　黄旭峰带队开展安全生产检查。

同日　黄旭峰调研市国土工作。

同日　黄旭峰调研装备制造企业发展情。

同日　湖南省、常德市、津市市三级人大代表调研视察公租房建设管理工作。常德市人大常委会副主任戴君耀，市委书记傅勇，市委副书记、市长黄旭峰参加。

22日　省政协主席李微微视察津市生态环境治理工作。省政协副主席张灼华，常德市委副书记朱水平，常德市政协主席李爱国，市委书记傅勇，市委副书记、市长黄旭峰，市政协主席姜正才，市委常委、市委办主任杜登全参加。

23日　黄旭峰调度园区工。

24日　市河长制工作调度会召开。

同日　市委中心组开展集中学习。市委书记傅勇主持，市领导黄旭峰、熊斌、张海卿、伍子科、李景峰、吴拥华、胡湘萍、徐兴勇、陈顺勇、梁文利、雷光键、温南军、王文军参加。

25日　傅勇赴千金药业(集团)考察洽谈。

29日　国开行湖南省分行行长袁建良到津调研政银金融工作。

30日　津市配合中央生态环保督察"回头看"工作协调会议召开。市领导傅勇、熊斌、张海卿、李景峰、吴拥华、杜登全、杜强、高见、陈顺勇参加。

同日　市政协2018年度重点提案民主评议会议召开。

31日　市政府开展10月"头脑风暴"学习活动。市领导王俊、吴拥华、邓开泉、杜强、梁文利参加。

同日　傅勇、黄旭峰调研市环保工作。

同日　陈恢清督查窑坡渡断面水质监测工作。市委书记傅勇，市委副书记、市长黄旭峰，市委常委、常务副市长熊斌，市政府副市长徐兴勇参加。

2018 年 11 月

1 日 市统战人士代表、统战工作者座谈会召开。市委书记傅勇，市委常委、统战部部长吴拥华参加。

2 日 黄旭峰主持召开 2018 年市政府第 13 次常务会议。

5 日 傅勇调研市城建、棚改工作。

同日 市领导赴深圳盐田对接考察。市人大常委会主任王育平，市委常委、常务副市长熊斌，市人大常委会副主任李亚林参加。

6 日 傅勇调度“非洲猪瘟”防控工作。

7 日 黄关春到津调研督导政法综治工作。省委政法委员会委员卜建才，省公安厅副厅长李介德，常德市委常委、市委政法委书记黄清宇，常德市副市长、市公安局局长李忠，市委副书记、市长黄旭峰，市委常委、政法委书记李景峰，市政府副市长、市公安局局长戴志刚参加。

9 日 傅勇、黄旭峰调研全市扫黑除恶、平安建设、信访维稳工作。

12 日 市优化经济发展环境工作评议民主测评会议召开。

15 日 傅勇调研市“智慧党建”工作。

16 日 黄旭峰调研农村人居环境整治工作。

18 日 市五环时代全民健身中心盛装起航（“健康中国·运动湖南”2018 全民健身大赛季津市站火热开赛）。市人大常委会主任王育平，市政协主席姜正才，市委常委、宣传部部长张海卿，市人民政府副市长杜强出席。

22 日 2018 年常德市开放强市、产业立市流动现场会到津考察。常德市委书记、市人大常委会主任周德睿，常德市委副书记、市长曹立军，市委书记傅勇，市委副书记、市长黄旭峰，市政府副市长高见参加。

27 日 市落实常德重防指挥部关于进一步加强“两场”监督工作调度会召开。市委书记傅勇，市委副书记、市长黄旭峰，市委副书记杨文惠，市人民政府副市长李阳参加。

同日 全市改善农村人居环境流动现场会召开。市委书记傅勇，市委副书记、市长黄旭峰，市委副书记杨文惠，市政府副市长李阳参加。

28 日 津市市第十七届人大常委会举行第十四次会议。市人大常委会副主任胡湘萍主持，市人大常委会主任王育平，副主任邓惠荣、李亚林、邓开泉参加，市委常委、市人民政府常务副市长熊斌、市人民政府副市长李阳列席。

同日 傅勇开展脱贫攻坚“三走访、三签字”暨软弱涣散村党组织谈心谈话活动。

同日 全市项目建设、向上争资暨招商引资工作会议召开。市委书记傅勇，市委副书记、市长黄旭峰，市委副书记杨文惠参加。

2018 年 12 月

7 日 鸿鹰生物院士工作站揭牌成立.中国工程院院士、江南大学校长、教授陈坚，市政协主席姜正才，市委常委、政法委书记李景峰参加。

同日 “智汇洞庭·科创常德” 津市专场活动 29 个项目成功签约。湖南省科技厅副厅长朱皖，湖南省科技厅成果处处长谭立刚，常德市委副书记、市长曹立军，常德市副市长汤祚国，常德军分区政委董亮，常德市人大常委会副主任宋云文，常德市人民政府秘书长李正才，津市市委书记傅勇，津市市委副书记、市长黄旭峰参加。

11 日 傅勇、黄旭峰到市人大召开 2019 年工作思路调研座谈会。市委副书记杨文惠，市人大常委会主任王育平，市委常委、市委办主任杜登全，市人大常委会副主任邓惠荣、黄费武、李亚林、胡湘萍、邓开泉参加。

12 日 傅勇、黄旭峰到市政协召开 2019 年工作思路调研座谈会。市委副书记杨文惠，市政协主席姜正才，市政协副主席董新满、阿毅、梁文利、雷光键，市领导王文军参加。

同日 傅勇、黄旭峰调研城建工作。

同日 傅勇、黄旭峰调研财税工作。

13 日 全市岁末年初安全生产工作暨市安委第五次全会（扩大）会议召开。市委副书记、市长黄旭峰，市委常委、常务副市长熊斌，市委常委、市政府副市长王俊，市政府副市长、公安局长戴志刚，市政府副市长高见、徐兴勇参加。

同日 梁仲到津开展督导落实“两个责任” 例行谈心谈话活动。常德市纪委副书记、市监委副主任谭登平，常德市委组织部办公室主任黄秋云，常德市纪委监委第六纪检监察室副主任陶佟，市委书记傅勇，市委常委、市纪委书记、市监委主任伍子科参加。

14 日 傅勇、黄旭峰调研全市工业经济发展情况。

15 日 “健康中国·运动湖南”2018 全民健身大赛季津市站颁奖盛典暨哈林巫师花式篮球巡演津市站圆满落幕。

17 日 12 月市委中心组（扩大）学习暨习近平新时代中国特色社会主义经济思想、改革开放四十年成就与经验学习讨论会召开。市领导傅勇、黄旭峰、王育平、姜正才参加。

同日 2018 年优化经济发展环境测评大会召开。市领导傅勇、黄旭峰、王育平、姜正才、张海卿、李景峰、胡杰、王俊、吴拥华参加。

24 日 津市代表团赴常德参加常德市七届人大三次会议。常德市委常委、组织部部长梁仲，津市市委书记傅勇，津市市委副书记、市长黄旭峰，津市市人大常委会主任王育平等代表参加。

同日 黄旭峰主持召开 2018 年第 14 次市政府常务会议。

25 日 津市代表团集中审议常德市人民政府工作报告。津市代表团团长王育平主持，常德市人大常委会副主任戴君耀，常德市人民政府副市长尹正锡，市委书记傅勇，市委副书记、市人民政府市长黄旭峰，市人大常委会副主任邓惠荣参加。

26 日 “12345”便民服务平台正式启动。市委常委、市政府常务副市长熊斌，市委常委、市政府副市长王俊出席启动仪式。

28日　曹立军到津市代表团听取审议发言。会议由代表团临时党支部书记、市委书记傅勇主持。常德市委常委、组织部长梁仲，常德市人大常委会副主任戴君耀，市委副书记、市长黄旭峰，市人大常委会主任王育平、副主任邓惠荣参加。

29日　傅勇主持召开2018年第23次常委会传达学习省委经济工作会议及常德“两会”精神。市领导黄旭峰、杨文惠、王育平、姜正才、熊斌、张海卿、姜超、胡杰、王俊、吴拥华、杜登全、杜强、李阳、戴志刚、高见、徐兴勇、陈顺勇参加。

同日　“津市快警”正式运行。市委常委、政法委书记李景峰主持启动仪式，市委书记傅勇，市委副书记、市长黄旭峰参加。

综 述

基本市情

【位置、面积】津市市位于常德市北部(常德市位于湖南省北部),地处澧水尾闾,洞庭湖西缘。东径 111° 45′ 59″ ~112° 1′ 40″,北纬 29° 16′ 30″ ~ 29° 39′ 46″ 。境南接常德鼎城区,界长 28.8 公里;西北、东北与澧县澧阳区、红湖区、梦溪区抵界,界长 80 公里,境东与安乡珊湖毗邻,界长 9.6 公里,境西与临澧烽火、柏枝乡接壤,界长 41.6 公里。全市面积 550.79 平方公里,其中澧水北 45.22 平方公里,澧水南 505.57 平方公里。在常德市 9 个县、市、区中,幅员居第 8 位。 (志办)

【人口】2018 年末全市居民总户数 95219 户,总户籍人口 233414 人,其中城镇人口 124927 人,乡村人口 108487 人。按性别分,男性人口 118522 人,女性人口 114892 人。按年龄分,0~17 岁 32352 人,18~34 岁 44509 人,35~59 岁 98350 人,60 岁及以上 58203 人。全市全年出生人口 1827 人。

【行政区划】2018 年,津市辖 5 个街道(三洲驿、汪家桥、襄阳街、金鱼岭、嘉山)4 个镇(新洲、毛里湖、药山、白衣)。新洲镇辖青山裕、车胤、九堰、长岭岗、荷花堰、黄林堰、同兴、鹿山、杨家、龙山、汉泗、复兴、兴隆、李家、马家 16 个建制村,嘉山、万寿宫、孟姜女、五泉 4 个社区居委会,总面积 86.12 平方千米。镇人民政府驻万寿宫社区(原新洲镇人民政府驻地)。

毛里湖镇辖花桥、田家山、澧赋、七星、民兴、中心、青苗、荣台、大山、中南、长寿、川门、樟树、庙基、土桥、箭楼、利兴、灯塔、万家、同乐、双堰岗、梁家坪、清泉、双坪 24 个建制村,河口、龟山、大桥、官堰 4 个社区居委会,总面积 107.82 平方千米。镇人民政府驻河口社区(原保河堤镇人民政府驻地)。

药山镇辖新湖、新民、民主、茶场、新福、新合、三合、李阳、天鹅、双合、金盆、发瑞、枫树、岳山、奇龙、西湖、临东、黄金、双门、官堰、联合、礼安、新华、白云山 24 个建制村,文昌阁、界福、棠华铺、三叉路 4 个社区居委会,总面积 134.31 平方千米。镇人民政府驻文昌阁社区(原渡口镇人民政府驻地)。

白衣镇辖蒲山、金泉、天门、金坪、红光、荷花、会云、钟灵、建国、双马、柏林、永兴、金星、长安、金林 15 个行政村及白衣庵、石板滩 2 个社区居委会。

嘉山街道辖杉堰、戚家、关桥 3 个建制村和团湖、明道 2 个社区居委会,总面积 21 平方千米。办事处驻明道社区(津市市龙岗路 1 号)。

【降雨】2018 年,津市市市区(水务局雨量站录)年降雨量为 949.06 毫米,汛期中的降雨量及有效降雨天数分别为:4 月为 143.37 毫米,有效降雨天数 4 天;5 月为 178.43 毫米,有效降雨天数 8 天;6 月为 22.71 毫米,有效降雨天数 4 天;7 月为 155.51 毫米,有效降雨天数 9 天;8 月为 29.83 毫米,有效降雨天数 3 天;9 月为 92.47 毫米,有效降雨天数 6 天,汛期总降雨量为 622.32 毫米,占整个降雨量的 65.5%。汛期最高水位 37.72 米,枯水期最低水位 28.5 米。

【水文】2018 年津市年最高水位:37.69m,发生在 7 月 7 日。年最低水位:29.98 m,发生在 3 月 6 日。全年实测最大流量为 3960 m^3/s,实测最小流量为:67.7 m^3/s,年平均流量为:451 m^3/s。2018 年年径流量为:142.3108m^3。全年降雨量:1328.7mm,降雨日数:127 天。最大降雨量为:105.5mm,发生在 4 月 4 日。

环境质量

【地表水环境质量】 津市区域内国控监测断面 2 个,分别是窑坡渡、毛里湖湖心,由常德市环境监测站进行月度监测。2018 年两个国控监测断面水质保持在Ⅱ类以上,达标率为 100%。省控监测断面 2 个,分别是宋家渡、白龙潭,由津市市环境监测站进行月度监测。2018 年两个省控监测断面水质保持在Ⅲ类以上,达标率为 100%。县(市)控断面 2 个,分别是小渡口、车家溪(澹水),断面属性为了解水质状况(不参与考核)。小渡口断面水质在Ⅲ类以上,车家溪断面在Ⅵ类以上。

【城乡集中饮用水水源地水质】环境监测部门按要求对白龙潭、谢家堰饮用水水源地水质开展月度监测(29 项)、季度监测(61 项)及每两年 1 次的地表水全分析监测(109 项)。各监测结果表明,白龙潭、谢家堰水质分别达到国家《地表水环境质量标准》(GB3838—2002)Ⅱ类水质标准,达标率为 100%。

【空气质量】津市市 2018 年设有两个环境空气自动监测点位,一个位于津市市德雅中学,另一个位于南城区金鱼岭水厂,全天候对全市空气质量监测。监测因子有 PM10、PM2.5、二氧化硫、二氧化氮、一氧化碳、臭氧等 6 项。2018 年有效监测天数为 365 天(有效天数 365 天),其中 73 天空气质量为优,占全年的 20%;246 天空气质量为良,占全年的 67.4%;41 天为轻微污染,占全年的 11.2%;4 天为中度污染,占全年的 1.1%;1 天为重度污染,占全年的 0.3%;空气质量指数范围为 20~230,全年空气质量达标率为 87.4%;较 2017 年 83.0% 有所上升,空气中首要污染物为臭氧。2018 年二氧化硫的年平均值为 0.008mg/m,二氧化氮年平均值为 0.0017mg/m,可吸入颗粒物的年平均值为 0.067mg/m,PM2.5 年平均值为 0.042mg/m,一氧化碳 95PER 值为 1.2mg/m,臭氧年 90PER 值为 0.146mg/m。

【声环境质量】《按照津市市城市建城区环境噪声监测布点方案》要求,将津市市建城区划分成多个等大的正方形网格(350×350),对于未连成片的建城区,正方形网格不进行衔接。建城区有效网格总数为 103 个,有效网格约为 1.6 公里,占总建城区面积的 74.1%。监测结果表明:主要交通干线的道路交通噪声昼间等效声级平均值为 60.5 分贝,低于《声环境质量标准》4 类区域噪声限值。城区区域环境噪音昼夜等效声级平均值为 50.8 分贝,低于 2 类区域声限值。城区声环境质量总体良好。

(环保局)

2018 年津市市国民经济和社会发展统计公报

津市市统计局

(2019 年 3 月 13 日)

2018 年,全年人民在市委、市政府的坚强领导下,认真学习贯彻党的十九大精神,以习近平新时代中国特色社会主义思想为指导,坚持“稳中求进”的工作总基调,全力以赴抓项目、兴园区、壮产业、暖企业,做好稳就业、稳投资、稳预期工作,经济运行总体平稳,人民生活持续改善。

一、综合

初步核算,全年地区生产总值 158.2 亿元,增长 8.2%。其中,第一产业增加值 18.5 亿元,增长 4.2%;第二产业增加值 72.2 亿元,增长 9.2%;第三产业增加值 67.5 亿元,增长 9.9%。按常住人口计算,人均地区生产总值为 60446 元,增长 4.8%。

全年三次产业结构为 11.7:45.7:42.6。工业增加值占地区生产总值比重为 42.8%,高新技术产业增加值占地区生产总值比重为 20.1%。二、三产业占地区生产总值比重比上年提高 2.8 个百分点。一、二、三产业对经济增长的贡献率分别为 6.1%、47.4%和 46.5%,分别拉动经济增长 0.5 个、3.9 个和 3.8 个百分点。

认真落实省重点民生实事任务。新增城镇就业人员 4803 人;完成城市棚户区改造 3013 套;完成农村公路提质改造 10.8 公里;完成自然村通水泥(沥青)路 60.5 公里;完成农村危房改造 351 户;完成三湖公园、清远观、白衣镇黑臭水体整治工作;完成农村适龄妇女“两癌”免费检查 2134 人;完成孕产妇产前免费筛查 1202 人;改造和完善行政村 10 千伏及以下配电网投资 629 万元(6 个行政村);完成农村饮水安全巩固提升 826 人;提高困难残疾人生活补贴标准到每人每月 55 元;提高重度残疾人护理补贴发放标准到每人每月 55 元;提高城镇低保标准到 510 元 / 月;提高农村低保标准到 3960 元 / 年;提高城镇人均救助水平标准到 350 元 / 月;提高农村人均救助水平标准到 280 元 / 月。

乡村振兴稳步推进。编制乡村振兴总体规划 1 个、乡村振兴示范片规划 1 个、乡村振兴示范村规划 7 个。安排乡村振兴专项资金 300 万元。产业发展提质增效。全年培育蔬菜基地 10 个、大棚 4000 个,大力发展水果种植,水果种植面积 4.17 万亩。规模以上休闲农庄达到 24 家,其中省级五星级休闲农庄 2 家、四星级休闲农庄 1 家。发展各类农村经济大户 763 户。落实水稻集中育秧点 68 个,专业化集中育秧点 22 个,实行集中育秧大田面积 3.2 万亩。建成省级绿色食品示范基地 2 个,推广测土配方施肥面积 70 万亩,绿肥种植面积 4 万亩。

二、农业

全年完成农林牧渔业总产值 34.4 亿元,增长 5.9%。其中,农业产值 9.4 亿元,下降 0.3%;林业总产值 3.9 亿元,增长 8.4%;牧业总产值 15.1 亿元,增长 7.6%;渔业总产值 3.0 亿元,增长 12.8%;农林牧渔服务业产值 3.0 亿元,增长 7.8%。全年实现农林牧渔业增加值 20.5 亿元,增长 5.1%。其中,农业增加值 6.6 亿元,下降 1.0%;林业增加值 3.3 亿元,增加 8.3%;牧业增加值 6.8 亿元,增长 7.4%;渔业增加值 2.0 亿元,增长 12.3%;农林牧渔服务业增加值 1.8 亿元,增长 7.8%。

农作物播种面积 70.01 万亩,其中粮食作物播种面积 38.13 万亩,经济作物播种面积 31.88 万亩,同比持平。

表 1　　全年主要农产品产量情况

产品名称	计量单位	产量	比上年增长%
粮食	吨	145679	0.6
其中:稻谷	吨	141394	0.5
玉米	吨	205	-15.6
豆类	吨	732	13.0
薯类	吨	1257	0.2
油料	吨	30136	0.7
其中:油菜籽	吨	28439	0.8
棉花	吨	3593	-0.5
蔬菜	吨	75303	5.2
瓜果	吨	27608	-0.9
其中:柑橘	吨	18879	4.0
茶叶	吨	129	2.4

全年完成养殖业产值 18.1 亿元,占农业总产值的 52.7%;水产品产量 24630 吨,增长 3.9%。

表 2　　全年主要家禽及牲畜产量

名称	2018 年实际	比上年增减%
生猪全年出栏	42.5 万头	0.5
出栏牛	0.37 万头	2.8
出栏羊	2.5 万只	0.4
出笼家禽	225 万羽	3.8

年末拥有农业机械 31859 台,比上年增加 344 台;总动力 19.92 万千瓦,比上年增加 0.29 万千瓦。年末实有耕地面积 32.84 万亩。其中,水田 18.81 万亩,水浇地 0.24 万亩,旱地 13.79 万亩,常用耕地面积 31.64 万亩。农村用电量 2733 万千瓦时,下降 0.3%。农用化肥施用量 5.54 万吨,下降 3.7%。全年开工各类水利工程 643 处,水利工程投入资金 23402 万元,水利工程完成土石方 230 万立方米,新增和恢复农田灌溉面积 1.38 万亩,新增节水灌溉面积 0.92 万亩。

三、工业和建筑业

全年完成工业增加值比上年增长 8.2%。其中,规模以上工业企业增长 8.4%。园区规模以上工业增加值增长 7.7%。规模以上工业企业完成入库税金增长 12.1%。新增规模以上工业企业 14 家。园区规模工业入库税金增长 12.9%。

表 3　　全年主要工业产品产量

产品名称	2018 年产量	同比增长(%)
精制盐	87.9 万吨	3.9
水泥	132.3 万吨	11.0
车桥	18.3 万根	-6.8
纱	8.5 万吨	11.2
饲料	23.9 万标吨	3.1
化学药品原药	931.8 吨	-

全年建筑业增加值 4.7 亿元,增长 4.9%。

四、固定资产投资

全年 500 万元以上项目固定资产投资比上年增长 1.3%。按产业分,第一产业完成投资增长 211.8%;第二产业完成投资增长 6.8%;第三产业完成投资下降 8.3%。按投资方向分,工业投资增长 76.4%;高新技术产业投资增长 49.5%;房地产开发投资增长 4.7%;基础设施投资下降 51.2%。按经济类型分,国有投资下降 43.2%,非国有投资增长 100.8%。

全年房屋施工面积 133.0 万平方米,下降 11.4%,其中住宅 103.2 万平方米,下降 20.1%。房屋竣工面积 9.4 万平方米,下降 45.2%。房屋销售面积 15.1 万平方米,下降 31.1%。

五、国内贸易、物价

全年完成社会消费品零售总额 73.7 亿元,增长 10.8%。各季度增速分别为 11.9%、10.9%、10.7%、10.8%,呈现平稳增长的特点。城镇市场实现零售额 60.9 亿元,增长 11.6%,占社会消费品零售总额比重为 82.7%,乡村社会消费品零售额 12.8 亿元,增长 7.3%。限上批发业零售额 0.2 亿元,下降 22.1%;限上零售业零售额 16.0 亿元,增长 13.5%;限上住宿业零售额 0.2 亿元,增长 75.0%;限上餐饮业零售额 2.6 亿元,增长 128.9%。限上零售业零售额占社会消费品零售总额的 21.7%。45 家限上企业完成营业收入 15.3 亿元,增长 23.6%。

物价总体平稳,居民消费价格指数 101.8%,商品零售价格指数 102.3%。

六、交通运输、邮电和旅游业

全年完成交通运输邮电仓储业增加值 7.1 亿元,增长 4.5%。全社会运输单位完成货运量 666 万吨,增长 3.3%,货物周转量 138045 万吨公里,增长 4.1%。全年客运量 335 万人,增长 3.1%,旅客周转量 11212 万人公里,增长 3.1%。境内公路全程总长 532.27 公里。其中,高速公路 12.05 公里,国道 4.76 公里,省道 105.86 公里,县道 27.58 公里,乡道 166.63 公里,专用公路 1.69 公里,村道 213.70 公里。年末全年汽车保有量 18468 辆,增长 22.9%。本年新注册民用汽车 3443 辆,增长 36.6%。

全年完成邮电业务总量 2.09 亿元,增长 10.7%。其中,邮政业务总量 0.55 亿元,增长 91.8%;电信业务总量 1.54 亿元,下降 3.8%;年末移动电话用户 21.34 万户,增长 6.6%;宽带网用户 6.78 万户,增长 21.9%。

全年完成旅游总收入 16.2 亿元,增长 31.7%。国内旅游人数 182 万人次,增长 0.9%。境外入境人数 78 人次。年末拥有国家旅游等级区(点)2 家,星级宾馆 1 家,旅行社 3 家。

七、招商引资和对外贸易

全年共签约新项目 28 个。其中新批外商投资项目 2 个,新引进外资 3000 万美元以上项目 1 个。引进内外资总额 70.8 亿元,增长 12.5%。实际引进境内市外资金 64.2 亿元,增长 13.3%。外派劳务 392 人,增长 14.6%。

全年完成进出口总额 8170 万美元,增长 23.6%。其中,出口 6581 万美元,增长 27.2%;进口 1590 万美元,增长 70.0%。

八、财政、金融和保险

全年完成财政总收入 7.86 亿元,增长 11.1%。其中地方财政收入 4.32 亿元,下降 1.4%;公共财政预算支出 23.94 亿元,增长 13.8%。税务局完成各项税收入库 6.96 亿元,增长 16.5%。

年末金融机构各项存款余额 150.7 亿元,增长 16.3%。其中,非金融企业存款余额 30.9 亿元,增长 13.5%,住户存款余额 90.5 亿元,增长 11.1%。金融机构各项贷款余额 52.8 亿元,增长 17.2%。全年各项保费收入 1.4 亿元,增长 2.6%。

九、教育和科学技术

年末全年拥有中等职业学校 3 所,招生 251 人,下降 14.3%,在校学生 783 人,下降 2.0%,毕业学生 253 人,下降 15.7%。普通高中 2 所,招生 843 人,增长 4.6%,在校学生 2442 人,下降 2.8%,毕业学生 880 人,下降 3.8%。初中学校 9 所,招生 1277 人,增长 7.8%,在校学生 3619 人,增长 2.9%,毕业学生 1145 人,下降 2.1%。普通小学 18 所,招生 1536 人,下降 0.6%,在校学生 9017 人,下降 0.7%,毕业学生 1416 人,增长 4.7%。小学适龄儿童入学率 100%。特殊教育学校 1 所,招生 10 人,在校学生 135 人。幼儿园在园幼儿 4713 人,下降 1.4%。各类民办学校 54 所,在校生 6105 人,增长 8.6%。义务教育阶段合格学校建设 28 所。落实义务教育保障资金 1348 万元,发放中职国家助学金 16.4 万元,中职国家助学金资助中职学生 164 人次。

年末高新技术企业 18 家,省级工程技术研究中心 6 个。专利申请 183 件,其中发明专利 55 件。授权专利 55 件,其中发明专利 7 件。全年技术合同成交金额 0.9 亿元,增长 38.8%。

十、文化、卫生和体育

全年拥有艺术表演团体 1 个,群众文化馆 1 个,公共图书馆 1 个,博物馆 1 个,国家级非物质文化遗产保护名录 1 个,省级非物质文化遗产保护名录 1 个。建成津市五环时代全民健身中心和城北车胤足球场,保护修缮虎爪山遗址。年内放映农村公益电影 972 场。

群众体育进一步普及,经常参加体育锻炼人数 18.9 万人,年内开展全民健身项目 24 项次。城乡公共体育基础设施不断完善,全年拥有体育场地 88 个,其中运动场 13 个,游泳池 2 个,各种训练房 23 个。

年末全年医疗卫生机构总计 228 个。其中,医院、卫生院 12 家,妇幼保健院 1 家,专科疾病防治院 1 家,社区卫生服务中心(站)13 个,诊所、卫生所、医务室 76 个,村卫生室 122 个。卫生技术人员 1905 人。其中,执业医师和执业助理医师 587 人,注册护士 610 人。医院、卫生院床位数 1234 张。乡镇卫生院 7 个,床位数 250 张,卫生技术人员 193 人。全年疾病预防控制中心(防疫站)2 个,卫生技术人员 37 人。卫生监督所(中心)1 个,卫生技术人员 16 人。

十一、资源环境和安全生产

年末森林覆盖率 19.7%,比上年提高 0.21 个百分点,全年完成造林面积 1734 公顷,下降 35.0%。年平均降水量 1261.6 毫米。

全年万元 GDP 耗能 0.32 吨标准煤,规模以上工业企业能源消费量 18.42 万吨标准煤,下降 9.8%,单位规模工业增加值能耗下降率 17.2%。持续开展大气污染防治,依法取缔燃煤锅炉、黏土砖厂,关停砂石码头堆场,治理企业废气,市城区空气质量达标率 87.4%,比上年提高 4.4 个百分点。

安全生产形势稳定,全年未发生各类安全生产事故。亿元 GDP 生产安全事故死亡人数为 0。

十二、人口、居民生活与社会保障

年末全年居民总户数 95219 户,总户籍人口 233414 人。其中,城镇人口 124927 人,乡村人口 108487 人。按性别分,男性人口 118522 人,女性人口 114892 人。按年龄分,0~17 岁 32352 人,18~34 岁 44509 人,35~59 岁 98350 人,60 岁及以上 58203 人。全年出生人口 1827 人。

2018 年全体居民人均可支配收入 26614 元,增长 8.3%。其中,城镇居民可支配收入 33055 元,增长 7.8%;农村居民人均可支配收入 15471 元,增长 8.5%。城乡居民人均消费支出 21083 元,增长 9.6%。其中,城镇居民人均消费支出 24353 元,增长 10.9%;农村居民人均消费支出 15425 元,增长 5.5%。

年末城镇登记失业率 3.14%。参加城镇基本养老保险职工人数 58892 人,离退休人员 29879 人。新型农村养老保险登记参保人数 113512 人。城镇基本医疗保险参保人数 248486 人。城镇职工基本医疗保险参保人数 30106 人。参加失业保险 17513 人。领取失业保险金人数 14780 人。参加生育保险 13432 人。参加工伤保险职工人数 14022 人。

获得政府最低生活保障的城镇居民 5.97 万人次,发放城镇居民最低生活保障经费 2107 万元;获得政府最低生活保障的农村居民 4.63 万人次,发放农村居民最低生活保障经费 1340 万元。各类收养性社会福利单位床位数 2365 张,各类收养性社会福利单位收养人员数 1676 人。销售社会福利彩票 6603 万元,筹集社会福利资金 1244 万元,直接接收社会捐赠 22 万元。

注:1.本公报中数据均为初步统计数据(快报数),部分数据因四舍五入的原因,存在着与分项合计不等的情况。

2.地区生产总值、各产业增加值绝对数按现价计算,增长速度按可比价计算。

市、市直机关，镇、街道机关及驻津单位领导名录

中共津市市委员会

傅　勇　　书记
黄旭峰　　副书记　市长
杨文惠　　副书记
熊　斌　　常委　常务副市长
张海卿　　常委　宣传部部长
伍子科　　常委　纪委书记
姜　超　　常委　人武部政委
李景峰　　常委　政法委书记
胡　杰　　常委　组织部部长
王　俊　　常委　副市长(挂)
吴拥华　　常委　统战部部长
杜登全　　常委　办公室主任

津市市人大常委会

王育平　　主任　书记
邓惠荣　　副书记　副主任
黄费武　　副主任　成员
李亚林　　副主任　成员
胡湘萍　　副主任
邓开泉　　副主任　成员
齐绍进　　成员

津市市人民政府

黄旭峰　　市长　书记
熊　斌　　常务副市长
王　俊　　副市长　成员(挂)
杜　强　　副市长　成员
李　阳　　副市长　成员
戴志刚　　副市长　成员
高　见　　副市长　成员
徐兴勇　　副市长　成员
陈顺勇　　副市长　成员
甘雪林　　成员

市政协(党组)

姜正才　　主席　书记
雷光键　　副主席　副书记
董新满　　副主席
阿　毅　　副主席
梁文利　　副主席
石　勇　　副主席提名人选

津市市人民武装部

姜　超　　政委
张　明　　部长
吴双喜　　副部长

其他处级领导

覃业辉　　市法院院长
王朝阳　　市检察院检察长
彭云森　　市公安局政委
(高配为副处级)
曹　魏　　市一中党委书记、校长
李　力　　电大津市分校
党总支部书记、校长
陈克元　　市高新区党工委书记
杨　波　　市高新区管委会主任
张伟莉　　市政府正处级干部
严东平　　市政府副处级干部
曹后新　　市政协副处级干部
王文军　　市政协原副主席
黄大喜　　市教育局副处级干部
温南军　　电大津市分校原校长
张宏平　　市委党校原校长
唐熙刚　　市委党校原校长

市纪委(监察委)

伍子科　　书记　监察委主任
葛　胜　　常务副书记　监察委副主任
李本亚　　副书记　监察委副主任
宁　宇　　副书记　监察委副主任
钟　智　　常委　监察委委员
贺修武　　常委　监察委委员
王　华　　常委
杨　威　　常委　监察委委员
周　鹏　　常委　纪检监察一室主任
黎谏昭　　监察委委员
匡纯华　　监察委委员
毛　娟　　监察局副局长
正科级监察员
周　宏　　审理室主任
正科级纪检监察员
蔡　凯　　纪检监察四室主任
郭　勇　　办公室主任

纪委派驻纪检组组长

钟晓婷　　纪委派驻市委办纪检组组长
刘　阳　　纪委派驻政府办纪检组组长
雷　虹　　纪委派驻发改局纪检组组长
雷明军　　纪委派驻教育局纪检组组长
李　平　　纪委派驻公安局纪检组组长
李德华　　纪委派驻财政局纪检组组长
庹登继　　纪委派驻人社局纪检组组长
李志昊　　纪委派驻住建局纪检组组长
杨　菲　　纪委派驻农业局纪检组组长
朱传铌　　纪委派驻卫计局纪检组组长

市委办(保密委)(保密局)(机要局)(密码局)(深改办)

杜登全　　主任
韩宝诚　　常务副主任
陈　革　　副主任
彭　军　　副主任　保密委专职副主任
保密委办主任(保密局局长)
鲁智勇　　副主任
钱正彬　　主任科员(按班子成员对待)
谭静波　　改革办专职副主任
机要局局长(密码局局长)

组织部(市直机关工委)(市委非公有制经济组织和社会组织工委)

胡　杰　　部长　市直机关工委书记
彭进华　　常务副部长
刘俊芳　　副部长　市委非公有制经济
组织和社会组织工委书记
刘迪波　　副部长
刘定平　　副部长(兼)
袁　静　　副部长(兼)
王　俊　　委员
王跃云　　委员
市直机关工委专职副书记、
市委非公有制经济组织和
社会组织工委专职副书记
严　凯　　市直机关工委纪工委书记

党员教育中心

陈　荣　　主任

宣传部　(精神文明办)

张海卿　　部长
刘德忠　　常务副部长

胡国勇　　副部长　文明办主任
张方军　　副部长

统战部
吴拥华　　部长
齐绍瑛　　常务副部长
周润清　　副部长

政法委　(综治办)(维护稳定工作办公室)
李景峰　　书记
黄大庆　　常务副书记
李　凯　　综治办主任
李东方　　维稳办专职副主任
朱曦琴　　政工室主任
向　阳　　综治办专职副主任

编委办
聂和旗　　主任
江彬霞　　副主任

巡察办
钟　智　　主任
吴　婕　　副主任

人大各委办
齐绍进　　常委会办公室主任
刘　芳　　常委会联工委主任
任有为　　常委会联工委副主任
陈群华　　法制委主任委员
　　　　　内司委主任
李亚杰　　法制委副主任委员
李　立　　财经委主任委员
刘　丹　　财经委副主任委员
李　勋　　常委会教工委主任
陈宏华　　常委会教工委副主任
刘仕彬　　常委会农工委主任
张先平　　常委会农工委副主任
周新华　　常委会城环工委主任

政府办(党组)(法制办)(旅游外侨局)(金融办)(民宗局)
甘雪林　　书记　主任　法制办主任
　　　　　旅游外侨局局长
龚德全　　副主任
杨　志　　成员　副主任

周　欢　　副主任
梁先菊　　副主任(兼)
谭翼云　　副主任
鲁　文　　副主任
卢基燕　　副主任
谭　静　　成员
王　波　　副主任
黄　超　　成员　副主任

○电子政务办
雷　斌　　主任

发展和改革局
易　榕　　书记　局长
彭元宏　　副书记　副局长
贺　庆　　成员
屈　良　　成员　副局长
熊　文　　成员　副局长

价格监督检查局
徐兴弟　　局长

○重点项目办
陈　奕　　主任

○服务业发展办公室
周振清　　主任

教育局
蒋勇林　　书记　局长
刘明华　　委员　副局长
刘学斌　　委员　副局长
王忠明　　委员　副局长
关　平　　委员　主任督学

科技工信局
赵　宇　　书记
全林平　　局长
袁　峰　　副书记　副局长
洪振华　　成员　副局长
刘宇丹　　成员　副局长
汪　宇　　总经济师

地震局
文　军　　局长

公安局
戴志刚　　局长　书记
彭云森　　政委　副书记
卜合明　　副书记　副局长
曾荣辉　　委员　副局长
罗启宏　　委员　副局长
王　田　　委员
尹昌建　　委员　政工室主任
张　杰　　法制室主任
周　峰　　警务保障室主任
项　峰　　指挥中心主任
王　山　　指挥中心教导员
施光法　　国内安全保卫大队大队长
罗　涛　　国内安全保卫大队教导员
胡　月　　刑事侦查大队大队长
周志刚　　刑事侦查大队教导员
张安华　　治安管理大队大队长
张世群　　治安管理大队教导员
石　勇　　经济犯罪侦查大队大队长
杜修超　　经济犯罪侦查大队教导员
冯　蓓　　人口与出入境管理大队
　　　　　大队长
杨　倩　　人口与出入境管理大队
　　　　　教导员

三洲驿派出所
尹　顺　　所长
聂　勇　　教导员

汪家桥派出所
李志奇　　所长　主任科员
贺　虎　　教导员

襄阳街派出所
石　翔　　所长　主任科员
倪同军　　教导员

金鱼岭派出所
周用志　　所长
王大湘　　教导员

嘉山派出所
彭　军　　所长
李　维　　教导员

新洲派出所

王先立　所长

成　懿　教导员

毛里湖派出所

王　维　所长

朱海鸥　教导员

药山派出所

辛　锐　所长

周　舟　教导员

白衣派出所

谌远辉　所长

张少龙　教导员

西湖派出所

沈能雄　所长

杨学军　教导员

水上派出所

罗　茜　所长

陈　俊　教导员

看守所

水加斌　所长

韩虎臣　教导员

拘留所

谭　斌　所长　主任科员

韩湘鄂　教导员

民政局(民间组织局)

辛吉忠　书记　局长

贺　蔚　副书记　副局长

郑家春　成员　副局长

黄益群　成员

王伟林　成员　副局长

司法局

聂平凡　书记　局长

杨启文　副书记　副局长

杨重遥　成员

颜甲丙　副局长

石瑞玲　成员　政工室主任

财政局

陈克元　书记　局长

周震秒　成员　副局长

王　鹏　成员　总会计师

文　莉　成员　副局长

江海峰　成员　副局长

乡镇财政管理局

李正清　局长

财政国库支付核算中心

齐志坚　主任

○财政局工业集中区分局

潘小平　局长

○国有资产经营管理中心

成德志　主任

人社局

刘定平　书记　局长

刘　敏　副书记　副局长

张世菊　成员　副局长

杨柳青　副局长

李建华　成员　总经济师

劳动就业处

梁　勇　主任

劳动人事争议仲裁院

张　峰　院长

养老保险中心

贺进华　主任

城乡居民医保中心

沈善喜　主任

城镇职工医保中心

聂本贵　主任

工伤保险处

刘德斌　主任

机关社保处

李海斌　主任

○人力资源开发交流服务中心

毕　俊　主任

国土资源局

吴正清　书记　局长

胡振基　副书记　副局长

高　翔　成员　副局长

胡庭岸　成员　副局长

胡圣华　成员

朱文君　成员　总工程师

国土资源局执法监察大队

李　宏　大队长

○土地开发整理中心

谭　欣　主任

○国土资源局工业集中区分局

陈真云　局长

○不动产登记中心

张传峰　主任

环保局

卜茂平　书记　局长

蔡小玲　副书记　副局长

彭思绪　成员　副局长

葛　雷　成员　副局长

鲁祖元　成员

王　威　成员　总工程师

住建局

黄毅明　书记

陈本方　局长

汪国进　副书记　副局长

李碧军　委员

谢韶辉　委员　副局长

李　艳　委员　副局长

○公用事业管理处

李银安　主任

交通运输局

颜　述　书记　局长

辜建格　成员　副局长

肖耀军　成员　副局长

吴先明　　成员
朱方勇　　成员　副局长
黄泽清　　总工程师

○运管处
沈恒勇　　主任

地方海事处
魏　斌　　主任

农业局
李子牙　　书记　局长　农村办主任
卜四平　　副书记　副局长
邓超峰　　副局长
郭克艳　　成员　副局长
廖金华　　成员
管宏波　　成员　总农艺师

农村能源服务中心

○农民教育办公室
李　琨　　主任

水务局
沈正贵　　书记　局长
陈克明　　副书记　副局长
李召全　　成员　副局长
周新河　　成员　副局长
邹永祥　　成员　总工程师
朱方丽　　成员

防汛办
邹永祥　　主任

○水利建设管理中心
黄广杨　　主任

○水土保持和水资源管理局
曲建华　　局长

林业局
陈克兵　　书记　局长
李庆惠　　成员　副局长
朱建新　　成员　副局长
龚佑元　　成员　总经济师

○国有林场(湖南嘉山国家森林公园管理处)
胡　杰　　场长

○林权管理服务中心
罗长清　　主任

商务粮食局
谭文斌　　书记　局长
郭春节　　副书记　副局长
万　君　　成员
苏广军　　成员　副局长
周　庆　　成员　副局长

○投资促进事务局
刘先利　　局长

文体广新局
钟　轲　　书记
易　旭　　局长
龚德军　　副书记　副局长
余甫国　　成员　副局长
宋　奕　　成员　副局长

○文化市场综合执法大队
杨　力　　大队长

文物局
彭　佳　　局长

○全民健身服务中心
彭金刚　　主任

卫计局(爱卫办)
郭天明　　书记　局长
甘邦祺　　副书记　副局长
胡芬芳　　副局长
彭　逆　　委员　副局长

○疾病预防控制中心
文　杰　　主任

○卫生计生综合执法监督局
赵道明　　局长

○妇幼保健计划生育服务中心
韩　辉　　主任

审计局
雷志华　　书记　局长
吴承武　　副书记　副局长
邹　斌　　成员　经责办专职副主任
洪振高　　成员　副局长
欧阳莉　　成员
危　鸿　　成员　总审计师
刘　浪　　政府投资审计处主任(高配)

城管执法局
龚　龙　　书记　局长
张志刚　　副书记　副局长
雷凤彩　　成员　副局长

○大桥管理所
袁　彪　　所长

安监局
朱泽兴　　书记　局长
龚启君　　成员　副局长
李克斌　　成员　副局长
胡丕波　　成员

食品药品工商质量监督管理局
陈　杰　　书记　局长
张子荣　　副书记　副局长
苏红岩　　成员　副局长
朱巨泽　　成员　总工程师
陈　宏　　成员　副局长
黄建良　　成员

统计局
曹建华　　书记　局长
李光日　　成员　副局长　主任科员
黄　淳　　成员
赵清洁　　成员　副局长

人防办
卜忠鑫　　主任
毛世悟　　副主任

政协各委办

周晓奇　办公室主任
曾　鹏　办公室副主任
皮怀忠　法群委主任
蒋丹萍　法群委副主任
刘清华　学文委主任
尹茂桂　提案委主任
龚　勇　提案委副主任
高曙光　经科委主任

法　院

覃业辉　院长　书记
袁顺章　副书记　副院长
阿　毅　副院长
周　炜　成员　副院长
杨孟安　成员　主任科员
庞延文　成员　政工室主任
　　　　正科级审判员
罗业才　审委会专委
李平章　审委会专委
　　　　正科级审判员
王松武　法警大队大队长
肖　俊　正科级审判员

新洲法庭

周业平　庭长

南区法庭

江海兵　庭长

保河堤法庭

姜业涛　庭长

检察院

王朝阳　检察长　书记
蹇学文　副书记　副检察长
李　敬　副书记　副检察长
徐成华　成员　副检察长
龚　平　成员
辛　桓　成员　政工室主任
向阳葵　检委会专委

公安局交警大队

庹进文　书记　大队长
黄文勇　副书记　教导员
卢祖华　成员　副大队长
潘格林　成员　副大队长
鲁文全　成员　副大队长
李任斌　成员　副大队长
路　杰　成员　主任科员
赵　勇　事故处理中队中队长
戴述雄　城南中队中队长
陈　钧　城南中队指导员
李　哲　城北中队中队长
杨　立　城北中队指导员
刘　冰　巡逻中队中队长
熊光明　巡逻中队指导员
熊朝晖　秩序管理中队中队长
杨雁凌　秩序管理中队指导员
许宏炎　低管中队中队长
张　华　低管中队指导员
刘先华　毛里湖中队中队长
王德勇　毛里湖中队指导员

森林公安局

韩绍忠　局长
陈克兵　政委(兼)
李慧君　副局长

总工会

李亚林　主席(兼)
蔡德习　书记　副主席
郭玉璟　成员　副主席
向　巍　成员　副主席
田晓红　成员

团市委

肖　丹　副书记
覃　宇　成员　副书记(挂)
田　先　副书记(兼)

妇　联

李志华　书记　主席
田　华　成员　副主席
石瑞玲　成员　副主席(挂)
雷朝霞　副主席(兼)
程学琼　副主席(兼)

科　协

王观宏　主席

文　联

周恩清　书记　主席
林小琼　副主席

归国华侨联合会

朱方军　主席

残　联

董新满　理事长
张浩瀚　书记
朱春年　成员　副理事长

红十字会

杜　强　会长
卜中华　副会长
魏　来　副会长

计划生育协会

姚跃进　会长
张　妮　副会长
胡　杰　副会长

工商联

胡湘萍　主席
齐绍瑛　书记(兼)
赖丽容　副主席

民盟津市市委

周　欢　主委(兼)
吴　涛　副主委
贺爱华　副主委(兼)
曾红胜　副主委(兼)

民建津市市委

易　旭　主委(兼)
刘　莉　副主委
汪晓庆　副主委(兼)

农工党津市市委

全林平　主委(兼)
杨建国　副主委
毕　华　副主委(兼)
齐平香　副主委(兼)

党　校(行政干部管理学校)

杨文惠　党校第一校长

熊　斌　　行政学校第一校长
曾祥云　　副书记　副校长
傅智慧　　委员　副校长
马雪娇　　教育长

老干局
袁　静　　局长
蔡学文　　副局长
鲁祖英　　副局长

事业单位登记局
黎帮慧　　局长

信访局
梁先菊　　书记　局长
高蓉月　　副局长　主任科员
王　毅　　成员　副局长

台湾工作办公室
周润清　　主任

防范和处理邪教组织领导小组办公室
杜　君　　主任
沈浩然　　副主任

党史办(地方志办)
雷忠武　　主任

档案局(档案馆)
谢　波　　局长
金义军　　副局长
邹平华　　副局长

接待处
杨　军　　书记　主任
游运璇　　委员　副主任

机关事务办
肖廷知　　书记　主任
汤　惠　　成员　副主任

○广播电视台
汪东雷　　台长　书记
黄　鲲　　总编辑
杨　玲　　副台长
王侣丹　　副台长
贺勇涛　　委员　副台长
钟　欣　　委员　纪检员
黄叶蓉　　编审委员会专委
李　健　　编审委员会专委

供销社
施华翼　　书记　理事会主任
李　强　　成员　监事会主任
张慧华　　成员　副主任　主任科员
宋　昭　　副主任

政务中心
张　云　　主任
王涣军　　副主任

扶贫移民开发局
唐海平　　局长
马　利　　副局长

○嘉山管理处
李晓明　　书记
周　欢　　主任
周　上　　委员　副主任

○第一中学
曹　魏　　校长　书记
谭启荣　　委员　副校长
徐元清　　委员　副校长
陈　耘　　委员　纪委书记
申　建　　副校长
伍红帅　　办公室主任
肖建军　　教务科科长
易建华　　学生科科长
杨　斌　　后勤科科长

○湖南广播电视大学津市分校
李　力　　书记　校长
卢　鹰　　委员　副校长
路典清　　委员　副校长
马　鸣　　委员　纪检员
马　霞　　副校长
罗宗斌　　学生科科长
周宏坤　　教务科科长
宋阳萍　　后勤科科长
张　月　　招生就业办主任
曾　嵘　　办公室主任

○职业中专学校
周志波　　书记　校长
徐海翔　　委员　副校长

○教师进修学校
刘　炀　　副校长
王仲林　　委员　副校长
杨　军　　委员　副校长

○第三中学
汤协林　　副书记　副校长
孙功清　　委员　副校长
卜功团　　委员　副校长

○第五中学
黄道勇　　副书记　副校长
郭祖安　　委员　副校长
傅　坚　　副校长

○翊武中学
毕怀忠　　书记　校长
曾红胜　　副校长
严　威　　委员　副校长

非税收入征收管理局
高家礼　　书记　局长
胡　韬　　委员　纪检员
肖　晖　　委员　副局长
汪媛萍　　委员　副局长

农业综合开发办
马成明　　书记　主任
唐才友　　委员　副主任
鲁　瑞　　委员　副主任

○房管局
李合林　　书记　局长
傅关杰　　副书记　副局长
田继登　　委员　副局长
罗　斌　　委员　副局长
胡黎明　　委员　纪检员

○住房保障办公室
成　军　　主任

○国有土地上房屋征收与补偿工作办公室

吴润喜　主任

○交通质安所

葛　明　书记
裴莉林　所长
蒋跃建　副所长
刘劲松　副所长

公路管理局

金　鑫　书记　局长
常　军　副局长
张　芸　委员　副局长
陈建平　委员　纪检员
蒋建国　委员　副局长

畜牧兽医水产局

罗勇刚　书记　局长
陈娇兰　副书记　副局长
何金明　委员　副局长
赵昌琦　副局长

农机化局

聂　宇　书记　局长
李建安　委员　副局长　纪检员
戴红桃　委员　副局长

农村经营服务站

李永才　书记　站长
齐志红　委员　副站长
刘　芳　委员　纪检员

○湖南津市毛里湖国家湿地公园管理处

彭　敏　主任
杨　毅　副主任
周业平　副主任
赵　斌　副主任

○市场服务中心

程耀华　书记　主任
易继军　副主任
任　涛　成员　副主任
蒋　安　成员　副主任

○人民医院

马明祥　院长　副书记
陈明辉　书记
王明生　副院长
贺国华　委员　副院长
邹　杰　委员　副院长　纪委书记
刘海军　副院长

○妇幼保健院

肖耀平　院长

○高新区

陈克元　书记
杨　波　主任
丁小峰　副主任　委员
宋秉忠　副主任　委员
刘文娴　办公室主任
郭小毛　招商合作局局长
李　震　产业发展局局长
周　临　规划建设局局长
孟祥华　社会事务局局长

三洲驿街道

罗　斌　书记
肖　婵　副书记　主任
张志峰　副书记
施光华　委员　人大联络委主任
滕　达　委员　纪工委书记
　　　　政协联络处主任
裴洪志　委员　武装部长
邓俊杰　委员　组织委员
于春艳　委员　副主任
谢　淳　副主任

汪家桥街道

彭发利　书记
胡　汉　副书记　主任
向　涛　副书记
陈晓兰　委员　人大联络委主任
姜　波　政协联络处主任　副主任
孟　军　委员　武装部长
何　江　副主任

襄阳街街道

施海英　书记
徐　伟　副书记　主任
王友华　副书记
郑凌云　委员　人大联络委主任
刘安春　政协联络处主任　副主任
钟　俊　委员　武装部长
吴　琛　委员　副主任
青　陵　委员　组织委员

金鱼岭街道

王成勇　书记
佘威威　副书记　主任
雷湘炬　副书记
马大平　委员　人大联络委主任
王　波　委员　政协联络处主任
张　丽　委员　纪工委书记
王笔毕　委员　武装部长
黄春霞　委员　组织委员
雷　敏　副主任

嘉山街道

杨　波　书记　人大联络委主任
郑宇辰　副书记　主任
黄朵朵　副书记
曾海涛　委员　副主任
邹　勇　委员　政协联络处主任
郑媛媛　委员　组织委员
刘　榕　委员　纪工委书记
李志兵　委员　武装部长

新洲镇

郭久平　书记
刘康新　副书记　镇长
汪师儒　副书记
孟祥云　委员　人大主席
汪晓庆　政协联络处主任　副镇长
王怀满　委员　副镇长
周先福　委员　武装部长
叶小军　委员　组织委员
田祥杰　委员　副镇长
覃　宇　人大副主席
吴　江　委员　副镇长

毛里湖镇

袁超伦　书记
童俊凯　副书记　镇长
刘士林　副书记
鲁秉勰　委员　人大主席

齐义芝　　政协联络处主任
杨金堂　　委员　副镇长
万　菲　　委员　组织委员
曾楚汉　　委员　副镇长
张振兴　　委员　武装部长
　　　　　人大副主席
唐　伟　　委员　纪委书记

药山镇

胡永乐　　书记
汤　兵　　副书记　镇长
燕文韬　　副书记
卜明华　　委员　人大主席
郑小华　　委员　武装部长
　　　　　政协联络处主任
王　波　　委员　组织委员
郭守明　　委员　副镇长
王先明　　委员　副镇长
龙峥奇　　人大副主席
李邓鹏　　委员　副镇长

白衣镇

刘　敏　　书记　人大主席
刘　波　　副书记　镇长
李　睿　　副书记
许凌翔　　委员　政协联络处主任
　　　　　武装部长
周　强　　委员　纪委书记
方　栗　　委员　组织委员
蔡昌明　　副镇长
吴红平　　副镇长

自来水公司

李　惠　　原董事长　书记
毛世春　　总经理　副书记
张拥军　　副经理　委员
汪　莉　　副经理
刘长青　　监事会主席　委员
刘　伟　　副经理　委员
贺　立　　工会主席　委员

城建投公司(国资公司)

宋文联　　总经理
叶国庆　　国资公司副总经理
田　安　　副总经理
李诗兵　　副总经理

王志成　　工会主席

嘉山实业公司

陶元生　　董事长　书记
周　敏　　总经理

国税局

向宇宏　　局长
黄　勇　　副局长
廖　峻　　副局长
王国荣　　副局长
许杰峰　　副局长
毕　垒　　纪检组长

地税局

李太东　　局长
庹朝双　　副局长
石　全　　副局长
杨福海　　副局长
刘连杰　　纪检组长

邮政分公司

简志刚　　总经理
刘华清　　副总经理
陈　然　　督导员
石　彬　　总经理助理

烟草局

谭　胜　　副局长　副经理
潘志远　　副经理
于　鹏　　副局长
侯惠平　　纪检组长

电信公司

彭　波　　总经理
滕　勇　　副总经理
杨　勇　　总经理助理

移动公司

杨国民　　副经理
陈　骏　　副经理　纪委书记
郭兰英　　副经理

石油公司

黄德成　　经理
张　敏　　副经理

廖　超　　经理助理

消防大队

杨　虎　　教导员
杨　帆　　大队长

武警中队

苟红岩　　中队长
庹　俊　　指导员

津市监狱

尹利民　　监狱长
龙志刚　　政委
侯祖强　　副监狱长
谭传新　　副监狱长
罗孝远　　副监狱长
李　剑　　副监狱长
曹　捷　　副监狱长

湖南中联重科车桥有限公司

彭述东　　总经理
毛　伟　　副总经理
杜登松　　副总经理
刘固基　　副总经理
王万君　　副总经理

湖南省湘澧盐化有限责任公司

宋　海　　董事长
苏倪华　　党委书记
黄　勇　　总经理
张　胜　　副总经理
王津平　　副总经理

人民银行津市支行

张文学　　行长
刘彩玲　　副行长
龚道恺　　副行长
古　田　　副行长

农业银行津市支行

胡瑜飞　　行长
徐　达　　副行长
张　仟　　副行长

工商银行津市支行

段友芙　　行长

李建军　　副行长

建设银行津市支行

曾文浩　　行长

张　峰　　副行长

中国银行津市支行

陈　然　　行长

成　芳　　副行长

孟小玲　　副行长

农业发展银行津市支行

易继武　　行长

向　上　　副行长

津市农村商业银行

欧阳俊军　董事长

唐　国　　行长

闫　涛　　副行长

邮政储蓄银行津市支行

刘加亮　　行长

龚春芳　　副行长

华融湘江银行津市支行

毛文华　　行长

张　龙　　行长助理

何　虹　　行长助理

人保财险公司津市分公司

欧阳召胜　总经理

刘凌云　　副经理

金　莹　　副经理

胡圣梅　　副经理

中国人寿保险公司津市分公司

杨　建　　经理

付建波　　副经理

陈　兵　　副经理

概　述

【概况】2018年，中共津市市委团结带领全市人民，贯彻习近平新时代中国特色社会主义思想，坚定不移落实省、市决策部署。各级党组织深入学习贯彻中共十九大精神和习近平总书记系列重要讲话精神，以全面从严治党为总揽，明责任、夯基础、强保障、抓创新。认真落实中央八项规定精神，不断深化党风廉政建设和反腐败工作，聚焦党风廉政建设中心任务，持续发力较真抓落实，忠诚严格监督执纪问责。推动全市经济社会平稳健康发展，全年完成地区生产总值157.7亿元，同比增长8.0%；规模工业增加值53.3亿元，同比增长8.4%；社会固定资产投资86.2亿元，同比增长1.3%；财政总收入7.9亿元，同比增长11.1%；社会消费品零售总额75.3亿元，同比增长10.8%；城乡居民人均可支配收入分别达到33055元、15471元，分别同比增长7.8%、8.5%。

（朱樟杰）

【产业发展】2018年，工业经济不断壮大。形成生物医药、装备制造、健康食品、盐化工及其他"三主一辅"产业布局。园区布局持续优化，基础配套日趋完善，生产要素加快集聚。深圳盐田港集团、宁波热电集团等一批战略投资者落户津市高新区，康捷生物、吉人住工、力鼎鞋业等一批项目建成投产，引航生物、广域化学、玉津医疗等一批项目强力推进，全市高新技术企业达到18家。大力开展企业帮扶，工业贷款净投放6亿元，同比增长185%，盘活闲置低效企业19家，盘活率达80%以上。现代农业发展加快。全省唯一的食用菌产业园落户津市，润农茶油跻身全省现代林业特色产业园，钟灵村被评为全国"一村一品"示范村。服务业稳步提升。创新创业园建成运营，津市牛肉米粉品牌影响扩大，被列入全省"一县一特"产业发展名录。

（朱樟杰）

【城乡建设】2018年，城市建设步伐加快，《津澧新城总体规划（2016—2030）》获省政府批复，澧水沿江风光带动工建设，孟姜女大道、城镇污水管网等一批基础设施提质升级，小区长效管理、控违拆违工作成效明显，城市品质不断提升。美丽乡村建设整市推进，"绿色存折"制度全面推广，成功承办常德市农村人居环境整治现场会。药山、毛里湖景区建设步伐加快，药山文化旅游景区获批国家AAA级旅游景区，毛里湖国家湿地公园法开署项目签约，青苗社区成功创建省五星级乡村旅游示范点。城镇路网更加完善，S238棠华—药山公路主体建成，农村公路更加畅通。

（朱樟杰）

【三大攻坚】2018年，地方政府债务风险防控有力。严守保工资、保运转、保民生底线，债务清理、项目压减、存量消化等工作统筹推进，全面禁止违规举债，整合政府融资平台，推进公司转型。精准脱贫成效显著。产业扶贫、危房改造、教育助学、健康扶贫、就业扶贫、基础建设等扶贫任务全面完成，驻村帮扶和结对帮扶实现全覆盖，扶贫领域作风问题专项治理扎实有效，全年实现1240人脱贫、4个贫困村退出。污染防治力度空前，扎实推进中央和省环保督察问题整改，"蓝天碧水净土"保卫战全面打响，毛里湖"两拆两退"（"两拆"即拆除养殖企业在湖面设置的拦网，拆除个人承包养鱼的湖滨鱼塘和湖中拦坝；"两退"即退养还湿、退耕还绿。）园区企业环保整治落实有力，县级集中式饮用水水源达标率100%，城区空气质量优良率达87%。

（朱樟杰）

【民生保障】2018年，教育卫生质量稳步提升，城区美丽校园建设加快推进，城东高标准幼儿园启动建设，一中、新洲中学分别创建为全国校园篮球、青少年足球特色学校。人民医院改扩建、中医院整体搬迁有序推进，与省、常德市三甲医院深化合作。文体事业持续繁荣，虎爪山遗址保护工程启动建设，成功举办"健康中国·运动湖南"全民运动会津市站活动，公共文化服务工作被《人民日报》推介。城市低保持续提标，城镇就业保障有力，住房保障更加全面，养老服务更加完善，成功获批全省"五化民政"建设示范县市，即人本化、法治化、标准化、信息化、社会化。社会大局和谐稳定，平安津市、法治津市建设深入推进，“雪亮工程”全域覆盖，“无上访村（社区）”持续增加，全国“法治县（市、区）创建工作先进单位”成功夺牌，综治民调测评稳居全省前列、常德第一。扎实推进“双安双创”，成为常德唯一安全生产零事故区县市。（朱樟杰）

【党的建设】突出思想引领，层层推动学习贯彻习近平新时代中国特色社会主义思想，全面落实意识形态责任制，加强舆论主阵地管控。夯实基层基础，支部“五化”建设加快推进，软弱涣散村（社区）党组织全部转化到位，基层运转保障经费、村（社区）干部待遇进一步提高；“智慧党建”平台实现“三务合一”，“红色存折”制度被省委组织部刊文推介。持之以恒正风肃纪，深入开展违反中央八项规定精神突出问题专项治理，始终保持惩治腐败的高压态势，充分发挥巡察利剑作用，党风政风、干部作风进一步好转。构建大统战工作格局，爱国统一战线得到巩固、发展和壮大；党对人大、政协工作的领导全面加强；党管武装工作开创新局面。

（朱樟杰）

【中共津市市市委十二届五次全会】7月24日，市委第十二届六次全体（扩大）会议在市兰苑宾馆召开，市委书记傅勇主持会议。会议学习贯彻习近平总书记关于推动长江经济带发展的重要战略思想，全面落实省委十一届五次全会、常德市委七届五次全会精神，审议通过《中共津市市市委关于深入实施长江经济带发展战略，大力推动高质量发展的实施意见（草案）》，安排部署下半年工作，激励全市广大干部干事创业，进一步推动高质量发展。市委书记傅勇要求全市上下切实提高政治站位，树牢“四个意识”，切实让良好生态环境成为人民生活的幸福点和高质量发展的支撑点，不断开创新时代生态文明建设新局面。保持战略定力，以工业立市、产业兴城的实际成效推动高质量发展。围绕供给侧结构性改革，在“破”“立”“降”上下功夫，在淘汰落后产能上做“减法”，腾退化解旧产能，破除无效供给。在培育新动能上做“加法”，推动传统产业转型升级；深度对接和全面融入长江经济带发展战略，系统谋划，协调发展，以港促园，以园兴城。加强党的领导，激励广大干部新时代新担当新作为。（朱樟杰）

表4　　2018年市委常委会议

会议次数	主要内容
第1次 1月5日	一、关于《2017年度市委经济工作会议主题报告》起草情况 二、关于2018年春节走访慰问活动 三、关于2017年度工业经济等14项工作考核奖励情况 四、关于《政府工作报告》起草情况 五、关于2017年度绩效评估考核情况 六、关于《津市市纪委机关市监察委机关内设机构和人员编制方案（试行）》 七、关于路国平违纪问题处理情况 八、关于常德市委基层党建工作调查核实问题整改工作 九、关于2017年度全市综治工作（平安建设）考核评估情况
第2次 1月17日	一、关于推进产业立市工作 二、关于2018年招商引资工作 三、关于低效闲置企业盘活工作进展 四、关于《中共津市市市委关于进一步贯彻落实中央八项规定精神的实施办法》 五、关于市委领导班子分工及市领导联系镇（街道）安排 六、关于市人大、市政府、市政协、市人民法院、市人民检察院党组向市委报告2017年工作
第3次 2月11日	一、安排部署春节前重点工作 二、传达学习《关于严控政府性债务增长切实防范债务风险的若干意见》和常德市委工作会议精神 三、关于贯彻《中共湖南省委常委会关于坚决维护党中央集中统一领导的规定》 四、关于2018春节值班安排 五、关于传达学习上级纪委全会精神及津市市贯彻落实意见 六、关于政法工作情况 七、关于信访工作情况 八、关于驻点招商工作 九、关于津市市2018年“领导联产业部门服务企业”、闲置低效企业盘活及企业特派员工作 十、关于纪检案件
第4次 2月23日	一、2018年春节期间津市市经济社会运行情况 二、关于近期重点工作安排部署

会议次数	主要内容
第5次 3月14日	一、关于传达学习省委省政府《关于推进安全生产领域改革发展的实施意见》文件精神 二、关于学习贯彻党的十九届三中全会精神 三、关于贯彻常德市纪委相关文件精神 四、关于《〈2018年市委经济工作会议报告〉和〈政府工作报告〉主要目标任务分解落实方案》起草情况 五、关于市人大常委会2018年工作要点
第6次 3月29日	一、关于传达学习全国"两会"重要精神 二、关于传达学习近期中央、省、常德市有关精神 三、关于《中共津市市委常委会2018年工作要点》 四、关于全市2018年向上争资计划及产业立市工作 五、关于传达常德市《关于深入推进人民防空改革发展的实施意见》暨津市市贯彻落实意见 六、关于传达中央、省委、常德市委巡视巡察工作会议精神暨津市市贯彻落实意见 七、关于津市市2018年干部教育培训工作及组织工作要点 八、关于清理纠正违规借调基层干部工作 九、传达省委省政府《严控政府性债务增长切实防范债务风险》文件精神暨津市市贯彻落实意见 十、关于进一步完善财政体制搞活财政机制工作
第7次 4月8日	一、关于传达学习中央、省委、常德市委作风建设有关规定及津市市贯彻落实意见 二、关于传达学习中共十九大精神暨习近平新时代中国特色社会主义思想 三、关于当前重点工作
第8次 4月16日	传达学习常德市委常委(扩大)会议精神,并结合津市实际,对当前信访维稳、政府债务化解、脱贫攻坚等重点工作进行研究部署
第9次 4月25日	一、关于贯彻落实全省扶贫工作暨作风建设年动员大会精神 二、关于贯彻落实近期中央、省、常德市有关精神 三、关于贯彻落实省委、常德市委关于开展违反中央八项规定精神突出问题专项治理工作有关精神 四、关于贯彻落实常德市中央巡视组移交信访件督办工作会议精神 五、关于生态环保工作 六、关于乡村振兴工作 七、关于河长制工作 八、关于党委(党组)意识形态工作责任制暨全面推进移风易俗工作 九、关于违纪案件
第10次 4月28日	一、关于贯彻落实常德市委常委(扩大)会议精神 二、关于"市纪委突击检查教育局办公室"网络舆情事件应对工作 三、关于在村(社区)党组织中开展涉黑涉恶问题集中排查整顿工作
第11次 5月16日	一、关于贯彻落实中央、省委、常德市委关于进一步增强调查研究实效的系列文件通知精神 二、关于贯彻落实常德市办理中央、省委巡视组移送问题线索情况汇报会精神 三、关于市人大常委会对市人民政府优化经济环境工作开展评议相关工作
第12次 5月29日	一、关于贯彻落实省委第十一届五次全体会议和全国生态环境保护大会会议精神 二、关于创建国家食品安全示范城市和农产品质量安全县工作 三、关于农村集体产权制度改革工作 四、关于"信访法制化建设"和"四大攻坚"工作
第13次 6月26日	嘉山实业收购溢多利公司

会议次数	主要内容
第14次 6月28日	一、关于贯彻落实省委优化经济发展环境现场推进会、常德市委七届五次全体(扩大)会议和常德市防范化解政府性债务风险等会议精神 二、关于“智慧党建”和干部管理大数据平台建设 三、关于打好污染防治攻坚战及配合省级环保督察工作 四、关于绩效评估改革工作 五、关于脱贫攻坚工作 六、关于安全生产工作 七、关于防范和化解政府性债务风险工作 八、关于通过产业及项目推动高质量发展工作 九、关于市委十二届六次全体(扩大)会议筹备工作 十、关于当前重点工作
第15次 7月16日	一、关于《中华人民共和国水污染防治法》专题学习 二、关于贯彻落实中央、省纪委有关会议精神 三、关于贯彻落实长江经济带发展战略 四、关于全国殡葬综合改革试点工作 五、关于2018年退役士兵“八一”走访慰问工作 六、关于设立津市市国家税务局、地方税务局联合党委 七、关于市政府投资项目工程变更信息公开管理工作 八、关于违纪案件
第16次 7月30日	一、关于绩效评估改革工作 二、关于优化经济发展环境工作 三、关于“十三五”规划中期评估工作 四、关于生态环保工作 五、关于反恐怖工作 六、关于津市市定向选调生转正定级 七、关于违纪案件
第17次 9月13日	一、关于传达学习《中国共产党党务公开条例(试行)的实施意见》 二、关于贯彻落实习近平同志在全国宣传思想工作会议上的重要讲话精神 三、关于贯彻落实省委十一届六次全体会议精神 四、关于贯彻落实习近平同志关于下塞湖矮围治理工作重要批示精神 五、关于贯彻落实中央化解隐性债务风险文件精神 六、关于津市市农村人居环境整治工作 七、关于公布津市市群众和企业到政府办事“最多跑一次”事项清单 八、关于中央第八巡视组反馈意见整改工作 九、关于“同心工程”实施情况
第18次 9月30日	一、传达学习《关于禁止利用领导干部职权或者职务上的影响“提篮子”谋取私利的规定》文件精神 二、关于平安稳定风险排查整改专项行动视频会议精神 三、关于全面小康推进工作 四、关于组织工作 五、关于宗教工作 六、关于当前重点工作
第19次 10月16日	总结分析前三季度以来津市市经济形势运行等各项工作,并对当前重点工作认真研究

会议次数	主要内容
第20次 10月23日	一、关于学习贯彻习近平总书记在中央政治局第八次集体学习时的讲话精神 二、关于学习传达习近平总书记对湖南工作重要讲话精神 三、关于党内法规制度建设工作 四、关于组织工作 五、学习《中国共产党纪律处分条例》 六、传达全省市州委书记座谈会会议精神
第21次 11月8日	一、关于精准扶贫工作 二、关于深化机构改革工作 三、关于追逃追赃工作 四、关于扫黑除恶工作 五、关于环境保护工作 六、关于“一村一辅警”建设工作
第22次 12月10日	一、关于学法用法 二、关于宣传思想工作 三、关于党委办公室工作 四、关于扶贫领域反腐败工作 五、关于扫黑除恶专项斗争中加强基层组织建设工作 六、关于纪检案件 七、关于当前重点工作
第23次 12月29日	一、关于传达省委经济工作会议、常德市人大政协“两会”会议精神 二、关于市自来水有限公司改制工作 三、关于工程招标新规定工作 四、关于出台《津市市住房保障低收入及中等偏下收入家庭认定实施方案》《津市市2018年度住房租赁补贴发放工作方案》 五、关于津市市交通建设项目工程变更工作 六、关于2018年退役士兵安置工作 七、关于市文联、市作协改革工作 八、关于2019年春晚相关工作 九、关于当前重点工作

（王飞白）

表5　　2018年中共津市市委重要文件

序号	发文日期	文号	发文机关	文件标题
1	2018-1-31	津发〔2018〕1号	市委	印发《关于进一步贯彻落实八项规定精神的实施办法》的通知
2	2018-4-12	津发〔2018〕2号	市委、市政府、人武部	印发《关于深入推进人民防空改革发展的实施意见》的通知
3	2018-4-12	津发〔2018〕3号	市委	关于印发中共津市市委常委会2018年工作要点的通知
4	2018-6-12	津发〔2018〕4号	市委、市政府	关于印发《津市市农村集体产权制度改革工作实施方案》的通知
5	2018-9-18	津发〔2018〕5号	市委	印发《关于落实中共常德市委〈关于中央第八巡视组反馈意见的整改方案〉的方案》
6	2018-9-19	津发〔2018〕6号	市委、市政府	关于印发《津市市实施乡村振兴战略三年行动计划(2018—2020年)的通知》
7	2018-1-5	津委〔2018〕1号	市委、市政府	关于表彰2017年度市绩效评估考核先进单位和先进个人的通报

序号	发文日期	文号	发文机关	文件标题
8	2018-1-5	津委〔2018〕2号	市委、市政府	关于表彰2017年度全市工业经济等14项工作先进单位和先进个人的通报
9	2018-2-24	津委〔2018〕3号	市委	关于转发《政协津市市委员会常务委员会2018年工作要点》的通知
10	2018-7-19	津委〔2018〕4号	市委、市政府	关于印发《津市市创建国家食品安全示范城市实施方案》的通知
11	2018-9-20	津委〔2018〕5号	市委	关于同意中共津市市国家税务局、地方税务局联合委员会改设中共国家税务总局津市市税务局委员会的批复

（王飞白）

办公室工作

【办文办会】2018年，津市贯彻落实中央、省、市关于加强作风建设，力戒形式主义、官僚主义的要求规定，倡导"少开会、开短会，少发文、发短文"，切实做到可开可不开的坚决不开、可合并的坚决合并，全年共制发各类公文49件，办理来文533件，比上年减少27%。共承办市委经济工作会议、市委全会、党务工作会等全市性会议10余场，市委常委会议23次，以市委名义召开的各类会议同比上年减少18%。全年共安排市领导基层调研110余次，圆满完成省领导李微微、乌兰、李友志，常德市领导周德睿、曹立军等重大接待14批次，筹备"智汇洞庭、科创常德"津市专场、常德市重点项目建设流动现场会、常德市改善农村人居环境流动现场会等重大活动9次。（陈俊纲）

【督促检查】2018年，开展各类专项督查46次，编发《督查通报》9期、《督查专报》5期，交办领导信访批示件12件，交办市人大建议6条，市政协提案4条，完成督查调研文章1篇。（尹毅）

【绩效考核】按改革要求，完成绩效评估工作的职能划转，充实1名工作力量，与市委督查室合并办公。出台市本级绩效评估改革方案，组织并规范年终检查验收活动。2018年，津市市绩效评估工作被常德市委办评为先进。（尹毅）

【综合调查】2018年，综合调研工作始终紧跟市委"不忘初心，牢记使命，奋力开创澧水流域现代化中心城市新局面"战略部署，认真履行"以文辅政"工作职责，一大批先进工作经验、优秀调研成果进入领导视野。先后起草各类综合材料200多篇，其中领导讲话110多篇。完成《2018年市委经济工作报告》《在市委十二届六次全体（扩大）会议上的讲话》《在"智汇洞庭·科创常德"科技成果转移转化系列活动生物医药与健康食品津市专场活动上的讲话》以及向许达哲省长等领导汇报的《津市工作情况汇报》等一批重要文稿。形成《关于打造全国生物医药特色小镇的调查与思考》《关于我市"激励广大干部新时代新担当新作为"的调查报告》《构建地方党委加强对经济工作领导的体制机制的思考》《提升城市首位度，增强区域吸附力》等一批调研文章，参谋助手作用得到更好发挥。勤于夯实基础，持之以恒加强干部队伍建设，选派干部到浙江大学、常德市委办、常德党校学习培训。

（张承嘉）

【党委信息】2018年，市委办信息室共收到基层信息来稿354篇，向省、常德市上报信息286条，全年被省、常德市采用信息69篇。全年编发信息参考共4期。（姚茜群）

【机要保密】2018年围绕年初制定的工作总体目标，以贯彻落实上级精神为主线，以"争先进、创品牌"为核心，促进机要保密工作迈上新的台阶。机要工作，实现值班值守24小时无缝覆盖，无一起失泄密事件发生。全年共收发机要密码电报537份，密码电报收发、传阅、办理做到高效、准确、及时，没有出现一例迟报、漏报、瞒报等现象。严格按照上级精神和工作部署推进电子政务内网建设，一期工程已顺利通过省专家组分保测评验收。核心机房整体改造升级工程按照时间节点有序推进。保密工作，共开展全市保密检查5次，迎接常德市保密检查1次，有力推动全市保密工作规范化。认真贯彻落实《国家秘密载体销毁管理规定》，对2017年以来的涉密文件进行收集整理，共清退涉密文件755份，没有出现秘密文件资料丢失、缺损等现象。涉密电脑国产化替代、敏感信息系统安装等工程有序开展。外宣工作，向上级《湖南保密》《湖南机要》等刊物投稿4篇，被刊用2篇。

（邹明君）

纪检监察

【概况】中共津市市纪律检查委员会位于津市市委大院内，与津市市监察委员会合署办公。截至2018年底，共设立10个内设机构和10个派驻机构。内设机构分别是：办公室、组织（宣传）部、党风政风监督室、案件审理室、信访（案管）室、第一纪检监察室、第二纪检监察室、第三纪检监察室、第四纪检监察室、第五纪检监察室；派驻机构分别是市纪委监委驻市委办纪检监察组、市纪委监委驻市政府办纪检监察组、市纪委监委驻市发改局纪检监察组、市纪委监委驻市教育局纪检监察组、市纪委监委驻市公安局纪检监察组、市纪委监委驻市财政局纪检监察组、市纪委监委驻市人社局纪检监察组、市纪委监委驻市住建局纪检监察组、市纪委监委驻市农业局纪检监察组、市纪委监委驻市卫计局纪检监察组。

2018年，市纪委在常德市纪委和市委领导下，全市纪检监察组织贯彻上级部署，聚焦党风廉政建设中心任务，持续抓落实，全市上下纪律意识逐步增强，责任意识明显提高，党内政治生态进一步向好。成立市监察委员会，国家监察体制改革取得突破进展；召开十二届四次全会，全市全面从严治党迈入新征程；聚焦政治建设、改革攻坚、日常监督，党风政风持续好转；严查违纪案件，始终保持反腐高压态势；聚焦队伍建设，打造纪检监察铁军。

【成立市监察委员会】2018年1月12日上午，津市市第十七届人民代表大会第三次会议举行第二次全体会议，选举津市市监察委员会主任。1月13日上午9时38分，津市市监察委员会正式挂牌成立，标志着津市市国家监察体制改革试点工作取得新成果，党风廉政建设迈入新阶段，全面从严治党开启新征程。

【召开第十二届纪律检查委员会第四次全体会议】2018年2月23日，中国共产党津市市第十二届纪律检查委员会第四次全体会议在市兰苑宾馆会议中心举行，市委书记傅勇出席全会并讲话，市委常委、市纪委书记、市监委主任伍子科代表市纪委常委会作《把握新时代，贯彻新思想，迈向新征程，奋力开创津市全面从严治党新局面》工作报告，会议表决通过中国共产党津市市第十二届纪委常委会提请第四次全会审议的工作报告和中共津市市第十二届纪律检查委员会第四次全体会议公报(草案)。

【党纪党风】2018年，津市纪委把践行“两个维护”作为最根本的政治准则和政治责任，确保市委、市政府重大决策部署得到不折不扣地贯彻落实。围绕三大攻坚战(防范化解重大风险、精准脱贫、污染防治攻坚战)开展定向监督，督促各级各单位、全市党员干部令行禁止，问责失职失责干部31名，点名通报脱贫攻坚工作不力、作风不实57人，全面完成扶贫领域腐败和作风问题专项治理7类考核指标任务。通过“三重一大”(重大事项决策、重要干部任免、重要项目安排、大额资金的使用)集体决策监督、常态化谈话提醒、落实见物见人见细节党内监督报告制度和建立领导干部廉政档案等，更为具体地抓严党内政治生活，严明政治纪律和政治规矩。

【聚焦改革攻坚】2018年，津市纪委监委合署办公、统一决策、一体运行，执行执纪监督监察工作办法等制度，着力强化纪法衔接、反腐协调，联合市检察院出台《关于建立线索双向移送加强协作配合的若干意见》和《关于职务犯罪案件办理机制的规定(试行)》，依法办理陈章云涉嫌行贿一案并移送起诉，成为常德地区首例监察委移送至检察机关审查起诉的职务犯罪案件，切实将制度优势转化为治理效能。

【查处违纪案件】2018年，全市纪检监察机关共立案102件102人，同比增长8.5%；给予党纪政务处分100人，同比增长6.4%；查处科级干部20人，同比增长5.3%。同时，组织处理136人，占总处分人数的57.6%，谈话函询40人次，发出监察建议书23份，通过抓“大”不放“小”，最大限度地保护和爱护干部。深入整治群众身边腐败和作风问题，立案51件51人，给予党纪政务处分46人，组织处理45人，追缴违规资金50余万元，发出通报17期。深挖彻查涉黑涉恶腐败和“保护伞”，“扫黑除恶”立案6人，给予党纪政务处分6人。持续加大反腐追逃追赃力度，成功劝返在逃人员1名，追回赃款36万元。

【日常监督检查】全方位纠治“四风”(形式主义、官僚主义、享乐主义、奢靡之风)，抓常管长，做到节点监督与平时监督并重，共查处作风陋习问题21个，给予党纪政务处分14人，组织处理19人，约谈一把手19人次；严肃查处形式主义、官僚主义问题35个，给予党纪政务处分27人，组织处理26人。严把党风廉政意见回复关。高频次防控廉政风险，统筹推进领导干部违规在政府投资项目从事协调管理服务，违规插手涉矿涉砂经营性活动、金融领域以权谋私、“提篮子”谋取私利等专项治理，全市50名处级领导干部，1132名科级领导干部开展全面自清自查；“互联网+监督”大数据比对发现问题线索166条，组织处理3人，76个村(居)财务支出发票上传率达100%。多渠道开展纪律教育，编印《全面从严治党作风建设纪律指南》《扶贫领域专项治理工作文件汇编》，组织全市党员干部观看廉政影片《绝不姑息》，做到警钟长鸣。

【纪检监察队伍建设】在“行”的重塑基础上，更加注重“神”的重铸，实现纪检监察工作整体性提升。出台《关于加强纪检监察干部监督工作的实施意见》，设置干部监督室开展内部专门监督，解决“谁来监督纪委”的问题。建立健全执纪执法打听案情报告制度、纪检监察干部家访制度、“业务大讲堂”素质提升制度，以案代训、监狱警示、业务考试、跟班学习等形成常态，着力朝着“让打铁人变铁打的人”目标迈进。以内部巡察为契机，全方位开展“政治体检”，提高队伍“健康指数”。对纪检监察干部违纪问题零容忍，追责问责2人并坚决调离纪检监察系统，彰显刀刃向内、严防“灯下黑”的坚定决心。　　(检办)

巡察工作

【概况】2018年，津市市巡察工作紧盯重点人，专注重点事和重点问题，着力解决群众身边的“四风”(形式主义、官僚主义、享乐主义、奢靡之风)和腐败问题，在常规巡察乡镇、街道时，对其辖区的村居开展同步巡察；对同领域、同系统、有隶属或归口管理关系的单位分类合并巡察，以确保一届任期内巡察全覆盖，并实践探索出“十二查十二看”脱贫攻坚领域巡察方法(一是查干部策水平，通过对镇、村干部、工作队员进行问卷测试，看其是否掌握了基本的扶贫政策、对村里的扶贫形势是否清楚。二是查已脱贫户，看其是否存在违规不合条件建档，或者还未达到脱贫条件而“被脱贫”的情况。三是查未脱贫户，看其是否了解国家的扶贫政策、责任单位的帮扶方案是否切实可靠、帮扶措施是否逐条落实到位、帮扶成效是否真实可信、贫困户对帮扶情况是否基本满意。四是查普通村民，看是否有漏评、错评、错退的贫困户。五是查档案资料，看信息是否真实、准确、完整，是否存在逻辑上的矛盾。六是查扶资金，看项目建设、危房改造、产业扶贫、涉农补贴资金等是否被贪污、截留、挪用，是否优亲厚友。七是查项目建设情况，看项目是否真正实施、程序是否合法规范，工程进度、质量、效益如何，群众是否满意。八是查帮扶责任人，看其对扶贫政策、帮扶对象基本信息的了解情况、到户的帮扶方案内容及落实情况。九是查村干部履责情况，看对所联系贫困户的基本情况、致贫原因、帮扶意愿等是否熟悉。十是查工作队履责情况，看其是否令行禁止，是否不想事、不管事、不干事。十一是查扶贫产业，看是否产业可行性，产业扶贫资金是否用于产业发展，是否能真正让贫困户增收。十二是查集体收入，看是否为了达到贫困村退出的要求而弄虚作假)，创新“三反馈一移交”交办方式（各巡察组综合材料按程序审定后，向被巡察单位党组织、党组织负责人以及被巡察单位党组织的分管市级领导进行反馈，并将问题线索同步移交给被巡察单位归口的派驻纪检监察组)、“两督查一公开”督查方式(本组督查、交叉督查及社会公开)、“两送两建” 成果运用方式(把对被巡察单位有关领导干部开展的测试成绩及对被巡察班子进行的述责述廉测评结果移送给组织部门；把巡察情况、整改督查结果纳入绩效考核体系，完善党政机关培训费管理办法)，不断提升监督质量，为津市良好政治生态发展保驾护航。全年巡察家单位。（王梓宁）

【巡察】2018年4月23日—6月23日，市委授权3个临时巡察组，按照“一托二”的模式，启动2018年首轮对毛里湖镇、市教育局、金鱼岭街道办事处、市公路局、市扶贫移民局、市畜牧局6家单位党组织的巡察工作，共计发现问题线索140条，其中移送市纪委16条，移送市委组织部8条，移交市机构编制委员会办公室3条，移交市审计局3条，移交市一中1条，交办给被巡察单位109条，发现问题主要集中在选人用人不规范、党建基础工作薄弱、执行财经纪律不严等方面，重点指出意识形态领域工作不落实、干部管理不到位、廉政风险缺乏监管等问题。至12月，除毛里湖镇、市教育局6条问题还在整改中，其他4家单位党组织全部整改完成。移送市纪委线索查实13条，立案11人，组织处理21人，清缴资金27万余元。

2018年9月14日—10月12日，津市市委主动对标上级部署，在中央开展扶贫领域作风建设年背景下，启动对新洲镇长岭村、庹家峪村、麓山村，药山镇药山村、和平村、三新垸村、杨坝垱村，白衣镇柏林村等8个贫困村脱贫攻坚专项巡察工作，共计发现问题线索146条，其中移送市纪委4条，移交市派驻村办26条，移交市扶贫移民局44条，交办各镇纪委6条，交办各镇党委136条，涉及驻村扶贫工作队、后盾单位、扶贫资金、项目、贫困户认定、脱贫程序不规范等部分问题为双向移交，即移送其主管部门也移交给被巡察单位上一级党委。发现问题主要集中在思想认识有偏差、履职尽责不到位、项目管理不规范等方面，重点指出贫困户存在识别不精准、帮扶措施脱离实际、合作社管理普遍不合规等问题。对8个贫困村移交问题整改完成118条。移送市、各镇纪委线索已办结6条，组织处理9人，上缴资金16万余元。

2018年10月31日—12月31日，市委授权3个临时巡察组，按照“一托二”的模式，正式启动对汪家桥街道办事处、市司法局、市人社局、市农业局、市科技工信局、市文体广新局6家单位党组织的巡察工作，共计发现问题线索161条，其中移送市纪委10条、移送市组织部等相关部门15条、交办给被巡察单位136条。发现问题主要集中在贯彻中央、省委重大决策部署落实不到位、选人用人不规范、执行财经纪律不严等方面，重点指出意识形态领域工作不落实、经费管理缺乏约束力、廉政风险缺乏监管等问题。目前对6家被巡察单位移交问题整改完成95条。移送市纪委线索正在办理中。（王梓宁）

【队伍建设】优化队伍结构。每轮巡察从库中抽调相关部门单位专业人才参与巡察，要求6名纪检干部、6名科级后备干部及巡察办全体干部全部下组参与巡察，并根据巡察对象的单位的性质、工作特点等合理调配巡察人员。提升综合素养。按照“两周一讲”方式，邀请党建、财务、纪检、报告撰写等方面的业务骨干先后开展7次业务讲座；通过建立党支部，开展组织生活以及系列主题教育活动；不定期开展知识测评、经验交流、读书分享等活动，定期开展月工作讲评、半年总结，将巡察干部发现巡察问题线索、信息上稿情况等纳入年终绩效考核。严明工作纪律。进一步规范《巡察办内部管理制度》，全体巡察人员在巡前签订保密责任书，并将巡察工作人员“六条禁令”、监督执纪“十不准”制作成卡片，发给全体巡察工作人员，强化巡察人员纪律意识、规矩意识。

（王梓宁）

组织工作

【领导班子和干部队伍建设】2018年，完成领导班子日常调配。严格执行《党政领导干部选拔任用工作条例》，坚持好干部标准和事业为上的用人导向，全年共调整干部27人次，其中重用2人次，调任1人次。落实上级关于群团组织改革的要求，按照“专兼挂”的方式做好新一届工青妇领导班子人事安排。完成2017年到津市锻炼的2名省委组织部定向选调生转正定级重用人事调整。完成市本级1名人大代表、14名政协委员届中补选工作，推荐报送3人作为出席政协常德市第七届委员会委员。

完善班子和干部年度考察方式。对全市96个科级单位,469名科级领导干部进行年度考核考察。细化领导班子和领导干部测评指标，采取单独填投测评、开展班子建设问卷调查、服务群众满意度问卷调查、函询上级业务主管部门等方式,考准考实领导班子和领导干部。对全市科级领导干部和后备干部进行针对性梳理和研判,为平稳完成机构改革工作打牢基础。

加大年轻干部培养力度。制定《关于进一步加强优秀年轻干部培养选拔工作的实施办法》，明确未来3年年轻干部培养目标和措施。通过单位推荐、素质测评、现场调研等方式,建立正科级后备干部库、副科级后备干部库、优秀年轻干部库三类干部库并实施动态管理。组织召开年轻干部座谈会,市委书记傅勇与87名年轻干部进行面对面交流。举办第十九期中青年干部培训班,45名学员参加培训。定期安排津市19名35岁以下选调生参加市委常委会、政府常务会、市委中心组学习等重要会议。

服务中心大局。选优配强扶贫工作力量，抽调49名科级干部担任扶贫工作队协调组长、工作队长,抽调43名单位中层干部担任扶贫工作队队员。选派6名科级干部、3名优秀年轻干部驻北京、深圳、苏州定点招商,选派5名年轻干部作为企业特派员到高新区、科工局等经济发展一线锻炼。对全市600多名科级及以上干部公务交通补贴资格和享受标准进行审查。选派6名中层骨干纳入常德市巡查人才库，建立15名副科级干部、85名一般干部共100人组成的市本级巡察人才库。

【干部教育】2018年,举办3期中共十九大精神集中培训班，集中培训564名副科级以上领导干部。举办2期科级干部进修班，全脱产培训97名科级干部。举办3期以乡村振兴、规划建设、工业经济为主题的专题外训班,200余名机关企事业单位领导干部参加学习。组织390余名机关企事业单位相关领导干部和规模以上企业负责人参加常德市及市本级企业家大讲堂。组织588名副科级以上领导干部参加干部教育培训网络在线学习。组织1期党建业务培训班,对全市226名党务工作者进行业务培训。

完成上级调训任务,1名领导干部参加中央调训,13名领导干部参加省级调训,76名领导干部参加常德市调训。

【干部监督】2018年,在干部日常管理上落实职务与职级并行制度,完成15名科、处级干部职级晋升审批、报批工作。做好领导干部在社会组织兼职的管理工作。完成借调镇街干部清理工作,共清理出32名被借调的镇街干部,13人退回原单位,19人办理借调手续，保障基层工作力量。联合市纪委对全市1300多名科级以上领导干部(含近三年退休)在政府投资项目从事协调管理服务情况进行排查。完成2117名科级干部在企业任职(兼职)排查工作,清退24人。

干部监督上组织44名副处级以上领导干部完成个人事项报告填报工作。加大信访举报受理调查工作力度,全年共处理办结上级交办件4件。严格因私出国(境)审批管理,集中保管科级干部及退休处级干部的护照、港澳台通行证。制定离退休干部丧事办理意见,规范离退休干部丧事办理程序。

干部人事档案管理上加强档案库房硬件设施建设,对干部人事档案柜进行更新。开展档案审核,做到“凡提必审”“凡进必审”“凡转必审”,2018年完成新进档案专项审核90册，审核新进档案105册,后备干部、优秀年轻干部档案81册。及时更新干部管理大数据平台及查询系统中的干部信息。

【基层党建】2018年,持续开展“两学一做”(学党章党规、学系列讲话,做合格党员)。建立基层党建包点联片制度,部机关干部分点联片对基层党组织党建工作进行全域调阅。从严落实“三会一课”制度,规范组织生活会及民主评议党员程序,全面推进“主题党日”制度,持续扩大党员、群众参与范围,持续开展“党员强党性”、“志愿服务”等活动。落实农村党员冬春训,开展党代表宣讲中共十九大精神的活动,将学习习近平新时代中国特色社会主义思想纳入基层党组织书记述职考评细则,在全市形成良好的学习氛围。

全面落实重点任务。组织党代表开展结对帮扶贫困户活动,每位党代表至少联系一名贫困户。完成10个软弱涣散党组织整顿工作。分领域在村社区、市直单位、两新组织、国有企业、学校、医院等基层党组织中推进支部“五化”建设。开展涉黑涉恶村(社区)干部和党员摸排整顿工作。

推进智慧党建。突出智慧党建风格元素,全覆盖完成镇村综合服务平台改造修缮,为市、镇、村三级平台高标准配备89套智慧党建设备。为76个村社区配备1名30岁左右、大专以上学历的党建联络员专司党建工作。确定40个下沉基层的服务事项,简化办事流程28项,精减申报材料13项。先后4次对智慧党建系统操作人员进行专题培训。组织60余名市党代表、人大代表、政协委

2018年夏在苏州开展津市市规划建设专题外训班

员开展智慧党建用户体验活动。引进电子商务运营商，为实施乡村振兴战略提供数据支撑，促进党务、政务、商务“三务合一”。

夯实基层保障。大力提高基层低限保障水平，村、社区运转经费分别达到20万元、25万元，镇街达到了135万元。稳步提高基层干部待遇标准，村、社区党组织书记报酬分别达到3.8万元、5.5万元。财政专项列支党代表工作经费和基层干部健康体检经费。按照新建“两新”党组织10000元/个、党组织书记300元/月、党员200元/年的标准，全年保障“两新”党建工作经费130万元。

创新驱动激发活力。为解决“两新”党组织工作经费不足的问题，探索推行“两新”党建公积金，经验在中组部《组工信息》推介。为解决村居无职党员作为有限的问题，继续推行“红色存折”制度，经验在省委信息内刊、省《基层党建工作简报》推介。为有效提升党代表履职能力，在各级党代表中开展“我为实施工业立市产业兴城献一策”征文活动，发挥党代表在经济社会发展中的参谋助手作用。实施“乡村人才建库”工程，对在外毕业大学生、经商办企业成功人才、现退役军人等七类人才进行摸底建库，入库人才5596人，分类列入村（社区）“123”后备人才队伍，为乡村振兴提供人才支撑，经验在《湘组信息》推介。

推动抓党建促脱贫攻坚。制定《抓党建促脱贫攻坚实施办法》《驻村工作队干部管理办法》，压紧压实各级责任。派优派强驻村帮扶工作力量，对贫困村及贫困人口100人以上的非贫困村，由市级领导联点，选派驻村工作队，落实“一村一队”全覆盖。加强业务培训，组织驻村工作队和扶贫专干开展业务培训。按照“两覆盖”的要求落实贫困户结对帮扶工作，全市115家后盾单位及各镇街、村社区1188名干部结对帮扶1811户建档立卡贫困户。强化监督管理，开展驻村工作明察暗访10余次，确保驻村工作队管理规范、作风扎实、成效显著。

【党员发展】2018年，津市严格按照

红色存折积分公示

《2018年全市发展党员指导性计划》精神，以“持续调控总量、着力优化结构、严格标准程序、强化工作责任”为指导，着眼于保持党员先进性，改善党员队伍结构，全年共发展党员115人，其中：35岁以下的27名，占22.5%；女性44名，占38.3%；大专及以上学历85名，占74%；农牧渔民49人，占41%。通过扎扎实实地做好发展党员工作，使全市党员队伍的文化素质有了明显提高，年龄结构和分布状况有了较大改善，党员队伍不断发展壮大，党组织的凝聚力和战斗力进一步增强，为巩固党的执政基础，提高党的执政能力，为我市建设“澧水流域现代化的中心城市”提供坚强的组织保证。

【人才工作】统筹规划建机制。制定出台《津市市2018—2022年人才引进工作规划》，提出“人才新政18条”，明确人才引进、培养、使用、补贴和服务工作。加强部门整体联动，支持和鼓励用人单位结合实际创新出台配套制度措施。基本形成由市委统一领导，组织部门牵头抓总，有关部门各司其职，密切配合的人才工作格局。

立足实际引人才。通过公务员招录、事业单位招聘、赴省内高校引才等方式，2018年共引进各类人才202人。围绕津市经济社会发展需求和干部人才队伍建设需要，将1家国有企业、4家非公有制企业纳入到引才计划，为企业人才引进提供服务。

强化保障促活力。兑现人才工作补贴，全年发放人才津贴约65万元。加大住房保障力度，整合装修人才公寓98套，统一配备空调、热水器等基本生活设施，85名一本院校及研究生以上学历人才实现拎包免费入住。按照区县一流、长远实用的定位，动工新建人才公寓楼320套，计划2019年完工。建立市级领导联系服务专家制度，14名市级领导联系27名专家，帮助解决困难、发展项目、落实政策和改善环境。

优化环境浓氛围。推行青年人才培养导师帮带制，选派37名政治素质好、责任心强、有一定工作经历的年轻干部导师，与新进机关事业单位的173名青年人才跨部门单位分片结对，采取“师傅带徒弟”、“学长帮新生”的办法，帮助新进青年人才融入津市工作生活。开展“津市·青年说”主题论坛、“炫跑之夜·律动津城”青春荧光跑等活动。

宣传工作

【概况】2018年，制定下发《关于印发〈2018年度津市市党委（党组）中心组理论学习安排意见〉的通知》，邀请南京邮电大学温勇教授、湖南省社会主义学院副院长周述杰等知名专家学者到津授课，组织习近平新时代中国特色社会主义思想等主题学习8次，查阅领导干部学习笔记2次，组织理论考试1次。为各个行政村配备党员学习平台、农家

年轻公务员演出的情景快板剧《我的青春在津市》

书屋，配置、更新电脑、图书、多媒体等设施，基层党组织学习阵地建设进一步加强。扩建市、镇(部门)、村(居)三级党的报告员队伍至224人，组织党的报告员业务培训2次，开展“进基层、进机关、进企业、进学校、进村居”宣讲210余场，直接受众2.16万余人次。继续深化“‘书香满津城，学习促发展’——创建学习型机关、争做学习型干部”活动，全年开展“年轻干部读书班”、“创新引领未来，弘扬工匠精神”主题技能比武、“津市·青年说”等主题活动，党员干部政治理论水平和专业能力进一步新提升。

在《人民日报》上稿1篇，中央电视台上稿3条，新华社上稿7条，《经济日报》上稿1篇，《湖南日报》上稿14篇，湖南卫视上稿18条，《常德日报》头版头条7篇，常德电视台上稿351条。组织中央、省、常德市三级主流媒体集中报道“‘智汇洞庭·科创常德’科技成果转移转化系列活动——生物医药与健康食品产业津市专场”活动，参与“美丽长江中国行——共舞长江经济带·生态篇”网络主题采访活动，使津市美誉度进一步提升。4月，试运行“中央厨房”管理平台，初步形成“一次采集、多种生成、多元发布”的采编播工作格局。津市电视台微信公众号保持全国县级微信公众号100强，获年度常德市网络宣传常德贡献奖。自办栏目《溯源澧水环保行》《筑梦他乡津市人》，分获年度全国县级广播电视作品评选电视社教专题三等奖及电视系列报道三等奖。《逐梦他乡津市人》被人民网以《把老乡们搬上荧屏 看小城筑梦者与时代共舞》为题发表评论员文章。坚持24小时网络舆情值班制度，严格落实“网上舆情、网上网下联动处置”机制，丰富完善《舆情动态》、《舆情专报》报送内容，加大网络有害信息搜索和举报力度。全年处理各类舆情100余条，回复率达到95%。

召开移风易俗工作专项调度会，下发《津市市全面推进移风易俗工作实施方案》。建成“五德礼堂”、新洲殡仪服务站等红白事集中操办点，在村居订立村规民约，组建红白理事会等民间自治组织，开展“五德之星”等评选表彰活动。劝导违规赈酒80余次、大操大办30余起，发掘襄阳街魏传生等一批移风易俗先进典型，津市农村吹遍文明新风。启动2018年津市市文明单位创建工作，组织60多家文明创建单位参加业务培训。指导开展“我们的节日、春节、元宵、清明、端午、七夕、中秋、重阳”等主题活动，推进社会主义核心价值观进校园等活动，“图说我们的价值观”征稿被省文明办采纳3副。形成文明创建共建共享局面，顺利通过省级文明城市文明指数测评，确保连续3届省级文明城市荣誉。在各社区居委会建立志愿服务站点，实现志愿服务者网络化管理。开展“邻里守望”助推完美社区、“学雷锋、三关爱”等系列志愿服务主题活动，文明交通志愿服务行动。推荐身边好人900余人次，湖南好人5名，二完小的但静怡同学被评为常德市唯一省级“美德少年”，朱德文被评为省级优秀志愿者。评选出省级文明标兵单位1家，常德市文明标兵单位2家，文明单位5家，文明村镇2家。

五环时代全民健身中心一期工程投入使用，城北车胤足球场建设竣工，《虎爪山遗址环境整治》立项，争取国家专项资金2554万元。完善镇(街)文化站设施，建成33个合格村级综合文化服务中心，24个合格社区文化综合服务中心，合格率达75%。开展“清源”“护苗”“净网”“秋风”专项整治行动，收缴非法出版物610余册、非法音像制品150余张。建立完善网吧实时监控平台，开展“阳光暑假”行动，停业整改网吧3家。对全市广播、电视、电影播出进行开展不定期督查，确保播出安全，内容健康向上。举办“健康中国·运动湖南”2018年全民健身大赛、“文化点亮津城”

2018年“青年说”论坛活动现场

等群众文化惠民活动63场，参加万余人次。博物馆、美术馆、红色收藏纪念馆、图书馆、文化馆、全民健身中心6处文化场馆免费开放，服务群众8万余人次。举办全民阅读活动100余次，配送农家书屋书刊近万册，推进全民阅读进社区、进工厂、进校园、进机关，组织下乡放映公益电影972场，直接受众5万余人次。（傅坚）

"'智汇洞庭·科创常德'科技成果转移转化系列活动——生物医药与健康食品产业津市专场"活动现场

【新闻外宣】2018年，确定学习贯彻中共十九大精神、工业立市、产业兴城、脱贫攻坚、民本民生、乡村振兴等重点选题，主动对接上级主流媒体，上门推介津市新闻亮点，邀请媒体到津市采风，累计接待记者来津采访80余人次。在中央电视台上稿3条，如《湖南津市：特大网络制贩枪案告破11人落网》《澧有兰津》等；新华社上稿7篇，如《对津市市"河长制"工作治理的专访》《常德津市：积极探索棚改"津市模式"》《美丽蝶变换新貌 乡村振兴踏歌来》等；《人民日报》上稿1篇，以图片形式推介津市"鼓书"；经济日报上稿1篇，题为《"绿色银行"变废为宝》；湖南卫视上稿18条(449秒)，《湖南日报》上稿14篇，《常德日报》头版头条7篇，常德电视台上稿351条(19362秒)。

用全新的视角解读津市变迁，全面展示津市改革开放四十年来经济社会发展成就。津市"河长制"工作治理经验在新华网刊发，29个科研成果转移转化项目签约新闻在人民网刊发，《为迷路的孩子指引"回家的路"——"玉芳姐姐工作室"的故事》《津市"电骡子"帮农作物"解渴"》等报道在《湖南日报》刊发，棚户区改造、社会化养老等亮点工作被《常德日报》头版头条推介。市电视台自创栏目《逐梦他乡津市人》，用一个个鲜活生动的真实故事，树立津市人敢想、敢干的新形象，《逐梦他乡津市人》栏目被人民网以《把老乡们搬上荧屏看小城筑梦者与时代共舞》为题发表评论员文章。

"津市发布""津市电视台"等微信公众号关注用户达6万余人，"中央厨房"新闻制作系统初步上线，形成"一次采集、多种生成、多元发布"的采编播工作格局。新媒体矩阵初步建立，新媒体传播力、影响力显著增强。"津市发布"微信公众号成为津市重大信息发布的主要平台；"津市电视台"微信公众号进入"全国县级电视台微信公众号影响力百强"，获上年度常德市网络宣传常德贡献奖优秀媒体公众号；湖南日报旗下的新湖南—津市频道运营，成为对外宣传津市形象的新窗口；《津市手机报》成为津市时政、新闻、信息交流的重要平台。2018年，津市政府网累计政务动态上稿2850条，部门动态1000余条；部门单位微信公众号到达85个。

2018年先后处置各类舆情100余条，回复率达到95%以上。重点处置"津市纪委突击检查教育系统办公用房"(该条在人民网、新华网、中国青年网、凤凰网点击量均达千万次以上，评论跟帖者众多，负面影响面广)、"津市人情宴整酒成疯"等网络突发舆情，做到网上正面发声，把牢新闻舆论主动权和话语权。编发相关《舆情专报》11期、《舆情动态》12期，坚持24小时值班制度和向上汇报制度，上级部门对津市市委的处置予以肯定。落实"网上舆情、网上网下联动处置"机制，完善舆情应急预案体系，建立健全舆情联动工作机制，丰富完善津市网评员QQ群，完善《舆情动态》《舆情专报》等报送制度，坚持编发《舆情动态》《舆情专报》，为梳理舆情、总结工作方面提供详实依据，为津市市委领导掌控涉津舆情提供执政参考。

通过舆情信息系统上报有害信息达2906条次，通过表格报送举报线索3361条，处置网络违规事件3起。联合市公安局网监大队、市文体广新局、市广播电视台、市电子政务办开展"全市政务类网络平台管理和清理僵尸网站""净化网上舆论环境专项整治""关键信息基础设施自查和迎检""扫黄打非""扫黑除恶"等网上治理专项行动。

强化网络队伍建设，不断优化队伍结构，全市建立100多人的网评员队伍。对镇(街道)、市直主要单位实现舆情指令任务全覆盖，平均每月转发跟帖1000次以上。特别是两会期间、环保督察等特护期，网评员在网上正面宣传、网络舆论引导、网络舆情监测、突发事件上报处置等方面发挥引领作用。对舆情交办处置、网络转评引导、网络违法和不良信息举报、双微建设等工作，实行每月考核并下发通报。（杨金蕾）

【津市手机报】2018年，津市手机报每周二至周六早上八点准时发布全市前一天的市政汛情、民情动态。津市手机报受众达到4000多人，全年发稿1614篇次。

制定完善手机报管理办法，对信息的编写、报送、考核等，严格实行"三审制"，确保手机报发布信息的准确权威性。围绕市委、市政府中心工作开设"贯彻中共十九大精神""脱贫攻坚""扫黑除恶”“改善农村人居环境”等专题栏目。手机报设有“津市动态”“要闻速览”“历史上的今天”“好书推荐”“健康生活”等多个栏目，通过文字、图片等多种形式发布资讯。实现红网津市手机报与津市新闻网的互联互通，读者通过手机了解更多、更详细的信息。（杨金蕾）

【推进农村移风易俗】2018年，津市开始全面推进移风易俗工作。召开专题研讨会3次，市文明办、市纪委、市民政局联合下发《津市市全面推进移风易俗工作实施方案》。各部门单位结合实际推进，印制12万份倡议书发放到干部和群众手中，印刷移风易俗挂历4000份发放给农民；主要职能部门加强协作，抓住高考等重要时间节点，开展监督检查，对出现的苗头问题加强督促整改，及时消除隐患，毛里湖镇、文体广新局根据津市实情，创作出三棒鼓、老杨赈酒等接地气的原创文艺作品。指导村居（社区）完善村规民约、成立红白喜事理事机构、实行登记备案制度，全市所有村（社区）均成立并运行红白理事；市与镇（街）、镇（街）与村（居）、村（居）与组、组与组民层层签订承诺书；发掘移风易俗先进典型魏传生等先进典型，并通过常德新闻联播的宣传，有力引领全市移风易俗工作的扎实开展。（胡文杰）

【文明单位创建】2018年初，邀请常德市精神文明建设指导科科长侯辉为全市60多家新申报各级各类文明单位举办文明单位创建工作培训会，共计120余人参会，在常德市4次文明单位常态化管理抽查中没有一起负面通报；9—11月顺利迎接常德市对津市各级文明单位的验收工作，评选出市税务局省级文明标兵单位1家，市审计局省级文明单位1家，市政协机关、市建设工程质量安全监督管理站常德市文明标兵单位2家，市商务粮食局、市国土资源局、市房地产管理局常德市文明单位3家，市毛里湖镇七星村常德市文明村镇1家，市毛里湖镇灯塔社区常德市文明社区1家。（胡文杰）

【拓展志愿服务】2018年底，全市在省志愿服务注册志愿者数量共计人65482人，志愿者队伍达121支，其中专业志愿者队伍5支，主要特色服务项目为关爱留守儿童、居家服务、文明劝导等，完成湖南省志愿服务“三个最美”的推荐工作，推荐朱德文等4位最美志愿者、襄阳街志愿者协会等3个最美组织、四点半学校等3个最美服务项目。全市开展学模范、学好人活动，全市各单位建立道德模范宣传栏和请道德模范开展道德讲堂活动，营造学模范、做好人的浓厚氛围。全市各单位推荐身边好人共计1100余人，“湖南好人”推荐5名，8月，津市审计局邹斌被评为“孝老敬亲湖南好人”。开展优秀童谣和美德少年的评选活动，经过本级评选，向常德市共推荐雷璐等8名美德少年，推荐《爱学习》《新房子》等16首优秀原创童谣，但静怡同学入选湖南省美德少年。（胡文杰）

“小区论坛”移风易俗主题活动现场

【学习贯彻党的十九大精神】2018年，津市市委就习近平新时代中国特色社会主义思想和中共十九大精神开展专题学习班2期，并组织在职处级干部、正科级单位一把手集中理论考试，优秀率87.6%。下发《关于认真做好〈习近平新时代中国特色社会主义思想三十讲〉和〈湘江红潮〉学习使用工作的通知》，《关于认真组织学习〈习近平谈治国理政〉第二卷的通知》，进一步浓厚全市政治理论刊物学习氛围。津市各级党的报告员围绕中共十九大精神和习近平新时代中国特色社会主义思想，深入基层广泛开展宣讲工作，累计开展宣讲300余场。（张隽玮）

【市委中心组学习】2018年，制定下发《关于印发〈2018年度津市市党委（党组）中心组理论学习安排意见〉的通知》。对标对表湖南省委、常德市委开展市委理论学习中心组学习活动，邀请南京邮电大学温勇教授、湖南省社会主义学院副院长周述杰、津市市委党校高级讲师、市委特聘党的报告员章定炎等专家授课，举办高质量市委中心组扩大学习8次，党员干部政治理论水平和科学决策能力得到有力提升。（张隽玮）

【年轻干部读书班】2018年第七届市委年轻干部读书班录取学员61人。全年集中授课12天次，24节次，60课时，组织学员参加中心组学习4次，开展跟班学习、遵义红色教育、户外拓展训练、“津市·青年说”主题论坛、社会调研等班队活动10余次。

该届读书班紧扣新形势和当前重点工作和热点问题，开设新时代中国特色社会主义思想以及中共十九大精神解读、《全面从严治党》、《改革开放40年成就与经验学习讨论会》、《网络时代如何应对舆情》、《我市商贸经济发展情况分析》及《津澧地方历史文化浅谈》等一系列课程。先后前往津市党史馆、津

2018 年“百团大赛”比赛现场

市博物馆、津市工业园区进行现场交流学习，前往贵州遵义、林伯渠故居、韶山等红色革命教育基地进行红色教育。年轻干部政治思想水平和学习、工作能力再上新高度。（张隽玮）

【“创建学习型机关、争做学习型干部”活动】以“书香满津城，学习促发展”为主题，深入开展“创建学习型机关、争做学习型干部”活动，在活动的形式内容上进行相应的创新。5 月举办“创新引领未来，弘扬工匠精神”主题技能比武活动，活动包含蔬菜农残检测技能比武、拖拉机水田旋耕技术比武、第五届工业企业职工职业技能大赛等 9 项子活动。激发广大职工学技术、爱岗位、练本领的热情，对津市各行各业的“工匠”形象展示起到宣传作用。9 月和 12 月分别举办 2 期“津市·青年说”论坛活动，主题分别是“我看工业，我想说……”以及“精神不缺钙，我们聊聊价值观”。活动中，来自全市各机关单位的上百名青年，共聚一堂，畅所欲言，学习交流氛围浓厚，为津市今后的长远发展注入一股崭新的活力。（张隽玮）

统战工作

【概况】2018 年，统战部以“凝心聚力‘十三五’行动”为主题，以“同心工程”创建为载体，融汇统一战线优势资源，在“建设澧水流域现代化的中心城市”的全面战役中，做出了积极贡献。围绕主线，认真贯彻落实会议精神。邀请省社会主义学院副院长周述杰为市委中心组作辅导报告，重点学习传达习近平新时代统一战线思想。调整市委对台工作领导小组和市民族宗教工作领导小组人员，推动津市统一战线发展迈上新台阶。举办统战理论知识培训班，全市统一战线领导小组成员、各镇（街道）分管统战工作的领导、各民主党派班子成员、非公有制经济代表人士、新的社会阶层人士、党外干部等 70 多人参加培训。紧扣中心，做好经济统战工作。实施同心工程，倡议非公有制企业人士参与社会公益和精准扶贫活动，累计捐款约 40 万元。创新理念，推动合作共事。引导党外人士积极参政议政、民主监督，深化社会服务活动，打造统战工作品牌；开展新的社会阶层人士统战工作调研，加强对试点单位的沟通联系指导。突出重点，加强党外代表人士队伍建设。注重党外代表人士发展拓展渠道，落实组织、统战部门联席会议制度和培养选拔党外干部“六个共同”工作机制。促进发展，着力做好非公有制经济领域统战工作。组织非公有制经济人士参加各类培训班，传达习近平总书记在民营企业座谈会上发表的重要讲话精神，提振非公有制企业发展信心。注重团结，做好民宗对台工作。落实民族优惠政策，开展“宗教法规宣传月”“五进五好进场所”“宗教大走访大调研”活动；落实涉台困难群体救助机制，通过新媒体拓宽服务平台，利用“皇姑姊妹”微信群与台胞台属密切联系，真情服务台胞台属陆配。提升水平，切实加强统战部门自身建设。利用“双周五”学习周制度，扎实开展“两学一做”学习教育，强化统战部机关干部作风建设，推动作风建设常态化、长效化；大力营造宣传氛围，有效扩大了统战工作影响力。

（叶康）

【统一战线服务“十三五”行动】2018 年，在全市各民主党派和无党派人士中开展“不忘合作初心，继续携手前进”学习教育，各民主党派结合自身特点，围绕改善民生开展社会服务。中共津市市委、市政府支持民主党派、无党派人士加强协商能力建设，开展政党协商活动。引导党外人士积极参政议政，在津市人大、政协“两会”期间，各民主党派共提交提案 57 件。各民主党派社会服务实效不断夯实。全年各党派开展义诊活动 7 次，义诊诊治病人 1200 余人，发放资料 1000 余份，发放价值 2 万余元的药品。倡议非公有制企业人士参与扶贫活动，将扶贫工作与“万企联万村”、光彩事业、感恩社会光彩行动工作紧密结合。由统战部、工商联牵头组织开展“湘淮助学金”“2018 习酒我的大学捐助”等活动，捐助善款 10 多万元，全部用于资助津市贫困学生；统战部牵头 2018 年湖南省统一战线“泛海助学行动”的工作，津市 16 位高考毕业生成功获得资助，合计获得“泛海助学行动”款 8 万元，温暖了寒门学子和家长的心。作为三新垸村后盾单位，统战部与驻村工作队协同配合，利用同心项目帮助贫困户种植经济林，开展产业扶贫，共无偿为贫困户赠送优质果树苗木，并帮助扩充种植面积近 20 亩，邀请农业技术专家前往现场进行柑橘育苗的技术指导。组织药山镇三新垸村委会、村果业协会、扶贫工作队负责人去桑植县取经学习八月瓜和魔芋产业园发展经验。经过一年帮扶，一户结对贫困户达到脱贫标准。（叶康）

【同心工程】2018年，统战部与各创建点根据省、常德市关于“同心工程”创建的指示精神，着力发挥统战力量作用，借鉴其他区县市已获授牌创建点的做法，改变以往由统战部门为主牵头实施的做法，落实各镇（街道）在同心创建的主体责任，负责辖区内创建点的组织实施，着力激发乡村（社区）内生动力。明确民盟、民建、农工党三个民主党派市委和市工商联作为同心创建点的对口联系单位，履行业务指导和工作督导职责。年末，白衣镇红光村被评为常德市级同心美丽乡村，金鱼岭街道丝绸社区被评为常德市级同心社区。（叶康）

【党外代表人士队伍建设】2018年，统战部着力拓宽党外干部的选拔任用渠道和党外人士政治安排。对任实职党外代表人士所在单位实现了走访全覆盖，表达组织对他们的关心、支持和后续培养，为他们的发展拓宽空间。调整党员市级领导与党外代表人士联谊交友名单，沟通思想，增进共识。9月，津市市委组织部、市委统战部召开联席会议，两部就加强党外后备干部储备、建立新晋公务人员信息库、安排党外干部挂职锻炼等问题交换意见。会议明确以后选拔好党外干部要坚持“六个共同”工作机制，即组织、统战部门培养选拔党外干部“共同制定规划、共同物色选拔、共同培养教育、共同考察人选、共同讨论研究、共同督促检查”。11月，召开全市统战人士代表、统战工作者座谈会，津市市委书记傅勇参加座谈会。他指出：要进一步丰富培养选拔统战干部的内容和形式，为民主党派和无党派代表人士发挥作用搭建好平台；要按照“抓队伍、出人才”的要求，加强对党外人士的培养使用和选拔工作，打造一支高素质的统战干部队伍，更好地承担起新时代统战工作的历史使命。（叶康）

“同心美丽乡村”创建活动现场

【非公有制经济领域统战工作】2018年，统战部、工商联联合召开民营企业座谈会，传达学习习近平总书记11月1日上午在民营企业座谈会上发表的重要讲话精神。利用微信公众号、微博等媒介，为非公有制企业人士提供学习平台，组织非公有制经济人士在网上开展学习中共十九大精神、学习习近平新时代中国特色主义思想的活动。开展部门服务企业活动，在金湘猪鬃实业有限公司开展夏季“送政策、送法律、送清凉”活动，将西瓜等防暑降温物资送到一线员工手中，将惠企法规政策送给企业负责人。年底，慰问金湘猪鬃事业有限公司困难职工3人，送上新春祝福和慰问金。开展“访民企、办实事、强信心”活动，走访部分非公有制企业，协调鸿鹰生物、金湘猪鬃赴湖南文理学院对接产学研活动，解决创新研发瓶颈。与交警协商解决金湘猪鬃实业有限公司工厂大门十字路口红绿灯右转扣分问题。

（叶康）

【民族宗教】2018年，开展民族团结进步创建活动，加强外来少数民族流动人口服务管理，继续做好享受民族优惠政策考生资格审核工作，全市共有18名少数民族高考生享受高考加分政策。推动中央、省委民族工作会议和全国、全省宗教工作会议精神贯彻落实。在第16次市委常委会（扩大）会议，向与会各领导传达习近平总书记关于宗教工作的重要论述，并汇报全市宗教工作情况，提请民族宗教工作小组成员名单进行调整；认真贯彻落实省、市统战宗教会议精神。9月和11月分别召开津市宗教工作专题会议和统战理论培训班，津市统战工作领导小组、宗教工作领导小组成员单位及各镇街参加会议，提高了大家对宗教工作的认识。推进宗教场所管理和建设。开展“宗教法规宣传月”活动、按照上级要求落实中共十九大精神、国旗国歌、社会主义核心价值观、政策法规、中华优秀文化进宗教场所，宗教教职人员政治品格、守法遵规、文明友善、传承文化、服务社会好的“五进五好”活动。4月，中共常德市委常委、统战部部长陈华走访调研了药山寺。3月和9月对全市宗教场所开展走访调研活动，在走访调研过程中对存在用电安全隐患的青龙禅寺、金佛寺提出整改意见。及时化解矛盾，确保宗教领域和谐稳定。通过座谈会、实地走访等形式依法加强对宗教事务的管理，及时调解宗教场所纠纷，化解矛盾，维护社会安定。

（叶康）

【对台工作】2018年将对台工作纳入全市绩效考核内容，形成党政领导、台办牵头、部门支持、社会参与的对台工作格局。对港澳涉外代表人士的档案进行更新。做好宣传工作。津市台办对台宣传教育实行进社区、进媒体的“两进”活动，构建多层次宣教格局，确保对台工作的正确舆论导向。与在津台胞台属进行一对一的联系，宣传居住证申领后可享受的“一项权利、六项服务、九项便利”。津市侨联积极宣传“一法、两办法”法律法规，发放宣传册5000余册，营造全社会知“侨法”、懂“侨法”、贯彻

2018 年市委统战部领导走访清真寺

“侨法”的良好氛围，维护归侨侨眷、海外侨胞的合法权益。搞好服务工作。台办全年共接待到津市探亲、旅游、考察、投资的台湾同胞 6 次，为台胞台属解决困难提供帮助 7 次，办理台胞证 4 张。通过与政府和财政部门对接，按标准落实归侨生活补贴，帮助困难归侨解决生活困难。做好经贸交流工作。围绕津市经济发展，充分发挥部门工作优势，积极开展港澳台和海外经济工作。10 月，由福建泉州荣祺食品有限公司投资 1 亿元的年产 1.2 万吨葛果深加工项目成功落地津市，签约仪式在津市高新区会议室举行，项目建成达产后，预计可形成年销售收入 1.2 亿元，上缴税收 600 多万元的效益规模。（叶康）

政法工作

【概况】2018 年，津市市委政法委紧盯“确保全国、全省平安县市区金字招牌，民调工作全省一流、常德领跑，全国‘法治县（市、区）创建工作先进单位’夺牌，信访工作争创省‘三无县市’，各项政法业务工作确保常德第一方阵”五大目标，着力六大工作重点，强化五大工作保障，以 89 项政法工作要点为突破口，稳步推进各项工作。全年刑事案件下降 15.7%，交通事故死亡人数同比下降 31%，矛盾纠纷减少 18%，信访总量下降 25%，没有发生一起恶性刑事治安案件，没有发生群体性事件。连续 15 年保持全省“平安县市区”荣誉称号，荣获“全国法治县（市、区）创建活动先进单位”，被常德市委、市政府评为社会治安综合治理（平安建设）工作“优秀县（市、区）”、“建设‘无上访村（社区）’优秀单位”、信访工作先进单位，金鱼岭街道大关山村被省委政法委评为“全省平安村（社区）创建示范单位”。

全省综治民调继续领跑常德，全省前列。公检法司排名均居常德第一。5 个镇街和 2 个村（社区）高标准综治中心示范点建设完成，9 个镇街视联网设备全面联通。“雪亮工程”全域覆盖。全市共新建公共监控探头 900 余个，村均探头达到 20 个。开展“众创平安、平安共享”系列活动 600 余场次，“八类平安创建”活动持续深化。

完善重点人员管理稳控。按照“六个清清楚楚”的要求对全市 40 名重点人员建立档案，处理违法上访 57 人次。妥善处置 15 起复杂棘手的非正常死亡涉稳事件，化解 5 年以上信访积案 24 件。“无访”建设成效明显。全市 9 个镇街实现赴常以上 6 个无访，76 个村（社区）实现 69 个无访。白衣镇推行的“三二一”调解法，被誉为新的“枫桥经验”，获新华社等媒体专题推介；襄阳街打造“志愿者 + 信访”工作模式，工作经验在常德“无访”推进会上作典型发言。

津市市委常委会、市政府常务会“会前学法”制度得到司法部推介；完成全市司法所规范化建设，金鱼岭司法所被评为“全国模范司法所”。坚持执法单位“一把手”上法律课，下发 40 家执法单位普法责任清单和以案释法责任清单，推出特色普法系列短剧《周浩佬说法》10 期，开展“法治夜话”39 场。

打造家事审判改革亮点，成立于 2017 年 10 月的“津市和”家事工作室共受理婚姻纠纷 699 例，成功调解劝和 156 例，市人民法院被最高人民法院评为“全国法院家事审判工作先进集体”。2018 年，公益诉讼立案 16 件，发出诉前检察建议 13 件。案件质量评查监督。全年评议案件 139 件、评查案件 3344 件，发现、整改问题 1485 个。

开展扫黑除恶专项斗争。2018 年共摸排涉恶线索 53 条，其中有效线索 11 条。打掉涉恶团伙 2 个，破获涉恶案件 16 件，刑拘涉恶犯罪嫌疑人 49 人，逮捕

2018 年全市政法工作会议

2018年津市市政法系统举办党的十九大知识竞赛

30人，移送起诉39人，判决14人。

举办中共十九大知识竞赛和“政法杯”运动会。开展“十佳政法干警”评选。开展“每月一督查”活动，先后实施提醒谈话、取消评先评优等处理65人次，追究连带责任42人次。（彭瞻）

【维护稳定】2018年，围绕“五个不发生”（不发生规模集访、不发生重大群体性事件、不发生暴力恐怖事件和个人极端事件、不发生重大公共安全事件）工作目标，树立“情报为先、民生为本、作风为基、法治为魂”维稳工作理念，确保津市社会政治大局持续稳定。

领导高度重视强力维稳。市委、市政府领导轮流坐班接访，每逢重大节日、重要时段，召开专题调度会，将全市突出涉稳问题交办给包案市级领导和相关责任单位。

情报信息收集研判。津市市建立以维稳办为调度中心，专业机构情报信息网、主管部门情报信息网、基层情报信息网三网并行的情报信息网络体系。2018年共超前获取10余条群体赴京上访行动性信息，为上级部门调度及本市开展化解工作争取主动权。共收集各类矛盾纠纷信息300余条，其中有价值的信息200余条。贯彻维稳形势研判周例会制度，特护期、敏感日每天碰头会商；各镇（街道）、主要维稳成员单位专题议稳月例会；市级领导每季度组织维稳办、信访局、民政局、公安局等相关部门召开涉军群体稳控工作联席会议。

突出矛盾纠纷化解责任落实。在重大节日或重要时段，市委政法委均牵头组织开展矛盾纠纷全覆盖摸底排查，对摸排掌握的矛盾纠纷实行台账式动态管理，逐一研究，逐一交办，限时明责化解。10月16日，市维稳办对串联进京集访这一突出涉稳问题交办给包案市级领导及相关责任单位，推动矛盾纠纷的化解，实现将矛盾化解在基层和萌芽状态，确保津市特护期社会大局的绝对平稳。

市委政法委对涉稳群体按照活跃和激进程度分为三级，将涉稳人员按照在群体中发挥的作用分为三类，实行分级分类动态管控，做到工作重点明确、包保责任到位、稳控效果明显。

开展社会稳定风险评估。对全市拟实施的项目进行清理，对涉及人民群众切身利益且在实施过程中可能存在涉稳风险的重大项目，均要求项目具体承办单位开展风险评估。凡需经市委常委会、市政府常务会讨论作出决策的重大事项，在提交会议讨论之前，要求各呈报单位必须将风险评估作为前置程序。按照程序，已经完成津市市八角楼及周边棚户区改造项目、津市市环肖家湖棚户区改造项目以及津市市油泵宿舍及周边棚户区改造项目等社会稳定风险评估报告。

依法处置突发事件。2018年，建立一支以公安干警为主力，治安巡防队员、城管队员、民兵预备役为补充的常态化应急处突队伍。2018年，市维稳办共调度集访、闹访劝导处置27起、突发事件处置13起。

抓化解，信访老户息访成效更凸显。2018年，先后与全市19名信访老户签订息访协议，大大促进信访源头预防和矛盾纠纷及时就地化解。（彭瞻）

【平安建设和社会综合治理】2018年，津市市综治工作围绕市委政法工作会议上明确的89项工作重点，通过夯实基层基础、深化平安创建、创新宣传形式、强化重点整治等措施，形成齐抓共管的工作格局，营造出全民参与的良好氛围，人民群众安全感和满意度不断提升。

市社会治理指挥中心的人员需求已上报市编委，待市委统一研究配备；各镇街在原有综治维稳人员基础上增配1名以上的网格化专干；城区47人的专职网格员、座席员队伍高效运转，农村51个村居均明确兼职网格员，由党建联络员或年轻村居干部担任，基层综治力量得到加强。市财政年初兑现综治奖励744.1万元；市财政、运营商共同投入800余万元用于“雪亮工程”骨干网建设；160万元的网格化工作运行经费和20万元的民调工作运行经费均已拨付到位。拿出10~30万元用于综治中心规范化建设。在市、镇、村三级综治中心规范化建设基础上，全面推动示范点建设，已完成汪家桥街道、襄阳街街道、金鱼岭街道、嘉山街道、新洲镇5个镇（街道）和三洲驿街道柏枝林社区、金鱼岭街道大关山村2个村（社区）的大屏配备、监控联网等示范点建设工作。

建立专项工作联席会议机制。定期召开综治委各专项工作组联系协调会议，建立由组长单位牵头推动专项工作开展，疑难问题由市委政法委召集相关单位协调交办处置的工作机制，健全对综治专项工作组织机构日常运行、经费保障等方面的考评制度。分别就易肇事肇祸精神障碍患者救助管控、会议营销排查整治、禁种铲毒、校园周边治安综合治理等专项工作召开协调调度会议，推动工作开展，得到上级充分肯定。推行综治工作“12345”模式。市委政法委引导各部门单位通过建立健全“一办”（平安建设办公室）、“两书”（本单位本系统平安建设倡议书和干部职工参与平安建设承诺书)、"三个体系"(矛盾化解体系、安全防控体系、重点帮教体系)、"四季评查"(按照属地管理和谁主管谁负责的原则,每季度组织开展一次综治工作评查)、"五支力量"(平安宣传员、矛盾调解员、平安志愿者、帮教矫正员、治安巡逻员),共同参与综治平安建设。针对"平安指数"发布情况和综治考核要求,定期召开会商会,相关责任单位每月报送考核数据,分析研判存在的主要问题,提出解决办法,及时汇总。会同市委督查室、市政府督查室对全市各镇街、市直及垂直管理单位开展"创平安、促满意"工作开展专项督查,下发督查通报,对开展工作不力、排名靠后单位的负责人组织集中约谈。

加速推动,信息化水平不断提高。综治视联网全面联通。投入近20万元,建立高标准的市级综治视联网会议室,实现上至中央、省、常德市,下达镇街、村社六级互联互通。2018年,津市市9个镇(街道)、2个试点村(社区)视联网设备安装完毕,配备完成通信系统和大屏显示系统,全面完成联网对接。延伸治安监控覆盖范围。与"智慧党建"融合,为农村兼职网格员(党建联络员)配备"平安通"手机,用于综治信息数据录入;各镇(街)、村(社区)均配置录入、显示设备,全部连通至常德综治大数据平台。结合"一标三实"信息采集,全面更新综治大数据平台基础数据信息。截至2018年底,综治大数据平台共录入实有人口236736人,实有房屋104812处,实有单位1689个,特殊人群1363人。

津市市委政法委分别对"八大类平安创建活动"进行专题督导调度,指导各责任单位拟定平安创建活动工作方案。"平安镇(街道)、平安村(社区)、平安小区、平安家庭、平安校园、平安医院、平安市场、平安企业"等八大类平安创建活动的责任单位,按照"发案少,秩序好,社会和谐稳定,人民群众满意"的总体标准,分别制定创建工作方案,创新工作举措,推动各类创建活动深入开展。其中由市房管局牵头的"平安小区"创建活动,与市创建办开展的"示范小区"创建活动整合,提高奖励标准,激励物业公司和广大业主积极参与。确立每月19日为平安志愿者行动日,开展"众创平安、平安共享"的系列活动,鼓励部门单位的干部职工作为平安建设志愿者,每月19日定期参与村、社区众创平安活动,纳入年度综治考评。2018年,津市市各项平安创建活动蓬勃开展,造出声势、扩大影响,激发全社会创立平安志愿活动的"津市品牌"。

营造宣传氛围。以网格员为纽带,按照"一综治中心一微信群、一网格一微信群、一重点行业一微信群"的原则,布建各级平安网格微信群和重点行业微信群,坚持每日群报制度,搭建与群众联系沟通的新渠道。共建立市、镇街、村社、网格四级微信群及部门单位、重点行业微信群433个,入群居民和重点行业从业人员超过7万人。三洲驿街道通过举办"小区论坛"和警情通报会,回应居民关注热点问题,开展综治平安建设知识宣传;药山镇制作综治宣传展板巡回展出;汪家桥街道开展扫黑除恶、平安创建、综治民调大型宣讲会;市委政法委、政法各单位和各镇街还利用"平安津市""津市公安"等微信平台,宣传政法综治工作成效和优秀政法干警。津市市委政法委在全市各镇街及部门单位征集展示津市市平安创建成果和先进典型事迹的"微动漫、微视频、微电影"优秀作品,对上宣传推介,全方位、多形式立体展示津市市平安建设成果,为平安宣传注入新内容、新力量。

深化无上访村(社区)建设工作。明确各部门单位的职责任务,制定群众接待日和重点人员建档管理相关制度,对各镇街单位工作开展情况一月一督查,一月一通报。在全市范围内推广白衣镇"三二一"调解工作模式,确保"小矛盾不出村组、大矛盾不出镇街、平安稳定在基层"。组织"三联四大"(领导联乡镇、骨干联网格、干警联住户,大走访、大沟通、大排查、大化解)。设立三联四大工作推进办公室,对工作开展进行协调、指导、督导,将责任分解到每一名干警干部,确保组织领导到位、入户走访到位、重点对象见面到位、矛盾化解处置到位。2018年"三联四大"工作期间,近1000名镇(街)、村(社区)干部和300余名政法干警走访居民98740人次,摸排矛盾纠纷1090起,化解1076起,收集处理社情民意1940件。开展专项整治行动。先后开展"6+1"专项行动、校车安全及校园周边治安环境排查整治、"会议营销"排查整治等专项行动。共开展全市性校园周边排查整治2次,会议营销排查整治10余次,通过强化专项整治消除治安和安全隐患,城乡社会治安状况明显好转。开展巡防队管线、派出所控片、警务室守点、镇(街道)村(社区)义务巡防队作为有效补充,广泛开展治安巡逻,在重大节假日安排军警联合巡逻,降低街面"两抢一盗"等多发性侵财案件发案率;公安、检察、法院、司法相互配合,在主要出城路口及人员集

2018年津市市政法系统举办第二届"政法杯"运动会

中区域开展“警灯闪烁”专项治安防控行动，提高见警率。结合“雪亮村庄”建设，推广各类技防措施，联合电信、移动、联通等通信公司推广“行车卫士”“995十户联防”及电子监控等技防措施，提升防控手段的科技含量。2018年，津市市可防性案件明显减少。（彭瞻）

【扫黑除恶工作】2018年1月23日，全国扫黑除恶专项斗争开始。津市市成立由市委书记傅勇任组长的扫黑除恶工作领导小组，下设4个工作组，抽调专人、集中办公。先后拨付工作经费、专项办案经费及设备购置经费320万元。制定下发《津市市扫黑除恶专项斗争实施方案》《扫黑除恶办工作职责》《承办案件流转制度》等制度，市委市政府主要领导月调度、分管市领导双周调度、扫黑办常务领导周调度，推动工作开展。建立大案要案会商机制，加速案件侦办，严查违纪行为，监督依法办案；会同纪检监察部门定期听取挂牌专案侦办情况，强化专案督办。对各镇街、重点部门单位开展专项督查，对存在的问题现场交办或予以通报限期整改，制定出台《津市市扫黑除恶奖励办法》，对提供线索直接破案的最高奖励5万元，对扫黑除恶有功人员启动“一事一奖”。

深入宣传强摸排、造氛围。印制万份宣传资料在全市广泛张贴，城乡公路干线全部设置永久性宣传牌，充分利用微信公众号、宣传专栏、户外电子显示屏、村村通广播和流动宣传车强力宣传、营造氛围，结合“三联四大”入户走访，广泛宣传。对重点涉恶案件通过传统媒体和新媒体进行跟踪报道，先后在中央级媒体上发表各类稿件15篇，省级媒体上发27篇，占据舆论高点，形成震慑效果。同时，督促各级各部门根据要求，结合辖区实际、行业特点、重点群体、历年案件，深入基层、一线开展线索摸排，共摸排涉恶线索53条，其中有效线索11条，正由公安机关研判办理中。注重实效强打击、扩战果。把“6+1”专项行动作为扫黑除恶工作突破口。8月，成功侦破“2018·9·5”省督毒品目标案件，缴毒近15公斤，这是2018年常德市最大的一起涉毒案件；在“1·05”专案侦办过程中，跨多省作战，成功侦破“6·21”网络贩枪案，收缴枪支22支，这是2018年常德市破获的唯一一起重大网络贩枪案。把“1·05”郑某等人开设赌场案、“3·10”聚众斗殴案等专案作为工作着力点，加速侦办。2018年12月，“1·05”专案涉案人员已全部到案并移送起诉，“3·10”专案已到案18人，进入审查起诉阶段。市扫黑办对常德市扫黑办交办线索及时办理，截至2018年底，上级交办涉黑涉恶线索7条（含省公安厅交办线索2条），均已完成核查并及时回复，交办党员干部违纪违法线索5条，已移交纪委监委进行核查。共摸排线索53条，打掉涉恶团伙2个，破获涉恶案件16起，扣押涉恶资产25万元，收缴涉案枪支1支，刑拘49人，逮捕30人，移送起诉39人，判决14人。（彭瞻）

【执法监督】2018年，以常德市委政法委开展“千案大评查”活动为依托，对社会关注度高、舆论热评热议、群众反映强烈、涉黑涉恶、可能存在执法司法问题的案件为重点，开展案件评查活动。按照评查方案，对法院、检察院、公安局、司法局以及公安局交警大队的101件案件进行评查。其中，合格案件73件，基本合格案件27件，不合格案件1件。市委政法委对评查结果及整改情况按照执法单位进行排名通报。针对评查活动中发现的问题，实行案件质量责任倒查，督促办案人员及时纠正存在问题。2018年，凡是在案件评查过程中存在的执法问题和瑕疵案件全部得到及时整改，各政法单位对评查中发现的问题进行内部通报。

开展“大化解”活动。结合本单位的实际情况形成工作方案、成立工作领导小组、明确工作责任人及具体负责人，并按照时间节点要求按时报送老案化解情况，每件老案均明确包案分管领导、办案责任人，达到基本案情清、基本诉求清、对象现状清、工作情况清、上访症结清。2018年，津市市4件涉法老案化解办结3件，化解率达75%，完成全年工作目标。律师参与涉法涉诉信访值班120人次，共计接待上访群众185批次212人次，释法晰理劝返192人次，化解矛盾纠纷46件，代理诉讼8件。处理一批老访、缠访对象。如郭某某、朱某某、陈某某、黄某某等上访老户，市委政法委全程跟进指导，联合责任单位、镇街力量，针对信访人的疑点一一释法说理、综合施策，最终就涉法涉诉信访事项达成和解，分别签订息访协议。开展“大评议”活动。健全类案公开评议机制，落实典型案例筛选发布制度、媒体传播制度，市委政法委要求各政法单位利用微博、微信等新媒体方式向群众推送典型案例，其中法院在津市法院网《案件评析》栏目推送7件典型案例供群众。公安局对一年来办理的多起嫌疑人涉嫌妨害公务案件及其他专案进行集中评议，查摆问题，剖析原因，总结教训，对日常执法监督过程中发现的典型案件，利用“津警夜校”、法治工作调度会等及时进行评议，利用局微信微博平台推送各类案例40余起。开展“大救助”活动。按照工作程序，镇、街道和各政法单位进行救助报备工作，由市委政法委和国家司法救助工作领导小组办公室对申报对象严格审批。2018年，已救助15件次15人次，共发放救助经费31.181万元；市人民法院审批司法救助对象45人次，发放司法救助金49.4万元；市公安局交警大队共开展救助53起，救助资金106万元。

借助网络平台，重点从终结性法律文书公开、司法权运行方式公开、办案流程公开、公开听证等方式深化司法公开。法院共公开生效裁判文书1062份，公开文书信息272份；检察院对生效案件进行全部公开；公安局利用阳光警务公开平台共公开行政处罚决定书343份，公开率达95.3%；司法局对3个律师事务所律师代理的案件全部在“如法网”上公开，法律援助中心办理的法律援助案件和社区矫正股办理的适用社区矫正社会调查评估案件全部在津市市司法局网站进行公开。围绕刑法未执行关键环节和重点领域，开展集中清理纠正判处实刑未执行刑罚专项行动与监外执行、取保候审、社区矫正专项执法检查。市委政法委协调市人民法院刑庭、市人民检察院监所科,依托统一业务应用系统平台,注重比对核查,摸清底数。先后对2016年4月前和2016年4月至2017年12月31日判处实刑未执行案件进行清理纠正,共清理纠正罪犯7人。开展"回头看",市委政法委对中央巡视组交办的1件涉法涉诉信访案件、省委巡视组交办的3件涉法涉诉信访案件,分别转、督办到各责任单位,督促各责任单位对交办案件落实"三个一"和"六清"的办理要求,4件交办案件均按时间要求完成材料报送。（彭瞻）

【法治建设】制定《津市市2018年市委常委会、市政府常务会会前学法工作方案》。通过举办法律法规培训班、法治讲座、中心组学法等形式,促进领导干部带头尊法学法守法用法。2018年,津市市"会前学法"制度在中国司法部网站得到推介。

打造特色普法品牌。选择执法案例,拍成方言短剧《周浩佬说法》,用身边的故事教育感染群众。2018年,拍摄《拆迁风波》《婚变》《林老倌上访记》《较量》《案发之后》《"我与宪法"之我要去当兵》等普法微电影短剧10部。开展"法治夜话"活动,全年组织法官、律师、执法人员分期分批下到村组,与老百姓进行互动性普法活动39场。

落实"谁执法谁普法"责任制。下发40家执法单位普法责任清单和以案释法责任清单。2018年10月,津市市顺利通过全省"七五"普法中期检查验收工作。

津市市在全面推广"三二一""1+X"等群众反映好的矛盾纠纷调解机制的同时,2018年在三洲驿、汪家桥派出所建立警司联调工作室,聘请专职人民调解员常驻警司联调工作室,联合派出所对辖区内治安民事纠纷及时处置,有效地提高社会矛盾纠纷化解效率。规范行业专业调委会建设。津市市有道路交通、婚姻家庭、环境保护、劳动争议、医疗、物业等6个行业性专业性调委会,提高矛盾纠纷在行业、专业领域的调解成功率,发挥预防矛盾纠纷的"盾牌"作用。2018年,共受理各类矛盾纠纷3194起,调解成功3193起（人民调解2104起,司法调解476起,行政调解541起,警司联调61起,部门联调12起）,成功率达99.97%。没有发生因民间纠纷调处不及时或调处不当而造成的非正常死亡、民转刑案件、群体性闹事和群体性上访。（彭瞻）

【队伍建设】2018年,津市市政法系统以贯彻中共十九大精神和习近平新时代中国特色社会主义思想为主线,扎实推进思想政治教育、业务能力培养、纪律作风建设,打造一支"德厚能强"的政法队伍,确保党的基本理论、基本路线、基本方略在政法系统得到不折不扣贯彻落实。

坚持政治建警。开展"不忘初心、牢记使命"主题教育活动,推进"法官夜校""囊萤学堂""津警夜校""青年司法干警宣讲团"等政法学习品牌建设,系统学习践行习近平新时代中国特色社会主义政法思想。2018年上半年,举办全市政法系统中共十九大精神知识竞赛活动,来自政法单位80余人参加比赛。下半年,举行全市政法系统"政法杯"运动会,来自全市政法系统9支代表队235名运动员在拔河、乒乓球、羽毛球、4×100米接力等4大项9小项比赛中展开激烈的角逐,广大政法干警用自己的实际行动,充分展现"人民卫士"的良好精神风貌。

坚持作风树警。市委政法委牵头开展"政法系统队伍作风建设集中整训"活动,全市政法干警400余人参与整训。2018年4月,津市市委政法委组织开展全市政法系统"十佳政法干警"评选宣传、推介活动,每周通过电视台专栏集中推荐宣传一名候选人,通过评选活动宣传典型、弘扬正气,在全市政法干警中形成学先进、赶先进、当先进的浓厚氛围。

坚持从优待警。全面落实《政法干警带薪年休假制度》《政法干警履职免责制度》等四项制度,并纳入队伍建设年度考核;推进政法系统人才库的建设,94名干部入库。市委政法委与组织、宣传部门,联合举办为期一年的青年干部读书班,政法系统20名干警纳入读书班学习。法院、检察院、公安局已建好干警公寓、

坚持纪律督警。每月对镇街和政法单位的业务工作进行督促检查,据实通报,并要求问题整改单位在3个工作日内将整改情况以书面形式经单位主要领导签字后报市委政法委。坚持政法单位作风建设月督查月通报制度,对照《津市市委政法委作风建设责任连带机制实施细则》,严格层级管理,强化督导问责,层层传导压力。2018年,共发现各类问题80多个,做出提醒谈话、取消评优等处理65人次,追究责任42人次。（彭瞻）

【雪亮工程】津市市大力开展以综治中心为依托、信息技术为支撑、群众参与为重点的公共安全视频监控建设联网应用工作(以下简称"雪亮工程"),

2018年省委常委、政法委书记黄关春到津指导工作

津市市政法系统集中教育整训动员大会

运用现代信息技术，强化“建、联、管、用”，提升农村基层社会治理水平。

坚持“城乡统筹、全域覆盖”理念，全力推进“天网工程”“智慧系统”建设。以市城区原布建的600余个高清探头、11套电子卡口、4处高空瞭望为基础，累计投入2200多万元，新建“智慧教育”校园高清探头611个，新设置“智慧交通”智能抓拍监控47处，并全部并网互联。同时，按照“双线同建、互为补充”的原则，大力开展农村地区公共视频监控建设工作，目前，由政府投资布建的“雪亮工程”骨干网，已安装镇村重点区域、关键路口监控探头420个。同时，引导支持三大运营商积极参与“雪亮村庄”建设，由参与企业出资布建每村10个以上公共监控探头。此外，双线工程均已完成，全市共新建公共监控探头900余个，村均探头达到20个。

“雪亮工程”坚持“开放性、兼容性、服务性”的原则推动联网建设。突出开放性，面临着基层警力严重不足、治安防控力量薄弱、常态化巡逻措施难以落实等等系列难题。“雪亮工程”动员基层干部群众参与治安防范，将所有监控信息按层级接入各级综治中心，将部分视频监控信息推送到手机终端，实现群防群治。“雪亮工程”像一张由人民群众雪亮眼睛盯住的治安防控网，人人都是治安监控员。突出兼容性，公共安全视频监控建设联网应用由综治部门牵头建设，向上实现市、镇、村三级视频监控互联互通，分级整合公安、教育、交通、城市管理等各类视频监控资源，彻底实现互联互通、信息共享。突出服务性，运用“雪亮工程”为群众提供便民服务，在协助破案、化解纠纷、交通事故、找寻走失人口方面发挥实效。2018年，共帮助破获刑事治安案件20余起，处理交通事故4件，化解矛盾纠纷67件，找回走失老人及小孩10人。（彭瞻）

防范和处理邪教工作

【概况】2018年，津市市委防范和处理邪教问题工作以贯各级政法工作会议精神为指引，按照“去存量、控增量、防变量”的总体要求，抓实各项工作，实现“五个不发生”工作目标。

强化警示宣传教育。2018年，明确5月7日—6月7日为全市反邪教集中宣传月。6月6日，市防范和处理邪教组织领导小组办公室在津市职教集团开展了反邪教知识宣传展、拒绝邪教签名活动，邀请市公安局国保大队警官为全校师生上了一堂反邪教知识宣教课；6月7日在市法治文化广场举行反邪教知识宣传展和“对邪教说不”现场签名活动。在集中宣传月，各镇街结合当地实际，积极开展内容丰富、形式多样的反邪教宣传教育“六进”活动，共集中宣展30余场，发放宣传资料4万余份。落实好党内反邪教警示教育工作。把反邪教警示教育纳入党委中心组学习、党校主体班教学内容，定期向党员领导干部通报反邪教斗争形势。圆满完成“对邪教说不”网上签名活动。

巩固帮教转化成果。开展上门帮教。结合“三联四大”（领导联乡镇、骨干联网格、干警联住户，大走访、大沟通、大排查、大化解）等活动，组织派出所干警、综治干部、村居负责人以及相关单位负责人对本辖区本单位的重点涉邪对象进行上门帮教，促其转化。投入感情帮教。在节假日期间，对4名家庭困难的邪教人员进行走访慰问，主动与相关部门协调，解决实际问题，每人每节发放慰问金300元。定期回访帮教。坚持定期开展邪教人员的回访帮教工作，进一步巩固教育转化成果。（杜君）

机构编制

【概况】2018年，机构编制部门推动机构和行政体制改革，深化行政审批制度改革，精简审批事项，提高审批时效，优化政务环境；创新机构编制管理，实现机构编制工作科学化、规范化和制度化。落实承接取消调整下放行政审批事项；完成全市政务服务事项梳理工作；开展“减证便民”专项行动；推行“马上办网上办就近办一次办”改革。开展新一轮机构改革涉改部门单位人员编制情况摸底调查，做好机构改革预案，推进纪检监察体制改革、群团机构改革和事业单位分类改革；优化调整机构编制资源，推进编制资源向基层一线、向促进发展、改善民生、社会稳定的领域流动，切实提高编制资源使用效益；实现实名制管理业务网上办理，确保省机构编制综合管理平台数据的准确性；完成机构编制管理基础建设三年行动方案年度目标任务；开展机构编制监督检查工作，督促部分单位的机构编制问题严格按“三定”规定整改执行到位；完成事业单位年度报告公示和统一社会信用代码证书发放，办理事业单位设立、变更、注销登记。完成机关事业单位中文

域名注册及网站挂标。2018年被评为市绩效考核先进单位。（杨柳）

【行政审批制度改革】2018年，根据《国务院关于取消一批行政许可事项的决定》（国发〔2017〕46号）、（国发〔2018〕28号）文件精神，对应取消8项行政许可事项，将11项行政权力事项调整合并为5项行政权力事项。出台《津市市人民政府办公室关于印发〈津市市减证便民专项行动工作方案〉的通知》，分3批取消证明材料事项196项。明确赋予高新区社会经济管理权限，8个市直单位将29项行政许可事项及管理职能委托下放高新区行使。全市37家单位3746项政务服务事项录入湖南省"互联网+政务服务"一体化平台，实施清单率和填报率均达到100%。出台《津市市全面推行审批服务"马上办网上办就近办一次办"改革实施方案》，编制市"马上办网上办就近办一次办"事项清单目录，全市848项依申请类事项全部实现网上办理。（杨柳）

【机构改革】2018年，按照中央、省、常德市机构改革的有关精神以及确定的津市37个党政机构设置限额的相关要求，对全市涉及新一轮机构改革的部门、承担行政职能的事业单位开展摸底调查，准确把握涉改单位的机构设置、职能配置、人员编制和领导职数；对推进机构改革过程中可能出现的主要问题和困难进行预估分析，为顺利推进机构改革做好预案。对市总工会、团市委、市妇联、市科协、市文联等5家群团机构的改革方案提出合理化建议。（杨柳）

【纪检监察体制改革】2018年5月，撤销市监察局和市检察院反贪污贿赂局、反渎职侵权局、职务犯罪预防室，组建市监察委员会，与市纪委合署办公，履行纪检、监察两项职责，实行一套工作机构、两个机关名称。（杨柳）

【事业单位分类改革】2018年，持续推进事业单位分类改革。至12月已完成分类252家，其中，公益一类事业单位239家，公益二类事业单位13家。（杨柳）

【机构编制管理】2018年，全市共有行政事业机构417家（副处级机构3家、正科级机构98家、副科级机构59家、股级机构225家、未定级机构32家），行政事业编制5985名（行政编制1258名，全额拨款事业编制3586名，差额拨款事业编制1074名，经费自理事业编制67名），在编人员4507人。优化调整机构编制资源，推进编制资源向基层一线、向促进发展、改善民生、社会稳定的领域流动，切实提高编制资源使用效益。市委办增加2名行政编制用于加强保密工作，13名检察专项编制转隶至市监察委员会，高新区增设企业党委专职领导职数1名，市电子政务办、市疾病预防控制中心升格为正科级。对157家副科级以上机构领导职数设置进行重新明确。在全市机关事业单位内实行人员编制与经费预算联合管控。结合教育重新布局理顺车胤中学的机构名称，重新核定全市中小学教职工编制，将1424名省核教职工编制在全市21所中小学进行重新分配，化解校际和学科间的结构性短缺、超编、错位等突出矛盾。严格按照空编预留30%的要求申报各类人才用编计划368名，其中：公务员招录计划141名，选调生选调计划58名，人才引进计划103名，特岗教师、免费师范生计划50名，退役士兵安置计划16名。全面实现实名制管理业务网上办理。各单位对人员出入编及在编人员信息异动及时处理，机构编制部门依据机构编制调整文件、干部任免文件等对各单位的机构名称、领导职数、编制数、人员调整等情况及时更新，确保省机构编制综合管理平台数据的准确性。全年网上办理入编273人、出编251人、人员信息异动3400余条、机构编制信息异动近400条。（杨柳）

【机构编制信息化建设】2018年，机构编制信息化项目建设交付验收使用，完成机构编制管理基础建设三年行动方案年度目标任务，建立417家机构的机构编制管理台账及人员编制实名制账册并对机构编制管理台账实现超链接，完成1988年—2017年机构编制史初稿撰写。（杨柳）

【机构编制监督检查】2018年，对市委巡察工作领导小组交办的市商务粮食局、市教育局、金鱼岭街道等7家单位的机构编制问题进行调查核实，督促各单位对擅设内设机构、超配股室负责人等问题进行整改，严格按"三定"规定执行到位。（杨柳）

【事业单位登记管理】2018年，网上办理事业单位年度报告公示260家，年度报告公示率达100%，办理变更登记61家，注销登记17家，证书补领5家。79家机关群团及垂管单位的统一社会信用代码证书已全面发放到位。（杨柳）

【网上名称管理】2018年，对全市325家单位注册的域名实行统一续费，域名注册率、网站挂标率均达100%。（杨柳）

老干部工作

【概况】2018年，市委老干部局紧紧围绕全市改革发展稳定大局，提高政治站位，扎实努力工作，真情服务老干部，推动全市老干部工作新发展，取得新成绩。2018年在常德市党委系统工作考核中被评为常德市老干部工作优秀单位。

截至2018年底，全市共有副科级以上离退休干部981人。其中，离休干部41人，最大年龄为100岁，最小年龄为83岁。处级实职退休干部47人，享受处级待遇退休干部29人，科级退休干部868人。全市共有离退休干部党员2001人，组建32个老干部党支部，12个老干部党小组，老年社团党支部6个（中共津市市老科学技术工作者协会支部、中共津市市老年书画诗协会支部、中共津市市京剧协会支部、中共津市市老年健身艺术团支部、中共津市市老年人门球协会支部、中共津市市老摄影家协会）。（杨容）

【落实老干部政治待遇】紧紧围绕新时代党的建设总要求，教育引导离退休干部铸牢"四个意识"，通过举办专题辅导、时政报告、座谈讨论、送学上门等形式，引导离退休干部深入学习系列讲话精神、学党章党规和姜开斌先进典型事迹，引导全市离退休干部坚定政治立场、政治信仰和政治纪律，使老同志及时听到党的声音，了解党的政策和国际国内形势，做到重要情况及时知晓、重大决策自觉拥护、重点工作积极参与。以中共十九大精神宣讲为抓手，突出政治教育，通过"运用媒体学""专家解读学""创新形式学"等举措，组织引导离退休干部学习习近平新时代中国特色社会主义思想和中共十九大精神，全年举办培训班2期、培训320人。突出党性教育，开展"不忘初心、牢记使命"主题活动，举办中共十九大精神专题报告会2场，先后邀请常德市委党校教师冯秀萍和副校长曹桂清为我市离退休干部、离退休干部党支部书记就学习贯彻习近平新时代中国特色社会主义思想和中共十九大精神进行解读辅导。积极推进离退休干部党组织五化建设，"两学一做"教育成常态、形成制度。抓好离退休干部党组织带头人队伍建设，及时换届选好配强党组织书记。创新离退休干部党组织设置方式，探索推进"党支部+"模式，认真落实"三会一课"等党内政治生活制度。在全市开展五好离退休干部党支部和五好离退休干部党员评选表彰活动，重阳节对6个党支部和20名离退休干部党员予以表彰。（杨容）

【落实老干部生活待遇】落实提高全市离休干部交通费补贴基数标准。审核符合生活长期完全不能自理离休干部35人的护理费。建立多部门联动机制，推进养老服务体系建设，城区街道组建爱心敬老服务站、爱老志愿者服务队。3家运营养老机构，参与老干部养老服务，满足老同志生活之需。健全完善特困老干部帮扶机制，落实帮扶资金，加大对高龄、独居、多病老干部的关爱，全年对53名特困离退休干部给予帮扶资。建立定期联系、看望、探视制度，市委老干部局健全"高龄、独居、空巢和有特殊困难家庭的联系、探访、帮扶制度"。（杨容）

【开展正能量活动】开展"增添正能量，共筑中国梦"主题活动，引导老同志发挥作用。聚焦学习贯彻中共十九大精神和纪念改革开放40周年，谋划特色主题实践活动。举办2期"我看改革40年"大讲坛和"十九大精神"主题诗会，组织开展"不忘初心 牢记使命"工业摄影展、"纪念改革开放40周年诗歌创作和朗诵"等活动。紧扣市委、市政府中心工作，围绕经济社会发展的热点、难点，全市离退休干部开展调研、建言献策。全年，针对津市交通现状、人口老龄化现状、乡村振兴、环境保护等社会文化经济发展，调研撰写《交通兴则津市兴》《银色浪潮下的养老产业怎么升级发展》《小河治理，刻不容缓》等多篇调研报告，为领导决策提供可行参考。（杨容）

【老年大学】2018年老年大学聘请1名常务副校长及10名老师，上学期招收学员348人，下学期招收学员329人，其中课程设置有时事政治班、书法班、国画班、摄影初级班、摄影提高班、交谊舞班、形体舞蹈班、诗词班、器乐（二胡）班。开班以来，老年大学的吸引力、影响力不断增强，逐渐被老年人所接受，受到老年人的欢迎。2018年，每学期定期组织各班开展学习中共十九大精神及习近平新时代中国特色社会主义等思想，摄影班组织学员前往毛里湖镇、澧县黄家套、双龙大美农庄、湖北梦里水乡、美人谷、绿林寨等地外出采风6次，并分别于7月和10月在法治广场开展"不忘初心、牢记使命"工业图片展及庆重阳摄影展，诗词班开展"迎端午中华经典吟诵会"，舞蹈班多次开展联谊活动及演出活动，书法班开展书法绘画讲座等。9月，老年大学组织各班学员在兰苑宾馆举行"津市市老年大学文艺汇报演出"。老年大学已成为老年人更新知识的课堂，文化娱乐的场所，延年益寿的乐园。（杨容）

【关心下一代工作】开展以社会主义核心价值观为主要内容的青少年思想道德教育。各级关工委深入农村、社区、学校、企业，向青少年广泛深入地宣讲中共十九大精神。开展青少年党史国史教育活动。定期组织家长学校讲师团成员进行家庭教育讲座，抓好传统美德教育。开展"书香满津城，学习促发展"主题教育活动。各级关工委紧紧围绕车胤文化主题，深入挖掘宣传学习车胤精神。抓好关爱帮扶工作，促进青少年健康成长成才。深入拓展关爱阵地，更好地发挥"四点钟学校""假日学校"的服务功能和育人功能。各级关工委认真落实《津市市加强农村留守儿童关爱保护工作实施方案》，民政部门及工青妇等成员部门认真配合镇、街继续做好关爱农村留守儿童工作。开展精准帮困活动，采用心理健康教育电视片、心理咨询热线、编印心理健康知识读本等方法，发挥心理健康辅导中心"知心屋"的独特优势，积极参与未成年人心理健康教育工作。抓好法治宣传教育，推进"零

老干局组织老干部集中学习中共十九大精神

2018 年老年大学师生开展书画进校园活动

犯罪社区(村)”、学校,“青少年普法教育示范区”创建。（杨容）

【老科协工作】市老科协在助推乡村振兴战略和精准扶贫等方面,组织老同志送科技、送农技、送培训,组织引导老同志为脱贫攻坚贡献智慧和力量。9 月 26 日，承办湖南省老科协助推乡村振兴战略和精准脱贫现场经验交流会,津市作为现场经验参观点,面向全体与会人员,共同分享乡村振兴战略工作特色和老科协工作成效。按照省老科协湘老科字〔2018〕22 号文件精神,2018 年 8 月,组织 1 名高级农艺师参加省老科协全国科普日的大讲堂活动,同时各分会也开展开展科普知识讲座培训。重阳节前夕，组织卫生分会抽调医疗专家 6 名,深入市三洲驿街道同心社区开展健康咨询义诊活动，咨询居民 120 多人次，开出治疗处方 68 张。同时走访乡镇、街道百岁老人 7 名,并给每人送去礼品和慰问金 1000 元。（杨容）

党校工作

【概况】2018 年,根据全年干部培训计划的任务和要求,市委党校以学习贯彻中共十九大精神为重点,干部培训力度、培训规模、培训质量得到大幅提升。

全年共举办科干班、年轻干部读书班、中青年干部培训班等主体班次 4 期,培训人数 200 余人次。各类主体班次把深入学习中共十九大精神作为教学核心,主体班次中理论教育和党性教育课时不低于总课时 70%。完善“5+N”的党性教育课程体系,确保培训规定动作落到实处。紧扣市委市政府中心工作,开设与津市市情民生相关的专题课程,促进教学的多样性和实用性。

改变传统课堂教学模式,增强教师与学员、学员与学员之间的双向互动。在主体班中采用网络自学、军事训练、专题外训、小组讨论、课题调研等教学方式,激发学员思维、提高学员能力。组织 4 个班次 200 余人进行现场教学活动。在主体班次中开展“深刻领会习近平新时代中国特色社会主义思想”“深刻领会新时代中国共产中共历史使命”“深刻领会党的十九大关于坚定不移全面从严治党的新要求,坚持和加强党的全面领导,全面增强执政本领”“围绕新时代如何体现新担当、新作为,结合个人实际谈体会、谈认识”等主题的研讨 4 次。另一方面强化学员学习自觉性,结合干部教育培训网络平台组织学员开展自学,增强学员在集中授课之余自主学习的动力。

重点打磨《坚持和发展中国特色社会主义的政治宣言——党的十九大精神导学》《习近平新时代中国特色社会主义思想解读》《让红船精神在新时代绽放耀眼光芒》《学习新党章,遵守新党章》等热点专题,逐步建立起具有鲜明马克思主义理论阵地优势、津市特色的课程体系。建立和完善领导干部讲课制度,市委书记傅勇、市委副书记杨文惠,市委常委、市纪委书记伍子科,市委常委、市人武部长姜超,市委常委、组织部长胡杰,市委常委、统战部长吴拥华,市委常委、市委办主任杜登全等市领导先后来校授课,丰富讲台内容,提升教学层次。

此外,市委将培训办班全部归口到党校举办后,市委党校与其他各单位的联系更加紧密,部门班次规模进一步扩大。先后举办全市领导干部学习贯彻中共十九大精神培训班、全市通讯员网评员培训班、全市脱贫攻坚政策培训班、党建专干、党建联络员培训班、拟发展对象培训班、入党积极分子培训班、办公室主任培训班、妇联干部业务培训班、统战知识培训班等班次,共计培训 3300 余人次。

党校教师在各部门和基层调研 50 人次左右,为撰写课题论文提供第一手材料。学校先后参与市委相关部门组织开展的“新时代组织部门加强和维护党的集中统一领导的问题”“抓重点、补短板、强弱项”等课题调研。3 月完成常德市级课题结项审批 3 项,完成课题立项申请 4 项,分别是《乡村振兴视野下的津市新作为——以新洲镇的田园综合体建设为例》《津市市发展乡村旅游扶贫所面临的问题与对策研究》《新时代之新型社会化服务模式的构建——以津澧新城为样本》《农村土地三权分置实施问题与对策研究——以津市市白衣镇为例》。其中,《新时代之新型社会化服务模式的构建——以津澧新城为样本》获批省级立项。

获得全市党校系统“科研先进单位”称号。章定炎老师获得全市党校系统“科研先进个人”称号。李文杏老师通过校内评选推荐,即将参加常德市委党校举办的第 14 次教学比武活动。

完成图书室、阅览室建设。斥资 5 万元更新图书架、报刊架。更新校园网站。新版官网主页设计完成,开始运行,发挥出展现学校形象、体现办学特色、服务教学科研与人才培养的作用。

（张唯）

2018年修缮后的党校

【干部培训】2月25日,全市领导干部学习贯彻中共十九大精神第二期培训班在党校开班,市委书记傅勇主持开班仪式并参与学习。3月6日,政府采购系统升级业务培训班开班。3月15日,全市通讯员、网评员培训班开班,市委常委、宣传部长张海卿参加并讲话。3月21日,全是脱贫攻坚政策培训班开班,市委副书记杨文惠参加。3月27日,市委年轻干部读书班举行开班典礼,60名学员参加。市委副书记杨文惠参加并讲话。3月28日,全市党建专干、联络员培训班开班,260人参训。4月9日,第一期科干班开班,参训46人,市委常委、组织部长胡杰参加开班并作动员讲话。4月12日,全市科级后备和优秀年轻干部人选测试举办,165人参与测试。4月17日,全市老干部学习中共十九大精神培训班开班,280名老干部参训。5月9日,全市党员拟发展对象培训班举办,120人参训。5月17日,全市入党积极的分子培训班开班,260人参训。6月6日,全市办公室主任培训班开班,100名办公室负责人参训,市委常委、市委办主任杜登全参加并讲话。6月13日,第十九期中青年干部培训班开班,46人参训,市委组织部常务副部长彭进华参加开班并作动员讲话。6月26日,党建业务培训班举办,90人参训,市委组织部副部长刘迪波参加。6月29日,市交通局"庆七一"报告会举行,110名交通局干部职工参会。10月8日,第二期科干班开班,参训51人,市委组织部常务副部长彭进华参加开班并作动员讲话。10月12日,全市下半年拟发展对象及入党积极的分子培训班开班,96人参训。10月23日,全市妇联干部业务培训班开班,91人参训。10月31日,全市统战知识培训班开班,60人参训,市委常委、统战部长吴拥华参加并讲话。11月12日,全市党建工作推进会举行,200人参会。11月30日,全市党员管理信息化系统应用培训班开班,220人参训。(张唯)

档案工作

【概况】2018年,津市市档案馆馆藏共有案卷级档案109349卷,文件级档案125232件。其中,明清档案42卷,民国档案76卷,建国后档案109231卷125232件。还保存资料7758册。馆藏档案主要反映津市市域内政治、经济、军事、科技、历史文件等多方面内容。

【档案业务建设】贯彻实施国家档案局发布的《归档文件整理规则》,4月,按照湖南省档案局及常德市档案局贯彻实施新《归档文件整理规则》的统一标准和具体要求,组织全市105个市直及驻津单位档案员开展业务培训。

加强对基层立档单位的业务指导。业务人员下到各单位,对实施新《归档文件整理规则》后归档文件整理工作进行督导,有针对性地进行现场指导,解决业务难题。加强精准扶贫和土地确权登记颁证档案的业务指导。在3月举办的津市市脱贫攻坚政策培训班上,业务人员进行《精准扶贫档案的收集与整理》专题授课。主动与市农经站衔接,对农村土地承包经营权确权登记颁证档案的收集和整理规范提出具体要求,并多次对档案整理及数字化工作进行业务指导。

10月,对全市98家机关及企事业单位档案整理及保管保护等情况进行检查,下发年检结论书。共评出优秀单位41个,合格单位53个,合格率96%。

【档案资源建设】2018年共接收津市市林业局等单位到期应进馆文书档案1516件,接收津市市民政局、津市市襄阳街街道办事处婚姻登记档案14219件。开展档案寄存服务。津市市中意糖果破产管理人寄存原津市市中意糖果有限公司破产清算文书档案71件、其他资料6箱;湖桥社区管理服务中心寄存湖南汽车车桥厂改制重组文书及其他档案24件、财务档案170卷;津市市机关事务办寄存机关财务档案395卷。

2018年,市档案馆共接待社会各界档案查阅利用者2108人次,查阅档案6315卷(件),出具证明1934份。同时,撰写档案利用典型事例,向省档案局上报服务社会民生、服务修史编志的典型事例3例。

【档案信息化建设】加强对档案数字化加工工作的监管。严格执行档案进出库登记、数据质检登记、设备维护、信息安全规范等管理制度,加强对数字化加工现场的监督管理,规范加工程序。对发现的问题及时整改,保障档案数字化工作的安全有序开展。11月,全面完成档案数字化加工任务,共完成纸质档案全文扫描283万页、目录录入48万条。按照《国家档案局纸质档案数字化技术规范》,开展档案数据质量检查、档案还原装订检查及档案数据挂接运行检测、数据备份等工作,对项目进行最终验收。按要求向常德市档案局上报洞庭湖生态经济区专题档案数据。

【档案法制宣传】国际档案日宣传。按照省、市档案局要求,组织开展纪念

“6·9 国际档案日”宣传活动。发动全市档案工作者及支持档案工作的社会各界人士参加国家档案局举办的“档案见证改革开放”征文活动。利用市城区户外电子显示屏及各单位电子显示屏营造宣传氛围。开展街头宣传，在步行街、超市入口等人流量大的地方，向市民发放《小红的兰台奇遇记》《档案时空》等档案宣传资料。利用津市手机报等媒体平台发布宣传报道。

文字宣传。积极撰写文字信息，广泛向各级媒体投稿。全年共撰写信息 20 余篇，其中《中国档案报》采用 1 篇，国家级档案网站采用 4 篇，《档案时空》采用 2 篇，省、常德市档案网站采用 10 余篇。（邹平华）

史志工作

【概况】2018 年，市委党史办（方志办）完成《津市年鉴（2018）》编纂、出版、发行工作。完成《津市老区发展史》《津市革命遗址遗迹》两本书的文字、图片的评审稿编写。完成《湘潮》发行 374 份，超过省党史研究室千分之九的优秀目标，并免费赠送全市处级领导和各机关、学校、企事业单位主要负责人，大力传播“党史好声音”。《一张“绿色存折”破题农村垃圾治理》改革纪实文章收入《湖南改革纪实 2018 卷》。联系药山镇和平村的贫困户，为扶贫点村援助 1 万元建设资金，为贫困户购买仔猪 2 头折合人民币 1000 元，2018 年进行走访慰问 8 次，送去慰问物资折合 2000 元，慰问金、救助资金 5300 元。建立津市市地情专家库。其中 6 人聘任为常德市地方志办公室地方志专家库专家，向满华聘任为湖南省地方志专家库专家。

【津市方志馆建设】2018 年，市财政分两次拨专款 9 万元建设津市市方志馆，方志馆设在津市市委机关大院原档案馆内。6 月，对原档案馆屋面、室内墙体进行改造维修。方志馆前厅、方志资料陈列厅、资料库房共 600 多平方米墙面进行仿瓷墙漆粉刷，安装防盗门、照明设施、方志馆前厅安装大型电子显示屏、查阅机、办公用计算机等。累计投资 79644 元。2018 年底，津市市方志馆馆内藏书 6000 册。（谈凤翔）

机关事务管理

【概况】 津市市机关事务管理办公室为市委市政府直属的正科级参照公务员管理单位，归口市委办管理。机关事务办有编制数 14 个，在岗人员 8 人，其中班子成员 1 人，其他工作人员 7 名。退休人员 12 人（其中提前退休 1 人）。机关事务办内设二室二股。机关大院总面积 105 亩，办公区 60 亩，建筑面积 13483 平方米，生活区 45 亩，建筑面积 10497 平方米；第二行政中心有 22033.68 平方米，入住 16 家单位；原机电学院现入住 11 家单位，占用办公面积 6558 平方米。2018 年，机关事务办完善规章制度，改进工作作风，突出抓物业管理、后勤服务、财务保障及中心工作. 全年共开展督查活动 12 次，印发督查通报 10 期。加强配置保卫力量，增加白天门岗人员 1 人，对进出人员车辆严格询问登记，安排专职劝导员，规范车辆停靠，对快递包裹进行检查。培育机关事务管理文化，分别在机关大院和第二行政中心设立健康小屋和征求意见薄。2018 年完成机关大院的海绵机关建设工作，机关大院进行黑化、绿化、亮化，新建生态停车位 170 间，共投入资金 508 万元；新增监控设施；人大办公楼后，原填埋的垃圾场的杂草和柳生树进行砍伐，黄土填埋，并硬化地面，增加停车位，根除卫生死角；原档案局前广场的绿化带进行硬化；市民之家地下停场设备、地下停场消防设施设备及电梯改造完成，对机关事务办综合楼屋面进行防水处理；机电学院围墙修复；根据市委的部署，实地考察，摸清底子，制定精准扶贫的工作方案，与贫困户结对子，帮助贫困户脱贫，每月到联系户家中走访，帮助制定脱贫计划，在发展生产，树林苗木培管，水稻种植培管，养殖等方面进行帮扶。已帮助 4 名困难户完成脱贫任务。加强企业联系工作，经常到津市市梦镶金蚕丝被有限公司实地走访，帮助企业解决问题。完善公共机构节能培训及资料填报。全市 36 家单位已完成填报任务。（胡君佑）

【绿化管理】加强绿化培管。事务办负责绿化面积 30000 多平方米，其中机关大院 8000 多平方米、第二行政中心 5500 多平方米、原机电职院 16000 多平方米。分别聘请绿化专业公司进行培管，3 处办公场所种植有桂花、窝竹、南竹、樟树、玉兰、银杏、杜鹃、栀子花、月季等各种乔木上千株，2018 年机关大院广场两侧雪松因病虫害、树冠大、根系浅、风雪影响造成树干歪倒，存在安全隐患，将 26 棵 30 年树龄雪松砍伐，更换重栽 36 棵桂花树，共移栽灌木 800 余（株），树木花卉浇水抗旱 6 次，每年一次树木修整，草坪修剪 5 次，对路边树枝进行清障，树干涂白，喷药 4 次，按季节更换花卉 4 次，共摆放各种花卉 6000 余盆（株）。美化机关，创造舒适的办公室环境。（胡君佑）

【物业管理】通过政府采购，采取竞争性谈判方式，聘任常德安居物业公司负责第二行政中心和机关大院绿化、安保、卫生保洁工作。机关大院物业费，按实际使用面积分摊，与财政衔接，由原来事务办支付物业费改为直接由财政代扣支付各单位物业费。机关大院绿化，2018 年 3 月重新与津市城东社区服务中心签订经营承包合同。在第二行政中心召开 1 次入驻单位的恳谈会，在安全、卫生、服务质量进行民主测评，分别发放问卷 200 份，收回 185 份，参评率 92.5%，满意率都达 96.9%，对物业收费情况，征求入驻单位意见，通报专项维修基金的收支情况和维修项目，并进行公示。先后对电梯进行检测保养，更换消防安全电磁阀和消防设施设备，对深井加压泵维修，卫生间便盒损坏及时维修或更换，空调维保与专业维保公司签订长期维保合同，物业管理收费规范，物业收费标准每月 1.94 元/平方米，办公面积 22033.68 平方米，全年物业费 51.33 万元，每年按时对电梯检测并及时维保，保证电梯安全运行，开通第二行政中心 1~3 楼与市民之家通道，第二行政中心 7~15 楼卫生间墙面渗水进行维修，分别对 4~6 楼的办公室墙砖脱落、1~3 楼卫生间污水管出口破裂和便盆损坏及时维修或更换，二次供水管破损，对深井替水泵进行及时维修更换，对中央空调 2 号主机配电箱开关和故障及时维修，添置绿化带中心招牌、鼠站 11 个，更换国土局大门感应器，事务办对空调机组进行全面的清洗和保养。2018 年对原机电职院树木进行清障。加强绿化卫生管理，聘请安保公司安排人员负责值班卫生，原机电职院卫生安保环境得到全面改善。机关大院：规范车辆管理，对机关大院公务用车和干部职工的 200 多辆私家车免费发放进出通行车贴。监控室 24 小时开启，不间断值守，晚上分 5 班巡逻，白天 3 人站岗执勤，保卫人员要求着装上岗，站岗值勤，规范敬礼。在突发事件处置中，及时汇报，上下联动，成功化解和处置群体事件。2018 年机关大院未发生一起重大刑事和治安案件。机关大院卫生清扫经常化，24 小时保洁，做到主干道上 24 小时无垃圾杂物；垃圾桶、路灯灯罩每月进行 2 次清洗；8000 多平方米的草坪剪修和喷药治虫各 5 次；清洗消毒供水池 2 次，麓园小区水下管网和化粪池进行了淘粪清淤。麓园小区水电费收缴及时准确，保证用水用电安全有序。（胡君佑）

【食堂管理】2018 年 10 月机关食堂重新聘请食堂经营者。管理模式实行承包经营和部门监管相结合，制定食堂的奖惩管理制度，每天都有专人对食品进行督导检查，每月并主动要求食监局对食堂的食品进行安全检查，没有发现一例食品过期和霉变。菜品每周一公布常态化，提升机关食堂餐饮的服务质量和菜品种类，还发动全办干部职工每月每人提供一样招牌菜活动，开展便民服务模式。第二行政中心食堂每天安排专人对食品卫生进行督导检查，食品药监局每季对食堂的食品卫生进行不定时抽查。不断改善就餐环境，2018 年改造机关食堂和第二行政中心食堂包房各 1 间和食堂办公室 1 间。分别于 6 月、11 月对机食堂饭菜质量、服务质量、食品安全、卫生状况在机关院内问卷调查，共发放征求意见测评表 200 份，收到意见和建议 5 条，在测评中，机关干部职工满意率分别达到 80%以上。（胡君佑）

【安全保卫】2018 年初，调整机关大院“一中心五网络”机构及成员，与大院各单位签订“社会治安目标管理责任状”。制定机关大院信访维稳突发事件应急处理和报告制度，制作固定的法制宣传牌。坚持保卫人员每周一集中学习和培训一小时制度，全体保卫人员要求着装上岗，站岗值勤，规范敬礼，监控室 24 小时开启，不间断值守，白天 3 人站岗执勤，坚持院内 24 小时值班巡逻，来客一律登记，填写登记回执。成功化解和处置多起围堵市委机关大门的群体事件。在特护期，对物业公司进行约谈，加强安保，特别对快递包裹严格检查，一年共登记来客 3000 多人次，协调处理上访人员 180 多人次。规范车辆管理，对机关大院公务用车和干部职工的 200 多辆私家车免费发放进出通行车贴。机关大院未发生一起重大刑事和治安案件。（胡君佑）

【财务管理】完善财务管理制度，升级财务软件，严格执行中央“八项规定”、省委的“九条规定”、常德市委和津市市委的“十项规定”，按规定严格发票管理和审核，做到从源头上堵住漏洞。加强国有资产管理，对各单位的固定资产进行清理，做到账实相符。提高各单位财务人员的业务水平，对机关大院各单位财务人员不定期分别进行业务指导和培训。规范国库集中支付系统，严格规范资金的运作，加强对发票的审查力度，严格执行票据的审核制度，严控“三公”经费支出，把好各类支出关，对不符合规定的票据和手续不全的票据坚决不予报销。加强非税票据的监督管理，对非税票据实行专人管理，专机操作，对票据购买、发放，汇缴建立明细台账，有效地拓展财源。固定资产进行清理，加强国有资产管理，上半年完成对各单位的固定资产进行清理，做到账实相符。落实本办人员相应各类社会保障工作，集中办理 28 家单位年报和 4 大家的保留的公车保险，配合有关部门完成对“三公”经费的检查及有关单位的离任审计工作。（胡君佑）

接待工作

【概况】2018 年，共接待宾客 190 余批约 1600 人次，其中省部级领导 6 批次，地厅级领导 17 批次，重要客商 160 余批次，接待经费同比下降 18.9%。

先后完成省长许达哲、省委副书记乌兰、省委政法委书记黄关春、省人大常委会原副主任李友志、副省长陈飞、副省长陈文浩等省领导及周德睿书记、曹立军市长到津调研视察等政务接待任务，为各级领导莅临津市视察指导工作提供优质服务，充分展示津市接待工作的窗口形象。2018 年先后承办深圳华强北电子产业城会员企业高管、深圳市湖南津澧商会会员企业高管、东莞市常德商会会员企业高管、深圳智能美镜高管、苏州冠普电子有限公司高管、广东溢多利集团高管等来津考察投资接待任务。先后参与承办常德市农村人居环境整治工作现场会、项目建设流动现场会的接待任务，为主承办“智汇洞庭，科创常德”科技成果转移转化系列活动之生物医药与健康食品专场活动，邀请中国药科大学、江南大学、华南理工大学、西南大学、浙江工业大学、北京工商大学、湖南大学、长沙理工大学、湖南中医药大学及中国医学科学院、中国食品工业协会等院校、协会的专家教授来常德开堂授课，中科院院士、江南大学校长陈坚发表主题演讲，省内外近 200 家生物医药和食品企业高管参会并与津市本土企业广泛开展交流合作，签署投资合作协议 11 份，受到曹立军市长高度评价。（陈忠）

津市市人民代表大会

【概况】2018年，津市市人大共召开人民代表大会1次、人大常委会会议6次、人大常委会主任会议12次；听取和审议专项工作报告23项，作出决议、决定5个，交办审议意见2件；依法任免国家机关工作人员18人（次），任命人民陪审员76名。

2018年，津市市人大常委会坚持强基固本，狠抓自身建设。落实党建工作。执行理论学习制度，组织学习习近平新时代中国特色社会主义思想、各级重要会议精神、法律法规等24次。履行从严治党主体责任，严格执行“三会一课”制度，开展讲党课、主题党日活动等18次。开展“两同时”谈心谈话，公务用车、办公用房、“三公”经费、违反中央八项规定精神突出问题等专项清理清查，严守纪律底线。推进基层建设。出台人大常委会关于加强对镇（街道）人大联系指导的实施意见，建立主任会议成员联系镇（街道）人大工作机制，强化联系指导。定期召开镇（街道）人大联席会议，交流工作，相互学习，促进共同提升。各镇人大按要求召开代表大会，按季度召开主席团会议，基层人大日常工作逐步制度化、规范化。提升工作水平，加强人大常委会专家库建设，聘请财经专家8名，城建专家5名，履职行权的专业水平得到保障。深化机关信息化建设，建立机关局域网、会议系统、办公自动化应用系统、代表履职平台、建议办理系统等，为人大各项工作开展提供便捷。强化调研宣传，改版人大网站，开通微信公众号，制作履职画册500余册，开展理论研讨2次，在常德市级以上媒体发表信息、调研材料228篇，先后荣获省人大理论研讨、好新闻奖。开展“五行”活动。其中，农民健康行、农产品质量安全行、司法公正常德行等活动被常德市人大评为先进。（欧阳刘慧）

【监督工作】2018年财经监督，听取和审议“十三五”规划实施情况中期评估报告，促进规划纲要全面实施。根据评估情况，审议批准调整部分指标，规划纲要进一步完善。听取和审议2017年财政决算（草案）的报告，审查批准2017年财政决算。听取和审议2018年1—8月财政预算执行情况报告，审查2018年财政预算调整方案，批准对一般公共预算和政府性基金预算进行调整，确保全年预算平衡。听取和审议税收征管、工业经济发展等情况报告，组织和配合常德市人大开展外向型经济、工业项目建设、重大基础设施建设、政务诚信建设等调研、视察，走访企业85次，掌握经济运行情况，提出意见、建议30余条。利用预算执行和其他财政收支审计成果，将审计查出问题整改作为监督重点，推动政府完善审计整改工作机制、加大问题整改力度。听取和审议市财政局等4个单位审计查出问题整改情况的报告，进行满意度票决。民生监督，关注农产品食品安全，暗访农产品和食品检测检测情况，持续监督湿米粉标准化生产，督促整顿豆制品市场，规范消毒餐具生产经营，确保消费者买得放心、吃得放心。关注“乡村振兴”，听取和审议乡村振兴工作、农村土地确权与三权分置改革等情况报告，提出意见建议，促进农村、农业发展，保障农民利

2018年市人大常委会评议市政府优化经济发展环境工作动员会

益。关注社会事业发展，组织调研职业就业教育实训服务全市产业发展情况、人民医院与常德市第一人民医院合作运行情况，听取中医药工作情况报告并形成审议意见，视察公共文化设施建设现场，助推教育、卫生、文化事业发展。法律监督，做好规范性文件备案审查工作，依法审查政府报备的规范性文件9份。支持检察公益诉讼工作，作出《关于全面推进检察公益诉讼工作的决议》，督促政府建立生态异地修复基地和设立生态环境损害赔偿专项资金。督办法院涉特殊主体执行案件，推动全市涉特殊主体执行积案清零。工作评议和专项工作监督，对市政府安全生产监督管理工作、司法行政工作、统计工作开展集中评议，交办督促部门整改评议发现的问题11个，部门工作效能提升。视察道路交通安全管理工作，督促相关单位完善道路标志标线等，加大农村摩托车、城区超载车辆和校园周边交通秩序的整治力度，农村和城区交通事故同比分别下降11%、17%；城区新施划904个停车位，缓解停车难的压力。关注扫黑除恶工作，推动扫黑除恶工作深入开展。（欧阳刘慧）

【代表工作】开展履职培训。2018年，安排50多名代表到全国人大培训基地及东莞、株洲等地培训学习、交流经验，全面提升代表履职能力。组织省、常德市、津市三级代表视察津市公租房建设管理情况，邀请、推荐代表列席市人大常委会、市政府常务会等会议59人(次)，参与执法检查、调研视察、司法公开等活动300多人(次)，畅通代表知情知政、参政议政渠道。开展常委会组成人员联系代表、代表联系群众的“双联”活动，新建6个高标准的村(社区)“人大代表联系群众工作点”，代表履职平台延伸到基层。加强履职管理。健全代表履职管理机制，推出“代表履职通”手机APP，代表履职网上登记，增强代表的履职意识。提升代表小组活动实效，2018年，各代表小组围绕污染防治、乡村振兴、人才强市等主题，开展活动27次，参与代表410人(次)，提出意见、建议50多条。常德市、市本级、镇三级代表同步述职，常委会主任会议成员带头回选区述职，三级代表共122名进行述职和满意度测评。督办议案建议。关注市十七届人大三次会议确定的两件议案办理情况，定期督办、听取汇报、组织视察、跟踪问效，2件议案办理按进度推进。拓展建议办理渠道，在常德市率先建立“人大代表建议办理网络平台”，代表建议网上随时可查。市人大常委会主任会议成员牵头督办代表建议，办理过程全程跟踪，办理结果全部回访，老旧小区、小街小巷治理等一批事关民本民生的建议落到实处。（欧阳刘慧）

2018年推进公益诉讼座谈会

【执法检查】2018年，组织《农药管理条例》执法检查，针对检查中发现的问题，开展代表专题询问，形成加大法律宣传力度、加强部门整体联动、不断提升执法水平的审议意见。配合上级人大开展《义务教育法》《湖南省中小学幼儿园规划建设条例》执法检查，推动了津市农村国标校车全覆盖。对《大气污染防治法》执法检查交办的22个问题，逐一督促整改，进行满意度测评，取得明显效果。（欧阳刘慧）

【人事任免】2018年，市人大常委会精心组织政府工作部门随届任命，做到党管干部和人大依法任免有机结合。全年共任免国家机关工作人员18人(次)，任命人民陪审员76名。其中，2018年1月4日，津市市第十七届人大常委会召开第八次会议，免去杜登全的市人民政府副市长职务，免去周澧的市人民政府副市长职务。2018年1月12日，津市市第十七届人民代表大会召开第三次会议，选举黄旭峰为津市市人民政府市长，选举伍子科为津市市监察委员会主任。2018年1月12日，津市市第十七届人大常委会召开第九次会议，任命杜强为市人民政府副市长，任命陈顺勇为人民政府副市长。2018年12月18日，津市市第十七届人大常委会召开第十五次会议，任命周辉等76人为津市市人民法院人民陪审员。（欧阳刘慧）

【人民代表大会】2018年1月9日至12日召开津市市第十七届人民代表大会第三次会议，参会代表169名，列席人员313名。

1月9日，各代表团代表报到，召开预备会议。1月10日，听取市人民政府、市人大常委会、市人民法院、市人民检察院工作报告；表决《选举办法》(草案)；代表集中视察。1月11日，代表进行分团讨论，审查市人民政府、市人大常委会、市人民法院、市人民检察院工作报告，提出议案和建议、批评、意见。共收到代表议案2件(关于加大西毛里湖饮用水水源环境保护力度的议案、关于切实缓解津市市城区停车难，推动城市交通健康发展的议案)；代表建议、批评和意见69件，涉及财政经济、城建环保方面33条，教科文卫方面15条，农业与农村方面18条，法制、内务司法与其他方面3条。审查和批准津市市2017年财政预算执行情况与津市市2018年财政预算的报告（草案），批准津市市

2018年财政预算；听取津市市人民政府关于市十六届人大四次会议1号议案、市十七届人大二次会议以来代表建议办理情况的报告。1月12日，表决通过市人民政府工作报告、市财政工作报告、市人大常委会工作报告、市人民法院工作报告和市人民检察院工作报告的决议（草案）；投票表决《关于建设城区及周边绿色走廊的议案》办理情况。

（欧阳刘慧）

【人大常委会会议】2018年1月至12月，津市市人大常委会共召开常委会会议6次，历次人大常委会会议及审议决定的事项如下：

2018年津市市人大常委会审议意见、决议决定一览表

届别	常委会第次	会议时间（年月日）	作出的审议意见或决议决定
十七	十一	2018年5月24日	关于全面推进检察公益诉讼工作的决议
十七	十二	2018年7月25日	关于批准津市市2017年财政决算的决议
十七	十二	2018年7月25日	关于津市市国民经济和社会发展第十三个五年规划纲要实施情况中期评估报告的决议
十七	十三	2018年9月28日	关于批准2018年津市市财政预算调整方案的决议
十七	十三	2018年9月28日	关于听取《我市中医药工作情况》报告的审议意见

（欧阳刘慧）

【视察】2018年，津市市人大常委会组织湖南省、常德市和津市市人大代表，对津市经济社会发展、项目建设及群众普遍关心的民政、建设、环境等热点工作进行视察。

2018年津市市人大常委会组织代表视察一览表

届别	视察时间（年月日）	几级代表	视察内容
十七	2018年1月10号	常德市、津市市人大代表	视察津市市部分重点项目
十七	2018年6月27日	津市市人大代表	视察道路交通安全管理工作
十七	2018年9月29日	常德市、津市市人大代表	视察重点工程项目建设情况
十七	2018年10月19日	湖南省、常德市、津市市人大代表	视察公租房建设管理工作
十七	2018年10月23日	津市市人大代表	视察公共文化服务基础设施建设

（欧阳刘慧）

市人大常委会听取和审议扫黑除恶情况的报告

概 述

【概况】2018年，津市市辖4镇、5个街道、1个省级高新区。土地总面积550.79平方公里，其中耕地面积32.84万亩。其中，水田18.81万亩，水浇地0.24万亩，旱地13.79万亩，常用耕地面积31.64万亩。

初步核算，全年地区生产总值158.2亿元，同比增长8.2%。其中，第一产业增加值18.5亿元，同比增长4.2%；第二产业增加值72.2亿元，同比增长9.2%；第三产业增加值67.5亿元，同比增长9.9%。按常住人口计算，人均地区生产总值为60446元，同比增长4.8%。

全年三次产业结构为11.7:45.7:42.6。工业增加值占地区生产总值比重为42.8%，高新技术产业增加值占地区生产总值比重为20.1%。二、三产业占地区生产总值比重比上年提高2.8个百分点。一、二、三产业对经济增长的贡献率分别为6.1%、47.4%和46.5%，分别拉动经济增长0.5个、3.9个和3.8个百分点。

落实省重点民生实事任务。新增城镇就业人员4803人；完成城市棚户区改造3013套；完成农村公路提质改造10.8公里；完成自然村通水泥(沥青)路60.5公里；完成农村危房改造351户；完成三湖公园、清远观、白衣镇黑臭水体整治；完成农村适龄妇女"两癌"免费检查2134人；完成孕产妇产前免费筛查1202人；改造和完善行政村10千伏及以下配电网投资629万元(6个行政村)；完成农村饮水安全巩固提升826人；提高困难残疾人生活补贴标准到每人每月55元；提高重度残疾人护理补贴发放标准到每人每月55元；提高城镇低保标准到510元/月；提高农村低保标准到3960元/年；提高城镇人均救助水平标准到350元/月；提高农村人均救助水平标准到280元/月。

乡村振兴稳步推进。编制乡村振兴总体规划1个、乡村振兴示范片规划1个、乡村振兴示范村规划7个。安排乡村振兴专项资金300万元。

全年完成农林牧渔业总产值34.4亿元，增长5.9%。其中，农业产值9.4亿元，下降0.3%；林业总产值3.9亿元，增长8.4%；牧业总产值15.1亿元，增长7.6%；渔业总产值3.0亿元，增长12.8%；农林牧渔服务业产值3.0亿元，增长7.8%。全年实现农林牧渔业增加值20.5亿元，增长5.1%。其中，农业增加值6.6亿元，下降1.0%；林业增加值3.3亿元，增加8.3%；牧业增加值6.8亿元，增长7.4%；渔业增加值2.0亿元，增长12.3%；农林牧渔服务业增加值1.8亿元，增长7.8%。农作物播种面积70.01万亩，其中粮食作物播种面积38.13万亩，经济作物播种面积31.88万亩，同比持平。粮食产量145679吨，油料产量30136吨，水果产量27608吨。全年完成养殖业产值18.1亿元，占农业总产值的52.7%；水产品产量24630吨，增长3.9%。出栏生猪42.5万头、牛0.37万头、羊2.5万只，出笼家禽225万羽。年末拥有农业机械31859台，比上年增加344台；总动力19.92万千瓦，比上年增加0.29万千瓦。农村用电量2733万千瓦时，下降0.3%。农用化肥施用量5.54万吨，下降3.7%。全年开工各类水利工程643处，水利工程投入资金23402万元，水利工程完成土石方230万立方米，新增和恢复农田灌溉面积1.38万亩，新增节水灌溉面积0.92万亩。

全年完成工业增加值比上年增长8.2%。其中，规模以上工业企业增长8.4%。园区规模以上工业增加值增长7.7%。规模以上工业企业完成入库税金增长12.1%。新增规模以上工业企业14家。园区规模工业入库税金增长12.9%。全年出产精制盐87.9万吨，增长3.9%；水泥132.3万吨，增长11.0%；车桥18.3万根，增长-6.8%；纱8.5万吨，增长11.2%；饲料23.9万标吨，增长3.1%。全年建筑业增加值4.7亿元，增长4.9%。

全年500万元以上项目固定资产投资比上年增长1.3%。按产业分，第一产业完成投资增长211.8%；第二产业完成投资增长6.8%；第三产业完成投资下降8.3%。按投资方向分，工业投资增长76.4%；高新技术产业投资增长49.5%；

房地产开发投资增长 4.7%；基础设施投资下降 51.2%。按经济类型分,国有投资下降 43.2%，非国有投资增长 100.8%。物价总体平稳,居民消费价格指数 101.8%，商品零售价格指数 102.3%。

全年房屋施工面积 133.0 万平方米,下降 11.4%,其中住宅 103.2 万平方米,下降 20.1%。房屋竣工面积 9.4 万平方米，下降 45.2%。房屋销售面积 15.1 万平方米,下降 31.1%。全年完成社会消费品零售总额 73.7 亿元，增长 10.8%。各季度增速分别为 11.9%、10.9%、10.7%、10.8%,呈现平稳增长的特点。城镇市场实现零售额 60.9 亿元，增长 11.6%，占社会消费品零售总额比重为 82.7%，乡村社会消费品零售额 12.8 亿元，增长 7.3%。限上批发业零售额 0.2 亿元，下降 22.1%；限上零售业零售额 16.0 亿元,增长 13.5%;限上住宿业零售额 0.2 亿元,增长 75.0%;限上餐饮业零售额 2.6 亿元,增长 128.9%。限上零售业零售额占社会消费品零售总额的 21.7%。45 家限上企业完成营业收入 15.3 亿元,增长 23.6%。

全年共签约新项目 28 个。其中新批外商投资项目 2 个,新引进外资 3000 万美元以上项目 1 个。引进内外资总额 70.8 亿元,增长 12.5%。实际引进境内市外资金 64.2 亿元,增长 13.3%。外派劳务 392 人,增长 14.6%。全年完成进出口总额 8170 万美元,增长 23.6%。其中,出口 6581 万美元,增长 27.2%;进口 1590 万美元,增长 70.0%。

全年完成交通运输邮电仓储业增加值 7.1 亿元,增长 4.5%。全社会运输单位完成货运量 666 万吨，增长 3.3%，货物周转量 138045 万吨公里，增长 4.1%。全年客运量 335 万人，增长 3.1%，旅客周转量 11212 万人公里,增长 3.1%。境内公路全程总长 532.27 公里。其中，高速公路 12.05 公里，国道 4.76 公里,省道 105.86 公里,县道 27.58 公里,乡道 166.63 公里,专用公路 1.69 公里,村道 213.70 公里。年末全年汽车保有量 18468 辆,增长 22.9%。本年新注册民用汽车 3443 辆,增长 36.6%。

全年完成邮电业务总量 2.09 亿元，增长 10.7%。其中，邮政业务总量 0.55 亿元，增长 91.8%；电信业务总量 1.54 亿元，下降 3.8%；年末移动电话用户 21.34 万户,增长 6.6%;宽带网用户 6.78 万户,增长 21.9%。

全年完成旅游总收入 16.2 亿元,增长 31.7%。国内旅游人数 182 万人次,增长 0.9%。境外入境人数 78 人次。年末拥有国家旅游等级区(点)2 家,星级宾馆 1 家，旅行社 3 家。成功举办新洲年货节、毛里湖腊八节、药山鱼王节、白衣起鱼节等农村节会活动。

全年完成财政总收入 7.86 亿元,增长 11.1%。其中地方财政收入 4.32 亿元，下降 1.4%；公共财政预算支出 23.94 亿元,增长 13.8%。税务局完成各项税收入库 6.96 亿元,增长 16.5%。

年末金融机构各项存款余额 150.7 亿元,增长 16.3%。其中,非金融企业存款余额 30.9 亿元,增长 13.5%,住户存款余额 90.5 亿元,增长 11.1%。金融机构各项贷款余额 52.8 亿元，增长 17.2%。全年各项保费收入 1.4 亿元,增长 2.6%。

年末全年拥有中等职业学校 3 所，招生 251 人,下降 14.3%,在校学生 783 人,下降 2.0%,毕业学生 253 人,下降 15.7%。普通高中 2 所,招生 843 人,增长 4.6%,在校学生 2442 人,下降 2.8%,毕业学生 880 人,下降 3.8%。初中学校 9 所,招生 1277 人,增长 7.8%,在校学生 3619 人,增长 2.9%,毕业学生 1145 人，下降 2.1%。普通小学 18 所，招生 1536 人,下降 0.6%,在校学生 9017 人,下降 0.7%，毕业学生 1416 人，增长 4.7%。小学适龄儿童入学率 100%。特殊教育学校 1 所，招生 10 人，在校学生 135 人。幼儿园在园幼儿 4713 人,下降 1.4%。各类民办学校 54 所,在校生 6105 人,增长 8.6%。义务教育阶段合格学校建设 28 所。落实义务教育保障资金 1348 万元，发放中职国家助学金 16.4 万元，中职国家助学金资助中职学生 164 人次。

年末高新技术企业 18 家，省级工程技术研究中心 6 个。专利申请 183 件，其中发明专利 55 件。授权专利 55 件,其中发明专利 7 件。全年技术合同成交金额 0.9 亿元,增长 38.8%。

全年拥有艺术表演团体 1 个,群众文化馆 1 个,公共图书馆 1 个,博物馆 1 个，国家级非物质文化遗产保护名录 1 个，省级非物质文化遗产保护名录 1 个。建成津市五环时代全民健身中心和城北车胤足球场，保护修缮虎爪山遗址。年内放映农村公益电影 972 场。群众体育进一步普及,经常参加体育锻炼人数 18.9 万人,年内开展全民健身项目 24 项次。城乡公共体育基础设施不断完善,全年拥有体育场地 88 个,其中运动场 13 个、游泳池 2 个、各种训练房 23 个。

年末全年医疗卫生机构总计 228 个。其中,医院、卫生院 12 家,妇幼保健院 1 家,专科疾病防治院 1 家,社区卫生服务中心(站)13 个,诊所、卫生所、医务室 76 个,村卫生室 122 个。卫生技术人员 1905 人。其中,执业医师和执业助理医师 587 人,注册护士 610 人。医院、卫生院床位数 1234 张。乡镇卫生院 7 个，床位数 250 张，卫生技术人员 193 人。全年疾病预防控制中心(防疫站)2 个，卫生技术人员 37 人。卫生监督所(中心)1 个,卫生技术人员 16 人。

年末全年居民总户数 95219 户,总户籍人口 233414 人。其中，城镇人口 124927 人,乡村人口 108487 人。按性别分，男性人口 118522 人，女性人口 114892 人。按年龄分,0~17 岁 32352 人,18~34 岁 44509 人,35~59 岁 98350 人,60 岁及以上 58203 人。全年出生人口 1827 人。

2018 年全体居民人均可支配收入 26614 元,增长 8.3%。其中,城镇居民可支配收入 33055 元,增长 7.8%;农村居民人均可支配收入 15471 元，增长 8.5%。城乡居民人均消费支出 21083 元,增长 9.6%。其中,城镇居民人均消费支出 24353 元,增长 10.9%;农村居民人均消费支出 15425 元,增长 5.5%。

年末城镇登记失业率3.14%。参加城镇基本养老保险职工人数58892人，离退休人员29879人。新型农村养老保险登记参保人数113512人。城镇基本医疗保险参保人数248486人。城镇职工基本医疗保险参保人数30106人。参加失业保险17513人。领取失业保险金人数14780人。参加生育保险13432人。参加工伤保险职工人数14022人。

获得政府最低生活保障的城镇居民5.97万人次，发放城镇居民最低生活保障经费2107万元；获得政府最低生活保障的农村居民4.63万人次，发放农村居民最低生活保障经费1340万元。各类收养性社会福利单位床位数2365张，各类收养性社会福利单位收养人员数1676人。销售社会福利彩票6603万元，筹集社会福利资金1244万元，直接接收社会捐赠22万元。

年末森林覆盖率19.7%，比上年提高0.21个百分点，全年完成造林面积1734公顷，下降35.0%。年平均降水量1261.6毫米。

全年万元GDP耗能0.32吨标准煤，规模以上工业企业能源消费量18.42万吨标准煤，下降9.8%，单位规模工业增加值能耗下降率17.2%。持续开展大气污染防治，依法取缔燃煤锅炉、黏土砖厂，关停砂石码头堆场，治理企业废气，市城区空气质量达安全生产形势稳定，全年未发生各类安全生产事故。亿元GDP生产安全事故死亡人数为0。（高如欣）

【市政府2018年常务会议】1月3日，市委副书记、代市长黄旭峰主持召开2018年市政府第1次常务会议，征求《政府工作报告》意见，审议研究市推进开放强市产业立市三年行动、《2018年春节走访慰问活动方案》、《津市市2017年度工业经济等14项大类工作考核奖励方案》、《市政府工作落实责任追究办法》等方面工作，并形成意见。会议原则同意《津市市推进产业立市三年行动指挥部办公室工作机构及职责分工（征求意见稿）》及《津市市推进产业立市三年行动指挥部专项小组及组成人员名单（征求意见稿）》；原则同意《2018年春节走访慰问活动方案》《津市市2017年度工业经济等14项大类工作考核奖励方案》。关于《政府工作报告》征求意见工作。会议要求，《报告》起草小组要以津市即将召开的市委经济工作会议精神为指导思想，继续广泛征求意见，认真梳理、充分吸纳，进一步丰富和完善报告内容。会议还通过《市政府工作落实责任追究办法》。该办法指出，对市政府决策部署落实不力的部门单位，第一次，由常务副市长、分管副市长约谈主要负责人；第二次，市政府召开专题会议，由单位主要负责人作公开检查，政府党组成员现场点评；第三次，由市政府党组研究处理建议意见，报请市委研究。该办法对所有在津单位有效。

3月13日，市委副书记、市长黄旭峰主持召开2018年市政府第2次常务会议。会议传达学习十九届三中全会精神、市委《关于进一步贯彻落实中央八项规定实施办法》，研究通过市政府党组议事规则，听取16项重点工作及4项底线工作进展情况、贯彻落实省委省政府严控政府性债务增长切实防范债务风险文件精神汇报，审议研究津市第二次全国污染源普查、棚户区改造、设立产业发展基金等方面工作。关于津市第二次全国污染源普查工作。会议指出，此次普查时间为2017年6月至2019年12月，分阶段组织实施。普查目标是：摸清各类污染源基本情况，解污染源数量、结构和分布状况，掌握区域、流域、行业污染源产生、排放和处理情况，建立健全重点污染源档案、污染源信息数据和环境统计平台，为加强污染源监管、改善环境质量、防控环境风险、服务环境与发展综合决策提供依据。会议通过《津市市第二次全国污染源普查实施方案（讨论稿）》，明确相关部门修改完善后印发全市。会议要求相关部门按照从紧从严的原则安排普查工作经费，并要求各相关部门互相支持、配合，实事求是，按照要求将普查工作任务完成到位。关于2018年棚改工作。会议指出，棚改工作是津市亮点工作、招牌工作，更是一项重大的民生工程。当前棚改工作面临与群众需求仍存在差距，老旧房屋多、特困群体多、国家棚改政策变更的现状。会议要求，各部门单位要调整对棚改工作的认识和现有工作方法，做好棚改政策的宣传。市房管局要梳理归纳部门意见，对《津市市棚户区改造实施办法》进行相应调整和完善。关于设立产业发展基金。会议指出，津市产业发展基金是经市人民政府批准，由市政府出资作为引导基金，以股权投资方式，采用市场化手段，发挥财政资金杠杆作用，引导社会资本共同投资于新兴产业和传统优势产业的政策性投资基金。会议通过《津市市产业发展基金组织管理体系》《津市市产业发展基金设立方案》《津市市产业发展基金管理办法》。会议还原则通过《中共津市市委津市市人民政府津市市人民武装部贯彻落实〈关于深入推进人民防空改革发展的实施意见〉办法》，研究通过市政府党组议事规则。

3月21日，市委副书记、市长黄旭峰主持召开2018年市政府第3次常务会议，研究全市2018年向上争资计划及产业立市、依法收回西毛里湖水面养殖使用权等方面工作，审议《进一步完善财政体制与搞活财政机制（草案）》《津市市农村生活污水管网管理暂行办法（讨论稿）》。关于全市2018年向上争资计划及产业立市工作。会议指出，津市拟确定2018年度向上争资考核单位共36个，争资总额23.14亿元，总任务比上年净增970万元。同时，津市拟开展产业发展大调研、“智慧园区·科创品牌”科技成果转化推广、“舌尖上的津市”等8大产业立市主题活动。会议原则通过《津市市2018年向上争取资金工作考核办法（征求意见稿）》；同意项目前期工作经费安排。会议还明确相关部门具体落实上级预算内投资补助项目落地的督促检查工作。关于《津市市农村生活污水管网管理暂行办法（讨论稿）》。会议指出，为规范全市农村生活污水管网管理，保障污水处理设施正常运营，切实改善农村环境，根据《城市排水与污水处理条例》(国务院令〔2013〕第641号)和《中华人民共和国水污染防治法》有关规定,结合本市实际,特制定本办法。会议审议通过《津市市农村生活污水管网管理暂行办法(讨论稿)》,并由相关部门根据会议意见修改完善后,按程序报请市政府发文。会议还听取关于进一步完善财政体制与搞活财政机制、依法收回西毛里湖水面养殖使用权的情况汇报,原则通过《进一步完善财政体制与搞活财政机制(草案)》。

4月2日,市委副书记、市长黄旭峰主持召开2018年市政府第4次常务会议,听取市政府法制工作情况汇报,研究市2018年项目建设计划及推进产业立市、养老服务体系医养楼建设项目、农作物秸秆焚烧和综合利用、完善街道社区城市创建长效机制等方面工作,审议《津市市银行业金融机构支持经济发展奖励办法》。关于研究2018年项目建设计划及推进产业立市工作。会议指出,据初步拟定计划,2018年全市要确保完成固定资产投资实际增长12%,确定投资额1500万元以上的重点建设项目59个,总投资167.2亿元,年度计划投资76.7亿元。同时,市产业办初步拟定《津市市推进产业立市三年行动计划(2018—2020)》,总体目标:紧盯“133”发展方向,实现“两个翻番”,完成“1115工程”。重点任务:主要是实施产业升级提质、项目建设提效、招商引资提速、龙头带动培育等八大工程。会议原则同意《津市市2018年项目建设目标任务(征求意见稿)》及《津市市推进产业立市三年行动计划(2018—2010)(征求意见稿)》,由相关部门根据本次会议意见修改完善后,按程序提交市委常委会审定。会议要求相关部门充分发挥项目牵头抓总作用,按照全市既定项目任务及时间节点制定工作方案,同时各部门单位及责任领导要高度重视,全力以赴完成项目建设工作。关于农作物秸秆焚烧和综合利用工作。会议指出,津市按照“政府主导、属地管理、突出重点、疏堵并举、源头防控、公众参与”的原则,坚持秸秆禁烧与综合利用相结合,全面防控与重点督查相结合,政策扶持与产业推动相结合,加快构建秸秆禁烧和综合利用长效机制,努力实现“禁烧区内杜绝秸秆露天焚烧现象,全市秸秆综合利用率85%以上”的目标。会议原则同意《津市市推进农作物秸秆焚烧和综合利用工作实施方案》及农作物秸秆焚烧和综合利用工作中的部门职责分工方案。会议强调,农作物秸秆焚烧和综合利用工作事关全市生态环保工作,各部门必须高度重视,抓好落实。关于养老服务体系医养楼建设项目。会议指出,津市养老服务体系医养楼建设项目是国家重点专项基金建设项目,主要包括养老服务中心医养楼和毛里湖健康养老产业园两大建设项目。医养楼项目经市政府2016年第4次政府常务会议和市规委会研究审议后,于2016年11月正式动工,现已完成主体工程,正在进行内部装修和其他配套工程的前期准备,预计2018年9月全部完工,力争2018年10月底投入运营。该项目建成后可兼顾日间照料、基本医疗、康复护理、休闲娱乐等多种养老功能,是“居家养老、社区养老、机构养老”三位一体的大型宜居养老社区。会议原则同意相关部门提出的医养楼建设项目空调设计变更和增补工程计划;原则同意通过招商引资在医养楼一楼、二楼设立老年病康复医院;原则同意相关部门提出的医养楼运营及资金回收模式,并要求其他相关部门加强国有资产的经营和管理,对医养楼的运营和资金回收实施全程监管。会议听取市政府法制工作情况汇报,原则同意2018年法治政府建设工作计划、2018年市政府常务会学法安排、市法律顾问对口服务机制。会议还研究完善街道社区城市创建长效机制工作,审议并原则同意《津市市银行业金融机构支持经济发展奖励办法》。

4月24日,市委副书记、市长黄旭峰主持召开2018年市政府第5次常务会议,学习传达省委、省政府《关于开展违反中央八项规定精神突出问题专项治理的工作方案》,听取扫黑除恶专项斗争及禁毒工作情况汇报,审议研究全面实施河长制及湖长制、实施乡村振兴战略、企业上市(挂牌)、优化经济发展环境、生态环保等方面工作。关于全面实施河长制及湖长制工作。会议指出,根据省总河长令,关于认真开展巡河工作,全面清理河道水域“僵尸船”、重点排污源整治和地表水集中式饮水水源保护区突出环境问题整治等要求,市河长办制定整改清单,主要涉及城乡黑臭水体治理、重点排污源的整治、全市天然水域内禁止投肥养殖等。会议原则同意《关于2018年全面实施河长制、湖长制的组织体系》,由相关部门修改完善后,按程序提交市委常委会研究审定。会议要求全市严格落实省总河长1号、2号、3号、4号令及2018年津市市河长制工作整改清单,加强对河长制、湖长制相关人员的业务培训,提升工作能力和水平;市河长办要加强全市河长制、湖长制工作进展情况督查,确保河长制、湖长制工作顺利推进。关于实施乡村振兴战略工作。会议指出,根据上级有关文件精神,结合津市实际,津市起草《津市市实施乡村振兴战略三年行动方案(2018—2020)(讨论稿)》,由目标任务、工作内容、保障措施等三个部分构成,概称为“实现一个目标、实施五大工程、落实五大保障”,就是到2020年,乡村振兴取得重要进展,实施产业发展升级、城乡一体提质、乡村文化振兴、治理体系创新和农民增收致富工程,并加强党的领导、坚持规划引领、深化农村改革、强化人才支撑和加大投入保障。会议原则同意《津市市实施乡村振兴战略三年行动计划(2018—2020)》,由相关部门修改完善,按程序提交市委常委会研究审定。关于扫黑除恶专项斗争及禁毒工作。会议指出,1月,中共中央、国务院发布《关于开展扫黑除恶专项斗争的通知》,要求各级党委和政府要将扫黑除恶专项斗争作为一项重大政治任务,摆到工作全局突出位置,列入重要议事日程落实。市委市政府高度重视,召开工作会议,成立扫黑办,共收集黑恶犯罪线索30余条,并连续破获“1·

05”开设赌场案和“3·10”系列团伙寻衅滋事案，打掉涉恶团伙3个，破获刑案10起，刑拘38人，逮捕11人，起诉11人。禁毒工作方面，津市开展打击制毒犯罪、打击贩毒犯罪和管控制毒物品、管控吸毒人员为重点的“两打两控”专项行动，以“破大案、打零包、摧网络、断通道”为目标，2017年共破获各类涉毒刑案33起，刑拘42人，移送起诉38人，缴获各类毒品7526.7克。会议指出，开展扫黑除恶专项斗争和禁毒工作，是一项事关社会长治久安、政权基础巩固的重大部署。公安机关作为扫黑除恶的主力军，要紧密结合市情对各类可能有黑恶势力插手的案件进行梳理、固定证据，做到对发现的黑恶势力紧盯不放、露头就打。会议要求，禁毒要以更高起点、更严要求，进一步强化源头治理，强化缉毒破案，强化管控戒毒，再掀禁毒工作新高潮。会议原则同意《禁毒工作举报奖励办法》，同意调整扫黑除恶专项斗争及禁毒工作经费。

5月28日，市委副书记、市长黄旭峰主持召开2018年市政府第6次常务会议，学习传达中央、省委省政府、常德市委市政府有关精神，听取《城市基因》系列丛书征编工作情况汇报，研究全面开展农村集体产权制度改革、创建食品安全市和农产品质量安全市、法开署项目工作、生活污水处理厂提标改造和扩建（续建）项目、加强国土资源管理等方面工作，传达上级安全生产工作精神。关于全面开展农村集体产权制度改革工作。会议指出，此次全面推进农村集体产权制度改革工作从2018年全面启动，至2020年全部完成，具体分为三个阶段：2018年完成成立部门、出台方案、业务培训、清产核资、改革试点五项工作；2019年完成所有农村村（居）集体经济组织成员认定；2020年完成所有农村村（居）股份合作制改革，以及市产权改革领导小组组织全面验收。会议原则同意《关于在全市开展农村集体产权制度改革的实施方案（建议稿）》及《津市市农村集体资产清产核资工作方案（建议稿）》，由相关部门根据本次会议意见修改完善后，按程序提交市委常委会审定。会议要求相关部门充分发挥牵头抓总作用，按照时间节点制定工作方案，同时各部门单位及责任领导要高度重视，全力以赴完成该项工作。关于创建食品安全市和农产品质量安全市工作。会议指出，根据常德市创建国家食品安全城市和农产品质量安全县的总体部署，结合津市实际，将主要以健全“组织管理、检验检测、全程追溯、风险防控、社会共治”五大体系，重点实施“监管能力提升、产业转型升级、食品安全源头管理、市场管理达标、餐厨废弃物无害化处理和资源化利用”等“十大工程”为抓手，通过3年左右时间创建，使全市食品安全监管能力大幅提升，依法治理成效明显，社会共治体系基本形成，突出问题有效解决，食品安全状况有序可控，食品安全指标综合评价达到国家食品安全示范城市标准。力争在2020年12月底前由常德市统一申报国家食安办评估验收。坚持“产出来”和“管出来”两手硬、标准化生产与执法监管两手抓，努力实现农产品质量安全基层基础工作重点有突破、整体有提升，力争通过3年左右的努力，成功创建国家农产品质量安全县。会议原则同意《津市市创建国家食品安全示范城市实施方案（征求意见稿）》；原则同意《津市市创建国家农产品质量安全县实施方案（征求意见稿）》；原则同意《关于成立津市市“双安双创”工作领导小组的通知（征求意见稿）》，会议强调，创建国家食品安全示范城市工作事关百姓民生，各级各部门要高度重视，抓好落实。关于切实加强国土资源管理工作。会议指出，按照省国土资源厅以及国家土地督察武汉局的要求，针对全市土地卫片执法工作，津市将采取“三个一批”的方式进行分类处理，即拆除恢复一批，合规项目报批用地手续一批，不合规划，又不宜拆除的民生项目，等待调规后补办用地手续一批。会议原则同意关于设立津市市国土资源管委会的通知（建议稿）；原则同意关于建立国土资源执法监管长效机制切实加强国土资源管理的意见（建议稿）；原则同意《津市市空闲土地核查及盘活利用工作方案（建议稿）》。会议强调，良好的土地资源，是津市经济社会可持续发展的坚实保障，相关部门要加强监管，严格落实好此项工作。会议还听取关于落实办理市政协1号提案《城市基因》系列丛书征编工作情况汇报、关于法开署项目工作情况汇报、关于津市生活污水处理厂提标改造和扩建（续建）项目情况汇报并形成意见。会议还传达上级安全生产工作精神。

6月12日，市委副书记、市长黄旭峰主持召开2018年市政府第7次常务会议，学习传达省委省政府、常德市委市政府有关精神，听取关于津市全国殡葬综合改革试点工作情况汇报，研究社会救助提标工作、2018年省重点民生实事项目、常德市安委全会（扩大）会议主要精神暨津市贯彻的意见建议、津市市2018年污染防治攻坚战、夏季攻势暨配合省级环保督查工作情况汇报等方面工作，并形成意见。关于全国殡葬综合改革试点工作。会议指出，津市历经32年殡葬改革，开创城市火化区殡改工作的新局面。按照上级的要求、法律的规定、发展的趋势，津市将重点解决城乡殡改失衡、生态殡葬滞后、建设发展瓶颈、殡葬习俗梗阻等问题，计划用2-3年的时间完成殡改基础设施，为全面实施节地生态葬打下物质基础，解决好集中治丧和集中安葬的问题。会议原则同意《津市市推进全国殡葬综合改革试点工作方案》，成立市殡葬改革领导小组，并适时研究出台《津市市关于进一步加强殡葬改革工作的实施意见》《津市市关于全域推行绿色殡葬的实施办法》《津市市关于党员干部带头推动殡葬改革的意见》《津市市殡葬基本公共服务惠民工程实施办法》等政策文件。会议强调，各有关部门要对殡葬综合改革试点工作高度重视，坚持正确引导，把殡改工作抓好落实。关于常德市安委全会（扩大）会议主要精神暨津市贯彻的意见建议。会议指出，按照常德市安委全会（扩大）会议主要精神，及地方党政领导干部安全生产责任制规定的实施细则要求，结合津市实际，将从坚持党政领导学习常态化、规范安委会领导机构、强化部门安全监管责任、建议安全生产巡察制度、试试全面公开强化社会监督、加强安全生产目标考核等六个方面，进一步细化责任要求，明确工作任务。会议原则同意《津市市市级党政领导安全生产责任清单》(讨论稿)，原则同意《关于贯彻落实(地方党政领导干部安全生产责任制规定)的实施细则》(讨论稿)。会议强调，安全生产只有起点，没有终点，要坚持常抓不懈，确保安全生产工作形势持续稳定。关于津市市2018年污染防治攻坚战、夏季攻势暨配合省级环保督查工作。会议指出，按照省环保督查小组下发的通知精神和常德市会议主要精神提出的有关要求，津市将制定《津市市2018年污染防治攻坚战及"夏季攻势"实施方案》，对常德市政府下达津市的各项目标任务进行对标对表，细化深化，分解落实到各个分管市级领导、相关责任单位和主要责任人，明确治理措施和完成期限，压紧压实各个责任主体的工作责任。将实行周调度、月考核，分门别类列出调度和考核项目清单，推进工作落实。会议原则同意《津市市2018年污染防治攻坚战及"夏季攻势"实施方案》。会议强调，环境保护工作事关人民群众切身利益，事关经济社会发展大局，各相关部门要始终坚持把环境综合整治作为重点任务和重要民生工程来抓，把握重点、攻克难点、回应热点，着力破解影响绿色发展和人民群众生产生活的环境问题。会议还听取关于社会救助提标工作情况汇报、2018年省重点民生实事项目情况汇报，并形成意见。

6月26日，市委副书记、市长黄旭峰主持召开2018年市政府第8次常务会议，研究溢多利公司相关资产收购、政府性债务防范和化解等工作。关于溢多利公司相关资产收购工作。原则同意收购湖南津泰达投资发展有限公司(溢多利子公司，原造纸厂)和广东溢多利生物科技有限公司常德分公司(原热电厂)的资产，收购价格以相关部门依法确定的结果为准，由市嘉山实业有限公司提交市委常委会审定。明确由熊斌同志协调处理收购资金来源、政策优惠、部门配合等事宜，并通过专题会议明确上述三项工作。收购工作必须依法依规，严格遵守上级关于平台公司改革及政府性债务化解的相关政策规定。关于政府性债务防范和化解工作。会议强调，政府性债务防范和化解工作作为三大攻坚战之一，既是重要的经济工作，也是重大的政治责任。要按照下述三个原则予以落实：一是全市各部门单位要高度统一思想，要从讲政治的高度充分认清做好防范化解政府性债务风险工作的重要性、紧迫性，严格按照政策执行到位；二是市财政、发改部门需再度梳理政府性投资项目"停缓调撤"处理工作方案，充分征求各方面意见，合理的予以采纳，不能采纳的作出解释；三是如上级对政府性投资项目政策作出调整，津市将按照要求同步调整。原则同意《津市市政府性债务风险化解工作方案》《津市市2016—2018年100万元以上政府投资项目"停缓调撤"处理工作方案》和《津市市国有投资公司转型发展与资源整合实施方案》。原则同意从土地指标资金中提取2亿元设立偿债基金，用于防范债务风险事件发生。偿债基金一年一设立，纳入预算管理，仅限于临时动用、限期归还。原则同意将市政、园林、房管经营公司等有经营收益的事业单位及有现金流的各行政事业单位所属的经营性股权、资产、资源等统一整合归并至平台公司，为平台转型充实资金、资产、资本。原则同意明确下述单位的创收任务：今后三年国资、房管部门每年通过保障性住房产权置换、棚改公房拆迁等，确保收益2亿元以上；今后三年国土每年通过土地出让确保净收益1亿元以上；今后三年各平台公司通过资产处置等确保总收益2亿元以上。原则同意由市债管办统一归口监管债务工作。建立联席会议机制，明确由常务副市长每月主持召开一次工作调度会，督导相关责任单位落实工作任务，确保三个方案稳步推进。原则同意将债务化解的三项工作纳入市委、市政府督查室重点考核问责事项，按季度开展工作督导，对交办任务执行不力、影响工作进度的，及时予以通报批评；对出现偿债风险、造成影响的，按照"谁出风险谁负责"的责任追究机制，予以严肃问责。

7月12日，市委副书记、市长黄旭峰主持召开2018年市政府第9次常务会议，听取关于《津市市政府投资项目工程变更信息公开管理暂行办法(讨论稿)》的起草情况汇报，研究2018年退役士兵"八一"走访慰问、西河街片区综合开发项目招商、城乡生活垃圾转运站建设等方面工作。关于《津市市政府投

津市市召开庆"八一"建军节座谈会

资项目工程变更信息公开管理暂行办法(讨论稿)》的起草情况。会议指出,为加快推进津市公共资源配置领域政府信息公开工作,加大政府投资项目建设工程变更信息公开力度,进一步规范工程变更审批和信息公开程序,有效减少工程量增补和工程费用增加。明确工程变更信息公开工作“以公开为常态、不公开为例外”“谁实施、谁公开”“谁报送、谁负责”的工作原则和主体责任。会议原则同意通过《津市市政府投资项目工程变更信息公开管理暂行办法(讨论稿)》,并以市政府的名义发文;原则同意市政府将政府投资项目工程变更信息公开工作纳入部门年度绩效考核范围,并由市政务公开办具体组织考核。关于津市城乡生活垃圾转运站建设工作。会议指出,根据相关政策要求,津市于明年年底将会同澧县、临澧两县将生活垃圾转运进入澧县垃圾焚烧发电厂进行焚烧处理。津市城乡生活垃圾转运站项目系与焚烧发电厂配套项目,建成后可将津市所有生活垃圾集中压缩后高效环保地运转至焚烧场进行处理。会议原则同意迅速启动项目建设;原则同意明确项目建设牵头负责领导、建设业主单位及相关责任单位。会议还听取并研究2018年退役士兵“八一”走访慰问活动方案的情况汇报、关于西河街片区综合开发项目招商情况的汇报、关于制定《关于进一步明确和规范公务接待用餐标准和公务出行的补充规定》的情况汇报、关于津市畜牧水产工作情况汇报、关于调整津市市征地补偿标准情况汇报并形成意见。

7月27日,市委副书记、市长黄旭峰主持召开2018年市政府第10次常务会议,听取关于津市全面实施河长制、湖长制工作情况汇报,研究举办2018“健康中国·运动湖南”全民健身大赛、西河街片区棚改开发、果园地质灾害避让搬迁、生态环保、信访工作、优化经济发展环境、畜牧水产、“十三五”规划中期评估等方面工作,并形成意见。关于全面实施河长制、湖长制工作。会议指出,根据省、常德市河长制、湖长制工作安排,市河长办迅速进行摸底,明确将三湖公园纳入市级河长制、湖长制工作体系。下步,津市将建立由各级党委政府领导主导、责任单位全面推进、相关部门全力实施的工作责任体系,进一步明确治理重点、全面展开巡护、上下联动宣传,多措并举,推动河长制工作迈上新台阶。会议原则同意澹水、乡镇实行“一河一策”三年整治方案;原则同意新洲污水管网建设、乡镇黑臭水体治理工作方案。关于举办2018“健康中国·运动湖南”全民健身大赛季津市站活动。会议指出,津市正处于城市建设再提质、文化旅游再升温、城市品牌再拓展的重要时期。为提升城市形象,在2017年全民健身大赛的基础上,将赛事、主题、影响力升级,拟定于10月—12月,举办“2018·运动湖南”全民健身大赛季。会议原则同意通过2018“健康中国·运动湖南”活动方案。关于生态环保工作。会议指出,年初市委、市政府以高站位、大精力、硬手段推动全市生态环境保护工作,把大气、水、土壤等方面的突出问题整治工作作为全年生态环保工作重点,并及早部署动员,分解落实任务,有效推动环保工作的完成落实。下步,全市将进一步加强协调调度、宣传报道、督查问责,加强生态环保重点工作的调度力度,切实推进生态环境保护工作的深入开展和顺利进行。会议原则同意市政府各分管领导加强生态环保重点工作调度;原则同意近期召开“两拆两退”(拆拦网、拆围坝和退田还湖、退塘还湿)和集镇污水处理运营管理调度会;原则同意将窑坡国控断面水环境整治工作纳入重要议事日程。关于畜牧水产工作。会议指出,为落实中央、省领导指示,推进养殖废弃物资源化利用,加快构建种养结合、农牧循环、渔业转型升级,津市将大力推进标准化规模养殖,加强科技及装备配备,推广节水、节料、节能养殖技术。同时合理布局水产养殖生产,实行污染物达标排放,推广生态养殖新模式、节能减排新技术,促进津市畜牧水产业的健康、可持续发展。会议原则同意市政府出台审议出台《津市市畜禽养殖废弃物资源化利用工作方案(2018—2020年)》《津市市养殖水域滩涂规划(2018—2030年)》,并成立津市市畜禽养殖废弃物资源化利用工作领导小组;原则同意将畜禽养殖废弃物资源化利用工作纳入绩效考核。会议还听取并研究果园地质灾害避让搬迁、信访工作、优化经济发展环境、“十三五”规划中期评估工作情况汇报,并形成意见。

9月12日,市委副书记、市长黄旭峰主持召开2018年市政府第11次常务会议,学习中华人民共和国预算法,听取贯彻落实中央化解隐性债务风险文件精神情况汇报,研究关于常德市第一批“最多跑一次”事项清理、热电联产等项目入园、全市2018年脱贫攻坚自然村通水泥路建设工作、农村人居环境整治工作。关于《预算法》集中学习。会议指出,预算法作为规范政府收支行为的根本大法,具有“经济宪法”的美誉,2015年1月1日正式颁行的新预算法在预算管理制度、预算控制方式、地方债务风险、转移支付制度、预算支出约束等五个方面实现重大突破。会议要求,相关部门要对财政管理工作高度重视,对现阶段地方各级财政面临的风险保持清醒的认识。关于常德市第一批“最多跑一次”事项清理情况。会议指出,根据市委常委会议、市政府常务会议及《津市市加快推进“最多跑一次”改革实施方案》的要求,由发改局牵头,各相关单位配合,对常德市公布的第一批577项“最多跑一次”事项进行清理。常德市公布的第一批577项“最多跑一次”事项中取消事项7项,无权限事项160项,新增事项60项,津市拟实施事项470项,涉及津市相关单位27个。会议要求,已清理确认的470项“最多跑一次”事项,各相关部门要根据部门职责,简化再造办事流程,将“最多跑一次”相关工作抓好落实。关于津市市2018年脱贫攻坚自然村通水泥路建设工作。会议指出,根据省交通运输厅下达的脱贫攻坚自然村通水泥路建设计划及《常德市交通运输局关于下达2018

年第一批交通运输固定资产投资计划的通知》等文件精神，津市 2018 年至 2019 年脱贫攻坚自然村通水泥路工程累计需完成 138.9 公里。会议要求，各相关部门要积极履行职责，齐心协力抓好脱贫攻坚自然村通水泥路建设工作。关于农村人居环境整治工作情况汇报。会议指出，根据《湖南省农村人居环境整治三年行动方案(2018—2020 年)》文件精神，近年来津市把农村人居环境整治作为实施乡村振兴战略的重要抓手，集全市之力，统筹推进，重点突破，先后关停养殖场(户)299 家，投入 8000 多万元治理畜禽粪污污染，投入 2.8 亿元新建大型水厂 2 个等，有效改善津市的农村人居环境。会议要求，下一步在召开全市农村人居环境整治工作动员大会时，各部门要进一步明确农村人居环境整治部门职责，加大农村人居环境整治项目整合力度，分重点、批次在农村人居环境整治示范村率先实施。会议还听取并研究贯彻落实中央化解隐形债务风险文件精神、热电联产等项目入园等工作情况汇报，并形成意见。

10 月 18 日，市委副书记、市长黄旭峰主持召开 2018 年市政府第 12 次常务会议。会议听取关于津市畜禽养殖污染治理两个方案起草、市“两区”划定工作、毛里湖国家湿地公园生物多样性保护与合理利用示范工程、《缓解津市城区停车难 推动城市交通健康发展议案的方案》、实施城区水环境综合整治提升工程、市镇(街道)社区工作服务站建设、市养老服务体系医养楼建设工程情况汇报。关于津市市“两区”划定工作情况汇报。会议指出，根据《〈湖南省水稻生产功能区和油菜籽、棉花生产保护区划定实施方案〉的通知》(湘政办发〔2018〕3 号)文件精神，津市应于 2019 年全面完成 17.25 万亩水稻、11.88 万亩油菜、3.03 万亩棉花的“两区”划定任务，“两区”地块全部建档立卡、上图入库，并迎接国家验收。会议要求，各相关部门要积极履行职责，齐心协力做好津市“两区”划定工作。关于毛里湖国家湿地公园生物多样性保护与合理利用示范工程项目汇报。会议指出，根据《毛里湖国家湿地公园生物多样性保护与合理利用示范工程预可研报告》显示，项目主要有四部分 71 项构成：生物多样性及生态系统服务的保护与恢复(22 项)、社区可持续发展(10)项、生态旅游和教育(34)项、能力建设(5)项。会议要求，各相关部门要积极履行职责，按时间节点加速推进项目完成。关于《缓解津市城区停车难 推动城市交通健康发展议案的方案》情况汇报。会议指出，截至 2017 年 11 月，津市共有小汽车 16165 台、摩托车 21020 辆、货车 400 辆，而公用停车位仅 1205 个。会议要求，各相关部门要积极履行职责，按工作目标达到至 2020 年，津市城区公用停车位达到 3000 个以上。

11 月 2 日，市委副书记、市长黄旭峰主持召开 2018 年市政府第 13 次常务会议。会议听取《津市市洞庭湖生态环境专项整治三年行动计划实施方案(2018—2020 年)》、关于切实推动农村“空心房”整治工作、关于落实人大 1 号议案加大西毛里湖饮用水源环境保护力度及中央环保督察“回头看”的情况汇报。关于《津市市洞庭湖生态环境专项整治三年行动计划实施方案(2018—2020 年)》的情况汇报。会议指出，按照上级文件精神，开展《津市市洞庭湖生态环境专项整治三年行动计划实施方案(2018–2020 年)》，旨在推进洞庭湖生态环境重点领域整治方面，到 2020 年，水质达到Ⅲ类水质标准(总磷≤0.1mg/L)。会议要求，各相关部门要积极履行职责，按时间节点加速推进方案完成。关于切实推动农村“空心房”整治工作情况汇报。会议指出，津市农村“空心房”能形成增减挂钩指标 3000 亩左右，计划 2019 年、2020 年两年实施完成。会议要求，要强化组织领导、考核奖惩、责任落实，全力配合、形成工作合力，确保各项目标任务落地落细落实。关于落实人大 1 号议案加大西毛里湖饮用水源环境保护力度的情况汇报。会议要求，相关单位要高度重视，自加压力，认真对照检查，按时间节点完成好此项任务。关于中央环保督察“回头看”的情况汇报。会议要求，各相关部门要提高认识、严格对待；要聚焦问题、全力整改；要强化责任、积极行动，按时间节点完成整改工作。

12 月 24 日，市委副书记、市长黄旭峰主持召开 2018 年市政府第 14 次常务会议，听取引航生物有关情况汇报，研究津市市交通建设项目情况、关于设立津市市科技成果转化专项资金情况、2018 年退役士兵安置工作情况、市自来水有限责任公司改制工作有关情况、关于出台《津市市住房保障低收入及中等偏下收入家庭认定实施方案》《津市市 2018 年度住房租赁补贴发放工作方案》情况、2019 年春晚相关工作情况、工程招标新规定相关情况。关于设立津市市科技成果转化专项资金情况。会议要求，设立科技成果转化专项资金，要以“政府引导、协同联动、机制创新”为原则，相关部门要积极加强技术、资本、人才、服务等创新资源的深度融合与优化配置，促进政产学研协同合作。关于出台《津市市住房保障低收入及中等偏下收入家庭认定实施方案》《津市市 2018 年度住房租赁补贴发放工作方案》情况。会议指出，为切实落实住房保障应保尽保的工作要求，进一步规范津市住房保障对象家庭收入状况认定工作，全面精准解决津市困难家庭的住房问题，根据相关文件精神，会议同意市房管局拟定《津市市住房保障低收入及中等偏下收入家庭认定实施方案》《津市市 2018 年度住房租赁补贴发放工作方案》。会议要求，相关单位要结合实际，认真对申请人员进行认定，切实将该项工作落实到位。关于 2019 年春晚相关工作情况。会议要求，市文体广新局及相关单位要认真做好统筹，甄选出优秀节目，努力将春节文艺会演办出高水平、新特色、新形象，呈现出一台多元化、高质量的综艺晚会。会议还听取并研究引航生物有关情况汇报、津市市交通建设项目有关情况、2018 年退役士兵安置工作情况、市自来水有限责任公司改制工作有关情况、工程招标新规定等

情况并形成意见。　　　　　　（高如欣）

【市人民政府召开第十七届二次全体会议】4月11日，市人民政府第十七届二次全体会议召开。会议由市委常委、常务副市长熊斌主持。会上，市领导分别就各自分管工作做安排部署。市委副书记、市长黄旭峰在会上强调，政府工作关键在于抓落实、抓执行，2017年提出政府工作的六字要求——执行、高效、廉洁，落实到2018年，就是要求真求实、立说立行，就是要打造市委坚强领导下的强力执行法治政府。

就围绕如何求真求实、立说立行，黄旭峰强调指出，要用“主动为”助推求真求实、立说立行。主动为就是要变“要我干”为“我要干”，就是想问题、干工作都要主动靠前、积极肯干、主动去办，凡事想在前、做在前，绝不能领导推一推就动一动，更不能推而不动；要用“实打实”兑现求真求实、立说立行。蓝图绘就，任务明确，关键就靠抓好落实，把“路线图”尽快变成“施工图”，让广大群众如期看到“实景图”，各级各部门特别是领导干部要坚持唯实、务实、求实，扑下身子、静下心来，少搞形式、多干工作，少说空话、多办实事，少推诿扯皮、多解决问题，实打实地把计划的事情一件一件办结到位，把明确的任务一项一项落实到位，把敲定的目标一个一个实现到位；要用“真性情”促进求真求实、立说立行。要讲究一个“真”字，对待工作，担当负责，对待群众，真言实行，对待家人，至情至深，对待朋友，坦荡心怀，对待诱惑，自律自警，就是要有“血”有“肉”、有“情”有“义”、有“爱”有“根”。黄旭峰希望全市上下在市委的坚强领导下，加满油、鼓足劲，求真求实、立说立行，力争2018年各项工作取得新成绩、再上新台阶，奋力开创澧水流域现代化中心城市新局面。就进一步抓好工作落实，市委书记傅勇在会上强调，市政府要带领全体组成单位按照年初确定的目标，牢牢抓住招商引资、项目建设、三大攻坚战、产业立市三年行动等经济发展的关键问题。要通过对标上级任务要求，对标津市发展需要，对标年初定的目标任务，清醒地认识到目前工作中存在的问题不足，始终保持工作的紧迫感；要着力查找经济社会发展中的突出问题，从讲政治的高度抓好经济发展的方方面面，确保在方向上不偏不倚。对比工作中存在的弱项，准确把握发展方向，认真开展学习讨论，推动中共十九大精神落地生根；要强化底线思维，坚决打赢三大攻坚战，牢固树立“红线”意识和“底线”思维，严控政府性债务风险，加强债务工作领导，确保财政金融安全稳定；要坚持重细节、重落实、重实效，市级领导既要抓大事、管宏观，也要身先士卒、靠前指挥，实地解决具体问题；部门单位“一把手”既要牵头抓总、综合协调，又要主动思考、善于谋划，全力履行好部门工作责任；部门副职要敢于担当，主动想事，为领导分忧，形成一级带一级、一级抓一级、一级促一级的工作格局，切实提高决策执行的力度和速度；各级领导干部在抓工作落实的过程中，既要真抓实干，又要善于总结、讲究方法，避免走弯路，走冤枉路，以一丝不苟的精神、严肃认真的态度，高标准抓好工作落实，真正以细节的精益求精带动整体工作的落实。

（高如欣）

【“智汇洞庭·科创常德”津市专场活动29个项目成功签约】12月7日上午，“智汇洞庭·科创常德”科技成果转移转化系列活动生物医药与健康食品津市专场活动在常德市柳园锦江酒店正式拉开帷幕。29个科研成果转移转化项目现场签约。活动现场，津市市委书记傅勇致辞并作产业推介；常德市委副书记、市长曹立军为“常德市生物医药与健康食品产业园”现场授牌，津市市委副书记、市长黄旭峰接牌；中国工程院院士、江南大学校长、教授陈坚、美国JEG& Associates LLC.公司总裁约翰博士先后围绕“生物医药、健康食品产业发展”进行主题演讲；29个平台建设、校地合作、产学研、投融资项目等科研成果转移转化项目顺利签约，其中校地合作项目2个，平台建设项目3个，投资合作项目8个，产学研合作项目16个；北京霸蛮科技有限公司、北京工商大学、湖南农业大学、湖南新合新生物医药有限公司，苏州引航生物科技有限公司、幕恩生物科技有限公司还进行路演展示。

常德市人民政府副市长汤祚国指出，津市作为老工业城市，基础雄厚，特别是近年来聚焦工业立市核心战略，生物医药、健康食品、装备制造等主导特色产业在这片创业沃土上展现蓬勃生机，他希望津市能够珍惜、用好用活“常德市生物医药与健康食品产业园”这一来之不易的平台载体，真正打造成为常德市新的经济增长点。

湖南省科技厅副厅长朱皖表示，“智汇洞庭·科创常德”系列活动开展以来，得到包括全国30多所著名高校、70多名专家、55家知名投融资机构的大力支持，20多项签约路演项目成功率达到80%，活动对产业发展的支撑引领明显。本次活动，更是省科技厅与常德市政府在科技成果转移转化、产业化活动方面的第三次牵手合作，这种合作模式，省科技厅将继续大力支持。希望通过此次活动，能够进一步推动常德科技成果落地转化、科技创新创业环境培育等方面的工作，特别是能够促进津市生物医药与健康食品产业的快速发展。（高如欣）

【津市皮东征家庭获2018年度全国“最美家庭”称号】5月14日至15日，2018年度全国“最美家庭”揭晓专题节目在人民网举行，节目中揭晓表彰1000户全国“最美家庭”。津市毛里湖镇箭楼村皮东征家庭入选。皮东征家庭参与垃圾分类“绿色存折”工作，将生活垃圾分类投放，以“小家”带“大家”，用自己的实际行动带动其他村民参与垃圾分类“绿色存折”工作。2016年，皮东征家庭被评为毛里湖镇“生态文明户”；2017年，被评为全市“最美家庭模范”，其优秀事迹被拍成宣传片在市委宣传部、市广播电视台共同打造的喜迎十九大《最美人物》栏目里展播。同年，皮东征家庭被评为常德市“文明家庭”。2018年，皮东征家庭又先后荣获常德市、湖南省、全国“最美家庭”光荣称号。（高如欣）

2018年津市市"五化"民政创建工作调度会

【津市喜获"湖南省五化民政建设先进县(市区)"称号】6月26日,从省民政厅传来喜讯,津市以评估考核总成绩排名第二的优异成绩,被认定为"湖南省五化民政建设先进县(市区)"。2017年来,津市被确定为全省"五化"(人本化、法制化、标准化、信息化、社会化)民政建设试点县市后,市委、市政府高度重视,按照核心化引领、高端化运筹、系统化开展的路线,全方位推进创建工作。同时,遵循大纵深发展、多板块建设定位,强化老有所养型、完美社区型、公益均等型、队伍保障型等"四型"(抓老有所养型建设,抓完美社区型建设,抓公益均等型建设,抓队伍保障型建设)建设,夯实"五化"建设的基础。在探索"五化"民政建设多元实现形式的实践中,市民政局立足全要素整合、多维度提升,通过创新"三个增量"(民生救助提标增量,社会福利保障增量,优抚安置滚动增量)的人本化保障形式、"三位一体"(创建普法两训新常态,建立用法两元新规范,落实了执法两层新运行)的法治化实现路径、"三个体系"(建立标准、物化标准、践行标准)的标准化管理板块、"三层叠加"(实施广域网建设,强化大数据应用,配套新概念设备)的信息化运行模式、"三维融合"(在人的维度提供社工服务;在域的维度提供网络服务;在政的维度提供购买服务)的社会化服务样本,交出一份上级肯定、社会认可、群众满意的五化民政建设的"津市答卷"。相关工作得到省厅专家的高度肯定,《中国社会报》、《中国民政》杂志、《社会福利》杂志、《中国社区报》等十多家媒体先后多次推介津市经验。据悉,此次湖南省"五化"民政建设考核评估认定程序严格,采取县市区自评、市州审核、第三方评估、省厅审定等程序进行,全省仅确认"湖南省五化民政建设先进县市区"7个、"湖南省五化民政建设进步县市区"6个。　(高如欣)

【国家体育总局公布2018年全国优选体育产业项目名录——津市五环时代全民健身中心上榜】2018年7月19日,国家体育总局体育经济司公布《2018年全国优选体育产业项目名录》,其中"津市五环时代全民健身中心"项目入选。据悉,这些项目是国家体育总局综合考虑项目融资需求、申报材料完备性、项目主体资格、市场前景等要素,与中国工商银行、中国农业银行、中国银行、中国建设银行4家银行,从各省市申报的618个项目中共同遴选出来的383个体育产业项目。对列入《2018年全国优选体育产业项目名录》的项目,可以获得各金融机构在贷款利率、贷款期限、审贷效率等方面的信贷支持。各省级体育部门和上述4家银行将建立体银协作机制,创新融资支持方法,积极推动项目落地,协调解决项目单位投融资过程中的实际困难,密切跟踪优选项目进展情况,为优选项目的招商和融资做好服务工作。津市市五环时代全民健身中心项目位于市洞庭大道东侧与涔澹大道南侧交会处,总用地面积约38257.2平方米(约合57.4亩),总投资1.47亿元,一期用地面积约32583.4平方米(约48.9亩),二期用地面积约5673.8平方米(约8.5亩)。一期体育中心包括1个1600座左右轻钢结构装配式新型体育馆,笼式足球场,笼式篮球场,网球场,门球场,全民健身广场,健身步道,室外游泳池,配套用房等。二期全民健身大厦约17000平方米,内部主要设置健身俱乐部、文化体育用品商场、社会体育指导员培训机构、乒乓球健身用房、体能训练健身房、体质测试室、体育彩票网点、2个60~80座的小会议室、产权式酒店等。项目在建筑场地布置、交通流线、景观塑造等方面的优秀设计,将五环时代全民健身中心打造成一个集健身休闲、商业娱乐为一体的体育健身休闲中心。(高如欣)

办公室工作

【参政设谋】2018年,切合实际搞调研,高质量起草领导讲话材料,先后完成2018年政府工作报告、市政府全会报告、市委经济工作会议总结讲话、一季度经济形势分析会讲话、年中市委全会市长讲话、市领导专项工作调度会讲话等86篇大型材料。高标准把关修改省扶贫工作典型发言、省环保督查汇报材料等13篇汇报材料;《深入推进产业立市,加快实施工业立市》调查报告。《推进城市双修深化农村双改加快建设澧水流域现代化中心城市》调研文章,找出城乡发展的短板,提出应对措施。《赴珠三角招商学习报告》,为推进全市招商引资工作提供新思路。《关于津市科技创新情况的调研报告》,为推进创新研发中心建设给出建议。《关于加快推进乡村振兴战略的调查和思考》,为深入实施乡村振兴战略探索新路子;落实全员信息化制度,坚持平均每天向上报送信息,完成全年上报信息400条任务。严格信息考核把关，全办共在常德政府网、《常德日报》等平台上稿各类信息131条，同比增长54.1%。坚持每天编发一期《囊萤早读》和每周整理一期习总书记讲话精神专刊，为市政府领导提供最新的信息参考。《政府公报》完成6期编发。将领导批示和调研文章编辑整理成《政情参考》刊物，已编发12期，为领导决策提供有效参考。全年共起草、把关市政府主要领导讲话60余篇，市政府其他汇报材料106篇，文字量达到90余万字。

【政府督查】2018年，每月对常务会、专题会议议定事项、市长批示件、16项重点工作、4项底板工作、省重点民生实事等10多项工作落实情况进行督查并将情况汇总，全年督查室共开展实地督查60余次，编发《督查通报》5期，下发《督办通知》35份，整理编印各项工作落实情况汇编200余份，办理市长批示件140件，办结138件，办结率98%。未办结的2件中1件是一项长期性的工作，正在推进中；另1件虽已办结，但销号时机不成熟。2018年，市政府共承办人大议案2件、建议64件、政协提案87件，会办常德市人大建议2件，政协提案1件。所有建议提案均已按时办结，办结率为100%，满意率（含基本满意率）均为100%。同时，督查室为更好的办理建议提案工作，主动向分管副市长汇报，多次组织调度2件议案的办理工作，目前2件议案正在按照规定时间节点正常推进；不定期督办“两会”分团（组）讨论意见建议的落实情况，联合人大联工委、政协提案委开展近10次重点建议提案现场督办会。

【办文办会】2018年，严格落实公文办理制度，全年共审核制发文件279份、常务会议纪要14次、专题会议纪要44次。提升公文运转效率，接受各级来文878份，均做到登记、传阅、批示落实及时。此外还按照上级要求完成机要保密相关事项。

【法制工作】2018年，继续实施《津市市贯彻落实〈法治政府建设实施纲要（2015—2020年）〉实施方案》，提质加速推进依法行政，建设法治政府步伐。强化对规范性文件的管理，理顺并完善规范性文件的合法性审查、发文、备案等程序，坚持制发程序一个不少、“三统一”管理和定期清理制度一样不漏。对津市现行有效规范性文件进行3次全面清理，审核出台规范性文件16件。推进法治政府建设，建立政府常务会会前学法制度，下发《2018年度市政府常务会议会前学法计划》，邀请业内资深人士进行预算法的专题授课，提高领导干部运用法律手段解决各种问题和矛盾的能力。建立政府常务会议题会前合法性审查机制，确保政府决策的科学、合法。建立政府合同会审会签机制，凡以市政府名义签订的合同，在签订前先由市法制办会同有关部门进行会审会签、合法性审查。建立市法律顾问全程参与市领导接访和涉法事务“统一收集、统一处置”机制。下发《关于开展整治行政执法环境专项检查工作的通知》，采取听、看、评的形式，对全市重点行政执法单位开展全市行政执法检查和案卷评查活动，强化行政执法部门依法履责、独立履责的意识和能力。落实《津市市法律顾问团工作规则》和《津市市法律顾问团考核细则》，按时召开法律顾问团工作会议，听取工作汇报，为规范全市法律顾问团工作，发挥全市法律顾问团在政府决策、管理中的咨询作用奠定基础。完善行政机关应诉复议制度，积极化解行政争议，强化复议应诉机制。全年共受理行政复议案件2件，审结2件；应诉行政诉讼案件3件，胜诉率100%，较好地维护人民群众的合法权益和政府的权威。

【市长热线】2018年，共受理各类信访、诉求2340件，其中电话诉求1447件，市长信箱、市民留言294件，常德市长信箱、市民留言32件，常德市长热线交办件13件，常德社会求助服务热线554件。各类投诉回复率、办结率均为100%，回访满意率在90%以上。5次在常德《民情报告》中通报为诉求处置优秀单位。定期对市民投诉问题的综合分析，发挥市长热线电话来源广泛、信息灵敏的特点，抓好信息的采集和报送工作，图文并茂通过网站、微信公众号等平台宣传热线工作。完善新版政府网站市长信箱、市民留言板块系统处理功能，优化全市市民诉求渠道，按照“集中受理、分级负责、归口管理、限时办结”的原则优化处置流程，提升工作效率，第一时间为群众排忧解难。

【应急管理】2018年，完善应急工作机制。在借鉴省、常德市总体应急预案和其他各类应急预案的基础上，修订更新本市各类应急预案。全年完成《突发事件总体应急预案》《低温雨雪冰冻灾害应急预案》《突发公共卫生事件应急预案》3个应急预案的更新和发文工作；完成省、常德市应急办关于应对恶劣天气、安全生产事故等领导批示件回复工作7次；完成湖南省《“十三五”应急体系建设规划》中期评估工作任务。坚持24小时应急值守制度、坚持每日报平安制度、坚持市政府领导双休、节假日带班制度；完成2018年1月和12月共3次低温雨雪天气期间的应急值守、信息报送、上传下达等工作，确保市政府的工作政令畅通；与澧县气象局签订气象预警服务协议，为津市在冰雪等恶劣天气应对过程中提供可靠的依据和保障。开展应急演练与知识宣传。3月28日，指导、参与市果园老区大规模地质灾害应急避险演练；5月10日参加常德市政府、应急办、地震局联合组织的地震桌面推演现场演练活动；5月12日，指导市民政局、地震局等相关单位开展国家第十个防灾减灾日宣传活动。全市上下各部门全年累计开展应急知识宣传活动18次，举办各类知识培训班22次，开展安全生产检查、隐患排查87次，全年在政府门户网站发表信息127篇。

【电子政务管理】智慧城市有序推进。按照智慧城市可研报告中“一大数据库、三大平台、十五大工程”建设规划，津市智慧城市建设进展顺利，初具规模，向政用、商用、民用各领域延伸。智慧城市建设项目在公安交警、国土资源、网络通信、电子政务等领域的信息化技术应用广泛，对于提升津市信息化应用水平和城市综合服务功能、推动城市精细化、智能化管理起到积极的促进作用。2018年,已完成天网三期、教育二期、无纸化办公平台、应急指挥中心延伸工程、机构编制信息化、智慧城市展厅、智慧园区、"12345"(市民服务平台)、政务中心智能化升级改造、农村综合信息服务平台等10个智慧城市建设项目任务,投资达3000余万元。电子政务有序开展。狠抓网站日常运行。2018年,共完成各类采访任务400多个,更新政务动态新闻1200余条,部门动态新闻800余条,更新政务公开、民生服务等子栏目信息1万余条,强化网站、机房管理,确保政府门户网站及40家子网站正常、有序、安全运行;完成网站改版升级。对政府网站进行全新改版升级,强化网站功能和布局,推行"基本栏目+特色栏目"模式,推进网站集约化建设,通过市级政府门户网站统一规范提供信息发布、解读、回应、互动、服务等功能;开展网站普查。落实国家、省和常德市有关网站普查会议、文件精神,密集调度和督导部门网站建设工作,解决部门网站"不及时、不准确、不回应、不实用"等问题,全面清除"僵尸网站",并严格按照"谁上网、谁审查、谁负责"、"涉密不上网、上网不涉密"的要求,规范各单位信息发布行为,防范控制各类泄密、涉密事件的发生。严格项目管理。2018年共对教育局、公安局、智慧城市等13个电子政务工程项目进行技术评审,评审金额共计2300万元,审减金额460万元,有效节省财政资金。推进政务外网。纳入电子政务外网共有57家部门单位、4镇5个街道及39个村、12个农村社区、25个城市社区共142家全部接入电子政务外网,基本实现部门单位、镇街、村社区全覆盖。按照常德市智慧党建相关工作要求,统一互联网出口,并能根据需要及时扩容。数据资源共享。全市政务系统资源整合已完成10家部门数据共享,其他部门政务信息目录编制和归集梳理工作已完成。并已完成2个应用迁移到常德云计算中心。

【政务公开】2018年,健全政务公开工作机制。7月27日,在市政府第10次常务会议上,专题研究审议全市政务服务工作,对2018年政务服务工作提出相关要求;调整政务公开工作领导小组,转发《湖南省2018年政务公开工作要点》,将政务公开工作完成情况纳入全市各部门和镇(街道)绩效考核的重要内容;进行培训指导。全年举办的二期科级干部进修班,均将政务公开工作纳入培训班的培训课程,就《政府信息公开条例》、政务公开工作新要求等内容对参训的科级干部进行培训讲解,8月27日专门举办政务事项下沉业务培训班,全市镇(街)便民服务大厅工作人员、村(社区)干部及政务服务联络员共220余人参加培训;强化督导检查。市政务公开办、电子政务办、政务中心多次深入各镇、街道办事处、市房管局、国土局、税务局等单位就优化政务服务工作开展情况进行督导检查;突出政务公开领域重点。津市着力推进财政预决算、"三公"经费、保障性住房、环境保护、征地拆迁、价格和收费等重点领域政府信息公开,"最多跑一次"事项、取消证明事项、目录清单等信息公开作为全年的公开重点,明确部门行政首长为第一责任人,全市已将466项"最多跑一次"事项、196项取消的证明材料目录以及204项窗口可办事项全面向社会进行公开,对商事服务、工程领域、人口与出入境证件办理、不动产登记等与企业、群众息息相关的重点事项的办理时限进行全面公开,完成目录清单和实施清单填报;组织全市29家单位对"互联网+政务服务"目录清单进行全面梳理,公布的目录清单已全部完成引用,实施清单填报率、发布率及网上办理率均达到100%;发挥政务新媒体的宣传公开功能。全市共创建官方微博40个、微信公众号87个;扩大政务参与加强解读回应。在市政府门户网站设置政策法规专栏,将市本级发布的规范性文件全部上网公示,发布涉及民本民生的各类信息11931条,解读各类政策约26条;全市4个镇、5个街道均按照大厅式政务中心的要求全部完成镇(街道)便民服务中心的新建;全市39个社区和39个行政村也全部设立便民服务代办点,设立村务公开栏;全市36家单位全面完成政务服务事项梳理工作任务,录入行政权力事项3369项,公共服务事项382项,共计3751项,填报实施清单率和发布实施清单率均达到100%;33家单位依申请类事项共计855项,网上可办率均达到100%。

【优化经济发展】强化服务促优化。以对接"北上广优化大环境专项行动"为主题,狠抓基础工作建设,组织开展走访帮扶、惠企政策督查调研等系列活动,摸排和清理国务院、省取消的行政审批事项、加快推进"最多跑一次"改革、"网上办事服务监察"、中介机构和行业协会登记、培训发证等工作落实情况。执行制度促优化。严格执行涉企检查备案、快结快办的投诉处理等制度。受理各类企业、群众投诉10件,协调各类矛盾纠纷7起,均按照受理、调查、反馈的程序办理回复到位,对于损害经济发展环境的案件进行严肃查处,并对违反作风纪律的问题进行通报,共涉及19家单位和15名工作人员,其中政务警告处分2人。在全市职能部门及办事服务窗口推行首问负责制、一次告知制、限时办结制等制度,进一步方便群众办事。开展整治促优化。深化"集中整治"行动,整治工程建设环境方面,刑事拘留15人、治安拘留9人、调解纠纷7起。实施考评促优化。组织监督员开展社会评议,加强对全市四类共86家被测评单位的"优化考评"。创新优化经济发展环境测评方式,制作2018年优化工作专题片,并曝光一批破坏发展环境的问题视频。

【城市工作】2018年,做好项目建设监督。对2018年城建计划项目建设的管理和工作协调,有效减少工程量的增补。34个项目已全面实施,春节前可完成29个项目的建设;规范建设市场管理。对全市在建工地进行8次关键岗位人员考勤,约谈违反规定的企业负责人,上报1家违规企业严重不良行为记录1次;做好城市面貌管理。对城市公园广场、马路市场、渣土车等城市管理开展多次执法整治行动，实行网格化监督，发现问题及时协调处理；做好生态环境调解。实施以“两拆两退”(拆拦网、拆围坝和退田还湖、退塘还湿)为主要内容的西毛里湖水环境综合整治工作，共清理网箱1.1万口，拆除拦网拦坝2.2万米，退养精养鱼塘1.5万亩，联合督查室开展4次督查工作。在省级环保督查期间，督察组下沉津市现场检查并交办问题10个，转交群众举报问题8个。督促各责任单位对这些问题进行查证核实，并落实整改措施，所有问题已全部办结。在中央环保督察问题整改“回头看”期间，督察组转办津市的9件群众举报交办件，已办结6件，剩余3件。做好领导和部门的服务。严格落实组室对口服务制，处理各类文件240余份，参与起草各类会议纪要10次，协助分管副市长拟定周工作安排50余次，细化安排工作450余项；完成各类讲话、汇报材料40余篇；组织安排各类会议、活动90余次；每月按时完成市长批示件、16项重点工作及4项底板工作任务完成情况的收集、整理、上报工作；组织召开城建与管理工作调度会4次，细化安排工作任务380余项；牵头组织和参与城市建设与管理、污染防治攻坚、信访维稳等方面工作现场调度120余次；牵头实施特护期空气质量管控工作，开展现场督查10余次，发布空气质量管控日报50余份。

【金融工作】2018年，全市金融业增加值3.32亿元，增长10.4%，全市银行业金融机构各项存款余额129.62亿元，比年初增加18.7亿元，增长16.86%，其中个人存款余额81.43亿元，小康指标考核任务完成率达到103.2%；各项贷款余额45.03亿元，比年初增加9.86亿元，增长28.04%，小康指标考核任务完成率为102.48%，其中新增工业企业贷款2.26亿元；发放金融扶贫小额贷款218笔，887万元。人民银行津市支行发行库项目已开工建设。全市金融机构从业人数615人，服务营业网点增加到39个、设立ATM机97台。长沙银行、湘淮村镇银行分别于2017年6月和7月正式开业，银行业金融机构达到11家；全市有人保财险、中国人寿、中华联合等12家保险机构入驻；方正证券津市营业部为常德区县市中唯一具有独立核算资格的营业部(与常德市营业部平级)，业务范围已辐射澧县、安乡县。制定下发《关于加快建设金融服务中心的实施意见》，指导全市金融工作。坚持金融联席会议制度，召开金融联席会议3次，编发《金融简报》3期，搭建起良好的政银企信息交流平台和资金融通平台。防范和打击非法集资，对“互联网+”销售模式进行摸底排查，清理“麦点商城”“大唐天下”等许诺消费返利、诱导消费者注册会员消费的销售模式，全年共发放各类宣传手册、宣传单2万余份，开展各类户外宣传30余次，有效遏制涉嫌非法集资的销售模式在全市的蔓延。

(沈文翔)

发展和改革工作

【概况】2018年，市发改局在产业立市、项目建设、价费监管等方面取得新突破，产业立市工作在常德市获开放强市产业立市先进单位称号；在津市市绩效评估中，获绩效考核优秀单位；项目建设工作获红旗单位、脱贫攻坚工作获先进单位、安全生产工作获先进单位、环境保护工作获先进单位，并继续获评津市市文明单位荣誉称号。

【产业立市】为贯彻落实常德市委七届四次全会提出的开放强市产业立市战略，全面推进津市“工业立市，产业兴城”战略，2018年1月24日，成立以市委书记为政委、市长为指挥长、常务副市长为办公室主任的推进产业立市三年行动指挥部，下设生物医药、装备制造、创新研发、健康食品、文旅康养、金融服务、现代物流、盐化工及其他产业8个专项小组，综合协调、产业发展、招商服务、品牌行动、督导落实五大部，在市委市政府领导下，全市上下全力以赴抓招商、促项目、强服务，产业立市三年行动实现良好开局，被授予常德市开放强市产业立市工作先进单位，常德市生物医药与健康食品产业园落户津市。

项目建设推进有力。全年实施重点建设项目57个，新开工亿元以上产业项目18个，新投产产业项目10个，力鼎年产300万双鞋底生产线建设、津市嘉一蔬菜食品精深加工生产线建设、渔经公司年产5000吨水环境改良剂生产线建设、干湿米粉及桶瓶装水生产线建设等项目竣工投产。

招商引资成效明显。明确“两主一特”(以生物医药、装备制造为主导产

11月22日，常德市委书记周德睿，常德市市长曹立军带领常德市全体在家市级领导，以及各区县市委书记，市直六区主要领导，相关市直部门领导到津市视察产业发展情况

2018 年 12 月 7 日，常德市生物医药和健康食品产业园落户津市

业，健康食品为特色产业）产业布局，搭建“1+2”产业联盟。全年引进新项目 28 个，协议总投资额达 45.1 亿元，热电联产项目、广域化学项目等一批投资 5 亿元以上的大项目落户津市，引进中国民营 500 强企业深圳市怡亚通旗下的控股子公司江苏伊斯特威尔供应链管理有限公司开展战略合作，津玉铸造盘活鑫嘉城，装备制造产业再添生力军。举办“智汇洞庭·科创常德”津市专场活动，29 个科研成果转移转化项目现场签约，实现外资引进、院士工作站零的突破（湖南鸿鹰生物科技有限公司与中国工程院院士、江南大学校长、教授陈坚合作成立院士工作站）。

平台格局逐步扩大。2018 年，津市致力于建设“港—园—金融”三大平台，在产业立市中形成独特的“港—产—城”联动发展格局。产业发展，港口为先。货物吞吐量达 56 万吨的千吨级码头已建设完成，通江达海的水上交通优势已然形成。产业发展，园区为本。作为津市着力打造的三大平台之一的津市高新技术产业开发区规划面积 18.96 平方公里，建成面积 9 平方公里，入驻企业 100 多家，形成以生物医药、装备制造业、健康食品为主导产业的发展格局。产业发展，金融为源。通过引进发展，至 2018 年 12 月，津市银行业金融机构达到 10 家，12 家保险公司在津市设立总部及分支机构，澧水流域现代金融服务中心雏形初步形成。

要素保障不断完善。设立两湖生物医药园创业投资基金 2.5 亿元，扶持溢多利生物产业园 3 个在建项目建设和发展。在常德首开先河，举行“常德市金融服务实体津市行·津市产融对接大会”，与常德市直 8 家银行签订战略合作协议，“1+8+N”政银企合作格局形成。全年工业贷款净投放达到 6 亿元，同比增长 165%，取得历史性突破。出台《关于项目准入、优惠和奖励政策的若干规定》《关于进一步降费减负促进工业企业健康平稳发展的通知》《津市市 2018—2022 年人才引进工作规划》等一系列政策，清理和制定出台一批涉企收费减负、要素向园区集中等政策清单，所有惠企政策落实到位全年可为企业减负、让利 1300 多万元。

暖企行动全力开展。为兑现“成就企业家、厚待投资者”的承诺，2018 年以来，津市各涉企部门发扬“店小二”精神，推行“领导联产业、部门服务企业”、“企业特派员”制度，提供“一对一”精准

2018 年津市引进新项目统计表

序号	项目名称	投资总额（亿元）	序号	项目名称	投资总额（亿元）
1	津市宁波热电联产项目	10	15	维也纳星级酒店项目	0.6
2	津市超安 100MW“渔光一体"光伏发电项目	6.5	16	生物材料医疗器械孵化项目	0.5
3	液晶材料、OLED 材料、新型电子材料及中间体生产基地项目	5.4	17	高分子风管项目	0.5
4	湘澧盐化改扩产项目	5	18	欣龙非织造二期	0.3
5	生物酶催化及酶发酵项目	3	19	汽车零配件加工项目	0.3
6	年产 5000 吨生物酶建设项目	2.2	20	武汉新千里综合商贸项目	0.3
7	机械加工铸造项目	1.3	21	老年病医院项目	0.3
8	360t/d 低温液态空气分离项目	1.2	22	油牡丹种植项目	0.3
9	年产 23 万吨新型饲料项目	1.2	23	企业供应链管理服务项目	0.2
10	PE、PVC 管材生产加工项目	1	24	林喜纸业项目	0.2
11	年产 12000 吨蕌果深加工项目	1	25	液压系类工具孵化项目	0.2
12	装配式建筑生产线项目	1	26	野丘陵油茶种植加工项目	0.2
13	煅烧滑石粉与水玻璃循环产业链建设项目	1	27	中奇机械汽车零部件加工项目	0.2
14	金秋现代农业产业园项目	1	28	煊赫商贸项目	0.2

结对帮扶服务，为企业提供"保姆式"服务。津市公交部门组织成立冰冻期志愿车队、开通园区晚间公交车；人社部门举办"春风行动"招聘会、"我的青春在津市"大学生参观交流活动，为企业现场招聘200多人；天气炎热，市级领导带队为企业一线职工送去绿豆、藿香正气水、毛巾等避暑用品。全年策划20余场次"产业立市·暖企行动"系列主题活动，解决企业问题146个，盘活低效企业12家。

品牌影响力不断扩大。津市米粉成功列入省"一县一特"产业发展目标，药山镇入围湖南省第四批"湖湘风情文化旅游小镇"创建单位，药山禅寺被纳入湖南十大文化地标评选名单。（向芬芬）

【规划调研】扎实开展"十三五"中期评估。聚焦决胜全面建成小康社会目标任务，紧扣高质量发展要求，坚持需求导向、问题导向、效果导向，对"十三五"重大战略任务实施情况、发展目标的实现程度进行梳理、总结。对进一步推进《纲要》的实施提出对策建议。突出重点课题调研。深入开展"抓重点、补短板、强弱项"大调研活动。紧扣产业转型发展、项目建设提质增效、优化发展服务环境等重点课题深入调研，完成《当前我市项目建设面临的困难与对策》征文、提出《关于比照村干部选拔公务员标准从企业选拔工业科技干部的建议》，为市委市政府决策提出参考。加强经济运行监测。密切关注国家宏观经济走势、全省经济发展趋势及周边地区经济发展态势，加强各部门和有关企业的联系沟通，及时了解津市经济运行情况，认真做好季度经济形势分析工作，总结经济运行特点，切实增强对经济领域重大问题的把控能力和分析能力，发挥参谋助手作用。（王金霞）

【向上争资】2018年全市争取各类上级资金23.95亿元，完成全年目标任务。16个单位达到或超过目标进度，其中市交通局、市城管局、市卫计局、市人社局、市林业局、商粮局、三洲驿街道、襄阳街街道、金鱼岭街道、汪家桥街道、嘉山街道11个单位超额完成全年目标任务。从争资的贡献来看，争资上千万元的单位有21个，特别是市人社局、市财政局、市房管局、市民政局、市发改局等5个单位争资过亿元。从争取的非普惠资金来看，一批重大资金成功争取，如市发改局与市住建局、市高新区、市水务局、市卫计局联合争取重点流域水环境治理项目中央预算内资金3000万元、保障房配套项目中央预算内资金2937万元、主要支流治理工程中央预算内资金3133万元、人民医院外科大楼项目中央预算内资金4800万元，与毛里湖湿地公园管理处联合争取法援贷款项目资金3500万欧元。市商粮局争取物流标准化建设及粮食质量检测体系建设项目中央预算内资金近1000万元。

【改革创新】一是围绕重要领域、重要任务，抓住关键主体、关键环节，加大改革创新力度。行政审批见实效，结合津市实际，对全市"最多跑一次"事项清理，经反复核对，多次征求意见，以"优化办事流程，简化办事程序，压缩办事时限"为原则，梳理出津市"最多跑一次"事项465项并公布，群众和企业到政府办事"只进一扇门""最多跑一次"。二是公车改革圆满完成。和组织、财政、人社等相关部门一道，经反复核算，调查摸底，对全市70多家涉改单位的公车补贴发放金额、涉改人员一一进行清理、核对，2018年5月全市所有涉改人员的公车补贴（2017年1月—2018年5月期间补贴）已经全部发放到位，6月起按月发放，第一批公车改革任务圆满完成。三是国家新型城镇化改革成效明显。津澧新城中小城市综合改革试点工作已完成，12月2日津澧新城国家新型城镇化试点迎接国家发改委委派的浙江大学专家组的评估，从评估现场专家的反馈来看，对津市的工作给予充分的肯定。四是社会信用体系建设稳步推进。夯实信用数据和制度基础，强化信用信息运用，补足短板、打造亮点，稳步建立诚信津市的良好环境。强化制度建设，成立市信用体系建设工作领导小组并建立联络员制度。逐步完善基础性工作。召开信用考核工作培训会，明确"双公示"上报、联合信用奖惩案例和"红黑名单"应用等工作的具体要求，健全基础台账。（陈奕）

【价格监管】落实减费政策，全面落实上级惠企政策，印发《津市市涉企行政事业性收费项目清单》《津市市涉企服务性收费项目清单》《津市市行政事业性收费目录清单》，实行"清单"公示制度。取消规划、交通等部门行政事业性收费、涉企收费项目和标准14项，放开规划、住建3项收费项目和标准，重新发布人社、教育、人防等单位行政事业性收费25大项，减轻企业负担约50万元。强化价格管理，加强教育收费价格管理，将教育收费项目和标准在醒目位置进行公示；联合澧县发改、交通、津市交通等部门对津澧客运改专线公交线路后的票价进行调研，并向津市龙运公司转发常德市发改委的《关于津澧公交专线试行票价的批复》，现行津澧公交专线试行票价为2.5元/人次；采用招投标、委托运营等竞争性方式确定以公建民营方式运行的养老机构运营方；

3月8日上午，我市举行重点建设项目集中开工仪式

按上级部署安排，联合卫计、财政、人社按时间节点及时出台津市市实行按单病种收付费价格政策，方便群众就医，减轻患者负担；结合周边物业价格水平和当地居民消费承受能力对我市物业收费进行清理规范；按照常德市天然气管输价格“五县一市”统一管理要求，帮助燃气公司联系常德发改委为管线开通后气价调整作相关前期工作。强化价格监督检查。开展公平竞争审查工作。召开公平竞争审查工作联席会议，印发《关于在市场体系建设中建立公平竞争审查制度的实施意见》《关于建立公平竞争审查工作机制的通知》。要求各成员单位按照“谁制定、谁清理”原则，对现行的有关市场准入、产业发展、招商引资、招标投标、政府采购、经营行为规范、资质标准等涉及市场主体经济活动的规章、规范性文件和其他政策措施的所有文件进行清理，对存在排除、限制市场竞争的行为进行规范。开展群众关注的热点难点检查，严厉查处价格违法行为，切实维护群众利益，稳定物价水平。（俞进）

统　　计

【概况】2018 年，统计局强化队伍管理，突出优质服务，业务工作和中心工作齐头并进，荣获津市市小康工作特别贡献奖及津市市文明单位称号。

“企业一套表”联网直报平台平稳运行，233 家“四上企业”（规模以上工业企业、资质等级建筑业企业、限额以上批零住餐企业、规模以上服务业企业）每月按时上报数据，联网直报率达 100%。第四次全国经济普查有序推进，2018 年完成单位和个体清查及数据审核改错，为 2019 年开展正式登记奠定基础。采取上门指导、以会代训的方式，开展各镇街统计专干培训 10 余次，参训人数 300 余人，夯实统计基础。通过精心组织，上下配合，在津市市新洲、白衣、药山、毛里湖 4 个镇 16 个村开展“乡村振兴”百村万户民意调查，共涉及 32 名村干部、400 户普通农户，有效掌握了津市市乡村经济社会发展现状。“四上企业”入规入限工作统筹实施，全年共有 33 家企业入规入限，其中工业 14 家、商贸业 10 家、服务业 9 家。脱贫攻坚工作扎实展开，按照贫困户的意愿，分别为其提供仔猪、鸡苗。全年共组织上门入户 9 批次 63 人次，提供帮扶资金 40000 余元。招商引资取得成效，与市供销社联合引进的广州嵘鑫通风设备有限公司在高新区签订投资协议书，该项目预计投资 5000 万元。

【统计服务】2018 年，加强经济运行情况监测和分析，编印《2017 年津市市国民经济和社会发展统计公报》《2017 津市统计年鉴》，全年共撰写各类文章 54 篇，其中，专业分析材料 24 篇、决策参考 7 期。按时整理编发《津市统计月报》，强化对工业、房地产、建筑业、服务业、商贸业等主要经济指标数据的分析预警。参与涉及“全面建成小康社会”及民生实事等项目的考核。

【统计执法】2018 年 7 月 17 日—18 日，配合常德市统计局开展“双随机”统计执法检查和统计巡查工作，巡查中发现部分企业存在统计基础工作不扎实、台账不健全、队伍不稳定等问题。12 月 4 日，将“宪法日”和《中华人民共和国统计法》宣传结合，在车胤广场开展《中华人民共和国统计法》及《全国经济普查条例》的宣传活动。通过法律条文的展示、图文说明及广场电子屏幕广告等方式宣传统计法律法规。（张卉佳）

【第四次全国经济普查】2018 年 6 月 15 日，津市市人民政府成立第四次全国经济普查领导小组，市委常委、常务副市长熊斌担任第四次全国经济普查领导小组组长，小组成员单位各司其职、各负其责、密切配合。广泛宣传，提高普查对象配合度。市经普办联合市委宣传部门、新闻媒体广泛开展经济普查宣传工作。通过印发普查公告、《许达哲致第四次全国经济普查对象的一封信》，发送宣传画册、网站滚动播出、手机报、户外电子屏等形式，宣传经济普查相关知识，营造良好氛围。统一要求，扎实开展培训。精心开展普查指导员和普查员选调与培训工作。全市共选调普查指导员和普查员 159 人，其中指导员 74 人、普查员 85 人。举办全市清查和入户登记培训，各镇街组织开展本级培训工作，市经普办分组进行现场指导。严格把关，提高数据质量。“地毯式”开展单位清查工作，做到普查对象不重不漏。各镇（街）、村和驻津单位对辖区内所有单位和个体经营户进行“地毯式”摸底。强化基层工作责任，采用纸质表和平板电脑（PDA）录入同步进行，清查耐心细致。督导跟进，全面落实方案要求。市普查办采取督导跟进、严格制度、强化责任、多管齐下抓清查数据质量控制。分社区、村实施“包干责任制”，推进经普清查数据审核和自查工作，降低上报数据差错率。（覃涛）

【城乡居民生活】2018 年，居民收入与消费平稳增长，城乡居民人均可支配收入 26614 元，增长 8.3%。其中，城镇居民人均可支配收入 33055 元，增长 7.8%；农村居民人均可支配收入 15471 元，增长 8.5%。全市居民人均生活消费支出 21083 元，增长 9.6%。其中，城镇居民人均生活消费支出 24353 元，增长 10.9%；农村居民人均生活消费支出

2018 年津市市社会消费品零售总额

单位：万元

年份	社会消费品零售额	限上行业批发	限上零售业	限上住宿业	限上餐饮业
2018	737435.5	2452.5	159920.4	1996.1	26156.8

（卞军）

15425 元，增长 5.5%。

全市城镇居民人均可支配收入构成为：工资性收入 16075 元，占可支配收入的 48.6%；经营净收入 4775 元，占可支配收入的 14.5%；财产性收入 1547 元，占可支配收入的 4.7%；转移性收入 10658 元，占可支配收入的 32.2%。

全市农村居民人均可支配收入构成为：工资性收入 4096 元，占可支配收入的 26.5%；经营净收入 8522 元，占可支配收入的 55.1%；转移性收入 2783 元，占可支配收入的 18%；财产性收入 70 元，在收入构成中占比较小。

全市居民生活消费与上年相比，从消费结构来看，继续提质升级。其中，食品烟酒消费 6811 元，占生活消费支出的 32%；衣着消费 1665 元，占生活消费支出的 8%；居住消费 3611 元，占生活消费支出的 17%；生活用品及服务消费 1271 元，占生活消费支出的 6%；交通通信消费 2309 元，占生活消费支出的 11%；教育文化娱乐消费 3966 元，占生活消费支出的 19%；医疗保健消费 1092 元，占生活消费支出的 5%；其他用品和服务消费 359 元，占生活消费支出的 2%。

民　　政

【概况】2018 年，津市市民政局以争创全省“五化”民政（人本化、法治化、标准化、信息化、社会化）建设示范县市为总揽，保障民本民生、推动涉老涉葬产业、扩大社区民主建设，完成年度民政各项目标任务，被评为全省“五化”民政建设示范县市，确定为全国殡葬综合改革试点县市、全省“五化”民政建设创新试验区。

2018 年，社会救助 10.6 万人次，发放资金 3446.5 万元；救灾救济发放资金 345 万元；优待抚恤发放资金 2045 万元；退伍安置 15 人（1 人自愿选择自谋职业）；双拥共建投入教育和技能培训资金 34 万元；全市养老机构 22 个，其中，公办养老机构 8 家，床位 720 张，服务人员 72 人，入住老人 602 人，民办养老机构 14 家（公建民营 2 家），床位 1481 张（公建民营床位 464 张），服务员 168 人，入住老人 1101 人。发放慈善助学资金 30.1 万元；全市社会组织 171 家，其中社会团体 114 家，民办非企业 56 家，基金会 1 家；福利彩票发行 6602.9 万元；办理结婚登记 1241 对、离婚登记 678 对、补办结婚 585 对、补办离婚 42 对。

全年共向上争取民政专项资金 10016.55 万元，对接重点项目，突出三产招商，引进湖南立都医疗设备有限公司投资 2000 万元的“老年病康复医院”项目，落户市养老服务中心二期大型养老社区。　（范志华）

【社会救助】2018 年 6 月和 8 月，两次低保提标，城镇低保保障标准由 500 元 / 月提高到 510 元 / 月，城镇人均补助统一由 320 元提高到 350 元；农村低保保障标准由 320 元 / 月提高到 330 元 / 月，农村低保月人均补助由 180 元提高到 280 元，农村特困人员年供养标准由 5000 元提高到 5150 元。截至 12 月，津市城市低保救助 5.97 万人次，发放资金 2107 万元；农村低保救助 4.63 万人次，发放资金 1339.5 万（其中社会保障兜底脱贫对象补助 1 万人次，发放补助资金 306 万元）。对全市城乡特困人员 533 人实行集中供养，其中失能、半失能特困人员集中供养率达到 41%。特困供养对象需要照料护理的，全自理、半护理、全护理特困人员照料护理费用不低于上年度最低工资标准的十分之一（6000 元 / 年）、六分之一（3000 元 / 年）、三分之一（1550 元 / 年），为特困人员购买照料护理险，增强应急保障能力。全年城市特困供养救助 0.32 万人次，发放资金 240 万元；农村特困供养救助 1.24 万人次，发放资金 532 万元。通过整体推进医疗资助、住院救助、门诊救助、资助参合参保等医疗救助，资助全市所有特困供养人员、城乡低保、百岁老人参加居民医保或新农合。全年医疗救助 1.83 万人次，发放医疗救助资金 406 万元；临时救助 0.3 万人次，发放临时救助资金 329.17 万元。　（许达）

【救灾救济】2018 年，在防灾方面，制定汛期 24 小时值班制度，加强镇、街灾害信息管理与培训，开展“5·12”防灾减灾日宣传，组织地质灾害应急避险演练，提升全民防灾意识。在救灾方面，开展冬春救助，共为低保户、五保户、优抚对象等受灾群众发放救助资金和物资折款合计 245 万元。在备灾方面，通过构建以超市仓储为主的联储基地，储备食品、食油、饮用水、食盐等 15 类生活物资，形成救灾物资特供急送的绿色通道。全年申报 1 个国家级（三洲街社区）、1 个省级（湖桥社区）综合减灾示范社区，建立 2 个市级紧急避难所。

（严九桂）

【优待抚恤】2018 年，落实优待对象抚恤政策，共发放优抚抚恤资金 2045 万元；支付医疗保障资金 89 万元，其中：“一至六级”伤残军人 39 人全额补助 46 万元，优抚对象门诊费 10 万元，住院补助 18 万元，资助参保参合 15 万元。　（刘伟）

【退伍安置】2018 年，按照自主就业

津市市举行 2018 年“精准扶贫·点燃希望”助学金发放仪式

津市市召开退役士兵和优抚对象信息采集动员暨培训会

退役士兵不低于2000元/年的标准，完成2017年退役士兵货币化安置，共打卡发放各项安置129人保障经费291万元。2018年共接收三级及三级以上的转业士官15人（其中1人自愿选择自谋职业），安置工作充分体现公开、公平、公正的原则，以本人档案为依据，进行量化评分，安置对象根据评分的高低依次现场进行选岗，全部安置到市直单位。（刘伟）

【双拥共建】2018年，开展“双带双促”活动，培育荣迪实业高守荣、爱心幸福园朱德文等一批“双带双促”活动先进典型单位和个人，并拿出70000元对“有很强的示范性”和“吸纳退役军人多”的企业法人进行奖励。开展为在乡老复员军人“送医送药送温暖”的活动，走访慰问在乡老复员军人24人，并送去慰问资金及常用药品共计50000元。按照属地管理、自选专业、免费培训的原则，分3期开设汽车检测与维修、计算机与电子商务、汽车驾驶等专业培训班，共投入34万元，对100多名退役士兵免费进行职业教育与技能培训。

（刘伟）

【养老服务】2018年，投资9000万元的大型养老社区建设完成90%以上工程量，其中医养楼完成主体建设任务，医养楼内部装修全面铺开。规划投资5亿元的毛里湖健康养老产业园完成一期建设工程，外部环境工程接近尾声。按照全国第二批居家和社区养老服务改革津市试点要求，制定《津市市居家和社区养老服务改革试点工作方案》，完成10家居家养老服务示范点、4家日间照料中心、5家“三屋”（农村互助幸福屋、城市宜老自助屋、城乡医养健康屋）、1家社区嵌入式养老服务机构项目建设任务。通过与卫计部门的联手，按照医疗+康复、医疗+养老、医疗+居家的路径，推进医康、医养、医居三种模式建设，先期为养老院80%以上老人提供医疗卫生服务。（刘北平）

【福利慈善】2018年，启动老年人意外伤害险，财政补贴71900元完成全市20家养老机构责任险承保，出资28.756万元为全市4108名“五类老人”购买了意外伤害保险。通过实施高龄补贴惠老保障，全年共为3095名80岁以上农村老人、493名城乡90岁以上老人、179名城乡65岁以上失能半失能低保老人、8名城乡100岁老人，每人每月分别给予60元、100元、60元、600元补贴，共发放补贴资金287.09万元。全年共对重度残疾2701人、困难残疾1516人实施救助，共打卡发放重度残疾人护理补贴和困难残疾人生活补贴资金306.5万元。全年共发放价值40000元的金叶慈善医疗卡80张；开展“精准扶贫 点燃希望”慈善助学活动，为75名大学新生发放助学金共计30.1万元。（刘北平）

【社区建设】2018年，实施村务公开“亮栏行动”，全市39个建制村均建立统一规格、标准、内容的村务公开栏。对全市76个村（居）分别赋予社会信用代码，加强村（居）规范化建设，提升村（居）服务能力。配合城市创建，完善小区自治考核机制，构建起以小区（院落）党支部为核心，业主委员会为主体的小区自治体系，促进小区自我管理服务。制定《全市各村（社区）成立“红白理事会”工作方案》，指导全市各村、社区成立红白理事会，明确理事会职责，对相关人员进行系统培训，有效遏制“婚丧嫁娶”大操大办、厚葬薄养、人情攀比等陈规陋习。（雷明洋）

【地名区划】2018年，在完成第二次地名普查的基础上，开展津市文化地名拍摄，启动津市市地名图、录、典、志编撰，并对不规范地名进行清理整顿。因国家税务总局津市市税务局已正式挂牌成立，为促进新机构融合，对津市市原国税巷更名为鱼米巷。应当地居民要求，对原土里庙巷更名为肖唐巷。

（雷明洋）

【社会组织管理】2018年，新发展社会组织14家，其中社会团体11家、民办非企业3家，全市登记的社会组织达到171家。开展打击非法社会组织专项行动，按照“先城区、后乡镇”、“先有证、后无证”的顺序，与公安局、教育局、食药工质局、人社局、镇街等部门实施联合行动，开展4次“亮剑行动”。关停4家无证无照的培训机构，取缔1家未经登记挂牌的社会组织。社会组织孵化基地2018年孵化社会组织10家，其中公益慈善类2家、其他类8家。对招募入驻的社会组织，为他们提供全方位的孵化培育服务。依托基地开展的公益示范项目“暖夕行动·老人志愿陪护项目”、“囊萤之光·四点半课堂—青少年社会工作服务项目”和社会组织发展高峰论坛，破解了空巢老人缺乏关爱、留守儿童无人看护的社会问题。（雷明洋）

【殡葬改革与服务】2018年，按照“镇级建1个殡仪服务站、1个公益性公墓”的目标，完成投资500万元新洲镇殡仪服务站、投资800万元药山镇殡仪服务站建设运营。新洲殡仪服务站占地22亩，建筑面积2180平方米，吊唁厅2个，内设有食堂、小卖部、招待所、办公用房、卫生间、停车场等设施。药山殡仪服务站占地16亩，建筑面积2600平方米，吊唁厅3个，内设有遗体化妆间、鲜花间、接待楼、综合服务楼、食堂、卫生间、停车坪等设施。启动白衣镇、毛里湖镇殡仪服务站和白衣镇、毛里湖镇、药山镇、新洲镇公益性公墓前期建设。提请市委、市政府召开常委会、常务会，研究全国殡葬综合改革试点工作，制定《津市市推进全国殡葬综合改革试点工作方案》，方案得到民政部高度肯定。完成《津市市殡葬改革实施方案》《津市市进一步推动绿色殡葬改革的实施意见》《津市市困难群众基本殡葬服务费用减免实施办法》《加强农村生态公益性公墓建设管理的通知》等系列文件的起草，开展津市市殡葬领域突出问题专项整治行动，大力宣传节地生态安葬、移风易俗的殡葬新风，成功劝阻临街搭棚治丧2起。殡仪馆共完成遗体火化620具，火化区域火化率100%。公墓共接待祭扫群众13.4万人，疏导车辆1.3万台次，销售公墓462座。参加全国殡葬改革会议（新疆伊犁会议）和全省殡葬改革会议（江西上饶会议），并在会议上做津市殡葬改革经验交流。　（叶利平）

【**福利彩票发行**】2018年，全市站点

2018年津市市民政局荣誉明细表

级别	获奖部门或个人	荣誉称号	评奖部门
省部级	津市市	湖南省“五化民政”先进县市区	湖南省民政厅
	津市市	湖南省福彩销售先进县市	湖南省民政厅
常德市级	津市市	民政工作优秀单位	常德市政府办公室
	民政局	福彩销售工作先进单位	常德市民政局
	民政局	常德市文明标兵单位	常德市文明委
津市市级	民政局	向上争资工作突出贡献奖	市委、市人民政府
	民政局	脱贫攻坚工作先进单位	市委、市人民政府
	民政局	维稳工作先进单位	市委、市人民政府
	民政局	安全生产工作红旗单位	市委、市人民政府
	民政局	棚改及住保工作先进单位	市委、市人民政府
	民政局	控违拆违及小区管理工作红旗单位	市委、市人民政府
	民政局	计划生育综合治理优秀单位	市委、市人民政府
	民政局	绩效评估优秀单位	市委、市人民政府

（郭平平）

2018年津市市养老机构基本情况统计表

单位：人

序号	设施名称	床位数	入住人数	服务人员	序号	设施名称	床位数	入住人数	服务人员
1	津市市养老服务中心	300	300	55	12	津市市残疾人托养服务中心	100	80	12
2	津市市长寿老年公寓	120	71	10	13	津市市一养养老中心	150	64	10
3	津市市安康老年公寓	128	62	9	14	津市市德怡老年公寓	164	78	11
4	津市市城隍庙社区九九公寓	80	70	9	15	津市市药山镇棠华敬老院	128	110	10
5	津市市烛光老年公寓	101	82	12	16	津市市新洲镇灵泉敬老院	100	80	8
6	津市市城东社区鑫鑫老年公寓	50	40	6	17	津市市新洲镇敬老院	100	80	15
7	津市市康馨苑老年公寓	90	68	8	18	津市市毛里湖镇敬老院	52	52	5
8	津市市法芝老年公寓	70	60	7	19	津市市药山镇文昌阁敬老院	124	100	10
9	津市市静雅养老院	50	50	6	20	津市市白衣镇敬老院	100	95	10
10	津市市襄阳街爱心幸福园	50	48	9	21	津市市社会福利院	50	50	8
11	津市市明美老年公寓	28	28	4	22	津市市光荣院	66	35	6

（刘北平、许达）

津市市打击整治非法社会组织专项行动部署会

总数发展到35家，其中旗舰店6家、单机专营店20家、兼营店6家、双机店3家，全年共销售福利彩票6602.9万元，其中电脑彩票1414万元，视频票销售5123.8万元，即开票销售65.33万元，为民生事业发展提供一定比例的公益金保障。（陶炜）

【社会事务】2018年，留守儿童救助，在2017年完成10个农村留守儿童之家建设的基础上，新建5个留守儿童之家，并引入首家壹乐园儿童服务站入驻毛里湖镇荣台社区留守儿童之家，借助爱心志愿者协会支持，形成对留守儿童托管的“家+站”服务新模式。婚姻登记管理，对婚姻登记系统进行全面升级，成立“津市和”家事工作室，通过政府购买服务等方式，聘请专业团队负责婚姻家庭矛盾调解。截至12月，全年办理结婚登记1241对，离婚登记678对，补结婚登记585对，补离婚登记42对。孤残儿童救助，对全市孤儿进行全面摸清查，全年共发放孤儿基本生活费62.6万元。流浪乞讨救助，按照三级救助站标准和“五化”民政要求，改扩建960平方米、床位50张的救助站，全年累计救助流浪乞讨人员1794人次，护送返乡37人次，确保流浪乞讨人员生活、医疗、返乡、帮扶等基本生活权益。（彭述芳）

人力资源和社会保障

【概况】2018年，共争取上级专项补助资金70739.6万元；社保基金共征缴入库76997.23万元；共支付各项社会保险待遇116123.68万元。

实现城镇新增就业4805人，城镇登记失业率控制在4.5%以内。新增创业主体1502人，带动城镇就业3200人。全年共培训学员2593人，其中创业培训200人，就业前技能培训1307人，岗位提升培训683人，农村劳动力转移培训403人。建档立卡贫困劳动力技能培训288人。“两后生”职业技能培训共计20人。基本实现“培训1人，稳定就业1人”的目标。2018年，发放创业担保贷款193笔，发放金额2100万元，直接扶持创业215人，带动吸纳就业1352人。

【劳动就业】2018年3月，设立在津市高新区创新创业园内的津市市人力资源市场和津市市创业孵化基地成立，被评定为常德市首批市级示范基地，推荐创业孵化主体31个，带动就业1000余人。2018年，共举办创业培训班6期，为返乡农民工开设的技能培训班涵盖多个行业，如牛肉粉制作、小食品制作、计算机网络、水产品养殖等。稳定企业就业岗位，增强农民工就业素质，与中联重科车桥公司、湘澧盐矿、润农茶油等企业签订培训合同，由企业为主导，培训车工、钳工、盐化工等专业人员。在贷款服务方面，将个人申请的额度统一调整为10万元、合伙经营贷款额度为20万元，给予2年全额贴息。突破个人创业贷款条件限制，对返乡创业农民工从事规模种植、养殖业的，可不办理营业执照，凭借承包合同可申请创业担保贷款。在常德市第三届创新创业大赛中，津市参赛选手荣获三等奖。拾得瑜伽馆、云贵果丰林公司、三洲驿街道办事处柏枝林社区被评为省级创新创业带动就业示范典型。举办“我的青春在津市”大学生参观交流活动，组织150名大学生参观津市园区企业和重大工程项目、参与座谈会。让在读及已毕业高校生了解本土就业创业环境与政策，以参与者、亲历者的身份建设家乡，树立家乡就业理念。破解企业用工难题，全方位满足企业用工和求职者就业需求，实现人力资源有效匹配，在内挖本土人力资源的同时，首次采取“走出去、请进来”相结合的方式，引进湘西劳务派遣公司，缓解湘澧盐矿、友联纺织、中意食品等企业用工缺乏的困境。津市人力资源市场和绿康食品公司在湘西永顺与桑植两地，进行为期5天的劳务招工，联系落实到100余人；和津市残联合作为企业输送适合的员工18名；与省教育厅联系，从长沙、岳阳、张家界等地的职教机构引进300多名职校生并推荐到津市企业进行顶岗实习。2018年，搭建桥梁，锻造高技能人才。7月，组织以中联重科车桥公司员工为主的6名选手参加常德市数控类职业技能大赛，杨玉取得计算机程序设计一等奖。10月，组织茶艺师比赛，津市选手分获二、三等奖。12月，组织津市108名一线优秀员工参加高技能人才培训，并选派常德职业技术学院的优秀教师入驻企业授课。

【社会保障】2018年，争资成效再超历史，共争取上级专项补助资金70739.6万元。其中，企业职工养老保险55831万元，劳动就业1975万元，城乡居民医疗保险9622万元，城乡居民养老保险3091.6万元。

2018年，基金征缴强劲有力，社保基金共征缴入库76997.23万元。其中企业职工养老保险参保人数共计29013人，征缴金额共计53297万元；机关社保参保人数共计5099人，征缴金额共计9126.69万元；工伤保险保参保人数共计30108人，征缴金额共计1194万元，职工医保参保人数共计30106人，征缴金额共计8142万元；城乡居民医疗保险参保人数共计218380人，征缴金额共计3932万元；生育保险参保人数共计13434人，征缴金额共计309万元，失业保险参保人数共计17503人，征缴金额共计418.14万元，城乡居民养老保险参保人数共计77114人，征缴金额共计578.4万元。

2018年，共支付各项社会保险待遇116123.68万元。其中基本企业养老金支付72787万元，领取待遇人数共计29879人；机关社保支付16778.28万元，领取待遇人数共计3691人；居民养老保险支付3348.11万元，领取待遇人数共计314804人；居民医保支付14313.39万元，领取待遇人数共计132000人；职工医保支付7284.55万元，领取待遇人数共计4103人；生育保险支付266.32万元，领取待遇人数共计261人；工伤保险支付959.9万元，领取待遇人数共435人；失业保险支付386.13万，领取待遇人数共计440人。在没有争取财政补贴的情况下，自主收支，基金结余31613.15万元，“全员普惠”格局进一步夯实。

【医疗保障】2018年，对全市定点医疗机构的门诊和住院情况突击检查65次，对职工医保的住院病人实时稽核1875人次，住院病历和用药明细情况抽查1273人次，并将病人不在床、无住院指征、病历审核不合格等违规情况全市通报；对全市协议零售药店进行72次稽核，并对稽核中发现的问题及处理情况全市通报，以进一步规范协议零售药店的医疗行为。2018年，精简优化业务程序。从人民群众的需求精准切入，对基本医疗保险、生育保险经办业务进行分类汇总，并通过实地调研、电话咨询等方式，收集整理服务对象的问题与建议，精准优化后推出相应的解决措施，得到了服务对象的高度赞扬。2018年，率先在常德市范围内大胆推行“谈判协商”支付方式改革；率先第一个按时间节点提前3天顺利启动“一站式结算”；率先第一个启用“人脸识别”远程监控系统；“健康扶贫”唯一对建档立卡贫困户实行了追补。2019年度基金征缴工作挤入第一方阵（截至12月31日第二名）；2018年度基金安全运行挤入第一方阵（三个未“穿眼”的区县市之一）。

【机关社保】2018年，妥善解决2000年改制单位参保问题。明确改制单位在机关社保参保的单位和人员范围、社会保险费及职业年金结算方式和部分改革遗留问题的处理办法。2018年，平稳推进原试点参保人员“事转企”工作。对于在试点期间参保、按改革政策不能参加新制度的部分原参保人员，在电视台、政府网站等媒体发布社保关系转移公告，并和原参保单位反复沟通协调，核实其视同缴费年限、实际缴费等涉及参保人员个人权益的关键信息，通过数据转移平台将他们的社保关系转移至企业养保，确保转移人员的参保权益不受影响。2018年，精准高效启动退休“中人”待遇重新计发工作。按照改革政策，自7月开始，对2014年10月1号后的退休人员的养老金待遇进行重新计发，并对新待遇和原预发待遇的差额进行补发。

【就业扶贫】2018年，实施专项培训。针对农村留守妇女多、务工技能缺乏等现状，紧扣市场需求，共培训月嫂213人、养老护理员100人、建档立卡B2驾驶员6人。同时对职业中专贫困家庭“两后生”18人进行为期一周的创业培训。与湖南华嫂家政公司、常德市康月家政公司、刘聋子米粉等定点培训机构进行月嫂、养老护理员、中式烹调等工种联合培训。2018年，实施各项就业扶贫政策。落实双百工程、一次性开办费补贴、场地租金补贴等奖补政策，鼓励农民专业合作社、种养大户、家庭农场等新型农村经营主体吸纳贫困劳动力就业，如青苗村的乡村旅游产业基地，解决335户贫困劳动力的就业问题，实现用工主体与就业扶贫的深度融合。同时建立覆盖津市全境的劳务经济人服务网络、全面启动省级贫困劳动力岗位补贴和社会保险补贴的申报。岗位补贴24人，共计3.1万元。以上资金均从就业专项资金中列支。2018年，全年组织开展以“支持返乡创业”、残疾人招聘为主题的专场招聘会10场，共计393家用人单位参与招聘，直接解决就业1000多人。2018年，及时完成信息上报。完成全市所有法定有劳动能力贫困人口数据信息维护2626人，稳定就业1417人。上报和平生物科技、绿岛蓝湾、湘丰生态果业农民合作社为就业扶贫基地。

【劳动监察】2018年，有效控制源头，健全协调劳动关系。全年共接待群众来信来访60起512余人次，信访答复45件，协调处理劳资纠纷98件，涉及金额680多万元，涉及农民工523人，共追讨农民工工资680多万元。共签订三方协议64份，督促企业依法规范劳动用工管理。预存建筑行业农民工工资保障2402.05万元，累计给建筑施工项目拨付预存的农民工工资保障金2122.11万元，用于发放农民工工资，确保社会稳定。

【劳动争议仲裁】2018年，依法办案，做到仲裁办案规范化，共处理劳动人事争议案件68件。不予受理3件，非立案调处43件，立案处理22件。其中，解除劳动合同纠纷7件，确认劳动关系纠纷3件，工伤保险纠纷8件，劳动合同纠纷和社会保险纠纷各1件，其他纠纷2件。共涉及劳动者68人，涉案金额66.42万元，案件调解率77%，法定时效内结案率100%。2018年，加强对企业用工的指导和服务，实施企业裁员预警监控。

【人事管理】2018年，规范考录工作，健全运行机制。严格按照省、常德市、津市市委的安排部署，精心组织、规范操作，在职位设置、资格审查、身体检查、录用考察与审批等四大关口上严格把关,明确责任,狠抓落实。面试入围人员、体检人员及拟录用人员名单及时向考生公布,录用空缺递补、体检复查等严格按程序操作,公开透明,确保招录工作的有序进行。无一起违规违纪情况发生。

2018年,创新服务手段,全方位引进人才创新服务手段,快速传递信息。利用网站和工作QQ群公开招考政策、招考计划、报考条件、招考程序及录用结果,及时与各单位进行沟通,收集考试录用申报计划,随时反馈计划调整信息,做到考试信息传递准确、及时、无误,畅通考生政策咨询、考试信息查询通道。多种形式并存,全方位引进人才,共招录公务员87人,共引进急需紧缺人才45人,聘用村(社区)党建联络员30人。

【基金监督管理】2018年,共进行4次基金监督自查,迎接1次上级检查,和区县市进行1次交叉检查。在常德市抽查中,机关社保存在7个问题、工伤保险5个问题、医疗保险5个问题,已全部整改到位。2018年,用好软件系统,锁定比对范围,不放过任何疑点。通过系统预警数据,对各险种进行疑点筛查,再根据筛查结果与各经办机构业务系统进行跨险种数据交叉比对,从中发现问题,解决问题。通过基金监管软件截止到10月的疑点数据1552条,已全部处理。从2018年筛查出的数据与养老保险系统进行比对后,核实61条养老保险待遇支付的疑点,并对11人进行待遇补发;通过养保与失保数据比对,排查出1人多领取一个月失业金;通过养老保险和机关社保的数据比对,对143人进行排查,查出机关社保4人多发多领21703.77元。对于查出来的问题,已全部进行认真整改,并做好总结。

(李佳莉)

政务服务

【概况】2018年,市政务中心定编5人,实有工作人员3人。政务服务中心以便民利民为宗旨,以"最多跑一次、最快网上办、最近不出村"为目标,推进政务服务模式改革创新,提升政务服务效能。全年累计各类审批及行政许可事项13939件,办结13939件,办结率100%。

【政务服务中心建成运营】市政务服务中心项目于2016年3月初动工建设,总投资2200万元,占地面积7218平方米,新建四层综合办公服务楼,建筑面积7488.48平方米,建筑高度18.80米,其中政务大厅设在二楼,面积1872.12平方米,于2017年7月31日正式投入使用。

【优质服务】政务中心以便民利民为宗旨,以"最多跑一次、最快网上办、最近不出村"为目标,推进政务服务模式改革创新,提升政务服务效能,取得一定的成绩。提升窗口服务质量,厘清窗口服务事项。结合权力清单和"最多跑一次"事项,组织对进驻政务服务大厅的行政审批事项进行梳理,最终确定进驻政务大厅受办事项204项,涉及行政审批单位25家,同时,为推动审批权限真正落到窗口,督导各部门分别与窗口工作人员签订授权委托书,确保办事服务窗口真正能办成事、办好事。优化行政审批流程。对204项既定进驻窗口的事项,由政务中心牵头会同优化办、审改办、法制办,按照审批流程最优、办理时限最短、申报资料最少的原则,逐项开展清理优化和流程再造,在此基础上,编制办事服务模板,方便群众查阅。据统计,进驻窗口的服务事项整体办理时限较法定时限压缩60.1%,审批流程较以往精简25.6%,申报资料较以往减少13%。不动产登记大厅,业务办理由原来的9个环节多重提交资料精简为受理、缴费、领证三个环节,极大地方便办事群众。以建设项目审批为试点,将建设项目划分立项、用地、规划报建、施工许可、竣工验收五个阶段,推行一个部门牵头、一门受理、并联审批、限时办结的审批模式。编制建设项目审批流程图,工业项目审批时限为50个工作日,工程建设项目审批时限为90个工作日。落实政务信息公开。政务中心将466项"最多跑一次"事项、196项取消的证明材料目录以及204项窗口可办事项办理要素制成展牌,在桥头法制广场进行为期半个月的展示宣传,给群众一个明白。同时,对商事服务、工程领域、人口与出入境证件办理、不动产登记等与企业、群众息息相关的重点事项的办理时限进行公开承诺,接受企业群众监督,优化办事服务环境。服务办事对象。在建立完善窗口首问负责、服务承诺制一次性告知、限时办结及预约服务等工作机制的基础上,结合窗口服务的实际情况,出台相关便民举措,方便群众办

政务服务中心

事。推行容缺受理。在窗口推行容缺受理模式，由窗口出具容缺受理单，直接进入审批环节，待当事人补齐所缺失的资料后，窗口再通过邮寄等方式反馈办理结果。设立“兜底办”专窗。专门负责办理企业和群众在政务中心跑一次无法办理的事项，为办事企业和群众提供解决疑难问题的渠道和途径。助推企业开办。通过多次协调，拟在政务大厅增设公章刻制点和税务发票申领窗口，实现办证、刻章、领票一站式服务，不用出政务大厅即可办完企业开办所有手续。

政务中心二楼大厅

【**提升行政审批效能**】改革既有审批模式。为有效解决窗口忙闲不均的问题，按照“前台综合受理、后台分类审批、综合窗口出件”的模式调整既有窗口设置。本着结合实际、方便办事及窗口业务均衡的原则，在既有政务服务大厅设立4个综合窗口、6大功能分区。4个综合窗口为：综合窗口①（卫计、民宗、人防、电子政务办、地震5个单位）；综合窗口②(教育、交通、商务、文体广新、安监5个单位)；综合窗口③(农业综合窗口：农业、林业、水务3个单位)；综合窗口④(工程建设领域窗口：发改、住建、环保、国土4个单位)。6大功能区域为：公安服务区域(公安、消防)；民政服务区域（民政）；人社服务区域（人社）；城管服务区域(城管)；企业开办服务区域(食药工质)；民生服务区域(自来水、电力、燃气、邮政、房管、电信、有线网络)，另设3个外部大厅：不动产登记大厅、税务综合办事大厅、司法服务大厅。纳入窗口办理事项均由窗口统一受理，所有即办件由窗口当场办结，属承诺件不能当场办结的由窗口受理后通过网络平台传送至审批单位，在承诺时限内办结后将结果送达窗口邮寄给申请人，申请人不需再到窗口亲自领取，确保入驻窗口的事项基本实现“最多跑一次”。推进政务事项下沉。为落实办事服务“最近不出村”的工作目标，依托“智慧党建”三务合一(党务、政务、商务)，稳步推进政务事项下沉工作。明确下沉事项。梳理第一批下沉基层受办的服务事项40项，其中，授权村级办结事项14项，镇(街)办结事项16项，部门办结事项10项。在此基础上，为进一步优化办事流程，政务中心对各单位上报的事项要素清单进行了再清理、再优化，据统计，40项事项办理流程由原来的139项简化到111项，简化20%；申报资料由119项精简到106项，精简11%；办结时限由581个工作日压缩到452个工作日，压缩26.8%；完善系统配置。依托“互联网＋政务服务”一体化平台，健全网上办事大厅，并将密码、账号分层级配置到部门、镇(街)、村(社区)，真正实现“数据多跑路、干部群众少跑腿”；开展业务培训。为确保政务事项下沉工作的顺利推进，8月27日，专门举办政务事项下沉业务培训班，镇(街)便民服务大厅工作人员、村(社区)干部及党建联络员共220余人参加培训，有效提升了基层办事人员的业务办理能力。同时专门编制《政务事项下沉办事手册》和《政务事项办理服务指南》，并发放至各镇(街)便民服务大厅和村(社区)便民服务站，供工作人员和办事群众查阅，为事项办理提供便利。拓展办事服务途径。稳步推进“互联网＋政务服务”工作。组织开展实施清单填报。按照省、市、县同一事项、同一名称、同一编码、同一标准要求，完成网上办事服务大厅系统各要素的配置，通过清理，共填报发布权力清单事项3456项、公共服务事项391项，依申请类网上办理事项855项，行政权力实施清单发布率、公共事项实施清单发布率、网上可办率均达到100%。全年，网上办件量已达11015件，办结11015件，办结率达到100%。提升大厅智能化水平。拟定政务服务大厅智能化升级改造方案，投资206万元，通过购置安装叫号系统、互动评价系统、自助服务终端等设备，对接网上办事服务平台，逐步引导开展网上业务办理，致力打造“不见面审批”，提升办事服务效率。稳步推进在线办理。市房管局依托不动产登记中心微信公众号，将商品房合同备案、预售许可申请、中介机构登记等业务，纳入手机网上申请办理，从“群众、企业路上跑”转变为“资料、数据网上跑”，其中手机支付缴存物业维修金这一便民举措常德市还是首创，有效提升不动产登记能力和服务水平。（罗碧兰）

信访工作

【**概况**】2018年，紧盯“二·八”(越级信访总量下降20%，信访积案化解率80%)目标，以开展信访工作“法治建设年”活动为契机，以建设“无上访村(社区)”工作为抓手，完善工作举措，落实工作责任。全年，市信访局共接待处理信访1982批(件)次5263人(件)次；全市没有发生一起因信访引发的群体性事件、极端访事件及负面舆情，各重点特护期间没有出现一起越级上访，本市信访秩序明显好转。津市市被评为常德市建设“无上访村(社区)”工作和信访工作绩效目标管理考核先进单位。市信访局被评为2016—2018年全省信访宣传工作先进单位，并获得常德市信访系统重点问题大调研活动征文和“我说登闻鼓”征文两个一等奖。（高蓉月）

【信访工作机制建设】“无上访村(社区)”建设机制已呈常态，且日趋规范、实效凸显。经过连续两年探索实践，围绕源头预防、基层基础、矛盾化解、责任落实等环节，分别建立网格化管理、党建引领、矛盾化解“三二一”、志愿者参与、群众评议、信访听证、群众工作日、重点人员管理、无上访工作月通报、考核奖励等一系列工作制度和办法，强化工作责任，提高工作主动性，推动信访矛盾在本地化解，嘉山街道办事处、白衣镇、襄阳街办事处先后在常德市做典型经验介绍。市政府常务会议创新信访问题交办模式，强化领导责任落实。2018年，市政府将信访工作纳入政府底板工作，建立市政府常务会议每月定期交办重要信访事项制度，实行清单式管理，使一大批热点、难点问题得到及时解决。2018年，市政府常务会议共交办37件信访事项，息访33件，息访率达89%。常德市已在各区县中推荐津市这一经验做法。（高蓉月）

【信访工作“四大攻坚”活动】2018年，按照上级统一部署，层层开展“重点领域、重点群体、重点问题、重点人员”的梳理排查，明确包案领导和工作要求，先后化解国家级交办案件1件、省级交办件1件、常德市交办件12件、本市交办件16件，积案存量大幅下降。（高蓉月）

【领导接访、约访】2018年，津市18位市级领导共接访、约访群众426批1269人次，解决群众实际问题209个，化解矛盾纠纷187起。尤其是一批涉及面广的群体性问题如出租车司机群体、部分公租房业主反映租金过高、宝悦乐城格子铺业主要求兑现购房合同、大洼纸厂原职工要求分配拆迁补偿款、兴发棉业宿舍住户要求拆迁补偿等均得到妥善化解。（高蓉月）

【信访法治化建设】津市率先出台信访法治化建设实施意见20条，全面规范信访工作。大力开展信访法治宣传。以5月信访法治宣传月活动为契机，市信访局牵头，各镇、街道及有关市直单位大力配合，采取现场宣讲、张贴标语、发放宣传单、开办宣传专栏、拍摄宣传片、微信公众号推送、举办业务培训等多种形式，全方位对信访法律法规和违法信访案例进行宣传引导，信访法治化氛围初步形成。依法规范信访办理和信访秩序。严格落实诉访分离制度，全年信访部门共分流应当通过法定途径解决的信访问题80多个。推行干部网上代理制度，统一规范信访业务办理，信访“五率”全面达标。加强对重点信访人员的教育疏导和违法信访行为的处置，2018年公安机关处理违法上访39人次，刑事拘留1人次，行政拘留14人次，训诫24人次。（高蓉月）

旅游外侨工作

【概况】2018年，津市旅游外侨工作以“文旅康养、景区规划、项目建设、品牌创建、节庆活动、旅游扶贫、行业管理、外侨侨眷”七个方面为主线，践行担当，致力津市旅游行业发展。

文旅康养工作扎实推进。履行文旅康养专项小组办公室职能，组织工作调度会，制定方案，组织开展大调研、主题征文及演讲比赛、部门服务企业等活动。在常德市文旅康养专项小组和津市市推进产业立市三年行动指挥部的统一调度下，及时报送工作动态及项目信息。

景区规划不断完善。聘请北京清尚建筑设计研究院团队编制《药山振兴发展创意暨药山文化旅游景区旅游总体规划》，并进行中期成果专家论证；启动《毛里湖湿地公园生态旅游发展总体规划》与建设性详规编制工作。逐步完善津市旅游规划体系，指导景区建设。

项目建设进展有序。毛里湖国家湿地公园国家AAA级旅游景区一期工程游客接待中心、综合楼、科教宣教馆、旅游公厕、游船码头等建设基本完成。药山文化旅游景区斋堂综合楼、药山公墓一期、月亮溪土建工程已完成，竹林禅院一期已投入使用，配套设施正在逐步完善；毛里湖镇青苗社区沙滩乐园、沙滩排球场、沙滩儿童乐园提质改造完成，绿岛蓝湾休闲度假区2018年已投入580万元进行现代农业特色产业园循环农业基础设施建设，旅游接待能力不断提升。

品牌创建不断提质。药山文化旅游景区成功创建国家AAA级旅游景区，青苗社区成功创建省五星级乡村旅游点，药山镇成功获批湖南省第四批“湖湘风情文化旅游小镇”预选创建单位，孟姜女老姜糖中斩获湖南省旅游商品大赛铜奖。

节庆活动精彩纷呈。成功举办了第三届青苗腊八节暨津市市农产品博览会、桑葚采摘节、丰收节、绿岛蓝湾“三八”女神节、鱼王节、螃蟹美食节等旅游节庆活动，吸引常德、安乡、澧县、临澧等周边县市数万名游客参与，乡村旅游综合收入达1100万余元，周末乡村游市场逐渐扩大。“乡村旅游+节庆活动”的形式，创新津市乡村旅游发展新模式，对弘扬津市地方民俗文化，打造美丽乡村旅游品牌，促进乡村旅游产业发展具有重要意义。

行业管理安全生产愈加规范。2018年，全市新增旅行社营业网点3家，累计18家。对全市旅行社及服务网点进行12次行业管理整顿行动，开展“全市旅游安全生产咨询日活动”，向旅游者提供政策咨询，做好安全文明旅游宣传；对节假日期间旅游市场运转进行监管与记录，促进旅游行业规范化发展。安全监管方面，与各涉旅企业签订安全生产责任状，压实“一单四制”，建立安全生产检查常态化工作机制，累计开展“打非治违百日行动”、安全生产“强执法、防事故”行动等115次，出动执法人员347人次，检查生产经营单位128家，立案调查1家，责令停产停业2家，问责相关负责人4人，曝光典型案例1起。

外侨侨眷联系日益紧密。持续开展港澳侨务情况摸底调查工作，建档立

卡,更新台账。走访慰问,加强与外侨侨眷联系。（唐蓉）

【旅游资源】2018 年,津市拥有国家级、省级旅游资源 16 个,分别是:国家 AAA 级旅游景区 2 个(毛里湖国家湿地公园、药山文化旅游景区),国家级森林公园 1 个(嘉山国家森林公园),国家级非物质文化遗产 1 个（嘉山孟姜女传说),国家级重点文物保护单位 1 个(虎爪山旧石器时期遗址),省级风景名胜区 1 个(嘉山风景名胜区),省级重点文物保护单位 6 个(古大同寺、新洲古城、毛里湖镇范家嘴遗址、竹田湖商代墓地、百龙泉汉墓群、怡泰绸布庄),省级非物质文化遗产 1 个(车胤囊萤照读的故事)、省级重点寺庙 1 个(药山寺),省级特色旅游名镇 1 个（新洲镇原灵泉镇)、湖湘风情文化旅游小镇 1 个(药山镇)。拥有自然、人文、生态景观 8 处:澧水河、皇姑山、"关山烟树"、中武当道观、三湖公园、市博物馆、益泰绸布庄、美食街等。

全市共有旅行社及门市部 18 家;三星级旅游饭店 1 家(兰苑宾馆)。湖南省五星级乡村旅游点 4 家（半岛农庄、三禾鱼蟹园、绿岛蓝湾、绿野青苗),特色"农庄"47 家,宾馆 42 家,旅游志愿者队伍 9 支 80 人。在建旅游项目 11 个:药山文化旅游景区一期工程、毛里湖湿地公园一期能力建设项目、毛里湖植物园建设、澧水沿江风光带、澹津公园、两湖公园、五星级酒店、新洲古城、嘉山国家森林公园、绿岛蓝湾生态旅游、毛里湖田园综合体。（唐蓉）

【乡村旅游三年发展计划(2018—2020)】2018—2020 年，津市将充分利用乡村旅游资源,发展乡村旅游,培育一批独具津市特色的乡村旅游产品,重点建设一批星级乡村旅游示范点(区),打造乡村旅游精品线路,培育乡村旅游节庆活动品牌,全面推进乡村休闲旅游业发展,全市形成"一镇一主题,一村一特色"的津市乡村旅游新格局。

完善乡村旅游基础设施。加快各旅游村镇基础设施建设，重点推进药山村、青苗社区、樟树村、大关山村等旅游厕所、旅游服务中心、停车场等基础设施建设，指导乡村旅游点旅游标识、标牌规范设置,完善乡村旅游公共服务体系,把发展乡村旅游纳入乡村振兴发展的总体布局。

创建乡村旅游品牌。整合乡村旅游资源,加大省五星级乡村旅游点、湖湘风情文化旅游小镇、国家 AAA 级旅游景区等品牌创建力度,重点抓好大关山村等村镇省五星级乡村旅游点(区)、古大同国家森林公园国家 AAA 级旅游景区品牌创建和药山湖湘风情文化旅游小镇建设，打造富有特色的旅游小镇、宜居宜业宜游的美丽乡村田园品牌。

培育乡村旅游产业发展。依托乡村优美的生态环境、农业生产活动、农村文化习俗等,开发融观光、度假、休闲、科普、体验于一体的乡村旅游产品,重点培育毛里湖、药山、青苗社区、大关山村等生态游、乡村游、观光游、休闲游、农业体验游等"旅游 + 农村"产业发展;促进"旅游 + 民俗"产业的发展,充分利用乡村现有条件,深入挖掘各镇村的特色,按照"月月有主题,季季有活动"的要求,对全市乡村旅游资源、产品进行整合，统筹安排好各类旅游节庆活动,重点办好青苗腊八节、桑葚采摘节、丰收节、枇杷采摘节、鱼王节、绿岛蓝湾系列旅游节庆活动,树立乡村旅游节庆活动品牌,不断提升津市休闲农业和乡村旅游的知名度和美誉度,促进乡村旅游产业发展。

打造乡村旅游精品线路。依托津市乡村旅游资源和美丽乡村建设,在全市范围内打造主题观光、文化体验、乡村度假等乡村旅游精品线路,重点包装毛里湖湿地休闲观光之旅、药山访古问禅田园意境之旅、青苗美丽乡村返璞归真之旅、关山草场踏青风筝帐篷亲子之旅 4 条乡村旅游精品线路，通过整合精品线路沿线旅游资源,打造一批各具特色的乡村旅游点,串点成线,推进乡村旅游全域化发展。（唐蓉）

【文旅康养】贯彻落实常德市"开放强市、产业立市"、津市市"工业立市、产业兴城"三年行动部署,成立津市市文旅康养专项小组,履行小组职能,制定《文旅康养专项小组三年行动计划实施方案》《文旅康养专项小组 2018 年工作计划》等方案,组织开展大调研、主题征文及演讲比赛、部门服务企业等活动,统计品牌创建、项目建设和招商引资等重点工作进度,向常德市文旅康养专项小组和津市市推进产业立市三年行动指挥部报送工作动态及项目信息等。

2018 年，文旅康养总产值目标为 29.4 亿元(旅游 15.1 亿元、文体 12.8 亿元、康养 3.6 亿元),实际完成 32.04 亿元(旅游 15.64 亿元、文体 12.8 亿元、康养 3.6 亿元)。25 个在建项目计划投资 17.63 亿元,实际完成投资 7.54 亿元,为推进项目建设,小组召开 4 次项目建设工作调度会,2 次专家论证会,1 次半年工作总结会，开展 56 次调研、考察活动,一养中心、养老服务中心医养楼、毛里湖湖镇医养中心 4 个项目按计划顺利完工,五环时代全民健身中心一期工程竣工验收。启动招商引资项目 13 个,开展招商引资活动 20 次，实际落地 4 个,招商金额 15.4 亿元。完成信息报送 124 条、综合材料 13 篇、调研文章 2 篇,主题征文 3 篇。（唐蓉）

【旅游品牌创建】2018 年,药山文化旅游景区深入推进一期工程建设,聘请北京清尚建筑设计院完成《药山殊胜文化旅游区总体规划》编制,并成功创建国家 AAA 级旅游景区;药山镇以"药膳小镇"为主题定位,成功申报湖南省第四批"湖湘风情文化旅游小镇"创建单位;毛里湖镇青苗社区成功创建"湖南省五星级乡村旅游点"，津市孟姜女老姜糖在湖南省第九届旅游商品大赛中荣获铜奖，津市旅游品牌不断丰富,知名度和美誉度不断提升。（唐蓉）

【旅游宣传营销】充分利用平面媒体、传统媒体、新兴媒体,造势活动,营造氛围。一是编制《津市旅游指南》,向各市直单位部门、乡镇、学校、星级饭店、旅行社及营业网点等免费发放,加大津市旅游宣传力度;二是利用津市旅游微信公众号宣传推广津市旅游资源,每日更新,扩大社会影响;三是大力开展旅游节庆活动，成功举办第三届青苗腊八节暨津市市农产品博览会、桑葚采摘节、沙湖狂欢节、丰收节、绿岛蓝湾“三八”女神节、鱼王节、螃蟹美食节等旅游节庆活动，聚集人气，营造旅游氛围，提升旅游形象，带动旅游消费。（唐蓉）

【旅游扶贫工作】一是制定2018年旅游行业扶贫工作实施方案。明确目标任务，深入开展旅游行业扶贫帮困工作，重点帮助贫困村实施好旅游基础设施建设、旅游产业发展等扶贫工程，将药山村、杨坝垱村、青苗村、樟树村等贫困村的旅游基础设施建设纳入本年重点旅游项目库。二是开展“百企联百村”结对帮扶活动。绿岛蓝湾五星级乡村旅游点助力杨坝垱村，成立果蔬种植农民专业合作社，以土地托管、劳动力入股等方式，吸纳贫困户30户102人，其扶贫案例被湖南省旅发委作为湖南省旅游精准扶贫经典案例推介到国家文化和旅游部；毛里湖湿地公园联点毛里湖镇花桥村，通过吸纳贫困户就业、资助贫困子弟、贫困户危房改造、与乡镇卫生院签订特会保家庭服务协议等方式帮助贫困群众；兰苑宾馆助力药山村，提供工作岗位和技能培训，吸纳贫困户就业。三是利用旅游节庆活动吸引游客，销售土特产品，吸纳贫困户就业。（唐蓉）

【旅游行业管理】2018年，津市新增旅行社营业网点3家，累计18家，旅游市场不断扩大。对全市旅行社及服务网点进行12次行业管理整顿行动，开展“全市旅游安全生产咨询日活动”，向旅游者提供政策咨询，做好安全文明旅游宣传；对节假日期间旅游市场运转及经济运行情况进行监管与记录，促进旅游行业规范化发展。安全生产方面，与各涉旅企业签订安全生产责任状，组织开展安全生产专题培训，压实“一单四制”，建立安全生产检查常态化工作机制，累计开展“打非治违百日行动”、安全生产“强执法、防事故”行动等195次（其中包含4次联合执法检查），出动执法人员587人次，检查生产经营单位208家，立案调查2家，责令停产停业2家，问责相关负责人4人，曝光典型案例1起，确保全市旅游市场零事故零投诉的良好局面。（唐蓉）

【侨务侨情】持续开展全市侨港澳侨务情况调查工作，全面摸清全市侨胞基本情况，2018年在津居住的侨胞侨眷共计220人，与2017年持平。积极向上争取外事侨务专项资金，在春节、中秋节等传统节日走访慰问困难外侨，加强与华侨侨眷的联系。（唐蓉）

嘉山风景名胜区管理

【概况】嘉山风景区位于津市市区以南7.5公里，东临澧水河道，南西乃丘陵，北即千年古镇新洲，澧水自北沿山脚流入洞庭湖。嘉山乃武陵山脉东起第一山，海拔高度仅147.9米，但是在洞庭湖畔突兀而起，亦觉雄伟。

风景区总面积为17.24平方公里，其中嘉山景区6.59平方公里，古城景区1.57平方公里，石岭－青山湖景区6.04平方公里，胥家湖景区3.04平方公里，核心景区面积为4.33平方公里。

嘉山风景名胜区管理处以“重保护、强管理、促发展”为工作重点，各项工作呈现出良好的发展态势。

嘉山风景区总体规划于2015年12月到期，上版总规编制时，很多方面已不适应社会经济发展的需要，很多重要的景点、景源没有纳入保护。本次总规规划编制，广泛征求听取社会各方面的意见和建议，对嘉山风景区的范围进行了调整，省人民政府的正式批复于2018年11月下发，总面积为17.24平方公里。2018年，嘉山风景管理处向上争资300多万元用于景区的标识标牌、游步道、公厕、门楼、主入口省级徽标设置等多项基础设施建设，修建环山游道1.25公里。且自2018年开始，每年向上争资300余万元用于景区的基础设施及景点景源的修复。2018年被全省风景名胜行业评为先进单位，力争在2019年争创国家AAA级旅游景区。

根据中央、省、市各级对自然保护地的要求，嘉山风景区认真贯彻落实各级要求，进一步加大对景区的保护力度。扼制“四乱”现象（乱搭建、乱开荒、乱葬坟、乱砍伐），2018年共拆除景区违章建筑近165余处，坚决杜绝“四乱”现象的发生。进一步加大森林防火力度。安排8名护林员每天进行巡查，同时积极与新洲政府、澧县良种场协联系，形成了由管理处牵头，三方联动的管理机制。春节、清明、“五一”、“十一”等防火重点时段，三方明确职责，落实责任，分段划块包干到人，确保嘉山火灾发生率为零。三是勘界立碑，进一步明确嘉山风景区保护范围。新版总规明确嘉山风景区的范围北至胥家湖北岸、东临澧水河主河道、东南抵原新洲九堰村、南至S516旁的长岭村、西至灵泉大道沿青山峪村村道途径青山、青山湖以及白龙泉。保证风景资源的完整性及保护范围的合理性。

由于嘉山风景区分属津市市、澧县两个县市，不便于统一规划、统一管理，致使景区建设发展缓慢。唯盼津澧融城早日实现，真正实现嘉山景区的统一管理、统一建设、统一保护，2018年接待游客5万人次。

【**概况**】2018年,在中共津市市委的坚强领导下,市政协把握团结和民主两大主题,以助推"工业立市、产业兴城"为主线,忠实履职,为建设澧水流域现代化中心城市贡献政协智慧和力量。共召开全体会议1次,常委会议5次,主席会议11次,进行议政性常委会议协商2次,议政性主席会议协商4次,开展视察4次,形成常委会议建议案2篇,主席会议建议案1篇,累计100人次参与全市各类民主监督活动。市政协8个工作组和10个活动组全年累计开展组内活动70次。 (刘清华、刘姣)

【**召开政协津市市第十二届委员会第三次会议**】政协津市市第十二届委员会第三次会议于2018年1月8日至11日在兰苑宾馆召开,159名政协委员参加会议。此次会议共召开2次全体会议、1次常委会议,进行2次联组讨论。听取和审议政协津市市第十二届委员会常务委员会工作报告;听取和审议政协津市市第十二届委员会常务委员会关于十二届二次会议以来提案工作情况的报告;吴涛、肖丹、王蓓、刘连杰、张安华等5名政协委员代表所属专委会、工作组、党派,围绕经济社会重要领域、民本民生热点问题,分别作题为《乘风借势,做大做强津市牛肉米粉产业》《多措并举,加强我市青年干部队伍建设》《传承城市基因,树立文化自信》《因势而谋,顺势而为,大力推进农村田园综合体建设》《关于加强我市公安派出所规范化建设的建议》的大会协商发言;全体委员列席津市市第十七届人民代表大会第三次会议,听取政府工作报告,协商讨论政府工作报告及其他有关报告;协商有关人事;审议通过政协津市市第十二届委员会提案委员会关于十二届二次会议以来提案审查情况的报告;审议通过政协津市市第十二届委员会第三次会议有关决议;市委书记傅勇讲话。 (刘清华、刘姣)

【**协商议政**】2018年,中共津市市委行文转发《政协津市市委员会常务委员会2018年工作要点》,对市政协2018年重要活动进行系统安排。中共津市市委办公室、津市市人民政府办公室、政协津市市委员会办公室联合印发《津市市政协2018年协商工作计划》,完善"12310"政治协商体系。

全体会议协商。在1月8日至11日召开的市政协十二届三次会议上,以践行中共十九大精神,助推津市经济社会发展为主题,5位政协委员分别围绕做大做强津市牛肉米粉产业、加强津市青年干部队伍建设、传承城市基因树立文化自信、推进农村田园综合体建设、加强津市公安派出所规范化建设等课题进行大会协商发言。会议期间,全体政协委员聚焦"工业立市、产业兴城"踊跃建言,献计献策。市委市政府高度重视,安排专人对委员发言进行记录并梳理,召开专门会议进行交办,明确分管领导牵头,督促相关部门办理。年中市政府常务会议专题听取办理落实情况汇报,助推津市经济社会发展。

常委会议协商。7月26日,市政协十二届九次常委会议专题协商农村公路建设与管养工作。会上,听取市公路局、市交通运输局相关负责人对津市公路建设与管养情况的汇报;进行协商发言;审议通过《关于加强农村公路建设与管养工作的建议案(草案)》;传达学习全国政协党的建设工作和津市市委全会精神;组织学习使用政协云APP4.0应用。10月30日,市政协十二届十次常委会议专题协商津港新城建设规划工作。会议听取市住建局汇报工作情况、规划设计院汇报津港新城规划情况、津港新城指挥部负责人汇报津港新城规划有关情况;进行协商发言;审议通过市政协常委会议建议案第2号《关于坚持规划引领,打造津港新城的建议(草案)》。

主席会议协商。围绕车胤公园建设、城市文化传承、津市牛肉米粉产业发展、津市自来水公司改制工作等课题进行4次主席会议专题议政协商,形成一系列建议案,报送市委市政府督促有关部门办理,助推相关工作的开展。

对口协商和提案办理协商。4月,市政协提案委会同市房管局、各镇街就加大老旧小区治理力度开展对口协商;6月,市政协法群委会同市总工会、市委宣传部、市人社局就"津市工匠"评选开展对口协商;7月,市政协学文委会同市民政局就推进生态节地殡葬开展对口协商;8月，市政协办公室会同交警大队、市交通运输局就规范低速电动汽车管理开展对口协商;9月,市政协经科委会同市食药工质局加强老年保健品市场监管开展对口协商。6月至9月,市政协提案委会同三洲驿街道办事处、汪家桥街道办事处、市总工会、市民政局、市交警大队、市食药工质局等就十二届三次会议《关于加大津市老旧小区治理力度的提案》等5件重点提案开展提案办理协商。（刘清华、刘姣）

【提案工作】政协津市市第十二届委员会第三次会议期间，全体政协委员、政协各参加单位认真贯彻落实中共十九大和习近平总书记系列重要讲话精神，紧紧围绕市委市政府中心工作，着眼高质量发展,体察民情、反映民意，认真调研、建言献策，共提交提案134件,经审查合并,立案93件。其中党派、镇街活动组集体提案16件，委员联名提案30件。所有提案分别交由53个职能部门办理,全部办结。从办理结果来看,提案所提意见和建议得到解决或基本解决的20件,占21.5%,正在解决或列入规划解决的71件,占76.3%,因目前条件限制或条件不成熟暂时不能落实的2件,占2.2%,办理落实率有所提高。提案的办复率和委员满意与基本满意率均达100%。

市领导高度重视政协提案办理工作。全会期间,市委、市政府主要领导分别对《重要提案摘报》作出批示,推动提案办理工作开展。市政府召开专题会议,研究提案办理工作并交办提案。市委、市政府分管领导对涉及分管工作的提案作出批示和部署,主动参与提案办理工作。政府办每季度收集提案办理的情况,在市长工作碰头会上定期调度提案办理工作。

在重点提案督办中,强化提案办理协商。年初,市政协主席会议确定10件重点提案,并制定督办工作方案,强调办理过程的协商工作。在提案办理过程中,积极与承办单位协商,有效地推进重点提案的办理落实,发挥重点提案办理协商高质量、高效应的示范引领作用,推动其他提案的办理协商工作。

在民主评议工作中,突出提案办理协商。2018年11月,市政协常委会议对5家承办单位进行民主评议，把提案办理协商作为评议的重要内容,肯定和总结承办单位积极与委员协商、主办单位和协办单位协商,以及办理前、办理中、办理后多次协商的经验做法。

（尹茂桂、龚勇）

【重点事项监督】2018年年初,市委办公室、市政府办公室、市政协办公室联合下发《关于印发〈津市市政协2018年度委派民主监督小组工作方案〉的通知》,4月3日上午,市政协召开2018年度委派民主监督小组工作动员大会,把“毛里湖流域水环境综合治理”作为重点事项民主监督主题,统一选派5个民主监督小组,对市环保局等8个单位进行民主监督。11月16日,市政协召开重点事项监督评议会议,对“毛里湖流域水环境综合治理”工作进行民主评议,提出了许多切实可行的建议、批评和意见,为助推市委市政府狠抓生态文明建设、开展“两拆两退”和毛里湖生态环境的治理与保护工作,凝聚津市力量。

（刘清华、刘姣）

【视察活动】2018年5月16日,市政协主席会议视察全市乡镇卫生院建设工作,实地视察调研新洲镇五泉社区卫生室、新洲镇灵泉卫生院、白衣镇卫生院、新洲镇车胤卫生室、新洲镇中心卫生院,详细了解乡镇卫生院标准化建设、乡村医生队伍建设、健康扶贫、医疗服务能力等情况。在新洲镇中心卫生院会议室召开了乡镇卫生院建设工作座谈会,市卫计局为主汇报津市乡镇卫生院建设工作情况。6月13日,市政协主席会议视察生物医药产业发展,实地察看了格瑞、康捷施工现场,龙腾生物科技有限公司、工业污水处理厂。随后召开座谈会,听取津市市高新区生物医药产业发展建设情况汇报,听取湖南新合新生物医药有限公司、湖南鸿鹰生物科技有限公司等生物医药企业负责人分别就企业目前发展现状及所遇到的难题汇报,市环保局、市人社局、市安监局等相关单位负责人作表态发言。9月28日,市政协主席会议视察交通跨越大会战。首先视察窑坡渡千吨级码头和津市澧水二桥等交通跨越大会战工程现场,然后在市交通局四楼会议室召开座谈会。市交通局负责人汇报交通跨越大会战的工作情况,市发改局、市毛里湖镇、市国土局、市水务局等交通跨越大会战相关责任部门(单位)负责人分别进行发言。部分政协委员代表对交通跨越大会战工作提出一些意见或建议。

（刘清华、刘姣）

【反映社情民意信息】市政协切实加强社情民意信息工作的组织和指导,培育社情民意信息工作骨干队伍,着力完善社情民意工作机制,力求及时准确地反映基层动态、反映各界诉求、反映群众心声。有《湖区渔民“三证合一”新政推行面临三大尴尬》《机关事业单位养老保险制度改革女职工权益问题应引起重视》2篇社情民意信息被省政协采用,有《县级公共资源交易平台撤销后出现的问题应予重视》《建议加强城市老旧小区居民自治管理》《严管开发商利用精装房“打擦边球”赚取暴利》《莫让四轮“低速”电动车成为新的“马路杀手”》4篇社情民意信息被常德市政协采用,该项工作在常德市各区县市排第一方阵。（刘清华、刘姣）

【合作共事】2018年，共有15位党外人士在协商议政中发言发声,20条意见建议被市委、市政府采纳。市政协还坚持对各参加单位进行积极引导:工商联组织多家非公有制企业参与“万企帮万村”、“我想有个家”、捐资助学等各类公益活动,累计捐款捐物达19万元;民盟津市市委组织盟员赴药山镇中心小学开展“快乐成长共度六一”活动;津市民建会员傅绍荣36年如一日，为孤寡老人捐钱送物,坚持不懈,并带动其他会员捐资助学、扶贫帮困累计资金3万元;农工党津市市委依托自身在医护方面的优势,积极组织养老照护人员专业护理培训，在同心社区共建过程中,积极组织医疗服务等,通过这些活动的开

10月22日，省政协主席李微微（前排右二）到津视察毛里湖生态环境整治和绿色存折制度

展，提升政协统战工作成效。

（刘清华、刘姣）

【团结联谊】2018年10月22日，省政协主席李微微率主席会议成员一行到津市考察，对毛里湖生态环境综合整治和“绿色存折”制度给予高度的评价，提升津市在全省的影响力。江西修水县、安徽霍山县、张家界市、武陵区、澧县等省内外政协组织先后就城乡环境综合整治、养老服务、澧水流域生态保护、古镇古村古建筑、工业遗产保护、法院执行、城市创建等工作到津市学习交流。在对外联系方面，组队参加武陵山片区政协主席联席会“澧水流域生态保护课题组”第二次会议，以澧水防汛抗旱、造福流域人民为主题深入交流探讨；赴益阳南县学习考察全域文化旅游与现代农业产业发展工作的先进经验；借助常德市政协搭建的委员异地视察平台，与桃源政协开展文化交流学习。

（刘清华、刘姣）

【委员培训】在十二届三次全会期间，重点围绕贯彻落实中共十九大精神、提案工作、反映社情民意信息、政协云APP的使用以及如何当好一名优秀政协委员等，组织集中学习和专题交流。8月15日—21日，遴选50名骨干政协委员参加在上海复旦大学举办的2018年骨干委员培训班，围绕新时代努力实现人民政协事业高质量发展、提升政协履职能力水平组织专题学习。

（刘清华、刘姣）

【文史资料】2018年年初启动“城市基因”系列丛书编辑工作，进行文史资料征集，打捞城市记忆、传承城市基因、树立文化自信、助推城市发展。搭建以市委书记、市长为顾问，36家单位为成员的征编委员会，文史资料征编工作小组先后赴长沙、平江、桃源等地进行学习考察，赴湖北省鹤峰县收集文史资料，到省档案馆查阅相关资料，并对各成员单位资料上报情况进行专项梳理。市文旅广体局等成员单位高度重视、积极参与。（刘清华、刘姣）

【服务中心工作】在助力脱贫攻坚方面：落实省政协提出的三级政协委员联动助力脱贫攻坚工作，号召广大政协委员和各政协参加单位积极投身脱贫攻坚大战场，为脱贫攻坚工作贡献政协力量，共结对帮扶120户，制定并落实帮扶措施327条。同时，市政协还按照市委市政府统一部署，在毛里湖镇花桥村结对帮扶8户贫困户，制定并落实帮扶政策24条，定期开展走访和节日慰问等活动。

在低效闲置企业盘活方面：根据市委市政府统一安排，市政协负责联系盘活6家低效闲置企业，2018年盘活4家，特别是上年成功盘活朝宏油泵企业，促成投资3亿元的湖南吉人住工装配式建筑有限公司落户接盘，6月底签约，12月底投产，创造园区破产企业盘活的新速度。

在部门服务企业方面：按照推新办的统一要求，对口服务宝悦乐城公司，每月走访企业1次，了解掌握企业运营情况，力所能及解决企业实际困难，通过多方协同努力促成维也纳国际酒店项目与宝悦乐城签约。

完成市委交办的其他工作：市政协主席会议成员积极参与西河街旧城改造、毛里湖湿地公园建设、药山景区建设、农村人居环境整治、文旅康养产业发展、城市创建等工作，协调落实项目，尽心推进工作，展现了一线作为。还先后赴广西、贵州等地招商引资、学习考察米粉产业发展，为津市牛肉米粉产业进一步做大做强提出许多有操作性的建议。（刘清华、刘姣）

【信息化建设】按照省政协打通省市县三级联动渠道要求，重点推动用好用活政协云工作。2018年，市政协在全

8月19日，市政协骨干委员培训班组织参观中共一大会址

体政协委员、政协各参加单位和政协工作者中开展“每天积十分·履职云时代”主题活动，通过量化积分管理，提升政协云的使用度，让“掌上履职”“网络议政”“远程协商”成为委员们积极履职的重要途径。7月19日，市政协专门召开“政协云给我们带来了什么”青年委员座谈会，引导委员认识政协云、用好政协云、宣传政协云，真正让政协云成为“品牌云”“工作云”“学习云”“桥梁云”和“窗口云”的“五彩祥云”。

（刘清华、刘姣）

【党风廉政建设】2018年1月18日，集中学习《关于开展领导干部利用职权或者职务上的影响在金融活动中谋取私利专项整治工作办公室的通知》文件精神，开展领导干部在金融活动中谋取私利自查自纠工作；4月23日，传达学习关于开展违反中央八项规定精神突出问题专项治理的文件精神4月26日，召开专题会议传达学习常德市委《关于开展违反中央八项精神突出问题专题治理工作实施方案》、津市市委《关于开展贯彻落实湘发电［2018］9号精神监督检查工作方案》、津市市纪委《津市2018—2020扶贫领域和作风问题专项治理实施方案等文件精神；5月10日，专题学习《中国共产党党内监督条例》和《关于形势下党内政治生活若干准则》，市政协主席姜正才上廉政党课；6月21日，开展学习十八届中央纪委二次全会精神活动；7月2日，召开工作会议，传达学习中央及常德市委有关文件、会议精神。

（刘清华、刘姣）

【政协津市市第十二届委员会常委会议】2018年，市政协共召开常委会议5次，历次会议情况如下：

次数	时间	会议内容
七次	1月11日	会议听取联组会议协商讨论和协商人事事项的情况汇报；通过政协津市市第十二届委员会提案审查委员会关于十二届三次会议提案审查情况的报告（草案）、政协津市市第十二届委员会第三次会议关于常务委员会工作报告的决议（草案）、政协津市市第十二届委员会第三次会议关于十二届二次会议以来关于提案工作情况报告的决议（草案）、政协津市市第十二届委员会第三次会议政治决议（草案）、《政协津市市委员会2018年工作要点（草案）》、《政协津市市委员会2018年度协商工作计划（草案）》及《政协津市市委员会2018年度委派民主监督小组工作方案（草案）》
八次	4月13日	会议听取市财政局关于进一步完善财政体制搞活财政机制的情况汇报，审议通过十二届市政协履职相关工作规则、工作制度、实施办法，传达学习全国政协十三届一次会议精神
九次	7月26日	2018年度上半年政情通报；传达学习全国政协党的建设工作和津市市委全会精神；协商农村公路建设与管养工作；组织学习使用政协云APP4.0应用
十次	10月30日	专题协商津港新城建设规划工作
十一次	11月16日	2018年度重点事项监督工作民主评议；协商有关人事事项

（刘清华、刘姣）

10月30日，市政协召开十二届十次常委会议，协商津港新城规划

中国民主同盟津市市委员会

【概况】中国民主同盟津市市委员会下辖一中、德雅、三中、车胤、职教集团、文化、直属7个基层支部，2018年共有盟员162人，其中在职111人，退休51人，本科以上学历107人，中高级职称111人。盟员中有民盟湖南省委委员1人，民盟常德市委委员2人，湖南省人大代表1人，常德市政协委员3人，津市市人大代表7人，津市市政协委员16人。民盟市委带领全市广大盟员，深入学习贯彻习近平新时代中国特色社会主义思想和中共十九大精神，紧紧围绕全市中心工作，全面加强自身建设，积极履行参政党职能。（吴涛）

【自身建设】召开津市民盟七届二次全委（扩大）会议开展政治理论学习。组织盟员参加常德市统战干部理论研修班、常德市民主党派基层能力建设研修班、常德市新盟员培训班等。4名盟员参加市政协骨干委员培训班，11名盟员参加津市市统战理论培训班。开展纪念中共中央发布“五一口号”70周年主题活动。吴涛、肖俊、禹荣旭、何津文参加民盟省委举办的书画和征文大赛；毕家寿、谭兴烈参加民盟常德市委纪念“五一口号”发布70周年座谈会；贺爱华、曾红胜、赖丽容、蔡昌明参加市委统战部举办的公祭蒋翊武活动。开展“不忘合作初心 继续携手前进”主题活动。4月，各基层支部组织盟员40多人联合开展“清清毛里湖 责任你我他”志愿服务；9月，组织民盟市委委员、各支部负责人赴省图书馆、省博物馆参观梁溯溟生平事迹展等；11月，一中支部盟员赴桑植县贺龙故居开展爱国主义教育。（吴涛）

民盟市委开展“不忘合作初心 继续携手前进”主题教育活动

【参政议政】围绕中心建言献策。省十三届人大一次会议期间，民盟市委主委、省人大代表周欢向大会提交《关于加大津澧融城支持力度》《关于积极谋划论证常荆铁路建设》《关于尽快疏浚澧资松虎航道》3件建议，并接受湖南卫视新闻联播的采访报道。政协常德市七届三次会议期间，盟员提交提案4条。津市市十七届人大三次会议期间，盟员提交的议案建议立案15件。政协津市市十二届三次会议期间，提交民盟集体提案1件，个人提案19件。吴涛代表民盟市委作题为《乘风借势 做大做强津市牛肉米粉产业》的大会协商发言；王芳提出的《关于加快推进节地生态殡葬产业发展建议》，吴涛、赖丽容、熊淑平、曾红胜提出的《关于加强低速电动汽车管理的提案》作为市政协重点提案获市领导批示。参政履职多项成果获表彰。胡湘萍撰写的《关于破除老旧小区加装电梯障碍的提案》被常德市政协评为优秀提案。周欢撰写的《建议加强城市老旧小区居民自治管理》被常德市政协评为优秀社情民意信息。集体提案《关于加快发展津市米粉产业的建议》被市政协评为优秀提案。曾红胜、赖丽容、薛君、尹珍被评为优秀政协委员。王侣丹、邓

民盟市委开展捐资助学活动

捷壬、尹珍被评为委员论坛先进个人。吴涛、赖丽容撰写的《加强低速电动车管理　提升文明城市形象》在常德市委统战部举办的“适应新时代 聚焦新目标”微建言活动中获优秀奖。薛君反映的《市二小双济校区安全隐患问题亟待处理》和尹珍反映的《城区小学周边托管中心存在的安全问题亟待重视》被评为津市市政协优秀社情民意。（吴涛）

【社会服务】6月1日，民盟市委在药山镇中心小学开展“快乐成长　共度六一”活动，由英语专业八级教师宋名明为学生上英语趣味课，并送去慰问品和慰问金。活动被民盟中央网站和社会主流媒体网站宣传报道。6月14日，为药山镇三新垸村贫困户送去猪仔和柑橘苗等生产物资，助力“同心乡村”创建。程治元、杨育明等在油榨坊社区进行“服务百姓健康，传递人间真情”义诊活动，诊治病人200多人次，免费发放300份健康宣传资料和5000元药品。薛君作为志愿者在李家铺和药山镇小学开展“女童保护进校园”公益讲座。全市盟员在民盟组织和本职工作中“双岗创先争优”。三中支部被评为常德民盟2017年度“先进基层组织”。18位盟员被评为常德市优秀盟员。罗鉴远被评为常德市劳动模范和常德市2018年“最美扶贫人物”。在1月召开的市委经济工作会议上，余平、张改华、向际平等16名盟员获全市绩效考核评估先进个人，其中贺爱华、夏美智、鲁冬珍荣立三等功；毕家寿、赖丽容被评为全市优化经济环境工作先进个人；贺爱华被评为全市脱贫攻坚工作先进个人；赖丽容被评为全市招商引资工作先进个人。在教师节表彰大会上，曾红胜被评为津市市“师德标兵”，余平、王春梅、卢茜被评为“优秀班主任”，鲁冬珍、杨红、张改华、孙忠诚被评为“教育教学”质量优秀奖获奖教师。（吴涛）

中国民主建国会津市市委员会

【概况】2018年，民建津市市委推动思想建设、会务活动、参政议政、光彩事业、舆论宣传等重点工作，取得一定成绩。共有会员129人，下设工业、商业、综合、文化和卫生5个支部。其中经济界人士79人，有中高级职称的59人，担任政府副科级以上实职的12人，担任常德和津市市两级人大代表、政协委员24人次。（刘莉）

【自身建设】学习教育紧抓不放松。2018年，围绕中共十九大精神深入开展“不忘合作初心，继续携手前进”学习活动，积极组织会员参加各种理论培训。上半年，会员中的人大代表刘莉、裴莉林，政协委员汪晓庆分别赴全国人大、政协培训基地参加学习；陈继攀、田雨参加了民建中央在深圳举行的风投论坛；毛娟、刘梨花赴常德市社会主义学院参加理论研修班培训；陈继攀参加长沙民建湖南省委举办的建华课堂培训。下半年，易旭主委参加民建中央组织的基层骨干会员培训；王先华和田雨赴成都参加民建中央组织的非公有制经济论坛；刘莉、汪晓庆2名副主委在省社会主义学院参加民建湖南省委举办的中青年骨干培训班；8名会员参加津市市委统战部组织的理论培训，通过各种形式的学习培训和经验交流，为全会上下思想建设打下坚实基础。主题活动凝聚向心力。上半年，为纪念中共中央发布“五一口号”70周年，民建津市市委组织公祭活动、召开座谈会、举办征文等系列活动，会员10余篇征文在常德民建网站登载。下半年，组织会员积极参加民建湖南省委组织的纪念改革开放40周年征文活动，上报8篇高质量的征文，全永德、陈钢两篇征文获省级二等奖，通过系列活动，凝聚共识，传承我会

民建津市市委召开庆祝改革开放40周年座谈会

优良传统。组织建设增添后备军。加强对新会员和后备力量的培养，增强机构活力，积极向上推荐人才，发展田小娟、杨琼、熊昭旭、周海娟4名优秀而年轻有为的新会员。（刘莉）

【参政议政】建言献策话民生。“两会”期间，民建市委两级19名政协委员和5名人大代表积极履职，以高度的责任感和使命感，积极参政议政。民建市委向政协提交《巩固全国卫生城市成果使创建常态化的建议》的集体提案。毛娟委员提出《关于进一步发挥红色展览馆作用的建议》、汪晓庆委员提出《关于加强农村食品安全监管的建议》、裴莉林代表提出《关于规范校园周边食品安全的建议》都得到与会领导、代表和委员的重视和好评。刘莉代表提出《关于加强派出所规范化建设的建议》列为2018年重点建议。这些建议和提案都得到各部门办理落实。调研视察谋良策。紧紧围绕全市的经济发展大局，选择重点课题，多角度开展调研活动。2018年4月，会内代表、委员9人参加民营企业发展调研活动，对全市民营企业经济发展中所存在问题提出好的建议。市政协副主席梁文利撰写的《机关事业单位养老保险制度改革中女职工社保关系转移后待遇落差问题应引起重视》得到上级统战部和民建组织的高度重视在各级网站登载。政协委员吴惠通过深入调研撰写的《发展田园综合体壮大生态旅游》微建言荣获常德统一战线微建言评选活动二等奖。2018年9月，民建市委通过调研完成《公职人员监督全覆盖视域下基层党外干部监督工作的难点及对策》的理论调研文章。刘清华委员通过前期调研撰写的《企业职工丧葬费和抚恤金领取资格放宽后殡葬管理面临的难题亟待解决》的一文在第九期常德统战信息上发表。民主监督助发展。民建市委优化经济环境监督员、纪委工作监督员、人民陪审员共7人，他们充分发挥监督员作用，为政府软环境建设履职尽责。2018年，会员的优化经济环境监督员积极参加市优化办组织的研讨和测评活动，并深入20家企业进行走访巡查，充分行使监督职能；会员中的人民陪审员4次到法院参加案件审理活动，并对法院的工作提出合理化意见和建议。（刘莉）

【社会服务】凝心聚力促社会建设。民建津市市委广泛发动和调动广大会员，积极开展各种社会服务活动，在招商引资、项目建设、美丽乡村建设建设和精准扶贫工作等方面做了大量工作，赢得了社会各界的广泛赞誉。尤其是精准扶贫工作中，多次走访慰问贫困户并从实际出发为其购买近300株优质橘苗，鼓励其引领致富之路，深得贫困户好评。

服务领域不断扩展。老会员傅绍荣36年如一日为孤寡老人捐钱送物，2018年他为社区的26位特困户送去鱼肉等过年货，为市福利院办了4桌团年饭。会员王先华在春节前夕为津市福利院的孤寡老人送去1500元生活物资。会员李洪兵、毛娟、裴莉林、杨琼、陈钢等结对贫困学子和事实孤儿共捐资近3万元。民建商业支部春节期间走访慰问贫困居民发放慰问金3000元。民建卫生支部组织会员赴乡镇、街道义诊6次，为群众送医送药，深受社会好评。

（刘莉）

陈继攀（右三）田雨（右二）两名会员参加民建中央风险投资论坛

中国农工民主党津市市委员会

【概况】农工党津市市委现有党员92人，在职党员64人。全部为中高级职称。市委下辖四个支部：津市人民医院支部、津市中医院支部、津市教育支部、市直属支部。有常德市人大代表1人，政协委员2人，津市人大代表1人，政协委员10人。2018年在农工党常德市委和中共津市市委统战部的领导和帮助下，农工党津市市委带领全市广大党员，较好地履行参政党职能。

【参政议政】常德市政协委员毕华的《关于尽快解决我市交通拥堵问题的建议》受到常德市政协领导的高度重视，多次受邀到常德相关部门进行调研、协商；农工党津市市委的集体提案《关于开展青少年心理健康教育的建议》《关于进一步加强农村学校食品安全监管的建议》等得到市委、政府领导的重视与采纳，并由相关部门给予落实。市委的人大代表和政协委员积极撰写建议案和提案、社情民意件，共计35篇。农工党津市市委多方协调争取，分别与市教育局和乡镇中小学联系，集中力量围绕“农村学校食品药品安全监管”课题开展专题调研。撰写《加强农村学校食品安全监管，保护农村学生身体健康》调研报告。受中共津市市委、政府邀请列席中共市委常委会、政府常务会议各两次，听取市里的重大决策，发表意见和见解；积极组织人大代表和政协委员参加对市各职能部门的视察评议活动。人大代表参与公租房清理整治的检查和优化积极环境评议活动。政协委员参与农村道路建设管理民主评议、农村环境整治评议、城市交通安全整治等评议活动。对市交通局、农业局、卫计局、林业局、毛里湖国家湿地公园管理处等部门进行多次的不定期的视察活动。开展民主监督工作,进行监督检查工作,指出问题、提出建议,促进相关部门工作的改进。5月,农工党政协委员参与津市中医院选址新建督导工作。

（杨建国）

【自身建设】加强党员政治思想教育。通过民主生活会组织党员集中学习,认真学习中共十九大和习近平总书记系列重要讲话精神及农工党十六大会议精神,加深党员们对国际国内形势的了解;4月组织党员骨干参加常德市统一战线“两会”精神宣讲会。组织党员参加农工党常德市委举办的网上学精神、学党章、学党史知识竞赛,党员齐平香、全林平、胡芬芳、周芳、向甜等获优秀奖;5月组织党员集中学习中共十九大文件精神,全面了解会议精髓;7月按农工党湖南省委要求开展“不忘初心合作,继续携手前进”主题教育活动,组织党员参与“三学一讲”活动;10月组织科级干部参加市委组织部举办的科级干部培训班的学习,加强党员干部自身修养,提高工作能力与水平;11月组织党员骨干参加市统战部组织的统战理论知识讲座培训班的学习,使党员了解统战理论的基本知识,增强统战意识,系统学习统战理论知识,重温与中国共产党紧密合作历史,明确中国共产党的领导地位,明确中共领导下的多党合作和政治协商。加强骨干党员的培养。农工党津市市委先后推荐全林平、杨建国、齐平香、胡芬芳、毕华等党员骨干参加农工党常德市委组织的干部培训班,系统学习中国农工民主党党章、党史和十六大会议精神。6月杨建国参加农工党湖南省委在山西大学举办的全省机关干部培训班,齐平香参加常德市委统战部举办的全市各民主党派基层组织能力建设研修班。8月王双全、全林平参加津市政协在上海复旦大学举办的青年委员学习班。9月李贤楔、雷铁军、付蓉3名新党员参加农工党常德市委新成员理论培训班。加强干部后备队伍建设。加强理论探讨和知识培训,不断提升党员们参政议政的能力和水平。组织党员开展理论研究,探索新时代统战工作、党派工作的发展方向、特点、撰写《坚持以思想政治工作为引领,全面推进民主党派自身建设》理论文章。按照党章要求高质量的发展党员。2018年共对7名党员发展对象教育培训。考察批准3人入党。4月开展纪念“五一口号”发布70周年的活动,全体党员参与。5月组织参加常德市委开展“爱岗敬业之星”的评选活动和“爱岗敬业”演讲比赛,党员全林平获“爱岗敬业之星”称号;“5·12国际护士节”市委组织护士到棠华养老院进行健康知识宣讲及贴心送温暖活动,以志愿奉献爱心的方式,深化关爱老人,尊敬老人的社会共识;开展党员进社区进校园的“慧吃慧动,健康体重”为主题的活动;“五四青年节”组织青年党员开展“不忘初心合作,继续携手前进”为主题的重温党史的座谈会。10月重阳节,主委全林平带领走访慰问退休老党员,送去节日祝福,并发放慰问物质。组织老党员到临澧林伯渠故居纪念馆举行“缅怀先烈——共庆重阳”活动,参观故居,参观停弦福船村新农村建设。11月在市委统战部的领导下组织党员参与同心社区建设,在丝绸社区开展创建工作。

（杨建国）

【社会服务】市委配合市委统战部开展“同心社区”建设,王双全、皮明毅在金鱼岭街道丝绸社区“同心·农工医疗咨询服务站”开展常态化的义务咨询、医疗,全年累计服务居民200余人次。各医院支部开展社会服务活动,先后在新州镇街道、三新垸村、毛里湖镇棠华养老院开展医疗义诊活动,服务群众1000余人次,免费发放药物8000余元、宣传资料2500份。7月在精准扶贫活动中,全体农工党员参与到“脱贫攻坚”行动中,捐款为贫困群众奉献爱心,共计捐款8000余元;在“国际科学与和平周”活动日,组织党员在市桥头广场开展“营养与健康”大型宣传活动,免费提供医疗咨询,发放健康保健资料。8月在棠华养老院开展“健康老人”服务活动。组织党员参加“扶贫助学”行动,开展献爱心活动,共为职教集团4名家庭贫困学生捐资3200元,为其添置学习用品,补贴部分在校生活费。组织司法界党员开展普法知识宣传和教育。在职教集团、车胤中学、翊武中学等学校义务开展法律知识讲座3场,发放宣传资料2000份。与市卫计局、人民医院联合开展对乡镇基层医务人员的专业技术培训活动,开办培训班2期,培训医务人员60人次。农工党津市市委被农工党湖南省委授予“社会服务先进市组织”,全林平、齐平香被授予省级“优秀党员”称号。被农工党常德市委授予“2018年度综合考评先进集体”“主题教育活动先进集体”“2018年度社会服务工作先进集体”“2018年度助力脱贫攻坚先进集体”,全林平、毕华、齐平香、向甜、李贤楔、周芳等被授予市级“优秀党员”称号。被中共津市市委统战部授予“统战工作先进集体”,杨建国、齐平香被授予“统战工作先进个人”。

（杨建国）

工商联

【概况】2018年,津市市工商联强化服务意识,当好市委管理非公有制经济的助手,做好政府与非公有制企业的桥梁,扎实推进参政议政、服务企业、脱贫攻坚等方面工作,2018年被评为津市市级“脱贫攻坚工作先进单位”“计划生育综合治理良好单位”。

（于晨）

【参政议政】2018年,工商联界别人大代表、政协委员牢记肩负的责任和使命,履行职责,建言献策。“两会”期间提交《关于打造东城汽车贸易商业圈的建议》等政协提案和《关于市区就近建设户外儿童游乐设施的建议》等人大建议。闭会期间,瞄准农村经济发展、青年人才队伍建设等问题,深入实地进行调

2018年6月7日，召开津市市工商联（总商会）第十二届执行委员会第三次执委扩大会议

研，撰写《关于我市青年干部队伍的现状及建议》和《津市农村公路建设与养护调研报告》等，为津市发展提出合理建议。（于晨）

【教育培训】2018年6月7日，召开津市市工商联（总商会）第十二届执行委员会第三次执委扩大会议，会上开展以学习中共十九大精神为主题的《贯彻发展新理念，建设现代化经济体系》专题讲座，邀请常德市委党校副校长曹桂清作为授课人。11月6日召开工商联会员班子扩大会议，组织非公有制经济人士学习习总书记在民营企业座谈会上的重要讲话精神，帮助企业家树立正确发展思维。开展“不忘创业初心，接力改革伟业”理想信念主题教育活动，引导民营企业家振奋发展信心，投身经济建设。（于晨）

【招商引资】2018年，引进湖南加亿科技有限公司项目，投资规模3000万元，公司直接收购使用老嘉诚汽配厂厂房从事汽车零配件加工。工商联通过进行大量的沟通协调，帮助盘活原低效闲置企业毕胜酒业，现企业已和澧县六合家电签订转让协议，原厂房转型为辐射澧水流域（安乡、临澧、津市、澧县、石门、慈利）六合家电、超市仓储物流。（于晨）

【光彩事业】2018年，市工商联引导非公有制经济人士履行社会责任，参与社会光彩行动。组织非公有制企业家参与“事实孤儿结对帮扶”活动，新结对12名事实孤儿（累计结对40名），每人每年资助2000元，帮扶到高中毕业。春节前夕，开展走访慰问“计生特扶家庭”活动，为20个家庭各送去500元慰问金。8月21日，联系湘淮村镇银行举行“湘淮助学金”捐助活动，每年资助10名贫困大学生每人每年2000元，直至大学毕业，4年内可达40名。牵头开展“习酒·我的大学”助学活动，8月29日，在津市一中举行捐助金发放仪式，习酒集团共捐资6万元，资助12名贫困大学新生，每人5000元。女企业家协会、荣迪实业、嘉品嘉味等11家企业、商协会和李军个人参与“我想有个家”安居工程公益募捐活动，共捐资4.8万元，助力贫困户危房改造。（于晨）

【精准扶贫】2018年，根据省工商联“万企帮万村”工作要求，制定津市市《2018年度“万企帮万村”精准扶贫工作方案》，倡导津市非公有制企业家弘扬精神，助力脱贫攻坚。

点村建设。“万企帮万村”工作在津市确定和平村、同乐堡村、三新垸村、花桥村4个未摘帽贫困村为示范点村。其中湖南娄星纺织有限公司、湖南鸿鹰生物科技有限公司等5家企业出资5万元，用于花桥村开展精准扶贫“品牌”活动——“幸福和美农家”评选表彰。

产业扶贫。引导湖南嘉一食品有限公司和津市大喜农作物种植专业合作社签订种植收购协议，帮助贫困农户增收。嘉一食品还为全市种植户免费提供价值15万元的大蒜种苗3.5万公斤，帮助农户发展生产。慧农柑橘加工厂落户箭楼村，工商联和箭楼村村部联系企业及农户，沟通农户通过申请财政资金入股加工厂每年享受分红，58户贫困户每年分红收入保底6.84万元。

就业扶贫。津市市非公有制企业吸纳本市建档立卡贫困户就业累计100余人。（于晨）

【同心美丽乡村创建】工商联多次对白衣镇红光村“同心美丽乡村”建设进行指导帮助，并于10月23日上午，在红光村组织开展“‘同心美丽乡村’扶贫帮困、捐资助学、医疗义诊”现场活动。11月底，白衣镇红光村成功创建为常德市级“同心美丽乡村”。（于晨）

【服务企业】解决企业困难。市工商联听取企业反映的困难问题，帮助协调沟通相关部门，解决企业发展难题。帮助嘉品嘉味协调解决电梯使用和锅炉问题，帮助惠东森食品协调解决电价过高问题。作为健康食品产业小组成员，

2018年8月21日，举行“湘淮助学金”捐助活动

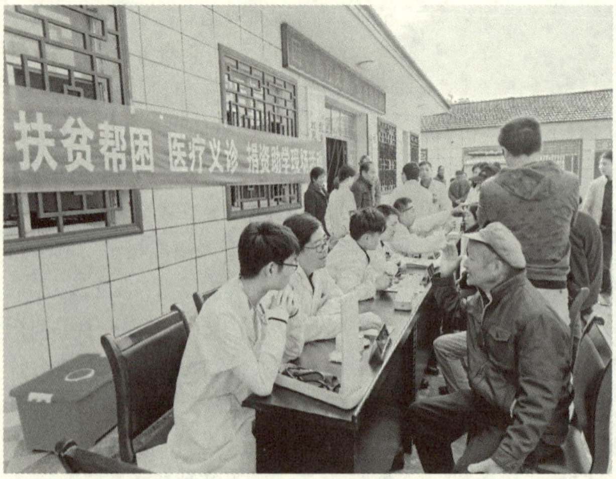

2018年10月23日，“同心美丽乡村”扶贫帮困、捐资助学、医疗义诊活动

每月走访对口服务4家食品企业，帮助协调解决嘉一食品反映的用气问题和生产基地问题。

暖企惠企。春节前夕，市工商联组织开展春节慰问活动，为企业困难职工送去慰问金，为企业送去油、肉等生活物资。3月，为企业送去部门服务企业联系卡和活动方案，讲解津市惠企优惠政策，解答企业疑惑。7月开展“送政策、送法律、送清凉”主题活动，为企业送去降暑物资以及政策法规。

法商、检商普法维权。市工商联与司法局签订协议，组建律师志愿者队伍，为企业发放《津市市企业法律服务实用手册》。组织企业家代表参加检察院“检企同行，护航发展”系列活动，增强非公企业“守法诚信”意识，提高“防范风险”能力。

参与“百优员工”评选表彰活动。弘扬“工匠精神”。对全市110家规上企业、商协会员工，评选表彰108名企业优秀员工（其中非公有制企业94人），在全市营造崇尚技能、尊重劳动的社会氛围。（于晨）

【组织发展】工商联不断扩大会员覆盖面，优化会员结构，将嘉一食品等一批优质企业纳入会员队伍。

企业会员发展。2018年会员企业嘉品嘉味成功入选小巨人企业；鸿鹰生物成立全市首家院士工作站。会员刘喜荣成功入选国家级科技创新类人才，并被授予国家证书。

商协会发展。各基层商会组织会员开展集中学习中共十九大精神、惠企政策宣讲、调研蓏果产业发展、危废规范化管理培训等活动。各协会会员联合企业商户，举办促销活动，为消费者带来实惠。（于晨）

总工会

【概况】津市市总工会内设1办4部2委，即办公室、基层工作部、权益保障部、财务资产部、劳动和经济工作部、经审委、女工委；另有内设二级事业单位津市市法律维权办公室（困难职工帮扶中心）。至2018年，实有行政编制人数6名、事业编制人数4名，另聘用工会专干3人，聘用在职人员39名担任社会化工会工作者。市总工会围绕工业立市，产业兴城战略，推进工会深化改革和产业工人队伍建设，以深化改革为动力，以换届为契机，突出创新创造、产业工人、维权服务、文化阵地、强基固本5个重点，改革创新组织形式、管理体制、运行机制和工作方式，工会工作呈现出良好的发展态势。

做好工会换届工作。3月20日，津市市工会第十六次代表大会在市兰苑宾馆召开，157名代表，43名列席代表参加会议，大会审议并通过工会工作报告、工会财务报告、工会经费审查3大报告，大会选举产生津市总工会第十六届工会委员会、女职工委员会、经费审查委员会“三委”委员及新一届工会主席李亚林、副主席蔡德习、郭玉璟、向魏领导班子，工会委员会常委李亚林、蔡德习、郭玉璟、向魏、田晓红、任杰、甘文达、张晓丽、李艳、杨柳青、程秋。市委副书记杨文慧到会讲话。会上，人大常委会副主任，十五届工会主席李亚林全面客观的总结第十五届委员会所做的工作和取得的成果。工会主席李亚林在会上对今后五年的工作提出新的要求。推选省工会十六大代表2名、常德市工会七大代表26名，湖南省工会十六大代表2名。（任杰）

【工会活动】抓“班组建设”活动。以“工人先锋号”创建活动为载体，以“五型”班组建设为主要内容，号召全市企事业单位，以引导班组实施精细化管理和标准化建设为目标，开展“最美班组长、芙蓉标兵岗、百岗明星、五一劳动奖章”等推荐评选活动。活动得到企业与广大职工的积极响应。开展职工技能竞赛。围绕“工业立市、产业兴城”主题，推

3月20日，津市工会十六届换届选举大会

进“书香满津城，学习促发展”“创建学习型机关、争做学习型干部”工作，不断培育和提升专业人才队伍学习力、创新力、竞争力，“五一”期间在全市广泛开展“创新引领未来，弘扬工匠精神”主题技能比武活动。发挥企业的主观能动性，动员企业广泛开展群众性岗位练兵技能比赛、技术交流等活动，激发广大职工学技术、钻技能的热情，进一步加强职工技能竞赛，提高技艺，全年的职工职业技能大赛共有 10 类 12 个项目，评选出一等奖 15 人、二等奖 25 人、三等奖 36 人，整个活动在全市有效地弘扬“工匠精神”。推动职工创业创新，通过动员广大职工积极投身于自主创业、技术创新热潮之中。着力搭建平台，把职工（劳模）创新工作室打造成职工创业创新的主阵地，创建中联重科、新合新示范型职工、劳模创新工作室 2 个。发挥工会培训基地“大学校”的作用，通过开展新型产业紧缺技术工种技能人才培训工作，培训职工 280 名为创业创新创造条件。开展“争创学习型组织、争当知识型干部”活动，全年共组织各类学习交流活动 10 次，选派 28 名基层干部参加上级组织的业务培训，工会干部根据业务工作为基层工会干部解读业务知识，300 多名基层干部参加培训。

（任杰）

【职工帮扶】加强帮扶体系建设，形成“以市帮扶中心为龙头，乡镇（街道）帮扶站为枢纽，企业、社区和社会帮扶点为基础的立体网络式帮扶体系”。建立和完善工会帮扶工作制度和工作流程，实施困难职工帮扶工作的电脑化管理，建立完善的困难职工台账，形成分工有序、信息畅通的工作格局。完善基础台账，通过逐级申报、层层把关，市总工会通过入户调查了解情况，完善全市困难职工 55 名基本档案。发挥工会贴心“娘家人”的作用，市总工会对 383 名困难职工发放生活救助慰问金 32.7 万元，采取银行转账发放；对 20 个单位 18 个帮扶站点发放大米 600 袋。全市 82 家行政事业单位，对 23 家社区、59 家企业进行“双联”接对慰问，慰问的钱物计 15 万多元。组织全市行政事业单位，800 多名干部职工深入到 22 个社区、70 多家企业走访慰问贫困职工 660 多人，为企业、社区办实事近 100 件，送去捐款和物资折合人民币 23.5 万元。市总工会为钰兴科技、特维新材、仁和盛等 5 家企业的困难职工送去 20000 元慰问金和 200 公斤大米。2 月下旬，为新州镇、药山镇外来务工农民工送去 7000 元的生活救助款，对 8 名困难劳动模范每人送去 300~500 元不等的慰问金及物资，对津市翊武中学周慧老师、毛里湖镇万家村杨琼进行临时性帮扶，送去慰问金 1500 元。端午、中秋、国庆节前，为 42 户送去 4.5 万元慰问物质。狠抓职工互助。按照常德市总的要求，宣传职工第七期医疗互助活动，全市共有 162 个单位 8568 名参与医疗活动。共为第六期职工医疗互助 355 人次提供 42 万多元的医疗帮扶、为 26 人提供二次救助 14.9 万元、对死亡人员补助 4 万元；第七期职工医疗互助 100 人次提供 10 万元的医疗帮扶。二次救助 29 人次，发放资金 19.3 万元。真正让需要帮扶的职工得到了雪中送炭式的温暖。（任杰）

“金秋助学”活动

【维权服务】与市人社局、工信局、工商联等部门加强联系，建立三方协商机制。以“双联”帮扶为平台，组织全市 85 个机关事业单位联系 93 家企业，直面企业发展中遇到的难题，真心实意为企业排忧解难。在维护稳定上，主动搞好职工来信来访，全市处理来信来访 58 件，先后有人民医院、新合新、中沃公司职工上访维权，满意率达 100%。发挥职能作用，组建法律援助志愿者服务队，为职工提供法律援助，为维护稳定起到润滑剂作用。组织宣传月活动，市总工会开设宣传咨询点，发放《工会法》、职工互助医疗保险宣传画册、职业病防治、农民工维权、工会法律法规等宣传资料 12000 多份，并进行现场问题咨询解答，使安全生产知识，依法维权意识在职工群众中入心入脑，提升全民安全意识，收到较好的宣传效果。开展“安康杯”竞赛活动，市总工会与市安监局联合开展“安康杯”竞赛活动，全市 179 家企事业单位中 90%的职工参与其中。6 月 16 日在江南明珠广场进行安全生产月咨询日活动，活动围绕“安全发展、人人有责”为主题，以安全发展理念、安全生产法律法规、安全知识和安全生产的先进典型为宣传重点，制作宣传牌，发放宣传资料 3000 多份。与市安监局、劳动局等部门配合督导调研企业安全生产、职工劳动保护工作，全年共参与全市安全生产监督检查 8 次。督促政策法律落实。督促相关单位同职工签订《劳动合同》，工会代表职工签订《集体合同》，促使企业和职工按照协商双赢的原则把《劳动合同》《工资协商合同》的签订和履行落到实处，共续签劳动合同 5600 多份，工资协商 98 份。为增强下岗失业人员（农民工）就业能力，与相关部门联合举办各行业技能就业培训 4 期，开设家政服务、餐饮服务、纺织技术培训班，参加培训人员 2550 人，与市人社局就业处在法治广场组织“春风行动”招聘会，提供工作岗位 1100 余个，现场

共有313人达成就业意向。（任杰）

【评选劳模】劳动模范是劳动群众的杰出代表，是最美的劳动者。劳动模范身上体现的“爱岗敬业、争创一流，艰苦奋斗、勇于创新，淡泊名利、甘于奉献”的劳模精神，是伟大时代精神的生动体现。强化劳模管理，开展劳模评选。由分管副主席带队对劳模的收入及生活状况进行进一步核实、登记，形成电脑化管理的三级台账，真正做到底子清、情况明、强管理。根据常德市总和津市市委市政府工作要求，开展第六次常德市级的劳模评选工作，经过层层筛选，上报市委、市政府常委会研究决定，鲁丽等6名候选人推荐为常德市级劳动模范，在“五一”劳动节表彰会上进行表彰。开展劳模慰问，落实劳模待遇。春节期间，精心组织，由四大家主要领导带队，走访慰问全国、省（部）级、常德市级劳模283名，送去慰问金、大病补助、工资补差近11万元。为210名全国、省、常德市级劳模发放工资补差、春节慰问金及大病补助共22.3万元，按照常工发〔2018〕9号文件，对常德市级劳模不足2790元的补足2790元，进行全面摸底调查，全年补差金额为5.2万元，春节前全面落实到位。弘扬劳模精神，宣传劳模风采。为更好地宣传劳模事迹，弘扬劳模精神，唱响“劳动光荣伟大、劳动创造财富、劳动改变生命”的主旋律。与市电视台联合开辟“津市工匠”精神电视专题栏目，把5月技能比武活动突出的工匠、精英的先进事迹制作成15集专题片，在市电视台连续展播，节目受到社会各界人士的一致好评。（任杰）

【基层工会建设】2018年继续抓好工会组建。有针对性地抓津市高新区新建企业工会组织建设，真正让进城农民工人员感到“有家可归”。全年完成涵盖法人单位30家工会组建任务，新增会员1008人。按照“六有”和常德市总考核的要求，以点带面狠抓规范化建设，对部分基层工会独立账户未建立、工会工作资料不齐全、开展工作落实不到位等问题进行指导。90%的非公有制规模企业都达到规范化建设的标准。通过特色工作的导向作用，引导、促进基层工会组织创先争优。以“模范职工之家”“职工文化广场”等活动为载体，推进非公企业工会规范化建设，收到较好的效果，市一中、市娄星纺织、市宏力纺织等80多家基层工会积极参与各项创建工作，精准程度超往年。复查验收省、常德市级模范职工之家6家、向上申报省、常德市级模范职工之家2家，新洲镇职工文化广场建设成为全省的示范点。加大经费收缴力度，提供后勤保障。完成基层工会审计20家以上，指导基层工会做好经费使用管理工作，确保基层工会经费收好、管好、用好。其他工作齐头并进。女工工作开展扎实有效。继续深入开展第七轮“芙蓉杯”素质达标竞赛活动，全市共有3家基层工会分别进行省级、常德市级和本级的芙蓉岗的申报创建工作；“三八”读书活动、女性健康讲座送基层、家风建设有序开展；乡财县管工作按照要求和时间节点稳步推进。（任杰）

津市市工会第十六次代表大会召开

【文化宫建设】津市市委、市政府把工人文化宫的建设摆上议事日程，纳入全市“十三五”重点建设项目，市领导多次调度，工作有序推进。项目基本情况：名称为津市市工人文化宫工程；主题为运动性主题；风格为主体建筑采用现代简约版风格；选址在洞庭大道东侧、封家台路北侧；规模为33383平方米（50亩），主体建筑规划面积约1.5万平方米；功能为多功能会议及演艺中心、市民健身中心、职工培训、文化展厅、图书阅览等以及地下配套附属设施设备；经济和社会效益，项目资金为上级补助和政府投资，为职工群众和广大市民提供学习、演艺、培训、健身、文化、阅览、娱乐活动，展现澧水流域现代化中心城市风采；投资概算约8200万元。项目进度情况：项目已完成选址、可研报告、土地划拨、环保评估、建设立项、设计单位招投标、专家评审、规委会通过、土地青苗补偿、环境测评、财政评估、施工建设扩初、施工图纸设计定型、土方、主体工程、监理（预算、招投标）等工作程序。2018年3月8日：主体工程开始施工，安全文明和场内道路建设及桩设备进场，4月18日桩基础进行正式打桩，总共有614根桩，已经打249根桩。应政府销资减债的影响及相关会议精神，于2018年5月4日项目暂停。10月上旬，根据市委、市政府相关会议精神，减少投资规模进行图纸设计调整。2018年12月中旬，设计图纸调整并形成初稿，等待市委、市政府以及相关部门研究同意。（任杰）

共青团

【概况】2018年，共青团津市市委从组织建设、交流学习、青年活动、志愿帮扶工作出发，引领全市团员青年为“工业立市、产业兴城”,建设澧水流域现代化中心城市的战略助力。全市有基层团(工)委17个,团总支7个,团支部236个,新发展团员393个,全市共有团员4685名,其中学生团员3419名。全年开展交流学习活动25次,青年活动4次,志愿帮扶活动23次,共参与3307人次;资助学生33名,志愿者队伍7支,共200人。（余慧）

【组织建设】改革方案。《常德市共青团改革实施方案》出台后,结合实际制定《共青团津市市委改革实施方案》,主要对领导机构人员构成、干部队伍、团的基层建设等方面进行改革。按改革要求,团市委现已配备1名挂职副书记和1名兼职副书记。干部队伍建设。全年选派12名青年干部参加上级团委基层团干班培训6次,提升干部业务水平和服务青年能力;推荐津市籍优秀青年代表施敏为常德驻深团工委副书记;面向社会招募20名优秀青年加入青年咨询团,凝聚力量为青年服务。加强基层建设。传达学习《关于做好2018年常德市发展团员调控工作的通知》、《中国共产主义青年团发展团员工作细则》,就提高发展团员质量、严格发展团员程序等重点方面作要求。摸底我市2016—2018年发展团员情况,就涉及入团年龄不符、发展程序不规范、无发展团员编号情况的290名学生,认真开展整改工作,现已基本完成。“智慧团建”系统。党建带团建,全市所有镇街、中学团组织已100%完成团建系统网格化建设,现已为全市254个团组织,3800余名团员提供基层团务、团员日常管理、团内信息统计、团员关系接转等服务。（余慧）

【交流评比】学习宣讲。依托“青年之家 学习社”联系团干部开展中共十九大、团的十八大、习近平总书记“7·2”重要讲话精神宣讲活动4次。聚焦团中央“青年大学习”,全年开展15期在线学习,参与青年2132人次。平台服务。白衣镇、新洲镇、嘉山街道、襄阳街道、三洲驿街道、津市V青年6个青年之家平台在思想引领、创新创业、婚恋交友、扶贫帮困等各领域开展活动52次,共计参与3307人次。2018全年,“津市V青年”微信公众号平台设团青快讯、青年之家、青年大学习3个栏目,全年发布373条内容,全年阅读量达41342人次。优秀评比。全年开展“诚信好青年”、“最美中学(职)生”、“向上向善好青年”等系列评选活动,累计申报300人次;获评湖南省优秀共青团员1名,湖南省优秀共青团干部1名,湖南省五四红旗团支部1个;选举16名优秀青年为共青团常德市第七次代表大会代表,传播青年正能量,以榜样精神引领青年。（余慧）

【青年活动】“津市·青年说”青年干部主题论坛。2月8日,举办第1期“青年说”青年干部论坛活动,活动主题“我眼中的津市的现在和未来”,现场聚集来自不同行业的50多位青年干部,8位分享嘉宾分别从他们本职工作角度以及在津市生活的点点滴滴畅谈了他们眼中津市的现在和未来,激发了现场青年干部的共鸣和思考,活动还通过津市团委官方微博同步直播,线上点击观看人数达上千人。9月29日,举办第2期“我看工业,我想说”青年干部论坛,10名来自第七届市委年轻干部读书班的学员带领全场回顾和分析津市辉煌的发展历程,探寻其中优质的发展脉络,同时结合自身工作和阅历,从弘扬工匠精神、设立人才战略、加强科技创新、优化营商环境、扩大宣传报道等多个角度,深入分享自己的思考和感悟,并围绕队伍建设、制度改革等方面提出自己中肯的意见和建议。会场上,学习交流氛围浓厚。

“五四”主题活动。3月下旬至4月中旬,在全市开展津市市“十大杰出青年”推荐活动,通过自荐和组织推荐,共收到48份候选人申请,经组委会成员评定、审核和公示,最终确定10名优秀青年人选。5月4日上午,举办“共青团在你身边——津市团市委纪念‘五四运动’99周年主题集会暨十大杰出青年表彰活动”,进行集中入团仪式、优秀青年分享青春故事,为50名新团员举行入团仪式,10名杰出青年进行表彰,增强团员青年的荣誉感,宣传青年杰出人才,发挥青年典型的榜样示范作用。

炫跑活动。11月1日,开展“炫跑之夜·律动津城”青春荧光夜跑活动,以年轻人喜闻乐见的“快闪”形式开场,通过组队竞争的形式,在我市近两年的城市新建设,三湖公园、津城美食一条街、澧水风光带沿线的望江楼、双济广场等任务点,进行通关打卡,吸引来自全市各机关企事业单位的200多名青年参加,为青年干部提供交友联谊、强身健体的平台。（余慧）

【权益帮扶】3月,联合检察院团支部公诉科开展“检校携手 呵护花蕾”活动,为毛里湖镇花桥村小学的学生送去开学第一课,通过进行与小学生息息相关的法律知识抢答赛,启发孩子们在象牙塔的路上运用法律思维分析和解决问题。4月,进行“囊萤之光·四点半课堂”项目,主要为20余名5~12周岁学龄儿童,特别是留守儿童和困境儿童提供免费的课业辅导、兴趣培养、社会实践等全方位服务。5月,在德雅中学联合开展以“关爱祖国未来,擦亮未检品牌”为主题的“检察开放日”活动,通过法治宣传教育展板、禁毒宣誓、参观“法治教育基地”仪式,增强了未成年人的自我保护意识,营造了良好的法治校园氛围。在社会组织孵化基地为30名女童进行自我保护讲座宣传,增强女童自护意识。全年开展“湘窖·我的大学梦”“芙蓉学子”“习酒·我的大学”“一元捐”公益助学活动,共计完成10万元助学计划,帮扶困难学生33名。举办“青年学堂 助梦成长”公务员及事业单位考前公益培训班,为200余名建档立卡贫困户及待业青年提供为期4天的提升课程,增强青年本领。（余慧）

【志愿工作】“暖冬行动”。1月21日至3月1日,组织40余名志愿者在欣运汽车总站等场所开展为期40天的青年志愿者服务春运“暖冬行动”,为旅客提供引导咨询、秩序维护、便民利民、应急救援等多项便民服务。志愿者们在志愿岗位上体现价值,在奉献中赢得赞许,为春运工作增添更多动力与活力。

“3·5”雷锋月。学校战线开展主题班会，清扫街道、敬老院送温暖等学雷锋主题活动，弘扬良好的社会主义青少年新面貌；青年志愿者前往爱心幸福园为老人送去温暖和陪伴；人民医院团支部开展“环卫有你 关爱有我”志愿服务活动，体验环卫工作，为环卫工人送去药品、发放健康手册、宣传预防春夏疾病基本知识；联系津市市襄阳街爱心志愿者协会开展“传承雷锋精神 关爱留守儿童”爱心捐赠活动。“3·12”植树节。组织30余名青年志愿者参加义务植树活动，用挥洒的青春建设“绿色津市”，活动增强了青年的植绿护绿意识，为全市创建“国家园林城市”贡献了青春力量。5月中旬，聚焦全市中高考学子，开展以“释放压力 从容应考”为主题的中高考减压活动。6月7日，组织10多辆爱心车辆开展“爱心护考 志愿者在行动”活动，为50多名高考学生提供送考服务。“6·26”国际禁毒活动。组织20名爱心志愿者参加“健康人生、绿色无毒”全民禁毒宣传健步走和拒毒签名活动。优秀青年学生（市禁毒公益宣传形象大使）冯博文代表全市学生作拒毒宣言，从自己做起，预防犯罪、远离毒品。“9·21”城市无车日活动。组织30名青年志愿者走上街头，呼吁广大市民积极参与城市无车日活动，倡导绿色交通，改善人居环境，从自己做起。　（余慧）

妇　联

【概况】2018年，津市妇联以妇联改革、组织宣传、妇儿发展、巾帼扶贫、妇儿维权为重点工作内容，切实履行好组织妇女、引导妇女、服务妇女、维护妇女儿童合法权益的职责，团结动员广大妇女为全市经济、社会发展做出积极努力。全市共有9个镇（街道）妇联组织，76个村（社区）妇联组织（其中村妇联组织39个，社区妇联组织37个）。市妇联核定编制5个，其中行政编制4个，工勤编制1个。实有在编人数5人，其中主席1名，副主席1名、工作人员2名、工勤人员1名。　（王方）

【妇联改革】2018年6月出台《津市市妇联改革实施方案》，对领导机构人员构成、干部队伍、基层妇联组织等方面进行改革。选配挂职副主席1名，兼职副主席2名。在三洲驿街道进行区域化建设试点，指导基层妇联与其他部门阵地共建、资源共享，打造服务妇女群众协同发力模式。建立志愿服务、妇女议事、维护儿童权益等特色“微家”。开通“津市女声”微信公众号，建立镇（街道）妇联、村（社区）妇联、普通妇女群众的妇联网群125个，覆盖5500余人，充分利用新媒体平台加强与妇女群众的沟通。以会代训，选派妇联干部参加省、常德市各类培训26人次，提升了妇联干部的理论素养和从事妇儿工作的能力。10月23日、24日举办基层妇联干部业务培训班，提升全市基层妇联干部队伍的业务能力和整体素质。　（王方）

【组织宣传】开展党的十九大、中国妇女十二大精神宣讲活动，提升妇女干部素质水平，传递党的思想政策，引导全市广大妇女群众自觉听党话、跟党走。2018年，津市妇联在中国妇女网上稿1篇，潇湘女性网上稿82篇，《今日女报》上稿2篇。开展家庭教育知识讲座10余场，内容涉及防性侵、防溺水、心理健康、老年人保健、交通安全、食品安全等多个方面，受益人次近1000人。全年评选出最美家庭10户；平安家庭示范户15户；巾帼文明岗5个。同时向上申报常德市“三八红旗手”2名，“三八红旗集体”1个，“省级巾帼文明岗”1个。　（王方）

【妇儿发展】举办2018年机关干部趣味运动会暨寻找最美家庭启动仪式，成功地将“团结、友谊、进步”的体育精神融入机关作风建设中。“六一”儿童节，组织38名贫困学生参观红色收藏展览馆，接受爱国主义教育；举办“如何做好一名小主持人”公益课堂，引导孩子们树立自信开朗的性格。“知心屋”项目点——津市翊武中学全年共开展团体辅导活动10余次，心理健康知识讲座2场，为1000余人次留守儿童提供心理健康辅导。ECD项目共开展亲子活动、家访活动、外展活动共计200余次，服务辖区儿童近千人次，促进辖区0~3岁儿童家庭早期教育的健康发展。小候鸟项目全年开展阅读活动4次，受益人次近400人。“乡村振兴巾帼行动”鼓励妇女创新创业，挖掘出一批农村致富女带头人和基地、合作社等经营主体。如白衣镇水蜜柚园，药山镇中药材基地，毛里湖镇“桑葚采摘节”、桑宝园蚕桑种养农民专业合作社、果蔬种植基地等。省妇联副主席张媛媛到津开展“抓重点、补短板、强弱项”调研，现场走访毛里湖镇，对全市妇女积极投身乡村振兴巾帼行动给予充分肯定。5月底前完成妇女儿童发展规划的监测统计工作，同时根据上级要求开展全市城乡社区儿童之家数据摸底，了解儿童之家建设情况，统筹安排、整体推进津市儿童之家建设，津市儿童之家覆盖率已达到70%以上。　（王方）

【巾帼扶贫】全市农村适龄妇女“两癌”免费检查实际完成2134人，超出全年任务数（2000人）134名。同时为全市14名贫困“两癌”患者发放救助金14.2万元；联合人寿为白衣镇220名建档立卡贫困妇女捐赠价值440万元保额的“两癌”健康保障。与人社、卫计部门联合举行电子商务培训和月嫂培训，增强妇女就业创业能力。积极选派代表参加省妇联“乡村振兴巾帼行动”农村妇女带头人培训和湖南省首届巾帼创业创新大赛。开展节前走访慰问活动，为贫困妇女、儿童、家庭发放慰问金2万余元；举行“脱贫攻坚·微善风助学常德”津市专场助学活动，为41名符合条件的学生发放助学金近6万元；开展“春之霖”一对一助学帮扶活动，为3名贫困学子筹集助学款近万元。　（王方）

【妇儿维权】市、镇（街道）、村（社区）三级妇联联动开展主题普法活动。全年发放普法宣传册、环保手袋5000余份，开展女童保护讲座及家庭律师社区行活动30余场；利用津市电视台微信公众号和“津市女声”微信公众号推送反家暴、妇儿维权知识、开设"津市和家庭故事汇"专栏等形式增强妇女儿童学法、维权的意识和能力。全市9个镇(街道)均设立婚调室(站),成立婚调队伍,市、镇(街道)两级联动,促进基层婚姻家庭矛盾的早发现、早介入。2018年全市各级婚调组织共受理婚姻家庭矛盾调解695起,调和686起。组织专职调解员参与业务知识培训2次,提高调解员业务素质和能力。全年共接待信访案例43起,通过与综治、司法、民政等相关部门协作,信访调处率达100%。

(王方)

2018年5月28日"第二个科技工作者日"摄影作品展览

科 协

【概况】2018年度,津市市科协普及科学知识,宣传科学思想,弘扬科学精神,进一步巩固并健全基层科协组织,充实工作队伍,坚持按照"一年打基础,二年上台阶,三年出经验"的既定工作目标,秉持"联络、协调、服务"的职能,围绕"夯实基础、强化服务、打造特色、务求实效"来抓细抓实各项工作,团结社会各方力量,将科协建设成"科技工作者之家"。多次举办各类大型科普活动,扩大科协科普工作宣传影响力,促进全市科普事业健康发展。(朱智炜)

【全市第二个"科技工作者日"摄影作品展】2017年5月28日至6月1日,由市科协主办的全国第二个"科技工作者日"摄影作品展览,在车胤广场展出。展览分风光类和纪实类,共展出获奖作品58件,向市民群众呈现"科技兴市、科技强市"战略在全市各行各业的精彩瞬间,让参观者通过摄影师的视角直观感受津市科技人异彩纷呈的工作和生活画卷,以视觉艺术的方式传播科技之美,引导市民群众更加关注科技、了解科技。(朱智炜)

【津市市第三届"财税杯"青少年科技创新大赛】2018年4月4日上午9点,在市教育局四楼会议室召开的津市市第三届"财税杯"青少年科技创新大赛正式拉开序幕。由市科协、市教育局、市科技和工业信息化局、市环保局、团市委联合主办,市财政局、市国税局冠名,市德雅中学承办的"津市市第三届青少年科技创新大赛"经过历时8个多月的精心组织,于11月12日落幕。大赛共收到科技发明作品、科幻画、科学实践活动作品近300件,津市市青少年科技创新大赛组委会共评出学生科技竞赛项目一等奖10项、二等奖15项、三等奖19项、优秀奖23项,其中获得常德市级科技创新项目一等奖1项、二等奖1项、三等奖2项,获得湖南省级科技创新项目二等奖2项、三等奖1项。

此项活动的开展,提高了中小学校中青少年的创新精神和实践能力,增强青少年的科技素质,发现一批具有科技创新潜力的优秀人才,活动得到广大青少年和社会各界的一致肯定和赞扬。

(朱智炜)

【编辑科普内刊《兰津科苑》】2016年创办的全国科协系统首个综合性、地方性的科普内刊《兰津科苑》,在全国各地津市人中发送后影响颇大,受到市委、市政府及在外老乡、市民的肯定。2018年市科协继续编印3期《兰津科苑》,分别在4月、8月和12月出版,书刊为大16开,设置健康、科技、生活知识等方面的栏目近30个,文章共330篇。《兰津科苑》既是科技工作者表达心声的园地,也是向科技工作者展现世界的窗口,更有许多职能部门通过此平台宣传行业知识。(朱智炜)

【评选表彰"科普示范社区、科普示范协会、科普示范基地和科普带头人活动"】2018年4月,市科协深入各镇、街道及协会对已考察、考核,帮助多个社区、基地、协会与个人申报科普惠农项目。其中毛里湖灯塔社区获得湖南省级"科普惠民"计划支持项目,药山镇文昌阁社区被评为常德市级"科普示范社区",土桥村果木协会被评为常德市级"科普示范协会",陈蓉蓉被评为"科普带头人"。市科协将继续加强对科普示范社区的指导,以点带面,不断总结经验,完善社区科普工作机制,加强社区"科普e站"建设,不断提升社区科普服务能力,为社区居民提供更及时、有效、周到的科普服务,进一步发挥辐射带动作用,引导和帮助更多的社区居民建立起科学、文明、健康的生产和生活方式,提高社区居民的科学文化素质,让科普公共服务持续惠及广大基层群众。并助力实现全市"十三五"公民科学素质建设目标。(朱智炜)

【成立"津市市兰津科文服务协会"】2018年5月27日成立"津市市兰津科文服务协会"。共设"三农服务""企业服务"等16个服务小组,由民政局审批,市委组织部同意,为全市机关、企业、镇(街)、学校及个人提供科普宣传及培训、经验文章撰写、法律咨询、心理疏导、编印文学书画、摄影作品集及作品展览等。以传承中华文化,繁荣津市

2018 年 5 月 27 日，成立津市市兰津科文服务协会

科技，文化事业为宗旨。成立后先后开展了临澧福船联谊采风、本土文化研讨、脱贫攻坚宣传、国学宣讲、心理咨询等 10 多次创作、研讨、采风等活动。（朱智炜）

【编印科普系列丛书】编印《科普系列之春、夏、秋、冬》《科普养生 100 问》《科普画册》6 本丛书共 3000 套，向全市未成年人、农民、城镇劳动人口、领导干部和公务员免费发放，着力推动全民科学素质的提升。（朱智炜）

文　联

【概况】2018 年 2 月上旬，津市文联作为全省先进县级市文联代表，参加省文联九届九次全委会暨全省文联系统深化改革工作推进会，被评为全省文联系统 2017 年先进单位，津市文艺创作中心评选为湖南省文艺惠民服务基地，湖南文学创作示范基地落户津市毛里湖国家湿地公园。2018 年 10 月 25 日至 11 月 2 日，津市文联负责人受邀参加“中国文联第 15 期全国市县级文联负责人研修班”，这是津市文联首次参加如此高规格、高层次的研修班。（王珏）

【改革】2018 年，按照中央、省文联关于深化群团组织改革的总体部署，围绕全市文艺工作实际搞好调查研究，多次召开专题会议向常德文联及津市市委领导汇报文联改革工作。2018 年 3 月，常德市文联党组书记封德军率调研课题组到津市开展基层文联改革调研活动，组织相关部门主要负责人参加的基层文联改革调研座谈，就如何在新形势下推进基层文联改革工作等多方面情况进行广泛交流和讨论。津市文联根据上级要求，结合调研情况，制定津市文联深化改革实施方案初稿。

2018 年 6 月，市委书记傅勇调研文艺工作，听取市文联工作开展情况和市文联改革情况汇报，并与市文艺创作中心的创作人员进行交谈。

召开全市文艺工作座谈会，文联下属 8 个协会会长及部分文艺骨干参加座谈会，形成专题会议工作情况报告。

津市市委常委会议纪要明文规定，市文联、市作协改革工作，是推动全市文联基本职能转变，创新发展的重要举措，为深入推进工业立市产业兴城战略提供文化凝聚力和精神推动力。全市上下要统一思想，支持配合，确保工作落实。会议原则同意市文联提交的《津市市文联、市作协深化改革实施方案》。同意健全市文联党组领导班子，增设 1 名副科级领导职数并任党组成员，另配备 1 名兼职党组成员，增加 2 名全额拨款事业编制，经酝酿后按程序提请相关会议研究审定。同意设立津市市文联创作中心，加挂《兰草》编辑部。增加文艺事业投入，确保资金投入不低于常德市各区县文联最低标准。（王珏）

【文学创作】弘扬主旋律，传播正能量，讲好津市故事，传递津市声音，抓好业务工作。守正创新，办好本土文学刊物《兰草》，增设“故人故土系列”“津市味道”等新栏目，为宣传津市地方文化起到积极作用。同时，办好微信公众号和政府网站原创作品栏目，2018 年共编发“津市文联”微信公众号 231 期，其中秦自超撰写的《津市赋》浏览量高达 2000 人次。2018 年共编发津市政府网站《原创文学》专栏文章 50 期。向国家级刊物推荐作品 20 篇，向省级刊物推荐 40 篇，上稿 15 篇，向常德级刊物推荐 50 篇，上稿 30 篇。全年发展省级文艺协会会员 8 名，常德市级文艺协会会员 23 名。提升本土文化作品的影响力，大力弘扬促进社会发展、崇德向善的正能量，为文化兴市、文化强市战略发展做出积极贡献。（王珏）

【协会管理】津市文联对各文艺家协会实行注册登记和年检制度，对新会员入会实行严格的审查审批把关制度。

鼎城、津市两地文联、作协创作交流活动

2018年年初，组织各文艺协会召开年会，全面总结2017年工作，精准部署2018年工作，推进协会工作制度化、正规化、规范化，按照上级关于副科级以上领导干部在文艺协会兼职的清理清退工作要求，2018年4月下旬，完成副科级以上领导干部担任文艺协会领导职务的清理清退工作，下发文件，提请有关协会按程序免去市演讲朗诵协会、摄影家协会、兰津诗社领导干部担任的协会领导职务。同时，津市文联积极开展争项目引资金工作，积极争取上级部门的文艺引导资金，夯实文艺创作工作基础。　（王珏）

【文艺活动】2018年2月，津市文联组织市书法家协会在襄阳街街道办事处开展"书法进万家"送春联活动，相关领导来现场与数名书法家协会会员挥毫泼墨，为群众书写春联、送出春联300余幅。2018年4月，利用周末组织市作家协会及散文分会30多位会员，前往革命老区——临澧县太浮山、林伯渠故居进行红色教育和采风活动。2018年8月和9月，津市、鼎城连办2次作者学习联谊活动，两地约80名作者参与活动。2018年10月，举办本土作家陈希作品研讨会。2018年10月底，市书法家协会举办"津市市首届书法论坛"活动。2018年以来，市文联所属文艺协会开展活动形成常态化、制度化、规范化机制，夯实了文艺创作基础，浓厚了文艺创作氛围，更好地培养了文艺人才，组织湖南文学创作示范基地的讲学讲座，促进了全市文艺精品力作的不断涌现。

（王珏）

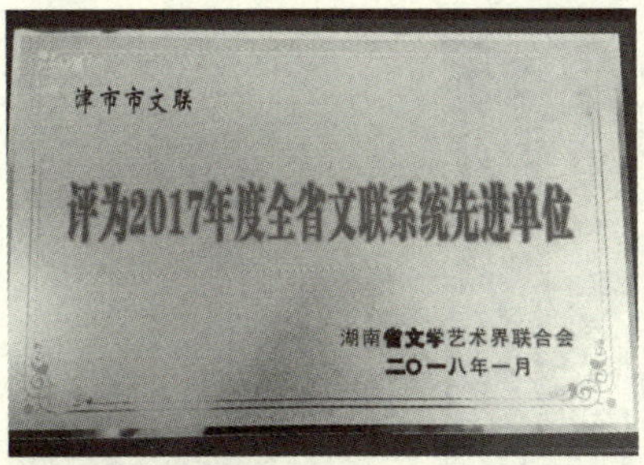

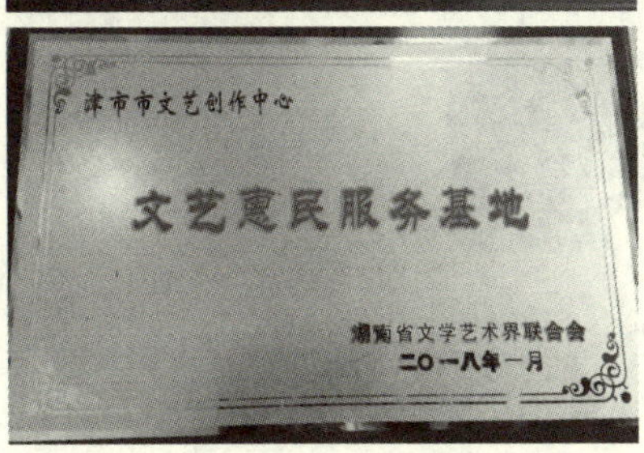

残　联

【概况】2018年，全市持证残疾人共7063人。全年提供康复服务2450人次。各类机构发展残疾人辅助性就业工作，解决本市60名残疾人就业。资助8名家庭经济困难学龄前残疾儿童、24名残疾在校高中（中职）学生和18名残疾大学新生，保障残疾人受教育权利。残疾人危房改造、贫困重度残疾人家庭无障碍改造、燃油补贴发放等工作稳步推进。　（利赢）

【残疾人精准康复】2018年，市残联免费发放辅具947件，满足残疾人康复和生活需求。15名0~6岁残疾儿童分别在常德市康复中心、常德市康复医院等康复机构进行康复训练。6名残疾人到常德市康复中心进行成人康复。专人全程陪护21名残疾人赴长沙免费进行假肢适配安装。按600元/人·年标准为311名贫困精神病患者免费送药。给予精神病患者住院补助165人次，投入金额22.8万元。在全市范围共筛查400多名患者，免费为253名患者完成白内障手术。联合市卫计局，开展残疾人家庭医生签约服务，市残联按签约残疾人30元/人进行补助，全市2630名残疾人建立康复档案，并与家庭医生签约残疾人精准康复服务包。加快推进市康复托养中心项目建设进度，确保工程早日竣工造福残疾人。通过以上康复服务，使全市有康复需求的残疾儿童和持证残疾人接受基本康复服务比例达到70%以上，完成上级残联下达的任务指标。

（利赢）

【残疾人扶贫工作】2018年，开展"连千村帮万户扶贫工程"，联系帮扶1个扶贫点村，结对帮扶15户残疾人家庭，依托残联各类项目帮助农村残疾人，共投入12万元支持3个扶贫点村开展脱贫攻坚；通过各种形式开展慰问救助各类贫困残疾人323人次，投入23.2万元。联合市住建、市民政部门共投入资金80万元完成21户农村贫困残疾人"爱心房"建设。投入资金18万元为120名残疾人提供居家服务，受助残疾人免费享受上门居家服务1124次。落实符合条件的残疾人及家庭最低生活保障、生活补贴、护理补贴、居民养老（医疗）保险补贴、危房改造等涉及残疾人的保障政策，圆满完成省脱贫攻坚考核工作。　（利赢）

【残疾人助学就业】开展扶残助学活动，全年为8名学龄前残疾儿童提供助学服务；为42名残疾人高中、大学生及贫困残疾人家庭高中、大学生子女发放助学金9.22万元；为市特教学校资助扶残助学金5万元；学龄残疾儿童入学率巩固在95%以上。

拓宽电商助残扶贫渠道，为30名残疾人开展电商助残就业创业技能培训；实施"农村残疾人阳光增收计划"，惠及全市50户残疾人家庭，扶贫基地安置带动残疾人151名；投入11万元对24名残疾人开展创业扶持，帮助他们自主创业增收；培育4户残疾人"阳光致富示范户、带头人"先进典型；实行由税务统一征收机关、事业单位、团体、企业等单位的残保金，全年入库187万元，入库金额较上年增长10%以上，并实行残保金专款专用，惠及全市残疾人。

（利赢）

【办公室工作】建立健全各种管理制度，突出人、财、物制度化管理，严格照章办事，使办公室各项工作井然有序；一年来，成功筹备各种大小型会议10次，处理来电623个，处理来文510份，起草各类综合材料121篇，各项工作都能在第一时间妥善处理，做到快捷和实效，保障残疾人事业健康有序发展；全年共上报4篇典型材料、调研报告，其中1篇在《常德市残疾人》简报采用；做好基层残疾人事业统计工作，严格按照上级规定时间节点，按质按量做好信息录入；全面完成残疾人基本服务

2018 年 5 月 16 日，市委书记傅勇慰问特校贫困儿童

状况和需求专项调查各项工作，为“十三五”残疾人事业发展奠定坚实基础。

（利赢）

【维权、组联、文体工作】2018 年，为 441 名符合条件肢体残疾人发放燃油补贴 11.46 万元。投入 23 万元为全市 40 户贫困残疾人家庭开展无障碍改造。开展残疾人维权工作，解决残疾人合理诉求，全年共接待来信来访 23 件（其中法律救助 2 件），件件都给予落实回复，办结率 100%，全年全市无残疾人群体性上访及重大案件发生。

全市共下设 9 个镇（街道）残疾人组织，建立残疾人示范社区 1 个；进一步加强和完善 5 个专门协会的组织建设工作，分别为肢残人协会、聋人协会、盲人协会、智力残疾人亲友会和精神残疾人亲友会；将 87 名镇残联、村（社区）残协专职委员纳入公益性岗位，发放镇、村（社区）残疾人专职委员误工补贴 7.12 万元，基层残疾人服务队伍得到进一步加强；加大残疾人工作培训力度，培训残疾人专职委员和残疾人工作者 230 人次。

利用全国助残日、爱眼日、爱耳日等重大节日，大力宣传残疾人政策法规和康复知识，发放宣传资料 2000 份；通过各级残联网站、电视台、微信公众号等媒介，发布各类工作信息 78 篇，强化残疾人工作宣传力度；选送节目《红军精神代代传》参加第九届全省残疾人艺术节文艺会演；选送 1 名运动员参加湖南省第十届残疾人运动会，取得 1 银 2 铜的好成绩，进一步推动全市残疾人文化体育事业蓬勃发展。（利赢）

【居家托养服务】2018 年，市残联委托市襄阳街街道办事处志愿者协会和市爱心志愿者协会开展残疾人居家托养服务工作。共计投入金额 18 万元为本市 120 名处于就业年龄段智力、精神和重度肢体残疾人开展维修、保洁、生活、医疗、陪同、慰藉等六大项目上门居家服务。每户服务对象家庭中都贴上印有居家服务负责人、服务人员以及监督方 24 小时服务热线便民服务卡。根据服务对象的不同特点和需求，服务机构建立微信群和 QQ 群，以短信、电话等多种方式提供更为全面服务。残疾人因需要指定居家服务项目时，可先打电话预约具体服务项目。每月机构服务人员挂牌持证上门为残疾人服务 1 人次以上，每次至少 1.5 小时。上门服务完毕后，机构服务人员填写居家服务台账表，服务对象（或其监护人）对服务效果进行评价，并将资料及照片全部归档整理。

（利赢）

2018 年 6 月 21 日，残联举办动态更新培训

军事

人武部

【思想政治建设】强化理论武装。学习贯彻中共十九大精神，开展“不忘初心、牢记使命”、“传承红色基因、担当强军重任”两项重大主题教育，组织专武干部和民兵学习习近平主席对王继才、姜开斌先进事迹的重要批示，在民兵中部署开展“争做王继才式好民兵”和向姜开斌学习活动。全民国防教育。落实常德市国教委（全体）扩大会议暨民兵学习宣讲活动推进会精神，抓好国防教育“十项工程”建设，选定津市一中作为2018年“国防教育示范学校”建设单位。国防教育教材进中小学常态化落实，利用春节务工人员返乡、兵员潜力调查等时机，制作2000余份中共十九大精神学习宣讲“大礼包”，送到全市优秀复转军人、专武干部和民兵家中，推动主席思想进入千家万户。涉军维权和双拥工作有成效。2018年共受理3起涉军维权事宜，均得到妥善处理；参与构建军地共同维稳工作机制，部领导落实“五包”责任制，掌握包保对象的思想动态并及时做好矛盾化解工作。服务地方经济社会发展，努力在抢险救灾、扶贫帮困等方面发挥重要作用。（夏猛）

【民兵调整改革】强化军地合力。先后召开任务部署会和3次协调会研究落实人员编组、训练场地、专业分队、市民兵应急连建设等问题。指导金鱼岭街道开展全市民兵组织整顿试点，组织该街道民兵应急排进行工程抢修科目训练演练。强化工作质效。按照“三个拓展”要求，调整基干民兵队伍编组布局，推动市民兵应急连、6个专业分队向市直单位、行业系统拓展编兵，着力破解人装结合不紧的难题；结合部分镇（街道）办公用房建设和新的村级平台建设，跟进指导基层武装阵地的规范提质。强化压力传导。先后召开3次整组工作推进会，镇（街道）武装部每周上报网上兵役登记和报名进展情况，18岁男青年网上兵役登记率达到100%；市人武部对各基层武装部兵役登记和民兵整组进展情况进行检查督导、量化打分，共组织3次330人的整组点验，民兵调整改革工作受到上级肯定。（夏猛）

【军事训练】抓好干部文职人员训练。同步参加省军区组织的第一、二、三专题军事理论和法规学习。结合省军区“湘江–2018”演习开展应急应战组织指挥程序以及文书拟制训练，组织市人武部机关带民兵应急值班分队共80人进行实兵实装拉动演练，提升干部应急指挥能力。抓好民兵队伍应急能力。2018年本级共完成2期120人的训练任务，参加军分区4期70人共48天的基干民兵集中轮训。5月29日，出动人员共95人、车辆5台、各类装备器材100余件套，全程全要素参加军分区“沅水–2018”跨区机动支援检验性演练。完善各类应急装备器材。8月，投入38

参加“沅水——2018”常德市民兵抗洪抢险分队跨区机动支援综合性演练

万元将对外出租门面改造为民兵训练基地和装备器材库。协调市政府投入40万元配齐民兵应急各类装备器材，极大提升了民兵遂行抗洪抢险、森林防火等应急应战能力。（夏猛）

【兵员征集】宣传发动。印发征兵宣传手册、海报、传单、横幅等近万册（条）进行广泛宣传，利用微信推送、广播电视、户外广告、LED宣传车等多媒体手段将征兵政策送入千家万户。高考和填报志愿时机走进3所高中和高三学生面对面宣讲征兵政策。6月开始，落实每周通报各镇（街道）应征报名及大学生人数，督促各单位推进征兵宣传、确保进站人数达标。体检政考。集中组织全市195名应征青年初检、复检和2次抽检，反复比对、多方论证体检结果再下体检结论；政治考核组对体检合格人员的政治和现实表现及学历进行认真审核，确保兵员的政治素质。役前训练。8月27日至9月2日，在市民兵训练基地对预定新兵进行为期7天的适应性训练。通过集训筛选出3名思想问题和2名隐性疾病人员，端正应征青年入伍动机，铸牢吃苦耐劳、遵规守纪的思想根基。今年共征集男兵 ** 人，大学生比例65%；向部队输送定向培养士官 * 人。廉洁征兵。结合市征兵工作会议组织学习上级廉洁征兵规定和征兵违规违纪问题通报，签订廉洁征兵责任书。组织应征青年及家长签订廉洁征兵承诺书和廉洁征兵问题调查表，及时公示兵员去向；严格落实廉洁征兵"零报告"制度，从人大代表、政协委员、热心群众、新兵家长等对象中聘请5名廉洁征兵监督员，指定专人负责"全国征兵网"上举报咨询信息的答复处理，自觉接受群众监督，及时回应社会关切。（夏猛）

【工作动态】1月26日，津市市2018年民兵预备役暨国动委全会在市委一楼会议室召开。会议由市委常委、常务副市长熊斌主持。市委副书记杨文惠传达中共常德军分区第十四次代表大会和军分区党委全会精神并宣读2017年度表彰通报；市委常委、市人武部政委姜超部署年度军事工作；三洲驿街道、襄阳街街道负责人进行年度党管武装述职。

为津市市荣立二等功军人送喜报

2月28日，湖南省军区副政委喻军带领工作组一行到津市检查指导工作，常德军分区司令员李辉忠，津市市委副书记杨文惠，市人武部部长张明、政委姜超陪同检查。喻军一行先后查看市人武部营院、值班室、装备器材库，详细了解市人武部基础设施建设和日常工作开展情况，并召开座谈，随后视察襄阳街志愿者服务中心。

3月15日，常德军区联合工作组在林云山处长带领下，对津市市武装工作进行检查调研。工作组一行查看人武部营院、毛里湖镇武装部及中南村民兵连。对年度贯彻落实上级会议精神情况、民兵整组、战备训练、民兵学习宣讲中共十九大、安全稳定、对外有偿服务清查清理、干部思想状况、党委班子建设等内容进行检查调研。

3月23—27日，津市市人武部部长张明带队检查指导全市9个镇（街道）及各村（社区）民兵整组及基层阵地建设工作。检查组重点查阅各单位相关资料、表卡和整组、征兵宣传、中共十九大学习宣讲、村(社区)民兵连阵地建设情况，并对所有镇（街）应急排进行点验。随后听取各单位汇报的问题及困难，并现场提出解决办法和完成时限。

5月11日，市委常委、人武部政委姜超到市委党校为津市年轻干部上一堂题为《当前国家安全形势与强军》的国防教育课。姜政委围绕国际总体形势认识、我国安全环境分析、维护国家安全要强军3个方面，向学员们阐述开展国防教育的重要性和必要性。

5月28日下午，市人民政府、市人民武装部在洞庭大道以北举行津市市2018年人防专业队点验暨授旗仪式，常德市人防办党组成员肖赐书，市委常委、人武部政委姜超，市政府副市长徐兴勇出席仪式，人防通信警报队、治安警卫队、消防专业队、医疗救护队、防疫防化队、工程抢修队、交通运输队7支人防专业队共计200余人参加仪式。仪式由市人防办负责人主持，现场对7支专业队进行整训点验；徐兴勇宣读各人防专业队组成名单和专业队队长任命；姜超为各人防专业队授旗。

5月29日，市人武部组织民兵应急连前往桃源县参加"沅水—2018"常德市民兵抗洪抢险分队跨区机动支援综合性演练。此次演练采取上导下演、多场联动的方式组织进行，津市出动兵力130余人、车辆5台，装有器材1000余套。参演分队从接收预先号令开始，以实战化的标准，按照演练流程，进行抢筑子堤、封堵管涌、处置渗漏等3个堤岸抢险科目的演练。在整个演练过程中，全体指战官兵配合有序，行动处置迅速，圆满完成各项演练任务，受到领导的充分肯定。

6月5—6日，常德军分区工作组在副司令吉荣华的带领下来津市市人武部指导专题民主生活会。工作组听取人武部年度工作汇报，对全体干部进行测评并与人武部干部举行座谈，审阅班子成员对照检查剖析材料。

从7月18日起，市人武部组织为期10天的第四期民兵集训。人武部部长张明、政委姜超出席7月18日下午的集训动员大会。本次集训的目的是提高全市民兵“四会”教练员的组训能力，全市共75名民兵参加。通过集训切实提高了全市民兵“四会”教练员队伍的军事技能、业务素质和组织指挥能力。在7月27日人武部对所有参训人员进行考核，并从中挑选30人作为2018年津市市新兵役前训练及学生军训的教练员。

8月7日上午，常德军分区司令员李辉忠到津市征兵体检站检查指导征兵体检工作，市委副书记杨文惠、市人武部部长张明、政委姜超等陪同检查。在征兵体检站，李辉忠逐一察看内外科、视力、心电图、耳鼻喉、B超、心理测试等各科室工作情况，了解征兵体检工作的情况和做法，看望慰问参加体检的医务人员，并与应征青年进行交谈，询问他们的年龄、学历等，对他们“积极应征入伍、接受祖国挑选”的参军志向给予了充分肯定，鼓励他们把握机遇、投身军营，自觉到军队这个大熔炉里加钢淬火、成长成才。

8月19日开始，市人武部会同市教育局组织对全市1300余名高一新生进行为期1周的军训。军训期间，对参训学生进行军容风纪、内务卫生、队列训练、国防知识及消防知识讲座等科目的训练。

9月14日，津市市2018年新兵入伍欢送大会在市人武部举行，会议由市委常委、人武部政委姜超主持。市人武部部长张明、副部长刘宇以及乡镇（街）专武干部、接兵部队领导、新兵亲属和社会各界群众共200余人参加。会上，市人武部部长张明致欢送辞，入伍新兵及家属代表作表态发言。姜超代表市委、市政府向全体应征入伍的新战士表示祝贺；向支持国防事业的家长、同志们表示崇高敬意。

9月20日至12月31日，市人武部组织开展“百日安全无事故”活动。市人武部通过召开安全形势分析会，梳理总结前阶段安全管理工作，深入查找安全隐患，确保人武部安全稳定。

从10月8日开始，市人武部组织开展了国防教育进校园巡展活动。国防宣传展板、挂图为同学们展示丰富的国防教育知识，国防教育视频的播放，围绕国防教育法、国防与公民关系、国际局势、我国周边安全环境等几个方面的内容进行展示。

11月19日，津市选派3名基干民兵参加常德市民兵学习习近平新时代中国特色社会主义思想知识竞赛暨学习宣讲故事会获一等奖。

12月14日，市人武部对全市18名专武干部进行年终考评考核。考核采取理论和技能考核相结合的方式进行。对民兵整组、战备训练、民兵教育管理、征兵工作、基层武装部规范化建设和执行非战争军事行动等方面的业务知识进行笔试；并对专武干部进行体能、队列动作、指挥考核。

12月25日，常德军分区联合常德市委督查室组成工作组对津市党管武装工作进行绩效考评。工作组一行在市人武部听取市委常委、人武部政委姜超的工作汇报，其后与人武部党委班子成员进行座谈交流。检查组检查机构制度建设、经费保障、民兵基层建设、国防动员建设、全民国防教育、征兵工作、双拥和涉军维权等工作。（夏猛）

2018年11月9日，津市市参加常德市民兵学习“习近平新时代中国特色社会主义思想”知识竞赛暨民兵学习宣讲故事喜获一等奖

武警津市中队

【概况】中国人民武装警察部队常德支队执勤二大队津市中队（以下简称中队）主要负责津市市看守所外围武装警戒，以及担负处置突发事件，抢险救灾等临时性勤务。先后被湖南总队评为基层建设先进单位、军事训练先进单位。

2018年，中队坚持依法治军从严治军方针，加强部队正规化建设。严格按照条令条例加强部队管理，确保部队的高度稳定和集中统一，针对中队建设基础薄弱的问题，狠抓经常性管理。学习贯彻条令条例，使条令条例学习教育经常化、制度化。依照条令条例严格规范中队的一日生活制度，正规中队的“四个秩序”（战备、训练、工作、生活）。加强检查督导抓住“四个控制”（外出、电话、汇款、会客），加强检查督导，促进管理向全时制、全员额、全方位发展。

中队坚持军事训练，严格按照《军事训练大纲》科学组训，从难从严从实战需要出发锤炼部队。坚持议训议勤，大力营造比学赶帮超的浓厚氛围，完善训练奖惩机制，树立训练有为、训练有位的鲜明导向。每周教学法会操以及互讲互评来促使任课教练员人人达到“四会”标准。军事训练坚持以提高执勤和处突能力为目的，突出抓好军事体育训练，抓好“五小”练兵活动落实，坚持每天下午一小时进行体能训练，每周至少一次5公里训练，每天落实“三个一百”，做到经常抓、反复抓，把打基础贯穿于按纲实训，严格军事训练“八落实要求”，正规训练场秩序，狠抓训练作风，注重质量效果，苦练军事素质，部队建设平稳推进。

中队始终坚持把思想建设摆在首位，从思想上、组织上、行动上牢牢掌握部队，针对驻地环境复杂、拒腐防变形势严峻等特点，围绕“坚定信念，筑牢军魂，永远做党和人民的忠诚卫士”这最高政治目标，结合官兵思想实际，制订教育计划。开展密切内部关系教育、道德法纪教育、形势政策教育、理想信念教育、心理常识教育、使命任务教育等一系列教育活动，激发官兵爱岗敬业精神，提高官兵明辨是非的能力。官兵理想信念坚定、思想稳定、纪律严明，争先创优意识明显提高。

2018年，中队加强后勤设施完善，把“五配套”设施建设作为部队建设的大事来抓，争取地方政府和目标单位在经费、物资上的支持，营造一个拴心留人的好环境。加强军营财产设施管理，建立健全管理责任制，立档造册登记，责任到人，与年终评功评奖挂钩。成立以司务长为组长的维修小组，发挥“小能人、小行家”的作用，做到随缺随补、随坏随修，使中队的军营财产设施保持良好状态。抓财务管理经费管理，实行“党支部当家理财、双主官”审批制度。充分发挥军人委员会的作用，提高经费使用效益，实施经费公开，自觉接受群众监督，开展“节约一度电、一滴水、一粒米”活动，收到较好效果。

中队开展军民共建活动，做好拥政爱民工作。投身地方“三个文明”建设，开展“把驻地当故乡，视人民为父母”的拥政爱民活动，为驻地群众排忧解难、支援建设、抗洪抢险。多次配合市公安局做好演练、汇报表演工作。利用节假日参加“送温暖、献爱心”、义务献血、植树造林、看望慰问孤寡老人、为驻地打扫公共卫生等活动。　　（绍光帅）

2018年国防教育文艺晚会

检　察

【概况】2018年，津市检察院按照“强主业、亮品牌、带队伍”的工作思路，立足法律监督主业，对标人民群众对美好生活的法治需求，各项检察工作齐头并进，取得了较好工作效果：全国人大常委会副委员长万鄂湘调研“长江大保护”工作时，该院作为全省基层院代表作经验发言；被湖南省人民检察院评为“全省检察文化建设示范院”“全省检察机关读书风气最盛检察院”；被常德市人大常委会评为“司法公正常德行”先进单位；1件民事行政监督案件被评为全省优秀案件；该院干警杨胜被评为“湖南省检察机关十佳热爱读书检察官”、熊玉芳被评为“第二届湖南省检察机关未成年人刑事检察业务竞赛能手”、叶助宏被评为“湖南省检察机关公益诉讼检察工作先进个人”。

（龚平、胡晓丽）

【扫黑除恶】2018年，依法受理审查逮捕涉黑涉恶案件9件25人，批准逮捕24人，不捕1人，对应当逮捕而未提请逮捕的，追加逮捕15人。受理审查起诉涉黑涉恶案件6件36人，追加起诉3人，均已提起公诉，判决2件6人。在办理以李某某为首的恶势力犯罪团伙案件过程中，该院派员以提前介入、专案会商的方式引导侦查，追捕到位郑某等13人，并追加认定郑某等17人为恶势力犯罪集团成员，保持扫黑除恶专项斗争的高压态势。在常德市检察机关率先编发《扫黑除恶专刊》，宣传扫黑除恶专项斗争动态消息和典型案例，得到常德市扫黑除恶领导小组的肯定。

（龚平、胡晓丽）

【刑事检察】2018年，受理审查逮捕案件118件165人，批准逮捕86件113人，不批准逮捕30件42人，建议撤回案件2件10人。受理审查起诉案件202件286人，审结193件261人，提起公诉175件243人，刑事和解不起诉案件8件8人，其他不起诉10件10人。严厉打击涉毒、涉赌等妨害社会管理秩序犯罪，批准逮捕26件42人，提起公诉44件67人。积极回应群众关切，快捕快诉“两抢一盗”等侵财性犯罪，依法批准逮捕35件42人，提起公诉49件67人。在办理吴某某盗窃湖南中联重科车桥有限公司和湖南中沃汽车零部件制造有限公司财物案时，追诉2名涉嫌掩饰、隐瞒犯罪所得罪的犯罪嫌疑人，为企业挽回经济损失10万元，3名犯罪嫌疑人均被判处有期徒刑以上刑罚，其中吴某某被判处10年有期徒刑。

（龚平、胡晓丽）

【公益诉讼】2018年，提请津市市人大常委会出台《关于全面推进检察公益诉讼工作的决议》，为依法推进公益诉讼工作提供支持和保障。在常德市检察系统率先成立生态环境资源检察科，办理生态环境和资源保护类公益诉讼案件10件，发出检察建议10份。2018年

常德市检察院检察长余湘文到津市专题调研扫黑除恶工作

3月，毛里湖周边8名村民违法在毛里湖国家湿地公园天然水域内捕捞蚌类500余公斤，相关行政执法部门因职能权限不清未对此进行处理。该院一方面建议市政府完善毛里湖国家湿地公园行政执法权制度，另一方面启动行政公益诉讼立案审查程序，对相关部门发出诉前检察建议，督促相关部门对违法行为人进行行政处罚。2018年，该院作为全省6个“城乡农贸市场专项检察监督活动试点”单位之一，开展“农贸市场专项监督确保老百姓菜篮子安全”活动，办理一批有影响的案件，为津市市创建国家食品安全示范城市和国家农产品安全质量县做出了积极贡献。在办理常德市首例食品药品安全领域刑事附带民事公益诉讼案件过程中，检察长王朝阳担任公益诉讼起诉人，法院判决被告人郭某某等20人在省级以上媒体公开赔礼道歉，并在一定期限内禁止从事食品生产、销售及相关活动。对全市中小学、幼儿园的食堂、商店及校园周边食品安全进行监督，办理校园食品安全领域专项监督案件20件，发出检察建议20份，有效治理中小学校、幼儿园及其周边食品卫生和饮用水安全问题。在监督过程中，该院发现津康餐具消毒中心的消毒餐饮具被常德市抽样检验不合格且未进行整改，相关部门没有依法依规对其进行行政处罚，该院启动行政公益诉讼案件立案程序开展调查，并发出检察建议督促相关部门对该消毒中心给予停产停业处罚；保障疫苗安全，针对引起社会广泛关注的长春长生疫苗事件，对津市市疾病预防控制中心、社区医院的疫苗购销台账、使用台账、冷链环节管理等开展专项检察监督，督促相关部门依法对库存的疑似问题疫苗实行封存并随后销毁，及时防止可能存在安全隐患的疫苗流入市场。

（龚平、胡晓丽）

【诉讼监督】2018年，对应当立案而没有立案的，督促公安机关立案4件。对不应当立案而立案的，督促公安机关撤案1件。对应当逮捕而未提请逮捕的，纠正漏捕19人，已追捕到位15人。对应当移送审查起诉而未移送的，追加起诉8人。依法提出抗诉1件。发出纠正违法通知书34份。由该院提出抗诉，常德市人民检察院支持抗诉的津市市财政局原农业股长、投资评审中心主任资某某贪污、受贿、滥用职权案，经常德市中级人民法院二审判决，被告人资某某被依法改判，刑期由有期徒刑一年五个月改判为有期徒刑四年，罚金由人民币10万元改判为40万元。

（龚平、胡晓丽）

【民事诉讼监督】2018年，受理审判人员违法行为监督案件6件，发出检察建议6份，收到回复6份。受理民事裁判结果监督案件6件，对2017年受理的1件民事裁判结果监督案件发出再审检察建议。由该院提请抗诉，常德市人民检察院提出抗诉的津市市鑫嘉城铸造有限公司申请监督案，法院再审采纳部分检察意见并做出改判决定。

（龚平、胡晓丽）

【刑罚执行和监管活动监督】2018年，通过现场监督入矫宣告、约见社区矫正人员、临场监督司法局对社区矫正人员进行突击尿检、组织社区矫正人员旁听法庭审理等方式，监督纠正刑罚执行和监管活动中的违法案件42件，同比上升40%。开展羁押必要性审查，提出检察建议并被相关单位采纳16件。监督判处实刑未执行刑罚案件3件，发出纠正违法通知书3份。开展监督维护在押人员合法权益专项活动，发出并被采纳检察建议4份。（龚平、胡晓丽）

【改革创新】2018年，落实司法体制改革，按照湖南省人民检察院部署，开展以提高办案质效、减少社会对抗为目的的“轻罪案件检察环节依法终结诉讼程序”改革试点工作，得到市委、市人大、市政府、市政协以及其他政法单位大力支持，确定适用范围、标准和程序，建立相适应的社会调查机制、社会帮教机制、内外监督机制，受到省院高度肯定。推进法律职业共同体建设，和市司法局联合制定《关于构建新型诉辩关系机制的规定》，建立协作共进工作机制、律师执业权利保障机制、刑事案件律师辩护覆盖机制。（龚平、胡晓丽）

【“未检”工作】2018年，延伸未检关爱触角，与公安机关联合制定《规范未检案件移送标准的规定》，与司法局联合制定《未成年人刑事案件社会调查实施办法》《关于建立未成年人刑事案件法律援助专业化工作机制的指导意见》。以“玉芳姐姐工作室”为载体，构建未成年人“捕、诉、监、防”一体化工作模式，办理审查逮捕案件5件7人，审查起诉案件8件18人，社会调查和法律援助率均达到100%。本着“预防为主、教育优先、立足帮教、关口前移”原则，将未成年人检察工作延伸到社区，在三洲驿街道桥北社区开展“未成年人零犯罪社区”创建工作。开展送法进校园活动，检察长任市第三中学法治副校长，“玉芳姐姐”任市德雅中学法治副校长，6名青年干警任法治辅导员，在全市中小学及幼儿园开展法治教育活动10余次，发放宣传资料1000余份。

（龚平、胡晓丽）

【队伍建设】2018年，全面从严治检，强化纪律作风建设。坚持问题导向，制定《关于进一步严肃工作纪律的通知》，定期开展作风纪律督查，发出督查通报16期，点名通报干警、书记员13名，做到了见人见事见细节。按照市委

市检察院强化岗位培训，开展论辩赛

检察官送法进校园，用心呵护未成年人

政法委统一部署开展队伍建设集中教育整训，按照常德市政法委的整训内容，制定整改措施并逐一销号。落实“两个责任”，扎实开展谈心谈话活动，采取集中谈话与个别谈话相结合的方式，党组书记与班子成员谈话53人次，班子成员与中层骨干谈话95人次；强化岗位培训，加强队伍专业化建设。选派30余人次赴高检院、省院学习，1人赴华东政法大学学习，组织全院干警进行指导性案例学习，开展论辩赛、优秀法学论文评选、庭审观摩评议、电子笔录竞赛等活动，提升不同岗位的业务水平。成立“囊萤学堂”，每月进行一次集中学习，邀请检察日报驻湖南记者站站长张吟丰、全国优秀公诉人蒋迅等业务专家授课，提升干警职业技能。贺海红被常德市人民检察院评为常德市公诉团体论辩赛最佳辩手，叶助宏、刘武被评为“津市市十佳政法干警”；深化文化育检，提升队伍综合素养。开展文明创建活动，举办“道德讲堂”4期、“我们的节日”系列活动7期、志愿者服务活动8次，使文明意识入脑入心，该院向阳葵家庭被常德市精神文明建设指导委员会评为“首届常德市文明家庭”。参与“创建学习型机关、争做学习型干部”活动，争创“全省检察机关读书风气最盛检察院”，扩建图书室，组织开展“家有书香”摄影展、图书捐赠、领导荐书、读书交流等活动，鼓励干警“好读书、读好书”，全院征集高质量读书心得20余篇并编辑成册，形成“书香满津检”的良好氛围。开展文化建设，在院内建成120米的检察文化墙，办公楼悬挂100余幅书画作品，承办省院的“检察文化下基层”活动，让干警时刻感受先进文化熏陶，在潜移默化中提高综合素质。

（龚平、胡晓丽）

法 院

【概况】2018年，津市法院以司法为民、公正司法为主线，依法履行职责，为“工业立市、产业兴城”战略提供有力的司法保障，全年受理各类案件2003件，审执结1833件，结案率91.51%。年度工作考核排名全省法院第22名、常德基层法院第3名，民调测评位列全省法院第2名、常德基层法院第1名。

（杨孟安、刘智）

【刑事审判】2018年，津市法院共受理刑事案件204件339人，审结179件273人。开展“扫黑除恶”专项斗争，严厉打击黑恶势力，受理该类案件7件，审结3件，对2起涉恶犯罪案件进行集中宣判。打击危害群众人身财产安全、扰乱社会秩序的犯罪，审结盗窃、抢劫、强奸、故意伤害、聚众斗殴等类型案件80件，审结彭某等11人聚众斗殴案，11名被告人依法全部判处实刑。遏制毒品高发态势，审结涉毒案件39件。惩处腐败和经济犯罪，审结贪污贿赂、滥用职权犯罪案件4件。打击危害食品安全犯罪，保障人民群众生命健康权和“舌尖上的安全”，审理郭某某等32名被告人生产销售不符合安全标准的食品罪暨刑事附带民事公益诉讼案，对3名主犯顶格判处，对直接面对消费者销售的被告人不适用缓刑，对所有被告人并处罚金，并判处从业禁止、在省级媒体上公开赔礼道歉。（杨孟安、刘智）

【民商事审判】2018年，津市法院共受理民商事案件1026件，审结941件。保护民生权益，审结涉及消费、教育、医疗、住房、就业等案件356件。调解优先，民事案件调撤率超过35%。商事审判围绕“四个中心”建设，推动津市经济发展，平等保护各类市场主体，营造公平有序的发展环境，审结买卖、民间借贷、网络购物等合同纠纷案件406件。化解金融风险，审结涉金融案件25件。保护知识产权，审结知识产权案件10件。分析津市企业发展现状，清理“僵尸”企业，发挥审判职能，加强破产案件审理，14件破产（清算重整）案件中有10件资产处置完毕，4件终结破产程序，通过招商引资，7家破产企业得以盘活。依法服务生态环境，开展保护“母亲河、母亲湖”环境资源审判“春雷行动”，审结涉环境资源案件2件。

（杨孟安、刘智）

【行政审判】2018年，津市法院共受理行政诉讼案件17件，审结17件。受理非诉行政执行案件4件，执结4件。支持市委、市政府中心工作，安排1名法官对棚改攻坚工作进行法律指导。支持行政机关依法行政，依法驳回胡某某等4人诉津市公安局、常德市公安局治安行政处罚及行政复议请求，中院二审维持本院裁判，支持公安机关的依法行政行为，打击违法上访。加大行政协调力度，维护各方当事人合法权益，在审理原告胡某某诉某局行政登记行政违法一案中，经过与双方沟通协调，某局作出补正登记，原告申请撤诉。

（杨孟安、刘智）

【案件执行】2018年，津市法院纵深推进“决胜执行难战役”，兑现“用两到三年基本解决执行难”的承诺。受理执行案件752件，执结692件，执结率92.02%，执行到位标的1.4亿余元。“基本解决执行难”第三方评估体系核心指标“3个90%”和“1个80%”全部达标。采取司法拘留、罚款等强制措施18人次，限制高消费495人，发布失信被执行人名单158人，促使55名被执行人履行义务，执结案件48件。完善执行指挥中心功能，运用科技手段破解“执行难”，通过专网系统查控被执行人银行存款、车辆、房产及股权等有效财产线索1000余条，查封房产316套，司法网络拍卖679次。开展专项行动，开展涉民生案件集中执行2次，执结案件31件；开展集中打击行动4次，执结案件45件。加强对执行工作宣传，抽调宣传力量，成立执行宣传工作专班，利用网络、电视台、报纸、自媒体等形式发出各类报道50余篇，召开“决胜执行难”战役专项活动新闻发布会，介绍宣传法院执行攻坚工作情况，发布典型案例。

（杨孟安、刘智）

【立案信访】2018年，完善立案登记制，保障当事人诉权。利用诉讼服务窗口、便民查询平台、接待接访系统“三位一体”诉讼服务中心，为4000余人次提供“一站式”诉讼服务。加大司法救助力度，为103件案件当事人减、缓、免交诉讼费92.35万元，为49名司法救助对象发放救助金57.94万元。继续推进律师参与化解涉诉信访和代理申诉工作，实行诉讼服务中心与联合接访中心的“无缝对接”，全年收处联合接访中心转交涉诉信访事项68件次。加强巡回审判，发挥人民法庭前沿阵地作用，鼓励法官把握办案各个环节，深入田间地头、上门调解、就地调解，将矛盾化解在一线，民商事案件巡回办案率达40%以上。在保河堤法庭设立律师调解工作室，调解民事纠纷4件。（杨孟安、刘智）

【司法公开】2018年，自觉接受人大及其常委会监督，通过专题汇报、上门征求意见、旁听庭审、视察法院工作、见证审判执行等方式加强与代表联络，邀请人大代表100余人次旁听案件庭审。全面启动“百种类案大评议，千案大评查、万案大公开”活动，评查案件1212件，上网生效裁判文书1443份，应上网裁判文书上网率100%。强化庭审公开，拓展数字法庭功能，实现庭审网络视频直播，直播案件127件，司法透明度明显提高。强化司法宣传，建立“官网+官微+官博”三位一体的宣传模式，全年在《人民法院报》、湖南法院网等媒体发稿100余篇。召开新闻发布会2场次，发布布告4期。（杨孟安、刘智）

【审判管理】2018年，围绕优化司法绩效指标，严格规范审判流程，推进数字法院系统应用，强化案件办理与系统数据录入、同步录音录像。加强工作调度，对长期未结案件逐案制定整改措施，强化案件月评查通报，严格把关案件质量评查，共评查案件1212件，对查出的质量问题督查整改，杜绝问题卷宗归档。规范诉讼费、执行费的收取管理，确保各项收费手续到位。强化案卷归档管理，定期进行考核通报。按照省高院要求，对1960年以来的犯罪目录检索进行录入。（杨孟安、刘智）

【司法改革】2018年，全面落实司法责任制和人员分类管理，将优质审判资源配置到审判一线，确保法官、审判辅助人员、司法行政人员各归其位、各尽其责。按照“让审理者裁判，由裁判者负责”的改革目标，推进“扁平化”管理的新机制，变分案到庭为分案到员额法官个人，变绩效考核到庭室为考核到员额法官、员额法官考核辅助人员，变裁判文书逐级审签把关为承办法官负责，除法律另有规定外，院庭长不再签发本人未参加审理案件的文书，同时限缩审判委员会讨论案件的范围，倒逼员额法官和合议庭依法独立履职。院庭长结案1300余件，占比70.92%，院庭长带头办案成为常态。探索调处家事矛盾的新途径，加强对“津市和”服务窗口业务指导，法院家事审判改革经验被省高院推介。（杨孟安、刘智）

【政务保障】2018年，加强后勤保障，修葺干警宿舍楼屋顶，改造新洲法庭。加强警务保障，司法警察值庭押解150次，出动警力540人次，安全检查7000余人次，实现安全保障零事故。加强星级警队建设，按照四星级警队验收标准，全面加强硬件和软件建设，添置手铐、执法记录仪等警用设备；加大司法警察体能和技能训练，2人参加省高院法警业务培训。加强门户网站建设，利用各种媒介宣传法院工作，提升新闻宣传工作水平，创造良好舆论环境，全年被各类媒体、网络采稿100余篇。注重围绕重点工作，及时总结推介本院经验做法，家事审判改革经验材料被省高院内刊转发。报送论文14篇，3篇论文分别获得国家级二等奖、三等奖、优秀奖，1篇民事判决书入选《湖南省优秀裁判文书集》，成功申报省院重点调研课题一个，承担“青年法官应用法学基地”建设任务。（杨孟安、刘智）

【队伍建设】2018年，坚持全面从严治党、从严治院。强化意识形态工作责任制，严格落实党组中心组学习和“三会一课”制度。推进“作风建设年”活动，贯彻落实中央八项规定精神和市委相关规定，细化作风建设责任连带机制，开展纪律作风专项整治，全面整改落实

2018年4月25日，津市法院法官夜校举办民法总则讲座

2018 年 6 月 26 日，津市法院举行禁毒主题“公众开放日”活动，邀请人大代表、市人大老干部代表、社区矫正人员及德雅中学师生等近 200 人走进法院，旁听涉毒案件庭审

常德中院对该院司法巡查反馈意见。落实“两个责任”，履行“一岗双责”，层层签订党风廉政建设责任书，加强警示教育和督查通报，筑牢规矩意识和纪律防线。坚持季度开展“道德讲堂”活动，引导干警爱岗敬业、践行为民宗旨。开展“司法能力提升年”活动，利用法官夜校、资深法官授课、观看电教片、集中学习讨论、岗位比武竞赛、疑难案件研讨等形式为干警加油充电。抓实各类在岗培训，组织干警参加上级培训 200 余人次。鼓励干警加强学习提升能力，1 名干警参加在职研究生学习，2 名干警通过国家法律职业资格考试。以争创全省文明标兵单位为契机，开展队伍建设年活动，发挥先进典型的示范作用，民一庭被评为全国法院家事审判工作先进集体，新洲法庭被中华全国总工会授予“全国模范职工小家”称号，姜业涛法官被评为全国法院办案标兵，于海燕法官荣获湖南省三调联动专项调解活动先进个人，周业平、姜业涛被评为津市十佳政法干警。　　（杨孟安、刘智）

公　安

【概况】2018年，津市市公安局贯彻落实省厅“1+5”文件精神。被省公安局评为全省公安机关安保维稳百日会站先进单位、获评全省公安机关队伍建设突出集体、常德市公安局评为全市公安机关绩效评估先进单位、常德市政法系统队伍作风建设集中整训活动先进单位、常德市重点工程重点企业治安环境专项整治先进单位、全市公安机关重点工程、重点项目治安环境专项整治行动先进单位。（邓萍）

2018年共立刑事案件364起，同比2017年523起下降30%；破235起，同比2017年234起上升0.4%，破案率达64%；刑事拘留251人，同比2017年262人下降4.1%；提请逮捕115人，同比2017年111人上升3.6%；移送起诉243人，同比2017年162人上升50%；行政拘留535人，同比2017年387人上升38%；强制戒毒71人，同比2017年60人上升18%。命案破案率保持100%，重大道路交通事故和火灾事故保持“零发生”。强制戒毒64人，同比2017年71人下降9.8%。命案破案率保持100%，重大道路交通事故和火灾事故保持“零发生”。（邓萍）

【维护稳定】2018年津市全年未发生一起暴恐案事件和影响较大的群体性事件，全年无一例到常赴省进京上访滋事人员；2018年12月津市公安局组建一支36人反恐维稳处突快速反应城市快警队伍，成为常德第一个启动“城市快警”的区县（市），将“110”报警平台与“津市快警”紧密对接，构建动态快速反应机制，以“屯警街面、动态备勤、网格巡防、就近调警”为工作原则，执行“有警处警、无警巡逻”的24小时巡逻值班。被常德市公安局评为“全市公安机关党的十九大安保维稳工作先进单位。”（邓萍）

【扫黑除恶】2018年，自扫黑除恶专项行动开展以来，津市市公安局在全市共打掉涉恶犯罪集团1个、涉恶犯罪团伙2个，在侦涉恶专案2起，破获涉恶案件26起，刑拘涉恶犯罪嫌疑人58人，提请逮捕33人，移送起诉48人，判决17人，涉案违法犯罪人员投案自首14人，收缴涉黑涉恶枪支1支，查扣涉黑涉恶资产43.6万元。（邓萍）

津市公安局建立重大案件会商机制，组建由公、检、法、司相关人员和刑侦专家组成的大要案件专家指导组，全程指导案件办理。以“6+1”专项行动（涉枪违法犯罪、聚众闹事等扰乱社会秩序违法犯罪、涉毒违法犯罪、涉众型经济违法犯罪、地痞恶霸违法犯罪、反侵财打销赃加强行业管理整治，以及涉砂行业涉黑涉恶专项治理）为突破口，对重点地区及行业领域开展专项整治。侦破一批较大影响案件：“3·10”专案——津市公安首次走出国门实施抓捕，抓获涉恶团伙嫌犯；成功侦破“2018-95”省督毒品目标案件，缴毒近15公斤；成功侦破“6·21”部督特大网络制贩枪支案，收缴枪支22支；涉砂整治暨“洞庭风雷”

湖南省委常委、省委政法委书记黄关春调研津市公安工作

专项行动刑事拘留 6 人、提请逮捕 2 人。二是大力整治社会治安乱源。针对群众反映较多的双济路涉“黄”窝点问题、农村赌博问题、园区盗窃财物问题，市公安局多次组织专项整治，特别是在年前集中开展农村社会治安突出问题专项行动，由公安局班子成员分战区带队督战，对违法犯罪分子形成强大震慑，有效铲除了易引发涉黑涉恶违法犯罪的治安乱源。三是对重点地区实行挂牌整治。扫黑办对“1·05”专案中长期开设地下赌场所在地新洲镇五泉社区予以挂牌整改，督促当地基层组织开展涉赌违法犯罪问题的专项整顿，清除了滋生涉恶违法犯罪行为的土壤。 (邓萍)

“5·15”打击和防范经济犯罪宣传日

【刑事侦查】2018 年，市公安局先后开展打击违法犯罪大型专项行动“冬春攻势”“扫黑除恶”“夏秋攻势”，保持严打高压态势，挤压违法犯罪空间。全年共立刑事案件 425 起，其中侵财案件 298 起，危害公共安全案件 50 起，破坏社会主义市场经济案件 3 起，侵犯公民人身权利、民主权利案件 8 起，妨害社会管理秩序 65 案件起。共破刑事案件 235 起，其中侵财案件 87 起，危害公共安全案件 58 起，破坏社会主义市场经济案件 4 起，侵犯公民人身权利、民主权利案件 16 起，妨害社会管理秩序案件 69 起。1 月，通过视频监控分析破获一起流窜、团伙盗窃案件，一举抓获犯罪嫌疑人 6 人，成功破获系列盗窃案，并为受害人追回被盗三轮摩托车。2 月，破获一起公安部挂牌督办的冒充“公检法”人员进行诈骗的目标案件，为受害人挽回数万元损失。3 月，打击处理一聚众斗殴团伙，一举抓获犯罪嫌疑人 20 余人。6 月，专案组成功侦破公安部督办特大网络制贩枪支案，抓获非法买卖、制造枪支、弹药犯罪嫌疑人 17 人，其中刑事拘留主要犯罪嫌疑人 11 人，缴获枪支 22 把，枪支配件 100 多件，捣毁该制贩枪支的犯罪链条。10 月，破获一起利用事先搭建的虚假“格伦资本平台”，以炒“纽约黄金”为名义，通过充值、收取佣金方式进行诈骗的公安部督目标案件。“扫黑除恶” 专项行动作为 2018 年打击的黑恶势力的尖刀利剑，坚持“露头就打”“打早打小”的原则，广泛摸排，缜密侦查，坚决做到不让黑恶势力坐大成势。2018 年，刑侦大队作为牵头单位，与各派出所联合成立专案组，打掉涉恶团伙 2 个，破获涉黑涉恶案件 16 起，在侦涉黑涉恶案件 8 起，涉案人员 68 人，收缴枪支 1 支，刑拘 49 人，提请逮捕 30 人，起诉 46 人。 (邓萍)

【经济犯罪侦查】2018 年，共受理经济犯罪案件 7 起，立案 4 起，破案 4 起，刑拘 42 人，提请逮捕 38 人，取保候审 8 人，监视居住 1 人，移送起诉 40 人，挽回经济损失 2000 万元。与上年同期相比，立案下降 50%，破案持平，刑拘下降 4%，逮捕上升 90%，移送起诉下降 33%。打击涉税犯罪。先后侦破 3 起涉嫌虚开增值税案，3 起涉案金额共 3 亿多元。12 月，破获津市某棉花加工厂涉嫌虚开增值税发票案。该案涉案金额高达 2 亿多元，涉及湖南、江苏、湖北、江西、河北等全国 9 个省市。

打击涉众型经济犯罪。协助常德市局侦办王某禹等人涉嫌组织领导传销案。津市公安局专案组先后出动 150 多名警力，30 个抓捕小组，辗转数千公里，赶赴哈尔滨、福建、河北、北京、深圳、陕西、辽宁等地，历时 抓获 33 人，查封房产 132 套，冻结过户手续车辆 18 台，实地查封扣押路虎等豪华车辆 9 台，冻结银行资金 2.8 亿元，扣押涉案赃款 7100 余万元，扣押、冻结资金和查封财产合计价值近 6 亿元。

打击侵犯知识产权犯罪。11 月，破获 1 起销售假冒注册商标案，在犯罪嫌疑人刘某平经营的商店及仓库搜出大量假冒“牛栏山”白酒，货值金额达 16 万元。 (邓萍)

【治安管理】2018 年，津市市公安局开展“净网 2018”专项行动，对于网络犯罪案件保持严打高压态势，挤压违法犯罪空间。全年侦办各类刑事案件 16 起，刑事拘留 52 人，捕诉 46 人，查处治安案件 20 起，行政处罚 34 人，强制戒毒 7 人，追回网上逃犯 8 人，共立刑事案件 13 起，侵财案件 11 起，非法侵入计算机信息系统案 1 起，开设赌场案 1 起。共破刑事案件 3 起，其中侵财案件 2 起、开设赌场案 1 起，刑拘 6 人，提请逮捕 6 人，监视居住 1 人，挽回经济损失数十万元。与上年同期相比，立案下降 7.14%，破案下降 50%，刑拘上升 100%，监视居住上升 100%，逮捕上升 66.66%。

9 月，组织全市网络安全责任单位负责人及网络安全专干网络安全执法检查工作培训会。对全市的政府网、市直机构网站、企业网 80 余家网站进行摸底排查、备案，并建立良好的联系机制。对 20 余家单位下发《网络信息安全责任告知书》，10 余家单位下发《信息系统安全等级保护限期整改通知书》限期整改，为津市营造干净的网络空间。

(邓萍)

【法制】以《公安机关深化执法规范化建设工作任务和阶段目标》为总体要

求，进一步深化执法规范化建设，不断提升执法水平和法制部门履职能力，完善执法管理机制，提高管理服务水平，解决突出执法问题，严把案件质量关。2018年，刑事案件立案425起，破案数235起，刑事拘留261起，取保候审168起。监视居住25人，提请逮捕167人，移送起诉286人，行政案件受案数430起，行政拘留365人，强制戒毒63人，社区戒毒42人。开展如实受立案、涉案财物管理、取保监居整治等专项行动，举办执法办案技能比武竞赛，多措并举开展法制业务培训、庭审旁听等提质强能活动。全面推行应用阳光警务公开平台、执法监管平台，启用自助报警查询终端，畅通内外部监督渠道，推进执法监督信息化，对全局执法活动的日常各环节全面监督，执法问题明显减少，全年无行政复议案件，无行政诉讼案件，绝对不捕不诉率低于常德市平均值。

（邓萍）

津市快警启动仪式

【禁毒】2018年，全市共破获各类涉毒刑事案件48起，刑事拘留39人，移送起诉47人，提请逮捕21人，缴获各类毒品7097.24克；查处涉毒行政案件108起，行政拘留151人次，强制隔离戒毒63人，收治特殊涉毒人群11人，铲除毒品原植物罂粟5185株。2018年津市禁毒工作满意度调查全年综合得分90.66分，在全省129个区县市中排名第四，连续两年在常德市排名第一。津市市被评为2018年度全省禁毒工作先进区县（市）、公安局禁毒大队被评为全国“禁毒2018两打两控”专项行动成绩突出集体及2016—2018年常德市三年禁毒大行动缉毒执法先进单位。

构建全覆盖毒品预防教育体系。运用电视、报刊、互联网等媒介，大力宣传公安机关在缉毒侦破专项行动中取得的战果和先进事迹，在社会上形成严打毒品犯罪的强大声势，彰显党和政府禁绝毒品的坚定决心；组织开展以全市中小学生和广大市民参与的湖南省首届“我是答题王”禁毒知识竞赛活动，深化全民禁毒宣传形式，织密市全覆盖毒品预防教育体系网。全市17所学校、小学五年级至高二年级共8676名学生注册全国禁毒预防教育数字平台—青骄第二课堂，参与平台课时学习、知识竞赛等活动。6月25日，津市市“健康人生·绿色无毒”全民禁毒宣传健步活动启动仪式在德雅中学举行，市委副书记、市长、市禁毒委主任黄旭峰亲自带领禁毒委所有领导全程参与，全市镇街社区、禁毒委成员单位及德雅中学师生共计2000余人组成8个方阵，行程3公里，引起强大社会反响。全市各镇街结合辖区实际、禁毒委成员单位结合部门职能特点开展形式多样的宣传活动，将宣传月主题活动推向高潮。

禁毒宣传

强化精准打击，落实公共娱乐服务场所禁毒管理目标责任制，常态化开展场所涉毒问题专项整治工作，适时组织集中清查行动，保持高压严管态势，严守不发生“场所聚众吸毒”的底线。截至12月底，全市公安机关共组织开展集中清查行动8次，清查各类行业场所100余家次。坚持“打团伙、破大案、抓毒枭”的工作方针，先后破获重特大毒品案件4起。8月19日，在常德禁毒支队统一指挥调度下，津市市公安局禁毒大队与鼎城区公安局禁毒大队联合行动，破获“2018-95”“2018-81”2起省公安厅督办目标案件，抓获涉嫌运输贩卖毒品多人，缴获毒品冰毒10公斤、麻古4.5公斤，斩断由缅甸入境经云、贵、湘三省入常德的贩毒通道。（邓萍）

【“110”指挥调度】2018年，110报警平台共接受群众报警4777次，求助432次，咨询服务1838次。津市市公安局指挥中心积极开展对重大事件预警、警情的分析研判，全年共下发各类研判核查指令1679次，通过处警民警现场核查，共抓获在逃人员9名，涉毒人员21名，盗窃人员7名，查获一级监控对象11名。（邓萍）

【人口管理】2018年，全市户籍在册233414人，其中男性118522人、女性

114892；共出生人口 1827 人，其中男 955 人、女 872 人，共办理居民身份证 11819 张，同比上年 12570 张下降 5.97%；办理各类出国境证件 8731 本，同比上年 8569 本上升 1.86%，其中护照 4188 本、往来港澳通行证 4668 本、往来台湾通行证 298 本，各类签注 12109 人次，同比上年 9888 人次上升 22.46%，发放居住证 234 张。上门办证 53 个，进校办证 276 个。

中考、高考期间，津市市公安局人口与出入境管理大队主动与教育局联系，上门为全市中学生办证，服务走进学校。5 月 24 日、30 日民警们带着电脑、照相机、指纹仪等设备来到棠华中学、翊武中学，为学生们集中办理身份证。两天时间共办理身份证 276 张，高考加急身份证 3 张。

窗口抓获逃犯 1 名；办理 1 起使用骗领的居民身份证案件。10 月 8 日，津市市公安局人口与出入境接待大厅搬迁至市政务中心二楼，窗口办证服务大厅面积 365 平方米，按照标准化要求，统一外观标识，统一内部设置，设立高度为 80 厘米，宽度为 120 厘米低台敞开式工作台，各分区标识使用蓝底白字。投资 7 万元添置电脑、办公桌椅、填表台等办公设施，设置等候区、填表区、社会化服务区、工作区、自助区等 5 个主要功能区域。在大厅显著位置公开工作流程、办理时限、加急情形、收费标准、照相须知及“六不准”等，并提供办事指南及申请表填写样表；设置警民联系窗、警民联系箱、医药箱，公布咨询及监督电话。设 5 个业务受理窗口、残疾人通道，并配备桌椅、纸笔、饮用水及一次性水杯、资料架、电子显示屏、照相、复印等便民利民设施一应俱全。特别是推行自助服务便民举措，投资 32 万元，添置 3 台自助服务设备：填表机 2 台、签注机 1 台，具有自动填表、自助受理等功能。

2018 年津市市公安局人口与出入境管理大队开展指纹相似户籍人口清理工作。津市指纹系统内指纹相似人员有 42 人，其中重户 25 人，骗领身份证 2 人，误采 5 人，代采 1 人，主项变更 9 人。大队组织各派出所依托省级人口信息管理系统，对指纹相似人员的户籍信息进行核查，重点是通过指纹相似人员线索查看双方的照片信息，核查双方是否为重复户口。确定为重户需注销的户口，各派出所按《常住人口相片相似人员核实处理工作规范》等文件要求，对当事人下达《限期注销户口通知书》。对已制一代证未制二代证人员进行清理。省局下发已制一代证未制二代证人员 13 人，核实 13 人，其中督促办证 7 人，死亡注销 1 人，国外居住 1 人，外地羁押 4 人。开展赴港澳台定居人员疑似未销户口核实工作。大队将历年批准赴港澳台定居的人员信息，与全省户口状态正常的户籍人口信息进行集中比对，排查出疑似已定居港澳台但仍在津市有户口的人员信息 4 条，核实 4 条，全部注销。开展入伍人员信息核对和户口注销工作。大队依托征兵办，协调武装部收集本辖区应征入伍人员名单，核实入伍情况后，按照《中华人民共和国征兵工作条例》第 26 条规定，依法注销入伍人员户口 63 人。开展 18 周岁以上无相片人员核实工作。省局下发津市户籍人口相片中 18 周岁以上、无相片或非人像相片或模糊人像相片或黑白人像相片、户口状态为正常的户籍人口信息 4 条，核实 4 条，其中督促办证 1 人，外地羁押 2 人，逃犯 1 人。开展户籍人口相似相片核查工作。对部库下发的相片相似人员进行核查。部库共下发信息 4 对，核实 4 对，其中重户 3 人，删除 3 人，冒领 1 人，错证标识 1 人。对户口业务异常信息核查。对于分户、户口补登、恢复和注销、城镇人口落户农村业务等数据异常情况进行重点关注、分析和核查。做好审批未归档户口业务清理归档工作。下发 124 条信息，清理归档 124 条，并上传电子档案。开展 100 周岁以上户籍人口核实清理工作。开展对全市 100 周岁以上户籍人口清理工作，组织派出所对信息进行核实并及时变更管理状态。市局下发 100 周岁以上户籍人口信息 23 条，核实 14 条，其中已死亡 5 人，健在 9 人。做好服刑人员户口清理工作。津市服刑人员无户无图像 17 人，核实 17 人，恢复信息 14 人，迁出 2 人，重户注销 1 人。开展 95~100 周岁户籍人口的清理工作。逐所、逐人落实清理责任，对应销未销的户口。经清理，津市 95~100 周岁户籍人口共有 199 人，其中健在 86 人，死亡 100 人，长期外出 1 人，其他空挂户 12 人。对社区不在字典的人员信息进行核实清理。对省局下发津市部分人员社区信息存在问题 131 人，大队根据实际情况对相关信息进行核对并填报市局。津市市公安局人口与出入境管理大队荣获“2018 年度津市市公安局绩效评估先进单位”“2018 年度全市公安机关人口与出入境管理工作成绩突出集体”称号。　（邓萍）

全市公安工作会议

【“一标三实”工作】2018 年，全市新

开展永远的誓言主题活动

增实有人口 9917 人，实体楼栋信息 358 条，实有房屋信息 4488 条，实有单位信息 108 条，从业人员信息 2090 条，维护各类信息 139445 条。常德市“一标三实”绩效评估全年排名第二。（邓萍）

【警务机制改革】2018 年，津市市公安局全面深化警务改革，不断优化资源整合，强化职能配置，确保警力下沉，激发队伍活力。澹津社区示范警务室正按照“两室一厅”标准装修，系该局首个“三网”接入的多功能警务室，建成后将与农村的“一村一辅警”建设共同成为该局社区警务工作的新亮点。在装备建设方面。一是不断加大对基层一线装备的投入力度，及时淘汰、分批更新一批警用装备。2018 年，津市市公安局购置城市快警移动平台车 1 辆和巡逻摩托车 9 辆，并旧车换购新车 6 辆。加速人脸识别系统、刑事技术室、电子取证室等技术装备的推广使用，向科技要战斗力，提高公安队伍侦查破案的能力。

（邓萍）

【基层基础建设】2018 年是公安派出所建设三年行动计划的开局之年，津市市公安局将派出所建设 6 大类 20 项具体工作全部实行责任分解，对接落实到分管局领导和各警种部门，并且对每项工作分别在 2018 年、2019 年、2020 年的完成进度情况进行明确的时间界定，由局派出所建设办负责督促落实。新汪家桥派出所、新毛里湖派出所先后动工建设，预计 2019 年底建成搬迁。三洲驿、新洲、嘉山等一批派出所进行改扩建，完善了“五小工程”和警营文化建设；药山派出所争取当地党委政府支持，一次性为民警解决 10 套设备齐全的值班备勤民警用房；全市派出所全面落实民警备勤保障用房，做到城区派出所“一人一张床”、农村派出所“一人一间房”。三洲驿、汪家桥派出所与司法部门联合设置了驻所警司联调室，配备专职调解员，2018 年 2 个驻所调解室共受理矛盾纠纷 120 余件，调解成功建立卷宗 92 本，有效化解了社会矛盾，减轻基层派出所的调解压力。“城市快警”于 2018 年 12 月 29 日正式启动运行，下设城北、城南 2 个中队 6 个巡防区，采取“1+2+9+N”模式，即 1 台平台指挥车，2 台处警汽车，9 辆巡逻摩托车，N 专业巡逻反恐机动队、社区群防群治队伍、空中巡逻监控无人机等等，实现中心城区核心部位 1 分钟、重点部位 2 分钟、一般区域 3 分钟到达。（邓萍）

【队伍建设】2018 年，津市市公安局结合实际情况，按照省、市政治建警工作要求，召开专门党委会研究制定政治建警方案，以落实全省公安机关政治建警“1+5”系列文件为抓手，通过实施津市公安政治建警“六大工程”（即铸警魂、明警规、正警风、执警纪、强警能、暖警心），将政治建警工作贯穿公安工作始终，队伍、业务两手抓，实现政治建警各项预期目标。

确保规定动作按时按质完成，结合实际开展多项特色亮点工作；根据津市市公安局队伍结构和特点，结合该局实际开展多项特色亮点工作，组织开展为期 15 天的全局警务辅助人员集中教育整训，全局 100 余名辅警全员参与，集中进行体能、队列、理论学习与训练。针对该局年轻民警比重大、队伍年轻化的现状，组织开展“津警青年论坛”，80 多名 35 周岁青年民警参与其中，围绕“我为津警发展献一计”青年民警谈感受、谈想法、谈建议，全局所有民警参加活动。继续加强青年民警公寓建设，配齐“六大件、六小件”，真正实现拎包入住，从生活上暖警心。在 40 套青年民警公寓的基础上新增改建 20 套，解决青年民警住宿难的问题。第一时间落实中央、省市关于提高民警各项待遇的政策文件，领先常德各个区县，第一时间将

公安窗口为民服务“最多跑一次”宣传

民警各项待遇发放到位，并顺利纳入本级财政按月准时发放到民警手中。召开警风警纪监督员座谈会。从“两代表一委员”及社会各界中聘请监督员16人，建立警风警纪监督员微信圈，由党委书记、局长戴志刚亲自授予聘书，召开专题座谈会，并收集到有关公安队伍建设、基层窗口服务、案件执法质量、民警心理疏导、公安宣传报道等方面的意见及建议33条，并汇总成册，逐项回复、逐项落实。开展多种形式的家访和家属恳谈会。全局23个支部均按要求开展并上报工作情况。通过家访和家属恳谈会让民警家属对民警多一些监督、多一些提醒、多一些劝导，争取民警家属对公安工作的理解和支持，联合筑牢民警防腐拒变的“廉洁墙”。局领导班子、局各党支部书记、预备党员、入党积极分子等共计60余人前往临澧县博物馆和林伯渠故居纪念馆开展“不忘初心 牢记使命”现场党性教育活动。举行“庆八一·战斗故事激励奋斗青春”座谈会。7月30日上午，在家局班子成员、退休以及在职军转干部代表、青年民警代表共70人参加座谈会。创建“新警训练营”让新警快速找到“心”的家。通过为期2个多月的队列体能训练、各二层单位交叉跟班学习、红色教育及了解介绍津市风土人情，让13名新警快速了解津市、适应公安，迅速进入角色，为津市平安发展保驾护航。“新警训练营”在全市公安机关第三届微改革微创新比赛中荣获铜奖。

为全局民警职工继续购买意外伤害险，实现民警意外伤害险部、省、市三级联保，年内兑现保险理赔金40余万元；5月14日党委会研究决定将全局警务辅助人员纳入意外伤害商业保险范围，完善辅警保险体系。落实民警身体健康检查，按计划开展全局民警、职工、老干共计310人的身体健康检查，并建立健康档案；截止到10月29日，共探望慰问住院民警职工56人（含退休），送出慰问金36796元；2018年度津市市公安局做好困难民警、党员专项慰问、春节慰问工作，共慰问困难民警、职工、遗属等共计40人，送出慰问金2万余元，年底慰问退休老干、因公致残等民警，发放慰问金12万余元，2018年，争取省厅基金会支持，为11名民警发放优抚金15.4万元，为4名特困民警发放慰问金4万元，加强青年民警公寓建设。（邓萍）

消　防

【概况】2018年，津市市消防大队着力提高消防行政监管和服务水平，提升公民消防安全意识、推进队伍正规化建设、增强灭火和应急救援能力，全市火灾防控和灭火应急救援能力不断增强，公共消防安全水平大幅提升。2018年，消防大队被常德市消防支队评为安全工作先进单位。在常德市消防支队夏训比武考核中荣获团体第三名。大队被评为津市市级“文明单位”。大队指战员徐琳当选津市市“十佳政法干警”。

【队伍建设】2018年，大队严格执行“七项组织生活制度”，压实从严治党政治责任，抓住政治工作生命线的地位，提高班子驾驭全局的能力。落实学习制度。深入贯彻落实习近平总书记训词精神要求，着力打造“对党忠诚、纪律严明、赴汤蹈火、竭诚为民”的消防救援主力军和国家队。深化风险防控。开展“转作风、倡廉风、树新风”、干部风险大排查大管控、审计整改检查等活动，对“六涉”经营、财经领域、执法腐败等问题进行专项整治，坚持把党风廉政建设纳入政治工作的总体部署，扎实推进廉政文化建设，大力加强干部党员队伍思想建设，以习近平总书记系列讲话精神为指导，学习《中国共产党廉洁自律准则》、《中国共产党纪律处分条例》，坚持廉政理论、廉政党课学习，积极落实党委议廉制度。全年大队开展消防执法腐败问题、后勤财经领域腐败问题、酒驾问题等廉政专题教育，组织全体队员深入津市监狱实地接受廉政警示教育，全体消防监督员面向社会公开述职述廉并作出廉政承诺，营造风清气正的浓厚氛围。全年未发生违纪事件。优化经济环境。推进执法规范化建设，定期组织召开向社会单位公开述职述廉会议，实行执法回访。积极推进“放管服”改革，全面规范消防受理窗口工作，提供优质高效便捷的消防服务，为群众诚心诚意办实事，尽心竭力解难事，坚持不懈做好事，树立消防队伍的良好形象。

【执勤训练】强化岗位练兵。年初，大队党委专题召开会议研究部署，制定切实可行的训练方案，狠抓训练工作，强化全体指战员素质，全力推进灭火救援队伍向国家综合性应急救援队伍转变。以总队执勤岗位全员训练普通中队达标考核、支队达标考核等专项训练考核为主线，开展负重5000米跑、单杠卷身上、绳索攀爬、100米负重跑、搬运重物折返、400米综合体能等基础训练科目，强化居民房火灾破拆救人操、初战快速出水控火操、枪炮协同灭火操、楼层火灾内攻操、纵深灭火救人操、“两车三枪操”等操法训练科目。形成训练有档案、每月有训练计划、每周有训练配档，实行“每日必练、每周必测”制度，严格实施指战员每月考核，并将成绩与干部精细化、指战员入党、学驾驶等直接挂钩，全面调动指战员的训练积极性，

指战员进行体能训练

指战员对化工厂进行熟悉演练

训练水平逐步提高。

加强熟悉演练。大队坚持岗位练兵与“六熟悉”活动相结合，结合辖区火灾和事故类型特点，加强熟悉演练和实战训练，充分做好灭火救援准备，以人员密集场所和高危场所为重点，对全市危化企业、高新区、高层建筑、城市综合体、人员密集场所等重点对象开展了实地调查熟悉，对辖区53家重点单位完成数字化预案制作，并组织实地演练60余次，为成功扑救各类火灾事故，打下了坚实的基础。强化执勤备战，从严执行等级战备制度，实行“一主一备”两套执勤班子，每日进行交班调度，确保人员、装备、训练、执勤四到位。

【火警处置及救援】2018年，大队指战员成功处置1月1日青龙禅寺火灾；1月13日红旗影院斜对面拆迁房屋火灾；3月5日二广高速货车火灾；4月11日益民小区居民楼厨房火灾；4月13日，保河堤镇018号单位杂货铺火灾；6月7日城东7组民房火灾；9月5日五环时代全民健身中心建筑工地一栋建筑楼顶的设备外机火灾；10月7日人民路老旧房屋火灾；10月21日人民路与万寿路交叉处民房火灾；12月26日毛里湖镇李家铺梁家坪民房火灾等事故。2018年大队共接警87起，出动车辆157辆次，出动警力963人次，抢救被困人员13人，抢救财产价值89.6万元，无人员伤亡。大队指战员有警必出、闻警即动，不畏艰险、冲锋在前，圆满完成灭火救援任务，得到各级政府和社会各界的高度肯定。

【消防设施】大队现有行政车2台，消防车4台，其中水罐消防车2台，抢险救援车1台，32米云梯车1台。配备有个人防护装备、特种防护装备、侦检器材、警戒器材、救生器材、破拆器材、堵漏器材、输转器材、洗消器材、排烟照明器材、通信器材等消防器材装备。改革转隶后，为了适应“全灾种、大救援”的需要，大队配齐配全水域救援、森林灭火鼓风机等专业器材，增强了应对水域救援、危险化学品处置、高层、地下、大跨度空间、石油化工灭火救援等灾害事故的能力。津市市政府拨付专款用于乡镇专职消防队车辆器材配备，全市所有乡镇建成政府专职消防队。

乡镇专职队车辆发放仪式

对乡镇专职队人员进行消防技能培训

【防火监督】推进消防工作社会化。一是高位推动工作。市政府召开消防工作会议，明确全年消防工作任务；层层签订工作责任状，推进消防工作责任落实。市长黄旭峰、副市长陈顺勇多次带队开展检查督导，分管领导分行业部署开展消防安全检查，督导火灾隐患和消防违法行为整改。提请政府将社会消防安全管理纳入“平安津市”发展战略和政府工作绩效考评，融入智慧城市总体规划，借力全市综治网格化平台，发挥政府政务督察优势，顶层设计成效明显。

大队执法人员进行消防安全检查

二是联手行业齐抓。大队党委积极主动向市委、市政府领导汇报，推动党政领导责任、部门监管责任落实。创新联席会议、联动执法、联合考评和集中检查、集中约谈、集中曝光的“3+3”模式，落实监管责任和主体责任，消防社会化进程迈上新台阶。市政府市委、市政府主要领导多次听取消防工作汇报，亲自带队开展检查督导，分管领导分行业部署开展消防安全检查，督导火灾隐患和消防违法行为整改。年内，联合商务、民政、安监、教育、住建、房管等部门开展了商场市场、养老服务机构、易燃易爆、中小学、高层建筑、居民住宅小区等专项治理。以重点单位标准化管理和智慧消防建设为主要抓手，全市53家重点单位和高层建筑全部纳入户籍化管理并安装智慧消防监测系统，全面推进社会单位主体责任落实，开启了消防工作群策群力、群防群治的新格局。

召开消防安全专项整治工作会议

三是整治成效明显。2018年，大队按照夏防工作、冬防工作总要求，以高层建筑、大型商业综合体、人员密集场所、在建工地为监管重点，以电气火灾专项整治、文物古建筑专项治理、消防宣传包服务以及公共消防设施建设为重心，以严格执法、刚性执法为手段，以政府督查和“一单四制”为推手，推进常态化火灾隐患排查整治，始终保持了全力围剿火灾隐患和违法行为的高压态势，有力净化了全市消防安全环境。常德市交办的4处隐患和津市市交办的19处隐患全部整改销号。挂牌整改重大隐患7处。2018年，大队共检查各类单位、场所1356家次，督促整改火灾隐患或违法行为2634处，临时查封37家次，责令“三停”单位20家。通过采取现场督导、跟班作业，联合检查等形式，并邀请各派出所派业务骨干到消防大队学习业务理论，强化了派出所的消防监督管理。同时，进一步推进执法规范化建设，积极开展执法质量达标基层单位创建工作，定期组织开展业务学习，扎实开展执法案卷的自查自评，强化内部执法监督，提升了大队监督执法质量，消防执法监督能力显著提升。有效地净化了全市消防安全环境。

消防宣传车到津市进行宣传

在孟姜女文化广场开展消防宣传

四是深化宣传培训。大队深入开展消防宣传“七进”活动，开展了以消防站开放、消防志愿者宣讲、消防教育演练培训为主体的消防宣传教育活动，实现重点单位消防安全宣传“三提示”覆盖率达到100%。通过官方微信公众号每天发布消防知识、火灾信息和消防动态，对消防队伍开展的灭火、救援等行动进行跟踪报道；以手机短信等宣传平台、建立消防安全重点单位联络微信群，多平台开展消防宣传，为群众传播消防知识。大队向常德支队防火处申请借用消防宣传车来到津市开展“亲民宣传”，印制9类便民宣传用品，环保购物袋、轻便折叠扇、实用的围裙、消防卡通人物钥匙扣等一经发放，引来众多市民围观点赞。开展了以“全民参与、防治火灾”为主题的“119消防宣传月”活动，设计了消防知识不干胶，借助快递、出租车等载体，张贴和发放10000余份，同时针对物业住宅小区电动自行车乱停乱放和燃气使用的问题，印制了不干胶、宣传册等资料，张贴在各小区楼道口和电梯内，抢占舆论阵地，形成全民关注、全民参与的良好舆论氛围，为进一步推进“今冬明春”火灾防控工作奠定了扎实的舆论基础。

公安交通管理

【概况】2018年，津市市公安局交通警察大队共接处警1923起，受理交通事故1071起，查处各类交通违法行为9.6万多起，办理车辆驾驶证管理业务1.8万多起，未发生一起死亡3人以上的较大道路交通事故，未发生因交管工作引发的群体性事件、行政诉讼、国家赔偿案件和媒体舆论炒作事件。大队继续保持“湖南省2016—2018年全省依法办事示范窗口单位”、“湖南省文明单位”，获得湖南省公安厅“2018年度全省道路交通安全管理工作成绩突出”、常德市“道路交通安全工作优秀区县市”常德市交警支队“2018年度绩效评估优秀单位”、“冬春攻势行动成绩突出集体”、津市市“绩效评估良好单位”、“综治工作先进单位”等荣誉。截至2018年12月，全市注册登记的汽车18189辆、摩托车22092辆、农用车205辆，驾驶人5.8万人。（雷孝亮）

【交通违法整治】2018年，根据省交警总队工作部署，相继开展“冬春攻势”、“农村交通秩序整治”、“安保维稳百日行动”等贯穿全年的违法整治行动。共查处各类交通违法行为96516起（现场查处21748起，非现场抓拍74768起），其中查处酒驾114起，无证驾驶232起，客车超员43起，货车超载112起，非现场抓拍不礼让行人6469起，闯红灯4739起，行政拘留187人，刑事立案22人。（雷孝亮）

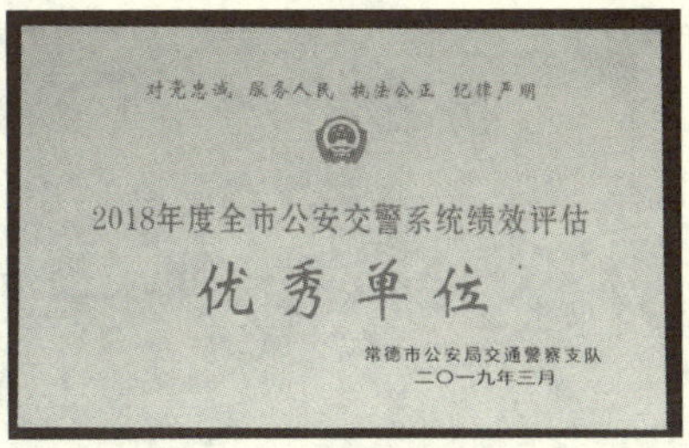

【安全网络建设】2018年，重点加强农村道路交通安全管理信息系统应用，筹措资金9万元，为每个镇(街)道路交通安全社会化管理办公室配置电脑、打印机等设备，实行联网、数据共享，农村道路交通安全信息基础数据即时共享。对排查的56处隐患点，投入资金400多万元，治理隐患路段12.40公里，设置钢护栏9100米，警示桩3000余米，道路警示标志标牌16块，施划标线2000余平方米，联合校车办、教育局，投入建设维护资金80多万元，建成农村校车港湾式停靠站点91个。

【安全宣传】2018年，开展安全知识“五进”活动，“大队长讲堂”宣传课件进人大等机关进行宣讲，“安全电影”宣传

市交警大队启动“戴帽工程”赠送头盔仪式

培训小交警

车进各镇街轮流播放，“典型案例”宣传展牌进盐矿等企业进行巡展，“安全常识”讲座进学校开展宣讲，“宣传画册”资料进社区上门发放。共发放各类宣传资料33000多份，张贴宣传挂图2800余张，悬挂宣传横幅180多条，设立宣传展牌50多块，制作宣传橱窗26处，进学校上交通安全课35次，筹资12万进镇街免费发放摩托车安全头盔1200余顶，全民交通安全意识和守法意识进一步提高。（雷孝亮）

【队伍建设】2018年，以政治建设为统领，开展贯穿全年的政治建警工作，以党建带队建，重点开展中共十九大精神和习近平新时代中国特色社会主义思想理论的学习，认真贯彻省公安厅党委政治建警工作的“一意见五规定”，对民警交往的“二十个不准”开展自清自查，督促整改，保证了队伍规规矩矩的上下级关系、清清爽爽的同事关系、干干净净的社会关系。坚持从严治警，辞退3名违反大队纪律规定的辅警，通报批评2名违反大队管理规定的民警。

【科技建设】2018年，投资1200多万元升级改造的智能交通系统投入使用，实现全市城区交通状况高空瞭望，交通安全警（保）卫绿灯控制，违法（事故逃逸）车辆轨迹查询等，交通管理执法、服务功能大幅提升。新建津澧大道与双济路口红绿灯，解决群众热点建议。全市设立高空瞭望系统4处、红绿灯25处、电子警察49处、高清监控探头67处、电子卡口6处。（雷孝亮）

【基础建设】推进交警中队正规化建设，进一步强化基层基础工作，筹资30多万元对新洲中队营房地面、墙面、门楣等进行维修改造，进一步改善基层中队办公生活环境。（雷孝亮）

【交通事故】2018年6月9日10时24分，刘某某驾驶小型轿车沿津市市孟姜女大道由南向北行驶至津市市供销社门前路段时，将由东向西在人行横道内行走的毛某某、杨某撞倒，造成2人受伤，毛某某经津市人民医院抢救无效于当日死亡的交通事故。

2018年7月3日10时55分，文某驾驶重型仓栅式货车沿津市市创业路由东向西行驶至与科凌路“T”型交叉路口左转弯时，与沿科凌路由南向北宋某某驾驶的普通摩托车相撞，造成宋某某受伤，经医院抢救无效于当月9日死亡的交通事故。

2017年8月20日18时10分，雷某某驾驶摩托车沿石保公路由西向东行驶至白衣镇石板滩至钟林村6组路段，在超越前方同向行驶的，杨某驾驶的轻型自卸货车时，因操作不当，造成车辆侧翻，雷某某摔倒至货车左后轮下，因车辆碾压死亡的交通事故。

2018年9月17日14时9分，刘某某驾驶无号牌普通两轮摩托车沿白衣镇村道由西向东行驶至红光村14组路段时，遇由东向西尹某某驾驶的轻型变通货车行驶至此，刘某某因操作不当、采取措施不力，导致其摩托车乘坐人王某某跌落，当场死亡的道路交通事故。

2018年10月6日18时55分，贾某某驾驶普通低速货车，沿津市市石保公路行驶至白衣镇红光村41组路段时，将由南向北横过道路的行人胡某某挂倒，造成胡某某当场死亡的交通事故。（雷孝亮）

【车驾管业务】2018年，津市公安局交警大队共办理车驾管业务1.9万多起。其中办理汽车注册登记业务2232台，摩托车注册登记业务1332台，办理摩托车驾驶证申领业务839人次，受理小型汽车驾驶人科目一考试2840人次，受理驾驶人满分学习1102人次，大中型客货车驾驶人审验学习1239人次，办理补换证业务4012人次，核发机动车检验合格标志4347台次等。

（雷孝亮）

司　法

【概况】2018年，津市市司法局坚持“突出一条主线、抓住两个重点、实现三大目标”主要工作思路，取得了较好的工作成效，全市司法行政工作逐步形成“津市特色”，保持“常德领跑、全省先进”的局面。全年，共办理法律援助案212件（其中，民事案件171件，刑事案件41件）；共受理各类矛盾纠纷3481起，调解成功3479起（人民调解2310起，司法调解490起，行政调解599起，警司联调69起，部门联调13起），成功率达99.94%；公证处共办理各类公证业务958件。法律服务工作者共担任常年法律顾问23家、办理“两个代理”140件、解答法律咨询551人次、代写法律文书55份、提供法律援助42件，为当事人挽回经济损失683万元；开展适用社区矫正社会调查评估88例，新接收社区服刑人员52人，解除社区矫正57人，累计接收社区服刑人员591人，累计解除社区矫正510人，当前（2018年9月30日）在册社区服刑人员81人。

2018年，津市市司法局在常德市司法所规范化建设年现场推进会和湖南省司法厅组织的全省坚持发展“枫桥经验”，实现矛盾不上交工作动员部署会议

2018年11月，津市市司法局在湖南省司法厅组织的全省坚持发展“枫桥经验”，实现矛盾不上交工作动员部署会议上作经验发言

上作经验发言。6月，全国普法办公示表彰决定津市被评为“全国法治先进市”。6月，津市市湖桥社区、柏枝林社区两个基层人民调解调委会，湖桥社区人民调解委员会调解员芦兴炎、嘉山街道人民调解委员会调解员孟祥华等两名人民调解员分别荣获全省“优秀人民调解委员会”和“优秀人民调解员”称号。7月，津市市司法局白衣司法所、城北司法所所长余学舫分别荣获了全省“三调联动解纠纷、防范风险促发展”专项调解活动“先进集体”“先进个人”称号。

【公共法律服务】2018年，津市市司法局高标准落实“三级法律服务平台”，新建标准化公共法律服务工作站1个、村（社区）公共法律服务工作点20个，“法润三湘”公共法律服务志愿点780个，78个村（社区）均配备一村一顾问。制定《律师调解工作纪律》《律师调解工作原则》《律师调解员人才库》和律师值班安排表及相关登记台账，落实政府购买公共法律服务制度，保障公共法律服务活动高效运行。同时，大力引导和组织律师主动参与社会维稳活动，在市公共法律服务中心、信访局、法援设立律师接待窗口，规范律师参与化解和代理涉法涉诉信访案件流程，实现访援、访调无缝对接，对符合法律援助条件的信访人，提供法律援助，对缠访闹访的信访人，组织基层司法所及时介入，力促简单信访案件不出村（社区）、重大复杂信访案件不出镇（街道），取得政府、群众双满意的社会效果。津市市公共法律服务中心全面履行公共法律服务职能，积极开展法律服务工作，努力为人民群众提供高效法律服务，切实维护人民群众的合法权益，取得良好的社会效果。

【人民调解】2018年，津市市司法局以巩固基础为出发点，完善司法所建设。2018年是“常德市镇（街）司法所规范化建设年”，9月18日，常德市“司法所规范化建设年”现场推进会在津市召开，常德市委常委、政法委书记黄清宇对津市基层所规范化建设取得的成果表示充分肯定。为提升调解工作整体业务水平，加强队伍建设，组织开展人民调解观摩活动，进一步规范行业性专业性调委会建设，开展全市人民调解员集中培训；开展警司联调试点工作，聘请专职人民调解员常驻警司联调工作室，联合公安派出所对辖区内治安民事纠纷及时处置，有效地提高了社会矛盾纠纷化解效率。大力推介白衣司法所化解矛盾纠纷“三二一矛盾纠纷调解机制，压实主体责任，充分发挥村（社区）调委会作用，同时广泛向社会推广人民调解工作，动员社会多方力量参与人民调解工作，摸索推行“1+X”调解模式，进一步提升人民调解工作的影响力，确保矛盾纠纷及时化解。

【法治建设】2018年，积极推动“七五”普法进程，为全市经济社会发展创造良好的法治环境。法治建设中心工作深入推进，普法对象更加全面，“突出‘龙头’，领导干部和国家工作人员学法用法机制不断健全落实；突出“源头”，青少年法治宣传教育稳步推进；突出“多头”，群众性法治宣传教育深入开展。法治宣传载体、形式多样，普法实效不断增强，《周浩佬说法》、“法治夜话”等普法品牌不断求新求精，普法宣传深入人心。

【社区矫正】2018年，津市市司法局围绕社区矫正“三化”和安置帮教“四加强”，坚持“教育、感化、挽救”的基本方针，继续做实做细社区矫正与安置帮教工作。2017年底，在常德市率先启动社区矫正信息化建设，利用社区矫正信息化建设实现社区矫正精细化管理，有效提升社区矫正工作效率和管理水平。为帮助社区服刑人员及刑满释放人员提升综合素质、增长就业本领、拓宽就业渠道，一方面对他们开展心理矫治，另一方面开展就业技能培训，使其能积极融入社会。通过春节走访慰问、与民政局对接落实临时性救助、开展未成年子女帮扶、组织参与现场招聘、推荐就业、组织就业技能培训、加强安置基地建设等措施加强就业安置，解决社区矫正人员及刑满释放人员生活来源问题，缓解他们回归社会后遇到的经济难关和生活压力。

湖南省“法润三湘”公共法律服务志愿者津市市大队

2018年5月，津市市司法局组织开展矫正安帮对象职业培训班

【公证】2018年，津市公证处建立公证质量管理体系，努力提高公证公信力和社会效益。为更好地了解百姓需求，更好地为民服务，组织开展形式多样的法律服务活动，印刷各类公证宣传资料，主动将公证知识发放给群众，提供法律咨询、现场解答法律法规问题等服务。全年办理公证958件，其中国内公证852件，涉外公证106件。

【法律服务】全市有律师事务所3家，注册律师23名（鼎鸣律师事务所10名、津正律师事务所7名、秦明律师事务所6名）；基层法律服务所2家，基层法律服务工作者13名（名正法律服务所7名、鹏来法律服务所6名）；司法鉴定所（九澧司法鉴定所）1家，鉴定人员11名。2018年，全市法律服务工作向更高质量发展，严格落实责任，提高认识，加强领导，建立责任制；强化法律服务监督管理，落实各项监督机制；抓好法律服务行业规范化建设；组织律师积极参与法治创建等公益性法律服务活动。全市各法律服务机构零投诉。

湖南省津市监狱

【概况】2018年，津市监狱坚持党对监狱工作的全面领导，把握“稳中求进”总基调，突出从严治党、布局调整建设，严把罪犯改造、基础建设、经济运行三道质量关口，整体保持高位运行、高速推进的优良态势。持续实现“七个不发生”（不发生罪犯脱逃、不发生重特大狱内案件、不发生安全生产死亡事故、不发生流行性疾病蔓延和10人以上集体食物中毒、不发生罪犯自杀死亡、不发生违规违法办理减假暂案件、不发生因执法过错和管理责任造成罪犯死亡案件），连续第16年实现安全“四无”（监管安全、生产安全、队伍安全、执法安全），综治工作位列全省监狱系统第一，绩效考核位列全省监狱系统优秀等次，荣获“省直机关文明标兵单位”称号。

党建队建。监狱党委围绕党建“轴心”，对照上级要求“扣扣子”，狠抓部署和考核“两头”。实行“党建+”模式，将“四个意识”（政治意识、大局意识、核心意识、看齐意识）、“四个自信”（道路自信、理论自信、制度自信、文化自信）、“两个维护”（坚决维护习近平总书记党中央的核心、全党的核心地位；坚决维护党中央权威和集中统一领导）等元素融入各项工作，建立起“大党建综合体”。以“项目式运行、闭环式管理、对标式操作、模块式考核”的新模式，量化对党支部、党员的管理和考核，使从严治党延到基层、工作责任落到行动。将党委、支部、党小组学习规划“三线”并入学贯习近平新时代中国特色社会主义思想的“总插头”。在各类学习培训中首提必政治，组织党委中心组学习14次，轮训轮值8期576人，上党课65场次，专题学习讨论22次，发放学习资料5850余本；在全省监狱系统党建知识抢答赛中荣获二等奖；投入30万元，各支部竞相开展党日活动，政治学习更“走心”、更“有味”，队伍政治站位有新提升。深化党支部标准化建设，严格落实党的组织生活“五项基本制度”，完善党委议事规则等10项工作制度，投入6万多元升级13个基层党建活动室，设立3个示范党支部，建立“双争一评”（争当先进党支部、争当优秀党员，季度一次评比）机制，全面从严治党在基层扎根。开展“作风纪律百日大整顿”活动，清理超面积使用的办公室17间。对32个支部、783名党员进行“政治体检”，检出问题45个；狱领导开展廉政谈话140人次，对关键岗位警察廉政谈话350人次。紧盯“小苗头”“微腐败”，发现并纠正执法不规范行为9起、违规采购问题5起，开展廉洁性审察368人次，提醒谈话53人次，支部集体谈话1次，诫勉谈话3人次，行政降级处分1人，1人受到开除党籍、行政撤职处分。

监管安全。开展“强化监规纪律、净化改造环境”、扫黑除恶专项斗争、现场管理整顿等活动，开展全狱性清监13次、突击清监25次；加强值班警力，落实徒手进监、接触式安检要求；严审进

3月2日，举行新警察入警宣誓仪式

监人员身份。开展春秋两季集训、顽固犯升级整训。建立健全视频督查、离监管理、离监探亲、出收工管理、非岗辅岗罪犯审批、刑释衔接等制度。以危险分子、云南调犯为重点，缜密研判犯情，成功制止预谋自杀1起，办理历逃案2起，收集到涉黑涉恶线索10余条，其中2条公安机关已侦破。投入165万元，采购反恐防暴装备，维修、更换警戒设施；投入105万元，购买执勤车、消防车、救护车等4台，增强应急处突保障。完善监狱、监区、分监区三级应急指挥体系，建立新型监管指挥系统，提升网路安全与速度，将全狱监控摄像头接入指挥中心，实现与司法部联网。

劳动改造与安全生产。立足培养具有正确劳动观念，良好劳动习惯，过硬劳动技能的劳动者，建立差异化的罪犯改造激励约束机制，持续完善分级处遇机制、周任务制、劳动级差管理和罪犯劳动考核，优化劳动项目结构、生产管理体系和技能培训模式，将罪犯劳动表现与处遇室、劳动餐、劳动报酬的分配紧密挂钩。强化安全生产主体责任，签订安全生产责任状275份，按“一单四制”（制定重大事故隐患清单，整改任务实行交办制、台账制、销号制、通报制管理）要求，投入130余万元，整改隐患200余起；监区每月开展防火防爆应急演练，监狱组织安全培训17场，参训1600多人次。统筹推进安全生产标准化建设、生产现场规范化建设，五、六、十三监区生产现场顺利通过复检，十二监区通过达标验收。

教育改造。固化教育日时间，规范教学活动的流程，完善教材、教学大纲，每个教育日监狱领导带领教育科现场督导检查，将检查结果运用到绩效考核，体现在季度等级评定、年底评先评优等方面，确保“511”制度（每周5天劳动教育、1天课堂教育、1天休息）的落实。包管包教工作实行警察管理罪犯全程化、包教手册档案化、网络图颜色差别化；建立多名警察一个包教组、每犯一本包教手册、分监区一张包教网络图、一个手册存放柜；落实全员覆盖、分类管教、结对组合、权责一致、尽职免责措施，提升了个别教育的针对性、科学性。构建心理矫治工作网，编制“校本”教材，自制视频课9节，根据不同时节罪犯的情绪波动情况，适时开展心理健康主题活动。规范心理健康工作流程、操作标准以及记录格式，制作心理矫治工作台账和专档，管理模式被省监狱管理局在全省监狱系统推介。引入狱外帮扶资源，常态化开展亲情帮教、社会帮扶。举办传统佳节亲情见面会12场、监狱开放日4场；举行监内法律援助7场，接受帮扶328人；联合地方机构、大专院校、公益团体开展送政策、送补贴、送文化活动16次；为23户罪犯困难家庭发放帮扶款共6.1万元。

生卫关怀。常态化落实罪犯食物农残检测制度、索票索证制度、48小时食品留样制度，重大节日酌情增加荤菜，发放粽子、月饼等节令食品。采购448万元的囚被服，为历年之最，尽力保障罪犯穿得暖、睡得好。加强病犯夜间急诊、外出就诊警车警力保障，增加监区医务室器械配置，举办防意外伤害培训班、红十字救护员培训班，提高一线应急救援能力。办理津市监狱医院、湖南省罪犯总医院的“统一社会信用代码证”，是全省司法系统首家有“身份证”的医院。

10月、11月监狱组织全体警察轮值轮训，图为正在警体技能比武

刑事激励。实行减假暂办案责任制，开展罪犯考核计分专项检查。运用信息化办案平台裁定减刑1384件、假释63件。206名老病残犯依法减刑假释，假释率同比增长68%。依法受理申控检70件。实行内外刑释安置帮教联动，制定《罪犯释放及刑释衔接工作规定》，提前与地方司法局、安帮办协调，实行全面衔接、分类施教、重点安置，成功处理5起罪犯刑释难安置问题，圆满完成10例急保、15例暂予监外执行交付任务，避免了重病、“三无”、“三假”人员脱管漏管，也为有一技之长的罪犯铺就一条“出监门进厂门”的新生之路。端午节组织1名罪犯“离监探亲”。

布局调整。以打造“精品工程、亮点工程、廉洁工程、优质工程、放心工程”为目标，最大限度地凝聚全狱智慧和力量，成立“监狱项目工程指挥部”。抽调22人常驻工地，负责全程组织协调，变事后检查为事前指导，事中监督。党委坚持集体决策工程事项，实行监狱、代建、监理三方联席共管，召开调度会41次，发放《问题整改通知单》21份，协同解决问题100余个。按“一个标段、一名处级领导、一个督导组”的模式，成立6个驻点督导组，全面铺开5个标段和信息化项目建设。施工现场被列为常德市安全文明管理现场会观摩点。多方征求意见，反复论证，先行打造监舍、餐厅、车间“样板间”；将文化建设、二次装修设计等工作按职能分解到各科室。年底一所现代化监狱已见雏形。提早谋划布局调整搬入后的工作流程再造、管理模式重构等工作，加强相关业务培训，探索现代化文明监狱、智慧监狱建设新路径。

改善民生。致力打好“三大攻坚战”。积极防范化解综治风险，依法依规

4 月 25 日，津市市领导干部参加警示教育活动

妥善处理 5 起罪犯病亡、9 件信访、6 起舆情隐患、12 起综治纠纷。对口精准扶贫的临澧县蒋家村 10 户困难群众中，有 9 户已脱贫；职工工资保持年增收 12%左右；慰问本狱警察职工、离退休人员困难家庭 696 户共计 40 万元。牢固树立绿色发展理念，警察职工义务植树 5 次 3750 余棵；在“地方政府主导，大型农业企业投入，我农场配合”的三方联合模式下，导入 1 亿多民营资本，圆满完成 2 万亩“旱改水”项目；地方政府投资 2100 万元，实施污水处理厂、垃圾中转站环保项目。投入 1022 万元，进行水域综治、泵站改造项目，构筑起生态防护圈。致力打造“一流品质小区”。在蔡家河广场新建儿童乐园，进一步完善家属区功能；为家属楼“穿衣戴帽”，实行犬只登记、链式管理，清理户外商业广告、横幅、牛皮癣广告，提高小区“颜值”，狱区群众生活幸福感、获得感进一步提升。

机制改革。推进警务备勤模式改革。按照司法部要求，调整监区警察值班备勤模式，将监区内值班室床铺撤除，完善值班巡查制度，全面取消并严格禁止一线管理、门卫等岗位连值连休，严格落实双人值岗、瞪眼值班、“三班倒，班班见领导”等要求。深度推进监企分离，应对监狱企业税收优惠政策的变化，压减监狱企业层级，推进“僵尸企业”清理，完成阳光宾馆与物供公司的合并，筹备涔澹实业与建材公司的合并。完善公司法人治理结构，确定董事会、监事会成员；解除 11 名警察在监狱企业的兼职。

【举行新时代主题文艺汇演】2018 年 3 月 2 日上午，津市监狱将第五届一次职代会、2017 年先进工作表彰颁奖仪式、退休警察荣休仪式、新警入警仪式“合四为一”，在监狱多功能厅举行“建功新时代，彰显新作为——2018 再起航”主题文艺汇演。由监狱警察职工自编自导自演的 12 个文艺节目穿插其中，将警察职工身边的故事搬上舞台，将日常工作搬上银幕，将监狱事业薪火相传的过程具体化在眼前，以舞蹈、合唱、朗诵、小品等表演形式，向各界领导、警察职工、离退休老同志及家属汇报津市监狱一年来的工作，1160 余人到场观看汇演。

【津市监狱与津市市委联合开展警示教育活动】2018 年 4 月 25 日，津市市委书记傅勇，市长黄旭峰，及其他在家的市级领导，副处级以上领导干部及市直各部门单位负责人共计 105 人到津市监狱开展警示教育活动。先后参观津市监狱第二押犯点、五监区、罪犯总医院 3 个押犯单位，近距离地了解罪犯高墙内的改造生活、学习活动，切身感受新时代监狱严格文明的管理模式。在警示教育会上，2 名职务犯罪的罪犯现身说法，让在场人员思想上深受震撼，纷纷表示要时刻保持应有的警觉和清醒的头脑，慎重对待权力，防微杜渐。

【开展罪犯宪法教育主题活动】2018 年 4 月底至 7 月中旬，开展为期 2 个多月的罪犯宪法主题教育活动。制定《关于开展罪犯宪法主题教育活动的通知》，从全面依法治国的高度，对活动实施步骤作出周密部署；召开罪犯大会全体动员，利用横幅、墙报、专栏、监内广播、队前讲评、犯人大会等宣传阵地，扩大宣传覆盖面；充分发挥警察教师作用，运用新媒体，通过律师讲座、警察授课、视频教学、广播讲座、小组讨论等生动活泼的方式，采取罪犯喜闻乐见的“七个一”（一次讲座、一次授课、一场电影、一次讨论、一次演讲、一次竞赛、一篇心得）模式，组织每名罪犯学习《宪法》20 学时以上；印制《宪法主题教育学习记录本》，罪犯人手一册，做到每课一笔记、每月一心得。在监内掀起了学法、懂法、守法、用法的新热潮，增强了罪犯的法治意识。

【扎实推进扫黑除恶专项斗争】2018 年 3 月开始启动扫黑除恶专项斗争，全狱广泛宣传发动，召开全狱扫黑除恶专项斗争动员会、推进会，制发实施方案，各单位、科室负责人向党委递交《扫黑除恶专项斗争责任状》，全狱设置举报箱 108 个，持续播放专题广播，制作宣传窗、海报，悬挂横幅标语，形成摧“网”毁“伞”高压态势。集中力量在监内深挖罪犯犯罪线索，发动罪犯主动坦白交代自己余罪漏罪和参与牢头狱霸、帮派团伙等反改造行经，大胆检举揭发他犯违规犯罪行为。动员罪犯家属及社会力量积极检举揭发涉黑涉恶犯罪线索。坚持边扫边治，依法严惩、严格管理涉黑涉恶罪犯，最大限度挤压黑恶势力滋生空间。将扫黑除恶与综治、反恐相结合，战场扩展至全辖区，建立联防联控机制，“雪亮工程”覆盖家属区。

【自制公益微电影《“艾”的付出》】2018 年 5 月，监狱党委监制，监狱警察职工自编自导自演防艾禁毒微电影《“艾”的付出》。该片以 3 名艾滋病罪犯入狱后的改造生活为索引，展示津市监狱罪犯总医院在特殊病犯管理上的“个性化治疗、平等化管理、人性化护理”方式和经验成果。经省监狱管理局、司法厅、政法委层层筛选、推荐，该片成功入围“全国第三届平安中国微电影微视频微动漫比赛”终评展播名单，获全省法治微电影大赛优秀奖，并在腾讯视频播放。

5月16日，举行微电影《“艾”的付出》首映礼

交通运输

【概况】津市市交通运输局内设办公室(法制股、行政许可办公室)、政工人事股、财务审计股、运输与安全科技股、计划基建股等股室。下辖市交通建设质量安全监督管理所、市地方海事处、市道路运输管理处、市交通运输局新洲超限检测站4家事业单位及津市市交通建设投资有限公司、津市市水路运输船货代理公司、湖南龙运交通运输集团有限公司津市分公司、津市市祥瑞交通实业有限公司、津市市欣运客运站有限责任公司(合资)5家企业。全系统共核定行政、事业编制108名,其中:局机关行政编制10名,机关后勤服务编制1名;所属二级事业单位全额拨款事业编制97名,其中交通质安所核定编制数13名,地方海事处核定编制数18名,运管处核定编制数43名,新洲检测站核定编制数23名。

2018年,津市市交通运输局被津市市委评为2018年度全市绩效评估优秀单位、优化经济环境先进单位、脱贫攻坚工作先进单位、安全生产工作红旗单位、环境保护工作先进单位,被评为2018年津市市文明单位。获得津市市2018年度向上争资二等奖、项目建设红旗单位二等奖。被常德市交通跨越大会战指挥部评为2018年度全市交通跨越大会战和“最美交通行业”创建区县市组一等奖,人大评议部门工作取得了全市第一、优化经济环境测评全市第二的好成绩。津市市新洲超限检测站被常德市人民政府办评为2018年度全市治超工作目标管理考核优秀单位。

截至2018年底,境内公路通车里程达到533.005公里。其中,高速公路12.048公里(东常高速),国道4.761公里(G353),省道5条,即S224、S516(原澧水二桥、S238、S306项目)、S305、S517、S311,里程105.83公里,县道27.595公里,乡道166.634公里,专用公路1.694公里,村道214.443公里,公路密度每百平方公里达到96公里,基本形成较为完整通达的公路交通网络。境内有桥梁61座,其中大桥5座,分别是津市澧水二桥1923延米、津市澧水大桥752延米、涔水大桥607延米、哑河大桥626延米、八宝湖桥59延米。

(赛莉、刘佩佩、胡博程)

【道路运输市场】至2018年底,全市有客运汽车站2个,其中二级客运站1个,五级农村客运站1个。客运运输企业3家(欣运集团、龙运公司、星胜公司)。全市共拥有各类参运车辆648台(含公交72台),其中营运性客运班车116台/2514座,营运性货车460台/6450吨,有客货运从业人员1500余人。全市营运班线31条,其中跨省班线6条,跨地州(市)班线7条,跨县班线12条,县内班线6条。2018年,全市道路旅客运输达到355万人次,客运周转量9085万人公里、货物运输200万吨,货运周转量10400万吨公里。

全市共有城市公共交通运输企业3家,其中经营城市公共交通运输企业1

S233 津市澧水二桥

家(星胜公交客运有限公司),经营出租车运输企业2家(亨通出租车公司和鸿运出租车公司),共有城市公共交通线路7条,拥有公交车辆72台,共计1222座。出租车150台,其中亨通出租车辆公司80台、鸿运出租车公司70台。星胜公交客运有限公司、亨通出租车公司和鸿运出租车公司均为民营企业。交通运输能力的快速发展满足津市旅客出行及货物配送要求,在春运、清明、"五一"、端午、中秋、国庆等重要时段节点,超前部署,靠前指挥,组织得力,全市道路运输形势整体平稳有序,无旅客滞留现象和较大以上安全事故发生。(李峰)

【水运市场】境内澧水航道全长约44公里,航道等级为三级,常年可通航千吨级船舶;码头泊位4个,码头泊位总长度约560米,年吞吐量达445万吨。截至2018年12月,在籍运输船舶为201艘(其中1000总吨以上船舶16艘,600~1000总吨船舶89艘,300~600总吨船舶62艘,300总吨以下船舶34艘),趸船13艘,运力15万总吨左右。外籍船舶到津市参运大约100余艘(常年驻港参运50余艘)。全市水运企业6家(津市市民生运输有限责任公司、津市万彤物流有限公司、津市市一海船务有限责任公司、津市德顺航运有限公司、津市久春航运有限责任公司、津市市宏达航运有限公司),渡口码头共1处,客渡船7艘(标渡船3艘),总客位数为210人。

2018年对全市港区重新进行规划调整,并完成非法砂石码头整治,津市港共4个港区(城区港区、中心港区、新洲港区、保河堤港区)、1个锚地服务区、6处锚地。其中城区港区规划占用岸线900米,后方陆域面积5.64万平方米;中心港区以件杂货和集装箱为主,规划占用岸线400米,预留岸线870米,后方陆域面积10.99万平方米,预留用地面积14.3万平方米;新洲港区以干散货和液体货运输为主,规划整合形成船厂区、散货码头区、液体散货码头区及新洲渡口码头和渔港码头区,规划占用岸线1465米,大堤外滩面积23.36万平方米,陆域面积11.51万平方米;保河堤港区规划占用岸线295米,陆域面积6.53万平方米,并在上游预留发展岸线200米;锚地服务区规划占用岸线767米,陆域面积9.33万平方米。

2018年完成港口货物吞吐量446万吨。其中进港货物约241万吨,主要以砂石、矿石、煤炭、水砂、元明粉等物资为主;出港货物约205万吨,主要以盐和中转货物(矿石、石膏、元明粉、煤炭、矽砂等)为主,以及少量农副产品;完成6家水运企业年度核查、营运资质核查及210艘运输船舶营运证年审年检工作,完成20艘400总吨以下船舶生活污水处理器安装及资料核查上报工作;督促企业严格落实"十项制度、两个能力"体系建设,完成省、市各级组织的安全检查;开展通航水域巡航巡查546次,巡航里程11000余公里。辖区水上交通安全生产形势持续稳定,全年未发生一起水上交通事故及港口、码头安全责任事故。

2018年12月25日,新洲渡口码头标准化建设工程通过市交通运输局、市地方海事处、新洲镇政府等部门单位验收,投入使用。新洲渡口码头为人行渡口码头,标准化建设严格按照《湖南省人行渡口码头建设技术要求》,根据自然地形、水流、水深条件进行设计,采用混凝土斜坡道的形式建设,同时还配套建设进出道路、停车场、候船亭、三牌一线等安全设施和渡船系靠船设施,工程总投资30余万元。新洲标准化渡口码头的投入使用,提升津市渡运安全保障能力,确保人民群众出行更加安全便捷。

2018年3月30日,津市澧水河北岸3艘"僵尸船"被成功打捞上岸并拆解处置,有效消除通航安全隐患,确保全市水上交通安全、防洪安全和生态安全。(王浩)

【交通基础建设】2018年,津市市交通运输局紧抓交通建设不放松,破解交通瓶颈制约,坚持以交通引领脱贫攻坚,以交通驱动经济发展,交通项目建设进展顺利。

S233津市澧水二桥建设工程。该项目位于澧水大桥下游约1.7公里,是跨越澧水的一座特大型桥梁,北起新开路跨澧水,经阳由垸,接清远路上S205。工程全长6129米,总投资约3.7亿元,承建单位为中铁建港航局集团有限公司,2015年10月中旬签订施工合同,项目正式动工建设。2018年10月31日成功实现主桥合拢,全线贯通。截至2018年12月,累计完成投资3亿元,总体工程进度达86%,正在加紧进行桥面系铺装、主桥护栏浇筑。

津市窑坡渡千吨级码头

津市窑坡渡千吨级码头建设项目。项目位于津市高新区附近澧水河段西岸,是湖南省水路交通"十二五"重点建设项目之一。项目码头陆域纵深185米,占用岸线长200米,总占地约83亩。拟建1000吨级通用泊位2个,主要为津市高新区及周边部分区县的食品、能源、原材料及其他物资运输服务,工程总投资1.3亿元,2016年10月17

日，项目正式动工建设。截至2018年12月，累计完成投资1.349亿元，正在进行房建装修及进港通道施工、其他配套工程收尾工作。设备安装完成，进入调试阶段。

S238津市新洲至棠华岳山公路建设工程。路线起于津市市新洲镇新洲桥南桥头处(原X028,K0+000)，往南经过荷花堰村、梁家坪村、白衣镇、石板滩、棠华乡，终于津市市棠华乡岳山村S238(原X028,K31+550)，路线全长30.13公里。项目采用二级公路标准建设，设计速度60公里/小时，路基宽10米，路面宽8.5米，工程总投资约2.4亿元，2016年启动前期工作，项目S1合同段于2017年动工。截至2018年12月，该项目S1标段完成投资额3600万元，总体建设进度达75%，力争春节前完成4200万元，完成85%，路基、桥涵工程已基本完成，正在进行路面工程水稳层铺设；S2标段已完成所有前期工作。

农村公路建设（含窄路加宽、边界路、旅游路、通景路）。2018年津市农村公路提质改造项目总里程92.085公里，其中60.3公里脱贫攻坚自然村通水泥路，23.885公里窄路加宽工程，7.9公里农村公路生命安护工程均全面完成。保河堤引水渠建设项目，完成招投标工作。

澧水津市段航道疏浚工程。该项目为省水运投负责项目，津市段投资约1.4亿，SG2合同段疏浚范围为澧水航道津市段邵家咀—新河口段，共25公里，按三级航道等级标准进行整治，可通行1000吨级货船，需整治滩险邵家咀滩、铁夹咀滩、陈跡坪滩、老马颈滩、马颈口滩、油榨坡滩、欧家台滩、朱家小垸滩(上)、朱家小垸滩(下)共9处。项目施工单位为湖南省中源航务工程有限公司，建设资金约5626.8万元，总工期18个月，项目于2016年11月底开工，二标段已于2017年底前全部完成，2018年2月6日至7日，常德航道局、业主、监理对二标段开展并完成工程验收。三标段项目开工时间为2017年12月7日，施工航段为澧县至邵家咀。施工滩险：金鸡滩、文家湾滩、邢家河滩、戴家湾滩、孟家洲滩、新洲滩。其中金鸡滩设丁坝5条，午口子设示位标1座。疏浚总量约54万立方米，示位标总共30米高。该项目三标段于2018年5月12日全部完工，5月28日通过验收。至此，澧水津市段航道疏浚工程全部完成并通过验收，津市航道从五级航道升级为三级航道，全年可通航千吨级船舶。

淞澧航道水运建设。该项目已纳入到交通部"'十三五'重点水运建设交通规划"，与淞虎航道同步实施，项目规划淞虎——澧资156公里航道由四至六级航道整治为三级航道。由湖南省水运投作业主实施该项目，所有前期工作由省水运局和省水运投负责完成，地方负责配合协调工作。截至2018年12月，省交通厅已出具行业意见、省发改委已对工可进行评审。

安慈高速公路津市段建设工程。安慈高速公路建设项目是湖南省规划的"六纵九横三环"高速公路网的重要组成部分，连接杭瑞高速、二广高速、常张高速，全长120.67公里，在津市境内约23公里，津市主要配合协调好工程的建设，营造良好工作环境。2018年12月，津市已全面完成国有农用地和集体土地的交付，进入施工阶段，正在进行拆迁安置扫尾和涵洞通道的认定工作。

（魏青云）

扩建后的恒源驾校

【交通行业管理】2018年，开通高新园区至宝悦乐城的晚间公交车，解决园区居民及企业职工夜间出行难的问题；津澧公交客运票价调整为2.5元/人，在原来票价的基础上总体下浮37%，试营期从2018年5月1日起执行，为期一年，推进津澧融城交通一体化，提升公交服务水平；开通联网售票等新型便捷售票方式，保障重要时段全市道路运输安全畅通；开展客运市场专项整治行动，对客运车辆私抬票价、不按核定线路经营、擅自延伸线路，出租车乱收费、宰客、服务质量低劣等行为进行严厉查处，同时开展道路运输行业安全生产"打非治违"百日行动，规范道路运输秩序；开展2018年度道路旅客运输经营质量及货物运输企业质量信誉考核工作；推广"互联网+驾培"学习模式，严格排查各驾校安全生产隐患，推进"最美驾校"建设，恒源驾校进行"最美驾校"创建升级，在原有基础上陆续投入900多万元进行升级改造。在原有15亩占地面积的基础上新增扩10亩地，扩大一倍规模，2018年恒源驾校被常德评为"最美驾校"；打击非法网约车，2018年8月以来运管部门联合市公安局、交警大队、城管执法局等部门，采取流动巡查和定点执法检查的方式，重点对未经许可从事客运经营的网络预约出租车，车站、学校、医院、行政中心、商业地段、城区主干道等非法揽客及乱停乱靠行为，城区出租车经营不规范行为、计价器使用不当及车容车貌脏乱差等进行整治，截至年底，累计出动车辆30余台次，人员150人次，纠正违章停靠150余起，查处违规经营的巡游出租车10余台次，查扣非法营运的网络预约车48

台次,净化津市客运市场环境。

辖区水上交通安全生产形势持续稳定,2018年未发生一起水上交通事故及港口、码头安全责任事故。落实水上交通安全职责,开展安全生产“打非治违”百日行动、“强执法防事故”百日亮剑行动及“水上平安交通百日行动”等专项整治工作;督促水运企业落实“十项制度、两个能力”体系建设。完成6家水运企业年度核查、营运资质核查及213艘在籍运输船舶营运证年审年检工作,完成首期70余名船员基本安全培训、考试及发证工作;加强在建涉水工程通航水域的安全监管,对澧水二桥在建项目、安慈高速澧水大桥、石龟山大桥(老桥)拆除项目等安排专人24小时值守,消除施工期间的通航安全隐患;推进水污染防治工作。组织开展船舶水污染防治、码头污染防治及白龙潭水厂取水口日常巡航巡查,2018年未发生一起船舶水域环境污染事故;落实河长制工作要求,积极配合完成全市14家砂石码头整治及设施设备拆除工作;全面贯彻落实省总河长2号令精神,完成3艘“僵尸船”清理整治工作任务。

落实治超新政。建立巡查监管台账、货运车辆超限超载登记台账,给源头企业制作统一的公示牌、警示牌和提示牌23块,现都已安置在源头企业的醒目位置;加强治超执法。站内累计检测货运车辆14039台,卸载超载货物3926.69吨,联合交警、城管部门不定期开展专项整治行动20余次,出动执法人员100人次,出动执法车辆200台次,有效遏制了超限超载车辆;加强治超宣传。增设4块宣传栏和1块LED电子显示彩屏,发放宣传资料3300余份,悬挂横幅标语30多条,设置标志牌32块,出动流动宣传车60多台次。

开展道路运输安全综合整治“隐患清零”等专项行动,深化水上交通安全监管,确保水陆交通安全有序;狠抓安全生产工作教育,认真开展“全国安全生产月”活动,普及交通运输法律法规及安全生产知识;在交通系统内推进“安全生产目标管理达标单位”考核工作,把安全生产列入综治考核和绩效考核之中,实行“一票否决”制。至年底,津市交通运输各项安全生产指标均有效地控制在市委、市政府年度考核目标之内。

提高质监水平,组织干部职工参加省、市交通建设质量安全监管业务学习培训20人次,前往周边县市交流学习8次,对交通建设工程的质量安全工作指导作用明显;加强质量监管,对津市农村公路建设情况进行综合检查,针对检查出的问题下发限期责令整改通知书4份、返工通知3份,确保工程质量;严格交工检测。邀请有资质的检测单位严把项目质量关,从检测情况来看,津市农村公路的整体质量大幅度提升。

“最多跑一次”改革积极落实。依托互联网+政务服务,推行“最多跑一次”改革。事项清单化。依据行政权力事项和公共服务事项清单及目录,梳理编制并公布“最多跑一次”和“全程网办”事项“两张清单”。交通运输局行政事项目录一共有30项,其中行政许可15项(水上11项,质安、公路和运管4项),行政确认12项,其他行政权力3项。经过认真梳理,优化流程,这些事项都可以实现一个窗口办结,达到群众办事最多跑一次的要求。整理编制交通运输行政许可及公共服务事项办事指南、审查工作细则,申请人根据办事指南提交符合法定要求的材料,只需“跑一次”就能完成办理。政务中心二楼设有交通政务窗口,运管、海事部门新办公地点(车胤大道29号)设有交通政务办理大厅。加强交通服务窗口建设,将审批事项所需材料、办理程序、办结时限等通过交通局网站、服务指南、明白卡等形式广泛进行公开,印刷3000余份资料发放群众,实现公开透明、规范运作。推进一体化政务服务平台运用,录入行政权力事项数据800余条,实现交通运输行政执法案件电子化管理,截至2018年底共办理服务事项371条。

(李峰、王浩、杨哨)

【交通队伍建设】 争创津市文明单位。以创建全市文明单位为契机,打造交通机关特色文化内核,开展志愿者服务、道德讲堂、游览红色革命故居等活动,提振交通队伍精气神,津市市交通运输局辜建格、赛莉、龚德华被常德市创美办评为创美工作优秀个人,郭清被评为优秀党员,新洲超限检测站被评为“最美基层站所”。

精神文明建设——“七一”表彰先进

2018年6月29日,津市市交通运输局在市委党校多媒体教室隆重召开庆祝建党97周年暨“七一”表彰大会,授予刘绍杉等18名交通人为交通运输系统“最美共产党员”称号,交通运输局机关党支部等3个单位为交通运输系统先进党支部称号。围绕“提升组织凝聚力,建设人民满意交通”这一主题,党员干部重温中国共产党成立97年来的光辉历程,深入学习习近平新时代中国特色社会主义思想和中共十九大精神内容。

落实党风廉政建设。积极开展巡察整改“回头看”行动,落实“雁过拔毛”、纠“四风”、除“陋习”等专项整治,狠刹

农村公路建设

机关违规"赈酒"陋习，2018年，津市市交通运输局未有一起违规案例。

积极落实中心工作。向上争资工作：2018年，市交通运输局向上争资目标考核任务7500万元，完成8268万元，超前超额完成任务，占全年任务的110%。扶贫工作：市交通运输局专门抽调13名干部进驻毛里湖箭楼村、灯塔社区帮扶贫困村，投入扶贫资金2万元，开展扶贫助学送书包、抗旱救灾、爱心募捐等活动，落实各项扶贫措施。

强化交通宣传发动。深入挖掘全市"交通跨越大会战"中真实鲜活的具体案例故事，灵活多样开展交通运输服务全市经济社会发展的成果宣传，2018年累计报送信息190篇，其中在常德日报、上级交通部门和市政府网站及手机报等新闻媒体上稿285篇次，在省厅、湖南文明网、湖南水运网、常德政府网、红网等网站多次上稿。国庆期间，津市市交通运输局在桥头法治广场举办"交通跨越大会战"图文展，宣传"十三五"以来交通各项工作成果。　（刘佩佩）

公路管理

【概况】市公路管理局为正科级公益类事业单位，其主要职责是负责市域国省县道公路的养护、管理及路政管理任务，负责市域农村公路养护的管理和养护补贴金的发放。2018年，市公路管理局核定人员编制48名，其中局机关编制18名(实有人数12人)；道路养护中心事业编制30名（实有人数26人），合计在职在岗人员38人，退休人员20人。招商引资再出实绩，对接项目2个：一是江苏方圆化工有限公司年产4000吨正丁基硫代磷酰三胺等精细化学品项目。4月，由园区组织省、常德市环保专家对该项目进行初评，通过项目环保评审。二是湖南陶材绿色环保科技发展有限公司的煅烧滑石粉与水玻璃循环产业链建设项目，完成项目评审和协议的签订。农村公路养护与管理已列为市政协常委会2018年第1号建议案。2018年被评为全市安全生产红旗单位、市招商引资工作先进单位、市"工业立市、产业兴城"先进单位。　（林霞）

【公路养护】2018年，市域公路总里程已达581.991公里，其中，国道4.769公里，省道99.571公里，县道44.82公里，乡、村道431.148公里，专用道1.683公里。设置毛里湖普通公路服务区（由保河堤道班升级改造，2018年10月建成投入使用）、新洲2个道班。2018年，市公路管理局完成市域公路清灌缝120公里，其中，国省干线50公里，农村公路70公里；清理公路排水沟10000米；铲除公路路肩杂草30000平方米；处置破碎板3000平方米；清理国省干线公路路肩30公里；维修市域公路安保设施10余处；处置有安全隐患的桥梁3座等等。（林霞）

【路政管理】2018年，每月上路巡查不少于18天，完成路政日常巡查工作，确保岁末年初严寒冰冻灾害天气期间市域公路交通安全畅通。全年共清理公路及公路用地内临时堆积物100余处。5—10月对所辖路段开展为期半年的桥隧安全保护区专项整治行动，确保市域公路桥涵完好、安全、畅通。办理路损案件1起、行政许可案件3起。在"路政宣传月"活动中，共出动宣传车10台次，发放路政宣传单、路政举报卡600余份。协助市治超办开展治理超限超载，确保公路畅通的工作。

（林霞）

【安全生产】2018年初与各道班班长签订安全生产协议，印发《津市市公路局2018年春运工作方案》的通知及成立安全生产领导小组，并对做好2018年春运安全工作进行具体安排；冰灾期间局领导带队分别前往X028、S205、S306线隐患多发路段撒盐除冰保畅，局里制定《2018年安全生产工作方案》《津市公路管理局2018年安全月活动方案》；及时传达学习上级安全生产文件，每周例会都强调安全生产；分管领导及专干时刻盯在工程建设一线。全年未发生一起安全生产责任事故，被评为全市安全生产先进单位。　（林霞）

【项目建设】2018协助市交通局进行S238新岳公路升级改造S1合同段项目建设，工程完成路基土方、桥涵建设工程，完成投资3200万元，完成工程进度70%。

津市市毛里湖普通公路服务区

依据常德市公路管理局“常路〔2017〕48号”批文，津市市公路管理局于2017年8月启动津市市毛里湖普通公路服务区工程建设。2017年9月委托津市市建筑勘察设计有限公司完成工程设计，2017年10月完成财政预算评审，2017年11月底完成工程招投标，2017年11月底正式开工建设，2018年底工程项目全部建成并通过验收投入使用。

津市市毛里湖普通公路服务区地处毛里湖国家湿地公园，位于S224线K87+661（原S205线K29+000）处，占地约6000平方米。服务区内新建1座办公服务大楼，1座仓库，建有与湿地公园景区配套的公共卫生间（卫生间内男、女蹲位各5个，其中各有1个无障碍蹲位）、信息发布平台、公共停车场（停车场坪约2000平方米，设大车停车位5个、小车停车位13个）。服务区可为司乘人员提供休息，以及提供热水和加水服务。同时，服务区内还设置电视机、书报栏、椅子、充电设备和医药箱等。

津市市毛里湖普通公路服务区建设总投资293万元，其中省厅补助资金125万元（“湘交计统〔2017〕142号”文计划下达），地方自筹168万元。项目征地投资168万元，建设投资128万元。

（林霞）

邮　政

【概况】2018年，津市市邮政分公司共有员工109人，其中合同用工67人、劳务派遣工42人，另有离退休人员60人。辖寄递事业部、市场经营部、综合办公室、金融代理中心（与中邮保险局合署办公）、集邮与文化传媒中心、渠道平台中心。下设九澧支局、北大路支局、桥南支局、窑坡渡支局、保河堤支局、渡口支局、棠华支局、白衣支局、灵泉支局、人民路邮政代办所、李家铺邮政代办所、涔澹农场代办所、新洲代办所，其中属自有资产的有九澧支局、北大路支局、窑坡支局、保河堤支局、渡口支局、棠华支局、白衣支局，其他网点均采用房屋租赁的方式经营，但其设备资产属于自有。

2018年经营收入3579万元。获得“2018年度常德邮政党的建设及纪检工作先进单位”、保河堤支局荣获“湖南省邮政工人先锋号”称号。

2018年，完成9台补登折机的安装联网和金融网点14台设备的IP改造，完成新一代寄递平台系统二期上线；与运营商合作开发车险到期提醒系统，提升信息服务水平。

整合原商投部和速递揽投部，对邮件处理场地进行扩建，安装大型邮件运输带，缩短邮件的运卸时效。对各营业网点实行分级管理和挂牌，李家铺空白乡镇网点全部开通“四项基本服务”。

（周志武）

【邮政储蓄】全年新增储蓄余额0.51亿元，新增理财0.45亿元。在全市“战旺季，胜全年”战役中，桥南支局、渡口支局、保河堤支局享受市公司“空降部队”整体接管式集体休假。（周志武）

【寄递业务】2018年，寄递业务整合改革，成立津市分公司寄递事业部，全年完成寄递业务收入292万元，同比增长150%。“百日会战”期间，完成收入129.5万元，完成计划进度的113.9%，进度排全市第三位。先后与南北特、市政务中心等达成合作协议，并成功开发寄递项目，创收113万元。

联合市商务局、人社局等单位联合举办“邮政919扶贫助农电商节”，实现零售订单16403单，完成计划的145.36%，进度排全市第二位。特别是春节期间，投递员们主动放弃休假，积极投身于邮件的投送热潮中，充分体现国企担当，为众多客户解决邮件“最后一公里”的问题。（周志武）

【函件业务】2018年，新媒体业务刚刚起步，只完成3万元收入，离目标计划相距甚远。5月举办的大型商演，创收7万多元，封片卡完成计划85万元，各乡镇安装湘讯通54块，为招商户外业务铺设平台。（周志武）

【集邮业务】2018年，生肖票飙升，利用生肖票资源，结合库存邮品进行生肖文化金整合营销，完成收入近40万元；成功开发形象年册300册，形成收入7万元；线上线下抓预订，全面完成预订计划30万；在2月举办集邮品鉴会、完成收入近40万元。2018年收入年计划105万，截至2018年一季度末已完成全年收入计划，在一季度专业管控考评打分上，分公司集邮专业生肖文化季项目排全市第一。（周志武）

【报刊发行】2018年完成总流转额420万元，其中完成校园流转额13.8万元、三方订阅效果显著，移动公司形象期刊开发600册，形成收入6万元、报刊零售收入3.1万元。

完成《湖南日报》、《人民日报》、《常德日报》、《求是》杂志、《新湘评论》、《经济日报》、《光明日报》、《新华社每日电讯》、《中国日报》等主要党报党刊期发份数共计6255份、其他报纸共计265328份、其他期刊共计113254份。

（周志武）

电　信

【概况】中国电信津市分公司是集完整的固定网、移动网、基础网、数字网和电视网为一体的通信运营企业，拥有覆盖地域城乡的网络体系，具备电信全业务、多产品融合的服务体系，能够满足客户的各种通信及信息服务需求，是津市市最完备的基础网络运营商和综合智能信息服务运营商。

中国电信津市分公司主要经营品牌及业务：移动、宽带、天翼高清电视等。公司围绕规模效益发展，2018年完成总体收入4072万元，年度累计收入增幅为11.53%。业务规模上，年末移动用户数5.4万户，比上年度增长10.06%，完成移动用户净增0.5万户；宽带用户数2.6万户，比上年度增长9.78%，完成宽带净增0.2万户；电信ITV用户数2.2万户，比上年度增长

2018 年津市电信中层干部管理能力提升培训

18.28%，完成 ITV 净增 0.3 万户。其中“宽带＋固话”业务收入占电信业务收入的 42.73%，移动电话业务收入占电信业务收入的 57.27%，终端全网通制式已成主流。50M 以上宽带用户占比达 95.81%，光纤接入成为固定互联网宽带接入的主要接入方式。

中国电信津市分公司 2018 年内完成工程项目 19 项，按照市委、市政府“三改四化”要求，实施道路“三改四化”电信线路入地工程施工，入地工程投入资金 405.8 万元，涉及道路长度 112 公里，修建地下管道 12 公里，过街顶管 750 米，移改光缆分纤箱 57 个，移改光纤用户 570 户，拆除电杆 134 根，迁改各类光电缆 21 皮长公里，实现了全光网城区管线入地改造。投入资金 55 万元建设“雪亮工程”，将之作为重要的公共安全、治安维稳、民生服务工程来抓。完成新洲镇 10 个村(社区)100 个探头，毛里湖镇 15 个村(社区)150 个探头，白衣镇 9 个村(社区)82 个探头，共计 332 个高清探头安装到位。成功搭建村、乡、县的三级综治联防平台，真正实现了国家、省、市、县各级政府“雪亮工程”工作的落地。公司光网和 4G 基础网络优势凸显，农村区域 LTE800M 网络全覆盖，具有覆盖距离远、深度穿透强的优势，可以大幅提升农村区域的覆盖能力，为客户提供更佳的 4G 上网体验。

中国电信津市分公司通过现有波分等传输承载网对数据网进行优化、升级，实现全市电信用户的光网改造，能给普通家庭宽带提供 200M 上网速度，更稳更快；具有对全市所有政企单位高带宽（IPRAN）改造的能力。公司升级 BRAS 设备为“智慧城市”等新型信息技术的智能化应用提供有力保障，对电子政务外网带宽扩容，承接市政府“12345”平台建设，为津市城市信息化、智慧化提供有力保障，践行“提速降费”的社会责任。“企业上云”为政企单位提供“云网融合，安全可信、专享定制”的服务，为用户提供云主机、云存储、云桌面、专属云、混合云、CDN、大数据、云专线、云间高速等全线产品，是政府、企业客户上云的首选云服务商。同时，还为小微及初创企业提供扶持，为“互联网＋”在各行业落地以及“大众创业、万众创新”提供坚实可靠的承载。通过网络优化，城市宽带光网占比 100%，农村宽带光网占比 100%，全面完成互联网化提升指标。农村全面启用密波分电路，提高了网络稳定性，有效保证了天翼高清的质量。

中国电信津市分公司下辖 3 个部室、3 个城市营业部和 6 个农村支局，除自有中心营业厅外，还在城区建设路、万寿路、襄阳路、大码头、九澧大道和农村新洲梅花路、保河堤富强路、白衣街道、石板滩街道、棠华街道、李家铺街道、灵泉街道、渡口街道上设有代销网点，服务网点均匀分布、遍布城乡。有在职员工 56 人，坚持“用户至上，用心服务”的服务理念，为客户提供主动服务、全员服务、差异化服务、优质高效服务和现代化文明服务。中国电信津市分公司按照“加快规模发展、深化机制创新、推进降本增效、提升服务水平”的工作要求，全面落实“细分市场、多点拉动”的发展战略，积极应对各种挑战、考验和竞争。

中国电信津市分公司公司秉承“用户至上、用心服务”的服务理念和“追求企业价值与客户价值共同成长”的经营理念，以全新的多业务、多网络、多终端融合及价值链延伸，努力使信息化成果惠及社会各行业和广大人民群众。坚持企业与社会、环境及利益相关者和谐共生，认真履行社会责任，热心参与公益事业，自觉承担社会义务，广泛开展节能减排活动，认真落实共建共享政策，避免资源浪费和重复建设。在积极践行政治责任和社会责任等方面均取得显

津市电信“5·17 电信日”门店火热现场

著成绩，获得守合同重信用单位、维护消费者合法权益先进单位等荣誉称号。

（汤静）

联通通信

【概况】中国联合网络通信有限公司津市市分公司“沃”品牌作为津市联通企业品牌下的全业务品牌，分别面向个人、家庭、商务、青少年四大客户群体建立了涵盖所有创新业务、服务的五大业务板块：沃·3G/4G、沃·家庭、沃·商务、沃派、沃·服务。

2018年，中国联合网络通信有限公司联通津市市分公司完成主营业务收入1880万元，移网规模用户36800户，宽带用户4040户。

加强内部管理，整合人力资源，坚持诚信经营，强力执行用户“实名制”制度，无一例违法、违规事件发生，2018年被常德市消委评为“消费者信得过”单位及“重合同、守信用”单位。

响应政府扶贫办号召，参加“精准扶贫”工作，对白衣乡金坪村对接的6户贫困户进行物资、经济上的帮助，对金坪村进行信息化扶贫工作，帮助金坪村村民更好地使用互联网，了解最新的社会资讯，通过各种讯息跟上信息化社会的步伐，脱贫致富。

【网络建设】2018年在津市的城市建设规划要求下，津市分公司申请建设资金230万元用于管线入地、规整，光缆铺设和改迁，设备改造维护，新建基站12个，对城区多处人流密集地进行信号室内分部建设，城乡共有基站129个，网络建设完全符合文明城市建设要求，没有网线乱飞乱挂现象。

【异业合作】2018年通过分期切入合作，率先打通异业电子券的业务流程，推动津市范围的各大中小型商家的异业合作，包括有好润佳超市、步步高超市、万景家电超市、童泰母婴连锁、乡镇乐万家连锁超市等；与广电达成全面合作，实现双方的渠道复用、资源复用、客户共享，一次性解决津市白衣、渡口、棠华、灵泉、李家铺等乡镇的接入网资源的覆盖问题。

【服务企业】优化经济环境，服务企业。2018年部门服务企业活动中，津市好润佳集团公司成为联通津市分公司帮扶对象。联通津市公司不定期上门拜访为好润佳超市提供企业发展建议。同时完成广兴超市全面的WLAN覆盖和智能地下停车场建设，助力广兴超市信息化创新业务发展。

（叶芳）

移动通信

【概况】 2018年，中国移动通信集团湖南有限公司常德市津市市分公司（以下简称津市移动分公司）深化“大连接”战略实施和“四轮驱动”（即移动市场、家庭市场、政企市场和数字化市场）融合发展，推进改革攻坚和管理提升，实现转型发展，企业经营发展取得良好成效。

津市移动分公司主要经营移动语音、数据、宽带、多媒体业务及互联网接入服务。2018年完成业务总收入7019万元，移动客户规模12.01万户，家庭宽带用户总数达13655户。

2018年津市移动分公司网络建设主要围绕无线网建设、家庭宽带、集团专项覆盖、传送网工程等方面开展，建设项目总投资逾3000万元。无线网工程全年新建宏站4个，物联网基站33个，微站15个，实现县城区及行政村4G网络全覆盖；家庭宽带在提升城区盲点覆盖率的同时，着力进行行政村家庭宽带覆盖建设，共计新建分纤箱635个，接入端口5080个，实现津市区域内家庭宽带有效覆盖率68%；集团专项覆盖建设，承建津市政府雪亮工程监控15个村，全部接入“智慧城市”专项平台；传送网建设配合无线网、宽带网、汇聚层干线，新建管道13公里，杆路170公里，敷设线路360公里。响应国家“提速降费”号召，支持政府“三改四化”、“乡镇人居环境优化”、“信息化村”、“扶贫村”等专项项目，免费为客户提升带宽，平均单用户接入速率提升至70M/s，上层OLT设备上行裸纤芯或OTN接入达到70.5%，提高上行峰值带宽；无线网2G逐渐向4G融合转型，使用FDD和TDD频点结合发展的覆盖方式，用以实现4G网络的深度覆盖；传输设备将SDH逐步改用PTN方式接入和组网，无线网设备PTN接入率达到63%，此接入方式的与时俱进有效改善移动网络的上行带宽问题。津市移动分公司坚持“服务地方，服务客户”的思想，为支持政府专项项目的推进，成立政府项目支撑组，调拨专业人员及专项投资资金，在襄窑路“三改四化”、新洲人居环境整

冰雪天气，维护人员基站发电保通信

改等方面、投资通信线路“上改下”方面约170多万元，支撑政府项目的推进，提高客户的网络感知度。

津市移动分公司下辖综合部、网络部、市场部3个部门，营销服务网点73个，其中自营厅1个，城区营业网点23个，每个乡镇均有2个以上营业网点，能及时便捷地为客户服务。为切实保护消费者合法权益，2018年津市移动分公司牢记“客户为根、服务为本”的服务理念，坚持质量第一，服务领先，贯彻落实提速降费，推出高质量、差异化的业务和服务，重塑品牌优势。

服务就在身边，初心从未改变。津

市移动分公司秉承“正德厚生，臻于至上”的企业核心价值观，用实际行动践行社会责任和民生责任，助力津市市经济社会发展。2018年成立3个扶贫小分队进社区、进乡村76场次精准扶贫，为全市2054个贫困家庭赠送致富卡和致富终端。投资179万元在15个行政村实施了“雪亮工程”建设，投入监控探头152个，助推安防工程，为群众的安全起到保驾护航的作用。与社区、居委会携手，共同开展“志愿者活动”“综治维保活动”，尽一切社会责任做好公益事业。

（石琼）

津市移动“三电”宣传

津市移动员工进村为贫困户赠送手机

城市建设与管理

住房和城乡建设

【城市规划】2018 年，按照市委“扩容提质、完善功能”工作要求，统筹推进“三规合一。

津澧新城总规获批，《津澧新城总体规划（2016—2030）》（以下简称《总规》）已于 7 月获得省政府审批行文，于 10 月在津市政府网站和住建局网站同步进行批后公告。

津澧协作推进，与澧县规划局对接津澧大道、车胤大道、沿河路等道路线型、坐标、标高规划相关问题。《总规》新亮点，明确城市范围及中心城区范围，津澧新城城市规划区范围包含澧县 1 镇四街和津市 1 镇 5 街，共计 407 平方公里，其中中心城区总体规划面积为 142 平方公里。定位城市性质和城市职能。城市性质为湘鄂边界及澧水流域中心城市，常德市域副中心，产城融合的现代宜居新城。城市职能为湘鄂边界商业贸易和流通中心、湘西北现代工业重镇、常德北部旅游服务枢纽、新型城镇化示范基地。预测人口及用地规模。人口方面，预计近期（2020 年）新城人口总量为 124 万人，城镇化率为 58%，城镇人口规模为 72 万人，中心城区人口为 65 万人；远期（2030 年）新城人口总量将达到 135 万人，城镇化率为 72%，城镇人口规模为 98 万人，中心城区人口为 85 万人。用地方面：近期（2020 年）城镇建设用地规模约为 53 平方公里，人均城镇建设用地约为 91.38 平方米；远期（2030 年）城镇建设用地规模约为 79.42 平方公里，人均城镇建设用地约为 99.28 平方米。

各项规划编制有序开展，投入资金 400 万元，组织编制各类综合规划和专项规划 20 多项。特别是西河街棚户区改造概念规划、澧水北岸沿江风光带规划设计、城市步行和自行车交通系统专项规划（2016—2030）、澹津公园提质改造规划设计、南区污水管网新建及改造项目工程设计、海绵城市专项规划等。

在《总规》基础上组织完成《津市港口总体规划》《津港新城概念规划》、津港大道施工设计、新洲砂石码头堆场至城区主通道施工设计。启动分区规划、中心城区控制性详规、重点地段城市设计以及商业网点、排水管网、中小学、道路交通、医疗卫生养老等专项规划。分区规划完成初稿。控制性详规及专项规划完成前期调研和资料收集工作。

启动村庄规划全覆盖工作。将新洲镇纳入津澧新城中心城区，完成毛里湖镇总体规划编制。启动药山村、八宝湖村等 9 个村庄规划编制工作，完成初步成果。督促新洲镇、药山村分别启动省级历史文化名镇、名村保护规划编制工作。

严格规划管控，组织召开规委会 3 次，分别会审东骏小区、澧水二桥原设计方案部分路段（北桥头、南桥头及连接线）调整设计的建议、布朗风幼稚园等 12 个项目规划方案或建议；规划批前批后公示项目近 10 个。

规划许可有序，严格审查报批程序。完善和落实“项目申报、部门预审、专家审查、规委会会审、公示无异议、签发实施”的审批程序，做到不漏环节、不跳程序，确保规划实施科学公正、公开透明。是年，共组织召开 9 次专家评审，审查项目规划方案 11 个。加强制度体系建设。理顺机制，专门成立管线办，启动地下管网普查及地下管网信息系统平台工作，草拟管线管理相关规定，解决地下管网资料缺失的问题。依规实施规划行政审批。私房审批 40 户、私房维修 51 户、渔民上岸 118 户；办理《建设项目选址意见书》33 件，建设用地面积约 170 万平方米；办理建设用地规划许可证 12 件，建设用地面积约 40 万平方米；办理建设工程规划许可证 55 件，建筑面积 51 万平方米，其中办理管线工程规划许可 10 件。办理建设用地规划条件证 18 件，建设用地面积约 30 万平方米。办理临时建设工程规划许可证 5 件，建筑面积约 900 平方米。

全市在市政、房建项目未发生未批先建的项目，对放线的 9 户私房及办理手续的 51 户私房屋面整修进行跟踪管理，下发停工整改通知 16 起，拆除面积 3 万平方米，退回公共面积 300 平方米。

【项目建设】加强对政府议定2018年城建计划新增投入1.21亿元的46个项目的建设管理,根据政府风险防控债务要求,其中可建32项,2项调减,3项拟缓,9项调停,可建和调减的34项全面实施,年内完成29个项目建设。

澧水风光带:住建局于5月30日接手澧水风光带项目监管和协调后期建设,为落实地方债务风险管控,将建设总资金控制在1亿元左右。年底完成堤顶慢跑道、大堤北斜坡面的绿化、堤内3.6米主游道、花池、临河坡面绿化和修复,楚云阁、九码头、桑园闸的古建筑装饰、栖霞阁公园和运动场建设,全线防汛灯及临河8盏高杆灯的安装。

污水处理厂:市生活污水处理厂(二期)提标改造和扩建项目投资估算总投资额为6500万元。于2018年7月动工建设,计划2018年底建设完成,出水水质执行国家一级A标准。市生活污水处理厂污泥无害化处理处置项目,建设规模近期为10吨/日,估算投资600万元。

孟姜女大道A标段提质改造工程:工程起点为清远路,终点为长山桥北,全长1448.368米。总投资额为15367343.45元,开工日期为2018年9月10日,通车时间为2018年11月5日,施工单位为湖南天鹰建设有限公司,该工程将原水泥混凝土路面加罩沥青混凝土形成沥青路面。

地下管线普查及信息系统:完成城区17.02平方公里主次干道地下管网普查,同步开展平台软硬件搭设、数据录入等工作,实际完成探测市内六大类管线长度671.224公里,地下管线点38374个,各等级控制测量1356点,管线点测量38374个。平台实现全市六大类管网信息的浏览与查询、编辑与校验、统计与分析、共享与更新等功能,实现对地下管线资源网络化、数字化管理、可视化表达、智能化动态管控,省级验收合格。

【海绵城市建设】2018年,下发《关于进一步加强全市海绵城市试点建设管理的通知》;投资3000余万元,完成襄阳街办事处海绵机关改造工程、公路局海绵机关改造工程、一中海绵城市建设二期、市委机关等4个海绵院落改造;投资6000余万元,完成城南区污水管网建设工程;投资800余万元,完成民安路二期海绵改造及预验收;启动海绵监测平台建设;要求新天地、幸福里等一批房地产项目配套设施,中医院整体搬迁、五环时代广场、民安路公租房(三期)等公建项目落实海绵元素建设。

【市政设施建设】投资400余万元,完成10条主次干道建设。即双济小巷、果园路(原面粉厂段)提质改造、市福音巷道路改造工程、市涔澹大道全民健身中心段基层建设工程、市特殊教育学校(原电大)入校通道提质改造工程、市园林巷提质改造工程、市万寿北段(津澧大道–护市路)提质改造工程、胥家湖西段接灵泉路便道工程、市工商联巷道提质改造工程、市国安小巷及零星改造工程。

投资2800余万元,启动3个改造工程。即市委机关电力、路灯等市政基础设施工程、市北大沟西延线排水工程和北大沟清淤工程。

申报2018年新型城镇化省级引导专项资金360万元,建设项目为新洲古镇历史街区保护基础设施及增绿建设项目、毛里湖镇"农村双改"岳阳路排水管网建设工程、"城市双修"嘉山风景区修复建设项目,提质镇区基础设施建设及完善排水管网及风景区修复。

城市双修工作,完成城市双修三年行动计划实施方案编制,制定津市市城市双修政策清单。年初计划总投资22.6亿元,建设城市污水治理、城市垃圾治理、道路畅通、历史文化保护、城市环境绿化亮化净化、城市公共空间提质、废弃地再利用、数字城管等八大工程44个项目,至年底,44个项目中,7个项目停建,1个项目待省厅批复后实施;5个项目计划投资额进行调减;其余36个项目均不同程度开展。

【村镇建设】垃圾屋建设,投入871.12万元,2018年建设完成15座。2019年8月31日前完成全部建设任务,市农村50个村居将实现垃圾屋全覆盖。

农村危房改造,全市农村4类重点对象存量危房上报省厅计划为457户,其中建档立卡贫困户183户。按上级要求,12月底前全部开工,并完成50%的存量危房改造任务和年度重点民生实事任务,2019年6月底前全部完成。开工457户,年底竣工验收351户(省市考核任务为303户)。超额完成年度目标考核任务。

脱贫攻坚,系统负责3各乡镇5个村95户(园林1户、市政7户、质安4户、机关51户、自来水公司32户),局7名班子成员,系统近30名骨干投入结对帮扶,投入近100万元,走访20余次,解决水、电、房等30余个群众生活难题。

【污染防治】重点启动城区水环境治理。全市入河排口9处,住房和城乡建设局治理的排口4处(汪家桥电排站排口、护市排渍泵排口、澧阳排渍站排污口、老昏头自排闸排口),在非汛期所有排口均关闭,无外排现象,城区污水由生活污水处理厂统一处理排放。制定水环境整合整治提升方案,通过水环境治理,改善城南、城北4个排口区域内水体现状(包含西支沟、板鸭沟、月湖),将提升汪家桥机埠、护市机埠、澧阳排渍站和老昏头自排闸前水体达到地表V类水(现为劣五类),使城市排污口达标排放,改善人居环境。

工地扬尘日常治理,监督人员分配到工地现场管理,各工地设有保洁员、卫生监督员,各工地湿法作业,房建工地安装了自动喷淋装置和雾炮机,市政园林工地利用洒水车流动洒水作业,对裸露土实施全覆盖。对扬尘污染防治不达标的工地实行立案查处,全年立案查处扬尘案件3起,结案3起,经济处罚32500元。

三湖公园黑臭水体治理中,投入约8000余万元,通过截污改造、增加活水、实施三湖水生态治理及景观提质等,对三湖公园进行提质及水体整治,根据后期检测报告显示,水质已达到地表Ⅲ类水质要求，达到黑臭水体整治要求。清远观黑臭水体治理结合城南区污水管网建设进行截污改造，对上游污水进行收集及周边垃圾清理，投资1000.5万元消除黑臭现状，水质达到地表V类水标准。

治理乡镇黑臭水体7处，其中白衣镇下方台、大港、二组中堰、宏武堰4处黑臭水体于8月初开始施工，进行场地内清淤、杂草清除、种植土回填、栽植苗木花卉、铺种草皮、新建土堰堤、毛石挡土墙、排水沟、铺设碎石路等施工内容，全部完工。

【设施维护】市政园林投入600余万元，对城区12条道路、4500盏路灯、29.83公里排水管网(含乡镇)、9个公园广场、200476.34平方米公用绿地(含开发区)进行维护管理。自来水公司对城乡11.8公里给水管网进行维护。

道路沥青灌缝29090米、沥青路面裂缝处理3200米、路面填补1000平方米、人行道维护2000平方米、更换侧石250米。

路灯更换4500盏、更换球罩600个、更换护套线1800米、更换电缆线1500米、更换灯头50个、清洗华灯支架85个。

排水疏通29830米、更换井盖48个、疏通及维护泄水井1100座、维护检查井21个。

园林处对全市共计约77万平方米的公共绿地（包含2个公园、9个广场）及园林设施进行日常维护管理，其中绿地面积50.76万平方米，水体13.36万平方米，铺装5.38万平方米；另外还有8.09万平方米空坪隙地。全年来对全市乔木修剪1次、病虫害防治7次；满灌修剪12次、病害防治8次、除杂12次；灌木修剪12次、病虫害防治7次；乔木树穴板除杂6次；草坪修剪12次、施肥4次，渠化岛花卉摆放5次，约120000盆、除杂8次、施肥5次。

完成25个绿化建设项目，共计新增乔木853株、花灌木247株、地被138570平方米，新增绿地面积151350平方米，工程总造价976万元。

【建筑管理】完成招标项目20个，总招标金额1.7亿元。

审批施工许可证46份，完成施工图初设审查22件，合同备案34份，新建建筑面积45.27万平方米，合同造价9.66亿元。完成13家房地产开发企业资质年审，1家开发企业资质延续，审理新申报4家房地产开发企业、1家施工企业、2家劳务企业，审理资质升级企业1家并转入我市，办理道路占用挖掘许可12个，排水许可办理5个，建筑工程基础设施配套报建7个。

质安监管建设工程55个，总面积约49.8万平方米(不含市政基础设施及私房)，造价约11.6亿元。出具各类检测报告5800余份。

工程质安管理新突破。技术交底可视化，质安站就预拌砂浆的推广使用召开可视化视频交底会议，将预拌砂浆生产、运输、储存及使用各环节需要注意的事项和相关规范进行详细解读，对我市预拌砂浆的推广使用工作起到积极作用。购买服务社会化，通过购买社会服务，聘请第三方检测公司，对全市建筑起重机械开展全面的专项监督检测，及时消除一大批起重设备安全隐患。口令巡查常态化，各方监督人员每月对全市所有在建项目开展安全生产口令巡查，将隐患当成“事故”来抓，把工作重心前置，提前发现隐患，及时督促整改。执法案审制度化，全年召开案审会16次，对在建工地“打非治违”“强执法防事故”“扬尘治理”专项检查次数达52次，立案查处16起，已结案11起，执行到位经济处罚15.9万元，全年未发生1起行政复议案件及行政赔偿事件。安全管理精准化，政府召开常务会，出台纪要和方案，加强政府投资项目关键岗位人员管理，城市办协调市纪委、检察院、公安、人大、政协、住建联合实施监督管理。质安部门在日常巡查、月度口令巡查以及季度大检查的基础上，开展临时用电、起重设备、脚手架、支模架、特种作业等各类安全专项检查，针对性的消除各类安全隐患，保障安全生产。

全年组织安全巡查1011次，安全巡查人员达到3163人次，检查生产经营单位46家，涉及“强执法，防事故”类案件立案调查12起，经济处罚12.65万元，下达停工19起，约谈相关企业领导干部24人次，曝光典型案例2起。约谈项目25个，约谈人次100人。下发安全隐患整改通知58份，停工通知15份，设备停止使用通知2份；完成7处重大安全隐患整改、销号工作。

【公用事业】2018年，自来水公司全年累计完成售水量1000万立方米，新增用户4224户，全市供水用户达56429户，城乡供水覆盖率达99.6%，为低保户减免水量13.2万立方米，新建及改造DN63毫米以上管网长度11.8公里，水质全分析2400项次、水质日分析22821项次，出厂水综合合格率99.8%，管网水综合合格率99.7%，管网水压力合格率98%，各水厂设备完好率98%。年内市自来水公司启动社会资本和政府资本的PPP改革模式。

新安装燃气用户2672户，全市燃气用户达到22909户，销售天然气468万立方米，销售石油液化气1650吨。

【优质服务】2018年，启动“最多跑一次”政务许可。单位系统规划、城建、建管、绿化、燃气、执法等9个业务股室共计405项许可及行政权力进行办事流程优化、下放和进驻。通过“互联网+政务服务”平台，将各类行政权力事项录入系统，对其中68项依申请类别事项进行进一步梳理，分为“马上办、网上办、就近办、一次办”4个类别，力推网上办事服务。

下沉2项审批权力，对“乡村建设规划许可证核发”“农村危房改造审批”2项行政权力进行授权与下放镇（街），便于广大群众更快捷的办理各相关行政审批业务，切实做到便民利民。

通过充分授权委托的形式，将23项行政审批业务进驻市政务服务中心窗口办理。构建“服务一站式、审批一条龙”的工作机制。

招商任务5000万元、争资争项8000万元任务指标，10月底前到位向上争资3198.9万元。通过新洲混凝土预拌、公园星级酒店、争取管网改造资金等途径年底完成。

受理群众来信、来电、来访、红网留言以及信访局上访100余件，均在限定时间内及时处理回复。针对王某某长期上访问题，组织20余次协调会，委托湖南大学土木建筑工程检测有限公司对其房屋进行使用安全和质量鉴定，王付贵信访问题在处理之中。

优化环境，成立局商事制度改革领导小组，制定本单位年度商事制度改革工作方案、计划，保障全国企业信用信息公示系统(湖南)正常运行，进一步推进“证照分离”“多证合一”改革监管工作。

提案议案办理，收到人大代表建议主办4件、会办4件，政协委员提案主办10件、会办5件，除2号议案需跨年办理之外，其他全部办结。人大二号议案要方案要求2018年新增600个公用停车位。至年底已基本完成。

城建档案，接收宝悦乐城、丰华城、市民之家及明珠商业广场等75个项目的竣工资料审查。签订《报送建设工程档案责任书》37份，参加建设工程竣工验收32个。入馆档案数为1937卷，其中新收集整理的资料1430卷，历史资料507卷。收集图片资料58册1349张，收集电子光盘资料64张。档案利用方面共接待查档人员229人次，调阅档案345卷，复印和查阅档案2375份。

(易继文)

房地产管理

【概况】市房管局为市住建局管理的公益一类正科级事业单位。截至2018年底，有在职、退休干部职工共203人，其中局机关在编16人，退休59人，内设7个股室，办公室、人事股、财务股、法制股(房政稽查大队)、房地产市场监管和产权管理股(信息中心)、物业管理股、中介市场管理股。辖市住保办(3人)、市征收办(7人)2个副科级全额拨款事业单位，市房地产综合经营公司(在岗36人，退休48人)、市房地产交易所(在岗12人，划转到市自然资源局16人，退休22人)2个股级单位。

2018年，津市市房地产管理局把棚户区改造、住房保障建设作为推进新型城镇化建设、改善民生的重要举措，把整顿房地产市场秩序、强化房地产行业监管作为改善人居环境的主要抓手，工作成效显著，被评为常德市文明单位；被津市市委、市政府授予绩效评估良好单位；全市综治工作(平安建设)优秀单位；向上争资工作被评为突出贡献二等奖，获得4万元奖励；脱贫攻坚工作被评为先进单位，驻青山峪工作队被评为先进驻村工作队；安全生产被评为红旗单位；控违拆违及小区管理工作被评为红旗单位；全市优化经济发展环境工作第10名。2018年，全市住宅面积1198.76万平方米，人均居住面积46平方米。

(周静)

【房地产市场管理】2018年全市共发放商品房预售许可证6个(分别为江南名苑、丽景豪庭、新天地二期、中意幸福里)，批准预售面积13.17万平方米，其中商业用房0.9万平方米，住宅12.19万平方米、1029套。全市销售商品房16.8万平方米，其中商业面积1.45万平方米，住宅面积15.35万平方米，住宅套数1270套。住宅均价3751元/平方米，同比上涨14.5%，非住宅均价8423元/平方米，同比上涨32.05%。

房管局继续加强对房地产市场调控，制定非住宅去库存工作措施。持续加大房地产市场监管力度，联合执法严厉打击，及时纠正和查处违规现象，重点约谈，限期整改，并记入房地产信用档案。约谈中介企业6家，房地产开发企业8家，同时调处和办结市民热线和投诉来访20余起，房地产市场总体保持了健康稳定发展。

2018年，房管局全面深化“最多跑一次”改革，牵头开发津市市不动产登记网上办事系统，开通个人、企业、部门之间网上办事通道，实现房管相关业务网上信息通查，商品房预售许可、商品房合同登记备案、物业维修资金网上缴费及中介机构备案登记网上通办，真正做到“一次都不跑”。

(周静)

【物业管理】2018年，全市15家物管公司接管物业小区56家。分别为：津市市鑫驿物业服务有限公司接管的福民小区、接龙桥小区、新开路小区、民安一期、民安二期、银苑世家小区、西城名居小区、鑫民小区，津市天源物业服务有限公司接管的望江广场、水岸银都、金海岸森林水榭、国际名苑、东湖林语、金海岸东、阳光新城、红旗幸福湾、君之林府，湖南省津市鑫达物业有限责任公司接管的鑫民廉租房、益民小区、车胤小区、桑园小区、油榨坊小区、天后宫小区、襄窖路小区、创业园小区、清远路小区、汤家湖小区、利民小区、南区小区，津市市庭园物业服务有限公司、津市市瑞大物业管理有限公司，常德宝悦物业管理有限公司接管的宝悦乐城，津市市信仁物业服务有限责任公司接管的金世纪花园、怡富小区、金城银座商住楼、步行街商住楼，津市市顾家物业管理有

1月26日，津市市房管杯首届“平安小区创建示范单位”表彰大会现场

限公司接管的嘉晟新天地，津市市家顺物业管理有限公司接管的东湖小区经济适用房、欣富花园、紫竹苑、幸福家园，湖南省英伦物业管理有限公司接管的海晨国际、新城商贸广场、丽景豪庭，澧县浦金物业服务有限责任公司接管的中意幸福里，常德安居物业服务有限公司接管的津市市交警队、湖畔华庭小区、雅梦苑小区、恒盛青年城、君之林府二期、九澧华都、九澧华府、庭园春天、市委鹿苑小区、财政公寓、江南名苑，湖南水清木华物业管理有限公司接管的丰华城、澧县明居物业服务有限公司接管的西城小区。

2018年成立市物业工作领导小组，下辖物业管理办公室，指导全市物业管理工作，加快推进管理小区业主自治和业主委员会的成立。指导尚居一品、海晨国际、国际名苑、湖桥小区、丝绸小区、燕子窝小区6个小区成立业主委员会。同时，为创建平安小区，维护小区稳定，防止物业纠纷上访，津市在全省第一个成立市物业纠纷人民调解委员会，建立投诉与争议受理机制，累计受理政府热线投诉14起，调解物业纠纷6件，化解处理问题20人次，满意率100%。

明确提出把物业管理纳入到街道工作考核机制，把平安小区的创建及物业小区的管理纳入到全市的城市创建工作中去，严把考核督导关，对街道社区的物管工作进行考核打分评奖，通过以奖代补的形式实现小区长效管理。

（周静）

【住房保障】2018年，房管局贯彻落实住房保障的一系列政策措施，根据住房保障政策变化，住房保障工作重心逐步由项目建设调整到后期管理，在稳步推进项目建设的同时在后期管理、制度建设探索创新，进一步规范住房保障管理工作，提升管理服务水平，被常德市住房保障领导小组评为保障性住房后期管理工作先进单位。

按照公平公正公开的原则，分配公租房354套，并同步落实租赁补贴的发放，累计发放630户，发放补贴74万元，惠及近3000人。落实政策，启动租赁补贴扩面，拟定《津市市2018年租赁补贴发放工作方案》，将租赁补贴发放对象范围扩大到城镇中等偏下收入家庭及新就业人员、外来务工稳定就业人员，大量住房困难群众、新市民从中受益，受到了社会各界的广泛赞誉。

"十年安居梦　蝶变兰津城"系列活动颁奖现场

2018年是全市实施安居工程的第十年，房管局通过"十年安居梦，蝶变兰津城"为主题的摄影、演讲、征文、专题宣传片等方式，全方位推介展示全市安居工程建设的巨大成就。（周静）

【棚户区改造】2018年，房管局做好政策预判与跟进，强化与上级部门的对接汇报，累计争取上级资金1.45亿元，完成棚改货币化征收1813户，改扩翻建1200户，西河街片区棚改征拆全面完成，被常德市住房保障领导小组评为城市棚户区改造工作先进单位。2018年累计筹集棚改征收资金5.45亿元，累计支付5.06亿元，资金管理严格有序、使用规范安全。积极回应人大、政协代表呼声，加快重点征收户的征收进度，在街道、法院、公安等多部门的通力配合下，依法成功拔除19户难点户，特别是"钉"在生产街、西河街长达6年以上的7个征拆户，顺利实现交地，加快棚改征收的工作进度。（周静）

【公房管理】2018年，全市存有国有直管公房58963.75平方米，住有1701户，完成国有直管公房日常维修399户（处）、保障房日常维修170户（处），完成益民、襄阳街等小区落水管加固、下水道清理及后湖小区外墙面防水等大中修工程项目；完善安全巡查机制，建立安全巡查台账，在羊湖口、人民路等4处区域设立房屋安全巡查值班点，每天安排2~3名工作人员做好"黑瓦屋"危点险点安全巡查；对人民路170号、人民路156号、接龙桥、羊湖口39号等处安全隐患严重"黑瓦屋"实施整体拆除、封堵或加固；对新村多处因冰雪天气压垮松动的雨罩更换拆除；对后湖南栋、襄阳街等处有掉落隐患的墙面瓷砖进行清理；对青龙庙、五一饭店地块"黑瓦屋"已办理解危迁转手续的租赁户房屋房顶瓦片全部进行清理，减轻房檩承重负荷；雨雪冰冻期间，聘请热心居民夜间巡逻，通过喇叭喊话的方式提高租赁户安全意识，同时通过入户发放宣传单3000余份、宣传车循环广播5天、张贴温馨告知书200余份等方式提醒租赁户及过往行人注意安全。

全年共完成4510户保障房、2121户国有直管公房租赁信息核对更新工作；配合征收办做好棚改征收工作，对纳入征收范围的油榨坊地块、鱼池地块、羊湖口、八角楼地块国有直管公房及汤家湖过渡安置房租赁情况摸底核对上报；完成1404户租赁补贴申请对象公房核查、200户租赁信息查询盖章工作；配合住保办做好保障房内取消低保户的年审及租金调整后的合同续签工作，签订租赁合同268户；配合住保办做好民安二期、创业园保障房安置对象安置资料审核及合同签订工作。

（周静）

12 月 14 日，公租房“一站式服务”集中安置现场

2018 年，在常德每季度暗访考核中拿到 3 个第 1 名、1 个第 2 名的成绩，3 人被评为全市年度先进个人记三等功人员；11 人被评为全市年度先进个人记嘉奖。（余晓英）

【白蚁防治】2018 年津市市白蚁防治工作在全面落实取消白蚁防治行政事业性收费的同时，加强对全市新建、改建、扩建、装饰装修房屋的白蚁防控，主动引导各建设单位积极配合白蚁防治机构在取消相关收费后共同做好房屋建筑白蚁防治。先后完成丽景豪庭 2 号、3 号商业楼，江南名苑 1、5 号商住楼，药山寺、雅梦苑住宅小区等多处白蚁免费防治任务。全年签订防治合同 17 份，防治面积近 14 万平方米。同时继续做好房屋白蚁预防包治期的回访复查工作，全年白蚁防治工程回访面积近 45 万平方米，并对相关白蚁回馈信息进行及时处理。为控制城镇区域白蚁害蔓延，抓好工作质量，提升公共服务水平做出努力。（周静）

城管执法

【概况】2018 年，市城管执法局推进素质城管、法治城管、现代城管、人文城管“四个城管”建设，提升城市管理综合水平。坚持依法执法、文明执法理念，开展城市管理各类专项整治行动，改善城市整体形象。探索渣土管理、夜市烧烤等城市难点管理新机制，遏制扬尘污染。打造精品示范街区，形成“以点带面、整体推进”的管理格局。建设环卫基础设施，完善市场化运作考核细则，推进城市精细化管理。承办市人大、市政协建议提案 16 件，其中主办 5 件，会办 11 件，逐一落实办理建议提案中涉及的各类事项，使城市管理热点、焦点得到解决。优化审批程序，压缩审批时限，确保“最多跑一次”服务落到实处。完成 3 座垃圾中转站、4 座公厕的建设及竣工验收工作。完成平安创建民调“五个一”宣传及落实工作。落实市委、市政府 2018 年招商引资工作任务，通过实地考察、座谈及后期对接、宣传，11 月底，苏州俄邦工程塑胶有限公司与津市签订合作意向书。落实 2018 年向上争资任务 970 万元。落实部门服务企业工作，帮助解决企业实际困难，7 月初对联点企业开展“送政策、送法律、送清凉”活动。为贫困户邓国明行动障碍的儿子邓某激活低保“两折两卡”，为女儿邓某成功申请“泛海助学行动”贫困助学金。

【渣土运输管理】从规范运输、源头管控、沿途治理等几个方面入手，严查渣土运输扬尘污染。2018 年 3 月，对全市所有渣土车辆登记造册 245 台，对其中符合条件的 156 台运输车辆颁发渣土准运证。按照环保督查要求，4 月，与 4 家渣土运输企业签订责任状，要求共同规范管理。按照全覆盖、无撒漏、不带泥上路原则，安排专人对码头、矿山、工地进行日常巡查监管，强化“四有”（即：渣土工地、码头及取土点必须有道路硬化、有冲洗平台、有冲洗设备、有专人保洁）、坚持“四个一律”（即：对非法改装和加装厢板的车辆一律切割到位；对失联、脱保、检测不达标、无《渣土准运证》的车辆一律强制退出渣土运输市场；对未完成和未正常使用洗车平台、冲洗设备、保洁人员和进出道路硬化的在建工地、取土点及砂石码头一律停工整顿；对黑车、黑工地、黑公司非法运输及车辆超限超载行为一律顶格处罚到位，并强制退出渣土运输市场）。在各重要路段设置流动检查点，对没有实行全封闭运输、封闭不严、沿途撒落、带泥上路等污染城市道路的运输车辆依法进行拦截处置。全年共查处违规渣土车辆 575

渣土运输专项整治

台次，其中锁车85台次、处罚128台次、教育放行362台次；对有损市容市貌行为的砂石码头、在建工地、矿山下达整改通知书17分，其中处罚不按规定使用冲洗平台造成车辆带泥上路的在建工地16起；联合交警、交通等部门开展联合执法3次，协助切割违规改装渣土车辆135台。（余晓英）

【市容管理】2018年，按照“一级道路严禁、二级道路严控、三级道路规范”的原则，实行路段定人定岗定责，对市容违规行为实行“零容忍”，对反弹现象实行“严处置”，确保管理全方位、无死角。每月对出店经营、占道经营、乱拉乱挂、乱搭乱建等城市“八乱”行为及马路市场、农贸市场进行一次集中清理整治。错时执法，加大夜间巡查力度，“零容忍”规范夜市烧烤，督促所有夜市必须在经营范围内铺设环保塑料地毯，所有烧烤点必须使用环保烧烤炉。以点带面、整体推进、逐步形成长效管理机制，上半年完成对三湖公园周边“严管示范区”精细化打造，实现“品牌辐射”效应。继续以“护苗”行动为契机，集中力量对全市中小学周边市容环境进行强力整治，环卫处加强学校周边的保洁管理。坚持“四个一律”，即城区内所有气球、拱门、横幅一律消失；人行道违规设置的广告牌、标识牌一律切割；原用于悬挂横幅标语的旗杆一律清除；影响城市观瞻的“牛皮癣”一律清理。全年共查处、取缔违规占道行为678处，收缴、规整流动摊贩416起，清理横幅广告、门店“大花脸”“双眼皮”违章搭建物等201处；对违反市容市貌行为下达限期整改通知书13份。（余晓英）

【城市美化】2018年，规范户外设置广告，对全市户外广告摸底排查，建立每月现场检查制度和安全生产台账，对存在安全隐患的广告和破损广告实行责令整改和现场拆除。加强城区门店招牌日常巡查和监管，重点监管金海岸二期、新天地、丰华城、国际名苑等新建楼盘门面的门店招牌设置标准及材质要求，对不合格设置招牌广告一律要求整改或拆除。推进津市澧水沿河风光带建设，落实上级安全生产工作要求，分别于3月22日、10月29日对津市原不夜城及桥南国安公寓老旧门店招牌实施整体拆除，拆除面积约1270平方米。严格审批权限，对损害市容市貌和城市总体形象、影响公共交通安全和妨碍人民生产、生活的户外广告一律不予审批。全年共拆除临街破损门店招牌31处，拆除大型破损广告8处，整改违规设置招牌11处。（余晓英）

【“两禁”工作】2018年，持续推进“两禁”工作，坚持“三个到位”：执法力量保障到位，重点加强“两节”期间的监管，保障充足的执法力量。春节、清明期间每天安排执法车辆深入城区大街小巷进行流动宣传，在醒目地段拉扯大型“两禁”宣传警示条幅，每天加派执法力量在刘家山公墓及周边易发生燃放的区域、地段进行不间断巡查，发现燃放苗头及时制止。日常巡查监管到位，对城区内红白喜事、门店开业等做好信息摸排，对偏远社区进行入户宣传，与操办红白喜事当事人签订“两禁”承诺书。严格执法查处到位，对违规燃放行为及时制止处置。全年共劝导、制止燃放烟花鞭炮苗头10起。（余晓英）

1月25日，全局干部职工铲雪除冰保澧水大桥畅通

【查处野外焚烧】召开整治露天焚烧工作专题会议，制定专项整治方案，明确工作责任，要求各中队对所辖区域重点路段及易发生露天焚烧生活、建筑垃圾的地段进行重点监控。每天安排专人巡查，建立管理台账，特别是加强城乡接合部，城中村的巡查力度和宣传力度，每天将巡查情况上报局执法大队。加强与社区联系，调动社区积极性，共同做好重点路段及易发生露天焚烧生活垃圾、建筑垃圾现象的地段巡查监管工作。全年共制止、查处野外及露天焚烧垃圾18处。（余晓英）

【规范夜市烧烤】2018年，该局不断强化措施解决夜市摊点环境卫生脏、市容秩序差、油烟污染大等问题：加强城市管理法律法规宣传，通过宣传让广大烧烤业主牢固树立法规意识。按照主干道禁止经营、次干道人行道规范经营管理原则，对夜市烧烤点进行高压态势管控，严格限定经营时间(即：晚上6:00以后在指定区域内规范经营)。开展夜间巡查，按照“摆放整齐、更换炉子、铺设地毯、扫除干净”开展专项整治。引导业主安装新式符合排放摊位的油烟净化烧烤设施，对油烟排放不达标的摊点一律要求停业整改。（余晓英）

【牛皮癣清理】2018年，按照“牛皮癣”考核办法和细则，派专人负责对“牛皮癣”清理工作进行考核，要求清理工作人员对新出现的“牛皮癣”必须当天清理干净，广告、招牌上喷绘野广告必须按广告牌主体颜色覆盖，清洗后的墙体、物体等不留任何污染痕迹。全年共督促清理“牛皮癣”3900余处。(余晓英)

【城乡垃圾一体化处理】制定《2018年津市市城乡垃圾一体化考核办法及细则》，完成城乡垃圾一体化一季度、二季度考核工作及通报。摸清各乡镇“绿色存折”制度村(居)户数明细数，完成市农村垃圾分类处理“绿色存折”制度工作实施方案，市住建局进行基础设施建设。（余晓英）

【环境卫生】环卫基础设施。2018

年，新建新阳光市场垃圾中转站、盐矿社区垃圾中转站及公厕、团湖社区垃圾中转站及公厕、丝绢社区公厕、襄阳社区公厕，全市共有公厕39座，男厕位121个、女厕位127个。建立健全各项公厕管理规章制度和考评扣分细则，设立专班人员从设施管护、公厕保洁方面进行强化管理，确保城区公厕干净整洁、设施完备。对公厕管理工作的对外宣传，公厕精细化管理工作被津市电视台进行了宣传报道。做好环卫基础设施养护，实行全天候巡查督导，督促工作人员及时清洗、更换、维修及保养各种环卫设施设备，保障全市环卫设施的正常运行，全年累计维修垃圾压缩站110次，对垃圾站设备定期保养20次，安装果皮箱120个，维修果皮箱、垃圾箱122次，维修有机站设备40次；维修餐厨垃圾处理站24次；维修公厕135次，清掏化粪池19座，疏通下水道72次，改造下水道3次。按照采购计划，完成300个分类果皮箱、50个3立方米钩臂桶、20个6立方米钩臂桶采购及验收工作，2018年全市有大钩臂桶25个、小钩臂桶186个、果皮箱536个、垃圾绿桶1970个。（余晓英）

餐厨垃圾收集和处理

【清扫保洁】按《考核办法规定》对家宝公司、首创公司进行监管，对清扫保洁实行一日一考核、一月一通报，考核结果作为拨付当月承包款的依据。要求对车胤大道、津澧大道、孟姜女大道实行全天候24小时保洁，对主街道的人行道、车行道、非机动车道等区域进行17小时清扫保洁，各路段实行日一普扫、全天候保洁，确保城区卫生保洁全覆盖。每天安排专人对清运车辆清洗情况、车况现状及作业规范操作进行现场检查，保障车辆正常清运。定期组织开展卫生检查评比活动，使城区环境卫生清扫保洁市场化运作走上常态化、制度化、规范化轨道。全年共吊运和收集垃圾进入填埋场7264车次、28420吨。对家宝公司开出督办整改通知书4份；督促及时清理渣土洒落45次。按重点区域重点治理原则，要求家宝公司对三湖公园周边卫生进行集中整治，城管执法局加强督导巡查。（余晓英）

【安全生产】2018年，定期对全市大型立柱广告是否破损、锈蚀进行全面检查，对澧水大桥进行日常巡查，及时处置隐患。8—9月，对澧水大桥栏杆进行除锈、修补和刷漆。局领导每月带队对生活垃圾填埋场安全生产情况进行突击检查，应对雨雪天气，12月29日晚大雪，10名执法人员前往澧水大桥进行撒盐化雪。次日凌晨，由城管局主要负责人带队，全体干部职工赶赴澧水大桥铲雪除雪，确保大桥安全通行。（余晓英）

工业 科技 电力

工业 科技

【概况】2018年，科工部门贯彻“工业立市、产业兴城”战略，采取多种有效措施，加大招商引资及项目建设、对企业降费减负及服务、对科技创新的支持奖励力度，克服经济形势复杂多变、环保整治压力加大及科技创新能力不足等困难，加快澧水流域工业经济中心、创新研发中心建设步伐，工业经济保持稳中有进的发展态势，荣获常德市推进新型工业化工作先进单位；科技事业取得长足进展，科工局获区县市综合绩效考核第一名，被常德市科技局授予“先进单位”称号。（甘德军、王娟）

【工业经济运行】2018年，大力发展生物医药、装备制造、健康食品等优势产业，帮助企业转型升级、靠大联强、加大科技创新力度，促进工业经济健康发展。全年完成规模工业总产值272亿元，同比增长17.4%；规模企业户数达到119家，新增13家；工业增加值53.3亿元，增长8.4%；入库税金1.82亿元，增长12.1%，税收过百万元规模工业企业25家，净增5家；净增上亿元工业企业18家。（汪宇）

津市市2018年新入规企业13家：湖南力鼎体育用品有限公司、湖南灵猫食品科技有限公司、湖南省浩瀚食品科技有限公司、湖南隆瑞家具有限公司、津市市绿达米粉有限公司、湖南嘉一食品有限公司、湖南经钱再生能源有限公司、湖南津玉铸造有限公司、湖南吉人住工装配式建筑有限公司、津市浩羽纺织有限责任公司、湖南常德浪力食品饮料有限公司、湖南中云锻造有限公司、津市云露食品有限公司

【产业发展】生物医药产业。2018年10家规模企业实现总产值33.1亿元，同比增长-1.5%；入库税收4472万元，增长11.8%。骨干企业鸿鹰生物因产品转型“维B12”项目产值下滑但效益提升，其他企业保持满负荷生产状态；龙腾生物等企业来势较好，溢多利生物医药产业园建设项目在建项目进展加快。科益新生物医药有限公司荣获湖南制造强省建设重点项目企业。

机械制造产业。31家装备制造规模企业完成产值64.5亿元，增长19%；入库税金5863万元，增长25.1%；全国商用车和工程机械行业迎来利好因素，行业呈现稳步发展趋势。中联车桥、中沃汽配等骨干企业产销两旺。

健康食品产业。28家规模企业完成产值58.1亿元，增长5.4%；实缴税金1334万元，增长70.6%。津市被常德市确定为生物医药与健康食品产业园区，完成规划，正在建设中。湖南省嘉品嘉味生物科技有限公司2018年荣获湖南省小巨人企业。

盐化工产业。9家规模企业完成产

4月28日，津市市产业工人职业技能大赛开幕式

值 18.6 亿元，增长 30.7%，入库税收 3400 万元，增长 -9.3%；湘澧盐化投资 2 亿元的 12 万吨 / 年绿色生态颗粒盐系列项目正抓紧建设。渔经生物强氯精等系列产品供不应求，入库税收 342 万元，增长 15.8 倍。

纺织服装产业。12 家规上企业实现产值 18.7 亿元，增长 30.7%，入库税金 1547 万元，增长 -12.3%。宏力纺织有限公司荣获湖南省资源性清洁生产企业。娄星纺织为提高规模效益，正扩建 2 万锭全自动智能纺纱生产线。

新型建材及其他产业。12 家规上企业实现产值 27.7 亿元，同比增长 24%，入库税金 593 万元，增长 37.3%。新引进企业常德吉人住工、湖南力鼎体育用品运动鞋等项目实现当年投产。新材料湖南欣龙非织造材料有限公司荣获湖南省资源性清洁生产企业。欣龙无纺布二期开工在建。金湘猪鬃实业有限公司荣获湖南省中小企业“上云”标杆企业。

【招商引资】2018 年，坚持市领导带头招商，派出长三角、珠三角、京津冀三个小组驻点招商，开展“百日招商”“以商招商”活动，全年累计签约工业项目 18 个，其中亿元以上项目 7 个，10 亿元以上项目 1 个，协议引资额 24.1 亿元。抓好闲置低效企业盘活工作，巩固、完善“四大家牵头包保”的成功经验，出台《盘活闲置低效企业方案》，建立闲置企业盘活清单动态管理机制。全年新开工建设亿元以上工业项目 11 个，5000 万元至 1 亿元项目 8 个，投资总额 12.5 亿元；嘉一食品“年产 5000 吨脱水蒜片、湖南吉人住工、力鼎体育用品等 6 个项目建成投产，科益新生物等 10 多个项目在建，广域化学高端液晶材料、夏盛酶制剂、引航生物等项目签约落地。湘澧盐化总投资 2 亿元的“制盐系统节能增效技术改造”系列完成部分设备安装；科工局引进的投资 2.5 亿元科益新生物“年产 1200 吨甾体药物及中间体项目”项目在进行主体厂房施工，投资 3 亿元的引航生物项目签约落地。其主要招商签约活动有：3 月 16 日，溢多利生物科技股份有限公司董事长陈少美一行到津市，商讨溢多利项目推进事宜。溢多利集团先后收购津市市鸿鹰生物、新合新生物、龙腾生物以及雪丽造纸相关资产，累计投资已达 13.65 亿元。根据战略合作协议，按照打造“两湖”生物医药产业园的发展目标，溢多利项目整体建设周期为五年，集团将新投资 9.875 亿元，新征用地 900 亩，新建包括康捷年产 15000 吨食品用酶制剂项目，格瑞年产 20000 吨生物酶制剂项目，科益新年产 1200 吨甾体药物及中间体项目，科益新药物制剂项目，鸿鹰、新合新、龙腾、美可达新增 / 扩产项目。项目全部竣工达产后，年产值将达 30 亿元。3 月 27 日，江苏广域化学有限公司与津市签订投资协议，建设高端液晶材料及中间体生产基地项目。该项目选址在高新区内精细化工区，用地总面积约 250 亩，总投资约 5.4 亿元，项目建设总周期为 6 年，项目全部建成达产后，可形成年销售收入 8 亿元，上缴税收规模 5000 万元的效益规模。7 月 18 日，湖南引航生物科技有限公司生物酶催化及酶发酵项目入园签约。项目预计总投资 1.5 亿元，占地 200 亩。9 月 12 日，慕恩生物(广州)科技有限公司与津市嘉山实业有限公司、常德财鑫金融控股集团有限责任公司、广州越秀产业投资基金管理股份有限公司共同投资的慕恩生物项目正式签约落户津市。慕恩生物是一家创新型生物科技公司，由一批来自中科院、清华大学、中国农大、中国农科院及“海归”创业人员发起成立的生物高科技企业，是一个专业的微生物资源发掘、筛选、综合利用的开放式平台，运用生物创新解决环境污染、化学农业、食品安全等日益突出的问题。而越秀产业基金具有丰富的生物科技产业链资源以及较强的资本运作能力。津市慕恩生物项目的落户，将从技术和资金等方面为津市生物医药产业发展注入新活力。

（甘德军）

中国工程院院士、江南大学校长、教授陈坚为津市鸿鹰生物科技有限公司院士工作站授牌

【企业帮扶】为实施精准帮扶和优质服务，切实帮助企业解决实际困难，年初下发《津市市 2018 年百名领导服务百家企业活动的通知》及《服务企业考核细则》，落实书记双月调度会议和服务部门“一把手”亲自抓两项机制，全年召开服务企业及园区建设调度会 6 次，下发《津市市人民政府关于进一步降费减负促进工业企业健康平稳发展的通知》《中共津市市市人才工作领导小组关于印发〈津市市 2018—2022 年人才引进工作规划〉的通知》《津市市企业法律服务实用手册》等文件资料。全年各部门累计收集企业困难问题 375 个，协调解决问题 302 个。联合金融办、人民银行组织召开政银企对接会，就企业贷款需求、银行业务要求开展座谈，全年工业贷款净投放达到 5.79 亿元，取得

历史性突破。全年累计为企业向上争取制造强省专项、省中小企业发展专项等项目30多个，科工局争取到位资金2500多万元。通过坚持问题导向，主攻盘活存量、项目建设、发展环境、经营困难四大重点，从落实惠企政策、开展要素帮扶等七个方面开展工作。全年组织工业经济、知识产权、科技融资、法律宣传以及税收政策解读、企业家大讲堂等培训20次，参训人员达738人。开展送温暖、送政策、送法律、送清凉等暖企行动，举办职工技能比武大赛、"百优员工"评选等活动，受到企业好评。（彭佳）

津市市2018年度部门服务企业优秀单位：

市人大办 市委政法委
市人民检察院 市人社局
市总工会 市交通运输局
市食药工质局 市环境保护局
国网津市市供电公司
津市市湘淮村镇银行

【工业企业员工职业技能大赛】2018年4月，津市工业企业一线员工职业技能大赛在各企业展开，经过层层选拔，4月28日，大赛圆满结束。这次大赛由市科技工信局承办，设置现代物流（叉车）、电焊、纺织细纱等3个项目。全市23家工业企业选拔的54名行业翘楚参加决赛。经按竞赛规则严格评判，中联车桥公司叉车司机宁先元、湘澧盐化公司电焊机修工陈林、娄星纺织公司细纱车间员工黄立珍（女）分获3个项目冠军。市委市政府对各项目获得1~10名的选手予以物质及精神奖励，相关部门对符合条件的选手，颁发相应的资格等级证书，并作为评选劳动模范和推荐全市"百优员工"评选的重要依据。

（甘德军）

【科技创新】2018年，围绕打造澧水流域创新研发中心，搭建企业创新研发平台，提升企业自主创新能力，全年建成省级创新研发平台（中联车桥工程技术研究中心）1个，省级众创空间1个，新获批高新技术企业6家，高新技术企业总数达18家。获批常德市工程技术研究中心2个，签订产学研合作协议50余个，开展全市企业科技培训3次。完成发明专利申请53件，全市有效发明专利达125件，万人专利拥有量达5.13件，在常德仅次于常德经开区。先后对全市80余家企业进行研发能力摸底，就各企业创新基础、信息化建设、众创空间建设、高企申报、项目策划、技术需求等方面征求意见。4月18号，举行新合新——浙江工业大学长三角绿色制药创新中心"甾体激素联合实验室暨共创国家级研发平台"签约仪式。8月1日，津市中联车桥有限公司的汽车车桥工程技术研究中心平台获批省级汽车车桥工程技术研究中心，是津市近年来获批的第三家省级工程技术研究中心，促进津市装备制造等产业发展。10月9日，全市2018年企业项目申报专题培训活动在互联网产业园成功举行。12月7日，鸿鹰生物院士工作站揭牌成立。

（王娟）

2018年12月7日，"智汇洞庭·科创常德"科技成果转移转化系列活动在常德市柳园锦江酒店举行

【"智汇洞庭·科创常德"津市专场】2018年12月7日，"智汇洞庭·科创常德"科技成果转移转化系列活动生物医药与健康食品津市专场活动在常德市柳园锦江酒店举行。津市市委书记傅勇致辞并作产业推介；常德市委副书记、市长曹立军为"常德市生物医药与健康食品产业园"现场授牌，津市市委副书记、市长黄旭峰接牌；中国工程院院士、江南大学校长、教授陈坚、美国JEG& Associates LLC. 公司总裁约翰博士先后围绕"生物医药、健康食品产业发展"进行主题演讲；29个平台建设、校地合作、产学研、投融资项目等科研成果转移转化项目顺利签约，其中校地合作项目2个，平台建设项目3个，投资合作项目8个，产学研合作项目16个；北京霸蛮科技有限公司、北京工商大学、湖南农业大学、湖南新合新生物医药有限公司，苏州引航生物科技有限公司、幕恩生物科技有限公司还进行路演展示。常德市委副书记、市长曹立军为"常德市生物医药与健康食品产业园"现场授牌，津市市委副书记、市长黄旭峰接牌；常德市副市长汤祚国讲话；市委书记傅勇推介产业；津市认真贯彻落实习近平总书记关于"科技创新是发展第一动力"的新发展理念，牢牢把握"创新引领、开放崛起"主旋律，紧跟"开放强市、产业立市"战略，把生物医药与健康食品产业作为"工业立市"的发展引擎，致力振兴实体经济，推动高质量发展，获批国家中小城市综合改革试点、国家新型城镇化改革试点城市、全省科技成果转移转化示范县市。津市建成创新创业园、科技孵化器、众创空间，设立1亿元的科技成果转化扶持资金，对掌握核心技术和具有自主知识产权的科技创新项目，最高给予1000万元的创业扶持资金，对引进落户的高层次人才，最高给予20

万元的购房补贴和每年6万元的人才津贴。津市坚持要素向产业集中，建设一流的园区平台，省级高新区规划面积达19平方公里，集中配套工业污水处理厂、危废处理中心、燃气中心，引进投资10亿元的热电联产中心，致力打造优越的“硬环境”和“软环境”。围绕“一园两区”的定位，规划建设8000亩的生物医药和5000亩的健康食品专业园区，打造生物医药与健康食品“五百亿产业集群”。未来五年，力争生物医药和健康食品规模企业达到100家，过10亿元企业10家以上，新增科技成果转化500项以上。全力建设泛湘西北健康食品产业基地，并以食品行业供给侧结构性改革为契机，建设食品产业的检测、仓储物流、品鉴推广等平台，打造一批生态种养、科技示范基地，推动主食工业化、市场全球化、营销网络化，力争成为湖南生物医药与健康食品产业发展的龙头。常德市人民政府副市长汤祚国指出，津市作为老工业城市，基础雄厚，特别是近年来聚焦工业立市核心战略，生物医药、健康食品、装备制造等主导特色产业在这片创业沃土上展现蓬勃生机，他希望津市能够珍惜、用好用活“常德市生物医药与健康食品产业园”这一来之不易的平台载体，真正打造成为常德市新的经济增长点。湖南省科技厅副厅长朱皖表示，“智汇洞庭·科创常德”系列活动开展以来，得到包括全国30多所著名高校、70多名专家、55家知名投融资机构的大力支持，20多项签约路演项目成功率达到了80%，对产业发展的支撑引领明显。（陈林）

【津市市“百优员工”评选】为弘扬工匠精神，营造崇尚技能、尊重人才、尊重劳动的社会氛围，调动广大企业职工学习技术、钻研业务的积极性，为津市“工业立市、产业兴城”提供坚强的技工人才支撑，2018年12月，在全市范围内开展“百优员工”评选活动，评选范围为津市市规模以上工业及商贸企业的一线员工。评选条件为热爱祖国、遵纪守法，爱岗敬业、诚信友善、勇于创新、乐于奉献，具有良好的社会公德和职业道德，为企业和社会做出积极贡献的技能型员工。经层层筛选，评选出108名技能水平高、创新意识强、团队精神优的各行各业优秀员工，对获评津市市“百优员工”的人选，每人奖励现金1000元，由市推新领导小组颁发相关荣誉证书。市推新办对“百优员工”的先进事迹进行深度挖掘，通过电视、网络、手机报等媒体开设专栏，对“百优员工”的先进事迹进行广泛宣传报道，科工局还联合新闻部门在《常德日报》等主流媒体广泛宣传百优员工的优秀事迹，在市内外引起强烈反响，各大互联网站及《今日头条》予以报道。（彭佳）

【执法监管】2018年，禁止实心黏土砖、限袋推广散装水泥工作成效明显，市城区新墙材使用率达95%以上，商品混凝土使用率达90%以上。对李家铺和新洲机制实心黏土砖厂依法强制拆除，帮助灵泉、渡口机制砖厂进行环保整改，新建2条新型环保多孔砖生产线，完成目标任务。多次联合安监、电力公司开展电力线路隐患排查，整改隐患8处，及时调查处理毛里湖镇电力伤亡事件。全市工业企业淘汰在用大小燃煤锅炉39台，总容量379蒸吨，年减少煤炭消耗量在37万吨以上。（杨博）

2018年12月，津市市举行“百优员工”颁奖典礼

荣获2018年津市市百优员工人员(108人)

公司名称	姓　名	公司名称	姓　名
湖南中联重科车桥有限公司	宋　洋	津市市中沃汽车零部件制造有限公司	刘绍平
湖南中联重科车桥有限公司	黄　林	津市市中沃汽车零部件制造有限公司	凡希文
湖南中联重科车桥有限公司	倪佳阳	湖南新中意食品有限公司	谷　新
湖南中联重科车桥有限公司	周兴国	湖南新中意食品有限公司	鄢　峰
湖南中联重科车桥有限公司	梁　俊	湖南渔经生物技术有限公司	陈章兰
湖南中联重科车桥有限公司	周培福	湖南渔经生物技术有限公司	陈　祥
湖南省湘澧盐化有限公司	毛劲松	湖南钰兴科技设备有限公司	徐昌生
湖南省湘澧盐化有限公司	龙　力	湖南润农生态茶油有限公司	田继林
湖南省湘澧盐化有限公司	戴春晨	津市市自来水有限责任公司	刘　斌
湖南省湘澧盐化有限公司	蒋先亮	津市市江湾船舶修造有限公司	戴建峰
湖南省湘澧盐化有限公司	陈　林	湖南特维新材料有限公司	刘先密
湖南省湘澧盐化有限公司	孙　林	常德仁和盛五金包装制品有限公司	李　攀
湖南新合新医药股份有限公司	向思涛	湖南祥顺印刷包装有限公司	赵中萍
湖南新合新医药股份有限公司	刘洪涨	湖南阿斯达新材料有限公司	赵　锋
湖南新合新医药股份有限公司	李爱民	津市中南新鲁包装印刷有限公司	苏敬化
湖南新合新医药股份有限公司	向延燕	湖南椰康食品厂	宋领枚
湖南新鸿鹰生物工程有限公司	陈　香	湖南恒博尔热风机制造有限公司	马　力
湖南新鸿鹰生物工程有限公司	蔡业军	湖南万木汇生物质燃料有限责任公司	田丕荣
湖南新鸿鹰生物工程有限公司	蒋　雄	湖南省南北特食品有限公司	刘望军
湖南新鸿鹰生物工程有限公司	王　琼	湖南省皓天蛋业食品有限公司	陈玉玲
湖南娄星纺织有限公司	王克美	津市市石油化工仪器有限公司	卢尉娟
湖南娄星纺织有限公司	沈春香	津市坝道水泥有限公司	李金仁
湖南娄星纺织有限公司	黄万玉	湖南天成生化科技有限公司	王跃峰
湖南娄星纺织有限公司	黄立珍	津市长燃燃气有限公司	何先斌
湖南友联纺织有限责任公司	洪珍凤	湖南欣龙非织造材料有限公司	黄永飞
湖南友联纺织有限责任公司	龚　凌	湖南常德大北农饲料有限公司	高建平
湖南友联纺织有限责任公司	田五一	湖南山庆泵业有限公司	王建平
湖南宏力纺织有限公司	张业慧	湖南广钱油脂有限责任公司	张恒楚
湖南宏力纺织有限公司	李连红	湖南隆瑞家具	易金华
湖南宏力纺织有限公司	向继华	湖南汉晶瑞氨基酸有限公司	刘建云
津市市金湘猪鬃实业有限公司	李　军	津市康舜天食品有限公司	刘耀梅
津市市金湘猪鬃实业有限公司	廖祥群	常德市鼎丰机械有限公司	李小冲
湖南力鼎体育用品有限公司	李　丽	津市鸿科建材有限公司	张业成
湖南力鼎体育用品有限公司	刘丹丹	湖南劲龙电机有限公司	宋秋军
湖南津味绿康食品有限公司	饶　弦	津市市十八子食品有限公司	严钦标
湖南津味绿康食品有限公司	李新民	湖南嘉品嘉味生物科技有限公司	唐业和
津市市荣迪实业有限公司	王华成	津市市定升实业有限责任公司	韩　龙
津市市荣迪实业有限公司	王　俊	津市菲托葳生物资源公司	于中华
湖南龙腾生物科技有限公司	万红兵	湖南创奇食品有限公司	倪亚萍
湖南龙腾生物科技有限公司	曾国庆	湖南张老头鹏来食品有限责任公司	张秀英

公司名称	姓　名	公司名称	姓　名
湖南鑫源缸套有限责任公司	汤　波	湖南吉人住工装配式建筑有限公司	李雪峰
津市市雅琪制衣有限公司	万贤乐	津市市洞庭机械公司	张小元
津市市天诚车桥有限公司	毕仁忠	湖南省浩瀚食品科技有限公司	栗小元
津市市瑞晶钢化玻璃有限公司	周振桂	津市旭辉汽车贸易有限公司	石加军
津市市汇迈电子科技有限公司	曾召霞	津市市湘津装饰工程有限公司	李鹏程
津市市荣威服饰	余　晨	常德市广兴商贸有限责任公司	罗　艳
湖南嘉一食品有限公司	周振田	津市市湘村电子商务有限公司	易　强
常德资源津旺饲料有限公司	段　林	津市好润佳商业有限公司	朱琴君
津市市超华汽车部件有限公司	杨齐策	津市市兰苑宾馆实业有限公司	彭红芸
津市市宇薇实业有限公司	毛典峰	常德市津市市宝悦步步高超市	张　毅
湖南泰安锻造有限公司	路宏银	刘聋子粉馆	田许珍
湖南旺森农牧有限公司	唐　莉	湖南津市市黄记炖粉有限公司	刘小梅
津市新华机械制造有限责任公司	陈冬林	湖南常德石油分公司津市分公司	李燕妮
湖南津玉铸造有限公司	程道振	湖南三湘和达现代物流有限公司	饶　晖

津市市 2018 年新开工亿元工业项目统计表

序号	企业名称	项目名称	主要建设内容	项目备案起止时间	总投资	2018 年计划投资	累计完成投资	建设进度	是否已投产
津市市（11 个）					220900	132500	125500		
1	湖南经世新材料有限责任公司	液晶材料、OLED 材料、新型电子材料及中间体生产基地项目	占地 250 亩总投资 5.4 亿元，一期投资 1.8 亿元，两年建材投产，二期投资 3.6 亿元，四年建材投产	2018.01—2020.12	54000	13000	9000	①根据常德环保局建议，修改环评报告相关章节；②安全专篇设计；③修改图审后的土建施工图	否
2	湖南科益新生物医药有限公司（溢多利）	年产 1200 吨甾体药物及中间体、药物制剂项目	用地面积 249 亩，建设科益新年产 1200 吨甾体药物及中间体项目。产品包括：甾体医药中间体的发酵、提取及合成，皮质激素、雌激素、粉针剂、颗粒针剂等	2018.03—2021.12	50000	25000	25000	①原料仓库、成品仓库围护墙施工；②1# 栋甲类物品库一层砼浇筑；③2#、3# 栋甲类物品库土方回填；④1# 栋生产车间桩基础施工	否
3	湖南鑫嘉源化工颜料有限公司	年产 2 万吨铁系颜料项目	用地总面积约 50 亩，项目总投资约 1.5 亿元，建设主要内容有：年产 1.5 万吨氧化铁红，年产 0.5 万吨氧化铁黄。项目建成达成后，预计可形成年销售收入 1 亿元，上缴税收 700 多万元的效益规模	2018.02—2019.12	15000	12000	11000	①1# 栋车间围护墙施工；②2# 栋车间屋面施工；③办公楼、辅助房桩基础施工	否

序号	企业名称	项目名称	主要建设内容	项目备案起止时间	总投资	2018年计划投资	累计完成投资	建设进度	是否已投产
4	湖南吉人住工装配式建筑有限公司	装配式建筑生产线项目	用地总面积约53亩，投资1.5亿元，项目建成达产后，可形成年产值1亿元，上缴税收700万元的效益规模	2018.01—2018.12	15000	15000	15000	项目已投产	是
5	津市市大新颜料有限公司	年产1.5万吨铁系颜料项目	总用地面积40亩，主要规划建筑有：办公楼、宿舍楼、铁红车间、铁黄车间、原材料仓库、成品仓库、环保车间等及配套设施。项目建成达产后，达产年可实现销售收入9000万元，实现年利润额1200万元，增值税600多万元	2018.01—2019.12	14000	14000	12000	①3#栋车间设备安装；②5#栋车间地面施工；③1#、4#栋围护墙施工	否
6	湖南津玉铸造有限公司	机械加工铸造项目	项目占地200亩，总投资1.3亿元，项目分两期，一期预计完成税收800万元，二期预计完成税收1600万元	2018.01—2018.12	13000	12000	12000	项目已投产	是
7	湖南力鼎体育用品有限公司	年产300万双运动鞋鞋底项目	建设年产300万双运动鞋鞋底生产线	2018.01—2018.12	12500	12500	12500	项目已投产	是
8	常德天盛电化有限公司	天盛电化液体空分项目	建设天盛电化液体空分生产线	2018.01—2019.12	12400	3000	3000	正在进行厂房建设	否
9	湖南嘉一食品有限公司	年产5000吨脱水蒜片项目	用地总面积约68亩，初步计划一期投入资金12000万元，建成年产5000吨脱水蒜片及系列农产品加工项目，项目建成达产后，可形成年产值8000万元，上缴税收200多万的效益规模	2018.03—2018.12	12000	12000	12000	项目已投产	是
10	湖南省湘澧盐化有限责任公司	制盐系统节能增效技术改造	制盐系统节能增效技术改造	2018.01—2019.12	12000	5000	5000	部分车间完成建造和改造	否
11	湖南科益新生物医药有限公司(溢多利)	荷尔蒙系列产品GMP生产线建设项目	征地63亩，建筑总面积29000平方米，新建一条荷尔蒙系列产品GMP生产线	2018.01—2019.12	11000	9000	9000	①原料仓库、成品仓库围护墙施工；②1#栋甲类物品库一层砼浇筑；③2#、3#栋甲类物品库土方回填；④1#栋生产车间桩基础施工	否

津市市 2018 年专利授权统计表

申请号	专利名称	权利人	专利类型	申请人类型（授权）
2015103904854	肾上腺皮质激素药物中间体的制备方法	湖南新合新生物医药有限公司	发明	工矿企业
2014107188149	一种含真菌 a- 淀粉酶的啤酒复合酶	湖南新鸿鹰生物工程有限公司	发明	工矿企业
2017304368500	包装瓶	湖南润农生态茶油有限公司	外观设计	工矿企业
2015109861424	一种酱香型白酒酿造方法及其装置	湖南毕胜酒业有限公司	发明	工矿企业
2015104124370	一株产木聚糖酶的芽孢杆菌及其应用和筛选方法	湖南龙腾生物科技有限公司	发明	工矿企业
2017211539772	一种可以升降的脚手架	津市市荣迪实业有限公司	实用新型	工矿企业
2017210396875	一种方便调节的建筑工地用脚手架	津市市荣迪实业有限公司	实用新型	工矿企业
2017305743518	充电盒(Ip010-m)	刘　浩	外观设计	个人
2017212283335	一种具有自动升降功能的脚手架	津市市荣迪实业有限公司	实用新型	工矿企业
2017213650420	一种可自动去水垢的燃气热水器	杨　志	实用新型	个人
201721349367X	一种热水器用水路转换阀	杨　志	实用新型	个人
2017210573600	一种高层建筑施工用便于拆卸的脚手架	津市市荣迪实业有限公司	实用新型	工矿企业
201721353185X	一种自适应环境温度变化而自动调节沐浴温度的恒温燃气热水器	杨　志	实用新型	个人
2018300633963	包装盒	罗美珍	外观设计	个人
2017305049610	耳机充电盒(IP010-X)	刘　浩	外观设计	个人
2012800732723	一种亚甲基二磺酸的制备方法	湖南阿斯达生化科技有限公司	发明	工矿企业
2014105625517	制动气室、制动器及车辆	湖南中联重科车桥有限公司	发明	工矿企业
2017216642426	一种新型自拍杆	曹　勇	实用新型	个人
2017216057051	转向节、转向桥和车辆	湖南中联重科车桥有限公司	实用新型	工矿企业
2017213428539	一种带银离子具有抑菌功能的热水器	杨　志	实用新型	个人
2017213532250	一种适应电压水压气压宽幅的燃气热水器	杨　志	实用新型	个人
2018300141884	耳机（612）	才　超	外观设计	个人
2017305754245	汽车香薰	李秀兰	外观设计	个人
201721333136X	一种带磁性软化水的燃气热水器	杨　志	实用新型	个人
201721342851X	一种具有预热功能的燃气热水器	杨　志	实用新型	个人
2017213338782	一种带方形恒温仓的燃气热水器	杨　志	实用新型	个人
2018301605960	喇叭	彭　宏	外观设计	个人
2018300972854	茶几（YF-18003T）	王　毅	外观设计	个人

申请号	专利名称	权利人	专利类型	申请人类型（授权）
2017305049517	蓝牙耳机(IP010-PRO)	刘　浩	外观设计	个人
201830097284X	茶几（YF-18004T）	王　毅	外观设计	个人
201830192795X	充电盒(IP010-A)	刘　浩	外观设计	个人
201830130694X	调节扶手	刘　勇	外观设计	个人
2018300204154	无线蓝牙耳机（611）	才　超	外观设计	个人
2018202697095	一种用于反应釜放料的防堵装置	湖南天泰天润新能源科技有限公司	实用新型	工矿企业
2018202697108	一种压滤机进料循环装置	湖南天泰天润新能源科技有限公司	实用新型	工矿企业
2017304360640	包装盒	湖南润农生态茶油有限公司	外观设计	工矿企业
201730557606X	一体便携迷你自拍杆	曹　勇	外观设计	个人
2018301981460	烟斗配件	朱　巍	外观设计	个人
2018207153514	LED 植物灯	杨　英	实用新型	个人
2018201807331	一种制盐及提硝生产用防堵取压管	谭敦奎	实用新型	个人
2018303184538	烟斗（恐龙）	朱　巍	外观设计	个人
2018303529637	烟斗	朱　巍	外观设计	个人
2018303520187	烟斗（履带车）	朱　巍	外观设计	个人
2018202695761	一种用于磷酸铁生产两道工序的连接系统	湖南天泰天润新能源科技有限公司	实用新型	工矿企业
2018205279819	一种食用菌原料筛分装置	湖南和平生物科技有限公司	实用新型	工矿企业
2018304329110	水烟壶（机器人）	杨　凡	外观设计	个人

【湖南中沃汽车零部件制造有限公司】公司成立于 2009 年 10 月，注册实收资本为人民币 5000 万元，法人代表彭述国。2018 年有资产规模达到 2.5 亿元。公司现有员工达到 200 人。湖南中沃汽车零部件制造有限公司是生产汽车前轴、转向节等汽车部件的专业锻造公司。其年产 40 万件汽车工字梁前轴暨 80 万件转向节项目是津市市政府 2009 年重大招商引资项目。2018 年湖南中沃汽车零部件制造有限公司年锻造能力逾 3 万吨，成为目前湖南省乃至中南地区大规模的锻造企业。是中国锻造协会湖南锻造分会理事单位。湖南中沃汽车零部件制造有限公司注重科技投入，在工艺上力求自主创新，取得多项科技成果，其 40 万根汽车工字梁前轴暨 80 万件转向节项目采用的工艺是精密辊段——整体模锻技术，这项技术完全消化德国的整体热模锻技术，工艺成熟稳定，完成了工字梁生产工艺从铸造、模锻到精密辊段—整体模锻技术的更替。同时，公司自主研发的“整体立校”技术对该项工艺有重大突破，已经申请专利。目前公司选择的技术合作伙伴是具有雄厚科技研发实力的北京机电研究所，同时，挖掘国内顶尖的锻造专家，公司研发团队达到 17 人，其中高级工程师 6 人。已经具备雄厚的科技实力，为公司的稳定发展奠定良好的基础。2018 年完成工业总产值 6.8 亿元，同比增长 21.1%；实现利润 383 万元，增长 4.8 倍；入库税收 582 万元，增长 241.7%。

中沃公司生产的汽车工字梁

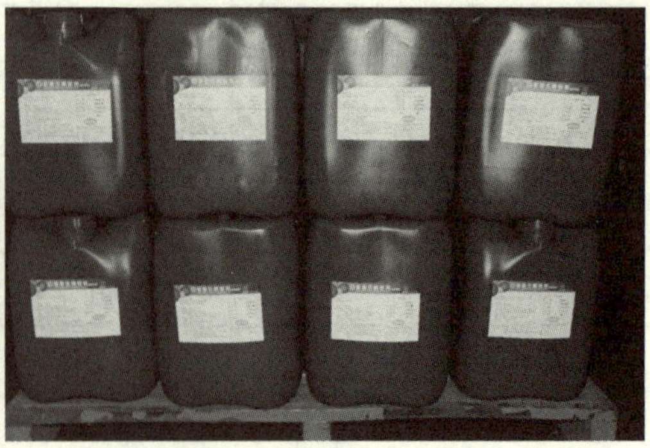

【新合新生物医药有限公司】湖南新合新生物医药有限公司成立于2013年，总投资7.5亿元。是一家以甾体激素中间体及原料药的研发、生产、销售为主营业务、按照现代企业制度组建而成的高新技术企业。公司下辖湖南诺凯生物医药有限公司，湖南成大生物科技有限公司，北京科益丰生物科技发展有限公司，北京法莫斯达制药科技有限公司，湖南龙腾生物科技有限公司。2015年4月，公司成功地与中国境内上市公司广东溢多利生物科技股份有限公司（股票代码300381）达成并购协议，正式成为溢多利旗下生物医药板块核心企业。

公司致力于以植物甾醇为起始原料，自行研发最先进的技术工艺，通过微生物发酵和化学合成的方式生产各类甾体激素中间体及原料药，公司是目前国内第一家将该工艺进行大规模多品种工业化生产的企业，公司始终把技术创新作为企业生存与发展的原动力，至今，公司已成功地取得15项国家发明专利技术。

公司实施了国际上先进的GMP生产管理体系和质保管理体系，并实施EHS的先进管理理念，为客户提供安全、稳定、高质量的产品。2015年10月，溢多利公司并购河南利华制药有限公司，并交由新合新全面托管，河南利华制药有限公司成为新合新生物医药有限公司的下游企业，自此，新合新利用自身强大的甾体激素中间体生产技术和成本优势，河南利华制药利用自身的原料药资质和认证优势，双方形成强强联合，从微生物发酵到化学合成，从中间体到原料药及制剂产品，产品涵盖皮质激素和性激素全系列产品。逐步成为中国及至世界产业链最完整，产品种类最全，规模最大，最具行业发展潜力的明星企业。2018年完成工业总产值8.1亿元，同比增长-18.4%；实现利润8661万元；入库税收3157万元，增长43.2%。

新合公司产品甾体药物

【湖南鸿鹰生物科技有限公司】湖南鸿鹰生物科技有限公司是国内最早的一批酶制剂行业重点生产企业和国家高新技术企业。新公司成立于2011年11月，注册资本5000万元，占地240亩，建筑面积6万多平方米，经营范围为生物制品的研究、开发、推广；酶制剂项目投资与管理。

鸿鹰生物科技有限公司拥有先进的发酵生产设备2500立方米和国际先进的超滤设备，专业生产"梅花"、"鸿鹰"牌的糖化酶、纤维素酶、木聚糖醇、蛋白酶、中温淀粉酶、耐高温a—淀粉酶、B—葡聚糖酶、β—淀粉酶、脂肪酶和复合酶等30余种酶制剂产品，年产35万标吨系列酶制剂，营业总收入3.5亿元左右，位于全国行业前列，出口量居于全国酶制剂行业首位。广泛应用于饲料、纺织、酿造、食品、洗涤、制药、制糖、造纸及环保科技等领域。公司相继通过IS09001：200质量管理体系认证、IS014001:2004环境管理体系认证、Kosher认证（犹太食品），现场实行GMP管理，并通过了清洁生产审核，还与美国杜邦公司、CTE、嘉吉、巴斯夫等先进企业进行合作，共同进行酶制剂系列产品的开发、企业管理及营销渠道方面的交流，提升公司发展外向型经济的能力。

公司有员工400余人，研发技术人员近百余人，拥有65项发明专利、15项实用新型专利，参与1项国家标准、3项行业标准的制订，拥有雄厚的技术资源。湖南鸿鹰生物科技有限公司是溢多利上市公司旗下的子公司，是生物发酵产业协会常务理事单位，是酶制剂分会副会长单位。

湖南鸿鹰生物科技有限公司技术创新建设无疑以企业为主体，同时需要国家及各级政府的支持，并融入包括高校在内的人才、科技多方力量，以求在高新技术领域实现一些重大突破，使企业及我国酶制剂产业在世界酶制剂市场保持一定的竞争优势。公司2018年完成工业总产值5.1亿元，同比增长18.8%；实现利润585万元，入库税收635万元。

【湖南新中意食品有限公司】湖南新中意食品有限公司是中国粮食第一股金健米业股份有限公司，于2015年9月6日以竞拍方式获得原津市市中意糖果有限公司整体资产后新成立的一家食品加工企业，系金健米业股份有限公司的全资子公司。原津市市中意糖果有限公司系湖南省最大的糖果生产企业，也是国内糖果行业的知名企业。“中意”商标2009年被评为“中国驰名商标”，中意产品曾多次获“省优质产品”“省新产品”以及新产品一等奖和“中国食品博览奖”银奖，企业为“国家高新技术企业”、“省级技术中心企业”。

公司位于津市市嘉山工业新区嘉山大道8号，注册资本8000万元，公司在职人员200多人，拥有20多条糖果、果冻及其他休闲食品生产线，年产能5万吨。公司主营产品包括糖果、果冻、甜品、熟食、饮料、饼干、蜜饯、调味品等休闲食品、方便食品。

产品聚焦“酸奶+”休闲食品，坚持以品牌建设为核心、以产品转型为重点，通过品牌重塑、市场聚焦、渠道下沉、推广变革等多种手段注入新的活力，打造“酸奶+”甜品核心单品系列，研发了坚果、果肉系列牛轧糖、活性乳酸菌系列糖果、酸奶果肉、布丁甜品系列、青Q系列、银耳羹系列，并通过OEM的方式，丰富炒货、熟食等季节性补充产品，储备战略产品“冻痴”常温冰淇淋、“杂粮+”无添加产品等，促进公司向健康食品产业的转型与升级。

2018年公司完成工业总产值1.05亿元，同比增长121.5%；入库税收349万元，增长219.6%。公司目前拥有210家全国经销商，产品进入大润发、沃尔玛、家乐福、步步高、永辉等国际、国内KA系统。

展望未来，湖南新中意食品有限公司将秉承金健米业“品牌营销、资本运作、科技创新、精细管理”的经营理念，全方位引进先进的经营理念，以打造津市本地第一个上市公司为战略目标，及时升级技术设备，加大产品结构调整力度，不断扩大市场占有率，力争2020年实现3亿元销售额，利税5000万元，实现“中意”品牌质的提升，将公司打造成国内领先的健康休闲食品生产企业。

【湖南润农生态茶油有限公司】湖南润农生态茶油有限公司是一家集油茶林保护、种植、茶油加工与销售、茶油健康功效深度研发、生态旅游于一体的生态农业企业，致力于为千家万户提供油脂健康全面解决方案。

润农产业基地坐落于北纬30°拥有5000年农耕生态的西洞庭湖区。湖南润农生态茶油有限公司成立与2013年6月，注册资金5000万元，占地96.4亩、年产5000吨高品质低温物理冷榨山茶油的生产基地；并建成3000平方米的科研中心，组建资深科研团队。从2009年至2018年，润农生态已经拥有30万亩野生有机油茶林基地，2万亩油茶林种植基地；并在各大城市高端社区开设润农品质生活馆，3~5年内预计将开到100家；正在筹建的体验疗养基地——灵犀茶油小镇森林康养基地，可提供血脂、血糖、血栓系统化的康复疗养服务。

润农生态致力于与科研院所深度合作，利用山茶油中的有益活性物质，研发出灵犀营养配方油(养膳、孕膳、智膳)、“茶佬倌”茶籽洗洁粉、灵犀活性油等系列产品，并依托润农位于毛里湖畔的康养基地，提供油脂健康全面解决方案。公司已通过ISO9001/ISO22000体系认证，正在建立的ERP信息化体系、质量安全追溯体系，2016年，润农生态旗下灵犀山茶油荣获中国中部（湖南）农业博览会金奖、湖南省著名商标，并成功申报为省高新技术企业。

【湖南娄星纺织有限公司】湖南娄星纺织有限公司(HuNan Lord-Sung Textile Co.,Ltd)于2003年9月在津市市工商行政管理局注册成立，注册资金5680万元，法人代表李良琪。公司坐落在津市市高新技术开发区，总占地面积122000平方米。现有纺纱规模6万纱锭，主要生产牛仔布用竹节纱和各种花色纱。

几年来，公司分别荣获津市市“职工最满意企业”、“纳税先进企业”、“工业发展明星企业”、常德市“农业产业化龙头企业”、“常德市十佳优秀企业”、“湖南省质量信用企业”、“湖南省重合同守信用企业”、农业发展银行公开授予的“AA+信用等级”企业和“战略性黄金客户”等荣誉称号。

产品简介：

湖南娄星纺织有限公司秉承“和谐共赢 诚铸精品”的经营理念，充分利用进口设备的优势和十多年的技术沉淀与创新，坚持差异化产品的经营战略，现已生产近万种风格的“玉缕”牌竹节纱。主要使用细绒棉、天丝、木代尔、粘胶、雅赛尔、氨纶丝等原料制造各种纯棉及混纺的精梳、普梳、赛络纺、紧密纺纱线。产品定位为：1.8支~32支牛仔布用纱、花式纱。质量长期稳定在乌斯特2013年公报25%~50%水平，以“小批量、多品种、高质量、快交货”享誉广东牛仔布制造行业。“娄星”凭着专业专注的精神，正在一步一步向自己的愿景靠

产品名称：色纺纱系列

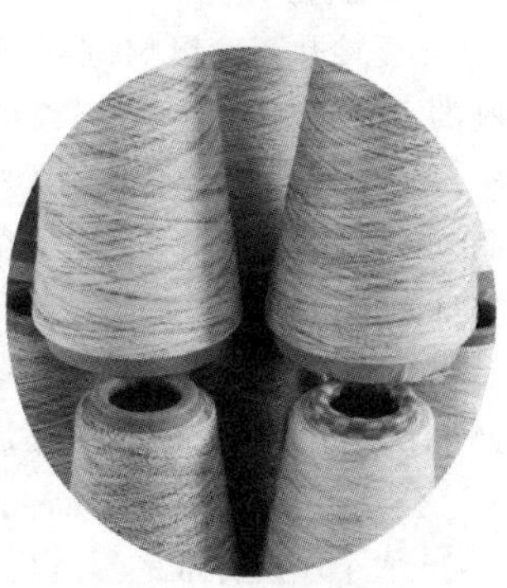

产品名称：段彩纱系列

产品名称：1.8支—32支牛仔布用竹节纱

拢：成为中国牛仔专用纱线第一品牌。2018年公司实现产值8.5亿元，增长10.5%，实现利润829万元，入库税收714万元，基本持平。

【金湘猪鬃实业有限公司】津市市金湘猪鬃实业有限公司是一家民营股份制企业，是中国最大的猪鬃生产厂家之一。公司成立于2002年3月，法人代表颜军，注册地址津市市工业园区津市大道与周家铺路交汇处，占地面积46351.7平方米，现有员工200余人，其中高级管理人员11名（高级工程师3名、研究生以上学历2人、大学学历6人、工程技术人员45人，注册资本3000万元，猪鬃及制刷产品材料的研发、生产、销售；猪鬃及制刷产品的技术推广及咨询服务；研发、生产、采购、销售与此相关的原辅材料、机械设备及零配件；从事进出口贸易；涤纶纤维单丝及相关产品的研发、生产、采购、销售。2016年11月被湖南省人民政府认定为省级龙头企业。

中国有140年的猪鬃生产加工史，是世界上最大的生产和出口国。猪鬃是猪颈部和脊背部生长的长达5厘米以上的刚毛，富有弹性、不易变形、耐潮湿、不受冷热温度影响，是工业和军需刷的主要原料，是我国传统的出口物资；是无法人工合成替代的天然绿色产品，市场需求因而长久不衰。全球年需求量为85万标准箱，据统计目前年产量仅达到25万标准箱，我国产量占95%，因此，行业具有广阔的发展前途。

公司主要产品为44mm~52mm的J1-J6六个质量标准的黑、白、花水洗、水煮猪鬃及漂、染猪鬃和切鬃等产品。其产品采用传统工艺与现代科学结合办法，产品具有弹性好、吸油充分、挺直度高、根条软硬适中的特点，是行业中的优质产品。公司使用自己注册的“金湘”牌商标，2005年在中国猪鬃行业率先取得ISO9001：2008质量认证，产品执行DB/4300B4501-88标准，凭借稳定质量、合适产品、公道价格、优质服务，成为全球许多油漆刷、头发梳、化装公司的稳定供应商，得到国内外很多客户的好评。2006年至今被湖南省工商行政管理局评为湖南省著名商标。2009年至2018年被评为国际知名品牌。

公司有高标准厂房和2条生产线（1条水煮生产线、1条水洗生产线），日加工能力6.25吨（125标箱），具有年加工漂白猪鬃、水煮猪鬃等各类系列猪鬃2000吨的能力，且有效仓容充足。公司2018年完成产值8亿元，同比增长20.1%，实现利润875万元，增长34.6%，入库税收334万元，增长18.2%。

（甘德军、王娟）

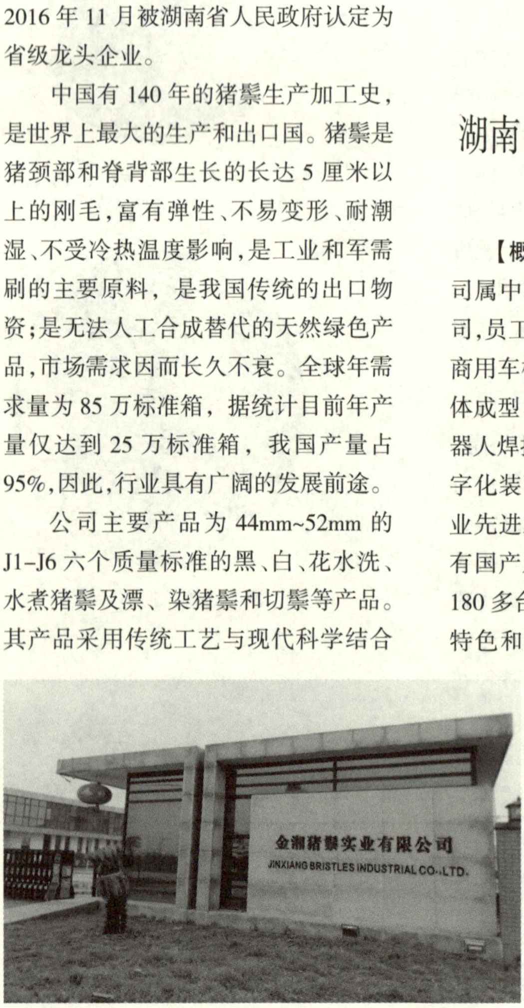

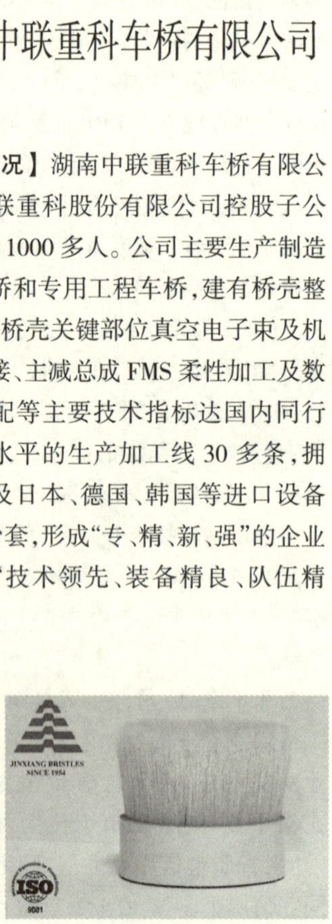

公司产品棕刷

湖南中联重科车桥有限公司

【概况】湖南中联重科车桥有限公司属中联重科股份有限公司控股子公司，员工1000多人。公司主要生产制造商用车桥和专用工程车桥，建有桥壳整体成型、桥壳关键部位真空电子束及机器人焊接、主减总成FMS柔性加工及数字化装配等主要技术指标达国内同行业先进水平的生产加工线30多条，拥有国产及日本、德国、韩国等进口设备180多台套，形成“专、精、新、强”的企业特色和“技术领先、装备精良、队伍精干、管理高效、质量一流”的企业竞争优势。公司产品覆盖轻、中、重系列商用车桥和专用工程车桥，主要为中联重科、东风公司、南骏汽车、江淮汽车、一汽集团、金龙客车等全国汽车工业重点优质企业配套。

2018年，车桥公司经历国家化解三项重大风险的严重挑战，在市场竞争中，公司贯彻落实中联重科集团总部新发展理念，深化“四精”工作要求，坚持“质量强基、产品固本、推进四精、持续改善”的年度经营工作思路不动摇，聚焦行业发展方向，锁定目标，集智聚力，推进管理变革和技术创新，提升核心竞争力，提高经营质量，谋求转型突破，稳中有进，实现在全国汽车行业负增长的背景下更有质量、更稳健的增长，全年生产车桥总成18.3万根，完成工业总产值7.92亿元，同比增长2.33%，实现销售收入9.21亿元，同比增长7.7%，上交税金总额3000多万元。

2018年，公司全面推进企业安全生产标准化建设，进一步规范企业安全生产行为，改善安全生产条件，强化安全基础管理，安环管理工作质量稳步提升。2018年9月公司通过ISO14001：2015环境管理体系、OHSAS18001:2007职业健康安全管理体系外部监督审核，12月通过国家三级安全标准化企业审核，全年生产性死亡事故为零，千人重伤率为零，爆炸事故为零，企业环境评价“合格”。

【科研成果】2018年，节能环保成为企业产品创新的重要方向。车桥公司紧盯国家产业政策，加快国六产品和电动车桥产品的平台建设，实现产品环保节能。公司联合长沙理工大学等实施的《物流车用电动车桥研究与开发》项目于2018年8月9日通过湖南省战略新兴产业科技攻关项目立项批准，并获得省财政项目资金300万元。项目的获批，推动车桥公司04E和02E同轴直联电驱桥的研发进度，当年完成04E研发并小批量生产和02E技术研究及样件设计，初步搭建起电动车桥产品平台；紧跟客户产品结构调整，开发完成东风股份国六产品前后桥34种,实现国六产品平台搭建。

加快重型桥研发新品研发，补短板,扩平台,提升内配能力。2018年1月车桥公司启动重型桥能力提升专项工作,成立专项组,明确具体目标。公司先后完成新55吨工程车桥、新70吨工程车桥和新80吨工程车桥的研发并量产。2018年公司重型桥的生产、销售均首次超千根,实现历史突破。

提升核心竞争力，推进技术进步。开展创建省级技术中心工作,公司申报的湖南省科技计划创新平台项目“湖南省汽车车桥工程技术研究中心”于2018年6月22日获准立项组建，并获得省市财政资金95万元。6月26日,湖南省科技厅项目受理中心李欣率组织国防科大、中南大学、湖南大学专家到车桥公司对项目进行实地考察,对车桥公司汽车车桥工程技术研究项目建设情况做了深入了解并给予充分的肯定;“汽车起重机用重型车桥技术研究与产业化”项目的实施,实现工程起重机关重零部件的本省配套,该项目获得湖南省科技进步三等奖;110~200吨全地面起重机用桥项目研发成功,产品全面替代进口,大幅降低产品成本,该项目获得中联重科零部件创新一等奖。

【队伍建设】加快公司人才战略实施步伐,推进员工技能提升。2018年6月和8月,车桥公司两次组织开展一线生产员工技能鉴定培训考试和技能鉴定复审，共培训考试员工6个班次31人，技能鉴定复审14个工种共32人。2018年12月，车桥公司与津市市人社局、常德高职院合作开办数控车工、焊工、钳工3个专业的高级工等级鉴定培训班,参与员工达113人。经过持续开展培训及技能鉴定,促进一线生产员工整体技能的提升,公司一线生产人员中持有中高级技能等级人员占比已达50%以上。

【党群工作】加强党员和员工政治思想教育,车桥公司党委开展中共十九大学习教育活动,组织员工观看中共十九大开幕式，学习中共十九大主题报告,发放《十九大报告全文》《党的十九大报告辅导读本》和新《中国共产党章程》等辅导书籍,指导大家深入学习、深刻领会中共十九大会议精神。

紧紧围绕公司生产经营中心,充分发挥党工团组织在工作中的先锋模范、团结凝聚和主力军作用。2018年车桥公司先后开展3月“生产经营攻坚大会战”活动、4月“未来已来 登峰不止”为主题的百日劳动竞赛，助力生产经营。一年来,公司先后获得总部颁发的“先进基层工会”、“先进基层团组织”和“优秀员工之家”等荣誉称号。

努力打造“工匠”精神,通过建劳模工作室、组织选派员工参加各类职工职业技能大赛等形式,为一线技能员工成长成才提供平台。2018年4月27日,在常德市2018年度高技能人才工作会议上,常德市人民政府授予车桥公司程秋同志领衔的劳模工作室为“程秋技能大师工作室。2018年5月,在津市市总工会组织开展的职工技能大赛中,公司选手宁先元获得“现代物流进出库”专业第一名，被授予全市十佳技术能手、津市市“五一劳动奖章”;另有公司选手陈彬、肖峰、刘俊、郭太平、鲁礼宏分别获得“现代物流进出库”专业第二、第三、第四、第五、第七名;以及周培福、梁先军在“电焊工”专业比武中获得第三、第四名等,均被授予“全市十佳技术能手”荣誉称号。2018年8月,在常德市人社局、市总工会、市教育局联合组织开展的“2018年常德职业技能竞赛”中,公司选手吴家剑在“钳工”专业比武中荣获一等奖，被授予常德市“五一劳动奖章”、常德技术能手称号;公司选手杨玉在“计算机程序设计”专业比武中荣获二等奖，被授予常德技术能手称号;公司选手刘勇在“钳工”专业比武中荣获三等奖,被授予常德技术能手称号。

树典型,弘扬劳模精神。2018年4月28日,在常德市庆祝“五一”国际劳动节暨劳动模范和先进工作者表彰大会上,授予车桥公司程念生为“常德市劳动模范”。

开展工会各项文体及帮扶活动。一年来,先后开展“谁‘羽’争锋”员工羽毛球赛、“庆司庆、勇‘乒’博”员工乒乓球赛,气排球赛以及“我运动、我健康、我快乐”为主题的大型职工趣味活动,丰富了员工业余文化生活。关爱员工,开展帮扶慰问，2018年共帮扶困难员工240人,帮扶金额30多万元,其中“爱心改变命运”活动,使33人贫困家庭学子得到救助。（中联重科车桥有限公司）

HNQ080D-380(8吨后桥)

湖南省湘澧盐化有限责任公司

【概况】2018年,公司以打好扭亏增盈生存保卫战为目标,抓生产、拓市场、强管理、促技改,推动了企业健康有序发展,产销指标再创新高。全年共生产盐硝产品96.15万吨，比上年同期增加3.67万吨，同比增长3.97%；销售盐硝产品95.86万吨，比上年同期增加2.3万吨，同比增长2.46%;实现营业收入4亿元,比上年同期下降1124万元，同比下降2.74%;报表盈利36万元,比上年同期减少890万元，同比减少96.15%；上缴税款2963万元，比上年同期减少642万元，同比减少17.80%。全年无重大安全责任事故。

在2018年全省“千名书记讲党课”活动中，党委书记苏倪华题为《让“四个伟大”在湘澧盐化生辉》的党课被推选到省国资委参加全省集中交流会，荣获二等奖。2018年“七一”，1人被推荐为省国资委的优秀共产党员，热电厂党支部被常德市直工委授予先进基层党组织称号。组织“创新创效金点子征集”活动，一线员工参与面达到90%，共征集金点子26条，对11条“创新创效金点子”进行表彰。

根据年度生产目标，公司下属各单位逐级签订目标责任书，制定“挖潜增效”方案，开展劳动竞赛，发挥规模效益，消耗不断下降。盐提取率从上年同期的89.9%提高至92.98%，硝提取率从上年同期的86.37%提高至91.59%；千大卡产汽1.214吨，比上年同期提高0.031吨；吨产品综合能耗为107.79公斤，比上年同期下降5.2公斤；吨散盐生产成本198.43元，比上年同期下降8.04元，降低成本773万元。

公司及时调整营销策略，加大新市场、新客户开发力度，开发南通锦港化工盐客户，全年销量73000吨；实现出口销售，取得自营出口盐产品资质，开拓韩国和东南亚精制盐市场，全年出口盐产品20000吨；原包盐销售新开辟安庆、南通、上海等地盐业公司，全年销量6654.5吨；芒硝销售与广州立白集团达成战略合作，全年销量12500吨。

盐污泥无害化减量化资源化处理项目投资837万元，2018年5月底开工，10月上旬建成投入试运行，采用“三级盐泥清洗＋四级固液分离＋造粒＋干化＋资源化利用”的工艺路线，将固液分离后的卤水液全部回收制盐，得到的干盐泥全部制成脱硫剂，直接供燃煤锅炉燃烧脱硫，有效消除因盐泥造成的环保隐患和安全隐患。矿区钻井开拓工程投资550万元，2018年8月开始动工，主要建设两对新水平对接井，更换二采区回卤主管和淡水主管，预计建成后可新增采卤量60立方米／小时。

全年采购2批波谷位置的低价煤炭，节约采购费用400万元以上，平抑煤炭采购均价，2018年煤炭采购均价较2017年上涨48元／吨。通过提高吨煤产汽率，化解煤炭价格上涨带来生产成本上涨的压力，全年吨产品生产成本中煤炭成本与上年基本持平。

【“唱响新时代、踏上新征程”歌舞晚会】2月8日，公司举办“唱响新时代、踏上新征程”的大型歌舞晚会。董事长宋海在晚会开幕前发表迎新致辞，300多名员工及家属现场观看表演。

晚会在欢快的《小戏迷狗年闹新春》中拉开帷幕，节目内容既有歌唱、舞蹈，又有双簧、朗诵等，演员们的精彩表演博得大家掌声。特别是充满正能量的歌曲《步步高》《撸起袖子加油干》《咱们工人有力量》等更是将晚会的气氛推向一个又一个高潮。临近结束时，董事长宋海、党委书记苏倪华带领公司全体高管与盐硝厂员工走上舞台深情演唱《湘澧盐化工人之歌》，整台晚会在一片喜庆、祥和的气氛中圆满结束。

【第一届十一次职代会】3月12日，公司召开第一届十一次职代会暨2017年表彰大会。来自公司各方面的119名职工代表参加会议，会议由党委副书记、工会主席刘发云主持。董事长宋海在大会上作题为《创新驱动 追赶超越 努力实现企业振兴发展》的工作报告，回顾总结2017年取得的成绩，分析2018年面临的形势，明确2018年的工作总体要求和奋斗目标。

【湖南省副省长陈飞到公司调研】5月15日，湖南省副省长陈飞一行到公司调研，实地考察20万吨食用盐包装配送中心生产车间。省国资委主任丛培模，省经信委副主任殷林波，常德市委副书记、市长曹立军，津市市委主要领导陪同调研。

公司董事长宋海、党委书记苏倪华、总经理黄勇陪同参观食用盐生产线、监控调度室、产品展示室。参观后，在20万吨食用盐包装配送中心党员活动室进行座谈。座谈会上，公司领导介绍公司采卤水源地、制盐工艺、食用盐包装配送中心的投资额度、设备设施、产能规模等基本情况，并对提出的问题进行解答说明。

陈飞听取相关介绍，仔细询问相关情况后对公司提出四点要求：一是企业要用习近平新时代中国特色社会主义思想和中共十九大精神武装头脑，扛起时代发展的使命感和责任感，紧扣社会主要矛盾的转变，做好高质量发展文章；二是企业要努力提升研发能力，与一些权威的学校、医疗机构合作，研发一些有利于老百姓身心健康的盐产品，丰富食盐品种，满足不同消费需求，提高产品附加值；三是企业要为老百姓提供高品质的合格食盐产品，普及碘盐和非碘盐的消费知识，为消费者选购食盐

“新起点、新征程，共创湖南盐业新时代”产销恳谈会

提供指导；四是企业要加强风险防控，确保国有资产保值增值，建立和完善现代企业各项规章制度，做到依法规范生产经营。

【2018年党建工作会】3月28日，公司召开2018年党建工作会。公司高管、各党支部书记、党员代表及新党员共70多人参加会议。会议由党委副书记、董事长宋海主持。党委书记苏倪华对公司2018年党建工作进行部署和安排。3位党支部书记分别就本单位2017年抓基层党建工作情况进行述职。与会党员对各支部书记抓党建工作进行测评打分。党委副书记、纪委书记刘发云传达集团纪委党风廉政建设暨反腐败工作会议精神，并对公司2018年度纪委工作进行安排布置。会上举行党风廉政建设责任状、综治工作责任状签字仪式。

【"我们的时代　我们的担当"演讲赛】 5月17日晚上，公司党委举办"我们的时代　我们的担当"演讲赛。经过预赛，共有12名选手进入决赛。比赛中，各参赛选手演讲内容主题突出，真实生动，结合本单位实际或本职岗位，从不同角度和方式，谈自己学习中共十九大精神的认识、体会和感悟，表达了与企业同呼吸、共命运的忠心和信心。来自机关一党支部的李涵荣获一等奖；矿区党支部的杨光雄和机关一党支部的李先君获得二等奖；机关二党支部的朱薇颖、盐硝厂党支部的陈永红和傅黎明分获三等奖。

【常德市先进基层党组织】6月28日，常德市庆祝建党97周年暨改革开放40周年颁奖活动在常德电视台演播厅举行，公司热电厂党支部被授予先进基层党组织称号。此次颁奖活动共颁发了10个先进基层党组织，10名优秀党务工作者，10名优秀共产党员。常德市委书记、市人大常委会主任周德睿，市委副书记朱水平，市政协主席李爱国等领导出席并为获奖者颁奖。

【"新起点，新征程，共创湖南盐业新时代"　2019年度产销恳谈会】11月8日，公司召开"新起点，新征程，共创湖南盐业新时代"2019年度产销恳谈会。湖南盐业股份公司副总经理王哈滨、市场管理部部长李鹏出席会议，省内外16家分公司嘉宾代表及我公司在家高管、相关部门负责人共计80多人齐聚一堂，共话合作，同筹未来。

在参观公司20万吨新小包食用盐包装配送中心，直观感受到企业新小包盐先进的全自动化生产工艺和操作水平后，公司董事长宋海代表湘澧向长期以来支持公司发展的全体来宾表示热烈的欢迎和衷心的感谢。总经理黄勇作题为《按下"快进键"，跑出"加速度"，为共同实现集团"十三·五"发展规划努力奋斗》的工作报告。各分公司代表对湘澧的供应保障给予赞誉，为湘澧未来的发展送上美好的祝福。同时，就新产品开发、产品质量等问题提出中肯的建议和意见。

王哈滨副总经理肯定湘澧盐化"新起点，新征程，共创盐业新时代"恳谈会的主旨和氛围，并提出三点要求：一是发挥体制优势，促进产销一体化，利益共享，责任共担；二是要以市场为导向，推动产品差异化竞争；三是要以湖南盐业为后盾，稳妥推进市场布局。公司与16家分公司签订2019年度产销协议。

【高新技术企业】12月3日，湖南省科技厅公示2018年第二批拟认定高新技术企业名单，湖南省湘澧盐化有限责任公司成功入选。公司认真对照《高新技术企业认定管理办法》要求，在资源与环境、资源勘查、高效开采与综合利用技术、资源勘查开采技术等技术领域成绩突出，获得发明专利1件，软件著作权6件，拥有科技人员142人，近三年研究开发费用总额7597.43万元，近一年高新技术产品收入35596.52万元，企业总收入41119.73万元，未发生重大安全、重大质量事故及严重环境违法行为。

【思想政治工作研讨会】12月20日，公司召开2018年思想政治工作研讨会。公司党委书记苏倪华、党委副书记刘发云、党委委员王津平，各党总支、支部书记，党群部门负责人及政工系列职称人员共30多人参加会议。会议由刘发云主持。会议对公司2018年思想政治工作调研论文进行评审，评选出一等奖1名、二等奖2名、三等奖3名，并对获奖论文进行发布和表彰。

【"金点子"发布会】12月26日，公司召开"金点子"发布会。2017年，公司积极开展"创新创效金点子"合理化建议征集活动，一线员工参与面达到90%，活动截止到11月中旬结束，征集到的"金点子"涉及公司方方面面，经过工会委员会初评后，技术评审组评审出11条优秀金点子，其中特等奖2个、一等奖2个、二等奖3个、三等奖4个。盐硝厂以徐兰芳为主的《食用原料盐提质工艺改造》、科技规划部以傅涛为主的《盐污泥无害化减量化资源化处理》分获特等奖；小包装厂以张绍平为主的《料仓增加通风口》、热电厂以汪力为主的《1#锅炉中心筒改造》分获一等奖。

金点子发布会

【食盐定点生产企业和定点批发企业许可证换证工作完成】公司高度重视，成立换证工作领导小组，对照各类规范、标准文件及法律法规进行自查，对梳理出来的问题逐条进行整理、分析，并加以整改；加大包装车间、干燥车间及现场卫生、消毒设施等硬件的整改投入，各项费用合计640多万元；制定相应的规章制度，并按照要求将制度上墙，严格对照执行；加强现场精益化管理，要求设备挂牌、巡视，生产现场管理迈上新的台阶。省、市食药局检查组对公司生产现场发生的变化予以肯定，12月，核发食盐定点生产企业和定点批发企业许可证。

高新技术企业证书

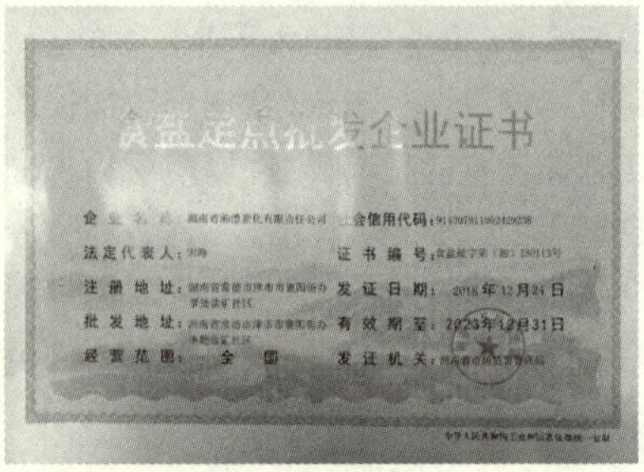

食盐定点批发企业证书

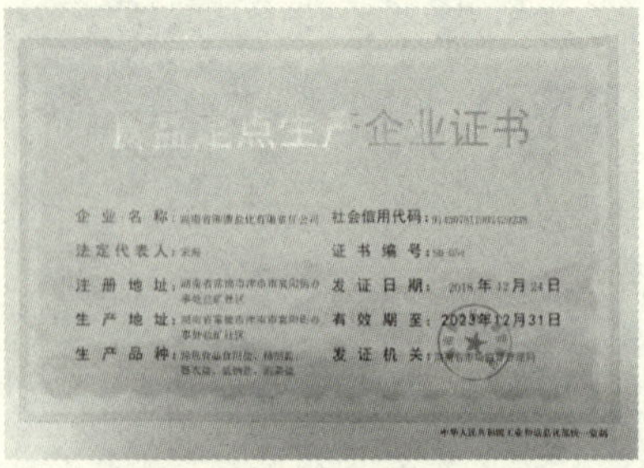

食盐定点生产企业证书

防震减灾工作

【概况】2018年，津市地震局围绕地震监测预报、灾害防御、应急救援“三大体系”建设总要求，积极开展工作。

2018年，监测预报工作持之以恒，熟练掌握设备性能、操作技能，落实好存档备案。坚持月会商制度，及时与常德市局及周边邻区组织开展地震活动趋势会商。加强督促指导宏观观测点的业务开展和培训工作，掌握观测物体的特性和习性，认真做好异常情况登记上报和备案。

2018年，严格执行工程项目报建审批的前置把关，公示行政审批流程，实行窗口一站式服务工作。全年共办理行政审批项目8个，总建筑设面积20多万平方米，共建农村民居安居房400余户，总面积8万多平方米，免费提供农村村民建房设计图纸及户型图。

2018年，向社会推出津市防震减灾微信公众号，公示办事程序及网上填报表格，方便群众办事，达到“上门服务，最多跑一次”的工作效果。

2018年，联合全市10多家行政执法部门在5月开展声势浩大的科普知识宣传和防灾减灾应急演练活动三次，出动宣传展板30多块，发放科普手册5000余本，印发宣传资料20000余份，组织应急演练2次，分别到学校、街道社区帮助指导师生及居民在临震状态下如何避险、逃生和自救互救及正确使用灭火器、救生设备等常识。

地震宏观观测点

应急救援队伍

2018年，完成1所省级地震科普示范学校建设任务（津市第七完全小学），完成1处省级地震安全示范社区建设任务（油榨坊社区），新设置1处地震应急避难场所。

2018年，投资3万余元对3号地震宏观观测点进行维修改造，对观测水井清淤除杂、砌围墙，对68米路面实行水泥硬化。

2018年，应市政协机关邀请，地震台退休老台长唐泽湖对政协机关干部作地震知识讲座。

2018年，投资2万元对台站建台以来的模拟资料进行保护性抢救工作。

2018年，筹措资金3万多元开展精准扶贫工作，帮扶2户脱贫，购置柑橘苗270株、小鸡苗40只，帮扶9个户助其致富。

2018年，津市地震局被湖南省地震局评为全省区县市防震减灾工作综合评比优秀单位，文军被评为全省防震减灾工作先进个人。

电　　力

【概况】国网津市市供电公司担负着全市4个乡镇、5个街道办事处、82个行政村16个居委会的生产生活供电和全市范围内的电力基础建设，生产经营和办理客户的业扩报装、施工、接电及用电管理。内设综合管理部、党建工作部、财务资产部、发展建设部、调度控制分中心、运维检修部、营销部（县客户服务中心）、安全监察质量部、湘能津市分公司、金鱼岭供电所、保河堤供电所及湖南德力电力建设集团有限公司津市分公司。2018 年完成售电量 4.57 亿千瓦时，同比增长 4.58%。优质服务规范率居县级公司前列。未发生员工安全责任性事件和外人触电伤害事件，未发生员工违法违纪和违反作风建设相关规定的行为。

国网津市市供电公司始终坚持人民电业为人民的服务宗旨和“四个一流”发展目标，从严管理，务实创新，企业精神文明、政治文明和物质文明建设得到了协调发展。2018 年期间荣获“津市市优化经济环境工作先进单位”、“脱贫工作先进单位”，“全市绩效评估先进单位”等荣誉称号。

【人力资源】2018 年，国网津市市供电公司有干部员工 81 人，其中各类技术人员中：高级职称 3 人、中级职称 8 人、初级职称 34 人；高级营销师 13 人；高级技师 1 人 、技师 3 人、高级工 29 人、中级工 6 人、初级工 7 人、学员 7 名；硕士研究生 1 人、大学本科 54 人、大专 19 人，大专及以上文化程度占员工总数 91.5%；中专、技校 3 人，占员工总数 3.7%；高中 2 人，占员工总数 2.4%；初中及以下 2 人，占员工总数 2.4%。津市农电服务责任有限公司有员工 82 人，其中本科 5 人，大专 34 人，中专 7 人，高中 24 人，初中及以下 12 人。

【电网建设】2018 年，保河堤 35 千伏变电站增容改造完成、新建 35 千伏渡口变电站开工，110 千伏毛里湖变电站顺利选址。完成“重点民生实事”项目，总投资 635.54 万元，较上年同比增长 213.54 万元。积极推进贫困村及农网升级改造攻坚战，全年农网改造总投资 2762.11 万元，对药山镇的药山村、白云山村、和平村、天鹅村；白衣镇的金和村、钟灵村、红光村、清华驿村、金坪村、建国村；新洲镇的长岭村；毛里湖镇的青苗社区、田家山村、灯塔居委会、万家社区进行改造，新建和改造变压器 96 台 /12500 千伏安。公司获“市脱贫攻坚工作先进单位”。完成主网大修技改任务 5 项，重点解决 10 千伏网络薄弱和低电压问题，重过载台区大幅减少；高标准完成 2019 年项目需求及编制，总投资计划 3000 多万元；加强网改施工全过程安全管理，实现全年网改施工零事故；较好完成属地协调工作。

2018 年拥有 500 千伏变电站 1 座、220 千伏变电站 1 座、110 千伏变电站 4 座，直接运维管理 35 千伏变电站 2 座，35 千伏线路 6 条，总长 92.612 公里，10 千伏线路 52 条，总长 789.13 千米，其中公用线路 43 条，长 772.5 千米，专用线路 9 条，长 16.6 千米。配电变压器 1037 台（不含专变）。

【民生实事工作】2018 年度国网津市市供电公司“民生实事工作”涉及 4 个行政村，分别是原渡口镇中南村，花桥村，七星村、八宝湖村。工程总投资 669.13 万元，新建、改造 10 千伏线路 7.331 千米；新增配变新建台区 2200 千伏安 /18 台；新建、改造 220 ~ 380 伏线路 39.006 千米；新立电杆 721 根。

【供电服务】落实“产业立市·暖企行动”，不断优化营商环境，获地方行风测评第一名、优化经济环境工作先进单位、部门服务企业工作“十佳”。精简业扩办理流程，“简单业务一次都不跑，复杂业务最多跑一次”有效落实。常态化走访园区企业，“一企一策”、VIP 客户经理制获客户认可。客户微信服务群“朋友圈”进一步扩大，“互联网 +”营销服务模式得到强化。推广客户智能缴费，推行电 E 宝、支付宝、微信等缴费方式，“网上国网”得到完善。

2018 年，津市用电客户 97095 户，其中工业用电户 2130 户，农业生产用电户 2046 户，排灌用电户 44 户，商业用电户 2506 户，居民生活用电户 88765 户，非居民生活用电户 1608 户，全年售电量 45766 千瓦时，其中工业用电量 21938 万千瓦时，生活用电量 13825 万千瓦时，非生活用电量 2176 万千瓦时，商业用电量 3046 万千瓦时，农业用电量 3650 万千瓦时。

【经营管理】明确资金安全管理“十不干”“十禁止”，成本和资金安全有效管控，公司获省公司会计基础工作四星级单位。常态化开展“六型本部”文明办公督查，下发督办通报 23 期。定期开展经营诊断分析和问题清单治理，提质增效工作有序推进。规范各类会议、“三重一大”决策程序，党委会议决策事项 23 项，总经理办公会决策事项 13 项。物资“进、出”管理进一步规范。梳理农电管理问题，农维项目管理及业扩管理问题得到遏制。强化供电服务职工严管厚爱，员工收入持续提升。金鱼岭供电所获“四星级”供电所、市公司先进供电所。德力分公司核心业务更加突出，湘能分公司业扩市场有序开拓。

【安全生产】扎实推进“安全主体责任年”活动。政企联动防外破，没有发生一起外人触电事件。严查漏电保护器运

道德讲堂侧影

维质量，共约谈问责2人处罚17人次，处罚金额5260元。扎实开展“六查六防”专项行动、安全问题清单专项梳理活动，全年查处32个违章现场，共计处罚金额134180元。圆满完成迎峰度夏、抗冰保电、系列重大活动保电任务。金鱼岭供电所获“省公司安全先进班组”，张美林获“省公司安全先进个人”，输配电运检班、保河堤供电所获“市公司安全先进班组”。截至2018年12月，公司累计人身安全14662天，设备安全6399天，实现第9个安全年目标。　（易敏）

2018年津市市35千伏~110千伏输电线路统计表

线路名称	电压等级千伏	长度公里	杆塔		导线（LGJ-m/m²）	架空地线（GJ-）
			铁塔（基）	水泥杆（基）		
安嘉线	110	39.6	16	129	150	25
窑津Ⅰ回	110	5.2	18	4	240	50
窑津Ⅱ回	110	5.5	19	4	240	25
窑桑Ⅰ回	110	12.21	38	18	240	70
窑桑Ⅱ回	110	5.59	25	/	240	70
津棠线	35	25.8	19	142	95	25
周棠线	35	18.516	/	90	70	35
保石线	35	2.9	4	24	70	35
保渡线	35	13.04	28	31	120	35
渡中线	35	9.3	28	9	95	25
合　计		137.66	195	451	1560	395

国网津市市供电公司全景

津市市35千伏~110千伏变电站统计表

变电站名称	电压等级千伏	容量		供电线路	出线	
		千伏安	台数		35千伏(条)	10千伏(条)
津市变电站	110	31500	2	津嘉线、窑津线Ⅰ、Ⅱ回	6	14
嘉山变电站	110	50000	1	安嘉线、津嘉线	0	5
桑园变电站	110	31500	1	窑桑线Ⅰ、Ⅱ回	1	10
中华变电站	110	50000	1	中生线、中车线	2	2
棠华变电站	35	6300	2	周棠线、津棠线		3
保河堤变电站	35	5000	2	保中线、津保线		4
合计		112500	7		7	29

2014—2018年津市市用电客户统计表

年度	总户数	其中					
		工业用电户	农业生产用电户	排灌用电户	商业用电户	居民生活用电户	非居民生活用电户
2014	89375	2468	1873	39	1950	81649	1396
2015	90929	2366	1924	39	2117	83068	1415
2016	93698	2293	1952	40	2196	85701	1516
2017	93935	2161	2015	40	2397	85814	1508
2018	97095	2130	2046	44	2506	88765	1608

2014—2018年津市市售电量统计表

单位:万千瓦时

年度	总售电量	其中				
		工业用电量	生活用电量	非生活用电量	商业用电量	农业用电量
2014	41864	27066	9154	1298	1722	2622
2015	36961	19768	10268	1622	1943	3328
2016	40238	20266	11954	1788	2629	3601
2017	43685	22537	12539	1937	2734	3938
2018	45766	21938	13825	2176	3046	3650

农 业

【概况】2018年，津市市农业局内设股室及二级机构共16个，干部职工57人。

全市农业农村工作以实施乡村振兴战略为总揽，坚持农业农村优先发展，按照"产业兴旺、生态宜居、乡风文明、治理有效、生活富裕"的总要求，在推进农业农村现代化建设征程上迈出坚实步伐。2018年，津市实现农林牧渔业总产值38.3亿元，同比增长3.7%；实现农林牧渔业增加值23.2亿元，同比增长3.6%；农村居民人均可支配收入达到15471元，同比增长8.5%。津市获批全国农村垃圾分类和资源化利用示范县市、常德唯一的省级农村人居环境整治试点县市，新洲镇获评全省"醉美湘镇"。（贺洪涛）

【现代农业发展】培育特色产业。2018年，果蔬、食用菌、休闲农业等特色产业成为主导产业。有蔬菜播种面积6.99万亩、蔬菜基地10个、大棚4000个；以柑橘为主发展水果种植，有水果种植面积4.17万亩，其中金秋砂糖橘为省内首家；以和平生物、仕林生物为龙头的食用菌企业，采取"企业＋基地＋农户"的模式，食用菌年产值达1.5亿元；规模以上休闲农庄达到18家，其中省级五星级休闲农庄2家（锦绣兰苑和绿岛蓝湾）、四星级休闲农庄1家（半岛农庄）；扶持经营主体。规模以上农产品加工企业达到39家（其中省级龙头企业3家、常德市级龙头企业21家），农民专业合作社92家，家庭农场103家，发展各类农村经济大户582户。建成互联网产业园，农产品搭上"互联网＋""农超对接"的新快车，食用菌、淡水鱼、牛肉米粉、橘子罐头等10大农产品销售全部实现线上线下互动。创建农业品牌。组织参加第十届常德农博会暨首届年货节、"常德品牌·中国品质"常德品牌农业推介行深圳站、长沙站、上海全国优质农产品博览会、"常德品牌·中国品质"常德市优质农产品企业与全国知名企业战略合作洽谈会。以润农茶油、和平生物省级绿色食品示范基地为重点，打造津市标准化生产基地示范样板，润农茶油公司与爱沃德集团签订购销协议1.5亿元。全市共获"三品一标"（无公害农产品、绿色食品、有机农产品和农产品地理标志）27个，其中农产品地理标志产品1个、有机产品3个、绿色食品21个，示范基地2个，产地认证面积6929.32公顷。完成津市米粉"一县一特"申报，津市米粉成功列入湖南省"一县一特"产业发展目录；锦绣兰苑休闲农业等7个津市市特色农业产业园申报入库工作。提升基础产业。落实水稻集中育秧点68个，专业化集中育秧点22个，集中育秧大田面积3.2万亩，其中专业化育秧大田面积1.4万亩，全市水稻种植面积12.5万亩，其中高档优质稻种植面积11.52万亩。与澧县洞庭春米业有限公司衔接，组织津市种粮大户建立优质稻订单生产基地1万亩。推广稻田综合种养模式，以养虾为主要模式的稻田综合种养面积由上年的2000亩发展到5000亩。加强病虫害防治，共完成防治面积油菜8万亩次，水稻33万亩次，棉花5万亩次，其他作物3万亩次。完成农作物病、虫、草害调查8项，调查田块1000余块。（产业化办）

【实施乡村振兴战略】乡村振兴稳步推进。高位推动部署有力。4月24日、25日，市委、市政府分别召开市委常委会议、政府常务会议研究部署实施乡村振兴战略工作。4月28日，召开市委农业农村工作会议暨乡村振兴动员大会，作出全域推进、村村创建、办点示范、突出重点的工作安排。出台《津市市实施乡村振兴战略三年行动计划（2018—2020）》。9月11日、13日，市委、市政府分别召开市委常委会、市政府常务会议研究部署农村人居环境整治工作。培训考察提升有力。不断改善知识结构，更新观念，拓展视野，为乡村振兴提供智力支撑。3月19—20日，市委、市政府组织农口各单位及4镇主要负责人前往浏阳市学习考察乡村振兴暨美丽乡村建设。8月12—18日，市委组织市农业领导小组组成人员、乡村振兴相关职能部门、部分村支书共60人在浙江大学举办津市市乡村振兴外训专题培训班。规划编制启动迅速。为开展院市合作，与湖南省农科院签订市镇村三级规划联动的规划编制协议，编制“1+1+7”乡村振兴规划，即1个津市市乡村振兴总体规划，1个毛里湖镇乡村振兴示范片规划，大关山村、庹家峪村、箭楼村、樟树村、青苗社区、药山村、白衣庵社区7个乡村振兴示范村规划。规划编制组完成实地调研和资料收集等前期工作，8月提交“1+7”8个乡村振兴示范镇村的编制框架方案，省农科院组织专家征求反馈意见。办点示范推动迅速。明确乡村振兴1个示范片、7个示范村。市财政安排300万元的乡村振兴专项资金，由市委主要领导联系毛里湖镇乡村振兴示范片，7个示范村每个村安排1~2个市领导联点，并派驻工作队具体推进。

（新村股）

【美丽乡村建设】2018年，美丽乡村建设整市推进，“绿色存折”制度全面推广，承办常德市农村人居环境整治现场会。自然村通水泥路、窄路加宽84公里，维护水利设施152处，疏浚沟渠588公里。推进土地综合整治，增加耕地指标350亩、“旱改水”指标7300亩。举办“新洲年货节”“毛里湖青苗腊八节”“白衣起鱼节”“药山鱼王节”等农村节会活动。白衣庵社区获评省级秀美村庄示范村，青苗社区创建省五星级乡村旅游示范点，药山镇药山村获评湖南省美丽乡村建设示范村，新洲镇庹家峪村、毛里湖镇樟树村获评常德市级“美丽乡村”称号。

（新村股）

【农村人居环境整治】2018年，着力土地增效。全面落实农药、化肥零增长行动，大力推广测土配方施肥、绿肥种植、农作物病虫害统防统治等技术。建成省级绿色食品示范基地2个，推广测土配方施肥面积40万亩，绿肥种植面积4万亩。强制秸秆禁烧。落实市处级领导包镇街、镇街干部包村居、村居干部包片组和农户“三级联包”责任制，建立“村居＋合作社＋农户”的秸秆处理模式，全市秸秆综合利用率达85%以上。津市作为常德市唯一的湖南省人居环境整治7个试点县之一，9月21日，承办常德市农村人居环境整治现场会。12月，全市人居环境整治会议后，各镇、村（居）开展清除杂草、垃圾，整治房前屋后、道路两边环境、拆除违建。

（农环站）

【农产品质量安全监管】市委、市政府分别于5月28日、29日召开市委常委会、市政府常务会研究部署创建农产品质量安全市建设工作，农产品质量安全市建设取得突破。加强监测。2018年，开展监管巡查5次，镇（街）开展监管巡查11次。检测中心共检测样品1565批次，其中基地1批次超标，经重新抽样检测合格后方允许出园；镇（街）共检测样品1061批次，无不合格情况。共配合完成省级监测16批次、常德市级监测70批次，合格率为100%。提升技能，组织全市农残检测人员学习培训，开展蔬菜农药残留检测技能比武活动，提升农残检测人员的职业素养和专业技能。加强执法，累计出动执法人员124人次，出动执法车辆37车次，检查农资经营门店131个次，合计检查种子品种73个，填写执法检查记录表110份，抽检种子样品8个，送检样品8个，立案查处种子违法案件（种子标签内容不符合《种子法》规定）1起，处以罚款3000元。共接待群众来电来访12人次，解答农户咨询21次，受理农户种子质量投诉2起。7月1日至9月底，市人大组织农业执法检查；9月28日，市人大听取津市农药管理条例实施情况汇报。（监管股）

【农业产业扶贫】产业扶贫效果明显。召开产业扶贫农企对接会，5月23日，津市举行产业扶贫农企对接会，津味绿康、嘉一食品、浩瀚食品等企业纷纷在津市建立供货基地，实现“企业＋基地＋农户”的产业扶贫发展模式。开展产业扶贫技能培训，开展产业扶贫培训结合科技特派员行动，选派农业科技人员在11个省级贫困村开展产业扶贫培训工作；组织市部分新型经营主体“走出去”学习，前往河南省漯河市临颍县、杞县等地考察蔬菜产业发展情况。对辣椒、大蒜的市场行情、种植技术、产品加工、产品销售等一系列情况做深入的了解。围绕优质稻、油菜、香菇、优质水果等栽培技术，以及相关法要律法规、农业政策解读等内容，开展现场培训或指导21场次，举办培训班25期，培训农民4140人，发放技术资料3.3万多份。建立产业扶贫基地。在药山镇绿岛蓝湾农庄注入产业扶贫引导资金30万元，采取“公司＋农户”的模式，带动83户123人脱贫。开展千企帮千村活动，常德市汇美食品有限公司、伊康食品有限公司、桃花源农业科技股份有限公司，津市市金湘猪鬃、新中意、鸿鹰生物等企业分别进驻箭楼村、柏林村、长岭村三新垸村、同乐堡村、花桥村等村开展企业帮扶活动，确定重点扶贫产业，并签订企业优先用工协议。

（办公室）

【农业科技推广和农民教育培训】2018年，以家庭农场主、种养大户、新型职业农民等农业新型经营主体为重点，全市共培育农业科技示范主体150个，其中农业种植业120个、农机从业大户30个。遴选56名基层农技人员指导服务农业科技示范主体。加快农技推广信息化平台建设和应用，加强农技推广云、湘农科教云、农技科技书屋、知网等农技推广信息化平台建设和应用，推广老田微农技、农资导报、农管家等微信公众号，建立种植大户群及农技推广群，80%的种植大户已进群，100%的农技推广人员进群。2018年共培育新型职业农民150人，给300个新型职业农民颁发证书。

（科教站）

【农业执法】2018年，执法大队结合春季农资打假保春耕、夏季农资打假保农产品质量安全和秋季农资打假保秋冬生产安全3次专项治理行动，加强对农药、种子、化肥等农资管理，严厉查处经营假劣农资的违法行为，对经营者不规范的行为责令其限期整改。执法大队累计出动执法人员245人次，出动执法车辆95车次，检查农资经营门店518家次，其中检查种子经营门店123个次，填写执法检查记录表218份，抽检农资样品46个，其中种子样品25个、农药样品20个、肥料样品1个。立案查处种子违法案件一般程序3起，处以罚款1.318万元，农药违法简易程序9起，收缴高毒农药97.3公斤。（执法大队）

【农业争资争项】2018年津市农业局争资任务为4000万元，资金全部到位，完成全年的目标任务。申报项目37个，合计金额7566万元，主要包括：农村发展专项资金200万元；现代农业发展专项资金3628万元；农业技术服务与安全监管专项资金3738万元。完成对2015—2017年省级农业专项资金项目和2016—2017年中央农业专项资金的绩效评价工作，通过省级检查组的现场核查。（计财股）

农村经营工作

【概况】2018年，津市市农村经营服务站农村土地确权登记颁证工作全面完成；集体产权制度改革工作已完成至清产核资阶段；农民负担监管未发现涉农部门乱收费及惠农补贴未落实等情况；农户承包地流转面积占全市承包地总面积的45%；全市工商登记注册农民专业合作社212家。被常德市农经站评为2018年度农村经营管理综合工作先进单位。

【农村承包地确权颁证结束】2018年11月，全市承包地确权登记颁证工作结束，率先在全省验收通过。津市于2014年在毛里湖镇原土桥村开展农村土地确权登记颁证试点工作。2015年，津市被省确定为全省48个整县推进县（市、区）之一。2015年10月20日，召开全市土地确权颁证工作动员会，成立以市委书记为顾问、市长任组长的市农村土地确权颁证工作领导小组，各镇（街）、村（居）成立相应的组织领导机构，使确权颁证工作组织领导到位。全市共投入确权工作经费910万元，亩均达34元，确保经费保障到位。全市土地确权颁证工作经费实际缺口约为246.2万元。经市政府常务会、市委常委会明确，经费缺口全部由本级财政全额兜底，不向农民收取一分钱，没有增加镇、村负担。全市印刷《给农户的一封信》《农村土地承包经营权确权登记颁证相关政策处理意见》等宣传资料10万余份发放农户，通过横向到边、纵向到底的宣传，让广大农民朋友知晓和主动配合土地确权颁证工作，使宣传培训到位。将土地确权工作纳入市委、市政府对镇（街）的年度绩效考核，实行督查调度到位。市确权办根据省、常德市土地确权工作文件精神，结合津市实际，制定实施方案和考核办法，明确职责任务；市确权领导小组对土地确权工作通过查阅相关资料，核对相关信息、走访农户等方式，逐项督查，对督查中发现的问题现场交办、限时整改，发出54份问题整改交办件，增强工作的实效性，压实工作责任到位。

农村土地确权登记颁证工作涉及全市4个镇、4个街道、1259个村民小组，总农户数2.9794万户 。二调耕地面积32.39万亩，应确权面积28.955万亩，二轮发包面积23.8万亩。开展土地确权登记颁证工作，摸清基本市情，摸准搞清实际承包面积与二调面积的准确差值，核实耕地面积，为宏观决策提供准确依据。夯实农村产权制度基础，为建立归属清晰、权责明确、保护严格、流转顺畅的现代农村产权制度提供基础支撑。畅通农民财产性收入渠道，为农民通过入股、抵押、担保和流转等形式，增加财产性收入畅通渠道。

完成8个镇（街）1259个组的调查摸底、勘测定界、内业技术处理、公示确认、重新签订承包合同、颁发土地承包经营权证书、梳理矛盾纠纷、搭建土地承包管理信息系统、完善土地承包档案以及将土地确权档案移交市档案局管理等所有土地确权工作。

2018年12月，在第二批国家新型城镇化综合试点地区的验收会上，津市确权工作开展以来，市镇两级共调处矛盾纠纷531起，其中市级调处152起、镇级调处379起，没有发生一起到常赴省进京越级上访和群体性事件。

【农村土地流转】根据《津市市农村土地承包经营权流转管理办法》和《关于鼓励农村土地承包经营权流转促进适度规模经营的意见》等文件，按照农民自愿，政府引导、扶持、规范管理的原则，各镇（街）农村土地规范有序流转。2018年市耕地流转面积11.03万亩，其中以互换方式流转的土地面积为1.3万亩，以出租方式流转的土地面积为7.62万亩，以股份合作方式流转的土地面积为1.17万亩，以其他方式流转的土地面积为0.4万亩。农户承包地流转面积占全市承包总面积的45%。升级改造农村土地流转管理信息系统，镇（街）建立土地经营权流转服务站，村（居）建立土地经营权流转服务网点。

【农村土地“三权分置”改革】构建成立“三权分置”社会化服务体系。根据常德市《关于推广锦绣千村模式 助推“三权分置”改革试点实施方案》的通知（常农领发〔2017〕6号）文件要求，津市与“锦绣千村”农业合作社达成一致意见，在4个镇建立“锦绣千村”分社，村级建服务站，学习借鉴“锦绣千村”三级服务体系，“全程、多元、高效”的社会化服务模式，助推“三权分置”改革。至2018年底，建成“锦绣千村”农业合作社新洲分社、白衣分社、毛里湖分社、药山分社。

【土地纠纷矛盾调处】按照“镇村调解、县级仲裁、司法保障”的多元化纠纷调处机制，津市市成立农村土地仲裁委员会，设立农村土地仲裁庭，镇（街）成立农村土地承包经营纠纷调解工作小组，调解仲裁体系逐步完善。截至12月，全市共调处土地矛盾纠纷38起，其中市级调解8起。全年没有发生一起到常赴省进京越级上访和群体性事件。

【农民负担监管】开展“雁过拔毛”腐败问题专项整治，不断强化监管手段，创新监管方式。杜绝除农村“一事一议”公益事业建设向农户收取人均15元的筹资款外的其他行政性收费，惠农补贴明白卡让农户实实在在享受到各项惠农政策。全年开展的专项检查、综合检查及明察暗访3次，检查中未发现涉农部门乱收费及惠农补贴未落实等情况。

【集体产权制度改革】2018年5月，津市开始启动产权制度改革工作。市委、市政府成立由市委书记任组长，相关部门主要负责人为成员的改革工作领导小组，设立改革办公室，分别召开市政府常务会议和市委常委会议进行专题研究，全额保障改革经费180万元。津市市农村经营服务站将宣传贯穿于改革的全过程，将培训落实到每一张报表，将文件从方案到实务细化到各个环节。印制《致广大村（居）民就开展农村集体产权制度改革的一封公开信》4万份、《农村集体产权制度改革政策宣传册》1万份，发放到村到组到户。先后组织镇（街）专干等相关人员开展4次业务培训，做到指导督查全覆盖。在出台方案的基础上，向各镇（街）印发《津市市产权制度改革业务流程及时间安排表》《津市市产权制度改革工作操作指南》等文件，为镇（街），村（居）提供可借鉴可复制的模板。建立产权改革微信群、QQ群等方式加强工作联系。细化责任分解，实行工作人员联系镇（街）包保负责制，责任人每周到镇、街日常指导督查不少于3天。部门间协调配合，与市财政、国土、林业等部门保持密切联系，确保数据真实准确。按照镇（街）组织实施、村（居）具体操作、部门做好服务的工作机制，层层签订责任状，建立了镇（街）周报告、半月通报、月讲评推进等总结评估制度，严格绩效考核。11月，全市8个镇（街）的61个涉农村（居）全部完成清产核资的清理、登记、公示、审核、上报等工作任务，清产核资报表已全部录入农业农村部清产核资管理系统，该改革工作进度处在常德市前列。白衣镇柏林村、白衣庵社区两个试点村已全面完成改革试点工作。

【新型农业经营主体培育】发展多种形式适度规模经营，结合乡村振兴战略，突出扶优扶强，不断强化引领。广泛宣传发动。制定《关于引导和促进家庭农场、农民专业合作社规范发展的通知》等文件，向镇（街）印发宣传资料3000余份。完善登记备案。对农民专业合作社进行清理、规范，要求及时到市、镇两级登记备案，登记资料不齐全的补充完善，对没有正常经营的予以取缔；对家庭农场进行核查认定，及时为符合条件的家庭农场颁发认定证书。加大项目扶持。启动申报国家级农民专业合作社，向上级部门申报中央财政资金支持农民合作社重点培育项目和创建省级示范社项目，全力创建省级示范家庭农场，继续为2016年15个“百千万”家庭农场主发放项目补助资金。至12月，全市工商登记注册的农民专业合作社212家，家庭农场140家，全年新增28家，入社成员2576名，辐射带动农户1.35万户，产业扶贫合作社已全面覆盖贫困村。

畜牧兽医水产

【概况】2018年，津市市畜牧兽医水产局不断优化区域布局，转变生产方式，强化动物疫病防控和质量安全监管，大力推进种养业生态循环发展，构建养殖废弃物综合利用的有效模式与途径，各项工作稳步推进。

2018年，全市养殖业总产值18.1亿元，占农业总产值的52.7%。全市出栏（笼）生猪42.5万头、菜牛0.37万头、羊2.5万只、家禽225万羽、肉兔53万只，与2017年比较分别下降24.16%、41.26%、44.32%、49.88%、3.9%。水产品起水24631吨、同比上升7.5%。

（付朝辉）

【养殖业产业发展】2018年，津市有规模以上畜禽养殖场61家，其中年出栏5万头以上的大型生猪规模养殖场3家，分别是湖南旺森农牧有限公司、津市市佳和生态农业有限公司灵泉基地和棠华基地。津市养殖水面14.15万亩，“稻田+”综合种养1.52万亩，水产养殖企业10家，名特优养殖企业（户）8家。

（付朝辉）

【渔业资源保护】2018年，津市市畜牧兽医水产局狠抓渔业资源保护，搞好春季禁渔、开展人工放流、打击电捕鱼养护水域生态资源。共出动宣传车4次，先后召开座谈会6次，张贴、散发《禁渔通告》200份，营造良好的舆论氛围。实施人工放流。6月28日，在澧水津市大桥旁，组织开展以“保护渔业生态环境，增殖养护渔业资源”为主题的人工增殖放流活动，共放流草、鲢、鳙、鳊四种鱼苗980万尾，其中草鱼苗190万尾，鲢鱼苗460万尾，鳙鱼苗320万尾，鳊鱼鱼苗10万尾，投入放流资金50万元。打击违法捕捞。2018年，组织开展35次禁渔期禁渔区巡河执法检查，累计查处违法捕捞人员13人，没收电鱼设施1套，行政处罚6人，累计罚款5000元。

（王成林）

【动物疫病防控】2018年，津市狠抓非洲猪瘟防控工作，并获得省重防指挥部的先进表彰。10月，津市市成立非洲猪瘟防控应急指挥部，制定《全市非洲猪瘟防控工作方案》和应急预案，明确部门职责和责任分工，落实消毒药、动

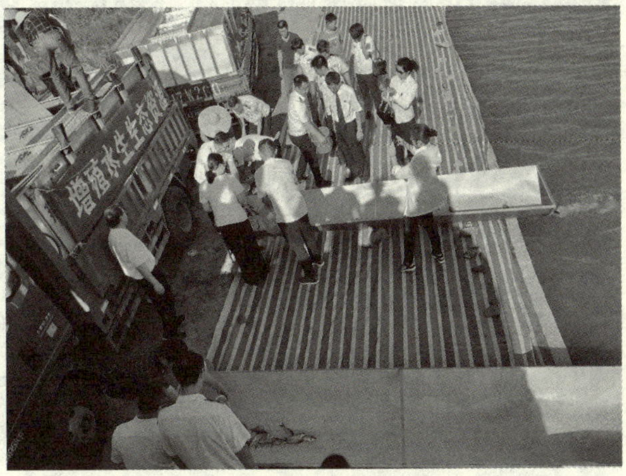

6月28日，开展人工增殖放流活动

物扑杀器等应急物质储备；全市设立14个非洲猪瘟防控卡口，从指挥部各成员单位抽调工作人员70余名，24小时值班值守，严禁跨镇跨区县调运生猪及其产品；制定下发《养殖场消毒规范》，各镇(街道)动物防疫员到场到户宣传，指导养殖场严格按照文件要求实施消毒措施；制定饲料运输管理规范，明确禁止各生猪饲料生产企业使用生猪及产品作为饲料生产原料；全市实行泔水统一收集统一无害化处理，与养殖场(户)签订禁止泔水养猪承诺书，明确禁止养殖场(户)泔水饲喂生猪；严格执行生猪排查上报制度，建立干部包保责任制度，排查工作到镇、到村、到场、到户，不留盲区，不存死角，村级协防员每日对负责的场(户)进行排查；成立乡镇流动执法队伍和5个专项督察组，不间断巡查督察，发现问题现场处理交办；明确市场生猪价格标准，实时监测市场肉品价格，超过规定价格的养殖场、屠宰场、经营户，分别采取停开检疫票证、暂停屠宰、暂停肉品经营批发，保障本市范围内市场肉品价格的稳定。同时严密部署春防、秋防工作，全面落实口蹄疫、新城疫等动物疫病的免疫防疫工作，重点强化H7N9流感监测，2018年共出动镇专职动物防疫员14人，村级协防员102人，全年免疫生猪口蹄疫9.45万头，高致病性禽流感34.5万羽，牛羊口蹄疫0.74万头，小反刍兽疫0.51万只，共采集禽血清样600份、禽拭子样320份，经过实验室检测，所有样品均呈阴性；完成10个病死猪收集暂存点和1个病死猪收集中心建设，病死猪将送往常德市建立的无害化处理中心集中处理。（付朝辉）

12月23日，非洲猪瘟检查站对非洲猪瘟运输车进行清洗消毒

【养殖污染治理和综合利用】2018年，继续实施毛里湖水环境综合治理。同步实施毛里湖“两拆两退”(拆坝、拆网和退塘还湖、退田还湿)、资源养护工程，退养湖滨鱼塘792个斑块，拆除拦网17000米，增殖土著鱼类3万尾、仔蚌5万个、螺蛳20吨，建设池塘养殖尾水综合治理试点，设立生态浮床500平方米，种植水草300亩，实现养殖尾水循环利用。委托专业机构对毛里湖水体承载力进行调查，科学制定养殖密度及净水鱼投放比重和规格。督促西湖渔场解除对外发包所有水面如杨坝垱、哑河及周边拦汊、拦坝(土围子)合同，加强统一管理。狠抓中央、省环保督查回头看专项检查。强化责任分工，由一把手负总责，分管领导包片包组，负责各自包保区域的养殖污染排查工作。除日常巡查外，2018年共组织4次专项检查行动，累计检查养殖场(户)450场次，对存在问题的养殖场下达限期整改通知书73份，对存在较严重问题的移送环保24家，其中对涉及中央、省环保督查等上级交办及群众投诉的畜禽养殖场进行重点督查整改，中央环保督查回头看期间，未发生一起畜禽养殖污染投诉事件。狠抓畜禽养殖废弃物资源化利用工作。成立领导小组，制定《津市市畜禽养殖废弃物资源化利用方案》《津市市畜禽养殖污染治理奖补方案》，强化畜禽养殖场污染治理设施配套建设与资源化利用，圆满完成省生态环境厅、省畜牧水产局对津市2017年畜禽养殖废弃物资源化利用工作的考核验收及“常德市政府污染防治攻坚战”的畜禽养殖场标准化改造任务。至2018年12月，津市市完成54个规模养殖场粪污设施改造，改造率达88.5%。（王成林、唐峰）

【新建机械化屠宰场搬迁运营】7月1日，新建机械化定点屠宰场正式搬迁运营。津市市机械化定点屠宰场位于津市工业集中区团湖村八组(丝绢路往西2公里处)，占地面积19亩，建设有无害化处理区、生活区、办公区、生猪屠宰区、生猪待宰静养区、菜牛屠宰区、菜牛

6月29日，开展巡河护渔行动

待宰静养区，总投资为1000万元，有工作人员16人、检疫人员5人。建设规模为年屠宰生猪6万头、菜牛5000头，是一个集生猪、菜牛定点屠宰及加工服务一体化的大型机械化定屠宰场。津市市机械化定点屠宰场的搬迁，标志着津市生猪定点屠宰工作迈上新台阶。

（赵俣栋）

【畜禽水产品质量安全监管】对涉及老百姓“舌尖上的安全”的畜禽水产品安全，组织开展“瘦肉精”、兽用抗菌药、水产品禁用药物和有毒有害物质抽检、打击私屠滥宰、养殖业农资打假等专项整治活动，共出动执法人员327人次，检查养殖规模主体76家次，检查生产企业36家次，检查投入品经营户31家次。对市机械化屠宰场和旺森农牧等规模场实行远程在线电子监控管理，宰点及规模场无害化处理均在视频的视角内，随时掌控场内发生的问题。针对活牛注水、私屠滥宰行为高压打击，共查处2起，基本消灭了牛肉注水和私屠滥宰行为。（赵俣栋）

林　　业

【概况】市林业局是市人民政府的工作部门，加挂有“市森林防火指挥部”、“市绿化委员会办公室”两块牌子，内设有办公室（行政许可办公室）、计财股、造林股（资源林政股、法制股）、森林病虫害防治检疫和野生动植物保护站4个股室，归口管理2个正科级单位即毛里湖国家湿地公园管理处、市森林公安局和2个副科级单位即市林权管理中心（加挂林业调查规划设计队、林业技术推广站、造林绿化设计室、森林资料评估事务所）、市国有林场（加挂嘉山国家森林公园管理处）。局领导班子职数4名，设1正3副，即局长1名、副局长2名、总工程师1名。

2018年有10多个重点林业项目工程落户津市，到位资金1200万元。加大招商引资力度，招商小组先后与长沙红枫医养中心、云南天泉生物科技公司、深圳金米化工公司、海南省宁波商会、湖南省野丘陵农庄有限公司洽谈，湖南省野丘陵农场有限公司投资2000万元的油茶种植与生产加工项目成功签约。深入结对的天鹅村、杨坝垱村开展“脱贫攻坚”、主题党日活动，到44户结对帮扶的贫困户家中摸底调查、了解情况，并制定了帮扶措施，开展送生产资料、送政策、送信息的“三送”活动，为贫困户送去价值1.2万元生产资料。开展生态扶贫，采取实施退耕还林、长防林、公益林等林业项目扶持全市贫困户，2018年共补助贫困人口783人，补贴金额48.3万元。

【资源现状】2018年12月全市共有林地面积16.36万亩，湿地面积15.6万亩，森林覆盖率23.54%，活立木蓄积量60.23万立方米，全市生态公益林2.3476万亩，其中国家级公益林2.2164万亩、省级生态公益林0.1312万亩。

（袁超军）

【造林绿化】2018年，津市市林业局以实施长江流域防护林工程造林、中央财政补贴造林、退耕还林、森林抚育等重点生态绿化工程为抓手，全市共完成营造林生产面积28600亩，其中：长江流域防护林工程6000亩（含新造林1000亩、封山育林5000亩），中央财政补贴项目造林10000亩，森林抚育12600亩，分别完成建设任务的100%。完成新造油茶林1330亩，油茶低改林改造2850亩；争取国家林业项目造林建设专项资金426万元。2018年，先后迎接省林业厅、常德市林业局造林工作检查、抽查督导5次，其中，1月25日常德市造林科到津开展冬季整地造林工作督查；3月17日常德市林业局来津市开展造林督查指导；9月25日省林业厅组织对津市天然林及退耕还林实施情况进行检查；10月23日—12月2日省林业厅对津市2014年度、2016年度退耕还林实施开展情况进行核查；12月21日常德林业局对津市冬季造林情况督查。2018年，全面加强公路绿化，共完成公路绿化新造及补植39.6公里。

（袁超军、陈金平）

召开树木移植管理办法征求意见会

【义务植树】2018年，市林业局组织形式多样的义务植树活动，号召全体市民深入开展“三边”造林，荒山绿化。3月12日植树节当日，组织全市118家机关事业单位在高新区集中义务植树基地进行集中义务植树活动，共栽植樟树、杜英、栾树、桂花、红叶石楠等大规格绿化苗木近23500余株。各镇（街）组织市民开展了形式多样的义务植树活动，全市适龄公民共完成义务植树65.2万株，履责尽职率达到91.6%。（袁超军）

【林政资源管理】林木采伐管理，2018年，全市共发放林木采伐证102份，采伐蓄积量达10293立方米。

林地资源管理，在办理林地征占用审批手续时，按照规定，非基础设施项目、非民生项目不占用公益林地；国家森林公园、毛里湖湿地公园周边重要区域、高速公路和湘北主干道两侧重点区

开展义务植树活动

域进行严格管理,严禁占用。2018 年,全市共初审上报征占用林地 4 宗,占用林地面积 4.2 公顷,审批临时占用林地 3 宗,面积 3.4 公顷,省厅审批永久性占地项目 1 宗,面积 0.8 公顷。

打击破坏林地行为,依法保护林地资源。4 月局党组召开专题会议,研究部署加强林地管理,森林公安局和林业综合执法大队联合组织开展为期 2 个月的打击破坏林地资源的专项行动,打击非法征占用林地行为。2018 年,全年共查处各类林业案件 17 件,没收木材 25.64 立方米。

公益林管理,2018 年,组织技术人员再次下到各乡镇和村组,为群众指认公益林山头地块,督促村干部和乡林业站将公益林到户花名册造准确,保证图、表、农户、实地"四个一致"。防腐败,坚持定期督查,保证所有公益林补贴资金准确下发到农户,杜绝雁过拔毛式腐败。

实施森林禁伐减伐三年行动。2018 年是"森林禁伐减伐三年行动"的最后一年,津市按照工作方案对国家级、省级公益林、高速公路、国(省)道及两旁及毛里湖周边第一层山脊以内的森林实行全面禁伐,对天然林实行全面禁伐。全市继续聘请护林员,健全管护责任制度,加强森林资源管护。同时在禁伐区域重点部位设立禁伐标识牌,确保禁伐各项制度落到实处,保障森林资源有效增长。

实施"三山"保护。全方位开展津市白云山林区纳入"三山"保护范围的 17290 亩林地的保护宣传,开展"三山"保护专项行动,落实"五个禁止"【禁止擅自占用林地修建工程设施、建(构)筑物;禁止毁林开垦和毁林采石、采矿、采砂、取土以及其他毁林行为;禁止建造坟墓;禁止防火期在防火区和禁火区内燃放烟花爆竹、燃烧香烛、烧火土灰、炼山烧荒等野外用火行为;禁止擅自采伐林木(房前屋后个人所有的零星林木除外)】,全力保障市白云山保护区的资源安全。　　(袁超军、黄兆雄)

【森林资源保护】有害生物防治。2018 年,市林业局牵头组织制定《有害生物防治预案》。加大森林病虫害监测力度,开展春秋季松材线虫病监测普查、杨扇舟蛾防治、白蚁防治以及森林植物检疫等工作,全市重点实施森林病虫害防治面积 3000 余亩,遏制全市森林病虫害的大面积发生和蔓延。严格按照《松材线虫病防治技术方案》对全市 4 个镇、3 个街道和 1 个国有林场范围内的 56200 亩松林小班逐一普查,普查率 100%,对春季、秋季普查发现枯死松树进行取样检测,均为生长密度过大自然死亡,市境内没有发生松材线虫病。开展调运检疫,对所有的电缆、光缆盘等松木材包装材料进行森林植物检疫专项检疫,共检疫板材 221 立方米,活立木 4634 株,木方 370 立方米,木片 580 吨,原木 5021 立方米,枝丫材 23 立方米,竹材 445 吨,检疫率 100%。同时,开展产地检疫,对全市所育杉木、国外松、樟树、柑橘 120 亩苗圃进行全面检疫,检疫苗木达 175 万株。组织施放白僵菌高孢粉 0.5 吨。达到预期防治效果,保护全市森林资源。

规范活立木市场管理。先后开展清理整顿活立木移植管理专项打击行动 5 次,没收活立木 292 株;在外出学习考察、吃透上级精神、反复调研讨论的基础上,10 月中旬以市政府办的名义出台《津市市树木移植管理办法》,使活立木采挖、移植有规可循。

自然保护地大检查。根据常德市林业局工作安排,组织开展澧水河口毛里湖湿地保护区、嘉山国家森林公园和毛里湖国家湿地公园自然保护地大检查,核实自然保护地边界、范围,全面排查自然保护地内破坏自然资源的违法违规情况。经全面排查,摸清了自然保护地的详细情况,排查中未发现违法违规侵占自然保护地的土地活动。

(袁超军、赵志)

【野生动植物保护】2018 年,以"湿地保护日""爱鸟周""野生动物保护月"为平台,采取电视、网络及下发宣传标

野生动物保护执法现场

语、倡议书，在广场、集镇人群集中地段以科普挂图、展板、悬挂横幅标语等形式开展宣传，让市民逐步自觉形成爱护野生动植的良好习惯，树立良好的饮食观和生态观。2018年，全市共张贴横幅标语50多条，印发“倡议书”15000余份，举办图片展览2次。按照上级主管部门及市野生动物保护的要求，结合津市的实际，重点在澧水河道湿地、毛里湖国家湿地公园、嘉山国家森林公园等鹭类等野生动物的重点栖息地林区，开展恢复和重建野生动物的栖息地、停留地。构建市、镇（街）、村（社区）上下整体联动的全市野生动物保护网络，成立专门野生动物保护队伍，做到重点季节对野生动物保护不留盲区、不留死角。加强市场监管，4月3日、5月25日、6月7日联合市森林公安局、市食品药品工商质量监督管理局对市区所有农贸市场巡查监管，严查非法经营利用野生动物行为。5月10—11日、6月3—4日联合市森林公安局组成巡查小组，对全市82家城区、各镇街道餐馆、农庄全面进行野生动物保护整治的巡查和相关法律法规知识的宣传工作。加强执法，聘请法律顾问，组建行政执法大队，加强活立木市场的执法，打击了破坏林地和植被的违法犯罪行为，先后开展保护候鸟“百日专项行动”、保护野生动物“天剑行动”“春雷行动”等专项行动，1—10月共开展执法检查21次、办理林业行政案件18起、刑事案件3起、处理群众纠纷3起，查处违法经营户5户，移送起诉6人，行政处罚22人，批评教育24人；收缴活立木431株，收缴枪支（气枪）3支，收缴并放生青蛙1600余只、蛇342条、鸟类103只，有力地保障了全市森林资源安全。（袁超军、王豹）

【林权管理服务】林权管理服务中心的权属登记职能移交后，林农对新的办证事项不清，多是来窗口进行办理与咨询，2018年共接待政策、证件办理咨询在150余人次以上，接待与调处林权纠纷5次。

指导绿岛蓝湾生态农业发展有限公司成功申报省级林下示范基地，争取项目资金10万元，为公司发展奠定基础。

开展林业站二类本底调查，完成全市7个林业站的调查、数据录入并上报，为全省林业站信息管理系统建设做好基础。

开展森林保险工作，将全市国家级、省级公益林全部纳入森林保险，保费总额3.7792万元。

2018年，津市围绕林业站标准化建设验收年要求，指导新洲镇做好林业站标准化建设和“一站式、全程代理服务”试点建设工作，建立完善各种工作程序、流程、制度等，对照验收标准及时进行查漏补缺，及时提出整改意见，确保林业站建设按照要求稳步推进。常德市、省林业局对津市林业站标准化建设和“一站式、全程代理服务”建设工作给予肯定，为全省平湖区林业站标准化建设探索出经验。（袁超军、罗长清）

【森林防火】2018年，市党政主要领导先后4次召开专题会议，对此项工作进行安排部署，并要求各级各部门切实把森林防火作为一项重点工作来抓紧抓实。市党政领导班子成员深入到所联系的镇（街道）、村（社区）进行检查、督促和指导森林防火工作。各级、各部门始终坚持“主要领导亲自抓、分管领导具体抓、班子成员分片包干抓、部门单位配合抓”。形成“领导重视、干部带头、人人参与”的森林防火大格局。尤其是春节、清明节等重点防火时期，白衣镇、金鱼岭街道办事处等镇街的党政主要负责人轮流带班值班效果好。

市森林防火指挥部把宣传教育作为森林防火工作的第一道防线来抓，做到宣传全覆盖。利用电视、网络、短信、标语等多种形式，加强对森林防火有关法律法规、安全用火和避险自救等知识的广泛宣传。全市共制作固定性防火宣传牌300余块、宣传碑19座；张贴宣传标语1500多条，印发宣传资料2.35万份、出动宣传车200多辆次，药山镇、新洲镇、国有林场等在重点林区加大防火宣传力度、在通往村区的路段、山头制作张贴了醒目的森林防火宣传、警示牌。襄阳街街道办事处、白衣镇、毛里湖镇等在春节、清明节期间还开动宣传车走村入户进行大喇叭喊话宣传，达到了路上见标语、电视见音像、手机见信息的效果。同时，各镇（街道）、村（社区）干部，大力开展了摆鲜花、点电子香烛等文明祭祀的宣传，广大群众的森林防火意识得到明显增强。

实行市领导联镇（街道）、镇（街道）干部包村（社区）、村（社区）干部分片包户、林业站工作人员和村（社区）护林员包山头、包坟头的森林防火工作责任制，形成一级抓一级，一级对一级负责，上下联动，纵向到底，横向到边的工作责任机制。市林业局与各镇（街道）、村（社区）认真落实干部值班巡查、护林员巡山护林的巡查等制度，加强对路头、田头、山头、坟头等敏感区域和重点地段的巡查，同时对精神障碍痴呆傻等特殊

森林防火知识讲座进校园

人群落实监护人责任，实施重点跟踪监管，有效降低人为火源引发山火的可能性。一线值守防火人员按照"打早打小打了"的原则，做到见烟就查、见火就打，有效遏制森林火灾的发生。

2018年6月底，市武装部组织市应急连在职教集团开展为期1个月的准军事化训练和森林防火实战演练；市林业局、森林公安局组织镇（街道）林业站长、防火专干开展消防设备使用和森林防火专业知识培训，提升扑救森林火灾的整体实力。先后投入资金近25万元新购置提灌机、风力灭火机、油锯、砍刀等森林防火设备，各镇（街道）也相应地补充更新部分防火设备，物资应急保障能力得到提高。市森林公安局坚持依法治林，严厉打击山火肇事者，全市有效处置大小森林火灾1起，过火面积16.5亩，实现森林火险次数下降和人员零伤亡目标，各项防火指标完全控制在省、常德市规定的范围之内，确保无重特大森林火灾发生。（袁超军、王豹）

【国有林场（嘉山国家森林公园建设）】2018年，对嘉山国家森林公园古大同核心景区的道路、环卫设施、休闲设施进行改造和完善，进一步提升公园的接待功能，改善游乐环境。8月初，市委副书记杨文惠在国家林业和草原局森林公园管理办公室主办的"2018年度森林公园建设与管理研讨班"上，对公园2014年以来设立国家级森林公园的建设管理情况进行全面汇报，嘉山国家森林公园的建设管理情况得到与会人员充分认可，通过专家审查评估。

市委副书记杨文惠向国家林业局汇报嘉山国家森林公园建设与管理

资源保护。开展空坪隙地和历年来损毁林地补植补造工作，2018年完成新造林30亩、损毁林地补植补造26亩。为进一步加强国有林场森林资源管护，国有林场制定森林管护与防火应急处理制度，签订责任状，要求每个班子成员负责一片区域，管护责任落实到具体人；要求护林员每天的巡逻不少于两次，并详细记录防火日志。在防火期完成14.2公里防火隔离带的砍割，加大在防火期的宣传力度，增强周边住户的防火安全意识。定期不定期组织防火队队员进行学习和训练，让队员熟练掌握各种防火器材的操作运用。2018年没有发生1起森林火灾。6月中旬，采取喷洒药剂、刷白等方法对森林公园内松树和白蚁危害区进行了防治行动，防止树木被侵害，有效地遏制了病虫害的繁殖及蔓延，切实有效地保护了森林资源。

2018年，林区新增加、更换防火宣传牌19块，安全警示标语及温馨提示牌21块，景点指示牌9处。提升林场基础设施和森林公园的整体质量。

市国有林场（湖南嘉山国家森林公园）正于发展建设阶段，保护和发展资金大部分靠林业项目支持，2018年争取到的林业项目有天然商品林停伐资金、天然林管护资金、林区公路建设资金、林场改革资金、秀美林场等10多个项目，到位资金71.3万元。

（袁超军、丁桂林）

【毛里湖国家湿地公园建设】配合完成"两拆两退"工作，水环境治理成效明显。完成环湖生活污水治理、环湖畜禽养殖场和藠果加工厂的腾退、拆除湖区所有养殖网箱并在主体水域全面实行禁投，拦水坝拆除和退塘、退耕工作推进迅速，目前正在积极配合环保局对"两拆两退"工作组织验收。市政府出台关于《进一步加强毛里湖生态环境保护的实施意见》，各职能部门按照毛里湖"十三五"生态环境保护的主要目标和任务，分解推进工作，成效明显。湿地公园管理处制定班子成员定期巡护制度，由班子成员定期对毛里湖进行巡护值守，及时发现问题，解决问题，确保毛里湖生态环境保护向好发展。

毛里湖国家湿地公园一期能力建设稳步推进，大门入口、投资约750万元健康养老产业园建设全面启动。

毛里湖国家湿地公园生物多样性保护与合理利用的法国开发署3500万欧元援助贷款项目，已获得国家发改委和财政部审批，2018年4月初法国开发署进行现场实地考察，考察结果良好；完成可研团队、代理银行、招标代理公司招标工作，并签订合同，2018年9月，完成项目《可研》文本编制。2018年10月8日，由津市市委副书记，市长黄旭峰带队，赴法开署驻华办事处对接该项目，此行基本敲定可研。法国开发署方面于2018年10月23—28日到毛里湖现场评估，并对照《可研》主要建设内容现场进行考察，对毛里湖法开署项目充分肯定，明确法开署项目下步工作安排，如项目进展顺利，可望于2019年6月与法开署签订协议。（袁超军、曾琴）

【森林城市创建】2018年，津市在巩固国家森林城市成果的基础上，全面启动省级森林城市相关指标达标创建工作，除完成全年绿化造林任务外，三湖公园提质改造全面完成，城区增绿16.9公顷，加强道路、河道绿网建设，道路林木率达82%以上、水岸绿化率达82%以上，湿地保护率71.5%以上，朝着省级森林城市创建的相关指标不断迈进。

（袁超军）

【绿色庭院建设】2018年，按照常德市局要求开展绿色庭院示范村、绿色庭院示范户创建活动。全局所有技术员深入到示范村开展技术指导，按照“一村一户一案”的思路，协助毛里湖镇简楼村、白衣镇蒲山村、药山镇药山村3个绿色庭院示范点村、450多个绿色庭院示范户完成创建任务，栽植各类绿化苗木51300万株。（袁超军）

毛里湖国家湿地公园管理处

【概况】湖南毛里湖国家湿地公园位于湖南省北部，洞庭湖西北边缘、澧水下游、津市东南部，周边环绕毛里湖、白衣、药山、新洲4个乡镇。地理坐标为：东经111° 51′ 08″ ~111° 58′ 28″ ，北纬29° 20′ 48″ ~29° 29′ 40″ 。常年蓄水1.38亿立方米，水深4–6米，面积达6250公顷，是湖南省最大的溪水湖，是仅次于洞庭湖的第二大天然优质淡水湖。园内交通便捷，“二广”“常岳”和在建的“安慈”高速环湖而过。

园内的水域景观、生物景观、天象景观较多，公园有洞庭湖仅存的自然岸线，是湖南省为数不多的未感染血吸虫的溪水湖。毛里湖国家湿地公园及其周边生物资源丰富，珍稀濒危动植物繁多，共发现维管束植物735种，其中土著种子植物527种，国家重点保护植物12种，湿地脊椎动物262种，其中野生鱼类77种，鸟类129种，两栖类13种，爬行类25种，哺乳类18种。列为国家一级保护野生动物有黑鹳、中华秋沙鸭2种，国家二级重点保护的野生动物有白琵鹭、鸳鸯等18种，列入“三有”的动物有中华鳖、王锦蛇、黑眉锦蛇等138种。

2018年配合完成“两拆两退”（拆网、拆坝、退塘环湖、退田还湿）工作，水环境治理成效明显。完成环湖生活污水治理、环湖畜禽养殖场和葛果加工厂的腾退、拆除湖区所有养殖网箱，在主体水域全面实行禁止投放肥料，拦水坝拆除和退塘、退耕工作推进迅速，实现毛里湖的人放天养。毛里湖水质稳定在Ⅲ类，鸟类略微超过2017年同期，在毛里湖流域范围内发现国家一级保护动物黑鹳12只。市政府出台《进一步加强毛里湖生态环境保护的实施意见》，各职能部门按照毛里湖“十三五”生态环境保护的主要目标和任务，分解推进工作，成效明显。湿地公园管理处制定班子成员定期巡护制度，班子成员定期对毛里湖进行巡护值守，确保毛里湖生态环境保护向好发展。（办公室）

【公园一期建设】2016年2月，启动毛里湖国家湿地公园一期建设，总建设项目12个。其中在建项目7个（宣教中心新建工程、宣教中心外部环境工程、游船码头新建工程、旅游公厕新建工程、2号楼新建工程，室外道路及主入口安装工程，综合办公区项目）在建项目整体建设已经在2018年底完成。入口景观工程在2018年11月开始施工，投资248.6万元。健康养老产业园装修工程在2018年12月底开始施工，投资648万元，工期预计在次年初全部完成。（办公室）

【增资引项】2018年毛里湖国家湿地公园争取的法国开发署3500万欧元援助贷款项目，用于毛里湖国家湿地公园生物多样性保护与合理利用，获得国家发改委和国家财政部审批，2018年4月初法国开发署已进行现场实地考察，完成可研团队、代理银行、招标代理公司招标工作，并签订合同，9月，完成《可研》文本编制，10月8日，由津市市委副书记，市长黄旭峰带队，赴法开署驻华办事处对接该项目。法国开发署方面已于10月23—28日来毛里湖进行现场评估，对照《可研》主要建设内容一一对现场进行考察，对毛里湖法开署项目充分肯定，明确法开署项目下步工作安排，如项目进展顺利，将于次年5月底与法开署签订协议。（办公室）

森林公安工作

【概况】津市市森林公安局原名津市市公安局林业派出所，2009年5月，正式更名为津市市森林公安局，正科级单位，受津市市林业局、公安局双重领导，与津市市森林防火指挥部办公室合署办公。下设刑侦治安大队、综合办、法制办和防火办4个股室。定编政法专项编5名。

承担津市森林防火指挥部办公室日常工作，督促各森林防火责任单位和成员单位尽责履责，防止发生森林火灾和人员伤亡事故。组织森林防火重点责任单位共砍割防火隔离带193千米，坟山剃光头7539座，出动宣传车328车次，鸣锣1100余次，悬挂宣传标语800余条，下发宣传资料26000余份，设置临时检查站286个，劝返入山人员2466人次，巡查守山人员5768人次，制止违法行为117起。

加强法治宣传，采取制作宣传挂历、工作展板、发放宣传单、利用手机报、制作永久性宣传牌等方法进行全方位宣传。2018年开展进村入户专题宣传15次，展板宣传3次，发放宣传资料5万余份，张贴宣传横幅和画报130余条次。立足辖区实际，加大巡逻力度，维护辖区治安持续稳定，全面夯实巡逻基础工作，提高群众安全感和满意度，构建和谐警民关系。组织民警充分发挥防、控、管、治、打的综合职能，依托林业站、护林员等保护力量，多管齐下，多方打击，形成综合防控体系。2018年林区巡逻共出动车辆89辆次、警力177人次，始终保持严防严打林区涉枪涉爆犯罪高压态势，严厉整治非法制贩、持有枪爆物品等，从源头上铲除林区枪爆祸患；建立完善治安防控体系基础台账，及时掌握区域内的山情、林情、社情，定期检查涉林重点行业场所及林区重点人口情况工作，建立档案管理，做到底数清、情况明；开展林区不稳定因素排查，找出涉林矛盾纠纷的根源，对群众的涉林矛盾纠纷及时调处，全年共调处矛盾纠纷15起。

【案件查处】2018年森林公安坚持专项行动与日常打击相结合，集中整治与综合治理相结合，开展“春雷行动”“缉枪治暴”“三山保护”“野生动物保护”“活立木市场整治行动”“非法贩卖野生动物”等专项整治行动，以打促防，构筑“打、防、控”一体化机制，打击破坏野生动物资源违法犯罪行为，保护津市市森林资源和野生动植物资源。

2018年查处林政案件40余起，涉林刑事案件2起，收缴木材264.1立方米，移送起诉4人，林政处罚人次50余人，收缴并放生青蛙3200余只、蛇100余条、鸟类200余只，收缴枪支2支，查处违法经营户7户，刑事案件查处率为100%，林政案件查处率达100%，维护津市市森林生态的持续，为社会经济协调健康发展增添活力。　（王豹）

农业机械化

【概况】2018年，津市市农机化工作立足强机富民职能职责，紧跟农机行业发展大势，主动对标乡村振兴战略目标，实现“农机拥有量、农机总动力、农机综合水平”三个同步增长，全市农机拥有量31837台套，农机总动万19.92万千瓦，农机综合水平67.72%，连续八年未发生农机安全生产责任事故，被评为湖南省油菜机械化生产工作先进单位，常德市农机化工作先进单位、常德市农机安全生产先进单位，津市市安全生产工作红旗单位、津市市脱贫攻坚先进单位。

【农机安全生产】 2018年3月22日召开全市农机安全生产工作会议，对全市镇街农业站长、农机专干、农机经销商、农机合作社理事长进行农机安全教育培训。深入镇街举办农机安全教育培训班5期，发放农机安全教育读本500余份，培训农机驾驶（操作）人员300余人。利用农机年度检审、“六月安全生产月”、重要农时季节，开展农机安全专题宣传教育20余次，设置宣传警示牌30多块，发放宣传资料5000多份，发送农机安全警示短信10000余条次。开展“湖南机手之家”微信公众号、“机手之家”手机APP等宣传推广应用活动，强化农机驾驶（操作）人员安全意识的主动渗透。全年检验拖拉机326台，新上户拖拉机94台，转入拖拉机12台，拖拉机年检率达85%以上；办理拖拉机、联合收割机驾驶（操作）证29个。持续开展安全生产月“集中整治”、警农联合“常年整治”、关键农时“重点整治”等专项整治行动，对354台达报废年限拖拉机、216台脱检三年以上拖拉机发布清理注销公告，保持农机安全监管高压态势，实现农机安全生产连续八年零事故。

【农机购置补贴】2018年全市完成国家农机购置补贴资金650.469万元，补贴各类农业机械442台套，直接受益农户246户，带动农民农机直接投入2000多万元，补贴机具涵盖农业、林业、畜牧、水产特色产业等领域。

【农机报废更新补贴】 2018年实施国家农机报废更新补贴开局之年，自10月19日农机报废更新补贴工作启动以来，已报废拆解联合收割机6台，办理更新补贴手续购置新机6台，发放补贴金额60000元。

【农机科技推广】2018年在全市建立4个200~500亩水稻生产全程机械化示范基地，抓好为机育秧、大户购机、办点示范、技术指导等4个环节，对机育插秧的农户免费发放种子，组建联合技术服务小组，对水稻育秧、机插、培管等关键环节实行点对点技术咨询和服务，帮助解决农民群众在水稻生产全程机械化工作中遇到的各种技术难题，全年全市水稻机耕面积33.56万亩，机插面积14.1万亩，机收面积33.15万亩，水稻耕种收综合机械化水平达79.31%。推广油菜机械化高密度直播技术，设立示范点、召开现场推进会、演示会，举办技术培训会，掀起油菜生产机械化高潮。在药山镇新湖村建立1个3000多亩油菜生产全程机械化高产创建示范片，对购买油菜精量播种机实施累加补贴，并免费提供抗倒伏、防裂角的种子。首次承办常德市油菜机械化播种示范现场会，展示农业机械在现代农业发展中的不可替代作用。全市全年机播油菜4.8万亩、机收油菜9.15万亩，油菜生产综合机械化水平达到55.89%，同比增长2.3个百分点。开展“大推广、大培训、大普及”活动，组织农机推广技术人员进农机制造企业、进农机专业合作社、进农机科技示范户、进村组、进田间地头，帮助农民群众解决选机、购机、用机中遇到的困难和问题，举办各类新型农机现场演示会5次，科技下乡活动3次，农机教育培训班15期，发放技术资料10000多份，培训农机手1000余人次，帮助指导检修农机具500多台（套）。实施以“飞防减药、深施减肥、转化减污”为主要内容的农机“三减量”行动，推广无人植保飞机5架，化肥同步深施机2台，全市无人植保飞机保有量达12台，对新购联合收割机全部加装秸秆还田粉碎机，减少农药、化肥使用量和农业环境面源污染，推进农业发展方式转变。举办全市首届“拖拉机水田旋耕技术比武”活动，创新农机推广工作服务模式，荣获津市市“创新引领未来，弘扬工匠精神”技能比武活动先进单位。

【农机专业合作社】2018年，新组建农机专业合作社1家，创建省现代农机合作社2家。全市注册登记的农机专业合作社达16家，其中省级现代农机合作社达到8家，省级示范社3家，常德市级示范社1家，争取省级扶持资金150万元，撬动民间资金投入3000多万元，促进土地流转20000多亩，实现农机经营服务总收入超过1.05亿元。

【农机教育培训】2018年坚持“服务‘三农’、兴机富民”教育理念，瞄准重点主攻难点，以农民对新机具、新技术的熟练掌握使用为目标，全面提升农机从业人员的素质水平。在培训形式上，坚持农机培训与农机购置补贴、农机新技术推广、农机安全生产、农业生产实际、新型职业农民培育相结合；在培训模式

省、常德市领导调研现代农机合作

上，由被动"灌输式"变为师生"互动式"；在培训地点上，由"学校"变为"田间地头"，强化学员实际操作能力。全年举办水稻机插秧、农机驾驶操作、农机技术指导、经营服务等内容的农机技能培训班15期，培训各类农机从业人员500余人次。

【农机市场监管】2018年与农业、工商等部门开展联合打假维权专项行动3次；依托农机安全生产大检查活动，对全市经销商、维修网点、农机专业合作社开展安全生产专项检查，对经销、维修网点部分"三无"小农机配件，责令停止销售、整改到位；对农机专业合作社部分隐患机具进行督促维修整改；对社会和群众关注的农机质量安全和售后服务保障进行常态化监管，时刻保持高度警惕状态。加强农机投诉监督体系建设，完善工作制度，明确工作责任，及时受理和认真处理各类农机投诉。全年补贴机具质量投诉举报反馈率达到100%，无一例重大农机质量投诉案件和上级督办案件，农机手对补贴机具质量满意程度进一步提高。

【中心工作】2018年向上争取各类农机化项目资金720万元，超额完成市委、市政府年初下达的700万元向上争资任务。招商引进常德市德阳农业机械有限公司现代农业产业园建设项目，在药山镇哑河口投资1亿元，建立机械化育秧工厂、农业机械装备和农资经营销售、粮食品牌加工及开展全程机械化作业服务；与招商小组先后赴湖北襄阳、甘肃兰州、广州、深圳等地考察招商，邀请九洲汽车有限公司、永坚控股集团等企业来津实地考察，对接项目。开展部门联企业联学校活动，帮助智鹏机械公司与三一重工达成机械加工合作协议，拿出10000元工作经费，组建驻企业工作组，帮助企业解决信贷融资、债务纠纷、市场开拓等方面具体困难问题；为津市嘉山实验小学落实10000万元扶持助学资金。加强部门联系点村扶贫工作，落实后盾单位扶贫资金3万元，局领导班子每人认领1~2名贫困户，实施"一户一策"，帮助5名结对帮扶贫困户全部脱贫摘帽；制定《农机产业扶贫工作方案》，依托农机职能优势，引导农机专业合作社通过土地入社、机具入股等形式吸纳贫困户30多人入社，为贫困户免费监理服务、免费技术培训100余人次；整合各类涉农项目资金，新建农村机耕道168.15公里，维修112.7公里，打通农机下田、农产品出地"最后一公里"。

（曹明）

水　务

【概况】2018年，市水务局以防汛抗旱为统揽，市政府投入6000多万元，重点实施护市垸堤防治理等5处除险工程，全年未出现一处垮垸、穿堤、溃坝现象，汛期从4月1日至9月30日，严格执行24小时值班制度，确保津市安全度汛；以水利建设为支撑，共计投入水利建设资金3.3亿元，移动土石方600万立方米，开工建设水利项目467处；以全面推行河长制为动力，三湖公园城市步道、国家级湿地公园毛里湖焕然一新，工业园周边水域全面提质；以水行政执法为要点，共开展巡查活动282次，中队巡查78次，受理群众举报98起，共立案查处水事违法案件17起，结案17起，收缴罚款20.3万元，开展拆违活动3次、拆除各类违法违章建筑物、构筑物350平方米。不断强化水利管理和改革，全力抓好各项工作，开创水利发展新局面。

【防汛抗旱】津市市专门组织防汛抢险知识培训，聘请水利老专家，对市防指领导成员，各镇街指挥所指挥人员，28座小型水库、1处山洪灾害易发点行政责任人、技术人员进行防汛抢险知识培训，培训人数达225人。市政府投入6000多万元，重点实施护市垸堤防治理、新洲闸和幸福闸涵管翻修、新洲上垸堤防和下龙大堤护坡等5处除险工程，根据汛前安全检查情况，先后对护市垸涔澹水防汛通道、汪家桥自排闸、护市机埠、新洲下垸杨余湖堤段、南湖汉机埠及节制闸、石龟山机埠、新湖渍堤、新民机埠、新民闸、朱亮桥水库闸门等10余处工程进行维修改造加固。津市落实防汛物资"三石"2.4万立方米（砂石料1.7万立方米，块石0.7万立方米），每座小(一)型水库"三石"储备量达到100立方米，每座小(二)型水库"三石"储备量达到50立方米，基本达到省定储备标准。实行物资代储，把重要的防汛抢险物资代储任务分配到防指相关成员单位，要求代储单位与商家签订代储协议，确保随用随调。

2月下旬，市水务局对全市堤防、穿堤设施、水库、排渍设施、器材储备点、预警设施等进行汛前安全大检查，对检查出来的所有险工隐患一一登记造册，制定相应的除险措施。特别是对堤防穿堤建筑物建立"安全检查登记卡"，对问题和处理措施签字认定，及时处理、随时巡查。

及时调整防汛指挥部、市级包垸领导和各分指挥部、指挥所成员，本市级与各镇(街)之间、镇(街)与村(居)之间签订防汛抗旱责任状，严格落实防汛责任。明确本市级领导包堤垸、包镇，镇(街)干部包村(居)的包保责任，各级责任人均到各自的责任区进行工作指导和督导，帮助解决实际工作中存在的问题。各堤垸将堤段和穿堤建筑物防守落实到专人。从4月1日起，津市各级防指实行领导带班，严格执行24小时值班制度。汛期，省、常德市及本级防指对值班值守情况进行多次抽查，没有出现脱岗离岗现场，确保防汛指令、讯息畅通。

4月中旬，市水务局从长沙聘请专业技术人员对津市市市水位监测站点、雨量监测站点、预警广播进行一次全面检查和调试，确保所有站点零故障运行。防汛期间，市水务局积极加强与水文气象部门的联系，时刻掌握水情雨情信息，并及时通过手机短信平台及时发布，防汛期间共发送雨情、水情、旱情信息29620条，转发天气信息180多条。

4月28日，市水务局召开全市防汛抗旱动员会议，传达省、市防汛抗旱工作会议精神，全面安排部署2018年的防汛抗旱工作。各镇、堤垸也分别在5月1日前后召开动员大会，对各自责任区的防汛抗灾工作进行具体布置。

全市28座小型水库、果园老区山洪灾害点完成安全转移演练，严格做到"一库一演、一点一演"。津市市组建300人的抢险机动队，从5月17日开始为期12天，由市防指、市人武部统一组织训练和实战演练。

防汛期间，市委书记、市长深入到镇街、堤垸督导防汛工作，7月12日至8月30日发生干旱期间，每天都由1名市领导带队深入干旱现场查看旱情、指导抗旱工作，市防指成立勘灾救灾工作组指导抗灾救灾，各镇街指挥所均成立多个工作组。根据统计，全市共派出抗灾救灾工作组27个，实地督导防汛抗灾工作46次。

2018年从6月上旬起，津市降雨偏少，干旱来得早。特别是从7月13号以后，一直持续晴热高温天气，津市大部分地区连续45天高温无雨，出现严重的干旱。因旱造成津市农作物受旱面积达到8.3万亩，其中轻旱面积4.48万亩、重旱面积2.93万亩、枯萎面积0.89万亩。旱情发生后，全市上下紧急动员，开展抗旱救灾，市财政调拨专项抗旱资金240万元，抗旱高峰期全市投入抗旱劳力5.79万人，开启抗旱机埠257处，动用小型抗旱设备2.96万台(套)，累计抗旱用电255.99万千瓦时、抗旱用油98.98吨，浇灌农田面积14.39万亩。全市党员干部、群众筹资酬劳，自发组织渠道疏通、机埠进水口清淤，成为夺取抗旱救灾胜利的重要力量。

市防指严格落实防汛抗灾责任制，各堤垸将堤段和穿堤建筑物防守落实到专人。对28座水库、48处穿堤建筑物明确看护责任人，汛期实行专人看管，并按照上级防指要求上报备案，在网站上进行公示。特别是水库防守人员，要求在防汛期间，每天至少巡查两次，暴雨期间加密巡查次数，并将巡查信息详细书面记录，建立巡查档案。

全市防汛会商会

通过微信平台、电视台、门户网站报道防汛抗灾信息，让广大群众及时了解防汛抗灾动态，防汛期间，向省、市及本级新闻媒介报送防汛抗旱信息126篇次。

【水利建设】2018年，津市共计投入水利建设资金3.3亿元，移动土石方600万立方米，开工建设水利项目467处，其中完成山平塘扩容改造207口、疏浚清淤渠道77处285公里、维修改造电力排灌设施150处。超额完成常德下达的工作任务。

西毛里湖大型排涝泵站新建工程总装机5600千瓦(1400千瓦×4台)，总规划投资8442万元。工程于2015年9月17日开工建设，2018年5月工程全面完工，2018年8月25日进行机组启动验收，标志津市市最大的排涝机埠全面建成运行。

根据湘水办〔2018〕40号文件要求，对三年行动方案任务进行复核，三年共需完成小型沟渠清淤466公里，微型沟渠清淤1033公里，按照上级文件要求的时间节点，完成三年行动方案的编制工作，由津市市人民政府印发后报上级主管部门备案。

市水务局完成西湖、毛里湖渍堤除险工程、道水津市市河段治理工程、2018年度四水治理项目第一标段果园垸废堤工程的分部工程验收及完工验收、海绵城市建设护市垸北大堤防渗加固工程全面完工。

护市垸北大堤防渗加固工程于2017年12月5开工，2018年12月已全线完工。护市垸北大堤除险加固工程总投资6037.23万元，该项目的建成将改善人居环境，保障垸内广大人民群众生命财产安全，更好地为津市市社会经济可持续发展保驾护航。

湖南省澧水津市段河道治理工程位于澧水津市段新洲上垸及果园垸，采用防洪标准为20年一遇。堤防工程级别为4级，主要建筑物工程级别为4级。涵闸排区内由于没有调蓄容积，涵闸的排水标准按排洪考虑，采用10年一遇24小时暴雨洪峰流量。计划投资2400万元该项目于2017年8月28开工，2018年3月底竣工。

冲柳撇洪河跨津市西湖垸渡口镇境内的堤长5.854公里，冲柳撇洪渠保护人口11.5万人，保护耕地12.4万亩。该项目由常德市水利水电勘测设计院设计，2017年9月4日挂网招标，常德天恒建设开发有限公司中标施工，湖南省汇友工程咨询有限公司负责监理。工程于2017年11月开工(因冲柳水水位较高)，2018年3月底竣工。

市水务局2017年10月委托设计单位编制完成初步设计报告，常德市水利局于2017年10月27日进行批复，2018年3月组织设计单位进行项目施工图设计并已编制完成。财政评审中心下达评审结论为澧阳电排工程直接费1557万元，护市电排工程直接费412万元，11月签订合同进场施工。

【河长制】2018年，津市市成立由市委书记担任市级第一河长、市长担任总河长、常务副市长和分管副市长担任副总河长、河流流经所在地的镇、街道主要领导担任河段长的河长制工作委员会。构建所有党政主要领导为河长的市、镇、村三级河长制责任体系，市级河长10名，镇(街道)河长79名，村级河长65名，明确河长制工作委员会办公室、人员、工作经费。先后出台津市市《关于全面推行河长制的实施意见》《津市市2018年实施河长制湖长制工作要点》《河长制工作考核办法》《河长制工作六项制度》。并在所有河流湖泊周边都设立河长公示牌，公示牌上公布流域图、河流名称、河段范围，河长、河段长、村级河长姓名职务、职责、整治目标和联系方式，以便群众监督和举报。

津市按照省、常德总河长令巡河要求“县级河长每月不少于1次，镇河长每旬不少于1次，村级河长每周不少于1次”的规定，截至12月底津市市级河长巡河52人(/次)，镇级河长巡河1295人(/次)，村级河长巡河1561(人/次)。省河长办下发《关于做好全省河长制信息平台使用工作的通知》要求各级河长安装手机巡河APP软件，5月底前津市各级河长都下载安装APP软件，开展河长巡河工作。按照《常德市河湖管理办法》要求，全市各镇、街道办事处聘用每村(社区)1至2名河湖管护员，共137人，负责本镇(街道)和本村(社区)河湖的日常管护工作，为其配备统一标示和装备，要求管护员对管护区河湖进行每天巡查，发现问题，及时报告，出现垃圾，及时打捞，出现违章，及时劝告，确保管护区域河湖干净整洁和畅通；还制定相应的《河湖管护员考核方案》对河湖管护员所负责的河段日常管理考核，开展河湖管护员的集中培训，累计培训127人(/次)，涉及津市4镇、5办，76个行政村。以及根据2018年津市市人民政府常务会议出台的《津市市河湖管护员管理办法》，将河湖管护员劳务补助纳入年度财政预算。

巡河执法。2018年4月25日，津市市公安局治安大队经过连续三天三夜缜密工作，联合市环保局查处1起津市市裕达卤碱化工有限公司违法排放污染物案件，同时对生产主管钟某进行依法传唤。钟某被依法被警方控制，案件正在进一步调查中。在各级河长的指挥调度下，有力地扼制涉水违法活动。2018年5月14日、16日，陈顺勇副市长分别召集河长办、人社局、农业局、畜牧局、国资委、法制办、一办、二办巡视澹水，现场调度拦网问题；2018年5月17日、6月11日，分别由水务局和市防汛抗旱指挥部向超源养殖发展有限责任公司下达《关于限期拆除澹水河道管理范围内拦网的通知》《关于清除澹水河津市段内行洪障碍的通知》，并要求该公司在限期内进行拦网拆除。2018年5月24日，澧县、津市交界河段非法采砂现象有所抬头，澧县、津市两地水行政执法人员联手，在澧县公安局驻澧县水利局执勤室干警的配合下，对津、澧交界水域非法采砂船只进行驱离。2018年6月6日，接群众举报，澧水洪道津市航道局对面澧县范围内有采砂船进行非法采砂，澧县、津市两地水行政执法人员以及澧县公安局进行联合执法，将采砂船主拘留审查。2018年6月7日，津市市畜牧局联合公安在禁渔期内展开联合执法，打击非法捕捞行为。津市市畜牧局联合沿湖各镇展开毛里湖周边畜禽退养工作，共退养养殖户72户，养殖面积6.88万平方米。

三湖公园城市步道焕然一新。由津市市住建局牵头，环保局、城管局等部门配合，投资8000万元对城市步道公园“三湖公园”进行改造，通过控源截污、清淤疏浚以及生态修复让更多的市民茶余饭后时能够体会到三湖公园水清岸绿、鱼虾悠游带来的惬意感受。国家级湿地公园毛里湖重焕风采。强化河湖源头和饮用水水源保护力度，强化水域检测的基础上，严禁以各种名义侵占河道、围垦湖泊，关闭2家藠果厂，拆除2处拦网、拦坝。同时进行退养还清水，退耕还洲岸，退牧还候鸟。经过有计划的科学治理，实现保护区内污水“零排放”，让西毛里湖水质由以前的劣Ⅴ类转换Ⅲ类，确保河湖水清岸绿、环境整洁优美，还使毛里湖国家湿地公园成为江南湖泊生态系统保护与建设的典范。农村大小溪沟改造全面升级。在市委、市政府领导下由环保局牵头，水务局、畜牧局等部门配合，投资2000多万元对“白衣庵溪、石板滩溪、宋家坪溪”进行了改造；由水务局牵头，对全市湖泊沟渠进行清污疏浚，使沟渠重回到水清水畅、岸美岸清的景致。工业园周边水域全面提质。园区内通过全面实施雨污引流，区内湖泊全面禁投并全面截污，使工业污水、生活污水得到有效治理。至年底，工业污水处理厂和生活污水处理厂已全部投入运行，园区水域黑臭水体也已得到进一步治理，园区周边水质环境已全面提质。

【水行政执法】2018年，津市水政监

津市市2018年抗洪抢险机动大队点验大会

察大队对涉水违法行为进行重点打击，对河道内非法采砂的现象进行严防死守，共开展巡查活动282次，中队巡查78次，受理群众举报98起，共立案查处水事违法案件17起，结案17起，收缴罚款20.3万元，开展拆违活动3次、拆除各类违法违章建筑物、构筑物350平方米。在执法过程中坚持"一案一卷"，程序合法，优化水行政执法环境，促进水利事业健康发展。

2018年，市水务局抓住"世界水日"和"中国水周"的契机，在市法治广场、新洲镇孟姜女广场、毛里湖镇法治广场开展水法宣传。2018年5月，参加市农村法治宣传活动，利用张挂宣传横幅、分发宣传单与宣传物品，在市电视台播放宣传教育片。市水务局严格遵守优化经济环境相关要求，没有无端开展对本市涉水企业的督查检查事件。

按照市政府统一部署，对行政执法建立承诺制、责任制，编制办事服务指南、细化便民利企措施，在市政府网站、水务局网站设立便民服务专栏，在市政务中心水务局办事窗口印制相关资料，供办事人查阅。同时，对本局各项行政职权进一步梳理，编制权力清单、责任清单和运行流程图并进行公示，2018年，市水务局行政许可审批事项全部进入公共服务中心，实行"一个窗口"受理、"一站式"服务。

【安全生产】2018年，市水务局的安全生产工作始终贯彻"安全第一，预防为主"的方针，牢固树立安全责任重于泰山的意识，认真贯彻上级有关安全生产工作的会议及文件精神，要求全局上下切实增强忧患意识、防范意识和红线意识，高度重视水利安全生产工作，将水利安全生产纳入对市水务局年终目标考核重要内容。落实责任体系。市水务局编制《津市市水务局2018年安全生产工作方案》《津市市水务局安全生产事故应急救援预案》《津市市水务局"强执法防事故"行动实施方案》，下发《津市市水务局安全生产宣传教育"七进"活动工作方案》《津市市水务局"落实企业生产主体责任年"2018年实施方案》等，成立以局长为组长，以分管副局长为副组长，相关股室及局属各单位负责人为成员的安全生产领导小组，层层落实责任，为津市市安全生产工作的顺利开展提供坚实的组织保障。监察活动到位。市水务局还开展安全生产大检查及整改活动、以"生命至上，安全发展"为主题的"安全生产月"活动以及安全生产宣传等活动，加强安全生产监督检查工作，推动水利工程项目安全责任、管理、投入、培训和应急救援"五到位"。2018年，市水务局累计执法检查134次，出动执法人员590人次，检查生产经营单位6家，立案调查17次，经济处罚19.4万元，责令停产停业1家，抓捕涉嫌犯罪人员2人，曝光典型案例数17件。为水利事业持续健康发展创造稳定的安全生产环境打下坚实的基础。

（肖思源）

商务　粮食

【**概况**】2018年，共引进项目28个，其中过亿元项目14个，引资总额45.1亿元；进出口总额完成8170万美元；社会消费品零售总额完成73.8亿元，同比增长10.7%；内外资总额完成70.83亿元，其中，外资完成10694万美元，内资完成64.17亿元(省外:38.17亿元)。

（周也茹）

【**招商引资**】2018年，津市共引进项目28个，其中过亿元项目14个，引资总额45.1亿元。

实现外资项目零的突破。先后引进宁波热电投资10亿元建设热电联产项目、泉州荣祺食品投资1.2亿元建设葛果深加工项目，其中宁波热电在11月实际到位外资100万美元，实现津市直接利用外资零的突破。实现“3个500强”项目零的突破。引进中国500强企业深圳怡亚通旗下的江苏伊斯特威尔供应链管理服务项目，是周边地区引进的首家专业供应链服务商；引进山河集团投资12亿元建设田园综合体项目，为津市大健康产业再添亮色。实现过10亿元项目零的突破。以往津市仅有溢多利系列项目总投资过10亿元，2018年引进2个单个项目投资过10亿元的项目，分别是热电联产项目和田园综合体项目。在产业集聚上取得显著成效。引进的工业项目，全部符合津市“三主一特”产业发展方向。以生物医药产业为例，先后引进夏盛生物、玉津医疗、引航生物、慕恩生物等多个项目，全国排名前三的酶制剂企业悉数落户津市，全球最大的酶制剂生产出口基地地位进一步巩固。在盘活闲置低效企业方面取得显著成效。鑫嘉城铸造、朝宏油泵、皇瑞新材料、华星泰实业、嘉诚汽配、毕胜酒业、百特机械等7个闲置低效项目和阔海粮油闲置土地实现“腾笼换鸟”，天盛电化新上液体空分项目。初步建立科技+金融+产业+政府发展联盟体系。寻找最专业的伙伴。就是让专业的人，做专业的事。津市和常德财鑫金控一道参股广州越秀产投生物医药和智能制造2支基金，合作慕恩生物、玉津医疗、引航生物3个项目，达成战略合作协议。选择最合适的项目。围绕“三主一特”产业，对接高校和科研院所争取在细分领域出亮点、出特色、出品牌。如夏盛生物、引航生物落户后，津市在酶制剂、生物发酵技术应用方面走在全国前列。打造最优越的环境。根据产业发展需要，先后与宁波热电签订热电联产项目和危废处理项目协议，与深圳盐田港集团签订津市港合作协议，为后续项目落户打下了基础。

（周也茹）

【**外经外贸**】2018年，津市进出口总额完成8170万美元；全年对外承包工程和劳务合作完成1276万美元，同比增长20%；保税仓累计入库货物价值2015万美元，同比增长270%。

培育壮大外贸主体。加快津市开放型经济的发展，宣传省、市相关政策，为落实这些政策和企业做好对接。与启源外贸综合服务中心多次走访企业，先后为5家企业办理外贸资质，推动“破零倍增”，鼓励更多的企业参与国际市场竞争。发挥海关工作站和保税仓效能。向澧水流域外贸企业推介宣传三湘和达保税仓功能，保税仓陆续与湖南广源麻业、金湘猪鬃、新合新医药等公司开展业务往来。

（周也茹）

【**商贸流通**】2018年，津市社会消费品零售总额完成73.8亿元，同比增长10.7%。

扶持发展电子商务。津市互联网产业园于3月18日开园，全年入驻企业24家，累计实现电子商务交易额1.15亿元。金湘猪鬃荣获省商务厅电子商务示范企业称号，并被评为常德市级跨境电子商务示范项目。推进商贸物流发展。三湘和达物流与金湘猪鬃通过省级物流标准化项目验收，并获奖补资金460万元；编制《津港新城(港口)物流规划》《津市“十三五”规划商贸流通中期评估报告》《津市市供应链体系建设试点工作方案》；上报《市城北区商贸仓储物流园拟建方案》《市商贸流通业发展的补充扶持政策建议》《津市三级物流配送情况汇报》。津市有大型超市3家、小型超市280家、商店865家，从业人

津市市 2018 年部分签约项目统计表

序号	项目名称	引资额(亿元)
1	津市宁能热电联产项目	10
2	津市超安 100MW“渔光一体”光伏发电项目	6.5
3	液晶材料、OLED 材料、新型电子材料及中间体生产基地项目	5.4
4	湘澧盐化改扩产项目	5
5	生物酶催化及酶发酵项目	3
6	年产 5000 吨生物酶建设项目	2.2
7	机械加工铸造项目	1.3
8	360t/d 低温液态空气分离项目	1.2
9	年产 23 万吨新型饲料项目	1.2
10	PE、PVC 管材生产加工项目	1
11	年产 12000 吨蒿果深加工项目	1
12	装配式建筑生产线项目	1
13	煅烧滑石粉与水玻璃循环产业链建设项目	1
14	金秋现代农业产业园项目	1
15	维也纳星级酒店项目	0.6
16	生物材料医疗器械孵化项目	0.5
17	高分子风管项目	0.5

员 2560 人。加大“津市牛肉米粉”推广力度。举办津市牛肉米粉技能大赛；津市牛肉米粉协会进行换届选举；组织赴沙县、浏阳、桂林、柳州、贵州等地考察，为津市牛肉米粉产业发展献计献策。津市牛肉米粉陆续在湖南、湖北、江西等省市开设牛肉米粉店近 4000 家，年销售额 5 亿元。（周也茹）

【粮食工作】落实粮食安全责任制。按照上级部署要求，主动作为，沟通协调各责任单位，推动粮食安全责任制在津市有序、有效、全面落实。加强粮食质量安全风险监测。全年完成约 100 份样品的检测任务，排查风险，消除隐患。加强粮食行业项目建设。成功申报粮油检测站资质，推进军民融合军粮配送中心项目建设。全市从事粮食加工企业 10 家，大米销售个体商铺约 200 余家。落实粮食储备任务。按照要求，落实地方储备粮储备任务，确保数量真实、质量达标、储存安全。开展军粮供应工作，使满意率达到 100%，确保从源头保障军粮质量。（周也茹）

【湖南省商务厅检查组到津市检查物流项目】2 月 6 日，湖南省商务厅刘峥嵘处长带队到津市检查物流标准化项目建设情况。常德市商务局党组成员、总经济师蔡国华及常德市商务局物流办负责人一同检查。检查组现场查看津市三湘和达物流园区、津市金湘猪鬃有限责任公司物流标准化项目落实情况。津市商务粮食局主要负责人参加检查。

此次检查，刘峥嵘处长现场听取企业汇报，检查物流设备、设施。查看企业生产和物流运营情况。省商务厅领导对三湘和达物流园区和津市金湘猪鬃有限公司物流运营工作进行充分肯定。（周也茹）

【津市牛肉米粉品牌店入驻株洲】3 月 8 日，津市黄记炖粉株洲店在株洲荷塘区隆重开业。

黄记炖粉是津市牛肉米粉品牌店，黄记炖粉以精选食材、精心制作和口味精美受到好评。借势品牌推广战略，正逐渐向品牌化、规范化、连锁化发展，形成了劳动扩大就业，传播牛肉米粉饮食文化，促进产业发展新格局，对加快产业发展和品牌推广有着极其重要的意义。（周也茹）

【长沙、常德海关到津市调研】3 月 9 日上午，长沙市海关副关长潘晓波、常德市海关关长徐承军一行到津市进行调研。调研组先后到三湘和达保税仓、高新区规划展厅、千吨级码头、鸿鹰生物科技有限公司、新合新生物医药有限公司及常德海关驻津工作站，详细了解津市企业、工程建设相关情况。对津市当前就做好外贸工作采取的措施和方法给予了充分肯定，并就如何发展开放型经济提出了相关的意见和建议。（周也茹）

【津市市互联网产业园开园】3 月 18 日上午，津市市互联网产业园在市创新创业园举行开园仪式。市委副书记、市长黄旭峰主持开园仪式并发表重要讲话。

市创新创业园位于高新区津市大道南，由原鑫洲汽配公司厂房改建而成，作为电子商务创新创业、快销品仓

3月18日上午，津市市互联网产业园在市创新创业园举行隆重的开园仪式。市委副书记、市长黄旭峰主持开园仪式并讲话

储配送和高新区生活服务基地，建筑面积约7000平方米，由津市嘉山实业有限公司投资3000万元，2017年7月动工建设，12月竣工。园区由运营管理办公中心、商务洽谈中心、电商品牌孵化中心、图文制作中心、写字楼办公中心等区域组成。创新创业园为入驻企业提供市场资讯、政策咨询、海关业务等综合性服务；快销品仓储配送基地拟建商品展示馆、物流配送中心，为入驻企业拓展营销网络渠道；生活服务基地为入驻企业提供完善的基础设施，为员工创造良好的生活环境，促进全市互联网产业持续健康发展。

市互联网产业园由园区管理办公中心、众创洽谈中心、电商品牌孵化中心、津市特色产品展示中心、会议培训中心等区域组成。2018年入驻津市湘村电子商务有限公司、湖南省南北特食品有限公司、津市金湘猪鬃实业有限公司、中国邮政津市分公司等22家企业。其中，津市本地工业企业8家，本地注册电商企业14家，入驻人员约80人。园区拥有南北特豆干、创奇鱼仔、新中意糖果、津品澧物酱板鸭、鸿粉知己牛肉米粉、苏公子酥糖、湘泰桃酥、张老头牛肉干、木子腐乳、孟姜女姜糖、野生菌油、华华糕点、毛里湖莲蓬、灵犀山茶油等20多种津市特色产品。

市委副书记、市长黄旭峰、市纪委书记伍子科、市政法委书记李景峰、副市长杜强、副市长高见，市商务粮食局、市高新区、市人社局及各知名电商企业负责人参与开园仪式。（周也茹）

【常德市粮食局到津市调研】3月28日，常德市粮食局党组书记、局长袁天鹏，党组副书记、副局长陈法利一行到津市调研粮食工作。调研组实地考察三湘和达、润农茶油和军粮供应公司等企业，并与市商务粮食局班子进行交流座谈。市商务粮食局主要负责人详细介绍津市粮食调控储备、粮食项目申报、粮食产业发展等工作情况。袁天鹏对津市粮食产业的发展给予高度肯定，并对今后的工作开展提出几点要求，他强调要维护粮食系统稳定，重视项目建设，做好澧水流域军粮配送中心和智能粮库建设工作，落实粮食安全责任制考核，做好储备应急保障，仓储物流设施建设，注重人才培养。（周也茹）

【湖南省商务厅领导到津市调研】3月28日，省商务厅财务处副调研员唐剑荣到津市调研指导商务和开放型经济工作，市商务粮食局参加此次调研。唐剑荣听取市商务粮食局相关负责人汇报，详细了解津市招商引资、外向型经济和内贸流通等工作开展情况及工作中存在的问题，对津市商务和开放型经济工作给予肯定，并表示会把反映的问题和提出的建议带回省厅，认真研究对策，帮助和支持基层发展。唐剑荣还实地走访考察三湘和达，互联网产业园和千吨级码头等地。（周也茹）

【津市举办牛肉米粉技能大赛】为了弘扬津市牛肉米粉地方特色文化，促进津市牛肉米粉产业发展和品牌推广，2018年5月15日，津市市在法治广场举办“创新引领未来，弘扬工匠精神”津市市牛肉米粉技能大赛。比赛开始前，市委常委、副市长王俊主持大赛开幕式，市委常委、宣传部长张海卿为大赛致辞，市牛肉米粉协会秘书长熊小平宣布比赛规则，市委副书记杨文惠宣布比赛开始。

本次大赛吸引本市16位牛肉米粉能手，每名选手现场制作3碗米粉、1份码子和1份原汤。7名评委按照操作规范、作品色形、作品味道等5个方面进

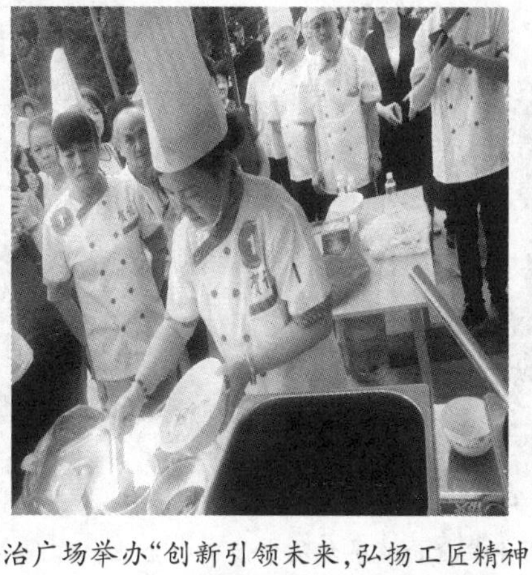

2018年5月15日，在法治广场举办“创新引领未来，弘扬工匠精神”津市市牛肉米粉技能大赛

行独立计分，汇总后的平均得分为选手得分。大赛共评选出一等奖、二等奖、三等奖和优胜奖若干，其结果由市公证处工作人员全程实行监督公证。

本次大赛由中共津市市委宣传部主办，津市市总工会、津市市劳动就业服务管理处、津市市商务粮食局协办，津市市牛肉米粉协会承办，旨在弘扬工匠精神，加快津市牛肉粉“走出去”步伐。（周也茹）

【黄旭峰带队对接长沙海关】5月21日下午，市委副书记、市长黄旭峰带队拜访长沙海关，副市长高见、商务粮食局、交通运输局参加此次活动，长沙海关关长黎对贞和相关处室负责同志参与会见。黄旭峰、高见先后介绍津市外向型经济工作情况，特别是就保税物流中心和二类水运口岸的申报工作介绍津市市政府所做的前期工作与今后打算，鲜明表达了政府的决心。

长沙海关监管处、加贸处、技术处等部门负责同志对津市所提工作思路进行回应。黎对贞最后作了总结讲话，对津市外向型经济工作特别是保税仓的业绩给予了高度肯定，对津市市政府近年来对海关工作的关注表示感谢，并表态将加大对津市外向型经济服务平台建设的支持力度，对保税物流中心和水运口岸的申报受理工作当场向相关处室和常德海关进行交办。（周也茹）

【生物酶催化及酶发酵项目落户园区】7月18日，津市市与苏州引航生物科技有限公司生物酶催化及酶发酵项目正式签约，该项目投资3亿元，将为全市生物医药产业的发展注入新的活力。（周也茹）

【聚焦“长三角”赴约“沪洽周”】7月24—26日，市委副书记、市长黄旭峰率领津市代表团赴上海参加“2018年湖南—长三角经贸合作洽谈周”活动，市人民政府副市长高见、市高新区、市农业局、市招商局等部门负责人参加此次活动。此次常德市专场活动中，津市有宁波热电联产项目、津玉铸造项目、玉津医疗器械项目、企业供应链服务项目共4个项目现场签约，协议引资总额14亿元，其中宁波热电联产项目被选为省签项目。活动期间，黄旭峰一行还先后考察临港集团、保集e智谷、日本电气硝子（上海）公司、赞南科技、上海军民融合产业园等企业和园区，并与部分在沪老乡亲切座谈。（周也茹）

【津市牛肉米粉协会第四届一次全体会议召开】8月29日下午，津市牛肉米粉协会第四届一次全体会议在市商务粮食局召开。大会选举产生新一届协会领导班子，聘任6名资深专家、权威人士和行业传承人为协会顾问，通过《协会第四届议事内容及规则》《协会会员管理考核办法》等制度和管理办法。市人大常委会副主任、市工商联主席胡湘萍对协会的改选表示祝贺，并对今后的工作提出要求，要求协会尽责履职，带领会员创新求发展，并按照大会表决通过的内容、规则、考核办法开展协会的各项工作；同时要求会员守纪守法、诚信经营，共同维护、提升津市牛肉米粉的品牌、品质，各有关部门合力支持，共同促进米粉产业健康发展。市商务粮食局和相关部门负责人、协会会员代表等50余人参加会议。（周也茹）

【津市举办境外园区推介会】10月9日，市商务粮食局邀请常德市外经贸协会到津市举办境外园区推介会，市科工局及园区30多家企业参加会议。协会工作人员对省、市重点境外园区项目“泰国泰中东盟建材产业经贸园”进行宣传，外贸服务平台负责人就企业关心的入园手续，如仓储清关等问题作详细解答。会后，多家企业向协会工作人员咨询该项目的具体情况。此次推介会有力地推动津市外经工作的开展，为企业“走出去”提供良好的平台和发展方向。（周也茹）

【常德海关到津市调研】9月13日，常德海关一行到津市调研，市商务粮食局相关负责人参加调研。调研组一行现场参观三湘和达保税仓，听取相关负责人的情况汇报。在随后的座谈中向新合新负责人宣传解读海关有关方面政策，对企业提出的实际问题和困难进行认真分析和详细评价，并为企业的发展给出建议与要求。在参观金湘猪鬃生产线和厂区布置时，现场听取企业负责人的发展规划，常德海关对其外贸方面的发展给予充分肯定。（周也茹）

【年产12000吨藠果深加工项目签约落户】10月11日上午，荣祺食品年产12000吨藠果深加工项目签约仪式在高

10月中上旬，市政府副市长李阳带领市商务粮食局随第九届中俄中小企业合作圆桌会议代表团赴俄罗斯、白俄罗斯考察

11 月 5—8 日，市政府副市长高见带队前往上海参加首届中国国际进口博览会，市政府办、商务粮食局、湖南新合新生物医药有限公司、湖南三湘和达现代物流有限公司、湖南鸿鹰生物科技有限公司及金湘猪鬃实业有限公司等单位和企业主要负责人一同参加

新区四楼会议室举行，实现津市台资企业零的突破。该项目总投资 1 亿元，分两处建设，其中：在高新区征地 33 亩，建设 3 条藠果深加工生产线，年加工能力 12000 吨；在白衣镇农产品加工园征地 20 亩，建设 1 条藠果初加工生产线，年加工能力 5000 吨。项目达产后，可形成年销售收入 12000 万元、上缴税收 600 多万元的效益规模。　　（周也茹）

【李阳参加俄罗斯、白俄罗斯经贸活动】10 月中上旬，市政府副市长李阳随第九届中俄中小企业合作圆桌会议代表团赴俄罗斯、白俄罗斯考察，市商务粮食局参加此次活动。

考察团参加主题为“一带一路”与欧亚经济建设对接合作背景下的中俄中小企业合作论坛，会上，李阳代表津市市人民政府发言，向中外代表介绍津市经济、社会发展情况。随后，实地考察了中白工业园区，并与代表团的农产品加工、进出口企业沟通交流，邀请他们来津对接考察。此次活动，为促进我市企业“走出去”和农产品进出口合作打下良好基础。　　（周也茹）

【参加 2018 首届中国国际进口博览会】11 月 5—8 日，市政府副市长高见带队前往上海参加首届中国国际进口博览会，市政府办、商务粮食局、湖南新合新生物医药有限公司、湖南三湘和达现代物流有限公司、湖南鸿鹰生物科技有限公司及金湘猪鬃实业有限公司等单位和企业主要负责人一同参加。

在此次进博会上，津市金湘猪鬃实业有限公司在展商客商供需对接会上与多家企业参展商、采购商进行广泛交流和沟通，并与采购商达成口头协议和购买意向。通过这次中国国际进口博览会，让全市企业、产品与世界接轨，进一步打开了市场。　　（周也茹）

【傅勇书记带队赴北京招商引资】11 月 29 日至 12 月 1 日，市委书记傅勇带队赴北京招商考察，洽谈项目合作。

傅勇书记一行先后实地考察网库集团、北京医药协会、中国医学院药物研究所、中国发酵协会、中轻食品工业管理中心、永康药业等科研机构、协会团队和企业。傅勇书记都详细介绍津市市生物医药与健康食品产业发展情况，与相关协会、科研机构负责人、专家和企业家就产业发展方向与重点进行探讨交流，并在招商引资、产学研合作等方面达成共识。　　（周也茹）

烟　草

【概况】2018 年津市市烟草专卖局（分公司）内设机构有办公室、综合室、纪检监察室、财务室、专卖管理监督股、客户服务分部。在职在岗员工 34 人，离退休人员 21 人。

2018 年，津市市烟草专卖局（分公司）以实现企业高质量发展为目标，以全面推进六项重点工作为抓手，围绕“稳定规模、优化结构、提高质量、增加效益”和“五稳五进”的工作总思路，凝心聚力、抢抓机遇、真抓实干，各项工作任务都完成较好。

组织承办全市系统 2018 年四季度重点工作推进会。2018 年，卷烟零售客户的综合毛利率基本达到 12%，微信订货户数达到 570 户，微信订货率达到 52.70%。公司年度预算执行率达到 99% 以上，可控费用同比减少 17 万元，超过降本增效目标 88.88%，以预算管理手段严控成本费用取得良好效果。规范开展“三项工作”，公开招标项目占比达到 100%，做到“应招尽招、真招实招”。

2018 年津市共销售卷烟 9717 大箱，同比减少 1.80%，实现销售收入 3.05 亿元，同比增长 2.17%，单箱均价 31338 元，同比增长 4.03%。实现税利 9248.79 万元，同比增长 1.30%。

共查处各类涉烟案件 57 起，其中大要案 8 起；共计查获各类涉案卷烟 289.04 万支，其中真品卷烟 185.4 万支，

津市市 2018 年社会消费品零售总额情况表

单位：万元

年份	社会消费品零售额	限上行业批发	限上零售业	限上住宿业	限上餐饮业
2018	737435.5	2452.5	159920.4	1996.1	26156.8

完成年度计划的137.06%，假冒卷烟102.66万支，走私烟2.66万支，完成年度计划的155.73%，成功申报“12.03”国标网络案1起，联合工商、公安部门打掉辖区内2个“灌包”制假销售团伙，刑拘11人，批捕5人。

打造“红色走廊”宣传栏5版，升级党员活动室，购进党建知识读本200余册，营造良好学习环境；丰富学习形式，每季度组织进行“两学一做”集中学习和自主学习，邀请专家进行中共十九大专题授课4次，组织党员微信线上会谈20余次，观看党建专题宣传教育片7次，保障学习成效，组织党建知识应知应会测试8次，党员学习笔记评比展示2次，“一把手”、支部书记上党课3次，利用烟草网络学院、共产党员微信公众号、常德融媒等平台开展线上学习和答题，形成树先学先争先的良好氛围。

落实社区“双报到”制度，支部党员每月参加社区志愿服务活动，向社区居民宣传党的政策、传递红色精神、关爱弱势群体，形成机制和常态。全年开展送中共十九大下乡宣讲活动5次；每月开展党员量化积分管理，增强党员党性意识；运用“党费云”系统收缴党费，全年机关党支部共上缴党费30421元，离退休支部共上缴党费7362.6元，切实履行党员义务。

2018年来，开展社会公益活动，相继开展春节慰问困难职工、发放金叶慈善医疗卡、爱心助学、精准扶贫、援助地方经济建设等工作。为贫困老党员、困难职工、留守儿童、贫困学子、对口帮扶对象等捐赠资金5万元，筹措资金15万元援助地方发展建设，树立起烟草良好社会形象。开展精准扶贫工作，局党组先后8次深入扶贫点村，访困问需，帮助贫困户实施农业生产技术培训、危房改造、道路修整、农产品包销、赠送慰问金和物资等，助力地方政府打赢脱贫攻坚战。　（陶斯彤）

供　销

【概况】2018年，津市市供销社紧紧围绕市委工作部署，进一步深化供销合作社综合改革，按照“一二三四”的工作思路，即“强化一个中心，构建两个体系，实施三大融合，达到四个目的”，继续强化供销合作社综合改革这一中心，做实三级为农服务体系，探索三产融合创新发展，达到为农服能力强、社有企业效益优、社会效应反响好、农村经济有助推的目的，进一步转变工作作风，强化担当履责，圆满完成各项工作任务，实现在乡村振兴战略中有所作为。新增内设机构“供销信息服务中心”，为市供销社管理的公益一类股级事业单位，全额拨款事业编制2名。市供销社结对帮扶药山镇杨坝当村6户贫困户，针对各户的实际情况制定帮扶措施，稳定家庭收入，确保不再返贫。

【综合改革】中共津市市委、津市市人民政府下发《关于深化供销合作社综合改革的实施意见》。市深化供销社综合改革领导小组统筹协调各项工作，出台《津市市深化供销合作社综合改革实施方案》《2018年度深化供销合作社综合改革示范创建工作方案》等系列文件，明确路线图和时间表，定期召开小组联席会议，协调调度综合改革工作。供销信息服务中心，专门负责制订和落实农村信息化建设规划，建设和推广农村电商。不断优化改革环境，出台《津市市深化供销合作社综合改革工作考核办法》等文件，将市镇村三级改革任务分解到相关部门和镇街，实行目标管理、整体推进，建立长效运行机制。

2018年4月，常德市深化供销社综合改革现场会在津市召开，《常德日报》和常德市委改革办专题介绍津市供销社综合改革经验，国家、省市各级媒体宣传报道30余次，《中华合作时报》经验交流版块和《湖南合作经济》杂志，全文刊登津市市“三转三改三新”综合改革新模式。

由市财政出资做实惠农公司，划拨国资管理的9处原供销社资产，恢复社有资产属性，移交市供销社经营管理。做强社有企业。在组建津市市新农资产管理公司、津市市农业发展公司、津市市供销电商公司和津市市农贸市场公司的基础上，通过市场化运作，搭建产业发展平台、农业社会化服务平台、农村电商服务平台等县级平台，搞活农村市场流通。做实镇级服务中心社。津市市新洲镇、毛里湖镇、药山镇的惠农综合服务中心社均已挂牌运行并各具特

2018年4月26日，常德市深化供销社综合改革现场会

色，新洲镇以承接产品流通为主，毛里湖镇以推广农特产品为主，药山镇以特色产业发展为主。目前，白衣镇中心社建设正稳步推进，并将启动对现有中心社的提质改造。做全村级服务网点。以“智慧党建”为契机，在全市所有村居推行了党务、政务、商务“三务合一”机制，建设惠农综合服务信息平台，建成村级服务网点51个，村级覆盖率达100%。

《津市市人民政府常务会议纪要》第7次明确食用菌产业和农村电商服务管理职能划归该社；市财政保障供销社综合改革专项资金100万元，列入财政预算。

【招商引资】2018年，引进高分子风管制造项目，投资5000万元争取年底开工投产。2018年，申报新网工程电商项目，到位100万元项目资金，增强了电商公司实力。申报了省级综合改革示范县和1家基层社标杆社、1家星级农村综合服务社等项目，强化造血功能，做实发展基础。

【服务体系建设】市供销社以新农合作农业发展有限公司作为投资主体，参股35%成立镇惠农服务中心社，参股10%~15%成立村惠农综合服务社，以产权联结，构建覆盖“市、镇、村”三级全方位为农服务组织体系。药山镇、毛里湖镇、新洲镇的惠农服务中心社已挂牌运行，白衣镇已筹备就绪；51个行政村成立了惠农综合服务社，完成计划总数100%。全面覆盖多平台多层级多产业组织体系，为全面开展为农服务打下坚实基础。

【农村电商发展】市供销合作社与湖南智慧民生有限公司合资，于2017年10月成立“津市市供销电子商务有限公司”，对接中国供销总社“供销e家”电商平台，推进“互联网+”农业，发展农村电子商务。2018年4月“供销e家·津市市运营中心”在津市市核心商业区“宝悦乐城”综合体内正式营业。村级电商服务网点建设全面铺开，村级电商服务网点已建成51个。

【土地托管服务】市供销合作社与多家水稻、农机农民专业合作社合作，在药山镇、新洲镇依托镇中心社成立土地托管服务中心，为农民量身定做了农业生产订单服务模式，即生产全程托管的“保姆式”和部分生产环节托管的“菜单式”，提供产前、产中、产后的全程农业社会化服务。土地托管中心拥有较为完整的各类农业机械设备，多台大型烘干机、高速插秧机、联合收割机、大型拖拉机和植保无人机，以及其他各类农机具和农用运输车辆，并建有完善的农机农具库房和符合资质的维修车间。全市托管土地面积达35000余亩。

【探索三产融合】市供销社探索三次产业融合发展，创新村级经济发展模式，引导村干部、农户、农民专业合作社与社有企业联合成立村级惠农公司，并注册商标。以种植特色农产品的第一产业为基础，以生产休闲食品的第二产业为重点，以发展休闲农庄、果园采摘、民宿旅游等第三产业为补充，实现农业、工业、服务业融合发展，促进村级经济发展，带动农民创业增收。青苗社区举办的“腊八节暨地方农产品博览会”和杨坝垱村绿岛蓝湾的产业扶贫等已成为地方品牌，《常德日报》、中华全国供销合作总社相继报道。（社办公室）

市场服务

【概况】2018年，市场服务中心下设办公室、考核办、财务股、政工股以及和平所、三眼桥所、福民所、襄阳街所、生产街所等5个基层所，所辖有7个农贸市场（和平市场、三眼桥农贸市场、福民农贸市场、君之林农贸市场、绿荷池农贸市场、襄阳街农贸市场、生产街综合大市场）。农贸市场总面积3万平方米，经营门面650间，市场摊位1350个，共有农产品、日杂、生鲜、水产等各类经营户3500多户；另外对九澧建材城市场实行物业管理服务。2018年，市场服务中心强化市场管理和服务，改善市场经营环境，强力推进津市市场建设发展，荣获2018年度“全市绩效评估优秀单位”荣誉。（邓刚）

【农贸市场创建】2018年是津市巩固国家卫生城市的第一年，市场服务中心按照市委、市政府创建工作要求，以巩固国家卫生城市为切入点，营造舒适的购物环境，严格规定肉、禽、蔬菜等各类商品不随意乱摆放，做到各类商品上台摆放，活禽入笼，水产入池，熟食带罩，净菜上市，使市场服务管理逐步走向制度化、规范化。实施划行归市，整治出摊出店经营，确保摊位摆放整齐，车辆停放有序。配合城管等职能部门先后对三眼桥、君之林、生产街等市场组织集中整治行动，通过系列措施，市场秩序进一步好转，脏、乱、差问题得到明显改善。（陈潇雨）

【平安市场创建】2018年开展八大“平安创建示范单位”评选活动，市场服务中心召开创建“平安市场”工作动员会，成立创建“平安市场”领导小组，制定《创建“平安市场”活动的实施方案》和“平安市场”考核办法，建立“平安市场”检查考核和奖励激励机制，明确工作要求及考核要求，全市平安市场创建覆盖率达95%以上，确保实现“三个不发生”（在全市各类商品交易市场内不

和平市场一角

生产街市场一角

绿荷池市场一角

发生火灾事故及人员伤亡和经济损失的安全生产事件，不发生危及人民群众身体健康和生命安全的重大食品安全事件，不发生有群体性事件和群死群伤的治安灾害性事故）、“一个建立”（建立起覆盖全市的组织机构健全、设施安全完善、主体诚信自律、交易稳定有序、制度科学有效、群众满意放心的“平安市场”）的创建目标。“平安市场”创建活动主要对津市城区商品交易市场的创建机构健全、市场经营规范、市场管理规范和安全管理规范四个方面进行考核，通过对12家农贸市场查看资料与实地检查，最后经综合评比襄阳街农贸市场被评为“平安市场创建示范单位”。

（邓刚）

【农贸市场改造】2018年市场服务中心为改善市场经营条件，确保市场正常运营，共投入资金30多万元对所辖农贸市场进行维修。改造、完善供、排水系统4套，清淤、疏通下水道450米，安装遮阳网500平方米、清理建筑垃圾和排水沟内的杂物10余吨；同时全力做好市场供应工作，重点抓好蔬菜、肉蛋禽、粮油等生活必需品供给，强化市场运行监测、价格监管，确保“菜篮子”产品不断档、不脱销，切实保障市场货源充足。市场卫生、秩序得以明显改善，为巩固创建成果提供保障。（陈潇雨）

【盘活市场资产】2018年，市场服务中心以资产运营为纽带，优化资产结构，挖掘现有存量资产潜力。采用多种形式，盘活闲置资产，提高资产运营效果；通过创新市场招租模式，盘活市场现有空置门面和摊位，引导经营户入市经营，提升市场人气。全年市场服务中心盘活闲置资产2400多平方米，提供就业岗位30多个，增加经济收益15万元，提高资产利用效率，增加市场经济收益，提升市场人气。（陈潇雨）

【市场服务管理】2018年市场服务中心为着力提升管理水平，在市场全面执行制度化、标准化管理，以服务求生存、以服务谋发展，为经营户和消费者提供优质服务。健全完善市场管理制度。各市场进一步健全完善《集贸市场管理制度》《集贸市场卫生标准》《集贸市场安全管理制度》和“门前三包责任制”等一系列规章制度，制定卫生、消防管理办法，市场清洁卫生和综合管理工作逐步实现制度化。树立市场服务理念。坚持佩证上岗，礼貌待人，营造“重商、亲商、护商、安商”的良好氛围，赢得经营户的好评。调节各类矛盾纠纷，切实维护经营者和消费者的合法权益，着力解决经营业主反映强烈的问题，全年共调解各类纠纷27次，受理服务对象投诉和反映问题50余人次，所有问题均得到妥善处理，未出现一起经营户非正常上访事件，群众满意率不断提高。

（陈潇雨）

【招商引资】2018年，市场服务中心发动干部充分挖掘人脉资源，通过“走出去、请进来”，及时捕捉有价值的招商信息。上半年与江苏广域化学有限公司液晶材料、OLED材料、新型电子材料及中间体生产基地项目成功签约。该项目落户津市高新区，用地250亩，总投资约5.4亿元，分两期建设：一期用地120亩，投资1.8亿元；二期用地130亩，投资3.6亿元，项目预计达产后可形成年销售收入8亿元、上缴税收5000万元的效益规模。2018年市场服务中心被评为“招商引资先进单位”。（陈潇雨）

襄阳街市场一角

中国人民银行津市支行

【概况】2018年，人行津市支行牢固树立创新、协调、绿色、开放、共享的发展理念，坚持稳中求进总基调，促发展、防风险、强管理为主线，着力推动各项工作齐驱并进，在宏观调控、金融服务、金融宣传和金融监管等方面，取得良好的成绩，完成上级行安排的各项工作任务。3月完成办公大楼维修，支行大楼焕然一新，文化建设氛围浓厚；12月新建发行库成竣工验收，为澧水流域金融中心建设打下良好基础。国库会计股获湖南省人民银行系统“女职工文明示范岗”风采展示活动优秀作品奖；货币信贷统计股获中支金融信用信息基础数据库用户征信业务知识竞赛集体三等奖。支行代碧蓉获“武汉分行青年“研读报告、畅谈履职”活动征文二等奖；邱琳获常德中支金融信用信息基础数据库用户征信业务知识竞赛个人二等奖；刘继军获中支国库标准化知识竞赛个人三等奖；代碧蓉评为常德市中心支行2018年度“青年岗位能手”。（傅智松）

【信贷投放】2018年组织召开4次金融联系会；召开辖区三站融合工作推进会；组织在工业园区开展银企对接交流会，签订2800万元贷款需求协议。制定《津市市信贷指导意见》，引导金融机构调整优化信贷结构、创新信贷品种、加大营销力度，信贷投放重点突出。联合政府相关部门制定《金融支持产业扶贫工作方案》，指导和保证全辖金融支持产业扶贫工作的进行和开展。全年金融机构各项存款余额150.72亿元，较年初增长21.1亿元，增幅16.27%。全市各项贷款余额52.77亿元，较年初增长7.74亿元，增幅17.27%。（傅智松）

【风险监管】津市支行成立“津市农商行风险化解工作小组”，分析津市农商行信贷风险状况，针对其改制不彻底、内控管理不合规、区域经济下滑、区域信用环境等风险开展整治。通过各方努力工作，津市农商行整体运行状况较基础期指标质量有所提升，2018年12月末不良贷款余额9218.34万元，不良率为9.76%，相比年初不良贷款余额下降4494.73万元，不良率下降3.3%。资本充足率由基础期的0.29%上升到4.84%，提升4.55个百分点。（傅智松）

【借贷监测】支行进一步完善民间借贷监测样本点的数据报送方式、报数质量，将民间借贷监测工作联系会作为一项制度坚持，以会代训，提高监测数据质量，适时开展民间借贷监测样本抽样检查，防范民间借贷操作及利率等方面的违规风险。津市支行选取数据异动频繁的企业、个人及财务制度相对健全的企业作为信息源，实行固定监测与流动监测相结合。受市政府委托，津市支行借助民间借贷监测试点，进入打击非法集资工作实质操作，上报四期监测报告。（傅智松）

【执法检查】4月支行对国债承销机构网点的国债发行宣传、销售情况进行现场巡查、督导；针对津市农商行4月16日营业终准备金存款账户旬间考核余额不足的事实，对津市农商行违规行为给予3523.04元的行政处罚；6月，支行督促各银行机构完成“进企入户”宣传及优化企业开户承诺书的签署。9月，开展对辖内各金融机构征信检查。10月，开展支付结算、国库经收业务、人民币反假收付业务检查。（傅智松）

【行长结对】组织开展全辖行长结对服务企业活动，通过《津市市行长结对服务中小企业三年专项行动方案》。2018年，津市市银行行长结对服务中小企业达26家，行长上门服务企业次数达到131次。对24家结对企业发放贷款18.37亿元，其中首次获得贷款的企业有8家，金额0.311亿元。服务的26家企业新增贷款1亿元，产值同比增长27.35%，获得贷款结对企业融资成本同比减少9.2%，企业融资结构进一步优化。（傅智松）

【诚信津市】推进金融安全区建设。加强对已达标单位的动态管理，组织开展“回头看”。指导已获市级金融安全区单位按照省级金融安全区创建达标单位标准开展创建工作。推进信用细胞工程建设。加强信用乡镇、信用村、信用社区、信用企业、信用农户的建设。全年津市市建成信用乡镇3个,信用村69个,信用社区3个,信用企业16个,评级信用农户25878户,为辖内金融生态建设及信用体系建设奠定良好基础。

(傅智松)

【央行评级】 津市2家法人金融机构在支行的指导下准确填报季度评级数据,并上传至央行金融机构评级信息系统,高效完成评级数据报送,为后期提供给人民银行货币信贷、存款保险等部门,保障确定MPA结果、核定存保差别费率等工作的顺利开展提供了保障。支行按季开展了央行金融机构评级工作,将央行金融机构评级作为日常风险监测的重要手段。(傅智松)

【金融扶贫】 一是开展金融产业扶贫。各金融机构推出光伏贷、富农贷、粮食贷、微捷贷等贷款新品种,免除烦琐的审贷环节,利用网银或掌上银行一步将贷款资金发放到企业手中,为企业节省时间。二是开展辖区内三站融合工作。全年召开三站融合推进会4次,促进三站融合工作的开展。津市三站融合数5个,占比45.45%,支持辖内农村地区农民取款、电商平台服务、金融扶贫工作的开展。三是继续扩大支农再贷款投放额度,壮大法人机构支农支小资金规模。全年支农再贷款资金达到2.2亿元,比2017年同期增加0.8亿元,创历史最高支农再贷款投放额度。四是扶贫后盾结对帮扶工作进一步深入。支行领导干部逐户下到联系农户点,多方采集信息,核实贫困户信息资料。全年下乡走访贫困户14次,分户研究帮扶措施,思考脱贫长效之计,量身定做脱贫方案。全年发放金融扶贫贷款1475万元,超额完成全年任务,助农取款6988笔,金额180.99万元,完成电商交易272笔,金额23.30万元。(傅智松)

【小微服务】 主动与政府相关部门和金融机构加强沟通对接,争取各方面政策支持,形成工作合力,抓出成效。全年开展银行进工业园小微企业信贷产品推介会、小微企业融资情况座谈会,开展支小再贷款业务的培训学习和宣传,开展对辖区内银行支持小微企业服务工作的督导。2018年小微企业贷款余额2.5亿元,比2017年增加1亿元。

(傅智松)

【信息调研】 5月17日,津市支行圆满完成总行部署的《中国普惠金融指标调查问卷(2018)》的现场调查。成立调研信息工作小组和青年编译写作小组,确保支行在编译方面有所突破。全年支行完成编译91篇,综合调研11篇,8篇编译被总行采用。(傅智松)

【信用代码】 2018年支行对机构信用代码工作进行全面整改,实行新办、查询、暂停等业务的行政许可制度,两级审批确保征信管理的严肃性。共新发386张,确保机构信用代码的合法有效运行。此项工作的开展,一是为各家企事业单位建立了经济身份证,二是为反洗钱工作开展打下了基础。(傅智松)

【会计财务】 2018年开展“会计财务风险防控年”活动,召开“会计财务风险防控年”活动动员大会,向全行干部职工传达上级行的相关精神。通过开展“我讲我岗”活动,组织支行所有会计财务人员采取“主讲与评议”相结合的方式,介绍本岗位的工作职责、业务流程、风险点及防控措施等,提升会计财务人员参与活动的积极性和主动性。建立问题整改台账,台账中60余条问题逐一排查整改到位。(傅智松)

【货币发行】 加强对人民币流通管理工作的监督,规范银行机构人民币收付业务。加大反假货币网络建设,建立遍布各乡镇的反假工作站;加大反假货币宣传力度,配合公安机关严厉打击假币犯罪活动。收缴假币1190张,金额11.1万元。全年共办理入库业务742笔,金额39.7亿元;出库业务316笔,金额38.2亿元。(傅智松)

【经理国库】 津市支库认真贯彻国库监管条例,加强国库管理、杜绝国库案件发生,跟进财税改革,开展集中支付电子化改革试点。加强对财税部门提交票据的审核和国库经收处的现场、非现场监管。2018年,支库共堵住不规范的收入业务4笔,金额5284万元;不合规支出13笔,金额583万元;做好国债发行宣传工作,每期发行前均通过微信、网点电子宣传牌等方式及时让客户知晓;及时、准确、规范处理日常国库会计核算业务,国库会计核算质量总体良好,未发生核算差错或事故,全年共完成税收收入6.53亿元,公共预算收入47.17亿元;公共预算支出39.69亿元。

(傅智松)

【安全保卫】 2018年,津市支行配合上级行完成安全保卫管理系统上线工作;认真做好发行库技防建设四项新标准学习培训工作,提高发行库技防建设与管理水平;开展保卫值班室的维修改造项目,加强守卫值班室标准化建设,做到守卫值班室制度化、标准化、规范化、系统化、准军事化。(傅智松)

工商银行津市支行

【概况】 中国工商银行股份有限公司津市支行2018年末在职员工48人,设有办公室、公司业务部、个人金融业务部3个部室,营业部、万寿路支行、湖桥支行3个营业网点,在澹津北路、湘澧盐矿、中联重科车桥、九澧大道设立自助银行、ATM机共13台,营业网点和自助银行分布津市市城区澧水南北两岸。

【业务经营】 2018年12月,两项存款余额为201486万元,比年初净增48206万元,其中,对公存款增长37955万元,储蓄存款增长10251万元,各项贷款余额为38178万元,较年初增长6374万元,签发银行承兑汇票20000万元。

存款截至12月末,两项存款余额为201486万元,较上年净增长48206万元,其中,对公存款37955万元,储蓄存款10251万元。受国家政策和地方经济影响,工行津市支行存款虽然较年初有所增长,但存款不稳定,特别是个人储蓄存款,主要是年度企事业单位的工资和各项津贴的集中发放,但年初又会大量支取购买春节物资等,同时个人资金用于购买社会养老保险、购房、投资等,再加上网络金融的发展对实体银行产生一定的冲击,个人存款不稳定。

贷款截至2018年12月,两项贷款余额为37955万元,较上年增长6374万元。受国家政策影响,加上地方经济不景气,工业园区破产企业较多,银行对部分不符合国家政策的公司贷款进行压缩,但对新型企业如湖南新合新生物医药有限公司、湖南欣龙非织造材料有限公司等公司进行贷款投入,支持地方经济发展。个人贷款主要是个人住房贷款,受房地产市场的影响,居民购房热情不高,且在外地购房(主要是大中城市)的居多,因此个人贷款减少。

【内部管理】2018年年初,根据省、市分行行长会议精神,支行班子及早作出部署,内控案防、安全保卫能力进一步得到增强,促进各项业务健康稳定的发展,已连续实现26年未发生案件和安全责任事故。内控案防工作是津市支行的一面旗帜,为确保无各类案件和各种责任事故的发生,支行坚持两手抓、两手都要硬的原则,在抓业务的同时不忘抓内控管理,抓内控管理为业务稳定发展保驾护航,开展员工异常行为排查、执行规章制度再检查、对检查出的问题进行再督查的"三再查"活动及对重点领域和风险事件专项治理工作,为26年无各类案件和各种责任事故的发生打下坚实的基础,内控管理体系得到进一步加强。支行每月召开一次内控案防和员工思想动态分析会,收到较好的效果。加强操作风险管理,重点加强对营业网点库存现金、空白重要凭证、印章、密码、钥匙的交接管理,加强对ATM的管理和网点现场主管的履职管理。利用晨会、行务会、员工大会组织员工学习《员工行为守则》《员工行为禁止规定》以及国家法律法规,加强员工思想动态分析和行为排查,规范员工的行为,并形成例会制度。优化人员结构,将一批有活力、责任心强、敢于开拓进取的年轻人充实到中层骨干队伍中来,充分发挥年轻人的活力进取精神。加强客户经理队伍建设,对客户经理的岗位职责、工作职责、目标任务进行明确分工,强调客户经理工作纪律,坚守道德底线。中层骨干、客户经理以及员工在完成本职工作的同时,要加强联系,信息共享,寻找客户,挖掘客户,培养客户,为客户提供高效优质服务。

【企业文化】津市支行在推进业务发展的过程中,全面开展企业文化建设,为员工创造一个和谐的环境,让员工在工作之余身心得到放松。搞好职工之家和员工食堂的建设,在上级行的支持下,累计投入20多万元进行职工之家的建设,设立图书阅览室、乒乓球室、健身房、娱乐室、荣誉室等,使员工在业余时间有一个好去处。制定"婚丧病假探望制度""节假日走访慰问制度",并将这些制度贯彻落实,使员工感受到组织的温暖,2018年,支行班子成员共同走访生病、住院、家庭困难员工10余户。加强行领导与员工之间的沟通渠道,不定期与离退休、在职员工开展座谈会,就津市支行的发展和大家共同关心的问题进行沟通交流,对大家提出的问题能解决的及时解决,因有些问题支行不能解决的,逐级向上级行反映,化解员工与单位之间的矛盾。

【服务工作】为不断提升该行服务工作,更好地服务广大客户,津市支行不断强化服务工作。加强业务的培训,提高对服务的意识,选派业务能力强、服务态度好的员工充实到网点担任大堂经理,指导客户办理业务;坚持行长营业网点坐班制,督导大堂经理、柜员办理业务服务态度和效率,及时处理网点发生的各种突发事件,将各种事件消灭在萌芽中;做好ATM、自助设备的维护,提高ATM、自助设备的使用率,方便广大客户。

支行班子狠抓党建工作,强化企业文化建设,并承担社会责任。积极参加市委、市政府组织的各项工作,近年来,在创建国家卫生城市、民调、捐资助学、精准扶贫等市委、市政府的重大工作中,工商银行津市支行不遗余力全力支持,在资金支持的基础上,利用业余时间参与志愿者平安创建巡逻活动。配合政府的民生工作,参与棚户区改造的资金发放,与社会保障部门、社区发放社会保障卡,确保居民的社保、医保资金及时到位,已累计发放社保卡33000余张。积极配合政府工作,安置退伍军人。以上工作得到市委、市政府的肯定,提升了工商银行的整体形象和社会知名度。

在津市市地域、经济总量偏小、金融资源有限、同业竞争异常激烈的情况下,为抢占市场份额,支行要求全行员工树立逆境中求生存、求发展的思想,全力打好储蓄存款营销的攻坚战,促进储蓄存款快速增长。同时,加大对公司

2018年开展"3·15"消费者权益日宣传活动

法人客户的营销，力争对公存款有较大的增长。在营销存款的同时，加大对有贷款需求的法人客户和个人客户的营销，采取定人、定点、定户、上门走访，上下沟通、及时汇报，加班加点，确保贷款及时到位，有力地支持地方经济发展，受到当地政府的表扬。（聂辉）

中国建设银行股份有限公司津市支行

【概况】 中国建设股份有限公司津市支行2018年有在职员工20人。设有支行本部1个网点，另有营业部本部、人民医院、中医院、津市蔡家河社区、宝悦共5个自助银行服务区，有15台自助设备。2018年围绕年初制定的工作目标和措施，坚持从严治行，加大市场拓展力度，各项业务状况明显改善，经营效益明显提高。

截至12月31日全口径存款时点余额173752万元。较年初时点新增37868万元。其中：个人存款时点余额97151万元，较年初新增11646万元。对公存款时点余额76600万元，较年初新增26221万元。贷款余额49942万元，其中：对公贷款较年初新增675万元，个人贷款较年初新增4551万元。全年实现账面利润2879万元。

树立风险防范责任理念，坚持“每周一学”，重点对案防工作动态和纪检监察工作简报、各类典型案件、违反中央八项规定案例通报等学习。组织员工观看警示教育片，开展深度剖析和反思，把廉政教育作为了构筑防腐拒变的防线。落实员工不良行为排查，全年开展3次排查活动。全年实现安全营运，没发生任何安全事故。

关爱员工，组织开展看电影、乒乓球赛、汽排球赛、郊游等形式多样的文体活动，丰富职工文化生活，提高全体员工的向心力、凝聚力。5月支行党支部开展“聚焦员工成长，关注员工生活”为主题的员工家访活动。12月支行为外地交流来津的员工，特别装修改造4间空余办公室作为其宿舍，添置生活电器，解决其生活上的后顾之忧。

深入点村开展精准扶贫攻坚工作，支行领导多次带队到扶贫村入户走访开展帮扶慰问工作，为12户贫困户制定详细帮扶方案，在确保已脱贫的10户不返贫的情况下，当年成功帮扶1户脱贫，还有1户贫困户的人均年收入也得到大幅提升。（贺腾）

津市支行组织青年志愿者参加打击和防范经济犯罪宣传日活动

中国银行津市支行

【概况】 中国银行股份有限公司津市支行2018年年末有在职员工31人，下设综合管理部、营业部、建设路支行和车胤自助银行，共有20台自助设备。2018年，中国银行津市支行以“夯基础、练内功、抓客户、促发展”的工作思路，以效益为主线，坚持党建引领，强化队伍思想建设，壮大客户基础，严格安防内控，抢抓机遇，取得了较好的经营业绩。

截至2018年12月31日，津市支行本外币各项存款余额148090万元，较年初增加33903万元，日均余额156385万元，较上年增加64912万元，增幅70.96%；其中：公司存款余额76754万元，较年初增长30632万元，增幅66.42%；个人存款本外币合计71336万元，较年初增加3271万元，增幅4.81%。人民币存款市场份额在四大行中上升至第三位。

截至2018年12月31日，津市支行全口径各项贷款余额35716万元，较年初增长3487万元，其中：公司贷款余额21110万元，较年初增加5647万元，个人贷款余额11982万元，较年初减少1816万元，银行卡应收账款余额2624万元，较年初减少344万元。开立敞口银行承兑汇票6237万元，保函69万元

截至2018年12月31日，津市支行共开立对公结算账户71户，其中有效账户61户，加权有效客户达到74户；代发薪单位签约8户，实现有效代发单位为7家。个人有效客户增加1549户，叙做卡分期1698万元，拓展商户48户，新增有效卡户253户。

截至2018年12月31日，津市支行共实现调整后业务净收入3522万元，较上年增加1420万元，增幅67.51%，中间业务收入332万元，较上年减少1万元，税后净利润2016万元，较上年增加1144万元，增幅131.1%，居全辖第一。

【存贷款业务】 抓机遇，增规模，提升市场份额。2018年，津市市耕地指标交易获得交易款26亿元，支行与相关部门沟通，争取到唯一资金入账账户资格，先后入账资金近25亿元，沉淀资金3.8亿元，日均存款增长近5亿元，公司存款在四大行占比达到33%，跃居第二位，在一季度全省县支行行政事业业务

综合排名中取得第一名的好成绩。

夯基础，拓渠道，促进有效客户和效益的增长。支行在2018年对公存款依旧保持强势增长，公司有效客户达到74户，稳居县支行对公存款余额首位。对公贷款增长5647万元，客户增至7户，继续保持快速增长。个人有效客户增至20751户，较上年增加1549户，为业务持续快速增长奠定良好的基础。

开源头，壮大有效客户群体。支行通过园区走访、核心客户上下游客户拓展。先后引进提升科益新、万木汇、新中意、鸿鹰生物、嘉山事业等优质客户，新增贷款客户3家，目前已为溢多利子公司新合新提供了2000万元的流动资金贷款，鸿鹰生物提供3000万元的流动资金贷款，万木汇800万元，新中意1400万元已批待放。

密切联系地方政府、招商引资及工业园管理部门，第一时间掌握招商信息，精准营销，共计揽入经世新材等4户重点公司客户，授信需求金额超4亿元，已有3户成为存款日均1000万元以上大户，为2019年的公司授信及结算业务打下坚实基础，为支行带来长期的发展机会。另外，还联动总行、省行、市行及他省兄弟行，精心准备，成功中标毛里湖湿地公园的3500万欧元外贷项目，此项业务合作长达20年，加固支行与地方政府的合作，更是一条保持与政府长期紧密联系的纽带。

紧跟政策，发展中小客户。支行在2018年紧跟上级行部署，充分利用支行普惠金融、幼教通等优惠政策，对万木汇生物质燃料有限公司提供800万元的贷款，毛里湖镇博华幼儿园提供65万元的固定资产贷款，已完成津市新鲁包装等提案，共计授信总量1100万元，为2019年开局储备了资源。

拓宽渠道，争揽批量代发业务和存量客户提升。2018年，支行先后营销征拆代发项目4个，新增代发客户173户；工资代发单位7个，新增代发客户409户，同时通过流失客户召回、潜力客户提升营销等工作，全年有效个人客户增至20751户，继续保持较快的增长速度。

开辟新市场，弥补个金业务短板。由于当地市场和授信政策的局限，支行个贷业务明显落后。支行抓住大力推进普惠金融的时机，将市场拓展延伸到乡村，先后与农业局、农业担保及涉农企业联系，积极拓展惠农贷业务，至年底已经做的有320万元，并储备一批种粮大户和养殖大户，为2019年个贷业务发展奠定一定的基础。

【文明服务】重细节，强化服务意识，持续改进柜面、厅堂服务质量。支行坚持以客户满意为首要评判标准，通过以会代训及现场示范引导的方式，强化员工服务意识，并将服务列入员工年度绩效考核的重要评价项目，对于在服务中的突出表现给予及时鼓励表彰宣导，对于导致客户不满的失职员工进行处罚，2018年先后处罚2人，表彰及推广优秀服务事迹5人次，在全行形成一个重服务、讲服务的良好氛围。

【内控安保】讲实效，安全保卫和内控工作常抓不懈，促进业务健康稳定发展。推动完成该行规章制度系列学习及总行50条的学习。规范员工操作行为，督促员工合规操作。2018年该行员工合规意识得到很大提高，全年省行视频监控抽查无问题，建设路吴凯英还被入选省行合规代言人。开展员工思想行为排查，组织全行员工学习《员工违规行为处理办法》对涉及该行业务内容的违规行为处理办法着重强调，组织学习防范民间借贷、非法融资情况发生。2018年没有发生违反“双十禁”情况，没有出现严重违纪违规情况。做好网点日常安全保卫工作的监督检查，强化员工安防意识教育，定期组织各类预案演练及消防培训演练。2018年，全行未发生一起违规违法及安全案件事故。

【企业文化】兴文化，倡导人文关怀和谐共进，增强员工凝聚力和工作积极性。企业文化建设是打造企业核心竞争力的重要手段，良好的企业文化能有效激发员工的源动力和创造力。为此，为给员工们营造一个快乐、健康的工作与生活环境，充分调动和发挥员工们积极发展业务的主观能动性。支行领导层一方面就工作生活经常和他们交心谈心，充分尊重他们在工作中的创造力，力所能及地解决他们生活中遇到的问题，积极加强与员工思想情感上的交流，另一方面创造条件切实解决一些员工们在工作与生活中遇到的困难与问题，用制度化和人性化并重的方法来管理队伍。支行在上级行的支持下，建起气排球场，组织全行员工开展健康户外运动，凡员工家庭红白喜事及病人住院支行领导都会亲历前往进行恭贺、慰问。支行一系列的人文关怀举措，让员工们感受到组织的关爱，大家庭的温暖，员工们的工作和生活压力得到有效释放，工作积极性得到提高。支行各项业务在极其艰难的外部环境下得以较快发展和经营效益的大幅提升，得益于广大员工的辛勤付出和努力工作，是我行团队凝聚力和战斗力的良好体现。

中国农业银行股份有限公司津市市支行

【概况】中国农业银行股份有限公司津市市支行2018年末在职员工49人。内设5个部门：综合管理部、个人金融部、公司业务部、财会运营部和风险管理部，下辖支行营业部、九澧大道分理处和新洲分理处3个人工网点，设有人民医院、银苑路和涔澹农场3个离行式自助网点。为方便群众办事，提高服务质量，2018年，支行实施一系列便民、利民、惠民的新举措，积极落实津市“最多跑一次”改革提速增效。按照改革目标，进一步细化制定取消证明（盖章）类材料清单，切实解决群众“办证难、办事难”的问题。2018年，支行认真贯彻落实精准扶贫、精准脱贫的战略部署，积极落实扶贫资金，帮扶干部定期到新洲镇麓山村进行走访慰问，开展结对帮扶，积极助力津市脱贫攻坚工作，圆满完成扶贫任务。

【业务经营】2018年末，支行各项存款余额15.69亿元，比年初增加1.23亿元，其中个人存款余额11.77亿元，比年初增加 1.1 亿元,对公存款余额 3.92 亿元,比年初增加 1244 万元。各项贷款余额 3.26 亿元,比年初减少 2257 万元,其中个人贷款余额 1.62 亿元,比年初增加 3900 万元,法人贷款余额 1.64 亿元,比年初减少 6156 万元。其中,小微企业贷款净增 600 万元,惠农 e 贷新增 465 万元,住房按揭贷款年内投放 4739 万元。中间业务收入 918 万元。全量掌银活跃客户全面净增 5512 户,信用卡有效客户新增 1329 户,聚合码新增净增 411 户,微信银行活跃客户净增 3413 户,计划完成率 401.5%,位居全市前茅。同时,实现长燃燃气缴费代理。

【企业文化】2018 年,农业银行践行以人为本的理念,加强员工思想政治引导,关注员工身心健康,做好困难帮扶、员工精神关怀工作。开展"职工之家"建设,2018 年对支行"职工之家"进行改造,建设瑜伽区、运动区和阅读区等三大功能区域,有跑步机、仰卧起坐运动版、室内脚踏车、多功能力量训练运动器械、划船机等运动器材,打造充满活力、健康、温馨的"职工之家",为员工休息时间提供运动、休闲和阅读场所,丰富员工业务生活。加强宣传教育,广泛开展员工文体活动,弘扬正能量,激发员工建功立业干事激情。（彭晨）

中国农业发展银行津市市支行

【概况】中国农业发展银行津市市支行成立于 1997 年 1 月,坐落在津市市九澧大道 1093 号,是津市市唯一的一家政策性银行,业务范围涵盖粮棉油收购、储备、产业化龙头企业、农村基础设施建设及县域城镇建设等领域。至 2018 年底,支行有干部职工 18 人,平均 38.6 岁,其中党员 8 名,占比 44.44%。机构设置有办公室、信贷业务部、会计结算部,共 2 部 1 室。占地总面积 5800 平方米,其中:办公楼建筑面积 1000 平方米,服务功能齐全,设施一流。

【业务经营】截至 12 月末,各项贷款余额 16.14 亿元,比年初增加 4.64 亿元,增幅 40.3%,其中:粮食挂账及不合理占用贷款 13985.6 万元,地方储备粮食扶贫贷款 819 万元,产业化龙头企业棉花短期流动资金扶贫贷款 2 亿元,水利设施建设中长期贷款 3.8 亿元,棚户区改造中长期扶贫贷款 8.67 亿元,产业化龙头企业棉花中长期固定资金扶贫贷款 1150 万元,其他涉农贷款 750 万元。2018 年累计投放各类贷款 84214 万元,累计收回贷款 24370 万元,日均存款余额 8.63 亿元,实现账面利润 3303 万元,不良贷款实现零余额,全面完成了上级行下达的各项任务指标。

2018 年,支行信贷规模跃居津市市同业首位,"六小"工作法被总行党委评为全系统"十佳示范案例",支部先后荣获总行、省市分行"先进基层党组织"荣誉称号,"六小工作法"被总行党委评为全系统"十佳示范案例",并在系统内推广。（姜进）

津市农村商业银行

【概况】湖南津市农村商业银行股份有限公司(以下简称该行)经由津市市农村信用合作联社于 2014 年 7 月 18 日经中国银行业监督管理委员会批准成立,注册资本 1.2 亿元。目前为津市网点最多、服务范围最广的地方性金融机构,秉承"服务三农、服务社区、服务中小微企业"的办行宗旨服务城乡居民。在津市全辖 4 镇 5 街道共设 1 个营业部、9 个支行、1 个分理处;内设办公室、人力资源部、党群工作部、财务会计部、信贷管理部、金融市场部、信息科技部、风险管理部、安全保卫部、稽核审计部、纪检监察室、运营管理部 12 个职能部门,现有在岗员工 136 人。

【经营成效】2018 年,该行紧扣"抓党建工作与抓业务发展并重"的工作纲领,持续围绕"风险化解、转型发展、运营规范、内控严密"的工作主线,并始终贯彻执行第五次全国金融工作会议精神、中共十九大会议精神,在确保稳健经营的基础上,积极化解风险,2018 年年末实现经营利润 4255.77 万元,完成全年经营利润任务的 151.99%,较 2017 年年末增加 981.79 万元。

【所获荣誉】获省联社授予 2018 年度"压不良、控风险先进单位"称号、2018 年常德市金融机构安全保卫工作先进单位称号,津市市 2018 年度金融信贷工作"支持经济发展奖"、2018 年度脱贫工作"先进单位"、2018 年度绩效评估"良好单位"称号等。

【信贷投放】为全面贯彻第五次全国金融工作会议精神,认真践行"服务三农"的企业文化,坚持"做小、做散、做优"的经营理念,结合津市市委市政府"工业立市、产业兴城"的发展主题和定位,重点支持发展本地生态林果、食用菌、有机藠果、生猪养殖等种养产业,积极扶持专业合作社、家庭农场等农业新型主体的培优,制定农村普惠金融工作方案和城区"1 个小区、1 个机构、1 个市场"工作方案,对支行的信贷营销进行精准的定位,通过工作方案的明确和组织推动,支行拓展和支持一批有实力的优质客户。变"等客上门"服务为"主动营销"服务,多次开展"两扫五进"专题活动,更好地抢抓揽储的有利时机,增加存款市场占有份额,部署开展"存款组织竞赛活动""一季度开门红存款组织活动",将营销及培训活动直接与市场对接,引导客户经理和柜员上街、入村、走户,进行现场服务式营销。该行客户经理规范着装,佩戴工号牌、绶带,携带名片,重点推介了存款、便民卡、云闪付等业务和产品,掀起该行"两扫五进"活动的热潮。开展金融产业精准扶贫工作,截至 2018 年年末,该行共建成本市 13 个贫困村的金融扶贫服务站,撤乡并镇后金融扶贫服务站还有 11 个,完成 1786 户贫困农户的评级授信工作,其中贫困农户评级率达到 100%,有效授信率达到 88.02%以上。累计共发放"户贷户用"扶贫贷款 398 万元、121 户;扶贫贷款总额 813.50 万元、173 户,与扶贫办一道对有信贷需求的贫困农户发放贷款，及时地为贫困农户脱贫致富提供了信贷资金支持。进一步简化办贷流程、强化限时办贷。在风险可控前提下，对优质客户实施“四免”增值服务，即免抵押物评估登记费、免费办理项目评估论证、免费办理代收代付业务、免费办理征信查询；启用和完善优化外勤作业系统，发挥移动办公的作用，提升了信贷工作效率。截至2018年年末，该行累计发放贷款98373万元，其中涉农贷款89692万元、扶贫贷款11万元；福祥便民卡新增发卡完成1899张；新增信贷个人客户1969户；新增对公客户13户，到期贷款收回率99.24%。

【优化服务】响应国家助农、支农、为农民减负的政策，满足农村金融服务需要，该行积极开展助农取款服务点和助农终端服务点的布放，填补农村人口聚集区金融服务的空缺。截至年底，共建设助农服务点14个，其中：银行卡助农取款点6个，助农终端服务点8个；较2017年新增3个助农终端服务点、3个“村口银行”服务点。通过手机银行，网上银行，福祥E支付、云闪付、农信通等电子银行业务为客户提供一揽子的服务，增强客户体验。截至12月末，手机银行有效客户净增3165户，新增福祥E支付客户77户，新增云闪付个人客户510户、商户77户，新增农信通客户19户，并改造升级212台POS机支持“双免”和扫码支付。开展巡回路演宣传活动，2018年春节前夕，连续四天在各乡镇人流聚集地进行金融知识下乡“巡回路演”宣传。将枯燥的金融知识编排成节目，分若干个环节穿插呈现，并由员工带领观众进行互动游戏，增强现场观众的关注度和参与度，现场参与人数近1000人。强化岗位职责、加强员工业务辅导。对前台操作管理、现金及重要空白凭证管理、账户管理、反洗钱工作等进行全面检查，检查网点面达100%；为降低违规预警率，各业务部室分别根据本条线风险点，有针对性地对柜面业务进行辅导，有效防范操作风险，进而提升服务质量。

（办公室、熊思颖）

邮政储蓄银行津市市支行

【概况】邮储银行津市市支行设有12个网点覆盖城乡，有ATM机等自助终端26台，全行员工40人。服务网点和自助设备数量位居全市银行业机构前列。作为独具特色的国有大型商业银行，邮储银行一直以来秉承“金融服务实体经济”初心，认真贯彻落实党中央、国务院和监管部门的部署，坚持服务社区、服务中小企业、服务“三农”的市场定位，不断加大对实体经济的支持力度，走出了一条差异化、特色化发展之路。

业务指标，2018年收入目标是2060万元，利润计划1159万元，截至12月末业务总收入完成1879.5万元，比上年同期增幅9.75%，完成计划的91.9%，其中：信贷收入925.3万元，占比49.23%；公司业务收入192.26万元，占比10.23%；储蓄利差收入567万元，占比30.17%；中间业务收入194.93万元，占比10.37%。利润完成1747万元，完成计划的150.67%，超绝对值587.35万元。人均创收为47.28万元，全年增加6.43万元。

截至12月，信贷总规模为38810万元，信贷总量净增9453万元。其中小额贷款年净增-491万元，完成年计划的-61%。个人商务贷款净增-1362万元。消费贷款净增11311万元，完成年计划的163%。小企业贷款净增-5万元。

截至12月，个人贷款逾期总额为37.93万元，总逾期率为0.12%，总不良为581.76万元，总不良率为1.88%，其中小贷小贷不良额为42.39万元，不良率为0.86%。商贷不良额为523.9万元，不良率为9.81%，消费贷不良额为15.47万元。不良率为0.07%

截至12月，手机银行新增5796户，完成年计划的128.8%，保险完成237.36万元，销售贵金属261套；信用卡年进件3200张，年发卡2242张，完成年计划的83.03%。

截至12月，各类存款余额为189669万元，本年净增7061万元，其中自营存款余额为51266万元。

建立客户分层分群维护管理体系，推进客我关系和做好客户服务升级。着重抓住旺季营销，利用五大系统、六大活动维护好五大客群。从客户资产分层、年龄分段、群体分类、区域划分四个维度将客户分类，根据网点自身客户特点，定期举办相应的客户活动。改变以往“等客户上门”的做法，主动电话邀约、上门邀约，将客户“请”进网点，加强与客户的交流，为客户提供全方位的服务。

以资金归行率为抓手，发展结算业务，加强零售条线资源整合。除抢占原有的储蓄客户外，更要利用行内各项优惠活动快速推进微信、支付宝的前端客户绑卡，抢占移动支付流量入口，利用POS机、代收代付、邮惠付等中间业务，实现

2018年，省分行李晓良行长莅临津市支行调研

"11·13"津市市支行走进社区

商户、客户、银行三大资金流的闭环营销与流转，针对高端客户，更要加强个金业务与各信贷条线业务的综合营销，为中高端客户提供涵盖资产、负债和中间业务的全方位服务，让客户享受全方位优惠，提升客户对该行的忠诚度。

扩展拓客渠道，在加速处理储备的前提下，走访新客户，利用财银保、省农担合作平台优势，做大做强小额贷款规模。落实走访工作，对客户进行名单制管理，走进市场，了解市场，做到贷款的精准营销、精准投放。

个人商务贷款，利用好经营性车辆现有额度，确保经营型车辆额度利用最大化。坚持每周的走访活动，切实落实市行会议精神，坚持对商圈、市场、商会、协会以及新老商户及其上下游行业的走访。做好对原有优质客户的营销工作，加强个人客户名单管理制度，落实个人客户的营销与维护管理责任，利用节假日活动与短信节日问候等方式维护客户关系、宣传产品，在发展新客户的同时，加强与老客户的联系，实时掌握客户经营动向，在第一时间了解客户资金需求。

消费贷款，加强与楼盘在商铺、车位等项目上的合作。大力发展额度类消费贷款，加强对个人客户的营销力度，综合零售信贷、理财、基金、信用卡、网银等，为客户量身定制一体化、全方位、多层次的综合金融服务。以多项产品综合营销为支撑，尽快扩大消费信贷影响力，同时做好前期营销客户的上报与支用工作。让额度类消费贷成为消费信贷新的增长点。

中小微企业贷款：抓好平台建设，加强与税务局、工信局、科技局、工商局等资源阵地的合作对接，并进一步落实三区一链走访工作。在走访的同时积极维护存量小企业客户，全面落实工资代发、信用卡、公司存款等交叉营销工作。积极发掘以老带新客户，同时挖转其他行优质抵押类小企业客户。　(晏艳)

华融湘江银行津市支行

【概况】华融湘江银行股份有限公司津市支行于2013年1月8日正式开业，成为第一家进驻津市市的股份制商业银行。充分发挥该行具备央企、地方政府双重资源的优势和"小、精、专、新、特"的经营特色，利用该行华融卡"免卡费、免年费、免手续费"服务零收费的优势，秉承"立足津市、服务津市、依托津市、支持津市"的宗旨，实现稳健、快速发展，开启建设特色股份制商业银行的新局面。

2018年，津市支行各项存款余额为17亿元，市场份额占比达11.28%，较年初净增1.95亿元，占同期金融机构新增存款21亿元的9.28%。各项贷款余额为8.4亿元，其中个人贷款1.6亿元、公司贷款5.58亿元、小微贷款1.22亿元，市场份额占比达15.38%。津市支行自开业以来累计投放贷款17亿元，呈现良性发展势头、零不良。支行各项指标在华融湘江常德分行9家经营机构中排名靠前，各项工作得到市委、市政府及上级行高度认可。

2018年，津市支行员工13人，其中行领导3人、主管1人、客户经理3人、柜员5人、理财经理1人。

津市支行秉承"青年兴、华融兴"的人才理念，践行"星火燎原、照亮华融"中国华融精气神，以优质服务赢得社会各界良好口碑，在全市优化经济环境测评中连续叁年排名靠前。支行先后荣获"湖南省银行金融服务竞赛百佳优秀团队""常德市青年文明号""常德市五四红旗团支部""津市市平安建设先进单位""华融湘江银行优质服务示范网点"等。

【银政、银企合作】支持津市市医疗卫生以及民本民生工程，服务重点项目建设。

2018年该行向津市市城市建设投资开发有限责任公司发放6000万元项目贷款用于津市市千吨级码头项目建设，该项目的建成进一步优化津市交通运输格局，为津市实现工业立市战略提供便捷运输条件。

2018年该行向津市市中医医院发放1000万元流动资金贷款以用于购买医用设备以及器材，提高了人民医院硬件设施水平，为广大患者带来了福祉。

倾力支持中小微企业，服务实体经济。

该行已向湘澧盐化综合授信8000万元，为其盐业体制改革后发展腾飞提供强有力的资金支持。该行于2018年向湖南欣龙非织造材料有限公司发放3000万元贷款用于购建第二条生产线以及后整理车间，第二条生产线将于今年4月正式投产，企业营业收入预计将会增加5000万元。同时金湘猪鬃、汉晶瑞、绿康食品、恒博尔热风机、广兴商贸

(超市)、兰苑宾馆等一批优质企业该行的贷款资金支持下实现健康稳定的发展。

津市湘淮村镇银行

【概况】湖南津市湘淮村镇银行股份有限公司(以下简称湘淮银行)是经中国银行业监督管理委员会批准,由全国28家标杆银行之一的浏阳农商银行作为主发起行,常德和津市市人民政府参股,征集部分省内企业法人及社会自然人共同发起,于2016年11月设立的区域性独立法人银行。湘淮银行总部位于津市市津澧大道998号,机构下设财务部、综合管理部、风险合规部、市场拓展部和营业部,有员工15人。

2016年7月,湘淮银行筹建工作小组进驻津市,先后征集发起人并召开发起人会议和创立大会,制订公司各项管理制度和业务发展三年规划,开展员工招聘及培训工作,确定营业网点并完成装修。2017年4月取得金融许可证和营业执照,注册资金1亿元,于7月18日顺利开业。

湘淮银行立足津澧,面向常德,以津市地区为中心向周边地区的"三农"、个体工商户、城镇居民和小微企业等发展提供优质金融服务,先后推出农户小额信用贷、工薪消费贷、商户流量贷、企业流动循环贷等面向农户、社区居民、商户、企业的贴心、便捷产品,社会成效显著;结合津澧地方实际,增加服务种类,健全金融工具,拓宽业务领域,加强与银行、保险、担保公司等其他金融机构的合作,增强发展后劲,与常德财鑫担保公司、常德圣禹基业融资性担保公司合作开展担保贷款业务,与中华联合保险公司合作开展人身意外伤害保险、财险等代理业务,与华融湘江银行、长沙农商银行、交通银行开展同业资金往来业务,与澧县农业产业协会建立战略合作关系;坚持优化内部管理,加强内部控制,健全和完善各项经营管理制度,建立监督机制和激励约束机制,加强风险防范,增强竞争能力,目前基本制度建设框架已完成,下一步需优化操作流程和细化操作办法;坚持支农支小及小额分散的战略定位,全力做小做优,朝流程化、精细化、市场化管理目标稳步迈进。

截至2018年12月31日,各项存款余额达到3.03亿元,发放贷款424户,贷款余额1.9亿元,贷款收息率100%。

长沙银行津市支行

【概况】长沙银行股份有限公司津市支行2018年末在职员工15人,隶属一级支行,设有市场营销部、营业部;开设1个贵宾室、2个对公柜台、2个综合柜台,自助取款机3台。

各项存款。截至2018年12月31日,支行一般性存款时点4.1亿元,较年初减少6821万元;一般性存款时期4.2亿元,较年初新增2.7亿元;储蓄存款时点6906万元,较年初增长3442万元;储蓄存款时期5200万元,较年初增长4685万元。

各项贷款。表内外授信总额5.9亿元,贷款余额3.8亿元。其中表外贷款余额3亿元,表内贷款余额8232万元;新增对公授信客户数4户,新增中小企业贷款2462.6万元。

各项业务指标。新增零售客户数3964户,新增全口径有效客户1876户;新增网络活跃客户数757户;新增财富客户对私管理资产2499万元,对私资产管理销售额2.3亿元;新增信用卡标卡发卡1248张,其中有效标卡595张,心意通卡贷款余额3867万元,较年初新增2686万元。

内控管理。按照分行制定的《2018年度案件防控工作计划》,支行在安全保卫、运营业务、信贷业务、风险管理、财务管理、员工排查等六个方面开展案件风险排查工作,对检查出来的问题及时整改,做到有风险及时防范,防止向重大差错转化;强化员工行为管理,2018年支行组织1次全行员工行为排查活动,加强员工风险防范意识,规范员工操作行为管理。

网点服务。2018年,支行引进2台智慧柜台,在智慧柜员机上,客户可以办理包括开户、查询明细、转账汇款、激活新卡、修改密码、电子银行签约等在内的各项业务,从而让客户方便快捷的办理金融业务。(李珊珊)

津市市金源小额贷款有限责任公司

【概况】津市市金源小额贷款有限责任公司成立于2010年12月2日,注册资本6000万元,法人代表严朝晖。公司经营地址位于津市市三洲驿办事处后湖社区车胤大道57号,有管理人员及员工8人,经营范围涉及发放小额贷款及提供财务咨询。是湖南省人民政府批准的按照中国银行行业监督管理委员会和中国人民银行《关于小额贷款公司试点的指导意见》要求设立的全省小额贷款公司试点单位之一。是湖南省人民政府金融工作办公室核准登记、人民银行批准的非存款类金融机构。

截至2018年底,金源小贷公司拥有49位贷款客户,当年累计发放贷款1.5亿元,年底贷款余额为6980.8万元。公司成立8年来,累计发放贷款12亿元,对扶持和发展津市市的小微企业、涉农及个体工商户做出了积极贡献。(王大越)

证　券

【概况】方正证券常德津市孟姜女大道证券营业部于2009年11月经湖南证监局批准成立,于2018年10月搬迁至湖南省常德市津市市孟姜女大道宝悦乐城2楼。营业面积600平方米,拥有散户大厅、大中户室,交易环境舒适、宽敞,交易设施先进、完备,交易通道快捷、安全。营业部位于孟姜女大道17号中国银行二楼。营业部与各大银行都开通第三方存管业务,设有自助委托、电话委托、网上交易等多种服务手段,使客户委托、交割、转账便捷,为客户提供方便快捷全面的网络服务。常德津市孟姜女大道营业部采取“营销、客服、咨询”三位一体经营模式,以规范的内部管理、有口皆碑的特色服务赢得客户赞誉,成为投资者理想的证券投资场所。

2018年营业部共有员工21人,其中经纪人8人。至12月31日营业部资金账户数38592户,全年股票基金交易量751421.14万,全年缴税总额82.28万元。（杨正兴）

【证券经纪业务】常德津市孟姜女大道营业部2018年全年交易金额751421.14万元,实现营业收入695.91万元,指定和托管市值4.99亿元,客户交易结算资金3.94万元。（杨正兴）

【融资融券业务、期货中间介绍业务、证券投资顾问业务】2011年10月经湖南证监局审核批复,取得融资融券资格。2018年末信用资金账户数量643户,营业部所有客户已获批可使用授信额度35821万元,融资融券收入156.49万元。

2013年7月经湖南证监局审核批复,取得期货中间介绍业务资格。2018年末累计期货业务客户数356户,累计成交量72441万元,累计IB业务净收入29.2万元。

2012年末取得投顾资格以来,营业部现有投顾1名,2018年签约资产日均过亿元,累计签约收入42.26万元。

（杨正兴）

财产保险

【概况】2018年,人保财险津市支公司瞄准日益变化的市场形势和日益增长的民生需求,坚持转方式、调结构、防风险、促发展主基调,调整业务结构,转变发展方式,坚持有效益的发展,全司上下目标明确,扎实工作,从根本上提升公司的拓展能力、竞争实力和市场影响力,公司经营管理迈上新的台阶。人保财险津市支公司提高把握机遇的能力,把良好的政策环境转化为促进发展的动力,加快有效益业务的发展。

业务发展稳定增长。市场份额保持稳定,2018年公司实收保费达到4666万元,实现利润426万元,市场份额稳定在60%以上。2018年车险收取保费3019万元,津市星胜公交、龙运公司、欣运集团、政府采购以及的士公司车辆基本在津市公司承保,另外还包括澧县金泰物流公司、常德邮政快递以及澧县新澧化工有限公司等域外业务;财产船货险收取保费324万元,其中货运险45万元、财产险279万元;责任意外险收入保费247万元,其中责任信用险101万元、意外建筑险146万元。

坚持服务大局,经济补偿功能凸显。2018年,人保财险公司津市支公司发挥保险市场主渠道作用,勇担社会责任,对当地经济补偿的作用更加明显。全年公司签订保险合同2万多笔,承担风险金额30多亿元,全市多家企事业单位获得保险保障。公司全年处理各类保险赔案4000余件,其中机动车辆保险事故发生1362余件,支付机动车辆保险赔款1632万元。影响较大的赔案有:津市星胜公交有限公司的车险事故,2018年7月4日星胜公交一台公交车,在津市灵泉镇行驶过程中与一摩托车发生交通事故,造成摩托车驾驶人员重伤,接到报案后,公司履行保险义务,充分发挥社会相应职能,启动应急预案,配合该单位采取应急措施,在前期抢救中抢救费用就高达近50万元,其中公司已垫付抢救费10万元,该伤者现已成为植物人,伤残等级达到一级,后期补偿损失近40万元,该案共计损失近90万元。

农业保险稳步推进。公司努力将农业保险这项党和国家的惠民政策落到实处,探索推行农业保险基层服务体系建设,使中央政府到地方由过去单纯靠民政农业灾后救助过渡到事前的保险制度安排相结合的惠农政策逐渐变为现实。贯彻落实各级政府和上级公司关于政策性农业保险的要求部署,服务社会主义新农村建设。2018年,全市农业保险签单承保种植业17.9万亩,其中水稻10万亩,棉花7.9万亩;养殖业签单承保头数152.69万头(羽),其中,能繁母猪签单承保2.2万头,育肥猪签单承保11.6万头,肉鸡签单承保138.89万只,为全市种植(养殖)户提供风险保障。公司发挥救灾补偿职能,将中央和省级财政惠农保险资金,用保险这只无形的手,共为全市6500多户受损农户支付不同金融的保险赔款719万元。

坚持优质服务,维护公司形象。开展整顿经营作风坚持依法合规经营活动,整治违规违纪经营行为,贯彻落实保监会和湖南保监局关于行业治理整顿的有关规定,坚持诚信文明从业和依法合规经营,带头执行行业自律公约,维护市场竞争秩序,努力提高行业公众形象;推广客户服务标准化系统,推行承保、理赔“绿色通道”,有效解决“理赔不难”的问题。人保财险公司对理赔服务实行快赔机制,即1万元之内的赔案立等可取,8万元以内的赔案7天内赔付到位。优质服务举措极大地化解受灾客户的困难,提升公司的社会形象,客户对公司的认可度日益提高。(姜小巍)

人寿保险

【概况】中国人寿保险股份有限公司津市支公司2018年以服务客户为宗旨,全方位为企业事业单位、广大投保客户提供保险保障,及时理赔兑现,满期给付和生存领取。

2018年津市支公司代理人人数增至330人,较2017年增长10%,为津市新增就业岗位近百人。2018年津市支公司共缴纳税收1064393.1元,同比增长22.77%。（谭松姗）

【业务发展】2018 年津市支公司保费总收入为 8258.2 万元，同比增长 6.58%，其中新单期交保费收入 1843.61 万，同比增长 7.52%，三年期交保费收入 1032.65 万元，同比增长 57.71%，续期保费 5780.56 万元，同比增长 27.68%，短期险保费收入 474.77 万元，同比增长 9.85%。

【打造“诚信服务金牌团队”】2018 年津市支公司以“诚信我为先”活动深入推进诚信建设，加强沟通、整合资源、抓紧落实，制定活动实施细则，把对销售人员的诚信教育作为公司的首要任务，努力打造诚信服务金牌团队。连续 4 年致力于保险的诚信合规教育，2018 年的主题是“诚信我为先—11’心连心”，以诚信赢得客户、促进发展，营造诚信和谐的良好氛围；以诚信铸就团队文化内核。（谭松姗）

【培训一支一流的员工队伍】2018 年津市支公司共有员工 21 人，为提升国寿的竞争力，公司把员工的素质教育放在首位，从硬件、软件两个方面着力打造一流的客户服务团队。加强岗位练兵，提升服务技能。多措并举，利用公司“95519”的短信平台，为客户提供卓有成效的服务外，还把国寿“6·16”客户节作为与广大客户的交流平台，通过该客户节的联欢活动，拉近公司与客户、公司与营销员、营销员和客户的沟通。（谭松姗）

【诚信服务】2018 年津市支公司以“诚信我为先”活动深入推进诚信建设，加强沟通、整合资源、抓紧落实，制定活动实施细则，把对销售人员的诚信教育作为公司的首要任务，努力打造诚信服务金牌团队。连续 4 年致力于保险的诚信合规教育，2018 年的主题是“诚信我为先—11’心连心”，以诚信赢得客户、促进发展，营造诚信和谐的良好氛围；以诚信铸就团队文化内核。

2018 年津市国寿以“诚信我为先”活动深入推进诚信建设，加强沟通、整合资源、抓紧落实，制定活动实施细则，把对销售人员的诚信教育作为公司的首要任务，努力打造诚信服务金牌团队。连续五年致力于保险的诚信合规教育，以诚信赢得客户、促进发展，营造诚信和谐的良好氛围；以诚信铸就团队文化内核。公司从销售人员“两个风险点”专题教育，搜集客户真实资料，组织进职场、进社区、进柜面等活动，分三个阶段认真开展此项活动。在推进公司职业道德诚信教育的制度化、日常化和规范化，以及提升公司品牌，树行业新风等方面都起到良好的促进作用。每年 9 月 16 日是中国人寿诚信合规日，津市支公司在领导的精心部署下，扎实有效地组织各项活动。同时进社区摆摊设点搞宣传，收到非常好的宣传效果。（谭松姗）

【反洗钱工作】2018 年津市支公司积极开展反洗钱宣传活动，提高社会公众对反洗钱工作重要性的认识，预防洗钱活动，遏制洗钱犯罪，鼓励举报涉嫌洗钱犯罪等信息。同时，在宣传活动中充分发挥各级反洗钱工作部门的作用，凝聚反洗钱力量，营造和保持全辖共同参与反洗钱，打击洗钱犯罪的良好氛围，防范金融风险，维护金融稳定。津市支公司反洗钱工作突出三个重点：一要重点普及反洗钱基本知识。向社会公众介绍洗钱犯罪的基本特征及手段等，介绍近年来典型洗钱案例，提高社会公众识别洗钱风险的能力。二要重点宣传反洗钱相关法律法规。包括《中华人民共和国反洗钱法》《金融机构反洗钱规定》《金融机构大额交易和可疑交易报告管理办法》等，提升社会公众的法律意识和洗钱风险防范意识。三要重点明确金融机构及公民的反洗钱义务。向社会公众宣传客户身份识别等反洗钱履职措施的必要性，引导公众理解、配合金融机构开展反洗钱工作。（谭松姗）

【“两个加强、两个遏制”回头看工作】2018 年根据总公司《关于印发〈关于开展“两个加强、两个遏制”回头看的工作方案〉的通知》、省公司《关于印发〈湖南省分公司关于开展“两个加强、两个遏制”回头看的工作方案〉的通知》及湖南保监局湘保监稽查的要求，遵照分公司党委、总经理室指示，津市支公司组织开展“两个加强、两个遏制”回头看工作。通过听取各部门汇报、访谈各渠道业务员、查阅资料等方式核验被检查各部门是否严格遵照外部监管机构和上级公司要求的步骤实施自查、整改和督导抽查等；检查各部门填写的工作底稿、抽样记录和样本，核验其是否对每个风险点都执行了规范的检查动作，验证样本的抽取是否真实有效以及是否对样本进行了认真查看，查验底稿是否留有相关人员的签字记录，确保自查过程有迹可循、自查结论有据可查；通过随机抽样、调阅凭证单据、现场查验等方式核验被检查单位的业务是否存在问题和风险。（谭松姗）

【保险理赔】2018 年，津市支公司赔付支出 4864.4 万元，其中：死亡给付 204.92 万元，伤残给付 3.6 万元，医疗给付 65.65 万元，满期给付 3143.99 万元，年金给付 371.17 万元，赔款支出 1075.07 万元。（谭松姗）

2015～2018 年短期险保费收入及赔付统计表

单位：万元

项目	2015 年	2016 年	2017 年	2018 年
实收保费	291.8	336	431.54	466.63
赔款	78	173.2	254.69	398.82
赔付率	26.73%	51.55%	59.02%	64%

财　政

【概况】2018年，财税收入量增质升。全年完成一般公共预算收入7.86亿元，较上年增长11.07%。其中，实现税收收入6.72亿元，税收比重85.43%，创历年新高。完成地方本级收入4.32亿元，其中，非税占比26.52%，较上年下降5.11个百分点。收入增速和非税占比两项指标顺利通过常德考核，实现收入总量增长和收入质量提升的双重目标。全年完成对上争资收入24亿元。其中，上级补助收入17.6亿元，其他债券现金收入6亿多元。体制性转移支付取得长期、稳定收益。争取调整财力等级，均衡性转移支付净增1.1亿元、相关民生地方配套减少3000多万元。专项债券获得政策倾斜。争取棚改专项债券4.9亿元、土储专项债券0.78亿元。全年完成国资收益2.76亿元，超计划0.76亿元。精细管理国有租赁资产，腾退两处有安全隐患的资产，狠抓直管公房和房改房拆迁补偿，实现租赁收入80.37万元，资产补偿收入96.45万元。实现棚改征拆收入1.92亿元，污水处理费588.42亿元。完成老债权清收268万元，公车拍卖实现收入301.56万元。开展热力项目特许经营权和原热电厂国资的拍卖工作，实现拍卖收入0.71亿元。资金调度合规有序。采取加大政府基金调入一般公共预算的统筹使用力度、加大财政专项资金盘活使用的力度、加大债券资金灵活运用的力度、加大土地指标资金调度使用的力度等办法，解决部分资金长期趴账、部分领域急需用钱的矛盾问题，提高资金使用效益，提升财政保障能力。

内引外联，强化资金保障，支持产业发展。兑现奖励优惠政策。年初安排500万元市委经济工作会议奖励，对发展经济的纳税大户、新入规企业、创名品名牌企业等进行奖励；安排1.5亿元兑现招商引资、“工业十条”、盘活低效闲置企业等优惠政策，推动建成完整产业链条，促进企业做大做强，实现部分闲置企业“腾笼换鸟”、焕发生机。支持园区和企业做大做强，返还园区税收3500多万元、注资嘉山实业2亿元，支持园区热力项目、污水处理厂、电子产业园、科技研发平台等基础设施建设，助力打造园区经济发展的平台高地、政策洼地；安排科技成果转移转化资金2000万元、安排1亿元设立产业发展基金，支持发展高新技术。累计帮助企业争取上级奖补资金2700多万元。发挥财政资金杠杆作用，通过财政注资的津鑫投、助保贷、科技银行等平台，累计为企业担保融资3亿多元。通过运用财政资金存放考核、普惠金融专项奖励等办法，引导商业银行扩大放贷。融资办还争取省农信公司放大贷款规模，累计为津市农业产业化企业发放贷款1050万元。扩大创业担保范围，累计发放创业贷款2100万元，扶持创业185人。落实减税降费政策，及时督促税务部门清理

2018年财政工作会议

落实税收优惠政策，重点落实小微企业增值税限额免征、所得税减半征收和中小型企业科技研发加计扣除等重大优惠政策；落实部分企业留抵税款一次性返还政策，返还企业税收430多万元。非税局全面开展涉企收费清理，确保达到减费降负效果，全年行政事业收费同比下降30%。

贯彻“以人民为中心”的发展理念，致力改善民生，打造民生财政。全年一般公共预算支出24亿元，其中，八项民生相关支出达到18亿元，占到74.7%。共安排社保就业资金7.65亿元。实现企业养保“十四”连增，城乡居民基本养老最低达到103元，落实城乡低保、五保、残疾人、优抚等各项民生政策提标，支持养老中心二期建设。共安排卫生医疗资金2.3亿元。城乡居民医保人均财政补助达到490元，较上年增加40元。健康扶贫投入200万元建成健康扶贫一站式结算系统，拨付健康扶贫兜底资金400万元，保证贫困人口医疗报销比例达到90%。支持中医院新建、人民医院医技楼建设等，支持开展农村妇女两癌筛查和孕产妇筛检。安排教育资金2.4亿元。拨付教育经费保障资金1232.1万元，安排“特岗计划”“三区支教计划”资金416万元，支持学前教育345万元，支持职教发展456万元，推动从学前教育到义务教育、职业教育全方位的提质发展。安排薄弱学校改造资金828万元，支持城区一小、七小、嘉山及各镇中小学提质建设，改善办学条件。全力落实从幼儿园到义务教育、中职、高中的困难学生资助政策，拨付资金560万元。安排文化体育传媒资金6552万元。以公共文化服务体系为主线，支持完善市镇村三级文化设施建设。支持三馆免费开放110万元，支持健康湖南、百团大赛等文化体育活动经费137.5万元，支持文物保护和文化创作等174万元，支持足球场和乒乓球房改造240万元等。

津市市2018年财政收支统计表

单位：万元

收入项目	金额	支出项目	金额
一、税收收入	31741	一、一般公共服务	23619
其中：增值税	10340	二、国防	398
营业税	0	三、公共安全	7751
所得税	6723	四、教育	23944
城建税	1929	五、科学技术	4800
二、非税收入	11453	六、文化体育与传媒	6552
专项收入	2665	七、社会保障与就业	76506
行政事业收费	725	八、医疗卫生	23001
罚没收入	4428	九、环境保护	7908
国有资本经营收入		十、城乡社区事务	7990
国有资源（资产）有偿使用收入	2721	十一、农村水事务	25275
其他收入	914	十二、交通运输	4216
三、上级补助收入	175121	十三、资源勘探信息等支出	2103
其中：返还性收入	5725	十四、商业服务业与事务	1372
财力性转移支付收入	11435	十五、金融监管等事务支出	68
专项转移支付收入	55081	十六、国土资源气象等事务	3851
四、国债转贷补助		十七、住房保障支出	12394
五、转贷财政部代理发行地方政府债券收入	3500	十八、粮油物资储备支出	705
六、调入资金	22302	十九、债务付息支出	5020
七、上年结余	790	二十、其他支出	1920
		二十一、债务还本支出	
		二十二、上解上级支出	4731
		其中：一般转移支付	726
		专项转移支付	3904
		二十三、调出资金	
		二十四、安排预算稳定调节基金	
		二十五、年终结余	783
总　计	244907	合　计	244907

细化部门预算编制,启动部门支出经济分类科目改革,部门支出更加清晰明了;启动预算项目库建设,对经过市委、市政府集体研究决定的项目统一列入预算安排,剔除过期专项,推动财政专项“零基预算”管理;实行机关养保预算改革,从2018年起将退休人员费用支出纳入机关社保基金支出,部门预算不再编制退休人员津贴;加大力度盘活存量资金,对结余二年以上的资金严格执行财政收回政策,2018年共盘活存量2245万元;持续推进预决算公开工作,实行除涉密资金外,其他资金一律公开,包括上级各项转移资金及分配方案等全部网上公开,提高预算透明度,增进社会满意度。PPP改革重启实施。贯彻执行PPP项目负面清单,规范PPP管理,摆脱PPP改革一度停滞不前的局面,继续推进PPP项目库建设和制度规范建设等基础性工作,酝酿新项目开展PPP合作,落实城乡供水一体化和垃圾分类处理集镇污水处理及毛里湖治理的2个PPP项目签约工作。并在年底,供水一体化PPP项目已完成员工补偿和再签约工作,标志着该PPP项目正式进入落地阶段。　　(马华明、易盟)

【**国库集中支付管理**】2018年完成集中支付32.1亿元,同比增加4.8亿元,增长17.58%,直接支付占比99%。突出端口把关作用,为投资评审、政府采购守住最后关口。规范资金管理,严格执行非税收入、往来资金缴存财政专户规定,禁止任何形式的超预算、超计划资金支付。严格管控“三公”经费、招商经费等一般性支出,全年“三公”经费支出1057万元,同比减少548万元,下降34.14%。启动集中支付电子化改革,相关准备已经全部到位,软硬件设施设备正在加紧调试部署,2019年一季度即可试点运行。　　(齐志坚)

【**非税收入征收管理**】2018年,规范非税政府统筹工作,明确统筹范围、标准等,加强一致性管理;规范基建一体化收费机制,堵塞管理漏洞,全年收费1634万元,同比增长8%;规范非税票据管理,督导票款同步,清缴逾期资金5万多元;规范执收项目,加大非税稽查力度,督导落实减费降负政策;持续推进非税电子化改革,开发教育领域微信缴费平台,方便学生家长缴费。

(单文杰)

【**政府采购和投资评审管理**】2018年,累计完成评审项目405个,审定资金15.23亿元,综合审减率13.78%,其中,评审预算项目225个,结算项目180个。全面贯彻“不唯减、只唯实”评审理念,质量管控从报送环节起就从严把关,突出现场勘察环节的评审,防止高估冒算。对规模较大、专业性强的项目,实行中介初审、中心复审;对小规模项目实行中心初复审,提高评审效率。完善中介评审机构库和组建评审专家库,为财政评审提供可靠的技术支撑。规范政府采购管理,坚持“先预算后采购、无预算不采购”,强化采购程序管理。规范50万元以下的本级组织的政府采购活动。开展采购业务培训宣传,提高采购人综合能力,齐抓共管提高采购实效。

(邓玉兰、韩绍军)

市财政局进行宪法宣誓活动

【**预算管理改革**】2018年,进一步细化部门预算编制,启动部门支出经济分类科目改革,使部门支出更加清晰明了;启动预算项目库建设,对经过市委、市政府集体研究决定的项目统一列入预算安排,及时剔除过期专项,推动财政专项“零基预算”管理;实行机关养保预算改革,从2018年起将退休人员费用支出纳入机关社保基金支出,部门预算不再编制退休人员津贴;加大力度盘活存量资金,对结余两年以上的资金严格执行财政收回政策,2018年共盘活存量2245万元;持续推进预决算公开工作,实行除涉密资金外,其他资金一律公开,包括上级各项转移资金及分配方案等全部网上公开,提高预算透明度,增进社会满意度。贯彻市委、市政府部署,2018年对原差额、定额和收支挂钩的单位,实行工资、津补贴、车补等财政全额保障。所有单位2018年度的十三个月工资、综治奖励按50%保障、绩效奖励按70%保障,2019年度的统一按100%保障。按照新的保障要求,2018年预算追加4208万元,2019年预算新增4915万元。在全面保障的基础上,将十三个月工资、综治奖励、绩效奖励的财政全额保障与单位的争资、统筹工作相挂钩,按争资、统筹工作考核结果分档安排保障资金。保障改革有效提升部门对上争资和支持统筹的积极性。

(董燕敏)

【**融资与债务管理**】截至2018年底的债务数据,根据省厅考核,津市已经完全退出预警范围,取得防范化解债务风险攻坚战的良好开局。作为该项攻坚战的牵头部门,市财政局及时汇报中央、省防范化解政府债务风险文件精神,在市委、市政府支持下,组建债管办,建立风险基金,制定防范债务风险方案,通过明确责任分工、强化工作考核,保证债管工作开展。厘清债务底子。

分别在3月和8月对全口径债务和隐性政府债务进行全面清理，建立完善网上债务监测系统，做到彻底澄清债务底子。制定化债方案。按照10年化债、遵守契约的原则，逐年确定化债规模，锁定化债来源，落实化债任务，确保不发生“处置风险的风险”。根据化债方案，完成2018年到期债务及部分违规债务的全面化解和整改工作。严控隐性债务。全面实施停缓调撤，对原计划投资48.47亿元的90个项目，压减投资规模13.2亿元，其中，调减项目17个、暂缓6个、停建18个。争取债务政策。突出化危为机，争取合规举债。在准确把握债务率、债务限额和综合财务等核心指标的基础上，争取债券政策，落实一般债券和专项债券增量以及置换债券借新还旧等工作，预计受益于2018年扎实的债务数据，2019年一般债券和相关专项债券的额度有较大幅度提升。

（刘向云）

【推进平台转型】严格执行上级政策，推进平台公司实质性的市场转型，再造发展平台，助力地方发展。完成平台转型考核。对纳入省考核的8家平台公司，在全面清资核产的基础上，按照完成股权转移、债务清偿整合、注销登记等工作。其中，整合住保投、嘉山水务、交通投3家，转型国资公司1家，注销东城开发、嘉鑫投资2家。顺利通过省级考核，城投公司和嘉山实业纳入省级名录管理予以保留。稳定城投公司运行，全年城投公司作为城建项目的实施主体，累计完成投资1.2亿元，实施项目33个。其间，完成资金筹集、工程款支付、违规债务配合整改等工作。在项目管理上，出台《政府投资项目建设管理实施细则》和《限额以下工程建设项目竞争性比选办法》等系列新规，进一步规范了项目管理。构建转型发展框架。基本构建国资公司、城投公司、嘉山实业“三驾马车”转型发展框架，归口财政管理的国资、城投基本理顺公司治理体系。其中，城投公司完成历年的项目清理结算工作，落实资产、股权等权属确认工作，实现政府平台的彻底脱钩，取得园林、市政和房地产开发等资质，为转型发展铺平道路。（刘向云）

乡镇财政规范管理培训

【乡镇财政管理】2018年，出台《财政所管理办法》，对财政所工作职责、人事管理、财政财务管理、内控管理、监督管理等事项进行明确规范，并加强督促检查，指导财政所规范化建设；加强业务培训，累计开展5期培训，提高财政所业务综合能力；加强业务管理，督导精细编制镇街预算，规范镇街资金管理，及时公示公开各类专项资金，接受群众监督；加强财政所建设，支持药山、白衣、襄阳街困难财政所改造，支持汪家桥财政所创建省厅星级财政所；抓好理顺财政所管理体制的后续工作，实现人员编制归口管理，落实符合条件人员的公务员登记和职务职级并行，实现财政所人员真正回归财政系统。此外，扎实开展一事一议奖补工作，争取上级资金753万元、本级配套200万元，完成奖补项目40多个，有力支持了农村基础建设。加强惠农补贴“一卡通”打卡发放工作，累计打卡发放资金近亿元，涉及补贴项目49个，并认真做好涉及贫困户的“两折两卡”工作。（汪媛萍）

税　务

【概况】2018年，国家税务总局津市市税务局落实省、市局和津市市市委、市政府的工作要求，紧密结合工作实际，稳步推进国税地税征管体制改革工作，坚持组织收入原则不放松，抓税费收入、抓优化服务，完成各项工作。全年共组织入库各项收入73101万元，同比增收10421万元，增幅16.63%。

【机构改革】2018年，国税地税征管体制改革启动以来，原津市市国家税务局、原津市市地方税务局严格按照中共中央办公厅、国务院办公厅印发的《国税

国家税务总局津市市税务局2018年收入完成统计表

单位:万元

收　入	财政预算口径				
	2018年	2017年同期	同比增减	增减%	完成年计划%
税收收入	67846	58096	9750	16.78%	101.45%
规费收入	2284	1785	499	27.97%	114.72%
收入合计	70130	59881	10249	17.12%	101.83%

地税征管体制改革方案》中，明确改革的“三个先后顺序”“三个关键时间节点”，对标对表推进各项改革任务。7月20日，完成“国家税务总局津市市税务局”新机构挂牌，以新面貌对外履行征管服务职责。随后，相继完成两个办税服务厅的一厅通办，整合全局内外网站、征管业务、政务公开等。8月16日，提前近一个月完成个体工商户定期定额核定差异调整工作。8月21日，征收管理科、征管和科技发展科整合办公;10月25日，完成全局人员调配、机构调整。

8月29日，津市市委书记傅勇，市委常委、常务副市长熊斌，市委常委、市委办主任杜登全及相关工作人员到市税务局调研

【组织收入】2018年，在经济下行压力较大、减税力度加大的情况下，国家税务总局津市市税务局主动作为，按照“四个坚决”（坚决依法收好税、坚决不收“过头税”、坚决落实减免税、坚决打击偷骗税）组织收入原则，提升征管主观努力程度，实现税收总量和质量的同步提升。坚持依法征税，确保应收尽收。摸清税源底子，对重点税源实施监控跟踪管理，推进税收征管分类、分行业精细化管理，堵漏增收。加强重点税源大户税收管理，分户进行税收分析，实时税源预测、跟踪管理。以票控税，确保不新增欠税，对园区正常经营的欠税企业如超华汽部、泰安锻造、友联纺织、新鲁包装等，督导欠税清缴。加强纳税评估，督促企业分期入库。加强税源监管，防范税收风险。利用津市综合治税平台，与财政、住建、房管、国土、水利等部门协调沟通，继续深化对建安企业、房地产企业的征收管理。完善外管企业征管流程，分户建立外管企业工程项目管理台账，确保税款及时足额入库。加强分析预测，掌握税收动态。全面量化分析税收增减因素，定期开展月度、季度收入分析，减税政策对收入影响的效应分析等，充分利用和挖掘经济税收数据，做好税收形势、税收风险、政策效应、经济运行“四类”（税收形势、税收风险、政策效应、经济运行）分析，通过收入分析查找组织收入中的薄弱环节，加强征管，堵漏增收。

【优化服务】2018年，在国税地税征管体制改革过程中，国家税务总局津市市税务局坚持“改革未动、服务先行，改革深化、服务优化，改革落地、服务升级”，切实解决办税“难点”和“堵点”。创新税收宣传，举办“创响三湘 税励园区”津市市第27个税收宣传月启动仪式。联合津市二小开展“税法进校园”活动，将该校列为税法宣传基地并授牌，采取广受学生喜爱的漫画和故事形式宣讲税收知识、开展手抄报比赛，引导广大青少年学习税法、了解税收，营造了“教育学生、带动家庭、辐射社会”的税收宣传氛围。升级纳税服务，实行所有税收业务“一厅通办”“一窗通办”“一网通办”。召开纳税人座谈会、走访重点税源企业、“面对面”征求企业对新税务机构的意见和建议，及时回应纳税人需求。全面推行办税事项“最多跑一次”，利用二维码、电子显示屏、微信群等多种办税渠道对“最多跑一次”公告及清单内容进行宣传。推广支付便民新模式，缴税也能“扫一扫”，纳税人通过手机银联云闪付APP扫描支付缴税，通过“互联网+税收”让“放管服”改革落到实处。在不动产登记中心增设二手房交易办税窗口，方便二手房交易纳税人办理业务。落实税收优惠政策，把落实优惠政策作为提升站位、服务大局的重要举措，建立健全政策落实保障机制，不折不扣执行到位。2018年，共有549户次减免税额3801万元，为支持地方经济发展发挥积极作用。服务对接精准扶贫，对2个贫困村（药山镇药山村、毛

7月20日，国家税务总局津市市税务局挂牌成立，标志着原津市市国家税务局、原津市市地方税务局正式合并

里湖箭楼村)的5个帮扶对象和2个非贫困村(棠华铺社区、药山镇新湖村)的52个帮扶对象开展精准扶贫,定期下户实地走访,分类登记造册、填制台账。

【税制改革】2018年,国家税务总局津市市税务局力促政府主导、凸显部门协同,有序推进各项税制改革,让纳税人享受改革红利,增强纳税人获得感。推进个人所得税改革,为落实个人所得税起征点从3500元提高至5000元,增加子女教育、继续教育、大病医疗、住房贷款利息、住房租金抵扣、赡养老人6项专项附加扣除等改革政策,成立由"一把手"牵头的个人所得税改革领导小组及专项工作组,抽调专人集中办公,细化分解了6个方面、27项具体改革任务。强化对内对外宣传辅导,营造个税改革氛围,广泛开展宣传、推送宣传资料。举办个人所得税业务专场培训3场,全市1045户扣缴单位财务或法人参加,现场发放宣传资料1300余份,确保宣传覆盖面达到100%。针对重点户面下户辅导200余户次,确保全市客户端安装率和使用率均达到100%。进学校、医院、政府机关等行政事业单位宣传辅导300余人次,确保进财政统发工资的120家单位,3708名干部职工能够按要求进行自行代扣代缴明细申报。有序推进社保费和非税收入职责划转工作。分3批到人社局5个保险中心采集数据,抽调人员对社会保险费基础数据进行了4轮集中清理,共核实数据3558条,税务部门修改数据72条,回传给人社部门修改的数据696条。举办社保费划转工作培训会,142户机关事业单位和79名代办员参加培训,重点对划转范围、征缴流程、应急处理等情况进行了讲解。不断深化增值税改革,落实将17%和11%两档增值税率分别下调1个百分点、统一增值税小规模纳税人标准(500万元)、退还部分行业增值税留抵税额三项深化增值税改革措施。全市共有30户符合条件的一般纳税人转登记为小规模纳税人,7户符合退税条件企业收到退还的期末留抵税额465.23万元。

10月31日,津市市税务局组织召开"问需求 优服务"纳税人座谈会

【队伍建设】强化党建引领力。"三定"(定职责、定机构、定编制)到位后,迅速成立机关党委、纪委和8个党支部,按照"一个支部一个堡垒"要求,选优配强党务干部。严格落实"三会一课"(定期召开支部党员大会、党支部委员会和党小组会,按时上好党课)、主题党日、民主评议党员等制度,把党支部活动和深化机构改革相结合,开展深化机构改革专题组织生活会暨"四合"(人合、事合、心合、力合)大讨论活动和党员承诺践诺活动、深化税务机构改革专题党课、党委中心组理论学习等活动。激发和合战斗力。召开军转干部座谈会、退休干部座谈会、青年干部座谈会,耐心细致开展思想政治工作。开展气排球、"七夕"联谊、省文明标兵单位创建等活动,加深干部之间的深度融合。组织青年志愿者以全新的身份与津市市特殊教育学校开展结对帮扶志愿服务活动,为130多名"特殊的孩子"送去温暖的冬季礼物,用行动延续24年的爱心传统。业务培训强素质。开展办税服务厅窗口工作人员业务知识和应急工作培训,采取"讲、练、办"模式,重点培训常见突发情况和纳税服务业务。归纳、整理税收政策,制定教育培训计划,组织开展年轻干部和业务科室人员共同学习业务知识;积极组织参加上级局各类业务培训,从税收业务、党建、人事、新闻宣传等各方面提升干部队伍整体素质。严明纪律树形象。严格执行政治纪律、组织纪律、机构编制纪律、干部人事纪律、财经纪律和保密纪律,落实"零报告"、24小时值班制度。严格工作作风和日常工作纪律的考勤,开展明察暗访活动,强化监督制约,确保队伍平安。开展新入职公务员廉政谈话,上好入职"第一课"。规范干职日常着装、规范会务要求,从小处着手,全面展现津市税务新形象。 (侯晓晶)

住房公积金

【概况】津市市住房公积金管理部是隶属于常德市住房公积金管理中心的具有行政职能的财政全额拨款事业单位。

2018年,归集住房公积金17113.12万元;新增公积金缴存人员1088人、非公有制企业3个;发放个人住房公积金贷款13277.20万元;截至2018年底津市市住房公积金参缴人员达23001人,累计归集职工个人住房公积金123934.22万元;提取住房公积金59067.15万元;为4235个家庭发放个人住房公积金贷款69781.86万元。

贯彻落实常德市住房公积金管理中心便民服务承诺,结合常德市"最多跑一次"改革示范性重点突破任务,

2018年8月24日召开网上服务大厅业务培训会，确保住房公积金业务让信息多跑路，让群众少跑腿，实现全程网上办理公积金业务，为缴存职工提供更优质、更便捷的服务。　（傅杨梅）

2018年8月24日，召开网上服务大厅业务培训会

经济执法与监督

生态环境保护

【概况】2018年，津市市环境保护局内设办公室、财务室、污染防治股、生态保护股、减排办、项目办、法制宣传股，下属津市市环境监察大队、津市市环境监测站。全局共有在编工作人员41人。

津市市委市政府从践行“四个意识”“两个维护”的高度，坚决扛起生态环境保护政治责任，将之纳入重要议事日程。市委常委会议共4次研究生态环保工作，市政府常务会议共10次研究生态环保工作。主要领导全面指挥、亲自调度、现场督办；分管领导具体部署，紧密跟进，一抓到底。全市建立起党委领导、政府主导、部门联动、公众参与的“大环保”工作格局。调整充实以市长为主任、各分管副市长为副主任、各相关部门主要负责人为成员的市生态环境保护委员会，完善工作机制，采取重点工作强化调度、重要时段强化督查、重大问题强化压责来推动工作落实。2018年，市生环委召开全体会议4次、工作调度推进会9次，单独或联合市委市政府督查室开展工作督查6次。对负有生态环境监管责任的部门进行明责压责。凡涉及生态文明建设、污染防治任务、突出环境问题整改、环保项目建设等事项，按照职责分工分解落实到各相关部门。对工作推进缓慢，任务完成不好的部门除全市通报外，还约谈其主要负责人。构建基层组织责任体系。在环保问题交办、环境项目治理、环保设施运维等工作中，压紧压实镇街属地管理责任，构筑起基层组织环境监管的责任体系。强化生态文明建设和环保工作考核。完善考核办法，考核结果纳入对各单位绩效考核的重要内容。制定《津市市2018年污染防治攻坚战及“夏季攻势”实施方案》，提出年度工作目标和气、水、土三大领域73项防治任务(其中常德市下达津市考核任务23项)，形成全市环境治理保护的路线图、任务书和时间表。年终根据市委、市政府绩效考核和常德市生态环境局工作考核，上述工作任务均获完成。该局获评本市优秀单位和常德市生态环境系统综合考核第一名(连续3年获评第一)。全面完成中央、省两级环保督察问题整改。2017年中央环保督察期间，津市环境问题信访举报件共9件，其中8件已于2017年办结，1件于2018年办结销号。在中央环保督察反馈意见中涉及津市的13个深层次问题，继续深化办理，已全部实现了核查销号。在2018年中央环保督察“回头看”中，津市群众信访举报件9件已全部办结。2018年5—6月，省环保督察组下沉津市现场检查并交办问题10件，转交群众举报问题8件，已全部办结。大力推进生态环境保护能力建设，完成一些打基础管长远的工作和工程。开展第二次全国污染源普查，完成574个单位的现场调查、数据录入和初步核查工作，调查覆盖面100%。组织编制《津市市国家级生态文明建设示范市创建规划(2017—2022)》，为当前及今后一个时期津市生态文明建设作出总体设计和规划引领。划定生态保护红线区，将毛里湖国家湿地公园、嘉山国家森林公园、嘉山省级风景名胜区纳入其中，红线区面积58.31平方公里，占市域面积的4.5%。实施城北区空气自动监测站的搬迁，并移交第三方运维管理。建成并运行澧水窑坡渡、西毛里湖湖心2个国控断面水质自动监测站。切实履行监察职能。严格污染源的日常监察和不定期巡查。按环境监察办法规定坚持对一般污染源一年监察一次、重点污染源每月监察一次，重点加强对污染减排项目和重点行业治理设施运行情况的检查，填写《现场监察记录》《污染防治设施检查报告单》。发现违法行为及时进行制止，并根据实际情况作出环境监察意见，督促各污染源单位建立污染治理设施运行台账，确保全市各污染源治理设施正常运行。全年出动执法人员400余人次，检查企业85家次，下达环境监察通知书62份，立案查处环境违法行为14起，移送公安4起，罚款100万元。开展专项环境监管行动。配合完成了生态环境部长江经济带固废专项督查工作。2018年5月12日，长江经济带固废专项督查第110组对津市进行固废专项督查，并反馈津市辖区内存在2处涉固废问题。接到反馈意见后，津市积极整改，并于2018年5月整改到位。配合生态环境部开展县级饮用水水源地专项整治行动，完成白龙潭饮用水源保护区环境问题的整改。对涉化、涉危行业加强监管。对新合新医药、鸿鹰生物、龙腾生物、金永化工、三彩化工、三鑫化工、裕达卤碱等企业进行多次现场监察，有效防范重金属和涉危化品产生的污染事故发生。配合开展安全生产“打非治违百日行动”，清理出原汇湘化工厂区内遗留危险化学品30吨，进行安全处置。开展环保世纪行活动，常年在市电视台开设环保宣传专栏。以“6·5”环境日宣传月为载体，组织街头宣传活动，发放宣传资料5000份。组织市环保志愿者协会、襄阳街环保志愿者协会开展形式多样的环保进社区活动。推行环审批制度改革，简化审批内容，缩短工作流程，实行“最多跑一次”。全年办理建设项目环评审批28个。办理市人大1号议案，制定“加大西毛里湖生态环境保护力度”的三年行动计划及实施方案。主办市人大代表意见建议2件，协办1件；主办市政协委员提案1件，协办2件。全天候畅通公众对生态环境问题的举报投诉渠道，全年接受办理群众信访举报67件(不包括中央、省环保督察信访举报件)，办结率100%，回复满意率90%以上。（王小虹）

【大气污染防治】2018年，落实工地道路扬尘防控、城区餐饮油烟治理、汽车尾气检测、农作物秸秆还田和综合利用等措施，开展巡查，发动群众举报，实行严查重处。在大气污染防治特护期，组织环保、城管、住建、农业等部门联合检查执法。围绕大气污染减排，重点抓好10蒸吨及以下燃煤锅炉的整治，全市在用的22台锅炉全部使用清洁能源并加装“旋风+布袋”双除尘设施。突出整治新合新生物医药、鸿鹰生物、龙腾生物等重点企业工业废气，实现达标排放。加强5家关停黏土砖厂的后续监管，完善其中2家转产页岩砖企业的环保措施。（王小虹）

【水污染防治】2018年，实施以“两拆两退”(指湖中拆网拆坝、湖滨退塘退田)为主要内容的西毛里湖水环境综合整治，完成湖中9处拦坝围堤共4274亩水面、湖滨792个斑块共10857.7亩精养鱼塘水产养殖承包合同的解除，退塘还湖还湿面积1.5万多亩，占任务数的100%。发放退养补偿资金1870万元。拆除西湖渔场在湖面设置的拦网17000米。新关闭沿湖蔸果加工企业7家，关闭企业总数达17家。整治澧水津市城区段砂石码头堆场，取缔14处。开展涔澹水流域环境综合整治。争取国家专项资金2000万元，在津市监狱辖区内建设2座生活污水处理站，日处理能力1500吨；治理1处养殖规模2000头的养殖场污染；整治蔡家河排渠和修复原屠宰场污染地块；添置和完善监狱区域生活垃圾收运设施。建成运行工业园区污水集中处理设施，实现园区工业废水集中深度处理、达标排放。开展县级集中式饮用水水源环境专项整治，对白龙潭水源保护区完善保护设施；整治水源保护区环境，并与澧县相关部门建立联合巡查保护机制。对谢家堰、毛里湖等农村集中式饮用水水源地进行设施建设和环境整治。推动农村生活污水处理，维修和完善农村集镇生活污水处理设施，对近几年新扩集镇区和原未覆盖地段进行纳污管网建设。市政府出台《津市市农村生活污水管网管理暂行办法》，明确镇村属地管理责任、市直相关部门监督管理责任和污水处理站运营企业的相关责任。实施市区污水处理厂提标改造，完成城南区污水收集管网建设工程。完成三湖公园、清远观水库、白衣镇等处黑臭水体治理。（王小虹）

【土壤污染防治】2018年，市政府印发《津市市土壤污染防治工作方案》，启动土壤污染详查工作，编制《津市市土壤污染源污染地块调查报告》。开展重点行业企业用地调查及信息采集，完成调查企业25家。完成五公嘴土壤重金属治理和原香料厂土壤污染治理。加强固废管理，全市年产工业固废5700吨，其中危废800吨交由有资质的单位处置，其余部分回收利用，回收利用率达到100%。医疗废物年产约160吨，全部交由专业机构进行规范处置。开展农村人居环境整治，重点在农村51个村居建设垃圾分类设施，推行“绿色存折”制度。建设白衣会云等一批农业投入品废弃物处理示范村。强化对畜禽养殖污染防治，督促45家规模养殖业企业新建或完善环保设施，实现达标排放和种养平衡。（王小虹）

【省级环保督察】2018年4—5月，湖南省政府派出环保督察组进驻常德市进行现场督察。其间，省环保督察组下沉津市现场检查发现突出环境问题10个，接收津市群众环境问题举报信件8件，一并转交津市处理。津市立即组织问题整改，并于当年全部办结销号。（王小虹）

【中央环保督察“回头看”】2018年10—11月，中央环保督察组进驻湖南开展“回头看”检查。检查内容为2017年中央环保督察问题的整改落实情况，同时受理转办群众环境问题举报信件。津市按上级要求对2017年中央环保督察反馈的意见和转办的信访举报问题进行对照检查和整改，同时对中央环保督察接收转办的信访举报件进行办理，于当年完成整改并销号。（王小虹）

【第二次全国污染源普查】2018年，按照国务院统一部署，津市开展第二次全国污染源普查工作。市政府拨付170万元，聘请第三方机构专业人员承担入户调查和数据录入、校核等工作。同时确定各镇街部门协助普查人员127人。完成宣传发动、清查建库、入户调查、表格填报、质量检查、数据录入等项工作。共针对全市574家污染源单位进行现场调查，其中工业源222家、入河排污口16处、生活源锅炉8家、集中式污染治理设施13家、行政村39家、加油站21家、规模畜禽养殖场62家、专业畜禽养殖户和散养户抽样调查33家、种植业典型地块抽样调查160家。2019年将对普查数据进行审核入库，并对普查成果进行开发利用。（王小虹）

【“两拆两退”】即以“两拆两退”(指

湖中拆网拆坝、湖滨退塘退田）为主要内容的西毛里湖水环境综合整治行动。该项行动2017年12月启动，2018年10月完成。主要工作包括：拆除大湖股份公司西湖渔场在湖面设置的生产性拦网17000米；解除湖体9处拦坝围堤养殖水面（同心湖、六方汊、庙垱、鹭鸶垱、岩桥汊、青龙嘴、观音寺、新兰堤、汪家垱）的承包合同，并拆毁拦坝围堤，连通大湖，退塘还湖水面4274亩；对湖滨745户承包的792个斑块10857亩精养鱼塘实行退养，转产水生经济作物。共计退出养殖水面1.5万亩，新增湖滨湿地1万亩。市政府投入1870多万元对退养承包养鱼户进行补偿。（王小虹）

2018年省环保督察现场交办突出环境问题一览表（共10件）

序号	检查对象名称	交办问题	办理结果
1	津市海川达水务有限公司	总磷、总氮在线监控装置未按要求6月30日安装到位	已办结
2	李家铺机制砖厂	烟囱已拆除、砖窑、厂房未见拆除	已办结
3	常德泓宇纸业有限公司	1、现场检查时未生产。 2、污水处理站现场总排口检查时未发现排水，但污水处理站污水呈深黑色，臭气较浓	已办结
4	津市市新洲镇	1、现场检查发现有5栋鸭舍，占地面积约40亩，离肖家湖约15米。 2、现场检查发现，鸭粪浸泡液约30立方米，鸭舍内干鸭粪未清除，鸭舍及附属设施未拆除。 3、养鸭场2005年开始，2018年6月停止养殖（常德市河长制要求退出）	已办结
5	津市渡口镇机制砖厂	企业未按转产后的环境影响报告表及批复内容全部进行落实就进行生产	已办结
6	津市澧水饮用水源保护区	二级保护区的澧水特大桥底污管道有多处漏水	已办结
7	津市年红砂场	部分采砂设备及临时办公房未拆除	已办结
8	湖南新合新生物医药有限公司	1、污水处理站处刺激性气味较浓，污水处理站旁边堆放大量的投放药剂（PAC、聚丙烯酰铵等）。 2、好氧、厌氧区臭味较大。 3、厂区内无序的堆放大量的试剂桶、药品添加剂等。 4、危险废物管理台账不规范	已办结
9	湖南鸿鹰生物科技有限公司	1、企业污水未纳入工业园区污水处理厂，污水经企业自建污水处理站处理后直接流入澧水。 2、压滤机处臭味较大，调节池底泥未处理干净，散发异味。 3、污水浓缩池采用简易铁板覆盖，气味收集不完整，臭味较大。 4、絮凝罐与硫酸储罐之间采用软管输送硫酸。 5、2018年6月22日，省环保厅下文要求溢多利热电联产停产整改，企业启用备用锅炉产生蒸汽，未向当地环保部门报备。（该企业原生产所需蒸汽来源于广东溢多利生物科技股份有限公司常德分公司） （备注：津市环保局黄海阔副局长19:45—19:46电话说明为津市环保局下文） 6、滤渣烘干房存在1台锅炉，2条水煤气生产线，疑是淘汰落后设备，请当地环保部门核实。 7、滤渣烘干房除臭收集系统效果不明显。 8、2台脱硫塔漏水严重，现场检查发现加碱量不足，反馈后企业立即投入了3袋氢氧化钠（跑、冒、滴水特别严重，设备处理效果不好）	已办结
10	广东溢多利生物科技股份有限公司常德分公司	1、现场检查发现企业已停产，目前正在进行噪声污染治理。 2、原有3台35t/h锅炉及2台6t/h锅炉未按相关文件（湘环评〔2017〕69号）要求拆除。 3、要求企业在生产验收前严格按照《关于湖南津市高新技术产业开发区集中供热热源改造项目环境影响报告书的批复》（湘环评〔2017〕69号）及环境影响报告书的内容逐一落实	已办结

2018年省环保督察群众信访举报交办件一览表(共8件)

序号	受理编号	交办问题	办理结果
1	D2018062210	湖南省津市市绢纺小区反映溢多利电厂噪音超标,5月22日津市市环保局受理过,怀疑环保局环境评估造假(津市环保局答复的小区签字人周厚平、周政不是小区居民)	已办结
2	D2018070115	津市毛里湖镇双平村张炳银等3人散养牛羊两百多头,在洞庭湖边,是血吸虫疫区和退养区,粪便排到河里,污染环境。政府多次找其谈话未能解决问题	已办结
3	D201807025	津市市药山镇三新垸村,谢有余承包了在原新民村与新合村交界的一条内河投肥养鱼(三新垸村),该内河于2017年就不能承包了。但近期还在养鱼,污染河水,现河水不能用于正常生活	已办结
4	D2018070520	津市白衣镇的各个农村农作物喷洒农药用完的塑料袋,农药玻璃瓶到处乱扔,严重破坏环境,对村民健康造成隐患,镇政府和村领导只在检查期间对污染垃圾进行清理,平时无人过问。恳请督察组到实地查看,也希望政府加大环境意识的宣传,提高老百姓们对环境保护重要性的认知度	已办结
5	X201807064	津市市嘉山工业新区、津市市高新技术产业开发区 1.反映湖南新合新生物医药有限公司、湖南科益新生物医药有限公司环评造假、违法处理危险废物。 2.希望彻查环评报告、相关工艺产品,核实植物油使用量及废油产出量,彻查制止将含激素、甲醇的废油、滤饼作为饲料的行为。 3.希望定责定罪、信息公开、道歉追赔。 4.以上企业还存在污水偷排、污水处理和废气排放不达标的违法行为。 5.其他诉求建议转相关属地和职能部门处理	已办结
6	D2018070817	津市保河堤鸭公嘴河(民主2、3、4组,中南村对面)有养珍珠、投肥养鱼和养鸡场(中南村和新湖村交界处),规模50万只,导致河水变绿、发臭	已办结
7	D201807122	津市市保河提镇灯塔村11组,旺森猪场规模上万头,猪粪乱堆,周末有专人放粪、很臭,向市、乡镇府反映多次不管	已办结
8	D2018071218	津市市新洲镇工业园,新合新生物等几家药厂,正新建1个药厂,目前气味很大,十分刺鼻,阴雨天更浓,离居民很近,附近还有学校	已办结

2017 年中央环保督察反馈问题一览表(共 13 件)

序号	有关情况或存在的问题	办理结果
1	一些地区和部门抓环境保护工作紧一阵松一阵,抓一件算一件,解决一个问题算一个问题,既未真正形成自觉行动,也缺乏统筹谋划	已办结
2	一些地方领导重显绩、轻潜绩,愿意做有利于当前、看得见的事情,不愿做有利于长远、打基础的事情,抓环境治理和环境基础设施建设不像抓产业发展和城市建设那样全力以赴	已办结
3	有的干部对依法取缔黏土砖的重要性认识不够	已办结
4	领导干部环保责任考核机制不健全,没有真正成为干部晋升、去留、进退的重要因素	已办结
5	桃源县 2016 年以来出台“企业宁静日”、准入式检查、涉企检查备案等“土政策”,限制或阻碍环境监管执法	已办结
6	2016 年，环境保护部在饮用水水源地环境保护专项执法中发现，湖南省 13 个市州 22 个饮用水水源地存在 80 个安全隐患问题,截至 2017 年 3 月,仍有 28 个未完成整改,其中 15 个位于饮用水水源一级保护区	已办结
7	常德市蒋家嘴镇财富嘴村周边水域位于国家级自然保护区实验区，且不在规划可采区，但省水利厅仍于 2013 年和 2015 年违规同意常德市有偿出让上述水域采砂权	已办结
8	与 2013 年相比,2016 年洞庭湖Ⅲ类水质断面比例从 36.4%下降到 0，出口断面总磷浓度由 0.047 毫克 / 升上升至 0.093 毫克 / 升;11 个可比断面中 5 个水质下降,岳阳楼、洞庭湖出口、东洞庭湖、扁山 4 个断面水质由Ⅲ类恶化至为Ⅳ类,南嘴断面水质由Ⅳ类恶化为Ⅴ类,形势不容乐观	已办结
9	洞庭湖沿岸有各类砂石码头堆场 84 个,其中 83 个未办理环评手续,共侵占岸线 11.1 公里,侵占洲滩 1545 亩。东、西洞庭湖 2 个国家级自然保护区内 168 块洲滩、湖泊等湿地资源被周边县区级保护区管理局外租他用,其中 64 处外租合同为 2013 年后签订。外租后湿地功能改变,严重破坏湖区自然生态	已办结
10	常德市简易填埋的乡镇农村垃圾量达到 100 多万吨,渗滤液未收集处置,其中 10 个堆放点位于西洞庭湖保护区范围	已办结
11	常德市汉寿县湖南省紫阳麻业有限公司等多个苎麻企业废水长期不能稳定达标排放,部分企业废水直接排入西洞庭湖保护区	已办结
12	湖区是我国重要的生猪生产基地,年出栏量近 2000 万头,但治污设施普遍简陋,污染问题较为突出	已办结
13	全省危险废物超期贮存问题十分突出,至督察时堆存的含镉废渣超过 63 万吨,含砷废渣超过 114 万吨,一些危险废物非法转移、非法填埋问题日益严重。2015 年以来全省立案查处危险废物非法转移案件 61 起,非法转移各类危险废物 5080 吨	已办结

2017 年中央环保督察群众举报件交办件一览表(共 9 件)

序号	受理编号	交办问题	办理结果
1	2017043009	新华村附近的佳和农牧有限公司名下的养猪场,年出栏量 4 万头,占地 1400 多亩,直排废水到西湖饮用水源地	已办结
2	2017050101	1.中南村私人养鸡场几千只鸡,废气扰民; 2.鸭公嘴河被私人养殖户肥料、卫生球等严重污染,十几年未解决	已办结
3	2017050379	常德市津市药山镇新华村十五组,政府引进佳和公司离居民仅一两百米,未办理合法手续,正在施工,村民要求阻止其施工	已办结
4	2017050463	常德市津市市白衣镇金坪村农药玻璃瓶、农药袋回收力度不够,政府只管路边工程,雨水污染了农田,玻璃瓶埋在土里容易划伤居民,政府还应加强监管	已办结
5	2017050537	津市市原雪丽造纸公司的热电厂被收购,其烟囱环保处理不达标	已办结
6	2017050535	津市市工业集中区的生物污染企业乱排乱放问题严重，主要是新合新生物医药企业和鸿鹰祥生物企业,污水未经处理直排入澧水河	已办结
7	2017050536	津市市新洲镇在神九堰的西南脚有 2 个养猪大户,废物不经处理直排,影响环境	已办结
8	2017051376	常德市津市市毛里湖镇中南村五组养鸡五六万只无环保处理设施,污水和废渣均排入鸭公嘴河,检查时处理了鸡,检查过了又养。民主村在鸭公嘴河投肥养鱼养珍珠,污染水源,河水现在已经无法洗衣	已办结
9	2017052567	常德市津市市毛里湖镇津市市旺森养猪场(母猪 4000 多头,出栏七八万头),污粪水偷排废水至澧水,下游 200 米为饮用水水源一级保护区。臭气熏天,蚊蝇猖狂	已办结

2018 年中央环保督察“回头看”群众信访举报交办件(共 9 件)

序号	受理编号	交办问题基本情况	办理结果
1	D430000201811020074	生物制药产业园内多家药厂无组织排放，异味扰民	已办结
2	D430000201811020059	津市工业园生物厂、药厂凌晨排放废气，影响下风向的小区生活	已办结
3	X430000201811150055	湖南鑫嘉源化工颜料有限公司(在建)与津市大新颜料有限公司均采用混酸法生产铁红，该方法将产生大量氨氮及总氮污染物，但环评报告未明确总氮为污水治理指标，未确定装置生化处理设备，但明确污水接入常德市津市工业园污水处理厂，该污水厂要求污水中总氮进水指标不高于 40mg/L，但该公司的工艺总氮会达到 600~1000mg/L，远超污水厂涉及浓度，两者矛盾。环评偷换概念，表述将总氮为硝酸盐。氧化铁红颜料产业在湖南普遍存在总氮污染问题。当地环保部门因缺乏对氧化铁红生产工艺的专业知识，未将总氮列入污染因子进行监管，企业在申报时存在欺瞒现象，环评单位帮助企业欺瞒漏报污染物，均存在不可推卸的责任，请查处	已办结
4	D430000201811150047	1.药山镇文昌村红砖厂(在村尾)，烟囱排黑烟； 2.文昌村小学和幼儿园食堂后面屠宰场，该屠宰场在学校食堂边上很不卫生，污染环境。多次反映无效果	已办结
5	X430000201811160023	湖南大湖水殖股份有限公司采取非法手段侵占安乡县珊珀湖渔场、津市西湖渔场、澧县北民湖渔场、王家厂水库渔场、汉寿县安乐湖渔场、石门县皂市水库等湖泊及水库进行大规模投肥养鱼，造成严重污染，污染水域达到数十万亩，对生态环境造成严重破坏	已办结
6	X430000201811200003	几年前，个别领导将距新洲镇集镇 4 公里的嘉山风景区内的山卖作采石场，采石造成大片森林损毁，形成天坑。现今又准备将景区内山拍卖。希望能阻止该破坏生态环境的行为	已办结
7	D430000201811200074	新合新制药厂，24 小时生产，生产过程中烟囱排放刺鼻气味	已办结
8	X430000201811260036	认为企业执行“三同时”制度市基本底线，请求对湖南鑫嘉源化工颜料有限公司(在建)与津市大新颜料有限公司排水指标中总氮进行跟踪、核实及查处	已办结
9	X430000201811260037	认为企业执行“三同时”制度市基本底线，请求对湖南鑫嘉源化工颜料有限公司(在建)与津市大新颜料有限公司排水指标中总氮进行跟踪、核实及查处	已办结

国土资源

【概况】2018 年，津市市国土资源局上报建设用地项目 14 个，省厅下达用地指标为 210 亩，实际争取用地 700 亩，市增减挂钩项目总投资 466 万元，项目总规模 256 亩。保障全市经济社会发展用地需求。津市市召开征地拆迁补偿标准调整听证会，全年全市共征地 2970.12 亩(含安慈高速)，发布土地征收公告 11 个，安置补偿公告 9 个，拆迁 227 户，拆迁房屋面积 4.7 万余平方米。科学编制土地供应计划，全市城区全年出让土地 9 宗 570 亩，收取土地出让金 1.3569 亿元。守住全市 30.05 万亩耕地保护和 22.85 万亩永久基本农田红线，实施农村土地整治项目 4 个，总投资 1650 万元，建设规模 1.22 万亩。推动新洲镇青山坳采石场到期闭坑后恢复治理，对马家采石场未开采完的资源进行公开招拍挂，做好矿山开采后恢复治理；做好土地储备专项债券发行工作，债券发行金额达 8200 万元，共计融资 4.2255 亿元，作为地方政府土地储备资金的重要渠道，助力地方政府债务风险防控；2018 年，市 2016 年度城乡建设用地增减挂钩（含 2018 年变更）项目进入验收，实现新增农用地 400 亩，发挥增减挂钩政策的多元效应，有效助力脱贫攻坚工作，共争取 5000 余万元投入贫困村实施土

整洁优美便捷的不动产办事大厅

地整治项目，惠及贫困村10余个。扎实做好驻点扶贫村帮扶工作，因地制宜实施产业扶贫，完善基础设施建设，修复灌溉机泵，投入扶贫资金50余万元，对61户贫困户165人实施精准扶贫。市国土资源局对口帮扶企业是鸿鹰祥生物科技有限公司，发现企业问题3个（职工多年来医保遗留问题，外地务工人员健康证免费办理问题、鸿鹰祥车胤大道北侧地块拆迁遗留问题）并协助解决。2018年，市国土资源局加强内部能力建设，完善组织机构岗位建设。开展不动产登记办证业务方面、土地综合整治项目方面、地质灾害防治项目方面的问题清查。全局在编在岗干部职工85人，退休人员45人，内设10个行政股室，1个副科级参管单位，3个副科级二级事业机构，6个股级二级事业机构，5个镇（城区）国土所，财政体制实行经费与土地收入挂钩。市国土资源局连续3年获评湖南省国土资源厅“国土资源节约集约模范县”荣誉称号，评为常德市文明单位，全市年度绩效评估优秀单位，全市脱贫攻坚工作先进单位，全市安全生产工作红旗单位，全市综治工作先进单位，全市控违拆违及小区管理工作先进单位。全市向上争资工作三等奖。还有年度优化经济发展环境工作进入第一批的行政执法单位（20家）前5名，创历史最好成绩。 （刘烜君）

津市市2018年新增建设用地报批情况表

单位:公顷

序号	项目名称	总面积	农用地	耕地	建设用地	未利用地	上报时间	批准时间	批文号
1	津市市人才公寓项目	0.9001	0.6875		0.2126		2018.3.28	2018.9.4	(2018)政国土字第1145号
2	津市市2017年度第二批次项目	14.0349	12.1638	8.8317	0.5656	1.3055	2017.7.10	2018.2.7	(2018)政国土字第233号
3	津市市2018年度第二批次项目	14.1320	11.1949	9.5499	2.9371		2018.9.11	2018.11.7	(2018)政国土字第1489号
4	津市市澧水二桥补征地块建设项目	0.5862			0.5862		2017.7.24	2018.6.6	(2018)政国土字第842号
5	津市市2018年度第三批次项目	10.6406	8.5592	6.3655	1.8858	0.1956	2018.9.18	2018.11.7	(2018)政国土字第1490号
6	津市毛里湖健康养老产业园及毛里湖湿地公园基础设施项目	2.5276	2.4619	2.1471			2018.10.8	2018.11.15	(2018)政国土字第1529号
7	津市市药山殡仪馆站建设项目	0.8736	0.8736	0.8736			2018.9.26	2018.11.13	(2018)政土字第35号
小　计		43.6950	35.9409	27.7678	6.1873	1.5011			

2018年津市市土地出让情况一览表

用地单位	土地用途	出让面积(公顷)	出让价款(万元)	签订日期
湖南科益新生物医药有限公司	工业用地	4.224793	1095	2018-03-07
周　霞	医卫慈善用地	0.634	272	2014-04-23
夏学坤	其他商服用地	0.333441	441	2018-07-13
湖南丰鑫房地产开发有限公司	其他商服用地	2.070348	2677	2018-07-17
湖南常德浪力食品饮料有限公司	工业用地	0.94145	266	2018-12-03
常德市汇海饲料有限公司	工业用地	3.380832	951	2018-12-03
湖南嵘鑫风管制造有限公司	工业用地	1.666218	527	2018-12-11
常德津市宁能热电有限公司	工业用地	7.99864	2640	2018-12-11
湖南经世新材料有限责任公司	工业用地	16.663926	4700	2019-01-21
总　计		37.913648	13569	

局领导现场督促检查市高标准农田配套设施建设情况

【**保障发展**】2018 年，津市市国土资源局拿回批文项目 7 个，总面积 43.695 公顷。办理 18 宗公共基础设施、工业和商服用地供地手续，面积 53.9223 公顷。全市城区全年出让土地 9 宗 570 亩，收取土地出让金 1.3569 亿元。全年启动草帽厂、原油泵厂、鸿鹰祥、卡普基诺、原精士油泵、开发区等地块土地收储工作，共收购收回土地使用权 15 宗，收储面积 300 亩，土地资产价值 3 亿元。做好土地储备专项债券发行工作，债券发行金额达 8200 万元，共计融资 4.2255 亿元，作为地方政府土地储备资金的重要渠道，助力地方政府债务风险防控。

（刘烜君）

【**保护耕地**】2018 年，津市市国土资源局实施严格耕地保护制度。全市连续多年实现耕地总量动态平衡和年度耕地占补平衡，守住全市 30.05 万亩耕地保护和 22.85 万亩永久基本农田红线；实施农村土地整治项目 4 个，总投资 1650 万元，建设规模 1.22 万亩，其中省投资新洲镇青山峪村和毛里湖镇灯塔社区项目；市县投资项目毛里湖镇荣台社区、青苗社区、同乐堡村和药山镇药山村等项目均已完工，进入审计，等待验收。市增减挂钩项目总投资 466 万元，项目总规模 256 亩。（刘烜君）

【**地质灾害防治**】2018 年，津市市国土资源局编制《津市市 2018 年度地质

2018 年津市不动产登记业务类型一览表

序号	登记类型	登记类别	序号	登记类型	登记类别
1	集体土地所有权登记	首次登记	7	地役权登记	首次登记
		变更登记			变更登记
		转移登记			转移登记
		注销登记			注销登记
2	国有建设用地使用权登记	首次登记	8	抵押权登记	首次登记
		变更登记			变更登记
		转移登记			转移登记
		注销登记			注销登记
3	国有建设用地使用权及房屋所有权登记	首次登记	9	预告登记	预告登记的设立
		变更登记			预告登记的变更
		转移登记			预告登记的转移
		注销登记			预告登记的注销
4	宅基地使用权及房屋所有权登记	首次登记	10	更正登记	依申请更正
		变更登记			依职权更正
		转移登记	11	异议登记	异议登记
		注销登记			注销异议登记
5	集体建设用地使用权及建筑物、构筑物所有权登记	首次登记	12	查封登记	查封登记
		变更登记			嘱托查封主体
		转移登记			注销查封登记
		注销登记			
6	海域使用权及建筑物、构筑物所有权登记	首次登记			
		变更登记			
		转移登记			
		注销登记			

灾害防灾预案》，及时调整更新市、镇（街道）、村（社区）、点4级群测群防网络；加大汛期巡查、督查力度，完善汛期24小时值班值守制度，多手段发布地质灾害预警信息，发放地质灾害明白卡、避险卡5000多份，保障群众生命财产安全，落实地质灾害群测群防网络，地质灾害防治实现"零伤亡"，推进地灾治理项目，完成对药山镇袁家坪和金鱼岭虎爪山滑坡进行的应急工程治理。推动对青山坳采石场到期闭坑后恢复治理，对马家采石场未开采完的资源进行公开招拍挂。（刘烜君）

【执法监察】2018年，湖南省国土资源厅下达土地违法图斑32宗，均全部依法查处到位，共查处违法用地总面积134.41亩，违法占耕地总面积88.82亩，罚款共计人民币104.17万元，没收违法建筑物6.08万平方米，复垦土地面积1530平方米，报请市纪委行政处分6人，履职率、查处率100%，维护国土资源法律法规的严肃性。28宗违法用地已整改到位，4宗相关资料上报省厅，全市卫片执法个数整改率达60%，面积整改率达90%，综合排名居常德市前列，实现"零问责、免约谈"的工作目标。强化日常执法巡查力度，专设台账，全年共计巡查370余次426人次，下发《责令停止国土资源违法行为通知书》61份，制止土地违法行为23件。全年共接到群众违法线索举报25次，政策咨询解答9次，接待群众来访总人数19人次，受理湖南省、常德市、市本级信访局交办件共5件，受理个人来信2件。所有信访件均按要求做到事事有回音，件件有落实。（刘烜君）

【不动产统一登记】2018年，津市市国土资源局投入整合资金近50万元，对林业、房管等部门移交数据进行录入整合，共联共享国土、房管、测绘、税务等部门数据，建成不动产查询系统，实现"进一扇门、交一套资料、一次性缴费、领一次证（提供邮寄服务）"，只需在一个窗口递交资料、一个窗口缴纳税费。优化前置服务，设置咨询台、叫号机、填单台等便民设施，办事服务效率明显提高。一般抵押登记3个工作日办结、转移登记5个工作日办结、首次登记10个工作日办结。全年全市累计受理不动产业务7538宗，办结7484宗，办结率99%。（刘烜君）

【征地拆迁】2018年，津市市征地拆迁工作坚持依法征拆、阳光征拆、和谐征拆，维护被征地农民合法权益，召开征地拆迁补偿标准调整听证会，全年全市共征地2970.12亩（含安慈高速），共发布土地征收公告11个，安置补偿公告9个，其中包括广域化学建设项目、光化学建设项目、广域化学一期建设项目、团湖公园二期建设项目、团湖公园三期建设项目、澧水二桥增补项目、城南污水管网建设项目、双济巷新建项目（一期）、中意幸福里（二期）、人才公寓房屋增加房屋补偿项目、津港大道非住宅房屋拆迁等。拆迁227户，拆迁房屋面积4.7万余平方米。配合常德市征地拆迁百日攻坚和"再战100天"行动，完成包括安慈高速、高新区生物产业园等9个项目集体土地征地拆迁预算方案编制，征地拆迁工作有力推进。（刘烜君）

【空闲土地处理】2018年，津市市国土资源局组建专门工作班子，出台《津市市空闲土地清查处置工作方案》，逐宗地建立工作台账，一地一策制定盘活措施。湖南省国土资源厅核发津市市空闲土地图斑共计51个，总面积3133.95亩，经过全面核查统计并督促整改，最终上报已经出让和正在挂牌地块4宗，面积80亩；新开工和正在建设中地块10宗，面积601亩；向省厅上报批文失效地块2宗，面积65.25亩。对暂时不具备开工条件，交原集体经济组织恢复耕种的地块9宗，面积682.05亩。以上地块合计总面积2028.6亩，空闲土地处置率超过65%。（刘烜君）

【地理信息】2018年，津市市国土资源局完成全市空间数据2000国家大地坐标系转换工作。全市数字地理空间框架建设升级顺利完成，数字地理空间框架建设正在有序推进中。顺利完成"互联网+"电子政务、行政事项清理、公共事务清理工作，完成1200多条的相关业务受理、审批等信息数据录入与处理工作。全面启动第三次国土调查前期工作。召开会议传达，开展动员宣传；推进村级土地利用规划编制；2017年度耕地质量等别调查与监测评价工作顺利通过省厅验收，启动开展2018年耕地质量等别调查与监测评价、2014—2018年城市建设用地节约集约利用初始评价及更新评价。（刘烜君）

【国土政策法规宣传】2018年，津市市国土资源局深入开展国土法律法规学习和宣传教育活动，认真组织、扎实

7月3日上午，省国土资源厅党组成员、总经济师孙敏带领地环项目办相关人员来到襄阳街街道专项检查老果园搬迁避让工作，市政府副市长徐兴勇参与检查

9月21日上午，市国土资源局大会议室，津市市召开征地拆迁及卫片执法检查工作调度会，市政府副市长徐兴勇出席会议

开展“4·22”世界地球日、“5·12”地灾防治日、“6·25”全国土地日、“8·29”国家测绘日、“12·4”全国宪法日等主题宣传活动,全年共发放宣传资料4万份,悬挂宣传横幅55幅，每周利用局机关LED电子显示屏滚动播放与土地相关的法律法规和政策;强化《宪法》《土地管理法》《行政处罚法》《不动产登记暂行条例》等行政法律法规学习宣传,组织全系统人员开展一次法律知识测试,开展“周末课堂”依法行政专题讲座,提高广大干部职工依法行政意识、文明执法、廉洁履职及防范执法风险,把依法行政知识的学习列入领导班子理论学习的重要内容;邀请相关法律专家,有计划、分层次地组织镇、村、组干部进行土地法制培训活动，全年组织法制培训8次,下乡宣传6次,听取国土资源部、省厅法律法规视频会15次，增强各级领导干部和广大农村群众依法用地的意识;配合各有关单位部门到各镇、市城区广场开展法制宣传活动,并与新闻媒体紧密配合,面向全社会广泛宣传国土资源法律法规、不动产统一登记工作和全市土地利用现状等，积极同省厅内网、《湖南日报》、常德市局、《常德日报》、津市市人民政府网站、津市手机报及津市电视台联系报送信息,共计报送信息100余条,刊登稿件信息60余条，在常德市各区县市国土资源系统信息报送中排名中上游,做好“最多跑一次”工作,增强全市人民群众对国土管理工作的认可和支持。通过全方位、多广度宣传,大力宣传国土资源法律法规及政策,营造节约集约用地和保护耕地特别是保护永久基本农田的氛围。(刘烜君)

【争先创优】2018年,津市市国土资源局增强全局争先创优意识,在抓好各项业务工作的同时,狠抓社会治安综合治理、平安建设、扫黑除恶、安全生产等工作;公开、公平、公正选拔任用干部;大力引进人才，改善干部队伍结构,招考、录用事业编制人员5名;弘扬先进典型,在局机关开展“五星工作人员”评选活动,表彰局文明股室5个、先进个人3名、文明家庭3户,局不动产登记中心每季度评选5名服务明星,窗口服务态度、工作质量数量齐升。积极争创常德市文明单位,成立领导小组,分工到位,深入开展各项创建活动,广泛组织登山、羽毛球、篮球等文体活动,开展“文明股室”“先进个人”“文明家庭”评选、无偿献血等活动,干部队伍凝聚力、向心力进一步增强。津市连续3年获评湖南省国土资源厅“国土资源节约集约模范县”荣誉称号,评为常德市文明单位,全市年度绩效评估优秀单位,全市脱贫攻坚工作先进单位,全市安全生产工作红旗单位，全市综治工作先进单位,全市控违拆违及小区管理工作先进单位。全市向上争资工作三等奖。还有年度优化经济发展环境工作进入第一批的行政执法单位(20家)前5名,创历史最好成绩。(刘烜君)

审　　计

【概况】津市市审计局内设办公室、法制股、财金股、行审股、经责股5个股室,下设政府投资审计专业处1个二级事业机构；核定领导职数为1正4副，实配领导1正5副;核定行政编15名、工勤编1名、事业编8名,实有行政编干部14人、工勤人员1人、事业编人员8人,聘请临时人员3人,其中中共党员17人、民建党员1人。

2018年，审计局计划审计项目30个，实际完成56个，发现问题140多个,查出问题资金89119万元,编发《审计要情》6期，给部门单位提意见建议118条,被全部采纳,建立完善体制机制132项,促进工作规范。有2篇业务论文分获省厅与省内审协会审计征文二等奖,有3项审计计算机成果获省厅表彰奖,有2个审计项目获常德市审计局表彰奖。推荐1名干部专抓扶贫工作,结对帮扶27户，开展帮扶活动20次,送去农资500公斤,送资金10万元,送物资价值6万元,其中,有2户贫困户脱贫,专抓扶贫工作的干部被评为“脱贫攻坚工作先进个人”。选派1名干部全脱产参与扫黑除恶工作,组织全局干部开展扫黑除恶专项宣传活动2次,参与社区扫黑除恶活动2次,共发放宣传材料260余份,张贴公告40余份,为清除社会“毒瘤”打下坚实基础。巡视(察)方面，选派1名人员参与省委巡视组工作,被评为“先进个人”;选派3名人员参与市委巡察工作，其中2人被评为“先进个人”。引进3000万元的欣龙非织造项目,完成二期主体工程。帮助企业解决环评费用减免、员工招聘等问题11个,服务企业工作居全市前列。

2018年,开展争创“学习型机关”和争当“学习型干部”活动,组织干部集中学习12次，推荐参加培训35人次,结

成帮带对子5对，推荐参与大型审计12人次，干部素质明显提高，4人获评审计师；2人通过高级审计师初审，占全省的25%。

2018年，出台《审计法律法规汇编》《审计工作流程规范》，严格规范干部自由裁量权，确保干部依法行政。4月，在兰苑宾馆举办常德市审计系统审理法制现场会，推介津市的经验。

2018年，审计局先后荣获“湖南省文明单位”“常德市绩效考核良好单位”“市绩效考核先进单位”“市脱贫攻坚先进单位”“市环境保护先进单位”“市棚改及住保工作先进单位”，经责室荣获“省巾帼文明岗”等荣誉称号。（马漓）

【预算执行审计】2018年，实行财金股牵头，全局参与，以预算执行审计为“龙头”，同步推进部门预算执行审计1个（畜牧局）、专项审计4个（扶贫专项、保障性安居工程、海绵城市建设、湖泊生态治理）、国企审计1个（嘉山实业有限公司）和投资审计1个（一中新建综合楼），紧扣发展质量和效益，坚持问题导向，主动揭示突出问题12个，移送线索4条，及时分析原因并提出建议24条。（马漓）

【经济责任审计】2018年，全面关注政策执行、经济发展、财政管理、民生改善、廉政建设等方面，积极运用卫星探测、大数据分析等手段，探索启动王成勇、佘威威的领导干部自然资源资产审计工作，促进环保工作。全年完成领导干部自然资源资产审计1个，经济责任审计项目5个，发现问题23个，查出管理不规范资金542万元、违规资金1097万元。站在大局高度，提出建议11条，为市委选拔任用干部提供依据。（马漓）

【政府投资审计】2018年，摸清政府投资项目底子，建立政府投资项目台账。全年计划投资审计项目12个，实际完成投资审计项目43个，全年为政府审减节约资金2000多万元，提出意见建议93条，确保政府的每分钱都用在刀刃上。启动中医院综合大楼、澧水风光带2个项目的跟踪审计。（马漓）

【政策跟踪审计】2018年，紧扣重大政策的落实，紧盯政策落实、风险防范、项目落地、资金保障、简政放权5个方面，及时发现和纠正有令不行、有禁不止的行为，勇于揭露问题，确保政策落实到位。完成扶贫资金、住保资金等政策落实审计工作，发现问题13个，查出管理不规范资金72万元、违规资金144多万元，移送线索2条，确保上级政策贯彻落实到位，促进经济社会发展。

（马漓）

安全生产监督管理

【概况】2018年，津市市围绕经济发展目标，实施安全发展战略，坚持“安全第一、预防为主、综合治理”的方针，以遏制一般事故、坚决防止较大以上事故为目标，以推进安全生产领域改革为动力，以安全生产大排查大管控大整治和专项治理工作为重点，强化各级领导责任，严格安全监管责任，压实企业主体责任，持续开展打非治违“百日行动”，开展安全生产大检查和强执法防事故行动，确保全市安全生产形势总体稳定。为全市经济社会发展提供了坚实的安全保障。2018年，全市未发生1起一般及以上生产安全事故。

【基层基础】机构编制。2018年市安监局共有编制22个，其中机关公务员编制8个，安全生产监察大队参照公务员管理编制10个，安全生产宣传教育中心事业编制4个。在岗人员17人，其中行政编制（含参管）13人，事业编制4人。市安监局设办公室（政工股、行政许可办）、综合协调股（法制股）、非煤矿山监管股（烟花爆竹安全监管股）、危险化学品安全监管股、职业安全健康监管股（工贸行业安全监管股）。4个镇均设立安监站，5个街道中，1个与工业园区重叠的街道由市编委行文设立安监站，其余4个街道内设安监站。

【制度和机制】2018年，中共津市市委办公室和市人民政府办公室先后印发《津市市级党政领导安全生产责任清单》和《关于调整津市市安全生产委员会组成人员的通知》，实行安全生产市委书记、市长“双主任”负责制，明确市级领导的安全生产责任和负有安全监管职责的行业主管部门“管行业必须管安全、管业务必须管安全、管生产经营必须管安全”的要求，健全和完善“党政同责、一岗双责、齐抓共管、失职追责”责任体系。津市市委常委会议专题研究安全生产工作5次，解决雨雪冰灾防控、安监人员配备、监管执法用车、市级领导安全生产责任、安全生产考核等重点工作，特别是在市安监局人员配备上，公开招录2名参照管理公务员、优先安排2名退役士官，解决市安监局人员短缺问题。市政府常务会议专题研究安全生产工作5次，解决安全隐患销号、校车安全管理、领导带队检查、地质

开展参加安全生产月咨询日活动

灾害治理、高新区建筑项目质量安全监管体制等重点问题。市安委会召开7次全会。市级党政领导班子带队开展安全生产检查80余次。市委、市政府积极落实会前学法制度。2018年3月,市委中心组专题学习《中共湖南省委湖南省人民政府关于推进安全生产领域改革发展的实施意见》,会上市委书记傅勇明确指出,安全生产工作要借鉴监督执纪“四种形态”方式,要多通报安全生产检查发现的小问题,多实施有关人员小处分,通过小问题整改、小处分警示,达到筑牢安全生产防线、防范生产安全事故发生的目的。市委副书记、市长黄旭峰主持市政府第6次常务会议,专题学习《地方党政领导干部安全生产责任制规定》,增强各级党政领导干部安全生产的责任意识、职责使命。

市人大常委会建立重点行业领域安全生产视察评议监督机制,先后3次组织人大代表视察重点行业领域安全生产情况,并针对专家指出的问题进行现场询问、评议,责令有关部门跟踪管理并报告整改情况。

督促行业部门建立健全各自安全生产责任清单和权力清单,落实部门监管执法计划,按执法计划监管执法。津市安监局、住建局等单位均报请市人民政府审批编印本单位2018年度行政执法计划。市安委办共组织开展督查5次,发督查通报8期。为督促各级各部门各企业落实好监管责任、主体责任,市委常委、常务副市长熊斌、副市长陈顺勇开展安全生产约谈活动8次,各镇街、各部门约谈工作人员及企业负责人40次。3月12日,市安委会对“12·19”津市长燃气公司非法储存危险物质案的主管单位市住建局燃气办的3名干部因安全监管不力予以约谈通报。6月,市安委会约谈安全监管“强执法防事故”百日攻坚行动后进单位的毛里湖镇镇长童俊凯、副镇长曾楚汉、安监站站长刘荣华。9月,市安委会集中警示约谈全市38个在建工程80多名项目负责人、安全员、建设单位代表、建筑施工企业法人代表。邀请市纪委、市政府督查室领导分别就执纪问责、督查督办提出工作要求,强化问题整改。另外,中共津市市纪委、津市市监察委下发《关于4起安全生产工作不力和失职典型问题的通报》,对市海事处等单位或个人问题进行追责问责,表明市委、市政府“视隐患即事故”和严格问责的强烈决心。

【**监管执法**】2018年在“打非治违百日行动”行动中取缔非法经营、非法储存点23处,经济处罚13.5万元。要求各镇(街道)、部门要把安全生产“打非治违”工作作为安全生产的核心工作,常抓不懈,实现安全生产“打非治违”工作的日常化、常态化。行动期间,全市共出动执法人员8496人次,检查企业1418家次,查处非法违法行为551起,查实举报的非法违法行为29起,暂扣有关许可证企业1家,责令停产整顿企业38家,没收非法违法所得及行政罚款37万元,行政拘留77人,刑事立案19起,约谈科级及以下干部17人,问责科级及以下干部9人。

9月21上午,省安监局危险化学品监管处处长蒋卓良一行抽查新合新生物公司安全风险评估诊断分级工作开展情况

2018年,市安委办组织联合执法检查12次,对3个镇级单位、25家企业全面开展安全生产检查,对存在的重大事故隐患实施“一单四制”制度管理,绝不放过任何一个问题。全市在安全监管“强执法防事故”行动中共组织开展各类执法检查13478次,出动执法检查人员44525人,检查生产经营单位12769家,立案调查278起,经济处罚315.7866万元,责令停产停业128家,问责领导干部258人,曝光典型案例234件。整改常德市政府督办安全生产重大隐患16处,交办全市重大事故隐患71处,已整治到位69处,2处正在整治中。各镇街、各部门交办事故隐患180余处。通过采取多种有力措施,消除爱群冷库多年来存在的安全隐患。

【**宣传教育**】2018年,举办安全宣传教育进企业、进校园、进机关、进社区、进农村、进家庭、进公共场所等系列活动80余场,使安全发展观念更加深入人心,人为因素引发的生产安全事故明显减少,人民群众的安全感明显提升。在全国第十七个安全生产宣传月咨询日活动中,设立宣传咨询台25个,设置宣传展板230块,发放宣传资料25000余份,出动滚动播放宣传车18台。积极组织相关人员参加级各类培训630人次,其中企业主要负责人280人次、市镇(街道)两级安监干部350多人次。组织企业、市直单位《安全生产法》《职业病防治法》宣讲活动5次。组织镇街、企业《安全监管手册》、行政执法计划编制等业务培训4次。津市安委办还积极开展津市市“生命之上、安全发展”主题征文比赛活动,各镇、街道、市安委成员单位共撰写主题征文材料40篇。市安委办组织各单位观看《牢牢绷紧防范安全风

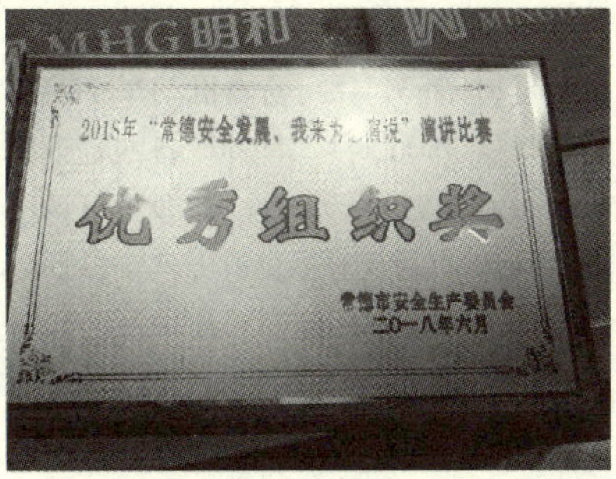

险这根弦—湖南省安全生产重大事故警示教育片》。通过观看事故视频，给大家再次敲响了警钟。同时，还多次举办职业病防治《幸福毁于尘埃》"微电影"观看活动，观看人次达到300人次。

（贺茫）

食品药品工商质量监督管理

【概况】2018年，津市市食品药品工商质量监督管理局（以下简称市食药工质局）共有二层机构24个，其中下设三洲驿、汪家桥、新洲镇、药山镇4个监管所，内设机构有消保（"12315"）、稽查、公平交易、办公室、财务、监管、商广、人事、法制、市管、信息中心、计量、标质、特安、药械、餐监、食品生产、食品流通、综合、注册分局共20个股室队。到2018年12月底，共有在册人员211人，其中：在职117人（含抽调5人），提前退休6人，退休88人。在职人员中，公务员63人（含全额拨款事业编制人员2人），机关后勤编制人员4人，各种事业编制人员50人。

推进商事制度改革，投资10万元，高质量配置注册窗口。严管严控，维护市场竞争秩序，全年查处食品、药品、特种设备及产商品质量安全案件111起。大力开展招商引资工作，盘活毕胜酒业，引进湖南六合电器公司。结对帮扶非贫困村毛里湖镇中心村50户和贫困村药山镇三新垸村14户，下村走访12余次，节日慰问3次。在2018年度脱贫攻坚工作中，市食药工质局被评为先进单位，三新垸村工作队被评为先进驻村工作队，党组成员黄建良被评为先进个人。开展"指导非公企业开展党建工作"主题党日活动，对鸿鹰生物、荣迪实业、渔经生物、三湘和达物流、高新区食品行业联合党支部"五化"建设进行指导。开展"三会一课""两学一做"、书记上党课、中共十九大报告宣讲等政治学习。继续坚持"一月学一法"股长轮流上课培训制和"一年考一次"组考制，修订完善政治、业务、学习等17项规章制度，编印成册人手一本。欧阳广、熊万平、印晖、刘勇、钱正兴5人在2018年度全市绩效评估表彰中荣获三等功；朱巨泽、石故乡、周勇、王志、项飞、陈浩、孙洪、张承嘉、阮中杰、王新跃、许翼飞11人被评为嘉奖人员。

【商事制度改革】推进"最多跑一次"，全面梳理原工商、质监、食药监的注册许可职能，在厘清"最多跑一次"事项85项基础上，将企业注册登记、食品经营行政许可、药品器械经营登记备案等职能集中归口政务大厅。设置4个功能区（导办咨询区、办证服务区、档案查询区、便民服务区）和5个前台窗口（含导办咨询、证照受理、证照审核、证照发放、档案查询等），印制《优化营商环境十二条措施》和"一口清"告知事项宣传册13类，制定一次性告知、限时办结、责任追究等15项工作制度。将办理时间压缩至3个工作日，手续齐全还可即时即办。实行导办员"保姆式"服务，企业上门办事，由导办员全程负责，为方便外地企业，导办员还通过QQ远程协助其操作，上网指导办理企业登记50多户。推行证照免费寄送服务，截至12月底，已有22家企业实现"零见面"足不出户就能坐收营业执照。全市共有企业2637家、个体户8250家，其中2018年办理企业登记519家、个体工商户登记1139家。

【企业年报】2018年需报2017年度年报企业2050户、农民专业合作社186户、个体工商户7376户，企业年报率98.62%，农专年报率100%，个体年报率99.66%，取得全常德市第二名的好成绩，受到常德市工商局的通报表扬，并在《常德日报》上作题为《让"最后一公里"跑出加速度》的宣传推介。津市市被常德市评为"商事制度改革工作先进区县市"【常德市人民政府办公室《关于2017年度全市农业农村等15项工作考核结果的通报》（常政办函〔2018〕21号），商事制度改革工作优秀单位：津市市】

【"个转企"工作】常德市给津市"个转企"的任务数为254户，5月16日，市政府召开全市"个转企"工作会议，总结全市"个转企"工作开展情况，安排部署今后工作，市政府副市长李阳出席会议并讲话。6月、10月市商改办会同政府督查室分别对各镇、街道进行督查，全年全市完成255户。

【"证照分离"改革】11月，市商改办组织涉改的21个成员单位参加"证照分离"改革视频会，对纳入全国第一批106项"证照分离"改革涉及津市12家部门涉企行政审批事项，已厘清为28

食品药品工商质量监督管理局服务大厅

项，为企业进入市场提供便利。

【食品安全监管】启动国家食品安全示范城市创建，打造九澧大道刘聋子至华融湘江银行和宝悦综合体两条食品安全示范街，确定金城银座中国银行分理处向北至好润佳的食品流动摊贩经营点。全年抽检食品及食用农产品481批次，开展校园“护苗行动”、肉及肉制品、“私房菜”、“护老行动”等专项整治行动。重点整治津市城区及周边豆制品小作坊共16家，以市人大第41号《关于规范我市豆制品生产经营活动的建议》为抓手，先后5次组织16家小作坊业主进行培训，学习《食品安全法》《湖南省食品生产加工小作坊小餐饮和食品摊贩管理条例》等法律法规。进行90次的上门指导，一户一策画整改图纸，以业主黄丽芬的作坊为改造样板。抽调47名工作人员，每组由一名班子成员带队，从10月15日起对未达标的小作坊开展为期半个月的关停大整治。通过整治，9家已整改到位，3家正停业整改，4家已依法取缔，期间共收缴无证生产的白豆腐、黄干子、油炸豆腐等豆制品320多斤，立案查处业主李书兵无证生产豆制品违法行为，起到有力震慑作用。

【药械安全监管】综合开展中药饮片、农村药品流通专项整治、特管药品等专项整治，共检查药店220家次、批发企业1家次，医疗机构15家次。对各药品经营企业及各乡镇卫生院药品的供货方资质材料、购进、储存、销售使用等严格开展检查，其中发现有供货方资质不全10家、药品陈列储存不合要求5家、特殊药品销售登记不合要求4家，责令限期整改到位。完成2家药品经营企业的换发证审核、3家药品经营企业的变更审核、8家药品经营企业的二类医疗器械备案及1家医疗器械经营许可证的变更工作。

【保化品安全监管】检查保健品经营企业55家、化妆品经营企业7家，对1家化妆品经营企业经营超限期化妆品的违法行为进行立案查处，罚款5000元。6月中旬，配合常德保化科对津市2家化妆品经营企业进行监督抽检6个批次，未发现不合格产品。结合津市市政协提案《关于加强老年人保健品市场监管的建议》，开展打击保健品“会议营销”虚假宣传整治行动。组织专项检查40余次、宣传活动3次，共出动执法人员135人次，执法车辆65车次，打击违法会议营销场所8家，其中整改2家，成功取缔影响较大红瑞乐邦、冠瑞高电位和襄阳街益万家商店经营的高潜能健康器的会销场所3家。其中红瑞乐邦生活馆为津市最顽固的会销场所，有一定的反处理能力，取缔难度较大，经过部门联动多次现场突击检查及与其企业负责人谈话，2018年6月20日将其关停。

【特种设备安全监管】津市市办理注册登记的特种设备有1005台，其中：锅炉50台、压力容器455台、起重机械112台、电梯311台、场内机动车77台，另有气瓶35000只。特种设备的登记率达到100%、定检率100%，作业人员持证率达96%，未发生一起重大特种设备安全事故。与全市特种设备使用单位签订《安全责任承诺书》40余份，召开10家气瓶充装单位负责人专题会议，组织开展宝悦电梯、2家气体充装站、1家危化品泄漏事故应急演练。开展“打非治违百日行动”、电梯安全监管大会战、气瓶及移动式压力容器专项整治等10多项行动，共出动执法人员450人次，车辆156台次，监督检查56次，检查企业120家（次），下达《特种设备安全监察指令书》30份，排除安全隐患50余处，查封电梯1台，立案查处超期使用特种设备案2起。3次向常德市质监局争取，为泓宇、荣迪等9家企业减免检测费用18万元。协调厂家，为宝悦节约电梯维修费50万元。协调常德市特检院，对湘澧盐化运行5万小时的锅炉大检修。与常德市质监局协商，邀请对方9月到津办考前辅导班，40余名参考取证的特种设备从业人员受益，为各企业节省培训资金4.6万元，节约时间9天。以市人大第09号“加强住宅区电梯安全监管”建议为抓手，组织10家物业公司、6家电梯维保单位、业主代表、职能部门共30人召开全市电梯安全会议，组建电梯处置中心，印制乘客须知，公示“12315”和“12365”电梯投诉电话，各小区物业落实电梯24小时应急值守，建立电梯维修、保养档案，保证可追溯。2018年，市食药工质局被评为“安全生产工作红旗单位”。

召开特种设备安全生产调度会议

【产商品质量安全监管】开展“红盾护农”、烟花爆竹、摩托车市场、农村圩场、烟草整治等专项行动，取缔无证户60户，查处3批次无3C标识的电动三轮摩托车，联合市烟草局、公安局查获各类假烟4187条。对复合肥料、成品油、服装、电线电缆、玩具、电机抽样300批次，立案10起。检定计量器具5928台（件）。

【商标侵权和虚假违法广告】收缴户外违法内容广告牌10块，销毁广告海报300份。主要查处赵海兵租赁原广兴超市卖场销售侵犯“蓝月亮”商标专用权案、常德男科医院发布虚假广告案和津市卓游网络游戏有限公司违法金融广告案。

【严防垄断和不正当竞争】对市殡仪馆涉嫌商业贿赂的不正当竞争行为进行查处，罚款20万元。对津市“云联惠”代理公司和联盟商家的基本情况进行排查摸底，重点核实经营模式、会员层级、会员人数、收益情况，并对2家商铺下达行政告诫。印发各类打击传销的小册子和宣传散页15000余份，对完美、玫琳凯、无限极等直销点进行拉网式检查，杜绝传销土壤。

【消费维权】组织开展“品质消费美好生活”“3·15”消费者权益保护日活动，发放宣传资料800余份，现场签名300多人次、接受咨询180余人次，现场受理消费者投诉6起，为消费者挽回损失4500元。向常德市工商局推选9家符合条件的企业和个体工商户参加“放心消费示范单位”和“维护消费者合法权益先进单位”评选活动。到2018年年底，共受理投诉举报191件，办结率100%，立案查处5起，移交法院1起，为消费者挽回经济损失34.3893万元，其中为动岚健身房会员挽回经济损失近30万元。

【品牌建设】制定三年品牌推广规划，全年申请商标注册15件，助推湖南都市频道湖南地理标志商标行“津市牛肉米粉”在津市成功拍摄，并在都市频道播出，提高知名度。积极培育湖南湘澧盐化有限公司申请“津市井矿盐”地理标志商标，培育湖南刘聋子粉馆有限公司的“刘聋子”商标申请中国驰名商标，调研津市白衣镇藠果产业，争取向国家市场总局申请“津市藠果”地理标志商标。发挥质量强市办的协调作用，督促20家企业公示企业执行标准68项，组织3家企业负责人参加常德市举行的高层领导卓越绩效管理培训班，参与常德市市长质量奖申报评选工作。

“3·15”消费者权益保护宣传活动

【帮扶企业融资】完成动产抵押登记17起，涉及贷款金额近20600万元，办理16家企业的股权出质，累计股权出质数额16370万元，累计担保债权数额10572万元。推选4家、11家企业分别申报省级、常德市级“守重”企业。2018年度市食药工质局被市政府评为“十佳部门服务企业单位”。

【打假治劣】全年办结行政处罚案件111起，没收无证经营食品22吨。其中涉及食品案47件、药品案33件，产品质量案13件，化妆品案1件，广告案15件，特种设备案件2件。特别是刘金平（津市小小城商店）经营假冒“牛栏山”牌白酒一案涉案金额为16万余元，涉案白酒数量为780件，已移送公安。联合市公安局查处1起偷运1300余斤未经检验检疫的生猪肉案件。重点打击农村假冒伪劣商品，共检查668户食品经营店，销毁3076.15公斤假冒伪劣食品。在2018年度全市综治工作和计生工作考核中，市食药工质局被均评为优秀单位。

【宣传培训】3月20日，对全市学校食品安全分管领导、托幼机构负责人进行《食品安全法》《餐饮服务食品安全监督管理办法》培训。5月25日，对津市一中食品安全管理人员、从业人员开展食品安全知识讲座。在高考、会考间分别对有考生接待任务的学校所有食品从业人员进行重大活动食品安全保障的业务知识宣传与培训，确保“两考”期间无食品安全事故的发生。8月28日，市、县两级业务人员对全市各学校（托幼机构）分管负责人进行食品安全业务知识培训。组织开展“3·15”消费者权益日、“12331”食品药品投诉举报宣传日、食品安全宣传周、安全生产月、护老行动、打击传销等宣传活动，共发放宣传资料2万余份，接受咨询2000余人次，曝光假冒伪劣商品30余种。全年举办食品从业人员培训班4期，打击非法会议营销知识讲座1期、特种设备安全培训班3期。开通“津市市场监管”单位微信公众号，在省、市各新闻媒体上发表新闻稿件239篇，树立部门良好形象。

（陈钢）

教育

概述

【概况】2018年，津市共有各级各类学校30所，其中：普通高中2所，职业教育集团1所（包括职业中专、技工学校、教师进修学校、省电大津市分校），初级中学6所，九年一贯制学校3所，特殊教育学校1所，完全小学10所，村小7所。全市中小学在校学生16086人，在编在岗教师1631人，离退休教师1242人。城乡幼儿园42所，其中公办幼儿园15所，民办幼儿园27所，在园幼儿4782人，保教人员563人。

【建设队伍】2018年通过引进优秀人才、招聘特岗教师、政策安置公费定向师范毕业生等形式共新进教师52名。提高教师待遇，关心教师生活，通过开展教师节慰问、教育系统文艺展演等活动，提升教师队伍的凝聚力和执行力。连续7年开展暑期师德师风整训活动，加强作风建设。探索实施校长、教师城乡流动机制，2018年共轮岗校长3名，占义务教育学校应参加轮岗校长的比例15.8%；共交流教师27名，占义务教育学校应参加交流教师的比例为7.1%。参与交流的教师中，共有市级及以上骨干教师3名，占全市级及以上骨干教师总数12%。2018年，2项省、常德市级课题通过立项申报开题论证，3项省、常德市级课题通过中期评估，1项省级课题结题。在优秀教学论文、教学设计、课件制作评比中，津市共有301篇文章（课件）获奖，其中省级奖123篇，常德市级奖178篇。省级以上期刊公开发表论文143篇，在教学比武、技能竞赛中获常德市级以上奖励29个。“一师一优课”评比中3堂课被评为部级优课、5堂课被评为省级优课。创新教育管理后备人才培养模式，建立第二批后备干部人才库。加强“名师工作室”建设，2018年全市推荐申报21名骨干教师参加常德市第五届学科带头人评选。

【德育工作】2018年津市德育工作以培养学生良好思想品德和健全人格为根本，大力开展社会主义核心价值观教育。3月，津市各校利用三五学雷锋活动日为契机，开展“学雷锋”主题班会；“植树节”绿化校园活动；“学法律，重安全”活动；“走进敬老院，关爱老人”等系列活动。组织2018年津市市“美德少年”的评选活动，有雷璐等25名同学被授予津市市2018年“美德少年”称号。一小袁铭金、二小但静怡、五小孙麒然、特校陈晓林被评为2018年度常德市“新时代好少年”。清明期间，各学校都开展“网上祭英烈”及主题班队会活动，搜集英雄信息，宣传英烈事迹。津市一中、车胤中学还带领学生来到津市市刘家山烈士陵园，开展爱心扫墓活动，翊武中学举办纪念蒋翊武公祭活动。开展法治宣传周教育活动。通过开展“成长礼”和“守法礼”活动、不良行为矫正活动、宪法晨读活动、最美守法少年评选等四大主题系列活动培养学生的法律意识，规范学生的行为。全市共推荐上报“最美守法少年”17人。推荐津市一中夏曦璐同学参加省级“最美守法少年”评选。开展中华优秀传统文化教育。10—11月，在全市中小学开展“立德树人—红旗飘飘，引我成长”主题教育读书活动主题演讲、讲故事比赛。大力开展生态文明教育。积极组织参与常德市环保局举办的常德市首届中小学环保创意大赛活动。共收到学生绘画、制作作品76幅，送常德参评获二等奖、三等奖各1人次，特殊教育学校获优秀组织奖。强化德育队伍建设。组织津市市中小学第八届班主任论坛，通过组织班主任论坛活动，进行德育论文案例评比、团队活动课评比等活动，促进班主任专业化发展。推进团队工作改革，各校不断完善党建带团建机制，加强共青团、少先队建设，落实团队改革的各项要求和任务清单，特别是加强智慧团建系统的录入、管理以及团学比的控制。开展心理健康教育。2018年6月，在津市一中召开津市市心理咨询师协会2017—2018年度学术年会，11月，组织开展心理健康教育送课下校活动，培训一批学校心理健康教育教师，杜绝学生心理健康安全事故发生。

【教学仪器】参加2018年“一师一优课、一课一名师”活动。其中一堂获部级优课,2堂获省级优课。参加常德市第十九届中小学电脑制作活动。津市获常德市电脑制作活动"最佳组织单位",4件作品获常德市特等奖、3件作品获一等奖、4件作品获常德市二等奖。有2件作品获省级二等奖、4件获三等奖。参加常德市第三届、第四届教学微课大赛,其中在第三届微课大赛中,获一等奖作品15件、二等奖作品18件、三等奖作品32件。开展2018年常德市优秀自制玩教具展评活动,向常德市报送2件作品,获得一等奖1个、二等奖1个。参加实验教学技能大赛。初中化学实验教学技能大赛朱梦丽获常德市特等奖、代表常德市参赛获省三等奖,高中化学实验教学技能大赛雷涛获常德市二等奖。撰写实验教学和现代教育技术论文,获常德市一等奖3篇、二等奖6篇、三等奖11篇。

加大"智慧教育"投入,完成津市三中班班通建设、新中、翊武中学学生电脑室机房改造、校园监控系统升级改造,投入210万元,完成全市初中阶段学校学生电脑室机房改造。初中学校理化生、小学科学实验教学仪器配备投入近80万元,提升学校实验室装备水平。

【教育经费】争取上级转移支付资金和市本级财政对教育投入,完成2018年市委、市政府下达的向上争资指标任务4000万元。全市义务教育阶段教师绩效工资由财政全额预算。教师工资待遇、医疗保险、住房公积金等全部纳入财政预算,并做好教职工意外伤害保险、补充医疗保险、女职工特殊疾病保险投保工资。非义务教育阶段学校教师绩效工资财政保障75%,2019年将比照义务教育阶段学校,所有教职员工全部人头经费财政全额保障到位。

【基础设施建设】2018年,中央及省级下达津市全面改薄专项资金共828万元,用于完成农村义务教育阶段薄弱学校改造建设任务。立项完成全面改薄任务共计12个,投资规模近1300万元。完成保河堤中学教学用房及附属改造工程、灵泉中学场坪及教学楼维修改造工程及白衣中学各校校园维修改造工程。全年完成棠华中学、保河堤中心小学、白衣中心小学运动场维修改造25020平方米。新建李家铺中心小学综合楼1628平方米。全年完成学校教育信息化、教学仪器、学生课桌椅、图书等设施设备采购共计212万元。采取"一事一议"的方式,投入210万元立项42个小型维修,为15所学校(园)有针对性地进行校园面貌、校园文化等方面小型维修改造。2016—2017年投资1003万元新建渡口中心幼儿园、棠华中学中心幼儿园、白衣中心幼儿园附属用房和灵泉中心幼儿园共计4341平方米。2018年完成各新建幼儿园设备设施的添置,保证所有幼儿园的正常开园。投入78.7万元完成活动中心北区改造工程。投入104.9万元完成城区一小、七小、嘉山三个学校校园改造工程。持续完成津市三中美丽校园建设项目。

【教育督导】2018年津市教育督导工作由津市市教育局党委委员、副局长刘学斌分管,配备督导室主任1名,督导室干部3名,专职督学10名,配备19名兼职督学;加强制度建设,制定义务教育均衡优质发展实施方案、义务教育标准化学校督导评估整体实施方案,按照年度计划组织实施;开展督导评估工作,针对津市市桥北地区小学生源不平衡的问题,督导室组织督查后提出要进一步完善集团化办学模式的建议,被教育局党委予以采纳,在2017年布局调整的基础上,深度融合二小、三小和双济校区,出台《津市市2018年招生工作方案》;根据督查建议,市教育局也在不断加强教师队伍建设,逐步建立健全津市市市域内义务教育学校校长教师交流轮岗制度,出台《津市市教育系统优秀教育人才引进方案》并向市委、市政府申报紧缺人才引进计划,2018年教育系统共引进人才13人;市教育局根据督查建议全面落实《津市市全面改善义务教育薄弱学校项目规划》,按照学校实际情况逐年予以实施工作,逐步减少城区"大班额"的现象;组织2018年国家义务教育质量监测工作,2018年4月25—27日,津市市人民政府教育督导室组织开展监测前的督查工作,发现体育测试器材未配备到位、电力保障不到位的问题,针对这两个问题,督导室及时和相关职能部门取得联系,督促相关职能部门顺利解决体育测试器材不到位和电力保障问题。

【学生资助】2018年,春季发放学前贫困幼儿资助款15万元,发放300人,秋季发放20.9万元,发放418人。市本级配套资金到位。全市义务教育阶段共有2096人次享受贫困家庭寄宿生生活补助(初中898人次、小学1198人次),资助资金116万元。从2018年春季开始全市共免除义务教育阶段507名建档立卡等家庭经济困难学生教辅资料费38000元;秋季学期共免除义务教育阶段309名建档立卡等家庭经济困难学生教辅资料费39000元。共资助高中贫困生960人次,共计金额84.1万元。高中就读的建档立卡等家庭经济困难学生全部按最高档次享受国家助学金资助政策。市职教集团免学费1568人次,金额193万元;发放助学金164人次,资助资金16.4万元;在中职就读的建档立卡等家庭经济困难学生全部按最高档次享受国家助学金资助政策。7—10月,为113名贫困家庭大学生办理生源地助学贷款,金额为92.2万元;回收对本、息到期101名大学毕业生221个合同,金额16.6万元。

2018年先后与市统战部、扶贫局、市团委、市总工会对津市35名家庭经济困难大学新生开展资助活动,共资助资金13.5万元。

【津市市第一中学】湖南省津市市第一中学是一所省级示范性普通高级中学,省级"园林式单位"、省级"食品卫生安全学校"、常德市"教育科研先进学校"。学校秉持"合格加特长,为学生的终身发展奠基"的办学理念,始终相信"每一个孩子都是父母的希望,每一名学生都是一中的骄傲"。学校现有教学班36个,在校学生1568人;在职教师194名,其中特级、高级教师76人。学校有标准的教学大楼、办公大楼、科技馆、图书馆、体艺馆、学生公寓、教师公寓、学生食堂,每间教室配有现代化多媒体教学设施和各类具有人文关怀的设备。2018年实施《关于振兴发展津市一中三年行动规划（2018—2020学年)》,较为圆满地完成学年初提出的目标,取得丰硕的办学成果。2018年学校被国家教育部授予“全国青少年校园篮球特色学校”和全国“培文杯”作文大赛优秀组织学校。荣获常德市教学科研先进学校。在2018年教师节表彰中学校被市人民政府授予“教育教学质量特别”,2018年学业水平考试一次性合格率达99.16%,位居常德市第一方阵。高考一二本录取率达75.6%,刷新600分以上人数、重本上线人数和本科上线人数三项纪录。

【湖南广播电视大学津市分校】湖南广播电视大学津市分校是全省唯一一所县级市分校,由津市市人民政府主办,教育教学业务受湖南广播电视大学领导和指导。

学校秉承“让学习伴随一生”的校训,向着“处处能学、时时可学、样样有学、人人乐学”目标转型发展。学校的主要任务是:开展专、本科高等学历教育,为行业、企业从业人员及其他社会人员提供高等学历教育;开展岗位培训、农村劳动力转移培训及农村实用技术培训等非学历教育,为各类社会人员更新知识和掌握新的技能提供教育培训服务;统筹利用各级电大的教育资源,建设远程教育公共服务体系,为全民终身学习和创建学习型社会提供学习支持服务。

学校以国家开放大学开放教育专、本科教育为主,成人高等教育、奥鹏远程教育为辅助。开放教育本科层次开设汉语言文学、法学(含农村法律事务方向)、会计学、英语教育、行政管理等5个专业;专科层次开设计算机信息管理、小学教育、法学、农业经济管理、会计、电子商务、机械制造及自动化等7个专业。成人教育医类本科层次开设临床、护理、药学、医疗影像学等4个专业;专科层次有临床、护理、药学等3个专业。奥鹏远程教育专、本科共开设12个专业。

学校在职教工44人,其中专任教师37人,专业课教师29人。专任教师中本科学历34人;研究生学历2人,较2015年增加1人,占专任教师数的5.4%。副高职称15人,中级职称21人。兼职教师5人,占专任课教师数的13.5%,兼职教师中有3人具有副高职称,2人具有技师及以上技术资格。

学校现有校级干部4人,二层行政7人,均有本科及以上学历,其中副高职称4人,中级职称7人。专任教师中有15人获得专业相关工种技师或高级职业资格证书,占专任教师数的40.5%。有2名科研人员,其中具有研究生学历1人,主要从事职业教育方面的研究工作。

出台《津市电大“双师型”教师建设管理办法》,鼓励专业教师兼评相应的专业技术职称或考取相应的行业资格证书或所教授专业的技能等级证书,截至2018年,全校数控技术、计算机信息管理等专业有杨伟明、李海等16位教师取得“双师型”教师资格。学校制定《津市电大“学科带头人”和中青年骨干教师选拔培养办法》,培养卢鹰、杨伟明、孟德胜、吴梅英等4位省级专业带头人。2018年,我校教师雷敬之被省电大评为优秀教师,韩梅被常德社区大学评为数字化学习推进工作先进个人。2018年学校春秋两季共招收开放教育学生512人,占津市总人口数万分之19.69。

制定《津市电大开放教育导师制实施细则》《津市电大导师聘任与管理办法》,按照实施细则和管理办法,学校聘请21位专兼职教师为开放教育学生导学导师,每位导师均制订切合实际的导学工作计划,并将开展导学工作的情况,按导学时间、导学地点、导学内容和导学方式进行较详细的记载。每学期及时整合中央电大和湖南电大两级教学平台资源、及时更新津市电大分校平台网上各种资源。狠抓落实实践教学。成立以分管领导为组长,教务科科长为副组长,以教务科副科长、教学教务干事、各专业责任教师为成员的实践教学指导委员会专门指导实践教学工作,制定《津市电大开放教育试点专业实践环节教学规范》,包括“课程实践教学工作规范”“社会实践教学工作规范”“毕业论文(设计)教学工作规范”。重视校外实践教学基地建设,在津市市新洲法庭;津市市德园会计师事务所;津市职业中专学校分别设有法学专业、会计专业、汉语言专业等3个实践教学基地。2018年,学校教师路典清、肖英、潘军、覃玉明、艾国荣等教师的14篇论文相继在《教育学》《教育学文摘》等省级以上刊物上公开发表,有肖英、潘军、艾国荣3位教师的论文在2018年全省职成论文评选中获得省级一、二等奖。

【湖南省津市职业中专学校】湖南省津市职业中专学校是津市市人民政府主办的一所公办职业学校,是首批国家级重点职业高级中学、湖南省示范性中等职业学校、湖南省示范性县级职教中心的牵头学校、湖南省教育信息化试点学校。学校先后被评为湖南省职业教育先进单位、湖南省中职德育工作先进单位、湖南省文明卫生单位、湖南省职业能力考试先进单位、常德市职业技能与培训先进单位。学校地处津市市车胤大道1800号,总占地约100亩,建筑面积28425.68平方米,固定资产3095万元。

2018年,有在职教工109人,其中专任教师86人,专业课教师58人,“双师型”教师42人,占专业课教师72.4%。专任教师本科及以上学历79.1%,其中研究生学历2人,占专任教师2.3%,副高职称32人、中级职称48人,兼职教师4人,占专业课教师7.9%。

学校现有办公室、教务科、学生科、招生就业办、培训中心、后勤科、团委会等7个二层机构,完善专业建设指导委员会、教学工作诊断委员会工作机制,形成团结务实的管理团队。现有校级干部4人、二层行政7人,均有本科及以上学历,其中副高职称4人、中级职称7人,学校被津市市政府评为年终目标考核良好单位。

以文明风采大赛为载体,举行学生读书、演讲、征文、摄影、绘画、书法、文体活动等集体和个人竞赛,培养学生人文素养。2018年学校学生参加文明风采大赛取得17个奖项,(其中4个省级二等奖、1个常德市一等奖、4个常德市二等奖)的骄人成绩。创新德育活动。学校依托津市装配制造、生物医药、健康食品三大产业，组织学生到三大产业优势企业如中联重科湖南车桥有限公司、湖南新合新医药股份有限公司、湖南新中意食品有限公司等进行职业素养和企业文化感知教育，将优秀企业文化、职业素养融入学生德育活动中。学校对照教育部中等职业教育教学文件要求，适时修订调整学校教学管理文件，各专业均按三年制教学开设，采取“2.5+0.5”的教学模式，专业实践教学课时数占专业课时总数50%以上。2018年青年教师黄春辉获得全国中等职业学校化学课程教师信息化教学设计和说课竞赛三等奖，艾国荣获得计算机专业省级三等奖，肖英获得机电类专业常德市一等奖。

2018年政府共投入美丽校园建设资金700余万元，新建学校塑胶田径场，校园语音广播系统，对学校教学楼、实训楼进行维修改造。学校基础建设不断完善，学校服务社会能力不断增强，2018年学校技能培训基地，共培训100余人退役军人，90%以上取得中级职业资格证书。学校在高新区的实训中心，承担津市三大产业专业技术人才引进、专业技术人才培养、社会公共职业技能培训等任务，2018年完成各项培训近1500人次，引进高职院学生151人到津市高新区企业进行为期3个月的实训，引进50人到津市高新区企业进行顶岗实习。

【津市市教师进修学校】2018年，学校现有教职员工10人，其中专任教师6人，高级职称3人，中级职称4人，本科学历8人。完成普通话培训及测试任务。6月份，组织1次中职学生、教师及社会人员普通话水平测试。全市共有51名社会人员报名，实际参考人数45人，考试成绩二乙及以上41人。中职学生311人报名，实际参考人数308人，考试成绩二乙及以上235人。培训及测试组考工作受到参考学员及上级领导好评。根据常德市教育局《关于做好2018年度常德市中小学教师普通话水平省级抽查工作的通知》要求，完成普通话省级抽测。9月20日前，完成全市134名中小学校在职语文教师(45周岁以下)为期4天的普通话集中培训。10月中旬，对被抽测的20名教师进行集中强化培训。10月30日，接受省级抽查，测试合格率达到95%。对我市白衣镇、棠华镇、保河堤镇、汪家桥社区4个镇(街道)完成2018年县域普通话普及情况调查工作。学校选派包括3名省级测试员在内的8名调查员，通过社区访谈、入户调查、街头访问等多种方式，圆满完成400多个访谈录音数据采集及数据上传。

开展“十三五”第三期全员远程继续教育培训。根据《常德市2018年度中小学幼儿园教师全员远程培训实施方案》文件精神要求，津市“十三五”全员继续教育第三期培训共有315人参训。该项培训分学科建立网络班级，每班配备1名辅导教师，在项目管理员及辅导教师的指导下，大部分学员克服工学矛盾，利用休息时间开展网上课程学习，进行线上自主研讨。目前全体学员已顺利完成学习任务，合格率达到100%。

完成2018年国培、省培项目网上报名和C101项目线下集中培训及网络研修。2018年度全市共有国培、省培计划71个项目273个指标，按要求完成参训教师的网上报名、日常管理及指标审核工作。根据国培计划C101项目下达任务，全市共有155人参训，学校严格采用“网络课程研修+网络校本研修+线下集中研修”的方式，通过认真组织、开展网络研修及线下集中培训，学员培训合格率达到100%。

继续开展教师信息技术应用能力发展测评申报工作。提高教师信息技术与任教学科的融合，学校组织全市教师参加省工程办举行的2018年两期发展测评的网上申报。第一期全市共有13名教师申报，经过省工程办评审，4人评定为“优秀”，9人评定为“良好”。第二期23人申报，5人评定位“优秀”，10人评定为“良好”。

完成2018年度全市教师学分登记及管理工作。学校建立独立的学分登记档案室，完成市级、县级的2018年度教师继续教育培训学分网上登记工作。按常德学分登记管理的要求，完成2018年度教师继续教育学分登记。

协助教育局开展教育系统第二轮后备干部培训。2018年，为培养选拔教育系统青年后备干部，学校积极配合市教育局，举办教育系统第二轮后备干部培训班，共有30名青年教师参训，通过集中培训、专家讲座、下校跟班体验等形式，有效培养学员的教育教学和行政管理能力，为津市教育发展储备后备人才。

【津市德雅中学】2018年有学生1800多人，40个教学班，教师149名，其中，中学高级教师25人，湖南省精英教师3人、常德市学科带头人2人，常德市骨干教师4人，津市市骨干教师8人。

学校注重“精细管理”，加强教师队伍建设，上半年组织全体青年教师外出长沙市博才实验中学观摩学习。程学琼参加湖南省初中精英教师培训，圆满完成三年学习并获得优秀学员称号；曹敏参加湖南乡村精英校长培训；开展与贵州省三穗中学英语教研组、津市翊武中学英语组的交流学习活动。坚持每两月一次的德雅讲坛。组织毕业年级理化生实验操作考核，艺体考核，信息技术考试，英语口语人机对话考试。开展各学科素养大赛，培养学生各科核心素养，督促学生全面发展。开展语文阅读、经典诵读活动、学科手抄报比赛，加强国学教育。利用3次预备铃后的十分钟时间，分别开展唱经典歌曲、国学经典诵读、英语听力训练活动。国学诵读活动获得常德市经典诵读二等奖。搞好集体备课，上好研讨课，全年度共上35节研讨课。师徒结对汇报课12节，党员教师汇报课10节，20位教师的优质课堂教学做展评。4月承办津市市初毕学科中考复习研讨会；5月承办津市市“十佳青年教学能手”大赛2018年度青年教师教学竞赛（初中组）活动；暑期承担全市中小学新教材培训工作；12月承办九年级历史等科目的研讨会。组织“一师一优课，一课一名师”活动，全校共有100多名教师参与晒课，晒课总数达到300多堂，推选4堂优课参与省级评比。有11人参与常德市微课比赛。50人撰写教育教学论文。施诚夏鸣获常德市地理教学比武一等奖，黄媛媛获常德市语文教学比武一等奖。组织教师参与信息技术提升工程申报，有6人参加,4人获得良好1人获得优秀。教研课题研究工作稳步推进,英语课题、网络研修课题正在结题，艺术组课题也在推进之中。为实现常态化精准教学,学校引入极课大数据管理系统，部分学科开始正式试点运行。

以“体育节,艺术节,读书节,寝室节,心语节,科技节,班主任节”为载体,夯实德育工作内容,促进学生个性特长发展。举行班级“三球”(篮球、足球、乒乓球)联赛,全校学生都参与,举行全校校园开放日活动(校家委会、班级家长会;大课间展演等)。秋季田径运动会和趣味运动会暨团体心理拓展活动,师生全面参与。和检察院联合举办检察开放日活动,家委会成员、部分班级学生参与并互动。组织法律社团和部分师生到法院进行法治教育观摩活动,和公安局联合举行“健康人生,绿色无毒”健步走大型禁毒宣传活动,和政府法治办和司法局联合举行“12·4”国家宪法日系列宣传活动,9月消防大队官兵走进德雅校园,开展“开学第一课”主题消防宣传教育活动。学校艺体工作再创佳绩,艺术节展演获得特等奖,体育组成立动雅俱乐部。学校男女足球分获津市市中小学生体育节足球赛冠军和常德市校园足球联赛决赛女足获第六名。围绕培养学生“四雅”——雅学、雅言、雅行、雅餐开展形式多样的活动。

【津市市车胤中学】2018年,有大学本科毕业生54人,在读研究生1人,中学高级教师10人，中学一级教师50人,常德市骨干教师1人,津市市骨干教师5人。全校设初中12班，有学生586人。

3月26日,车胤中学师生举办“放飞梦想”缤纷风筝节活动。4月2日,车胤中学开展“祭英烈忠魂 传民族精神”为主题的祭英烈活动。2月28日,车胤中学师生举行庆元旦“红旗飘飘 引我成长”朗诵、演讲比赛。6月12日,车胤中学举行“书香留痕”——优秀读书笔记评比活动。6月20日下午,车胤中学心理咨询室组织举办“心育节”心理健康知识讲座,国家二级心理咨询师许玉梅以《心存他人,学会交往》为题进行专题辅导。11月20日,车胤中学第一届读书节图书漂流系列活动开幕。9月12日起进行为期1周的“车胤有约新闻采访活动”。 12月17日下午,车胤中学“庆元旦”师生趣味运动会正式拉开帷幕。比赛设有跳绳、拔河、三人篮球、同心击鼓等项目,比赛历时半个月。5月20日,津市市中小学第十九届艺术节文艺展演中车胤中学艺术代表队荣获特等奖,9月,《苗寨歌舞》节目继而在常德第六届中小学艺术展演活动中获二等奖。9月6日,津市市第34个教师节庆祝表彰大会在一中多功能报告厅举行,车胤中学周小霞、王春梅、张改华、刘利分别荣获“津市市师德标兵”、“津市市优秀班主任”、“教育教学质量优秀奖”、“教育教学质量进步奖”的荣誉。11月11日,津市市教育系统“红旗飘飘引我成长”教职工文艺展演活动中车胤中学《山丹丹花开红艳艳》舞蹈荣获展演比赛活动优秀组织奖。

【津市市翊武中学】津市市翊武中学是一所历史悠久,久负盛名且具有教育现实意义和重大统战意义的学校。中学校区占地52000平方米，建筑面积12210平方米,绿化覆盖率达60%,学校现有教学班23个，学生近1000人,在职教职工70人，其中高级教师11人。2018年，在津市市小学生乒乓球比赛中,学校荣获女子团体第二名,男子团体第三名;津市市第十九届艺术节文艺汇演,舞蹈《采薇》获二等奖;津市市第二十一届中小学田径运动会上,翊武健儿顽强拼搏,荣获初中组团体总分第三名、小学组团体总分第四名,并荣获组委会颁发的“体育道德风尚奖”。其中在含金量最重的接力赛项目中获得初中男子4×100米接力赛第三名、初中女子4×100米接力赛第三名、初中混合4×100米赛接力第三名、小学男子4×100米赛接力第一名（小学男子接力夺金可载入校史）；市男子篮球赛初中组全市第二名、市女子足球赛初中组全市第三名:2018年湖南省农村留守儿童心理健康心理剧大赛荣获第四片区优秀奖;在常德市中华经典诗文比赛中学校代表津市参赛作品《诗颂中国梦》获三等奖;在津市市“红旗飘飘,引我成长”讲故事演讲比赛中,178班杨飞荣获特等奖,182班曾芯荣获一等奖。组织教师积极参加“常德市第三届微课大赛”,谈静训、何珊、王雅倩三位教师获得“常德市微课大赛一等奖”、青年教师曾蓉在湖南省教育学会组织的教学案例与评析评选活动中荣获一等奖;教师钟易红荣获常德市优秀青年教师称号;青年教师何珊、左婷荣获2018年教育系统“十佳青年教学能手”课堂教学比武一等奖;陈姣老师代表津市市参加常德市初中地理课堂教学竞赛获一等奖,并代表常德市参加省级比赛，获湖南省二等奖;在湖南省教育学会组织的创意作文大赛中学生朱帆获初中组一等奖,谈蕊获初中组二等奖,周子翔获小高组二等奖。2018年中考合格率全市第二名,数学学科综合排名全市第二;语文学科合格率全市第二;物理、化学综合排名全市第三。在2018年上学期期末调考中,七年级地理综合排名全市第一;五年级英语合格率全市排名第一;六年级英语合格率全市排名第二;学校荣获常德市2018年度教育科研工作先进学校。2018年，向上争取190万元建设教师30套周转房。争资80万元维修学校苏氏红楼,争资近20万元维修学校办公楼,争资近20万元维修学校围墙。学校自筹资金20万元维修教学楼段墙面，教师办公室墙面以及教师办公室、政教处安装复合地板,办公楼办公室大会议室铺设复合地板。学校大会议室安装电子显示屏,维修校园主校道进行拓宽硬化。

【津市市第一小学】津市市第一小学有28个教学班,学生1429人,教职工80人,其中中小学高级教师8人,中小学一级教师43人，常德市学科带头人1人,常德市级骨干教师3人。学校弘扬“爱与责任同行”的育人理念,创建

“平安、品质、人文、书香、活力”为内核的“魅力一小”，彰显一小蓬勃向上的生机，获社会高度美誉。秉承“立足基础、以人为本、追求卓越”的办学理念，大力开展教育科研，提高教育教学质量，注重培养学生特长，促进学生全面发展，形成较鲜明的办学特色。学校先后被授予“全国雏鹰大队”“共青团湖南省委创造性中队”“常德市示范性学校”“常德市特色学校”“常德市名优学校”“湖南省合格学校”“全国青少年主题教育活动示范学校”“湖南省经典诵读学校”“‘三个一百’工程金融知识普及小学”“常德市教育科研先进单位”“津市市教育教学质量先进单位”“津市市科技创新大赛优秀组织单位”等称号。

将道德品质培养、安全意识、文明礼仪等渗透在专题讲座、知识竞赛、征文比赛、演讲竞赛、手抄报评选、主题队会等各项活动中，德育主题活动围绕“三爱三节”教育活动、“爱我家乡·大美津城”系列活动、国防安全教育、“我们的节日”系列活动、“感恩有你”系列活动开展，全面提高学生的素质，取得较好的成绩。大型歌舞《映山红》获常德市艺术大赛集体舞蹈金奖；2018 年 10 月，市级田径运动会中校体育队获团体总分第二名，阳光体育活动展示被评为优秀；津市校园足球赛获小学组第二名。

2018 年，学校承办津市市小学语文口语交际教学交流活动，组织教师参加上级教育主管部门组织的各类教学观摩活动，开展青年教师汇报课、师徒结队展示课等研课活动。2018 年论文、教学设计 10 余篇获国家级奖励，20 余篇获省级、市区级奖励；6 篇文章在省级主流媒体发表；10 余位教师的教学比武、微课大赛获常德市一、二等奖。学校开辟“一小教师讲堂”、班级精细管理论坛、青年教师座谈会等专项活动，促进教师青年加速成长。学校原创节目《家书，我在一小名册里》获 2018 年津市市教职工文体展演活动特等奖。

【津市市第二小学】2017 年 8 月，津市市第二、第三小学学区与津市市双济实验小学联合办学，辖二小、双济两个校区，兰雅、晨曦两所幼儿园，统称为津市市第二小学。学校按照“一个学区，两所学校，一套班子，一体管理”的思路办学。2018 年，学区共有 50 个教学班(二小校区 27 个，双济校区 15 个，幼儿园 8 个)，学生 2364 名，151 名在岗教师。学校教师学历合格率 100%，其中本科学历 104 人，大专学历 47 人，有常德市级学科带头人甘甜、鲁淑琴，常德市级骨干教师王阳春、李国庆、徐辉、欧阳莉莉。

2018 年赛课类获得部级奖励 2 人次、省级奖励 9 人次、常德市级奖励 3 人次、县级奖励 5 人次、送课 3 人次；论文类获省级奖励 34 人次、常德市级奖励 12 人次、县级奖励 10 人次；指导学生常德市级奖励 2 人次，县级 32 人次、全体数学组教师成为“沅澧小数园 qq 群”最活跃的群体、多人在县级展示课中担当评委；获津市市教育教学质量奖、常德市教科研先进单位、“小学‘趣智’课题教学策略研究、省级规划课题的立项与开题、成为湖南省小语学会的单位、津市市第十八届中小学生电脑制作优秀组织单位、津市市电教仪器优秀单位、津市市教育系统教职工书法、绘画、摄影作品评选活动优秀组织奖、津市市“我身边的资助故事”教育征文优秀组织奖、津市市教育局计生综治工作先进单位、津市市教育系统唱歌比赛优秀组织奖、津市市小学乒乓球赛第一名、津市市中小学、幼儿园第十八届艺术节文艺展演创新奖、津市市中小学、幼儿园第十八届艺术节文艺展演特等奖。获“全国青少年校园足球特色学校”称号、津市市中小学第二十届体育节小学组女子足球第三名、津市市中小学第二十届体育节小学组男子篮球第一名、“我爱读书”中小学生经典诵读活动获一等奖、津市市中小学第二十届市运会小学组第一名、津市市中小学、幼儿园第十八届艺术节文艺展演特等奖、津市市“荷花品质、梅花精神”廉洁知识抢答赛“优秀组织奖”、国家三类城市语言文字工作评估获高度肯定。

学校以校本教研为平台，以课堂教学为主阵地，建设“趣智课堂”，践行“趣智文化”。学校明确三条实施途径，逐步形成比较完整的实施框架：一是管理之“智”——以管理文化“接纳、激励”为导培训与培养管理团队，探讨“变说教为培训”的精细管理工作模式，彰显高效管理特色。二是活动之“以趣育智”——以七个篇章的学生德育活动、丰富多彩的教师校本培训活动为载体，坚持全面有效地激发师生学习热情与发展潜能。三是教研之“以智激趣”——以课题研究为抓手，建设书香校园，走科研强校之路，立足“趣智课堂”教学模式的深入研究，培养高素质教师团队，建设“趣智共生”的高效课堂，被评为“津市市教育局学校教学教研工作先进单位”。“百年积淀厚积薄发促成长，诗家经典耳濡目染亮心灯”，津市市第二小学全体师生用趣智共生的行动诠释校训“学会生存，学会负责”，追求“为学生的终身发展与幸福奠基，为教师的专业成长与成功领航”的办学目标，落实“趣浸童年，智润人生”的办学理念。

【津市市第七小学】津市市第七小学于 2017 年 8 月实行整体搬迁至孟姜女大道 490 号。学校占地面积 30600 平方米，总建筑面积 21388 平方米，绿化面积 11380 平方米；2018 年有教学班级 11 个，学生人数 381 人，在编教职工 44 人，3 人借到教育局上班，1 人交流到其他学校。30 岁以下教师 1 人，30~40 岁教师 5 人，41~50 岁教师 27 人，51 岁以上教师 11 人。中小学高级教师 5 人，中小学一级教师 29 人，中小学二级教师 10 人。

4 月 10 日学校教师胡琪执教的《长方形和正方形的复习》获津市市一等奖。4 月 11 日召开学校义务教育质量监测动员大会，5 月 24 日上午，学校负责人、四年级数学教师、体育教师及抽测学生开始回答调查问卷，并进行体育项目的测试，圆满完成此次国家义务教育质量与监测活动。4 月参加津市市小学生乒乓球比赛，分别获得女子团体第二名、男子团体第三名的好成绩。5 月在津市市第十九届艺术节上，《小女兵》获得津市市二等奖。在 9 月 6 日教师节表彰大会上，学校再次被评为津市市教育教学质量优秀单位，李晓梅被评为津市市师德标兵，徐红萍被评为津市市优秀班主任，赵秋华、刘鑫被评为津市市教育教学质量优秀奖获奖教师并得到表彰。9月30日庆国庆趣味活动中，孩子们欢聚在一起，分年级进行跳绳趣味活动。10月11日进行一年级新生的入队纪念。10月23日召开家长会，教师与家长、孩子们在一起进行交流，对孩子们的家校学习生活提出期望和建议。2018年上学期伊始，学校申报常德市防震减灾示范学校。3月7日，常德市地震局领导一行到学校指导防震减灾示范校建设工作；3月9日组织全体师生进行防震疏散演练。经过全体师生的努力，2018年获得常德市防震减灾示范学校称号，随即申报湖南省防震减灾示范学校并获得成功。

【津市市特殊教育学校】津市市特殊教育学校承担常德澧水流域石门、临澧、澧县、津市四个县市的聋哑及智障儿童少年的义务教育任务。学校开设有聋生、语训、培智3个教学部共15个教学班，在校学生126人，聋生与智障生各半，教职工52人。

2017年，津市市委、市政府筹资近800万元，对学校实施整体搬迁，极大地改善学校的基础设施与办学条件，解决原学校教室与功能教室不足，无运动操场、无礼堂等困扰学校多年的难题。2018年，学校筹措资金50余万元推进完善校园文化建设，设立户外电子显示屏，文化墙，美化校园环境。筹资20多万元新建感觉统合训练室并添置一整套康复教学设备，通过康复训练缺陷补偿，改善学生运动障碍。学校正筹备兴建培智学生职业技能教育实训室，该功能教室完成后，将对学校培智学生的生产技能培训产生极大的帮助，为他们今后走进社会、独立生活奠定基础。

学校利用重大节日、国旗下演讲等时机，从生活中的小事抓起，紧扣"德育生活化"的主题，让学生明白自己应该做什么、不应该做什么。2018年选送的舞蹈《红军精神代代传》获得津市艺术节一等奖，并由常德市残联选送参加省残联举办的第九届残疾人艺术节获得三等奖。在津市初中男子篮球赛上，获得亚军，在市级田径运动会上，有多名学生取得优异成绩，学生书画作品30多人次获省市各种奖项。加强安全和法制教育。始终坚持以师生的安全为本，扎实开展法制和安全教育。通过邀请消防和法制教员来校讲课，举办消防、防震演练、逃生演练、安全知识竞赛、与家长签订学生接送协议书、疾病预防教育等活动，增强学生安全意识，提高自我保护能力。学校实现十几年安全工作零事故。

【火花幼儿园】津市市火花幼儿园是教育局直属公办幼儿园，常德市示范性幼儿园。幼儿园占地面积2291.6平方米，建筑面积3102平方米。2018年，幼儿园加大投入力度，向上争取资金近50万元，改善办园条件：配齐阅览室、美工室；添置桌椅、区角柜；更换各班多媒体教学设备、监控设备。为幼儿提供更好的学习生活环境，是一所拥有现代化教学设备和高素质高水平师资力量的示范性幼儿园。

2018年，火花幼儿园有教职工59名，大专以上学历教师占71%，本科教师学历占40%。高级教师3名，一级教师13名，常德市级骨干教师3人。幼儿园严格按照每班"两教一保"的标准配置教师，有教学班13个，幼儿432人，幼儿园认真贯彻《幼儿园教育指导纲要》《3~6岁幼儿学习与发展指南》精神，秉承"以爱为魂，以人为本"的办园理念；以"挖掘本土资源开展区域活动"为教育特色，提高保教质量，彰显办园水平。园所被评为津市市2018年度托幼机构卫生保健管理工作先进单位，在津市市2017—2018年交通安全集中教育活动"安全伴我行"小画家评选中获优秀组织奖。舞蹈《棋趣》在津市市中小学(幼儿园)艺术节获特等奖，舞蹈《绽放》在全市教育系统工会文艺汇演中获三等奖。刘松梅被评为"常德市优秀青年教师"，毛君丽、卜红、赵玲、赵绪霞4名教师获市教师节表彰。

幼儿园注重教师师德教育，每月对教师进行一次集中培训，全面提高教师的师德素质，还利用寒、暑假分别进行师德师风集中学习，对"优秀教师胡进文""石门县皂市镇义务送教小分队"的先进事迹、"关于印发《关于加强师德师风建设的若干意见》的通知"等上级文件和法律法规进行学习，并撰写心得体会，签署师德承诺书。组织青年教师进行师德师风演讲活动，年终对所有教师进行师德师风考核评分。先后安排20多名教师参加各级各类国培、省培、市培，回园后和幼儿园所有教师交流分享，实现大家共同进步。原创游戏"翻白菜"通过津市市、常德市、湖南省层层推送至教育部参加评比；2018年5月，毛君丽参加"常德市教育能手大赛"获二等奖；徐芳芳参加"常德市主题环创大赛"评选获二等奖；卜红获"津市市十佳教学能手"称号。积极撰写教育教学论文，其中9篇论文在国家级期刊上发表，近40篇论文获省市级奖励。

幼儿园秉承"以人为本、以爱为魂"教育理念，让幼儿在快乐的游戏和日常生活中接受教育。4月开展"拥抱自然 触摸春天"社会实践活动，开阔他们 的眼界，增长知识，激发孩子们热爱家乡的情感。5月开展"母亲节"系列活动，让孩子们懂得以真诚的情感、力所能及的方式去爱妈妈，爱身边的每一个人，学会感恩，也让母亲们感受到孩子成长所带来的快乐和幸福。6月的"亲子美食节"活动让孩子们感受节日的欢乐，增进父母与孩子、学校与家园间的沟通、合作；"花开新时代，放飞新梦想"的大班毕业典礼给孩子们的幼儿园生活画上完美的句号，留下美好的回忆。下半年，以"教师节""推普周""中秋节""国庆节""元旦"为契机，相应地开展一系列主题活动，让孩子们感受到节日的快乐。

3月举行家长学校家庭教育讲座、9月召开新生家长会，增进家长与幼儿园间的沟通合作；6月、12月分别举行家长半日开放活动，让每一名家长走进幼儿园，走进班级与幼儿一起开展活动，观摩和体验幼儿园的一日保教常规，评比表彰2018年度26名优秀家长。

卫生健康

【健康扶贫】制订健康扶贫工作部门联席会议制度，定期研究解决健康扶贫各项具体工作，完成全市5578位建档立卡贫困人口的家庭医生签约服务，签约率达到100%，开展以集健康管理和诊疗服务一体的个性包服务，在每位贫困患者家门口张贴便民服务卡，建立家庭医生微信群，方便帮扶沟通；2018年初卫计局针对住院费用经报销后比例仍未达到80%的贫困患者开展多渠道紧急救助，保险公司的大病保险共计支付23万元、民政局的医疗救助共计26万元、卫计局的兜底保障共计29.7万余元。全市共有4大类9种疾病患者60名，开展大病集中救治48人次，9种大病集中救治率80%。市域内就诊率达85.84%；围绕“三提高”“两补贴”“一减免”“一兜底”抓落实，市财政、人社、民政、保险、卫计等部门整体联动，增强贫困人口“因病致贫、因病返贫”的抗风险能力。津市已将城市低保和城市特困人口纳入“一站式”结算系统，将医疗救助从“四大类九种病”扩大到所有病种。自2018年8月1日起，津市建档立卡贫困人口市域内“一站式”结算、报销比例达到90%，同时将2018年1—7月市域内建档立卡贫困人口住院报销费用按照90%的标准进行补偿。至2018年10月底，津市一站式系统共结算2189人次（含低保户和特困人员），其中医疗总费用1222万元，医保总报销金额871万元，（医保报销提高10%，优惠金额87.1万元）、支付大病保险37万元、特惠保11.5万元、定点医院减免2.2万元，医疗救助金额162.5万元，兜底资金22.7万元。建立津市市健康扶贫兜底保障资金专户，由城乡居民医保中心实行专户管理。（胡杰）

【医药卫生体制改革】建立“三医联动”改革机制，并于2018年11月下旬确立该三项工作由同一名政府领导集中管理；对现代医院管理制度建设、公立医院绩效考核与薪酬管理进行重点培训，为落实改革任务，执行改革政策奠定基础。夯实前期基础工作，推进完善《津市市医疗机构分级诊疗制度》，通过医疗保险报销政策和价格政策激励引导。加强与上级医院合作，建设起常德市第一人民医院和市人民医院联盟体，市中医医院连点常德中医院骨伤科开展专科建设，津市妇幼和省儿童医院建立湖南省妇幼健康联合体并加入湖南省妇幼保健院医疗联盟，湘雅附二医院眼科专家周清华副教授每月定期前往市中医医院进行白内障手术，县（市）域内就诊条件得到有效提高。2018年，为津市78243名常住人口开展家庭医生签约服务，签约率达到30.72%；重点人群签约37826人，签约率60.44%；慢病签约率达到100%，109名计划生育家庭特别扶助对象医生签约达到100%服务实现全覆盖。发改局联合市卫计局、市人社局开展市属公立医院按病种收费进行摸底调查、征求意见，确定津市106个病种收费标准。全面推行药品采购“两票制”，全市基层医疗单位和医疗卫生机构实现全面配备使用基本药物，统一集中招标采购、统一配送、统一结算、统一实行零差价销售，今年采购总额共计3798.17万元（其中医疗机构2841.33万元、基层单位956.84万元），二级医疗机构基药采购控制在40%以内，基层单位基药采购控制在70%以内，基本药物制度实现全覆盖。（邱紫兰）

【健康津市建设】5月11日，卫计系统牵头开展全市2018年第三届全国“万步有约”职业人群健走激励大奖赛津市赛区的比赛，统筹推进健康城市建设和国家慢病示范区建设，营造政府主导、多方参与的慢性病防控氛围，全市共有32个机关、36支企事业单位的参赛队伍，共计504人，其中卫计系统占5支队伍。爱卫办组织技术指导专家组对新洲镇创建工作进行指导。精简审批事项流程，16个行政审批事项实现一个窗口对外，推动“最多跑一次”在医疗卫生领域渗透，减轻群众负担，激发社会投资活力。小康指标达到省控标准，截至2018年年底，全市每千人口拥有执业(助理)医师2.21人，每千人口拥有床位4.7张，5岁以下儿童死亡率6.18‰。(邱紫兰)

【项目建设】市人民医院改扩建工程拟投入3.5亿元，占地10700平方米，项目建设总面积48199平方米，设置17层外科大楼一栋，设置床位520张，目前项目已完成支护工程及污水处理工程建设；市中医院整体搬迁一期工程建设用地34.7亩，总投资1亿元，总建筑面积2.5万平方米，设置床位300张，目前项目门诊综合楼已建至4层，住院楼已建至10层，预计将于2019年年底全面完工并投入使用。持续推动市人医与常德市第一人民医院深度合作，建设医联体架构的信息系统，实现信息化数据互联互通，聘请院外专家教授29人进行全院性培训20场次，安排医务人员外出参加各种学术活动351人次，有计划地组织行政、医护技术人员60余人次参加常德市第一人民医院同质化轮训。胸痛、卒中中心建设已完成前期申报，常德第一人民医院共派门诊专家600余人次，开展手术治疗300余人次，会诊病人150余人次，其中，眼科、妇科、心内科专家以较为固定的“驻津方式”进行专科帮扶，先后联合开展人工肩关节置换、后路椎间孔镜下髓核摘除术、95岁高龄患者人工髋关节翻修、胸腔镜下肺叶切除、腹腔镜下直肠癌根治术、阴式子宫切除术、半肝切除术等一大批新技术填补津市乃至九澧地区空白。依托津市市人才引进新政通过公开招聘，全年全系统共引进医学类本科生30多名，硕士研究生2名。开展住院医师规范化培训，全市二级医院住院医师规培率达到77%。加强院校合作，市人民医院正式挂牌为常德职业技术学院教学医院。强化专科建设，市人民医院骨科、妇产科、心血管内科、消化内科成功打造为常德市市级临床重点专科，市中医院成功打造1个省级重点专科针灸按摩科，3个市级重点专科眼科、肛肠科、脉管炎科。市委办、政府办联合下文成立医疗纠纷调解处置工作领导小组，设立医疗纠纷人民调解委员会，建立工作制度和调节机制，在市司法局设立专门的调解场所，聘请3名专业调解员，通过部门联动，全年共同处理医疗纠纷10起，处置及时有效，未造成社会影响。打开智慧医疗新篇章，市人民医院投入500多万元，完成医院HIS、LIS、PACS、EMR和中心机房等建设，加强和完善医院内部信息系统建设，建设医联体架构的信息系统。启动津市市心电远程会诊中心建设，开通网上预约挂号及移动支付系统，使医院服务更加便民利民。增强基层中医药服务能力，局党委明确基层引进人才首选中医药专业，给予部分经费补助。落实《中医药法》，启动全国第四次中药资源普查项目，开展“津市市2018年中医中药中国行活动”，全市4个社区卫生服务中心、6个乡镇卫生院均建立中医馆，中医馆设立基本覆盖，确定津市郑钧医师为省级名老中医，鲁礼科、张兴才为常德市名老中医，建立张兴才中医药传承工作室。

2018年度新增特别扶助人员全部纳入家庭医生签约，根据专项调查结果表明全市奖扶准确率达到100%。全市流动人口管理工作得到国家卫健委的高度认可，于9月7日发文确认全市卫计局被评为全国流动人口动态监测调查优秀单位。年内，全市共新增采集录入流出人口8205人，新增流出人口占流出总人口的14.86%；新增采集录入流入人口1849人，新增流入人口占流入总人口的29.30%，接收反馈省内省外各类协作信息共26235条，反馈及时率为100%，疾控提供办理健康证人员花名共302人。(胡杰)

【公共场所监督】坚持依法许可，把公共场所卫生许可作为确保公共场所卫生安全的第一关，对公共场所单位的生产经营场所卫生条件等各环节严格审查，全年共发放卫生许可证58家，开展公共场所卫生监督监测。全年全市监督检查公共场所277户，其中美容美发161家、住宿场所58家、足浴场所46家，其他12家，制作监督笔录、意见书1108份，监督覆盖率100%。严格按照卫生法规和标准开展集中空调卫生监督管理。对全市有集中式空调通风系统的公共场所单位进行监督检查，按照规定全市15家公共场所集中式空调单位均进行卫生监测结果较为理想。(郭博礼)

【学校卫生监督】强化学校卫生监督工作，健全学校卫生监督工作机制。2018年联合教育局、疾控中心、妇幼保健院对全市中小学和托幼机构进行专项卫生监督检查，检查内容包括传染病防控、学校环境卫生、学校医疗机构保健室的配备、饮用水卫生等，并对部分工作不到位的学校和托幼机构进行通报。全年来共监督检查学校及托幼机构65家，制作监督文书115份，通过学校卫生监督，确保全市学校无传染病事件发生。(郭博礼)

【生活饮用水监督】全年对全市生活饮用水单位的自身管理，卫生管理制度、岗位责任制、饮用水突发事件应急

11月20日，市委常委、市政府常务副市长熊斌调度市人民医院改扩建项目建设工作

预案、水源防护巡查、供管水人员健康体检等情况进行现场卫生监督执法检查并提出监督意见，同时规定各水厂必须按照《生活饮用水卫生标准》严格执行自检。并要求疾病预防控制中心每季度对出厂水和管网末梢水进行抽样监测并进行水质全分析后在津市图文频道滚动播出。2018 年，津市有生活饮用水经营单位 10 家，其中大型集中式供水 2 家、小型农村集中式供水 2 家、二次供水 4 家、分质直饮水 2 家，已经完成全部监督，其中制作监督文书 20 份，下达监督意见书 20 份。（郭博礼）

【医疗机构监督】开展日常监督和各类专项检查，坚决查处医疗行业损害群众利益违法行为。2018 年，共监督检查医疗机构 190 家，其他机构 12 家。其中二级医院 4 家、疾控和民营机构 2 家、门诊部 2 家、乡镇卫生院及社区卫生服务中心 13 家，个体诊所 59 家、社区卫生服务（站）室及村卫生室 110 家。制作监督文书 415 份，下达整改意见书 404 份。全年共立案 56 起，结案 35 起，共处罚金额 17.75 万元。监督覆盖率达到 100%。（郭博礼）

【职业病放射及传染病防治监督】加强医疗机构放射诊疗许可情况和放射防护的日常监督工作，2018 年以来共抽查放射诊疗单位 13 家。制作文书 26 份，重点检查放射诊疗机构的放射诊疗许可证和放射工作人员证办理情况、放射诊疗建设项目职业病危害评价情况、设备状态检测情况和放射工作人员职业健康监护情况、放射工作人员个人剂量监测情况、医院与放射工作人员是否在签订劳动合同时履行职业病危害告知义务等。全年加大医疗机构传染病防治卫生监督检查工作。对预防接种管理、疫情报告、疫情控制措施、消毒隔离制度执行情况（控制医源性感染）进行细查，开展医疗废物处置为主要内容的传染病防治监督检查，全年共监督检查 190 家，制作监督笔录、意见文书 380 份。针对 18 家需进行医疗废水处置单位进行监管，对未按要求处置的医疗机构下达整改意见书，并要求限期整改到位，已有 12 家医疗机构建立医疗废水处理设备并运行。（郭博礼）

【国家基本公共卫生服务】2018 年，津市按照《国家基本公共卫生服务规范》（第三版）及上级相关工作要求，认真落实全市国家基本公共卫生服务项目工作，2018 年津市的国家基本公共卫生服务项目任务目标均已完成。

全市共有常住人口 259800 人（非户籍人口），建立居民电子健康档案份数 234416 份，居民电子健康档案建档率为达 90.2 %。其中 65 岁以上老年人 28888 人，建档管理 23473 人，老年人健康管理率达 81.26 %。完成 65 岁老年人体检 23473 人，老年人体检率达 81.26 %，体检表的完整率为 95%。

全市辖区内按发病率 25.2%计算共有高血压患者 52318 人，共报告管理高血压患者数为 17877 人，全市高血压患者的健康管理率为 34.2%。全市辖区内按发病率 9.7%计算共有糖尿病患者 20142 人，糖尿病报告并管理在患者数为 6720 人，全市糖尿病患者的健康管理率为 33.4%。严重精神障碍在管患者 1306 人，严重精神障碍患者的发现率为 5.03‰。高血压、糖尿病、严重精神障碍患者的规范管理通过电话访问、核查电子和纸质档案资料统计津市高血压患者的规范管理人数为 13018 人，规范管理率为 72.8%，血压控制人数为 13480 人，血压达标率为 75.4%；糖尿病患者的规范管理人数为 4835 人，规范管理率为 71.9%，血糖控制人数为 4725 人，血糖达标率为 70.3%。严重精神障碍患者在管人数为 1306 人，患者的发现率为 5.03‰，规范管理人数为 1150 人，规范管理率为 88.1%。全市各镇和街道社区对高血压、糖尿病、严重精神障碍患者的随访、分类干预、健康指导基本达到基本公共卫生服务规范的要求。

2018 年全市“万步有约”健走激励大赛启动仪式

大部分单位对 2018 年的健康教育工作引起高度重视。印制的宣传资料种类不少于 12 种，影音播放资料不少于 6 种，宣传资料放置在候诊区、诊室、咨询台，设置的健康教育宣传栏更新及时，内容醒目可及，开展健康教育活动与个体化健康教育工作，并有详细记录，并包含一定比例的中医内容。大部分单位对三季度的督导问题进行整改，并已整改到位。

预防接种管理。到 12 月 25 日，全市各项目单位累计接种国家免疫规划疫苗 34321 剂次，全市应建证人数为 1634 人，已建证人数为 1634 人，建证率为 100%。全市各预防接种单位均无接种差错事故发生。

全市常住人口 259800 人，本年度已分娩产妇数 1889 人，活产数 1907 人，早孕建册 1785 人，早孕建册率为 93.60%。产前检查 5 次及以上的孕妇数为 1859 人，产前检查 5 次及以上的产检率为 97.48%；产后访视产妇数为 1867 人，产后访视率为 97.90%；产后 42 天健康检查产妇人数为 1867 人，产后 42 天的健康检查率为 97.90%。0~6 岁儿童数为 13219 人，0~6 岁儿童保健覆盖人数为 12616 人，0~6 岁儿童的系统管理率为 95.44%，0~3 岁儿童数 7401 人，0~3 岁健康管理人数为 6816 人，0~3 岁儿童系统管理率为 92.10%，新生儿访视人数 1844 人，新生儿访视率为 96.69%。

各单位均制定较完善的传染病、突发公共卫生事件相关工作制度，成立传染病防制领导小组，实行 24 小时值班制度，制定重点传染病应急预案，传染病和死亡病例网络直报工作正常运转；各单位组织传染病与突发公共卫生事件报告管理相关知识培训，按宣传计划开展传染病宣传日活动；各单位均安排工作人员负责传染病和突发公共卫生事件报告管理工作，能较及时进行网报，没有出现传染病漏报、迟报的现象；大部分单位门诊、住院、检验和影像部门登记项目符合规定设置，但各单位均存在登记本填写不规范、信息与传染病报告卡不符现象；大部分单位登记辖区 5 岁以下儿童摸底花名册，开展手足口病居家患儿访视工作；各单位均按照年初疟疾防治工作方案顺利开展“三热”病人血检工作。

卫生监督协管。按照国家公共卫生服务项目第三版要求，卫计监督执法局针对卫计监督协管工作重点加强指导，督促 11 家基层卫计协管单位和 22 名协管员，熟悉和掌握本辖区内被监督单位和个人的基本信息，建立健全管理相对人的本底资料并存档入库，对全市 105 名村医进行健康管理。全年对 354 家单位和个人（按照协管工作实施方案每季度巡查一次）进行 1463 人次日常巡查督导，发现线索 292 次，对存在的问题给予及时整改并上报。全市卫计监督协管日常巡查覆盖率达到 100%。全年未发生重大突发事件和安全事故。

结核病健康管理。全市共发现肺结核患者 194 人，通知基层医疗机构已管理患者 176 人，肺结核管理率 90.72%，同期辖区内已完成治疗的肺结核患者 181 人，其中规则服药 167 人，患者规则服药率 92.27%。全市各基层医疗机构均开展辖区内结核病防治知识的宣传和培训，基本能按照《肺结核患者健康管理服务规范》的要求开展病人的转诊、追踪和随访等管理工作。

中医中药津市行

中医药健康管理服务。全市为 65 岁及以上老年人开展中医体质辨识和中医健康指导 16912 人。0~36 个月儿童中医药健康管理服务中医健康管理服务 3449 人。

随着公共卫生服务工作不断深入开展，项目成效日渐凸显，群众普遍受益，全市城乡居民的健康素养得到普遍提升，健康水平得到有效提高。2018 年年度考核，通过入户、电话等形式在每个项目单位所在辖区均随机抽查 10 名居民（包括老年人、慢性病患者、孕产妇、儿童家长），进行居民知晓率、满意度和调查，抽查结果显示，居民满意度基本稳定在 90%以上，知晓率较往年有所提高。　（张智洋）

【疾病预防】坚持“预防为主，防治结合”的方针，继续扎实有效落实各项综合防病措施，不断增强救灾防病突发疫情及中毒事件应急能力。2018 年，全市市直医疗机构、乡镇卫生院（含社区医疗服务中心）、保河堤血防站、监狱防疫站均已实行法定传染病的网络直报。无甲类传染病，乙类传染病 11 种 537 例（不含 HIV 阳性 23 例），分病种依次为：肺结核（247 例）、病毒性肝炎（202 例）、梅毒（72 例）、出血热（6 例）、艾滋病（3 例）、淋病（2 例）、猩红热（1 例）、副伤寒（1 例）、痢疾（1 例）、百日咳（1 例）及疟疾（1 例），报告传染病死亡病例 3 例，均为艾滋病（3 例），发病率 211.21/10 万，死亡率为 1.18/10 万；报告丙类传染病 5 种 525 例，病种依次为：手足口病（414 例）、流行性感冒（55 例）、流行性腮腺炎（16 例）、其他感染性腹泻病（25 例）和急性出血性结膜炎（15 例），报告发病率 206.49/10 万，全年全市法定传染病总发病率 417.70/10 万。2018 年 1—10 月共报告传染病类突发公共卫生事件 0 起。通过信息系统监测显示传染病预警信息 71 次，预警病种分别为麻疹、疟疾、涂阳、未痰检、菌(-)、手足口病、流行性感冒、其他感染性腹泻病及急性出血性结膜炎，其中 9 起麻疹预警初步判定为疑似事件，经调查处理最终排除疑似事件；3 起手足口病预警及 1 起疟疾预警判定为疑似事件，经调查处置有效控制疫情蔓延。为防止 SARS 和人感染高致病性禽流感等传染病传入全市，全们定期或不定期到市直医疗单位开展不明原因肺炎病例的主动监测，以期及时发现异常情况，筛查可能的 SARS 和人感染高致病性禽流感病例，截至 10 月底未发现疑似病例。2018 年 1—4 月全市根据《津市市 2018 年不明原因肺炎与人感染禽流感监测防控实施方案》的要求，对和平市场、三眼桥市场、襄阳街市场、三洲驿市场共采样 24 份，检测结果 A 型阳性 17 份（H52 份、H915 份），及时将结果上报市卫计局，通报市场管理中心加强农贸市场禽类采购管理、市场清洗消毒及职业暴露人群的防护等措施，未发生人间禽流感疫情。在霍乱宜发季节（5–10 月）开展外环境水体（澧水、涔水、后湖、生活污水）和水产品（甲鱼、龙虾、牛蛙）的常规监测，市直医院常年开设肠道门诊、乡镇卫生院（含社区卫生服务中心）于 5—10 月开设肠道门诊，对腹泻病人进行常规检索。全市共登记腹泻病人391例,检索89例,检测结果均为阴性,检索率达22.76%,外环境常规监测样本共90份,其中外水30份、水产品60份,未有阳性检出,完成全年霍乱常规监测任务。1—10月通过"疾病监测信息系统"共报告手足口病414例(无重症病例和死亡病例报告),占甲乙丙类传染病报告病例总数的38.98%,发病率为162.83/10万,发病数高于去年同期水平。及时采集手足口病散发病例样本43例,其中采样病例中实验室诊断31例(均为CoxA16感染者15例,EV感染者16例),发生手足口病聚集性疫情8起(街道社区1起、托幼机构7起),均及时调查处置,采集聚集性病例样本17例,实验室诊断16例(其中CoxA16感染者11例,EV感染者5例),很好地控制手足口病的传播和流行。

结核病防治,2018年共发现结核患者176人,新发涂阳32例、涂阴127例、复治涂阳3例、结核性胸膜炎7例,接受免费抗结核药物治疗176例,全年共登记涂阳肺结核病人密切接触者105例,接受筛查105人,筛查率为100%,初诊患者512例,初诊查痰469例,痰检率91.6%,免费照片469张。

2018年1—10月犬伤门诊共处置动物咬伤者1855人,狂犬病疫苗接种1847人,狂犬病疫苗接种率为99.57%;Ⅲ度暴露352人,接种抗狂犬病免疫球蛋白124人,被动免疫制剂接种率为35.23%。

坚持推进封洲禁牧、血吸虫防治,2018年,共完成查螺1071.23万平方米,完成药物灭螺263.53万平方米,为3.5万人次贫困群众进行急血知识培训,没有发生急血病例。抓好封洲禁牧、淘汰牛羊,全年淘汰牛816头,羊976头。

【开展全民健康生活方式行动】响应《健康中国2030规划纲要》和《国家慢性病综合防控示范区建设管理办法》等全民健身的要求,以及《中国疾控中心慢病中心关于下发第二届"万步有约"职业人群健走激励大奖赛》的号召,统筹推进健康城市建设和国家慢病示范区建设,开展2018年第三届全国"万步有约"职业人群健走激励大奖赛津市赛区的比赛。比赛启动仪式于5月11日在体育广场举行,全市有32个机关、企事业单位的36支参赛队伍,总参赛队员504人参加为期100天的比赛,比赛结果:平均万步率达到93.14%,较2017年提高6.13%;行进里程9283.06公里,较上年提高536.43公里;万步率超过98%的有17支团队,津市取得全国优秀健走示范区及健走示范区优秀组织奖2个奖项。4支团队获得优秀团队奖、3人获得优秀领队奖、3人获得优秀队长奖、3篇文章获优秀征文奖。

(袁宇)

【妇幼健康服务】2018年全市无孕产妇死亡;孕产妇系统管理率95.64%;高危孕妇筛出率达30%以上,高危孕产妇管理率为100%;孕产妇住院分娩率为100%。0~6岁儿童健康管理工作:0~3岁儿童系统管理率90.73%,0~6岁儿童健康管理率为95.52%;全市5岁以下儿童死亡率为6.23‰;有效落实全市托幼机构管理和新生入学体检监督管理。孕产妇艾滋病、梅毒及乙肝检测实行全免费,检测率达100%。全市妇女病普查16137人,普查率达35.23%。积极推进全市免费婚前医学检查,婚检率达90.80%,叶酸投服率达96.41%,依从率达93.42%,完成1200对国家免费孕前优生健康检查,早孕随访率为100%,妊娠结局随访率为99.60%。全市辖区产前筛查率为92.65%,机构产筛率为146.07%,对高风险孕妇进行随访。新生儿疾病筛查率为100.58%。新生儿听力筛查率为101.15%。地中海贫血初筛工作全覆盖,初筛人数为3946人,免费血红蛋白电泳检测73人。

妇幼讲堂

农村适龄妇女"两癌"免费检查工作完成数2134人,筛查率达106.7%,查出宫颈癌1人、乳腺癌1人。完成孕产妇免费中期产前筛查1202人,完成率达100.17%,共筛查出产前筛查异常人数316人,异常率26.29%。

计划生育手术开展情况。放置宫内节育器202人。取出宫内节育器439人。输卵管绝育73人。负压吸引术、钳刮术、药物流产、麻醉流产共计881人。

(曾祥兰)

【个体诊所】2018年全市有各类诊所61家。持续推进社会办医简化优化审批服务,对新设置的中医诊所备案制管理,促进社会办医的快速发展。从依法执业、医疗废弃物管理、医院感染管理、提供静脉给药服务备案、年度现场校验等方面,加大对个体诊所的管理,开展多次培训、督导检查,规范诊所的经营行为,保障广大人民群众的利益和就医安全。

(汤亮)

【药品管理】2018年,全面贯彻执行国家药物政策和国家基本药物制度,提高药品供应保障力度,促进药品合理使用,规范基层医疗卫生机构药品购销行为,全面落实基本药物网上采购机制并达到省控标准,确保全市二级公立医疗机构基本药物采购占比不低于40%,基层医疗卫生单位基本药物采购占比不低于70%。完善基层卫生医疗机构药品配备使用范围,以市为单位,经补充议价后，新采购50种常用药品；村卫生室所有基药均由乡镇卫生院网上代采，基本医疗村卫生室至少配备40种以上的基本药物；开展短缺药品检测预警，完善采购机制，健全使用机制，探索储备机制，强化管理机制，宣传药品短缺替代方案，保障临床用药需求，化解老百姓用药难、用药贵的难题，使得基层用药需求得到充分满足。

加强基本药物制度考核，对网底的村卫生室，开展包括网上采购及零差率销售、药品配备、宣传培训、补助资金拨付、基层药事管理和药品合理使用等情况在内的全面考核。（刘荣华）

人口计生

【概况】2018年津市紧扣“政策转型、服务提质”工作目标，强基层、打基础，至2018年9月30日，全市共出生2057人，人口出生率为8.11‰，符合政策生育率为99.37%，出生人口性别比为100.29，确保“全面两孩”新政的有序开展。

2018年9月30日，全市全员人口25.11万人，育龄妇女5.7万人，已婚育龄妇女4.3万人。

生育秩序保持稳定。人口出生降幅较大。2017年度全市出生2275人(补报回归后)，2018年全市总共出生2057人，降幅达9.57%，实行“全面二孩”生育政策，育龄夫妇生育意愿已经在2016年、2017年集中释放；符合政策生育率保持较高水平。2018年9月30日，出生2057人，其中政策内出生2044人，政策外13人，符合政策生育率为99.37%；政策外多孩率较低，违法生育控制有力。至2018年9月30日，全市出生人口中，一孩出生979人，一孩率47.59%，二孩出生1005人，二孩率48.86%，多孩出生73人，多孩率3.55%，其中政策外多孩10人，政策外多孩率0.49%。出生人口性别比趋于正常。2018年度全市出生男孩1030人，女孩1027人，出生人口性别比100.29，出生人口性别比下降幅度较大。

信息上报及时率较高。2018年度妊娠信息上报及时率为96.39%，生养信息上报及时率98.81%，避孕节育信息上报及时率98.27%，计划生育关键业务数据上报综合及时率为97.73%。

全面落实好二孩政策，提高群众满意度，以宣传服务为抓手，加强培训，加大服务，简化办证程序，科学引领育龄群众适时生育、优生优育，推进政策顺利实施。针对新时期人口计生工作和全面两孩政策进行重点培训，确保工作人员准确掌握二孩生育政策，基层工作人员尽快熟悉掌握政策内容，更好的服务育龄群众。开展群众生育意愿调查活动，各镇、街、场开展入户调查，开展政策解释和宣传工作，积极引导群众有计划地安排生育，避免生育高峰。利用国家免费孕前优生健康检查，设立咨询服务台，免费向群众发放叶酸营养素，根据高龄孕产妇的实际情况，加大随访服务力度，不断提升妇幼保障服务能力。简化办证程序，全面落实首接责任制、一次性告知制,并利用村务公开栏，全面公开生育登记的依据、条件、程序、时限、需提交的材料和服务承诺等信息，自觉接受群众监督，缩短审批时间，提高办事效率。2017年10月1日至2018年9月30日，全市共办理一孩生育服务证登记772例，二孩生育服务登记832例。

清理人口底子。自2018年3月始，各镇、街道和场深入村(居)、农户实地调查，对2017年10月1日以来的人口出生、生育证发放、社会抚养费征收、新婚、妊娠、节育措施落实、已婚育龄妇女生殖健康检测、利益导向机制落实、流动人口管理、全员人口注销等10项工作底子进行大清理、大盘底。每月月初上报出生人口前，各乡镇、街道和场将上报的出生名册与医院分娩登记台账、医疗机构住院分娩实时通记录、儿童防疫花名册、公安派出所上户名册、新型农村合作医疗名册、城镇医疗保险名册、居民健康档案“七比对”，防止人口出生漏统漏报、错统错报。依法行政管理。完善便民服务机制，实行再生育审批网上办理，从2017年10月1日至2018年9月30日共审批发放再生育证62例，无一例差错，提高行政效能和群众满意度。全面推行信息化。“实时通”信息录入到位。自2017年10月以来，公安部门提供出生上户、户口迁入信息1899条，食药工质局提供流入育龄妇女办理营业执照信息54条，住建局提供施工工地流入育龄妇女信息10条，其他部门也都按各自职责对相关信息全部按要求进行录入，对提高全员人口信息质量，加强计生管理起到积极作用。“村直报”录入到位。依托全员人口信息库和农村基层网底建设平台，在村级建立计划生育信息村级直报系统，由镇、街道上报信息下移到村(社区)，由纸质文档上报改为网络实时上报。整合部门数据资源，用信息化指导村计生专干工作，强化服务群众工作手段，全面提升工作效率和管理水平，为各级领导科学决策提供依据。2018年度上报数据9935条。宣传培训到位。采取集中培训和个别指导相结合的办法，对信息化操作人员进行重点培训，熟练掌握各类“信息化”操作技能和录入方法。7月16日上午，在市委中心组(扩大)集中学习会议上，南京邮电大学理学院党委书记、教授温勇进行《健康中国背景下计划生育工作的新目标和新任务》专题辅导讲座。市电视台开辟人口计生专栏，每周播出一期人口计生专题节目，免费开展一次人口和计划生育公益宣传，及时报道计生工作动态。全市各镇、街道、场和村居都有计划生育宣传标语，营造良好的宣传氛围。

惠民政策推进。2018年为347名特别扶助和27名手术并发症对象代缴居民医保费，为116名特别扶助和17名手术并发症对象代缴城乡居民养老保险费，共计6.91万元；民政局在临时救助中优先考虑计生特扶家庭，为低保户中的53名计生特扶对象给予每人500元临时救助，共计2.7万元；教育局在发放寄宿生、贫困生活补助、普通高中国家助学金时，为20名独生子女和农村双女户家庭提高500元扶助标准，共计1万元；工商联在开展在捐资助学活动中，为10名计生困难家庭给予每户500元资助；农业局在扶贫活动中，为5名计生户提标200元；移民开发局在移民后期扶持中，为8名计生困难家庭给予每人每年500元的生活救助；住建局在农村进行危房改造时，为2名计生特扶家庭优先考虑，并给予2000元提标。重点推进“特扶关爱行动”，各级各部门出台一系列计生扶助政策，在全市范围内形成生活扶助提标和养老托底、健康促进的综合关爱体系。（周凌）

【**流动人口管理**】2018年，贯彻落实以《湖南省流动人口计划生育服务管理办法》和《流动人口计划生育服务管理“一盘棋”业务规划》，开通“湖南省全员人口信息管理系统”，开展“关怀关爱”“均等化”服务。全市流动人口管理工作得到国家卫健委的高度认可，评为全国流动人口动态监测调查优秀单位。

2018年，全市全员人口256644人，流出人员53902人，占全市总人口的21%，其中男性28201人、女性25701人，女性流出人员占全市流出总数的17.68%，流出已婚育龄妇女17425人，占流出女性的67.79%。流入人员5595人【其中跨省流入714人，跨省流入人员在本地出生10人（其中男孩7人、女孩3人），省内流入4881人】。其中男性2941人，女性2654人，占流入人员的47.43%，流入已婚育龄妇女1654人，占流入女性的62.32%。（乔新蓉）

【**落实计生政策**】落实特扶家庭的关爱行动，出台《关于切实做好计划生育特殊家庭优先便利医疗服务工作的通知》，指定市人民医院和市妇幼保健院为定点医疗机构，计划生育特殊家庭成员持特别扶助证在定点医院就诊时，提供挂号、就诊、转诊、取药、收费、综合诊疗、结算等优先便利服务的“绿色通道”。

建立“双岗联系人”制度，确保每户计划生育特殊家庭有2名固定的联系人，制定服务联系卡，联系人负责及时沟通情况，解需求，提供必要的帮助。

开展家庭医生签约服务，2018年的611名特别扶助人员全部纳入家庭医生签约；实行精准救助，在春节前对特殊家庭实行精准帮扶48人，资金11.8万元；成立志愿者服务队，不定期组织特扶家庭免费体检，心理咨询和精神抚慰。完成新增对象的确认和历年享受对象的严格按照奖扶政策口径和确认程序，做好2018年新增奖扶对象的确认工作。目前全市已确认农村奖扶新增对象413人，确认计划生育家庭特别扶助新增对象109人，将2018年度新增特别扶助人员全部纳入家庭医生签约。

严格坚持“年审要见面，退出要告知”的原则进行年审，接受群众监督，所有奖扶对象年审到位率100%。通过见面年审，全市已退出农村奖扶对象77人，计划生育家庭特别扶助对象10人。

开展专项调查，确保准确率100%。从3月19—28日，对所有的新增奖扶对象进行抽样调查，从专项调查结果显示，各乡镇奖扶对象上报准确率均达100%。

让广大群众知晓计划生育各项奖励优惠政策，是发挥其在计划生育中导向作用的前提。2018年全市确认独生子女保健费发放对象827人，发放资金9.924万元；确认农村部分计划生育家庭奖励发放对象5476人，发放资金525.696万元；确认计划生育家庭特别扶助发放对象611人，发放扶助金543.18万元和一次性救助金250万元；确认计划生育手术并发症对象31人，发放资金10.164万元；确认城镇独生子女父母奖励发放对象16061人，2018年本级发放1152.352万元。（王红）

【**计生协会工作**】津市市委、市政府重视津市计生协会工作，在组织、人员、资金给予保障。年初计生协工作与计划生育工作一同以计生领导小组的名义下发考核评估方案，做到同研究、同部署、同考核。2017年2月，新任命一名副科级的市计生协副会长；按程序申请批准公开招聘1名计生协工作人员，2018年5月下旬，已经正式开始上班。2018年5月28日津市市人民政府第16次专题会议纪要上同意市财政将计生协生育关怀资金55万元列入公共财政预算。

开展扶贫对象精准识别。组织计生协干部、会员重点对计生特殊困难家庭、计生手术并发症家庭进行调查摸底；协助卫生院、村居对因病致贫、因病返贫家庭，进行精准识别，经过详细核实、甄别后，共认定因病致贫对象602户、1746人。开展家庭医生签约。积极参与配合卫生院、村医开展家庭医生签约服务工作，对全市5578名建档立卡贫困户、511名计生特殊困难家庭、31名计生手术并发症家进行家庭医生签约。为慢病患者开展基本医疗服务、慢性病预约、优先诊疗、中医药服务以及个性化服务；在每户签约患者家门口张贴便民服务卡，方便老百姓随时随地和基层医生进行交流；建立家庭医生微信群，家庭医生团队对建档立卡贫困人口进行慢病指导，开展特殊家庭护理补贴服务。对计划生育特殊家庭对象住院情况进行甄别，对具备住院护理费补贴条件的对象住院资料进行收集上报，让惠民政策惠到实处。至2018年12月底，全市计生特殊家庭重病大病住院护理补贴89人，总计12.91万元，占省级下拨资金的87.17%。做好小额贴息贷款、计生“三结合”、计生特殊家庭健康保险等项目工作，通过项目扶持生产和就业，提升计生家庭发展能力和抵御风险能力。2017年度计生家庭创业贷款贴息项目两个，贴息金额共计5.96万元，2个计生家庭创业贷款贴息项目共解决65名计生对象就业，发放工资87.94万元，救助贫困计生家庭19户，救助金额1.95万元；2017年度计划生育“三结合”项目1个，项目资金5万元，计划生育“三结合”项目共用工480个，发放当地农民工资4.8万元，人均工资达2500元，惠及当地计生家庭19户。2018年度，全市申报1个“三结合”项目，获批资金5万元，1个贴息贷款项目，获批贴息资金5.37万元，两个项目运行良好。联合卫计局、市民政局、市妇联、共青团市委、志愿者协会、各镇、街道计生协及相关单位，发挥计生协生育关怀帮扶示范作用，开展特殊群体的系列帮扶活动。2018年春节期间，共走访慰问独生子女伤残家庭、失独家庭、困难计生家庭、基层计生工作者共计255户，发放慰问金和困难救助资金15.86万元。在“5·29”期间走访慰问计生特困家庭21户，为他们送去1000~3000元慰问金，此次活动共走访慰问21人，送去慰问金合计2.5万元在“5·29”期间，津市市计生协会联合市民政局、市妇联、共青团市委、市爱心志愿者协会、市三洲驿街道计生协及相关单位在兰苑宾馆举行一场主题，为“成长路上，并不孤单”庆“六一”爱心捐赠活动，现场对40名事实孤儿、20名留守儿童送去价值300元的爱心包，价值1.8万元，社会爱心人士一对一爱心捐赠为40名事实孤儿，捐赠资金每人2000元，合计8万元；襄阳街办事处、襄阳街志愿者为10家幼儿园中的39名留守儿童进行慰问，给他们送上书包、文具盒等节日慰问品，并请教师志愿者对留守儿童开展谈心活动；协助卫计系统、妇联对妇女“两癌”免费筛查工作进行宣传发动。经过精心的宣传和组织，到2018年9月已对2134名妇女进行免费“两癌”筛查。

为78名计生困难家庭发放物资共计1万余元，走访慰问计生困难家庭2户送去慰问金合计2000元。全市各计生协共组织12场次的学习宣传服务活动，发放各类宣传资料5万份。2018年津市计生协在湖南省计生协网站上已经发稿25篇，《中国人口报》发稿3篇，湖南省计生协微信公众号1篇，《湖南日报》1篇，共30篇信息。

津市市11个乡级单位83个村居建立协会组织并配备德高望重、乐于奉献的专职副会长，落实工作报酬；加强流动人口聚居地、集贸市场及规模企业协会组织建设，探索创建“党支部+协会”“行业+协会”“楼栋+协会”等新模式，不断扩大流动人口计划生育协会覆盖面。2018年津市已建成“企业+协会”3家，在流动人口较多的企业建立人口计生协示范点，在宝悦乐城集贸市场建立一个流动人口计生协会。修订完善《计划生育村(居)民自治公约》，村(居)民自治公约签订率达100%；将基层群众自治纳入计生综合目标管理考核的重要内容，在考核100分中占7分。抓示范镇、村(居)创建。津市市共创建计生基层群众自治示范镇5个，其中省级示范镇2个，常德市示范镇3个；创建计生基础群众村(居)6个，其中，省级示范村6个，计生协会在群众自治中反映民声，赢得民心。 (胡杰)

医 疗

【人民医院】津市市人民医院设有16个临床科室、13个医技科室以及2个大型门诊部和1所社区医疗服务中心。占地面积32.8亩，建筑面积61750平方米，编制床位500张，在岗职工573人，有正高职称4人、副高职称80人、中级职称162人，硕士研究生4人。医院拥有德国西门子64排128层螺旋CT机、荷兰Phillips 1.5T磁共振、美国GE双排螺旋CT、800毫安X光机(DR)、美国GE血管数字减影机、移动式X线C臂机、高清晰四维彩超、全自动进口生化分析仪、OMOM胶囊胃镜、关节镜、宫腔镜、腹腔镜、鼻窦内窥镜、胆管镜、支纤镜、膀胱镜、输尿管软镜、钬激光等高精尖大型医疗设备200余件。

医院先后获得“百年名院历史文化优秀奖”“最佳飞跃奖”“最佳优质服务奖”“平安医院”“精准扶贫先进后盾单位”“巾帼文明岗”“农工民主党先进集体”等荣誉称号；连续七年被评为“重合同守信用单位”和“消费者信得过单位”。李贤樑荣获常德市五一劳动奖章和常德市先进工作者称号；朱清君荣获常德市“三八红旗手”称号。

加强医疗质量体系管理。按照《进一步改善医疗服务行动计划》要求，组织“医疗质量安全管理月”等活动，剖析医院的医疗质量，整章建制、督导查房、业务考核等提高医疗质量。开展“优质服务百日行动”，组织“沟通交流技巧”情景模拟演练，营造“暖医”文化，重点监控合理用药。制定精细的奖惩措施，开展巡查、点评、约谈等形式加强管控，药占比下降至34.27%，同比下降3%，合理用药的各项指标现全部达到省卫计委要求。全年开展各类质控60余次。开展“护理查对月”“输液安全月”“5·12护士岗位技能比武”“健康教育进社区”等专项活动。落实高风险谈话制度。加强医保、药事、院感、传染病管理。开展抗生素专项整治，单病种控费、临床路径管理等活动，强化院感、传染病管理工作；优化医保职能，开通一站式服务窗口，加强患者随访，提高人民群众就医体验感，医疗服务质量不断提升。

按照合作协议，常德市第一人民医院共派门诊专家近500人次、指导手术近200余台次，急会诊病人50余人次，其中，眼科、耳鼻喉头颈外科、妇科、产

全市服务百姓健康行动人民医院站

科、心内科、胃肠泌尿外科采用较为固定的"驻津方式"进行精准帮扶。

业务发展。骨科、心胸外科、普外科、妇产科新技术、新项目不断创新。先后开展人工肩关节置换术、后路椎间孔镜下髓核摘除术、95 岁高龄患者人工髋关节翻修、胸腔镜下肺叶切除、腹腔镜下直肠癌根治术、半肝切除术、多段多处肋骨骨折开放复位内固定术、放射性粒子植入等一批新技术、新项目，多项技术填补津市市乃至九澧地区学科空白。新增 4 个常德市级重点学科。经过常德市卫计委多次、多方考察评审，骨科、妇产科、心血管内科、消化内科被评为常德市市级临床重点专科。医务部组织心血管内科、神经内科等多学科技术人员多次赴省人民医院、湘潭市中心医院等三甲医院外出学习，胸痛、卒中中心建设正式挂牌运行。

一是加快人力资源储备。借助市委"500 英才"引进优惠政策，医院先后到长沙、衡阳、常德实施人才专场招聘 7 次，共引进 28 名专业技术人员，其中医学类本科生 13 人，护理人员 15 人，硕士研究生 2 名。共聘请院外专家教授 24 人为全院医务人员进行培训 19 次，内容涵盖新理论、新技术、医德医风、沟通交流技巧等；安排医务人员外出参加各种学术活动 100 余人次。有计划地组织医务人员参加常德市第一人民医院同质化轮训，涵盖行政、医疗、医技、护理等层面共计 50 余人次。组织"湘西北皮肤科学术沙龙""常德市医学会风湿免疫专业委员会专家下基层学术指导"交流活动及"津市市麻醉学术交流会"等多项活动。医院正式与常德职业技术学院签约成为其教学医院。

中央健康扶贫项目 4800 万元资金已落实到位。改扩建项目一期基坑支护工程于 2017 年 9 月 14 日开工，2018 年 6 月 21 日顺利通过市改扩建领导小组组织的竣工验收。改扩建项目建设二期住院大楼主体工程完成主体外墙调整设计方案和招标上网的前期准备工作。改扩建项目完成后，医院建筑面积将由 4 万平方米增加到 8 万平方米，开放床位从 500 张将增加到 800 张。医院斥资近 600 万元购买四目手术显微镜、呼吸机、眼科超声乳化治疗仪、免瞳眼底照相机等大型专科医疗设备，医院专科发展软实力不断增强。

推进"医共体"建设，医院院务委员联点基层医院、社区卫生服务中心，落实技术下沉、分级诊疗、双向转诊。完善医联体架构的信息系统，实现"医共体"内信息化数据互联互通。实现远程会诊、双向转诊、检验检查设备设施共享。津市市心电远程会诊中心建设已经完善。全年组织常德市第一人民医院及本院专家近 60 人次先后赴白衣、新州镇、渡口、李家铺、灵泉等乡镇开展下乡巡诊、业务指导 8 次，受惠人群近 2000 余人次，发放常用药品价值 35000 余元。开通网上预约挂号及线上线下移动支付系统，医院服务更加便民利民。

按照原国家卫计委国卫办医函〔2017〕849 号文件精神要求，医院精心组织，设计精美实用小礼品，选派 16 名志愿者，圆满完成满意度调查任务。"平安医院"创建。医院秉承"严谨 负责"的工作态度及务实的工作方法常抓不懈。全院职工参与"平安医院"的创建工作，开展各类培训督导近 20 余次，确保创建效果，力争创建成功。　（胡振彬）

【中医医院】津市市中医医院始建于 1952 年，现位于建设路 59 号，占地 3500 平方米，建筑面积 6700 平方米，是集医疗、科研、教学、保健为一体的二级甲等中医医院。开放床位 200 张，有在岗职工 180 人，高级职称 11 人，中级职称 32 人。医院是城镇职工医保、城镇居民医保、新型农村合作定点医院和津市市机动车驾驶人体检定点医院。

2018 年度，为重点发展针灸按摩科，津市市中医医院设立病床 60 张，分设针推一科和针推二科，全年收治病人 1538 人次，在卒风后遗症的康复治疗、腰椎间盘突出、面瘫等疾病，取得明显的效果。在医疗资源共享方面，与常德市第一中医医院联合设立骨伤科专家门诊，并配合省卫生厅的"复明行动"，全年收治白内障病人 262 人次，施行手术成功率达 98%，解除患者失明的痛苦，恢复视力。医院全年完成业务收入 3375 万元，完成门诊 77832 人次，收治住院病人 7110 人次，床位使用率为 96%。2018 年，津市市中医医院整体搬迁项目已完成主体工程建设，计划于 2019 年底竣工并投入使用，2018 年 9 月，随着《中医药法》的出台，医院为更好地继承和弘扬中医药事业，就新院施工项目提出更高的要求。　（彭程）

复明 10 号流动眼科手术车

文化　体育

【概况】津市市文体广新局内设办公室、法制服务股、社文艺术股、政工股、财务规划股等5个股室，下设文物局、文化市场综合执法大队、全民健身服务中心、文化馆、图书馆、艺术研究所、青少年业余体校、广播电视电影事业站等8个二级机构，直管2家转制企业（红旗剧院有限公司、电影放映公司）。在编在岗人员103名，其中，局行政编制8名，事业（含工勤编）编制61名，事业转制企业身份34名，临时聘用人员3名，空编13名。

全年共举办大中型文化活动11次，大型体育活动120余场（市级23场，协会组织100余场），创作文艺作品5部。（刘倩颖）

【文化活动】2018年，为了丰富群众文化生活，服务百姓文娱需求，津市市着力开展群众性文化活动。2月8日，在市红旗剧院举办“讴歌新时代·开启新征程”迎春晚会，共表演12个节目，吸引800余人入场观看。3月25日，以“乐猜灯谜·喜闹元宵”为主题的2018年津市元宵灯谜活动在宝悦乐城举办，吸引15000名市民参与。4月26日，文化馆志愿者在渡口三新垸百姓大舞台表演《西湖春》《结晶》《敬业之歌》等10个节目，吸引附近200余名村民前往观看。5月8日，举办首届舞韵·俏夕阳2018年“关爱老人”大型广场舞巡演活动，来自全市4个乡镇、5个街道的260余位中老年广场舞爱好者参与其中。7月25日至26日，在市红旗大剧院举办“讴歌新时代·百团大赛”暨“欢乐津城”群众文艺演出，来自镇街的17支民间文艺团体表演20多个节目，吸引300余名观众观看。12月22日，20名文化馆志愿者把《大湖水韵》等15个节目带到白衣镇首届“起鱼节”现场，吸引周边县市500余名群众观看。全年举办全民阅读活动60余次，配送5000余册书刊到农家书屋，推进全民阅读进社区、进工厂、进校园、进机关，参与活动超过5万人次。组织下乡放映公益电影972场。津市“车胤读书节”全民阅读推广系列活动获第六届湖南省艺术节群众文化项目类“三湘群星奖”。（刘倩颖）

【文艺创作】2018年，林东群编导的舞蹈《澧水印象》、章宏创作的小品《禁令》、王蕾创作的《暖心小棉袄》、许佳琦演奏的琵琶新编曲目《新十面埋伏》、柏林演唱的《毛里湖我可爱的家》被常德文化馆推选参加省第六届艺术节。市文旅广体局和市文化馆组织“讴歌新时代·百团大赛”暨“欢乐津城”群众文艺演出共计4场；文化馆举办2018年度曲艺创作笔会，推选情景剧《囊萤照读》、傩戏《楚风傩韵》、歌舞《我和车胤是同乡》参加省、常德市文艺创作笔会。歌舞《清风荷影》《故乡有话告诉你》代表常德市参加省“欢乐潇湘”大型群众文艺演出。创作的鼓书《姜女情》《粽叶与米》在北京中国曲艺研究院、中国音乐学院展演。融汇津市四大文化元素的嘉山傩韵、萤台书韵、药山禅韵、大湖水

津市市2018年“讴歌新时代　开启新征途”文艺晚会

文物局校注的弘治《湖广岳州府志》

韵大型歌舞剧《兰香四韵》，荣获常德百团大赛最佳原创剧目奖。 （刘倩颖）

【体育】2018 年 11 月 18 日，总占地 57.4 亩，总投资 1.47 亿元的五环时代全民健身中心一期工程完工投入使用。城北车胤足球场工程争取到国家发改委公共体育资金 240 万元，新建 7520 平方米的标准足球场、130 平方米的国民体质监测室、110 平方米的青少年乒乓球训练房以及 17 间配套用房。2018 年全市开展群众性体育活动 20 余次，参与活动人数达 10 万人次。2018 年 1 月，举办全球津市人迎新跑，共有 1000 人（次）参加。2 月开展新年健步走活动，共有 30 支队伍参加。4 月举办全市羽毛球交流赛，吸引 100 余名羽毛球爱好者参加。7—9 月，津市举办首届“健康湖南”全民运动会，包含羽毛球、乒乓球、篮球、足球等 15 个运动项目，总共上万人参与。11—12 月，相继举办“健康中国·运动湖南”2018 全民健身大赛季自行车巡演赛、登高赛、篮球赛、羽毛球赛、美国哈林巫师花式篮球冬季巡演等一系列赛事活动。

城北车胤足球场开工仪式

截至 2018 年 12 月 10 日 24 时，中国体育彩票津市站（全市 19 个销售站点）全年销量 4028 万元，其中概率玩法销量 321 万元，竞猜玩法销量 3694 万元，高频玩法 63712 元，即开玩法销量 56400 元。回眸今年体彩销售工作可谓是亮点多多：体育彩票销量和筹集的公益金均创下新高，市场份额显著提升；竞猜型彩票是 2018 年增幅最大的玩法。 （刘倩颖）

【文化市场管理】2018 年，全市共有网吧 15 家、KTV16 家、游戏厅 3 家。开展“清源”“护苗”“净网”“秋风”“固边”5 次整治行动。打击盗版印刷行为，截堵非法发行渠道，对涉嫌出售盗版物的书店和非法承印的教育印刷厂、祥瑞包装有限公司进行处罚，收缴非法出版物 290 余册。对证照不全、证照过期和超许可范围生产经营立案查处 2 家，关停金澜印刷这 1 家非法印刷企业。对网吧、歌舞娱乐场所消防安全隐患零容忍，责令 2 家文化市场经营单位限期整改。检查网吧、歌厅和印刷场所 418 余次，立案查处违规接纳未成年人的网吧 14 家，游艺娱乐市场 1 家，出动执法人员 890 余人次，车辆 290 台次。 （刘倩颖）

文物工作

【概况】津市市文物局属于文化体育广电新闻出版局管辖的参照公务员管理的事业单位，具有行政管理职能，人员编制 10 名，在岗 7 人，为副科级事业局，内设文物股（含文物稽查中队）、博物馆、办公室。为湖南省考古学会团体会员单位，中级专业技术职称 4 人，抢救性发掘领队资格 1 人。

馆藏文物 2163 件（/套），其中有国家一级文物 14 件（/套）、二级文物 12 件（/套）、三级文物 137 件（/套）。全市有 106 处不可移动文物点。

常年开展文物保护法律、法规宣传；对全市文物保护单位和馆藏文物及文物交易市场进行监管。实施文物行政许可审批，对基本建设项目进行考古调查斟探和抢救性发掘。 （范雨涵）

【文物保护】2018 年 1 月 15 日，虎爪山遗址抢险加固工程举行开工仪式，3 月虎爪山遗址保护工作全面展开，项目总投资 1729 万元，主要进行遗址本体抢险加固、遗址入口广场、遗址展示及旧石器考古工作站建设。2 月 28 日，国家文物局批复虎爪山遗址保护规划，原则同意虎爪山遗址保护规划，要求进一步明确遗址保护范围，合理调整保护区划，细化展示措施和考古工作计划，加强专门保护管理机构建设，制定专项管理办法，妥善解决土地用途调整、环境整治等问题，切实保护文物本体及周边环境安全，确保规划顺利实施。3 月 27 日，津市市政府召开第八次专题会议对虎爪山遗址保护工程建设相关事宜进行专题研究，9 月 5 日，市政府出台《虎爪山遗址保护管理暂行办法》，该办法自公布之日起实施。9 月 29 日，国家文物局对《关于呈报湖南省 2019 年度建筑类全国重点文物保护单位保护计划的请示》（湘文物报〔2018〕96 号）作出批复，虎爪山遗址环境整治项目成功立项，预算控制数 1490 万元，市文物局组织人员编制方案，该项目作为虎爪山大遗址保护项目二期工程。

益泰绸布庄是津市保存较为完好的民国时期代表性建筑，属县级文物保护单位，2018 年该建筑申报省级文物保护单位，并作为湘鄂川黔革命根据地旧址增补点同湘西、张家界的其余 9 处增补点一同申报国家重点文物保护单位。5月4日，津市文物局与益泰绸布庄施工方、监理方、专家组以及常德市文物局举行益泰绸布庄初验会，会上，施工方对益泰绸布庄的修缮作详细汇报，专家组在实地考察和听完汇报后提出相应整改意见，津市文物局要求施工方按专家意见进行整改，益泰绸布庄于12月15日顺利通过专家验收。

2018年7月30日，津市政府召开古大同寺修缮保护工作调度会，决定启动古大同寺的修缮保护工作，项目总投资230万元。由民宗、文物部门联合实施。其中省级下达的古大同寺专项保护经费70万元，文物局按工程进度分3次拨付。

市文物局按照国家文物局8月下达的启动第八批国保申报遴选工作和9月湖南省文物局下达的启动第十批省保申报遴选工作通知，迅速组织人员专职申报工作，此次津市市申报国保单位1处，省保单位6处。

7月9日，《津市市博物馆预防性保护方案》列入湖南省文物局《湖南省2018年度可移动文物预防性保护和数字化保护利用项目计划》。

12月19日，市文物局派专人前往南京云锦研究所对接文物修复工作。此次与其对接主要是为津市馆藏国家一级文物云锦战袍制订保护修复方案。据悉，全国由博物馆收藏的云锦战袍仅3件(一件收藏于中国军事博物馆，是北洋水师提督丁汝昌后人捐赠。另一件收藏于湖南省博物馆，为两江总督、湘军统帅曾国藩家族捐赠)，市博物馆收藏的该件征集于20世纪80年代，物主来自江西。因受自然因素和馆藏条件影响，市博物馆所藏云锦战袍出现部分损腐，需专业机构按照文物修复技术标准要求，对文物病害进行科学分析检测，制定有针对性的保护修复方案。

2018年，市文物局根据市政府的工作部署主动作为，加强对全市范围内各级文物保护单位的保护与管理，全年对区域内文物点的安全检查和执法巡查100多次，坚持对省级以上文物保护单位日常巡查和重点监管，并联合市公安消防大队在博物馆、古大同寺进行消防检查并进行消防安全演练，坚持发现问题立行整改的原则，避免一切文物不安全事故的发生。 (范雨涵)

【对外交流与培训】2018年5月25日，津市市政协一行走访市博物馆并举行座谈会，通过图文资料、实物展示，加深对津市历史文化的了解。座谈会中，市文物局负责人就本单位基本情况、存在的困难和问题以及下一步工作计划做汇报，姜正才主席为市博物馆工作人员的文物情怀点赞，提出要努力定位好、建设好、保护好、宣传好博物馆建设，建议市委、市政府及各部门大力支持博物馆建设，做好博物馆引进人才、培养人才的协调工作。

6月11日，省文物局考古处处长刘劲一行到津指导虎爪山遗址抢险加固工程工作。刘劲在施工现场认真听取市文物局负责人及施工方、监理方关于遗址保护规划和项目进度的汇报，并对现场施工安全管理与工程质量情况进行详细的检查，随后又查阅施工日记和监理日记。刘劲对虎爪山遗址工程施工管理工作给予肯定，指出在抓好虎爪山遗址抢险加固工程的基础上，重点要做好遗址本体保护工作，建议在经过科学的考古、规划后可适当进行遗址剖面展示，要挖掘好虎爪山遗址文化内涵，让古文化遗址更好地发挥其社会价值，逐步把虎爪山遗址建设成国家考古遗址公园。

市文物局注重对年轻人的培养工作。2018年，1人参加公务员初任培训和湖南省博物馆管理培训班；1人参加湖南省文物安全培训班；2人参加常德市文物安全与行政执法培训；1人参加“第八批全国重点文物保护单位申报遴选工作”培训班。 (范雨涵)

【展示宣传】津市市博物馆是湖南省科普基地、常德市爱国主义教育基地和展示津市地方历史和文化特色的重要场所，市文物局一直以此为平台开展形式多样的活动。

2018年4月，联合津市市一完小成功举办了“大美津城，爱我家乡”主题教育系列活动，以“失物招领”与“津市城市变迁”为主题的图片展览吸引学生参观，并参加主题征文比赛。开办流动图片展，在特殊节日，如春节市博物馆在后湖举办“温暖的家乡记忆”津城迎春图文展，国际博物馆日举办国宝精品展等。完成博物馆“小小志愿者”招募活动，对小志愿者们进行短期培训，7月19日，市博物馆与电视台联合开展小小志愿者讲解活动。利用各种渠道扩大宣传，2018年，津市文化遗产网登载信息报道31篇，内容涵盖文物保护、文物安全、文物宣传、党建等工作，其中县级以上网站采用信息13篇。2018年市文物局首次采用“津市人”宣传手册，手册一

津市市虎爪山遗址抢险加固工程开工仪式

基层文化站长培训

经推出，便获得了参观群众的喜爱，除此之外，也采用传统的 LED 大屏幕、宣传牌等方式扩大文物宣传。

2018 年，市博物馆先后征集到红衣大炮、字画及古币，其中征集的红衣大炮为研究津澧古代地方军事文化提供实物佐证。

津市市博物馆实行免费开放，由于建设需要自 2018 年 7 月 1 日起暂时闭馆，上半年共接待参观人数 4.2 万人次。（范雨涵）

【论文、专著、文献资料】2018 年 1 月，岳麓书社印刷出版由市文物局校注的明代地方文献《岳州府志》；彭佳局长撰写的《湖南津市药山寺遗址调查简报》发表在《江汉考古》2018 年第三期；配合津市市政协关于津市“城市基因”文史资料的征编工作，提供涉及文物方面的资料。（范雨涵）

广播电视

【概况】津市市广播电视台是津市市委市政府直属的正科级事业单位。内设总编室、办公室、人力资源部、计划财务部、综合部、工会、融媒体宣传中心、产业营销中心、技术中心等部室。我台定编人数 68 人（均为全额拨款的事业编制），现有在岗人员 68 人，其中在编在岗人员 55 人，台聘 11 人，空编 13 个。

拥有新闻频道、广播电台（FM99.3 兆赫）、“智慧津市”APP 以及津市电视台和津市发布微信公众号、红网手机报、红网津市站、红网时刻和新湖南客户端等多个全媒体终端平台。电视台开办有《津市新闻》《童言童语》《历史上的今天》《萌宝播天气》等栏目；广播电台自办栏目有《津市新闻》《交通大会战》《音乐时光》等。

【新闻发稿】2018 年全年，电视台共播发《津市新闻》240 期，发稿 1824 条，制作专题片 50 部。在常德电视台《常德新闻联播》上稿 351 条，时长 19362 秒，湖南电视台《湖南新闻联播》上稿 18 条，时长 449 秒。外宣工作在常德市各区县排名第三，津市电视台微信公众号在常德市媒体微信公众号排名保持前三、全国县级微信公众号 100 强，获上年度常德市网络宣传常德贡献奖优秀媒体公众号。津市电视台微信公众号发稿 1866 篇，津市发布微信公众号发稿 520 篇，手机报发稿 1800 篇，新湖南客户端发稿 990 篇。

以《津市新闻》为主阵地，打造接地气、感人心的新闻。开设主题专栏《在习近平新时代中国特色社会主义思想指引下——新时代新作为新篇章》、《壮阔东方潮 奋进新时代——庆祝改革开放 40 年》；组织重点新闻宣传：推出《推进产业立市三年行动》《四大会战 》《脱贫攻坚》《部门服务企业》《书香满津城》《重点工程》《美丽乡村》《劳动者风采》《扫黑除恶》《移风易俗》《政法人物先锋记》《最美教师》《环境违法行为曝光台》等系列专栏。做好市委经济工作会、全市“两会”、新春走基层等各类重点报道，完成上级交办的各项新闻舆论宣传工作任务。

【新闻获奖】2018 年度津市市广播电视台荣获全国优秀创意活动 30 强、媒体“最佳创意奖”；全省广播电视公益广告优秀播出机构荣誉称号；常德市电视外宣先进单位、优秀媒体微信公众号；津市市统战工作先进单位、综治工作优秀单位、档案工作优秀单位、脱贫攻坚先进单位、计生综治良好单位。有 13 部广播电视作品分获常德市广播电视新闻一、二、三等奖。（马彬）

【自办栏目】首次开办少儿节目《童言童语》《历史上的今天》《萌宝播天气》3 档栏目，精准定位，精心制作，牢牢抓住

2018 年筑梦他乡津市人采访活动

少儿和家长“两头”受众，接足地气，拉近距离，取得较好的收视效果。

制作和播出巡察整改系列专题、《回眸》、《展望》、《酿造人间滋味》、《津市牛肉粉》、文明单位创建等各种类型专题片和公益宣传片40余部。《筑梦他乡津市人》打造成“津市名片”，继2017年首期采访圆满完成后，2018年启动第二期采访报道，完成北京、广东、江苏、成都等4站14个人物的前期拍摄和后续制作，陆续在各媒体平台播出。在讲好津市人故事的同时，通过老乡推进津市的招商引资工作。

开设金话筒艺术传媒培训学校等产业，并以此通过全媒体运作形成产业链推动地方文化产业的发展。打造首个智慧城市手机客户端——“智慧津市”APP，12月上线，内容集本土新闻、信息发布、手机电视、掌上政务、便民服务、智慧项目、应急预警、市民互动为一体，借助智慧城市建设，实现移动互联服务。

充分发挥自身优势，组织策划和主动参与各类大型活动，进一步打造特色活动品牌。成功承办全市十大经济人物颁奖晚会、开发区迎春晚会、全市春晚、“体验农耕文化，回归大自然”插秧比赛活动、故事大王比赛等活动。（马彬）

2018年12月24日“智慧津市”APP上线

有线电视

【概况】湖南有线津市网络有限公司（以下简称津市有线网络公司）是省文产委下属企业省有线集团下属全资子公司，从原有线电视台改制而来。公司成立以来经过19年的发展，至2018年底已拥有总资产1亿元，在职员工100余人，年经营收入2400万元。已建成覆盖津市城乡的光纤网络，建设主干光缆398公里，接入光缆2056公里，传输标清、高清、付费等电视频道175套，发展有线电视用户70530多户，成为津市区域内具有品牌影响力的文化产业和信息化建设的生力军。（余柳毅）

【业务发展】2018年底，津市农村“户户通”工程基本完成，架设光缆、电缆2515公里，有线电视入户16700户，宽带入户1769户，光纤覆盖全部村组，村村通应急广播。基本完成有线电视和应急广播工作任务。2018年“户户通”工程领导小组继续落实国家“宽带中国”战略，实施农村宽带入户工程的通知，明确各乡镇的宽带入户目标任务。

2014年4月11日，津市市政府与湖南有线集团签订《津市“智慧城市”建设战略合作协议》，明确津市的智慧城市建设由有线集团规划设计、投资建设、运营维护；有线集团随即将津市列为广电网络参与全省智慧城市建设的试点，予以全力推进。项目建设实施三年来，采取有线集团作为投资主体进行项目建设，政府购买服务模式，通过项目招标正规流程，津市公司发挥具有上市公司雄厚资金，技术支撑强劲的背景，并在当地拥有一支成熟的建设运维队伍的优势，顺利完成市应急指挥中心、天网工程一期、智慧城管、智慧教育等智慧城市一期工程5600万元项目建设；二期工程智慧交通1189万元项目建设已全部完工，于2018年5月23日完成验收正式移交。天网工程二期、智慧教育二期均已完工，正在走验收决算程序。智慧党建（已先期建设7个村级党建试点）、综治视联网、雪亮工程等项目正在积极洽谈，为智慧城市建设打开局面。

公司在申报材料、评审答辩、考察评估等重要环节帮助市政府于2015年4月获得国家智慧城市建设第三批试点城市，2015年5月获得民政部首批智慧社区建设试点；2016年4月，成功申报国家发改委专项建设基金1亿元。

津市有线网络公司是津市本地唯一具有电视节目传输资质的机构，是党和政府舆论阵地，是落实党委意识形态责任的重要保障，是传达当地党和政府“声音”的主渠道，是“党网”。自成立以来，连续多次被常德市消委授予“消费者信得过”单位，并被常德市工商局授予“守合同、守信用”企业。（余柳毅）

图书发行销售

【概况】湖南省新华书店有限责任公司津市市分公司地处津市市三洲驿街道后湖路7号，是集教材教辅、图书音像、文化用品于一体的大型国有文化企业。公司下设教材部、图书部和文化用品部。2018年拥有1家中心门店，经营面积520平方米；2所校园书店，合计面积190平方米；1间课本仓库面积800平方米。2018年在岗员工26人，全年实现营业收入1115.50万元。公司在全常德市新华系统获得经济发展目标一等奖、政治读物发行一等奖、校园书店销售二等奖、信息技术应用与管理考核二等奖、教材发行先进三等奖、教辅发行先进三等奖等荣誉。

该公司始终保持诚信经营，确保教材教辅的正规发行，做好党和国家政策法规的广泛宣传，拓展新兴业务的多渠道发展，履行新华书店传播精神文化的责任与使命。（周哲）

【教材教辅发行】2018 年教材教辅销售码洋 619.99 万元。因教材教辅发行新政策，教材教辅的发行处于艰难状态。严格落实中小学教辅发行专项整治工作要求，满足学生用书的市场需求，面对这一困境，本公司充分利用中心门店和校园书店两大阵地，采取线上线下同步销售，接受电话预定，提供流动供应等营销方式，确保地方教材教辅市场的主导地位。（周哲）

【图书销售】2018 年实现一般图书销售码洋 333.77 万元。倡导“全民阅读”，完善公共文化服务体系，努力抢抓一般图书市场，为机关企事业单位的理论学习提供便捷的服务。全年重点发行《习近平谈治国理政(第二卷)》5000 册、《习近平新时代中国特色社会主义思想三十讲》9000 册、《党的十九大报告辅导读本》6360 册、《中国共产党章程》12952 册、《读有所得》61 套、《湘江红潮》76 套。向津市 20 余万人口的阅读、购书，提供优质的服务。该公司通过策划各类营销活动、利用微信公众号、阅达书城 APP 等新媒体推广，拓宽图书销售渠道，提升企业影响力。该公司在津市市第一中学与津市德雅中学建立校园书店，方便广大师生的购书。（周哲）

【文化用品销售】面对日趋激烈的文化用品市场竞争，该公司强化服务意识、提高服务水平、优化服务质量，在业务流程发生重大变化的情况下，探索适应市场的运营模式。了解机关企业事业单位、广大客户的需求，丰富门店品种，做到门店畅销品种不断货、滞销品种不存货、新品及时上货。该公司全年实现文化用品销售码洋 161.74 万元。（周哲）

【新兴业务】2018 年贯彻省市公司战略部署，该公司推进研学旅行、A 佳考试服务、自助借阅机等新兴业务的调研、可行性分析，有望在次年进入实质性运营，全力服务津市市 10000 多中小学生和教师，丰富学生校内外体验、减轻教师的工作量。（周哲）

图书借阅

【概况】津市市图书馆设综合外借室、报刊阅览室、少儿借阅室、电子阅览室、地方文献室等部门，功能设施齐全，环境清雅，区域划分明显。2018 年，图书馆有工作人员 10 人，其中具有大学学历 6 人、大专学历 3 人、高中学历 1 人，具有高级职务 1 人，中级职务 3 人，助级职务 4 人，高级工 2 人(退役士官)。馆藏图书 16 万余册，电子图书 75000 册，报刊 102 种，地方文献 1335 册，主要是地方综合志书、地方综合年鉴、行业与部门志书、地方报刊、家谱等，收藏古籍 163 册，总借阅量 37215 人次。津市图书馆有电子阅览室 1 间，配电脑 30 台，有电子图书借阅机 3 台，超星移动图书馆，与 4 个图书分馆联网，实现图书馆的网络化管理、服务和咨询。

津市市图书馆按照“倡导全民阅读，建设书香津城”的要求，举办形式多样的阅读活动，打造颇具影响力、带动力的阅读活动品牌，被评为国家二级图书馆，“车胤读书节”获湖南第六届艺术节群众文化项目类“三湘群星奖”；荣获“书香湖南”系列读书活动——湖南省“少儿故事大王”大奖赛中获大赛组织奖，选送的小选手董振文获大赛银奖；小学生陈彦霖在“弘扬湖湘历史文化——湖南省少年儿童数字阅读知识竞赛中获特等奖；毛里湖镇箭楼村农家书屋获全省示范农家书屋称号；毛里湖镇箭楼村农家书屋管理员刘奎获全省优秀农家书屋管理员称号。

利用网站、微信、微博作为线上宣传窗口，通过媒体多层次多途径宣传报道，截至 2018 年 12 月，《中国文化报》上稿 1 篇；国家数字文化网上稿 7 篇；湖南文化共享工程 11 篇；湖南文化厅 9 篇；常德文明网 12 篇；《常德日报》2 篇；常德文体广新局网站 6 篇。（周泳利）

【充实馆内、馆外资源】2018 年，财政拨款 158.38 万元。投入经费对图书馆服务设施设备进一步升级，在阅读活动开展和文献采购上给予经费倾斜，投入 11 万元采购书籍及数字资源，优化馆藏资源。津市图书馆有图书分馆 4 家，藏书合计 10500 册；向网络平台借力，通过津市市图书馆门户网站、微信公众号、移动图书馆、知航网络图书馆等，让阅读资源更加丰富，用“大阅读”观念拓宽、盘活、贯通全社会阅读资源。

（周泳利）

【开展全民阅读活动】以传统教育为本，把握各个传统节日，通过举办专题授课、主题活动，强化传统教育。正月十五元宵灯谜会，将津市本土文化和传统文化有机结合，兼具趣味性和知识性；中秋佳节之际，带领萌芽幼儿园小朋友参观图书馆，并利用电子借阅机内

7 月 22 日，津市市图书馆开展数字阅读推广活动

的资源，开展《民俗系列讲座之中秋节》知识讲座，让孩子们了解中国的传统节日。依托本馆服务阵地，以“车胤读书节”为载体，会同各中小学组织“图书漂流进校园”，联合各文明单位开展青年干部阅读分享会、元宵灯谜会，有效盘活市内各社会办学力量，与津市市业堂画室、广电金话筒艺术传媒学校、女童保护基金团队、新世纪儿童之家等社会培训机构开展活动，让2000多名少儿享受到了快乐而充实的阅读生活。充分聚合津市市广播电视台、新华书店、房地产行业社会力量，在全市所有公办学校500余名少年儿童中组织开展“新天地”杯“故事大王”挑战赛和“你读书我买单”活动，进一步激发广大群众和少年儿童的阅读兴趣。“十九大主题图书专架”的推出，有效推动了在全市形成学习中共十九大精神的浓厚氛围。《中华人民共和国公共图书馆法》宣传图片展，向广大群众普及公共图书馆法法律知识，增强公民法律意识。大年初一，“全球津市人健康迎新跑”活动将跑步和公益结合起来，全民参与的带动、辐射和促进作用，成为传播文明、助力和谐社会建设、创建文明城市的基柱。

（周泳利）

4月12日，图书漂流启动仪式

津市市“城市基因”文史资料征编工作会议

镇街道开发区

新洲镇

【概况】新洲镇是津市市的西南门户。全镇总面积86.12平方千米，辖长岭村、黄林堰村、车胤村、青山峪村、麓山村、庹家峪村、毛家岗村、五泉社区、孟姜女社区、嘉山社区、万寿宫社区等11个村(居)。2018年末全镇共1.2万余户3.03万人。耕地面积49179亩，林地面积45000多亩，各类水域面积1400余亩。新洲镇交通区位优越，是湘鄂边际高速线路重要连接点，二广高速和在建的安慈高速纵贯全镇并设立互通。境内有省级嘉山风景名胜区，是孟姜女、车武子故里。2018年，新洲镇党委政府准确把握乡村振兴战略总体要求，以创建全国特色景观小镇和湖南省美丽城镇为抓手，统筹推进城乡建设、产业建设、民生建设、生态建设和自身建设等重点工作，取得较好成绩，为新洲镇创新发展奠定了坚实基础。2018年被选定为常德市人居环境整治试点镇，被评为湖南省首届“醉美湘镇”、常德市卫生镇。

（刘宏玉）

【城镇建设】2018年，新洲镇投入资金634万元，完成东街、南街、北街、梅花路四条集镇主街道两侧约850户生态旅游房屋立面改造工程；投入资金150万元，完成广场安置房室内装饰装修工程；投入资金173万元，完成车胤文体活动中心建设工程；投入资金35万元，完成新洲菜市场提质改造工程；投入资金52万元，完成东正街公租房小巷、东后街小巷、公园路、书院路、萤台路等5条小街小巷硬化改造；投入资金55万元，完成新洲集镇9个、灵泉集镇2个公厕新建；投入资金112万元，完成湘北公路新洲集镇段全长约2000米道路两侧园林绿化升级改造，新建花池等基础设施工程建设；投入资金3万元，完成新洲、灵泉两个集镇共845个灭鼠毒饵点建设；投入资金20万元，完成苍堰臭水塘治理改造工程，实施绿化、亮化改造。完成4个砂石码头清理取缔与澧水沿线风光带新洲建设区域31户拆迁工作。集镇控违拆违70余处，腾退建设用地2000多平方米。

（刘宏玉）

【乡村建设】2018年，投入资金700万元，完成黄林堰村农业开发项目；投入100万元完成青山峪村“五结合”项目；投入1000万元完成青山峪村国土项目；投入700万元，启动庹家峪村食用菌基地扩建项目。新建通村通组公路21.8千米，其中黄林堰村2.5公里，庹家峪村6公里，麓山村2公里，长岭村3公里，毛家岗村2公里，青山峪村5公里，嘉山1.3公里。整修沟渠18.6公里，其中长岭村10公里，黄林堰村6公里，青山峪村1公里，五泉社区1.6公里。新建机耕道11.8公里，其中嘉山社区1公里，青山峪村2公里，长岭村1.5公里，黄林堰村1.8公里，毛家岗村1公里，庹

新洲古城

家峪村2公里,麓山村1.3公里,五泉社区1.2公里。堰塘清淤56口,其中五泉社区9口,庹家峪村8口,长岭村14口,车胤村4口,麓山村7口,毛家岗村3口,万寿宫社区2口,黄林堰村3口,青山峪村5口。新建22个村级校车停靠站,完成长岭村、青山峪村等2个村级垃圾回收屋建设。完成安慈高速新洲段970.18亩土地征收、357座坟墓迁转、69户房屋拆迁协议签订以及60户房屋拆除工作。（刘宏玉）

【政务服务】2018年,优化基层服务环境,完成镇政务中心大厅、安监站、林业站标准化建设,建成干部职工文化广场、职工文体活动中心。投资530万元完成11个村(社区)阵地平台新建和改扩建工作,完成“三务合一”(党务、政务、商务)硬件设施配备安装,落实“最多跑一次”政务下沉工作机制。（刘宏玉）

【人居环境整治】2018年,结合常德市人居环境整治试点镇建设,围绕“三面五清”(地面垃圾清扫、墙面广告清除、水面杂物清理,以及堆物清理、垃圾清运、违章搭建清除等工作)重点,投入资金200万元,累计投入劳力7000多人次、各类机械700多台次,清运各类垃圾、建筑堆物5300多吨,整治庭院1500余户,改善城乡面貌和人居环境,迎接常德市人居环境整治试点工作流动现场会。（刘宏玉）

【产业发展】2018年,建成家庭农场9个,组建粮食合作社6家,发展种粮大户75户,粮食种植收益持续增长。争取并启动庹家峪食用菌基地千亩扩建项目,引进香菇酱加工技术,产业总产值近600万元,迎接省老科协助推乡村振兴战略和精准脱贫现场经验交流会。推广湘莲种植3000多亩,油茶种植扩面达到1500余亩,新增苗木花卉面积350亩,新发展乌梅、优质柑橘、柚桃、罗汉果等特色经济作物种植面积600多亩,特色产业规模增长。争取嘉山风景名胜区文化旅游服务系统建设资金200万元,对神九堰景点实施维修改造,稳定并拓建一批农家乐经营场所。城镇新增人口2000人,商贸零售业、流通业、餐饮业、加工业扩展至800多家,新增就业人口200多人。（刘宏玉）

新洲镇长岭村村级文化活动广场

【脱贫攻坚】2018年,扎实开展结对帮扶工作,对104户建档立卡贫困户实行结对帮扶全覆盖,入户帮扶2000多次,教育助学241人次,援助重点户20余万元生产生活物资;技能培训700余人次,推荐企业就业303人,合作社定向务工400多人;申报并建成扶贫项目43个,总投资407万元。年度脱贫63户186人。（刘宏玉）

【民生保障】2018年,投资80万元完成灵泉敬老院升级改造,建成农村幸福院、老年人日间照料中心10家,危房改造37户。发放各类困难救助资金500多万元,其中农村低保347人126.3万元,城镇低保106人44万元,农村五保164人143.3万元,“三无”人员35人31.5万元,高龄老人556人42.3万元,优抚331人115.1万元,残疾人困难、重度补贴625人41.3万元,困难救助资金15万元,灾害救助资金15万元。建成灵泉中心幼儿园、村级文化广场等公共设施;完成农村土地确权登记4437户3.9万多亩;集体产权制度改革、殡葬改革、城乡居民医、社保扩面、乡村卫生医疗改革等工作有序推进,拓展志愿者服务活动,群众文体活动开展经常。（刘宏玉）

【生态建设】2018年,对集镇“八乱”(乱停乱靠、乱搭乱建、乱堆乱码、乱贴乱画)、护城河污染源头和3个黑臭水体进行综合治理;推行集镇门前“三包”和农村环境“月评季奖”卫生保洁工作;对黏土砖厂和生猪养殖污染2个环保督查事项进行全面整改;关停2家生猪养殖场,完成22户小规模养殖户环保达标督办整改工作;加强秸秆禁烧管制,劝阻群众焚烧秸秆1000余次,开展执法行动10余次,处置违规人员8人次;贯彻落实“河长制”“湖长制”,设置标示标牌11个,聘请管理员22名,清理杂物28吨,水环境巡视保洁形成常态。（刘宏玉）

【安全生产】2018年,投入资金20万元,完成安监站标准化建设;强力推进实施“打非治违”、安全生产隐患“清零”、强执法防事故等专项行动;深入开展行政执法平台信息化、道路信息化录入等工作。完成上级交办的隐患整改任务7件次,镇村安全隐患排查400多次,执法检查314次,检查生产经营单位571家,曝光典型案例15件,吊销许可证照1家,取缔关闭3家,问责干部2人。全镇未发生一起安全生产责任事故。（刘宏玉）

【综治维稳】2018年,新洲镇大力开展民情民意走访、乡村夜话、信访积案化解、矛盾纠纷调处、焦点问题处置等工作,接访群众653人次,化解信访问题23件次,调处矛盾纠纷212件次。完

新洲镇孟姜女文化广场千人广场舞大赛

成镇村两级“雪亮工程”建设，安装监控探头474个，迎接省、常德市政法系统社会管理流动现场会与调研工作。扎实开展“禁毒”“扫黑除恶”与社区矫正工作。（刘宏玉）

【卫生计生】2018年，新洲镇出生人口256人，符合政策生育率99.6%，其中男性126人、女性130人，出生人口性别比为103.17∶1，人口出生率为8.7‰。死亡人口为246人，死亡率8.3‰。2018年，新洲镇享受农村部分计划生育家庭奖励扶助政策1152人，享受特别奖励扶助政策对象62人，享受手术并发症生活补贴对象6人，共发放补贴142余万元。享受城镇独生子女父母奖励580人，每人每月按标准领取80元。领取独生子女保健费62人。救助计生特困对象11人，救助贫困失独家庭2人。（刘宏玉）

【自身建设】2018年，新洲镇深入开展中共十九大报告精神、习近平新时代中国特色社会主义思想等政治理论教育。开展“政务下沉”事项、脱贫攻坚、产业发展、青年干部读书班等学习培训。采取“钉钉”打卡、暗访督查等措施，确保中央八项规定、常德市“12个严禁”以及工作纪律等落到实处。健全和落实村民监督委员会、村民议事会等群众监督机制，深入开展“乡村夜话”活动、“四风”问题整治，编织全民监督“网格”，听取和收集党员干部群众意见建议，不断加强社会监督力度。（刘宏玉）

毛里湖镇

【概况】毛里湖镇地处津市市东南端，北临澧水，西接毛里湖，与新洲镇、白衣镇、药山镇接壤，地形以平原和丘陵为主。全镇现辖4个社区、11个行政村，总人口4.3万人；区域总面积118.6平方公里，其中，耕地面积88135亩（水田57892亩、旱地30243亩），林地13566亩。2018年，毛里湖镇推进“毛里湖湿地重镇”建设，坚持稳中求进工作总基调，在经济发展、基层党建、美丽乡村、生态环保、安全稳定、民生保障六方面持续发力，全镇经济社会保持健康较快发展。（杨金堂）

【经济发展】2018年，毛里湖镇抓招商、引投资，建项目、优环境，形成高质量发展态势。共实现财政收入7249.17万元，完成向上争资772万元；通过以商招商及项目招商等方式，外出招商4次，接待投资者来镇考察30余次，蔬菜基地产销公司、水产品交易市场、秸秆收储制肥等一批招商项目对接顺利，均达成初步协议。在原李家铺敬老院基础上，完成总投资1250万元的镇敬老院建设，占地面积9699.02平方米，建筑面积3845.75平方米，设床位150张，用于安置周边地区失能、半失能人员的养护和本镇范围内五保老人的集中供养；完成投资215.5万元的岳阳路2800米下水道管网改造，有效改善集镇人居环境；基本完成安慈高速建设项目征拆工作，共征地1259亩，拆迁房屋116户；配合支持毛里湖国家湿地公园、毛里湖电排、花桥植物园、石龟山二桥等重大项目工程建设，其中，毛里湖湿地公园养老产业园、游船码头、宣教中心、毛里湖电排主体工程及花桥植物园通景公路均已建成，石龟山二桥顺利通车。（杨金堂）

【基层党建】2018年，履行管党治党责任，积极开展“五化”（支部设置标准化、组织生活正常化、管理服务精细化、工作制度体系化、阵地建设规范化）党支部建设，不断提高基层党组织建设质量。各基层党支部认真落实“三会一课”制度（定期召开支部党员大会、支部委员会、党小组会，按时上好党课），专题组织生活会及主题党日活动形成常态；培养后备党支部书记15名，后备干部30名，入党积极分子50人，新发展党员21人；组织村干部、党员及党建联络员集中学习培训10余次；改扩建村居综合服务平台14个，村居智慧党建平台系统正常运行；保障各村居党组织不低

12月，毛里湖镇敬老院建设项目主体工程完工

于18万元的基本运转经费,3万元办公经费;完成市委巡察及上级督察反馈的基层党建问题整改;严管干部作风,全年立案32件,纪律处分26人,组织处理17人。坚持党管意识形态,把牢价值取向、突出主流声音。倡导移风易俗,创新以“渔鼓”“三棒鼓”的方式,下村巡回演出宣传,被常德电视台推介;建设乡村大舞台14个,开展庆“七一”、“兴产业促发展迎新春”等大型群众文化活动8次,惠及群众2万余人次,凝聚发展力量;在集镇广场设立大型宣传栏12个,开展脱贫攻坚、环保攻坚、产业发展等乡村振兴战略重大主题宣传;新闻上稿和党委信息工作名列全市前茅,常德日报上稿24篇,“绿色存折”、脱贫攻坚工作先后3次被省电视台推介报道;利用镇政府微信公众号,发表图文消息217条,点击量10万余次,不断增添网上正能量。 (杨金堂)

【美丽乡村】2018年,以樟树、箭楼、花桥3个美丽乡村示范点村为重点,整域推进基础设施建设、生态环境整治、特色产业建设、文明乡风培育四大工程,美丽乡村成效显著。樟树村投资120万元,全新打造具有湿地风情特色的村级综合服务平台,建设“一圈两点”基础设施,完成水电路全面改造升级,建设500亩优质柑橘产业基地,被授予常德市“美丽乡村”和湖南省“文明村镇”称号;箭楼村以“桔香箭楼、绿色家园”为定位,依靠山地资源优势,发展“一村一品”,已打造2500亩特早熟柑橘基地;花桥村弘扬农村新风尚,继续开展“五户一家”(平安创建、文明新风、生态文明、勤劳致富、热心公益农户及幸福和美农家)评选活动,引导群众见贤思齐、崇德向善。全镇争取“一事一议”财政奖补、省财政厅扶持村级集体经济发展试点、“美丽乡村”建设等项目支持,共硬化村组公路26公里,新建和维修改造机耕道99.3公里;低压电网改造27千米,新增变压器13台11800千伏安,其中,保河堤集镇新增主变压器一台10000千伏安;引进总投资680万元的西毛里湖渍堤加固项目,对双合口、四林垸、五儿嘴4.6公里渍堤全线除险加固;维修排涝泵站3座、大小抗旱机埠30座,对山区15处骨干堰塘进行了硬化和扩容,完成大型沟渠清淤37.09千米,中型沟渠清淤37.28千米;维修自来水管网3公里。全镇流转土地15000亩,共发展种植大户、家庭农场、专业合作社等农村新型经营主体97个;全年推广生态再生稻5000多亩,稻虾共养1100多亩,无公害蔬菜6000多亩,生态鱼养殖面积8000余亩,柑橘、油茶等优质林果10000多亩;在青苗社区深入探索田园综合体建设试点,投资60万元新建100亩“蔬果采摘园”,投资70万元改造升级沙湖乐园,获评“湖南省五星级乡村旅游示范点”。 (杨金堂)

【生态环保】2018年,毛里湖镇推进绿色存折、水体治污、秸秆禁烧三大工程,加大环境综合整治,力保毛里湖蓝天碧水青山。以湘北干线6个村(社区)为重点,全面推广“垃圾分类、绿色存折”制度,2018年,全国各地27批次420余人到该镇中南村参观学习。在毛里湖周边全面实施两拆两退,巩固畜禽退养成果。拆除拦坝2个、解除拦坝承包经营合同1个;鱼塘退养转产315个班块,牛羊退养48户;推进河长制工作,实行河湖巡查常态化,取缔澧水河岸沙码头3家。引进秸秆回收项目,处理农作物秸秆1.8万亩,推广秸秆还田1.5万亩;镇村干部下地入户,加大禁烧宣传、巡防巡查和现场劝阻,“疏堵结合”,抓实秸秆禁烧工作。

(杨金堂)

【安全稳定】2018年,毛里湖镇强化信访稳定工作,突出源头预防,切实做好日常矛盾排查和化解。发挥司法调解作用,推进“无上访村居”创建,镇村共调解各种矛盾纠纷269件,调解成功率98%,毛里湖镇清泉村、花桥村、田家山村获津市市建设“无上访村(社区)”工作先进村(社区)。全面开展“扫黑除恶”专项行动,通过广泛宣传、摸底排查、群众举报、安装监控探头等措施,2018年全镇摸排1起、津市市交办1起、常德市交办1起,通过监控探头为安乡县公安局提供破案线索1条。深入开展“打非治违百日行动”、“强执法、防事故”活动及道路交通安全、校车安全、烟花爆竹等专项整治,加强对非洲猪瘟的重点防控,严把生猪进出关,确保人民群众吃上安全肉、放心肉。全年共进行202次安全生产检查,其中镇领导带队检查30余次,共查处安全隐患450处,完成整改412处;农村道路交通安全管理信息录入13618条;出动安全监管执法人员335人次,下达指令书21份,收缴烟花爆竹265封,取缔无证经营店14家,经

10月15日,樟树村农村综合服务平台新建工程竣工验收

11月8日,花桥村“幸福和美农家”颁奖典礼

9 月 21 日，青苗社区“中国农民丰收节”吊桥欢歌团体赛

济处罚经营店 1 家，约谈警示领导干部 3 人。（杨金堂）

【民生保障】2018 年，累计发放各项惠民补贴 1369.72 万元，涉及 36840 人次。脱贫攻坚方面，15 支市镇两级工作队、320 名干部进村结对帮扶，对全镇 592 个（含西湖渔场）建档立卡贫困户、1788 个贫困人口全面实施“两个帮扶全覆盖”“五个精准到户”，实施 3 批共 27 个扶贫产业项目，分配扶贫资金 300 万元年度共脱贫 145 户 429 人；省级贫困村“六件实事”有效推进，花桥村、同乐堡村顺利“摘帽”退出。社会救助方面，共为 279 个特困供养人口发放救助资金 1503380 元，622 个城乡低保人口发放最低生活保障金 2321530 元，33 人大病医疗救助 90291 元，408 人临时生活救助 856980 元，12 个贫困家庭慈善助学 36000 元，96 个低收入家庭办理最低生活保障；完成残疾人爱心房建设 5 户，申办重度残疾人护理补贴 617 人次、困难残疾人生活补贴 481 人次；完成 155 户危房改造，发放补贴资金 332.4 万元，其中，建档立卡贫困户 68 户，五保户 28 户，低保户 12 户，贫困残疾户 47 户。劳动保障方面，农村社保医保全面普及，农村养老保险 11000 余人次，农村合作医疗 34289 人次；培训求职人员 1380 余人次，技能培训 580 人，发布用工信息 1800 余条，向省内外 35 家企业输出务工人员 1450 人。医疗卫生方面，全镇共有综合性卫生院 2 座，床位 60 个，15 个村（社区）均建有村级卫生室。2018 年，共完成孕前优生遗传健康检查 230 对、孕中期筛查 238 对；为 9 人 11 次申领住院护理补贴 8300 元；新增城镇独生子女父母奖励对象 30 人、农村奖扶对象 94 人、特扶对象 6 人、手术并发症对象 1 人，共为 1551 人发放各项奖励（扶助）金 160 多万元。教育保障方面，全镇共有中、小学校 13 所，在校学生 2970 人，教师 233 人。2018 年，完成李家铺中学、保河堤完小校舍配套建设工程，教育资源进一步优化；李家铺中小学、保河堤中学教育教学工作进入全市先进行列。（杨金堂）

【青苗腊八节暨市农产品博览会】1 月 24 日，由市人民政府主办，市旅游外侨局、市毛里湖镇人民政府承办，市农业局、市文体广新局等多家单位协办的第三届青苗腊八节暨市农产品博览会在毛里湖镇青苗社区文化广场开幕。本届青苗腊八节活动从 24 日持续至 26 日，共设展位 120 个，在打造“青苗腊八节”品牌的同时，搭建农副产品产销对接平台，带动周边乡镇共同参与盛会，壮大规模，扩大辐射影响力。活动期间，农产品销售额达 500 多万元。

活动中，土家腊肉、腊肠、原生态黄牛肉、花儿粑粑、麦芽糖、土鸡、绿豆皮、豆腐乳等各式各样的农副产品琳琅满目，舞龙、歌舞、荆河戏、小品等节目精彩纷呈，砸金蛋、砸粑粑、抓土鸡等系列互动活动趣味十足，给人们带来一场汇集中华传统年俗文化和“绿色、生态、健康”、富有本地特色的农副产品盛宴，满足了广大游客体验乡村生活、享受乡村气息的需求，得到社会各界的广泛赞誉，《湖南日报》、《常德日报》、常德电视台等多家媒体报道。（李艳丽）

【首届“中国农民丰收节”】9 月 21 日，由津市市毛里湖镇青苗社区主办的首届“中国农民丰收节”庆祝活动精彩上演。活动以“庆祝农民丰收、弘扬乡土文化、振兴美丽乡村”为主题，旨在弘扬地方民间文化，展示乡村振兴新面貌。活动在传统庄重的祭祀仪式中拉开大幕，毛里湖镇政府负责人宣布活动正式开幕。《毛里湖丰收炫鼓》、歌舞《在希望的田野上》等造浓丰收节活动氛围；团体赛喜收稻谷、大米快运、吊桥欢歌，个人赛徒手抓鸡、浑水摸鱼、沙湖罩鱼、趣味“划船”将活动推向高潮，现场欢呼不断、掌声阵阵，参赛人员个个满载而归；赛后千人丰收宴，品尝农味，共话农事，享受丰收成果的喜悦。

“中国农民丰收节”是第一个在国家层面专门为农民设立的节日。青苗社区以“中国农民丰收节”为契机，宣传绿色生态农业、特色美食、乡村旅游，着力推进“兴产业、美生态、育乡风、强治理、富民众”；同时以示范点村建设，带动毛里湖镇其他村（社区）全面推进乡村振兴战略。

市民政局、公路局、交通局、扶贫移民局、邮政局、农业局、检察院、卫计局、旅行社及毛里湖镇 15 个村（社区）等均派出参赛队伍，共计吸引上千名群众参与。（李艳丽）

药山镇

【概况】药山镇位于津市市最南端，与临澧县和鼎城区接壤，距常德市 38 公里，距津市市 45 公里，镇内交通便利，S306 线、S205 线、S238 线与县道 029 公路贯穿全境，常岳高速、二广高速比邻药山镇，是环洞庭湖公路沿线交通

区位优势明显的交通重镇，为津市“南大门”。全镇总面积142.8平方公里，下辖13村（社区），总人口4.3万人。耕地面积5.98万亩，水田4.4万亩。全年共实现财政收入3019.4万元，同比增长6.5%，向上争资780.44万元。

2018年，药山镇党委政府坚持党建总揽全局，按照“揽天下药山，筑梦里水乡”的总体目标，紧盯脱贫攻坚、生态环保、安全稳定、项目建设等重点工作，取得较好成效，为全镇经济社会健康发展奠定坚实基础。2018年获评湖湘风情文化旅游小镇、常德市第三次全国农业普查先进集体以及津市市绩效考核良好单位。（姚沙）

【产业发展】2018年，世界500强企业中国中药控股有限公司落户药山，与药山镇就建设道地中药材种植、初加工及贸易项目达成框架协议。药山镇汽车站综合服务体项目、药山村油牡丹种植示范基地、洞庭春米业4000亩优质稻种植项目等成功签约。福田米、中草药、优质水果等一批生态农业项目落户药山，农机化率、大棚种植面积逐步扩大，培育科技种粮大户146户，举办常德市油菜机械化播种示范现场会。药山镇入围“湖湘风情文化旅游小镇”创建单位，药山禅寺成功入围湖南省文化地标候选地，药山景区创建为国家AAA级旅游景区。以摸鱼、捉鸭、水上拔河等休闲农业项目为主的绿岛蓝湾鱼王节开展8期，吸引游客超万人，带来直接利润近百万元。（鄢仪）

【项目建设】2018年，药山文化旅游景区建设一期工程累计完成投资5000万元，竹林禅院污水处理站等一批基础工程全面竣工，化成塔、竹林禅院三期、老寺院整改等一批重点项目有序推进。《药山振兴发展创意暨药山文化旅游景区旅游总体规划》已完成，经市规委会审定后即可实施。总投资756.767万元，占地面积16亩，建筑面积8736平方米的八宝湖殡仪服务站，服务功能齐全，有吊唁厅3个，内设有遗体化妆间、鲜花间、接待楼、综合服务楼、食堂等，于5月26日揭牌运营。选址地点为原渡口汽车站，规划用地面积约18亩的药山镇车站综合体项目累计完成投资1000万元，主体大楼已完成基础建设，三栋单体建筑已完成封顶。投资102万元的八宝湖村“五结合”项目全面完工。主要对32亩堰塘、4.8千米沟渠清淤护坡，购买垃圾桶1600余套，新植红叶石楠3000棵，新建2个养殖场化粪池，完成垃圾回收站的场坪硬化、水电路等配套设施建设。新硬化道路19.4公里，窄路加宽7.5公里，整修塘坝41口，疏通沟渠22公里，启动药山村、临东村改水工程，农村基础建设水平跨上新台阶。（姚沙）

【生态环保】秸秆禁烧成效不断巩固，“禁烧”观念深入人心，农作物秸秆和生活垃圾的露天焚烧行为得到有效遏制。企业治污不断深入，积极落实环保督察问题整改，渡口页岩砖厂产业升级，废气排放基本达到脱硫标准，关闭了渡口环保砖厂和棠华蔃果加工厂。投入50万元，开展农药废弃物回收处置工作，建成一个归集点，设立13个村（居）级临时存储点，在集中取水点设置400组分类回收桶。8月中旬开展农药包装废弃物回收活动，共回收农药废弃物1500余袋，回收率达95%，取得较好生态效益与社会效益。“两拆两退”专项整治稳步推进，在规定限期内与退养户签订退养协议，完成西湖村、天鹅村、杨坝垱村、三新垸村、民康村5个村92个养殖户，共164个斑块，总面积3378.78亩的退养，2处退养鱼塘堤坝的拆除。（姚沙）

【民生保障】2018年，围绕“贫有所保”，以保障困难群众基本生活为重点，推进城乡低保的提标扩面工作，做到应保尽保、分类施保、动态管理。新增农村低保22人，城市低保4人，取消农村低保7户11人，全镇共有城市低保57户68人，全年发放低保金56.38万元。农村202户277人，全年发放低保金74.14万元。特困供养人员329人，发放补贴金200.19万元。高龄老人910人，发放补贴金66.97万元。优抚对象454人，发放补贴金172.36万元。孤儿救助13人，发放救助金13.3万元，发放各项补贴金累计583.6万元；围绕“病有所医”，加大对低保户、城乡特困供养人员、建档立卡贫困户医疗救助力度，所有对象实行医院一站式大病救助结算，全年医疗救助46人，救助金额15.6万元。临时救助245人，救助金额31.15万元，累计救助金额46.75万元；围绕“灾有所救”，规范核灾、报灾、救灾程序，建立和完善灾害应急救援机制，发放救灾资金22万元。

2018年共举办培训班三期，完成月嫂培训36人、水稻种植技术培训50

药山文化旅游景区

绿岛蓝湾全景

2018年11月23日，药山镇药山村举办“弘扬乡村好家风 共建和谐新药山”文艺演出暨“好家风”家庭颁奖活动

人，油牡丹种植技术培训50人。举办两场大型招聘会，新增城镇就业人数400人，失业人员再就业50人，就业困难对象再就业20人，城镇登记失业率降低到4.5%。新增农村劳动力转移就业人数300人，新增创业主体人数150人。2019年城乡居民基本医疗保险工作缴费29122人，6406840人，征缴率达97.77%。　（姚沙）

【脱贫攻坚】2018年，药山镇扎实开展精准识贫工作，经过两次动态调整，重新认定识别贫困户529户1689人，坚持精准施策，通过危房改造、教育助学、金融扶贫等帮扶方式脱贫113户338人，截至年底，药山镇已脱贫困户410户1358人，未脱贫户119户311人。三新垸村、和平村脱贫摘帽。全年共争取扶贫基础设施建设资金204.8万元，产业发展资金200万元，产业扶贫项目已覆盖到大多数贫困户。

全年完成贫困助学202人，发放补助资金131750元，完成雨露计划51人次总资金76500元，所有建档立卡贫困生都已经纳入教育助学体系，建立工作台账，辖区无建档立卡贫困学生因贫失（缀）学；贫困村创业致富带头人6人、两后生技能培训4人、贫困户实用技术培训所有村全覆盖，培训人数达430人；完成转移就业285人，交通补助229人，发放补助资金75200元。实施危房改造89户，发放补助资金200.73万元。贫困人口参加基本医疗保险率达100%，建立了贫困户健康扶贫“三个一批”基础台账，符合条件的农村贫困人口纳入最低生活保障264人，农村整户低保户纳入扶贫建档立卡72人。

（姚沙）

【安全稳定】2018年，以共建、共享为原则，坚持安全生产、社会治理、信访维稳工作“一盘棋”，统筹推进安全稳定各项工作。落实安全生产“一岗双责”工作责任，全年摸排安全隐患85起，如期整改85起，责令停产停业2起，行政处罚10人次。国标校车运行实现全覆盖，新建12个校车停靠点，校车日常监管进一步增强。在全镇范围内开展春、秋两季道路扫障，镇村两级共投入扫障资金20余万元，300余人次，彻底清除道路两侧障碍，为全镇群众安全出行提供良好的环境。镇政府组织安监站、综治办，联合毛里湖交警中队、派出所开展道路交通专项整治10次，扣违章摩托车20辆、三轮摩托车15辆，办证、办牌、年审、保险90人次，警告违规人员80人次，通过整治、教育、进一步规范群众安全意识。

深入推行群防群治工作理念，全年共办理刑事案件12起，铲除非法种植罂粟7处249株，强制戒毒2人，社区戒毒2人，摸排扫黑除恶线索3条。推进“无上访村居”创建，坚持“谁主管、谁负责”的硬性要求，健全群众利益诉求表达机制，妥善化解群众矛盾和信访积案，天鹅村被评为常德市建设“无上访村（社区）”工作优秀村（社区），药山村、和平村、西湖村获得津市市“无上访村”（社区）工作先进村（社区）称号。全年接待信访量达380余人次，排查化解各类矛盾纠纷209起，办结信访积案4起。

（姚沙）

【抗旱救灾】面对2018年夏天长达50余天的严重旱情，药山镇“三抓三强”狠抓抗旱救灾工作，即抓宣传教育，强责任意识；抓组织领导，强队伍建设；抓整体排查，强部门联动。共投入抗旱资金100余万元，劳力2.6万人，检修机埠74口，清淤维修主渠道1.58万米、支渠3.75万米，泵站71台，小型抽水机1500余台，抗旱面积4.8万亩，确保了沟渠排灌畅通，同时，完善旱情应急机制，坚决落实24小时值班值守，实现保安全、保丰收、保稳定的抗旱目标。　（姚沙）

【基层党建】2018年，组织中共十九大精神集中学习12次，党的报告员上党课50余次，按照“四必谈”要求，严格落实“两个责任”谈心谈话制度。“三会一课”月调阅、月通报制度常态化运行。分类推进支部“五化”建设，着力培育示范性基层党组织，老干支部获评“常德市五好老干党支部”。新湖村软弱涣散党组织整顿成效明显。强化党员监督管理，党纪处分3起3人，诫勉谈话7起15人次，批评教育1起2人次，提醒谈话2起5人次。发挥党建融合引领作用，党员干部精准帮扶529户贫困户，深入开展党员“一包五”活动，全体党员积极参与“平安创建”，全年民调排名稳居常德市前列；药山村50多名党员投

翊武中学文化墙

身药山景区建设一线，确保国家AAA级旅游景区成功授牌。坚持正确导向，注重意识形态工作的创新引领。组建红白理事会，劝阻党员群众违规赈酒6起，引导群众节俭办丧事。成功评选出10户“好家风”家庭典型，进一步促进民德民风建设。（鄢仪）

三洲驿街道办事处

【**概况**】三洲驿街道办事处位于津市城区西北部，东起万寿路，与汪家桥街道办事处接壤；西至临津桥，与澧县澧澹乡毗邻；南濒澧水，与襄阳街街道办事处隔河相望；北抵津市监狱。2018年，辖区总面积6.27平方公里，共有15836户、32565人，下设城隍庙、三洲街、后湖、柏枝林、桥北、护市、蔡家河7个社区居委会。辖区内驻有行政事业单位48家，企业18家，下设基层党组织45个，党员1261名，其中社区党(总)支部7个,非公党组织8个,社会党组织1个，国企党(总)支部2个。街道内设党政综合办公室、安全生产办公室、社会管理综治维稳办公室、计划生育办公室、民政和劳动保障站、环境保护办公室、社区工作站、综合文化站8个股室(站所)，目前在编在岗人员33人，其中行政编制20人，事业编制人员13人。社区党(总)支部书记中连续任职10年以上2人，35岁以下1人，社区干部共40人，其中35岁以下干部12人。2018年，街道以“清芬日新，忠诚为民”的工作宗旨和“求真务实，开拓创新”的工作态度，扎实推进“文明、和谐、宜居三洲驿”建设，各项事业平稳发展。筑强基层堡垒，党建水平全面提升。抓好项目提质，经济实力与日俱增。突出城市建设，完成全年棚改任务212户，强势推进原余留征收对象签约腾退，其中生产街D地块僵持6年未签约的2户对象、五交化片区、西河街片区4户剩余对象均成功签约。投入357万元对老中医院宿舍、轻化纺小区进行提质改造。谋划出台《三洲驿街道小区长效管理及考核奖惩实施方案》，对街道五类小区管理考核实行全覆盖。同时街道开设“小区论坛”与群众面对面交流互动，引导老旧小区成立业主委员会，全面推行小区居民自治管理，取得了较好成效。2018年街道办事处被评为常德市“无上访社区”先进单位，2018年度“常德市优秀老干党支部”。（蔡婷）

【**基层党建**】2018年，三洲驿街道以深入贯彻落实中共十九大精神为主线，持续推进“两学一做”学习教育常态化，实现基层党建全面进步、全面过硬。学习教育强化有效。采取各类宣讲会、研讨会、座谈会，微信公众号定期推送“一办微党课”、“一办纠四风”学习专栏等形式，深入学习中共十九大精神、党纪党规等，受教育党员、群众达20000余人次，实现线上线下同步学，全面推进“学习型”党组织建设。“五化”建设规范有序。以党支部“五化”建设(支部设置标准化、组织生活正常化、管理服务精细化、工作制度体系化、阵地建设规范化)为标准，智慧党建平台为载体，高标准建设社区综合服务平台，改造完成街道便民服务中心和后湖社区服务平台。以柏枝林社区为试点，在街道7个社区全面铺开党支部“五化”建设，实现综合服务平台建筑风格、外观装饰、阵地标识、机构门牌、服务窗口、宣传栏目“六统一”，加强指导“两新”党组织(新经济组织和新社会组织)和社会党组织“五化”建设。及时更新完善街道1271名党员智慧党建信息录入，重点强化智慧党建平台运用，全面推广网上缴纳党费、转接组织关系、参加学习培训等方面。基层基础夯实有力。全年共发展党员3名，培养入党积极分子16名，新招录党建联络员7名。利用谈心谈话，民主生活会、组织生活会等载体，沟通思想，凝心聚力。认真落实基层党建“三个清单”(责任清单、问题清单、整改清单)，全力推动“三会一课”(“三会”指定期召开支部党员大会、党支部委员会和党小组会；“一课”指按时上好党课)、“主题党日”、“党员强党性”、月调阅、机关党员志愿者服务活动等基础工作落地落实，促使党组织战斗力全面提升。党员管理创新有为。创新“互联网+党建”党员教育管理模式，发挥微信公众号、街道网站的导向作用，定期推送“微党课”、“微视频”等学习课程。以“小区论坛”为载体，通过“好家规·好家训”征集、最美家庭评选、移风易俗新风尚等主题鲜明的论坛活动，有效加强党员管理和人心凝聚。（蔡婷）

【**招商引资**】2018年，以生物医药产业为切入点，累计获得有效项目信息10个，新签约武汉新千里集团商贸项目，总投资3000万元。与湖南楚钢特种合金科技有限公司达成3000万元合作意向，下步将力促达成框架协议。健全客商朋友圈服务体系与机制，为本地商家、老板搭建起倾情服务通道。全年发布商业信息2000多条，为商家排忧解难75起，促进维也纳酒店、百科全书养生会所等一批项目投资落地并加快建设。生产街D地块、品元宫路、五交化、西河街等片区征收工作全面完成和交地，为市级重点工程项目建设赢得时间

小区论坛

与空间。有序开展车武子综合体项目地块的征收工作，促成天成生化第二条生产线项目建设投产，做好后续的跟踪服务。主动筹措资金近百万元启动小区改造外围工程，强力拆违42处近3000平方米。拓宽渠道争资，超额完成向上争资260万元任务，排名全市第一。

（蔡婷）

【安全稳定】2018年，街道坚持全面加强社会治安防范措施，解决好群众关注的实际问题，促进辖区平安建设，营造稳定、和谐、平安、有序的社会环境。开展安全生产排查、督查67次，“打非治违百日行动”暗访30余次，发现问题45个，并整改完成。开展“七进”（进机关、进社区、进家庭、进农村、进学校、进企业、进公共场所）宣传、安全生产月活动、春夏火灾防控、大型综合体消防、“强执法防事故”等专项整治活动，及时录入道路交通系统，未发生一起安全事故。坚持实行“三查三包三化解”制度（查上访对象个人思想、家庭及朋友圈、相关群体动态；轻度上访者、情绪平和对象由社区党员包保，涉法涉诉、情绪激烈对象由司法调解员、派出所干警包保，重访、缠访对象由街道干部包保；从心理辅导、解困措施、法律援助三方面化解），成功化解在全市有影响的4件信访积案，有效稳控社区有关涉法涉诉群体，实现调处率、调处成功率“2个100%”，街道全年到常赴省进京非访次数为零，未发生一起群体性事件。开展民调宣传引导，开展大型禁毒宣传3次，义务巡逻300余次，组织开展群防群治、联防联治、专防专治等活动。全年共开展集中矛盾纠纷排查658次，安全隐患161次，受理调解各类纠纷115件，有效实现小事不出社区、大事不出街道。社会大局和谐稳定。在街道上下、各行业领域确立起不新增特大矛盾问题的目标，坚持在棚改拆迁、控违拆违、低保评议、小区建设等矛盾易发领域加强风险防控，强化问题化解，及时现场处置，确保了稳妥推进工作的同时，没有发生一起重大矛盾纠纷和群体性事件。

（蔡婷）

【民生服务】2018年，城镇新增就业1300人，帮助失业人员实现再就业774人，就业困难人员216人，新增农村劳动力转移就业80人，新增创业主体250个，创业带动就业人数870人，最低生活保障家庭322户、425人，临时救助321人次。把关注民生，为民解困作为工作的出发点和落脚点，切实发挥服务保障职能，促进各项民生事业持续升温。针对困难帮扶对象4户9人，街道确立“2+1”的帮扶模式，通过抓好“生产发展、社会保障、技能培训、教育助学、危房改造”五个精准帮扶，至年底，已有2户达到脱贫标准，对另两户正积极采取措施帮扶，争取2019年实现4户全部脱贫的目标。2018年度街道计划生育率为99.4%。无“两非”案件发生；为358户486人发放低保救助金；为253户低收入对象申报住房租赁补贴。新增就业1300人，帮助774名失业人员实现再就业；利用智慧党建平台，全面掌握38项政务服务下沉办理流程，有效开通计划生育证、老年证、失业证等“五证”办理通道。以移风易俗新风尚为主题，在全街道5个社区开展“小区论坛”活动，吸引党员群众近2000人参加。组织开展庆“七一”“不忘初心，牢记使命”文艺会演活动、九九重阳节敬老爱老等活动。开展科普教育，志愿服务活动等，其中柏枝林社区被评为湖南省科普示范社区，后湖社区被评为常德市最美志愿服务社区。

（蔡婷）

开展保护母亲河活动

【城市建设】围绕辖区棚改征收、城市创建、小区长效管理等方面，坚持“精细长效”原则，实现人居环境大幅改善。全年新增棚改任务212户，已完成212户，完成任务的100%。其中八角楼片区118户、猪鬃厂片区35户、品元宫片区7户、羊湖口片区53户全部签约完成。同时，推进原余留征收对象签约腾退，其中生产街D地块僵持6年未签约的2户对象、五交化片区、西河街片区4户剩余对象均成功签约，至12月3个地块已经全部交地；生产街C地块剩余6户正有序推进。投入357万元对老中医院宿舍、轻化纺小区进行提质改造。谋划出台《三洲驿街道小区长效管理及考核奖惩实施方案》，对街道五类小区管理考核实行全覆盖。通过落实责任机制、优化服务机制、探索党建引领机制等方面，全力打造路通渠畅、设施完备、优美精致、管理有序的小区新环境。生态治理纵深推进。对照问题整改清单推进环保督查整改到位，健全大气污染防治网格化管理体系，积极开展秸秆焚烧巡查、道路扬尘治理、燃煤小锅炉关闭等专项行动。加强对澧水、澹水、三湖西湖管理保护，有序开展打捞水葫芦等行动。结合环保督查，取缔垃圾堆放点1处，拆除澹水河养殖拦网3处近300亩水域，退养2户水产养殖户，全面遏制污水直排现象。城市创建持续巩固。整合各方力量、创新举措，全年投入100多万元，对辖区环境卫生、市容市貌等

“七一”文艺会演

进行全方位整治。坚持实行“城管进社区”，加大治理力度，重点针对环境脏乱、秩序混乱、非法经营等现象，开展专项整治和日常治理，打造健康有序的人居环境。　（蔡婷）

【嘉晟新天地二期工程项目】湖南嘉晟置业有限责任公司于2015年8月19日通过拍卖方式取得位于津市市建设路北侧国有土地一块，总面积为27964平方米，土地成交价款为7545万元，购置契税301万元，用于开发“嘉晟新天地二期”商住小区项目。该项目预计总投资为约34000万元，资金来源为企业自筹。2018年嘉晟新天地二期工程已进入建设阶段，新建8栋住宅楼，一所幼儿园，房屋总建筑面积约145649平方米，计容面积约120522平方米，架空层约2601平方米，地下室约22189平方米。建成后项目将向津市市民提供商品住房836套住房，计114246平方米，商业门店7016平方米。　（蔡婷）

汪家桥街道办事处

【概况】津市市汪家桥街道办事处位于津市市区东部。西起澧水大桥东侧（万寿路），东至小渡口，与澧县洪湖区毗邻，南濒澧水，北临阳由乡护市、城东村。辖新村、汪家桥、油榨坊、城东、澹津5个社区居委会，其中，城东、澹津社区为农村社区。辖区驻有行政事业单位25家，各类企业近38家。辖区总人口32138人，其中城镇常住人口27161人，总面积10.75平方千米。辖区内有社区文化活动中心2处，图书馆1个，藏书2305册。幼儿园5所，小学1所双济实验小学，初中1所德雅中学。有社区医疗机构8个，门诊部（所）20个。学校体育场3个，文体公园体育场1个，公园1个，室外晨、晚健身场所10处。

2018年，党组织活动方面，街道每月开展1次党日活动，共发展党员4人，开展两个专项整治30余次，干部作风督查15次；棚改征收方面，西河街棚改完成2277户，腾空倒房面积超16万平方米；同时扎花厂宿舍片区也进入收尾阶段；招商引资方面，外出招商8次，接待外来客商13批次，超额完成任务10%；城市创建方面，投入120万元开展环境整治，清理“牛皮癣”1500多处，完善毒饵站共计2400个，强制拆除违章建筑6处；环保攻坚方面，共有河湖长10名，拆除澹水河养殖拦网12条，特请专业环保公司推进原香料厂土地污染及化工固废原料销毁工作；民生保障方面，全年新增城镇就业1123人，下岗失业再就业652人，就业困难对象再就业211人；安全生产方面，落实“一岗双责”要求，开展安全生产大检查20余次，落实隐患整改116项，排除各类安全生产隐患18起。综治维稳方面，建设高标准的综治中心，接访148批次，化解处理矛盾68个。

2018年，街道被评为“2018年度省级安全生产示范街道”；平安创建、安全生产、计划生育被常德市评为优秀单位；项目建设、棚改住保、拆违控违及小区管理工作被评为津市市红旗单位；综治、环境保护被评为津市市先进单位；绩效评估、计生工作、计划生育协会被评为津市市优秀单位。　（杨芳）

【党组织活动】2018年，开展主题党日、“党员志愿者服务”等一系列活动，结合庆“七一”系列活动，组织辖区志愿者到养老院食堂进行卫生大扫除、公卫服务、义务理发。在九岭岗起义烈士陵园开展以“缅怀革命先烈”为主题的党日活动，街居全体党员干部重温入党誓词。联合辖区各单位举办迎国庆暨“相聚汪家桥、共谱新篇章”文艺晚会，为街道居民带来一场精彩绝伦的文艺盛宴。党工委基于党建关口前移，与网格化管理积极融合，探索网格化党建新模式，所撰写的《网格化党建推动社区治理重心下沉》被常德组织工作刊物向全市推介，并被省委组织部网站“红星云”刊

2018年4月18日综治众创平安活动

2018 年 11 月 31 日西河街安置摇号

登。抓专项整治，共开展两个专项整治 30 余次，对各社区、站所开展各类专项检查 10 余次。抓线索查处，共接到反映街居干部棚改拆迁、日常作风等问题的 3 个案件，都严格按照相关要求进行核查回复。修订完善办事处各项规章制度，合理调整岗位，用制度激发干部的潜能。坚持每月开展 2 次干部作风纪律督查，街道纪工委不定时、不定期开展干部作风督查 15 次，对上下班迟到的 8 名干部在周例会上通报批评，并在公示栏中进行公示，每月兑现一次奖惩，在干部中起到震慑作用。　　（杨芳）

【棚改征收】2018 年，落实西河街棚改征拆扫尾工作，2277 户棚改征收任务全面完成，腾空倒房 16 万多平方米，西河街征收工作清盘。启动轧花厂宿舍片区棚改征收工作，从 4 月初启动至 12 月，207 户工作任务已完成 205 户签约，完成 80%的房屋腾空倒房，剩余 2 户也正在积极协商过程中。涉及草帽厂宿舍片区 28 户、双济小巷项目 19 户的棚改征收全面完成，确保项目如期动工。

（杨芳）

【招商引资】2018 年，街道主要负责人外出招商 8 次，接待外来客商 13 批次，对接项目 3 个。澹津公园地块五星级酒店项目已与市政府及相关部门多次对接，正在进一步完善相关设计方案，争取早日达成签约。项目建设方面，酒厂小区、地税局小区、城东六组小区等改造项目均已完成，澹津城中村项目已于 9 月初进行预验收。争资方面，全年工作任务 180 万元，完成 199 万元，超额完成 11%。　　（杨芳）

【城市创建】2018 年，办事处及社区共计投入资金 120 万元开展环境卫生综合整治工作，清理辖区各类垃圾、杂物，清理“牛皮癣”1500 多处，完善警示标志毒饵站共计 2400 个，强制拆除 6 处违章建筑。落实“门前三包”责任制，联合城管组织 120 余人次，对辖区主次干道 50 家早餐店、水果店、废品收购店、铝合金加工店占道经营以及流动摊贩开展常态性的市容市貌整治。接受省级文明城市复检。加强小区规范管理工作，争取由市创建办牵头，整合市城管等职能部门力量完成三眼桥敞开式小区零担市场规范设置，成立小区自治管理委员会落实日常监管，有效解决三眼桥小区环境“脏烂差”、交通“肠梗阻”的乱象。　　（杨芳）

【环保攻坚】2018 年，利用微信群、公众号等媒介以及出动宣传车、开放电子显示屏、发放宣传单、张贴宣传标语、悬挂宣传横幅等方式，宣传环保与河长制等相关工作要求，共有河湖长 10 名，确保环保及河长制工作政策家喻户晓。治理重点隐患，全力抓好中央、省、常德市各项生态环境保护重点问题的督办整改，特请专业的环保公司推进原香料厂的土地污染治理重点项目，配合开展汇湘化工固废原料销毁工作，澹水河养殖拦网拆除 12 条。结合创国卫要求，重点开展夜市摊点油烟、工地扬尘监督治理，环保整治成效明显。　　（杨芳）

【民生保障】2018 年，拓宽就业渠道。依托辖区单位建立工作联盟。全年新增城镇就业 1123 人，下岗失业再就业 652 人，就业困难对象再就业 211 人，完成 50 名失业人员的培训工作，援助零就业家庭已全面完成任务，先后组织 300 余人参加全市劳动就业现场招聘会和扶贫专场招聘会。力促社保扩面。清理出 1970 名没有建档的失地农民，对其落实告知程序，向上报告，为 47 名被遗漏失地农民资格对象争取重新审核，解决这一群体的后顾之忧。宣传居民养老保险政策，新进参保对象 51 人。转变服务方式与观念，对辖区内企业退休人员和居民养老保险待遇领取人员进行生存认证，做到随到随办并上门服务，共认证 4350 人。优化民政保障。开展低保清理核查工作，做到动态管理、应保尽保，共发放城乡低保金 420 万元。加大帮扶力度，全办低保人口 390 人，农保人口 15 人，对其他类别群体和重点对象发放救助资金 128 万元。街道共有建档立卡贫困户 12 户 24 人，均为兜底保障对象。确立“两个全覆盖”的扶贫工作责任落实要求，扶贫对象中享受到教育扶贫关怀的有 5 人、雨露计划的有 1 人。街居两级还调剂价值近万元的生活物资对贫困对象给予帮扶慰问。全面核查申请租赁补贴的居民信息，申报审批对象由 629 户核减至 122 户。与市房管部门对接，及时完成廉租房的分配资料审核工作，落实 250 户摇号安置工作任务。　　（杨芳）

【安全生产】2018 年，落实“一岗双责”要求，推进“强执法、防事故”工作，班子成员带队开展安全生产大检查 20 余次，落实隐患整改 116 项，排除各类安全生产隐患 18 起，清理证件不齐或证照过期的生产、销售危化品企业 4 家，开展“护老行动”10 余次，关闭无证非法经营食品营养店 2 家，对辖区 71 家经营单位实行执法检查。共向相关部门函告 13 起，执法 5 家企业，共罚款 1200 元。积极创建省级安全生产示范街

2018年6月28日“保护母亲河，健康环保行”志愿者活动

道，按照创建要求抓好软硬件建设，通过省安委会的督导验收。（杨芳）

【综治维稳】2018年，推进综治稳定平台建设，配备桌椅、电脑一体机、音响等设备，举办教育感化学习班3期。组建情报信息员队伍29人，提供情报信息10条。深化平安创建，通过网格微信群为居民解决民生服务等问题48件，共有志愿者105人，开展志愿活动810余人次。上半年街道民调工作获得93.8分，全常德市排名第六。强化责任包保，不断完善重点人员档案，落实重点人员“五包一”责任。化解积案，通过争取部门支持、整合多方力量，落实分类施策，对8个信访积案进行化解。开展“无上访社区”创建，年内有4个社区未发生违规上访情况，共处理进京非访人员2批2人次。接访148批次，化解处理矛盾68个。推进扫黑除恶与禁毒专项行动，强化宣传，在社会营造“有黑扫黑、无黑除恶、无恶治乱、无乱强基”的高压态势，提高全社会对毒品危害的认知水平，辖区内侦办大案要案2起，肃清社会风气。（杨芳）

襄阳街街道办事处

【概况】津市市襄阳街街道北以澧水为界，南经大同路与金鱼岭街道办事处毗邻，总面积11.5平方公里。辖襄阳街、汤家湖、古大同、盐矿、阳由、澧阳、荷花7个社区居委会。辖区内有行政、企事业单位59家，是全市重要党政机关、大型骨干企业、教育单位、医疗机构所在地。

2018年，街道党工委、办事处，紧紧围绕建设实力、美丽、创新、幸福“四个襄阳”的发展目标，以党建为龙头，统筹协调开展棚改拆迁、城市创建、环境保护、综治维稳、安全生产、志愿服务等，实现经济社会民生又快又好发展。2018年，街道被评为全市绩效管理良好单位；优化经济环境测评全市排名第二，街道老干支部获湖南省“第二批示范性离退休干部党支部”。（王京二）

【基层党建】2018年，街道按“一体两翼”、“一网五平台”、“党务政务商务三务合一”规划要求推进智慧党建建设，完成街道和社区两个层面的综合平台建设，配备电脑和电子显示屏，安装防盗门、空调，启动相关大数据的摸底、调查、核对、建档和录入工作，选聘7名党建联络员。开展“不忘初心、牢记使命”主题教育活动，为党员购买十九大理论学习书籍1000多本，邀请市武装部政委、市党校老师专题讲授中共十九大精神，举办街道中共十九大知识竞赛，建党97周年纪念大会上，街道全体党员共聚一堂重温入党誓词，表彰优秀党员、党务工作者、基层党组织，组织凝聚力、向心力明显提升。推进党支部“五化”建设，选取阳由社区、襄阳街社区为支部“五化”建设试点，以点带面，全面推进其他5个社区阵地建设，强化基层党组织的战斗堡垒。整顿软弱涣散党组织，阳由社区被确定为软弱涣散党组织后，街道党工委高度重视，按照“六个一”要求，拿一套整顿方案、定一名联点领导、派一支工作队伍、配一名第一书记、选一批帮扶项目、建一个坚强班子，认真组织，精心安排，通过整顿，软弱涣散党组织从根本上得到转变，顺利“脱帽”。（王京二）

【棚改征收】2018年，襄阳街街道办事处抽调精兵强将，实行领导包片、工作组包户、包点的做法，实现棚改工作又快又好推进，棚改及住保工作被评为全市红旗单位。至2018年12月，完成一中东门地块145户棚改征收，小标和油泵地块征收基本完成，老果园地质灾害点避让搬迁倒房54户。（王京二）

【服务企业】2018年，街道为所联系服务的企业玖联电子先后两次申请市政府“一事一议”，解决了转厂选址、资金补偿等问题。帮助天泰天润新能源公司与湖南文理学院搭建产学研合作平台，公司完成发明7项。联合引进的医养结合养老医院招商项目顺利施工中。全年完成争资任务239万元，超额完成市政府下达的180万元争资任务。

（王京二）

【城市创建】2018年，襄阳街街道突出城乡结合、深度融合，实现城市文明大发展。推进乡风文明、移风易俗工作，把集中宣讲和入户走访相结合，发放倡议书10000余份，签订承诺书700多份，规劝查处大操大办违规赈酒3起，文明新风吹拂襄阳，相关工作被常德日报、常德文明网等媒体专题报道。保持控违拆违高压态势，严厉打击乱搭乱建行为，拆除违章建筑7处，违建面积400平方米，实现违建零增长；创新探索的五号路敞开式小区“双会双责”、“双诺双巡”的长效管理模式，获得领导和群众好评，在承办的全市小区自治管理工作流动现场会上做典型发言。抓环境卫生整治和社区深度保洁，开展小街小巷综合整治，巩固创国卫成果。控违拆违及小区管理工作被评为全市先进单位。

（王京二）

【小区治理】2018年，襄阳街街道正视现实、凝聚共识，把小区管理提升到

小区治理，以五号路小区为试点，推行“双会双责”机制，成立业主委员会和“社区红白理事会”，分别负责小区日常管理和推进乡风文明建设；推行“双诺双巡”机制，业主委员会与小区各居民户签订“小区综合管理与整治”承诺书、与辖区党员签订移风易俗承诺书，并每天专人巡逻，对小区业主的卫生进行评比、对大肆赈酒的不正之风进行监督，营造了风清气正的社会环境；推行“双联双评”机制，街道办事处与小区业主委员会联合协作，年底评选出文明卫生示范户和“平安家庭”“五好文明家庭”，实现小区环境、治安、文明的全方位提升。（王京二）

【综治维稳】2018 年，以规范化建设为基础，以“无上访社区”建设为抓手，开展矛盾纠纷调解工作。共处理市级网上交办信访回复 31 件，来信来访登记调处 178 件，排查矛盾纠纷 418 件，化解信访积案 10 余起，打造的“志愿者 +”信访维稳新模式在常德市信访工作专题会议上做典型发言。扎实开展“创平安、促满意”工作，发放“致全市人民的一封信”8000 余份，民意测评调查表 20000 余份，创办宣传栏 14 个，张贴横幅标语 20 条，组织各社区先后召开户主会、平安创建知识竞答活动 20 余次。上半年民调工作排名全常德第二。认真开展“扫黑除恶”专项行动，张贴通告 1300 余份，制作固定的宣传标语 21 条，摸排涉黑涉恶线索 3 条，维护一方平安。社会综合治理工作被评为常德市优秀街道和津市市先进街道。（王京二）

【安全生产】2018 年，强化重点时节、重点行业、重点地段安全工作，于春节、“五一”、高考时节，对学校周边、主要路口、医院及附近场所开展安全隐患排查 10 多次，发现隐患 30 多起；以安全生产“强执法防事故”和“打非治违”为重点，按照零容忍、严执法、重实效的要求，出动执法人员 1671 人次，对辖区企业和建筑工地开展联合执法检查 778 次，经济处罚 2.78 万元，责令停产停业 2 家，吊销许可证照 2 家，取缔关闭 5 家，问责 4 人，曝光典型案例 8 家，确保斩安全生产“零事故”。安全生产工作被评为津市市红旗单位、常德市道路交通“四无街道”。（王京二）

【环境保护】2018 年，街道实行“干部包居、社区包片、群众参与”的三级联动机制，推动秸秆禁烧工作，通过划分网格、细化责任，秸秆禁烧工作取得明显成效，空气质量明显好转；力抓河湖长制工作，严格落实街道河长 1 月 3 次、社区河长 1 月 4 次的巡河制度，制止澧水大堤上乱倒垃圾行为，加强河道乱采乱挖巡查和监督，确保 12 公里澧水沿线不出问题。彻底封堵老昏头闸口，取缔年红砂石码头，将其设施进行彻底拆除；开展护卫母亲河专项行动，动用大小挖机 3 台，运输车辆 5 台，劳动力 28 人，对阳由垸 17 公里主排沟渠进行清淤养护，对板鸭沟等 1.2 公里沟渠进行疏浚。畜禽禁养持续发力，在去年关闭 66 户畜禽养殖场的基础上，劝阻 4 起反弹复养事件，彻底关停李某养猪场，保住襄阳街街道的一方清洁家园。环境保护工作被评为津市市先进单位。（王京二）

2018 年全市小区自治管理工作流动现场会

【志愿服务】2018 年，街道志愿者协会拥有注册会员 400 余人，涵盖政府机关党员干部、企业工人、普通群众、在读大学生、中小学生等群体。新成立志愿服务领导小组和以社区和爱心幸福园为服务载体的 8 支志愿服务分会，以志愿者协会为载体，开展“青春志愿行、温暖回家路”春节接站服务、“奉献温暖心灵、热情照亮世界”“3·5”学雷锋、“关爱留守儿童、你我同行”儿童节特别活动、“绿色护学，阳光高考”高考护考行动、“留下希望、快乐成长”暑期留守儿童学习班等志愿服务活动；以党员活动中心为阵地，为津市监狱等 10 多个单位上党课、组织党日活动 30 多次。开展关爱帮扶行动，走访慰问弱势群体 580 人，帮扶资金约 40 万元。开展计生特殊对象、残障居家托养对象开展专项关爱行动 1500 余次，社会反响强烈，志愿品牌凸显。2018 年，街道志愿者协会接待省、市各级参观达 50 多次，会长朱德文被评为湖南省优秀志愿者，另有 2 人被评为常德市优秀志愿者。（王京二）

【民生保障】2018 年，为生活困难群众发放临时救助款 21 万元，大病救助 15.5 万余元。近 3 年来，通过落实失地农民购买社保优惠政策，推动辖区居民补缴社会养老保险 10000 多人；大力宣传城乡居民医保收政策，完成医保参保 13500 余人，实现了社会保障全方位、多角度的无缝覆盖。积极开展创业就业服务，全年新增就业人数 1027 人，其中安置转移农村劳动力 80 人；失业人员再就业 647 人，困难人员就业 186 人。

（王京二）

【计划生育】2018 年，办理一孩生育服务证 74 人，二孩生育服务证 60 人，三孩生育证 6 人，办理流动人口婚育证

街道志愿者夫妇义务献血

明6人，免费生殖健康检测698人次。2018年新增农村奖扶1人；特扶24人、退出1人。期内共出生164人，计内164人，出生统计准确率为100%；符合政策生育率为100%；奖励扶助确认准确率为100%；流动人口管理到位率100%。计生工作随“时”而变，以优质服务为抓手，认真落实各项奖扶政策，投资3万元为67名特殊家庭人员购买居家养老服务，开展“5·29”“会员心向党‘建功新时代’主题活动、“7·11”世界人口日健康知识宣传、“敬老是德，爱老是善”重阳文艺演出等系列活动，受益群众400多人次。2018年街道计生工作被评为全市红旗单位。（王京二）

【打造“志愿者+”服务新常态、创新街道信访维稳新模式】直面制约区域发展的热点难题、阻碍社会和谐的焦点问题、影响群众利益的难点问题这三个难题，通过推行信访志愿组织“社会化”、加速信访志愿队伍“群众化”、促进信访志愿服务“专业化”，开创信访促发展、信访促和谐和信访促民生的“新常态”。近两年来，通过信访志愿服务，先后平稳完成澧水二桥134户房屋征拆、1170亩土地征收，推动了津港新城周边595户的棚改征收及多个小区的功能性项目改造建设；共排查化解各类民间纠纷278件，接待群众来访450人次，接待群众法律咨询136人次，预防群体性上访2起，排查整改各类信访隐患57个；共帮扶低保救助弱势群体687户，发放救助资金300多万元，协助完成危房改造248户，解困受灾群众106户。（王京二）

金鱼岭街道办事处

【概况】金鱼岭街道办事处成立于1989年6月。2002年，津市实施撤乡并办，撤销原窑坡渡乡，与金鱼岭街道办事处合并，组成新的金鱼岭街道办事处。2005年明道社区、团湖村划归工业园。金鱼岭街道地处津市市城郊接合部，位于津市城区西南部，北与襄阳街街道相连，南与工业集中区、嘉山街道接壤，东与襄阳街街道相连，西临道河与澧县澧南相连，“东常高速”穿越大关山村。2018年辖燕子窝、文家湾、湖桥、丝绸4个社区居委会，大关山村1个行政村，总面积44平方公里，总人口2.2万人。有党员1172名、基层党组织31个。辖区内聚集汽配、造纸、纺织等3大产业集群，共有各类企业14家。

金鱼岭街道以全面实施两孩为重点，扎实推进卫生服务工作，2018年金鱼岭街道共出生108人，其中计内一孩52人、计内二孩52人、计内三孩4人，符合政策生育率为100%。计划生育奖励扶助落实率为100％。3月，完成2018年度13个新增农村奖励扶助对象和5个特扶对象及112个城镇奖扶对象的摸底、调查、上报工作，落实好了特扶对家的双岗联系人及家庭医生签约等工作。

金鱼岭街道综治办联合司法所大力排查、处理矛盾纠纷。民调期间共搜集安全隐患、民生问题、矛盾纠纷11起，均得到有效化解。开展“扫黑除恶”打击非法的专项整治活动，建设群众安全感满意度高的平安街道。通过微信公众号、落实网格责任等方式，宣传安全感满意度工作，截至年底，重大节假日和重大会议期间，街道辖区未发生影响社会治安的涉稳事件，没有出现赴省进京非正常上访案件。投入资金40多万元，完成街道综治中心和规范化司法所建设。

【安全生产】金鱼岭街道深入推进“打非治违”百日行动。1—4月，全办共开展各类安全隐患大排查267次，排查整改各类安全隐患83处，其中非法违法行为26处，取缔关闭非法经营单位6家，停业整改办证8家；金鱼岭街道扎实开展“强执法、防事故”专项执法行动。5—10月，街道共组织各类安全生产检查、巡查共计380次，整改消除各类安全隐患135处，其中安监站开展执法检查87次，下达限期整改通知书56起，责令停产停业2起，吊销许可执照1起，立案处罚1起，警示约谈15人；金鱼岭街道结合“众创平安”，每月19日街道定期组织全体街居干部下社区开展安全教育活动，截至年底共开展安全生产进学校医院7次，进社区小区47次，进企业单位68次，进家庭农村2000多次，张贴上传发放各类宣传标语宣传单5000多份，受教育群众10000人以上。先后组织街道村居干部、辖区企事业单位负责人召开多次培训会。分别于5月12日，6月16日，9月1日，9月28日组织司法、安监进入到校园、企社区开展安全知识教育活动。（蒋训建）

【征地拆迁】金鱼岭街道致力于服务津港大道项目建设，配强班子全力助推棚改。2018年涉及拆除一是93户和1栋原印染厂办公楼。原印染厂办公楼因权属关系较为复杂，且经过实地测量，对津港大道主道建设无影响，经报请相关领导同意，决定不予拆除。原印染厂宿舍两栋共64户已全部签约，于9月3日实施拆房。航道站宿舍18户与市交通运输局、航道处进行相关手续报批，文家湾社区11户私房已全部签约完成并拆除过半。二是湖桥片区1栋24户，已签约14户。（蒋训建）

【招商引资】金鱼岭街道对接装备制造类企业，坚持主要负责人带头招商。赴浙江开展外出招商1次,邀请客商来津投资考察5次。引进相框卡纸生产企业建设项目,项目投产将吸纳大量劳动力,带动城乡居民就业。项目投产后预计年产值5000万元,预计年税收150万元,对促进津市经济发展,增加居民收入有较大作用。

【民生保障】2018年金鱼岭街道新增就业825人,失业人员再就业622人,100%完成全年任务数;城乡居民医疗保险完成自主缴费436人,共计收缴193700元;全办有60岁以上的城乡居民732人按月领取养老金;全年为5名三年龄段失地农民未享受优惠的对象给予退款的审核及申报工作;同时对辖区181名失地农民开展身份核实;全年共发放低保276人,共计982320元;为55户困难群众办理临时救助足额发放临时救助、大病救助金,救助金额达79600元;为12名大病患者办理医疗救助,救助金额20123元。（蒋训建）

嘉山街道办事处

【概况】嘉山街道办事处地处津市市城市南部,东临澧水,西接二广高速,南与新洲镇毗邻,北与金鱼岭街道接壤,总面积21平方千米。嘉山街道成立于2016年1月,下辖明道、团湖2个社区,杉堰、戚关2个村,年末人口8308人。嘉山街道水陆交通便利,水路经澧水下洞庭直达长江,千吨级航运码头正在建设,省道205线贯穿全境,二广高速在境内设有连接点。

街道内设党政综合办公室(负责机关日常工作的协调和督办;会议组织、文秘、档案、保卫、后勤服务、政务信息等工作;负责依法行政、法制工作;负责机关编制、人事管理、劳动工资、教育培训等工作;负责离退休人员管理服务工作)、经济发展办公室(负责经济发展规划的制定和落实;承担一、二、三产业发展的指导协调工作;负责招商引资、公共资产管理;负责科技普查工作;协调与经济发展相关的其他工作)、生态建设和环境保护办公室(负责辖区生态保护工作;负责生态农业、生态示范创建、生态示范区建设;参与环境污染事故和生态破坏事件的调查处理;负责辖区城镇和农村环境综合整治工作)、社会管理综合治理办公室(负责指导、协调社会管理工作;调查研究、总结交流典型经验,推动落实社会管理的各项措施;负责社会治安综合质量、安全生产监督、维护社会稳定、信访、禁毒等工作)、卫生和计划生育办公室(负责街道社区卫生监督、人口计划制定、流动人口管理、计划生育统计和督查工作;负责指导社区计划生育工作)、农林水利综合服务站(承担农技、农机等新技术的实验示范、培训推广和病虫害预测预报及防治指导等工作,负责林业工作;负责动物防疫工作;协助市畜牧兽医水产局开展兽药、饲料、种畜禽、养殖环境监控、畜产品安全监管和公益性技术推广服务等工作;负责农产品质量安全监督管理工作;承担水利工程建设监管、湖泊堰塘综合治理、防汛抗旱、堤防管理、水资源管理和水土保持监督等工作)、综合文化站(承担提供公共文化服务、指导基层文化建设等工作,受委托协助管理文化市场)、民政和劳动保障站(承担民政工作和残疾人相关工作;承担劳动力就业和培训、劳动维权、社会保障等服务工作)、社区工作站(承担社区建设的规划和协调工作;负责社区管理、综治维稳工作;负责社区服务业监督管理;负责指导协调本辖区城市管理工作)、安全生产监督管理站(组织开展辖区内生产经营单位安全生产情况的监督检查;监督检查辖区内生产经营单位执行国家安全生产法律、法规、规章、国家标准、行业标准情况;督促生产经营单位对安全生产违法行为或事故隐患予以及时整改;报告、统计辖区内安全生产伤亡事故情况,配合调查处理生产安全事故;按简易程序对安全生产违法行为实施行政处罚)等股室(站所),目前在编在岗人员28名,其中行政编制14名、事业编制人员14名(不含派驻机构、临聘人员)。（张翔）

【征地拆迁】2018年,嘉山街道配合津市高新区重点项目建设,快速完成江苏广域化学有限公司一期、二期项目征地370亩,房屋搬迁38栋,坟墓迁转182座;完成湖南引航生物科技有限公司征地118亩,房屋搬迁17栋;完成团湖桥以东,胥家湖路以北地面上所有房屋拆迁;完成原光化学(胥家湖路以北,中联大道以东)地块上所有坟墓迁转和1401地块上的房屋拆迁;完成戚家小区宅基地拓宽征地和明道安置小区北扩工程,为园区项目快速启动奠定坚实基础。（张翔）

【招商引资】2018年,街道开展企业盘活。协助开展津市市鑫嘉城铸造有限公司破产工作,并在30天内完成津市市天诚车桥有限公司、湖南科莱达新材料有限公司搬迁工作,促成湖南津玉铸造有限公司注册。促成湖南科莱达新材料有限公司成功购买津市市朝宏油泵有限公司,并成立湖南吉人住工装配式建筑有限公司。积极服务产业招商,作为盐化工小组成员单位,多次与常德天盛电化有限公司、湖南鸿鹰生物科技有限公司对接,同时紧盯一线,已与廖妹子食品有限公司、澧县津溥包装制品有限责任公司达成初步投资意向。（张翔）

【综治维稳】2018年,嘉山街道完善街道综治维稳工作体系,突出抓好平安建设、治安防控,流动人口服务管理、矛盾纠纷排查调处等重点工作,依法稳妥处置各类突发事件。对辖区的各类突发事件,严格坚持“三个第一”(第一时间、第一责任人、赶到第一现场),秉承依法处置、有法必依处置原则,处理辖区内的多次信访事件。扎实抓好“无上访”村(社区)建设工作,有效稳控各类群体人员,确保各特护期的社会稳定。做好对各类涉军群体的稳控工作,加大对因土地款分配、宅基地安置、控违拆违等矛盾问题的排查,遵循“抓早、抓小、抓苗头”原则,落实群众工作日制度,开展好化解工作和涉稳重点人员的稳控工作。全年以来受理各类矛盾纠纷40起,化解39起,调解成功率在90%以上。化解湖南天泰食品有限公司锅炉改造工程款问题等涉及企业生产、在建工地劳资纠纷、拖欠工资、工伤而引发的各种矛盾纠纷6起；化解杉堰村11组鲁某某因土地款分配等类似矛盾7起，化解其他涉及民本民生问题13起。街道成立11人的巡逻队伍，坚持平时每周巡逻2次以上，特护期每天巡逻1次，在完成设卡值守的同时，完成辖区22时以后的巡逻任务。街道全面落实雪亮工程建设，完成骨干网电子摄像头建设50个，运营商电子摄像头建设40个，与村（居）治安监控网络一起全部接入街道综治中心监控室，实现辖区可视化。（张翔）

【党的建设】2018年，嘉山街道夯实党建基础，履行从严治党职责，提升党建水平。紧盯主业主责，强化责任担当。抓住党建主业，党工委全年专题研究党建工作12次。带头领办村（社区）、“两新”党组织联系点3个。建立基层党建月调阅、季通报、半年讲评机制，深入村（社区）、企业党组织检查指导党建工作30次，协调解决具体困难及问题15项。聚焦重点难点，筑牢基层基础，优化村居班子结构，2018年调整村（社区）党组织主要负责人2人、一般干部6人，调整后35岁以下村居干部占比达到35%。完成智慧党建平台建设，党内统计、视频会议、“三会一课”（“三会”指定期召开支部党员大会、党支部委员会和党小组会，“一课”指按时上好党课）等党务服务运行顺畅，老年证、生育服务证、医疗救助等40项政务事项下沉到村（居）。分领域开展支部“五化”（支部设置标准化、组织生活正常化、管理服务精细化、工作制度体系化、阵地建设规范化）建设，街道、村、社区、非公有制企业等党组织“五化”建设协调推进。全力助推工业立市、产业兴城，发挥“两新”党建公积金作用，引导支持17家非公有制企业开展党建活动，其经验在中组部《组工信息》上推介。2018年，街道先后4次集中研究意识形态工作，持续开展中共十九大精神和习近平新时代中国特色社会主义思想集中学习，举办“迈入新时代 开启新征程”文艺会演，开展“不忘初心 奋力前行”学习中共十九大精神知识抢答赛。（张翔）

【脱贫攻坚】2018年嘉山街道建档立卡贫困人口有36户135人，已脱贫31户118人，未脱贫人口5户17人，其中新纳入贫困户1户3人。全年先后2次开展贫困人口基础信息核查，摸清贫困户家庭底子，制定帮扶政策。宣传与落实扶贫政策，编印《嘉山街道脱贫攻坚政策业务汇编》，共向上级争取资金11.5万元对杉堰村堰塘进行清淤、护坡及硬化，对戚关村共用的一座机耕桥进整修扩建，对3户贫困户实行兜底保障、36户实施健康帮扶、13户19人实施教育助学。（张翔）

【安全生产】2018年，安监站贯彻落实《中华人民共和国安全生产法》，以“落实企业安全生产主体责任年”为主线，坚守发展决不能以牺牲安全为代价这条红线，树立“零死亡”的理念，扎实做好各个重点行业领域的安全隐患专项整治工作，落实重大隐患治理“一单四制”（一单指一个重大事故隐患清单，四制指交办制、台账制、销号制、通报制）工作机制，查安全、除隐患、保平安，倡导安全文化，强化安全监管，推动辖区安全生产工作健康有序的发展。街道安监站以辖区在建工程为排查重点，打击未报批的违建项目，全年共检查在建工程65次，发现安全隐患42处，下达责令停止建设通知书36份，责令整改通知书8份，有效预防辖区建筑安全事故的发生。对辖区建成企业实行企业安全生产包保责任制，将责任落实到人。2018年，开展“打非治违百日攻坚”行动、“防事故、强执法”专项行动检查及危险化学品、烟花爆竹、工贸、职业病防治等方面执法检查171次。街道辖区范围内未发生一起安全生产事故，为保障人民生命财产安全、地方经济发展创造良好环境。（张翔）

【农林水利】2018年，嘉山街道完成棉花差价补贴、稻谷目标价格补贴、农业地力补贴等各类农业补贴发放工作。全年完成义务植树30亩，义务植树尽责率达90%以上；完成经济林营造155亩。配合农机局开展农机报废更新补贴试点工作、报废、灭失、三年脱检运输型拖拉机号牌清理、注销工作，与市农机局签订农机安全生产责任状及购机补贴责任状，全年共办理购机补贴21台，发放金额244390元。推进农作物秸秆禁烧和综合利用工作，落实巡河工作任务，定期对辖区河湖进行巡查保洁；全面开展畜禽退养及污染防治、防汛抗旱、经济普查工作；统计农业生产报表；开展土地确权、农村集体产权制度改革清产核资工作。（张翔）

【综合文化】2018年，嘉山街道迁入新址，综合文化站阵地建设基本到位，设有文化活动室、图书阅览室、健身房等，另建有室外大型健身、休闲场地2个。4个村（居）文化服务中心均有相应的文化活动室、广播室、图书阅览室、室外活动广场；有群众团体18支，涉及舞蹈、军腰鼓队、太极拳队、瑜伽、民间乐器等方面。举办“建设和谐社区 共创美好明天”文艺节目展演，来自街道及周边区域共9个社区代表队的120名群众文艺爱好者进行参演。嘉山街道在常德市组织的“百团大赛”文艺汇演上获得了常德市三等奖的好成绩。（张翔）

【计划生育】2018年，计生办围绕稳定低生育水平及《决定》做好计划生育优质服务工作，按时填报月报表、季报表，与微机数据相符，截至2018年底辖区共有2821户、8308人，有育龄妇女2003人，新生婴儿90人，办理一孩准生证31本，二孩准生证40本，三孩准生证1本，流动人口1249人，其中育龄妇女456人。计生办全年来为育龄人口送药具26件（每件200盒，其中企业有18件，社区及村8件）。为提高妇女身体健康，6月初在医养中心卫生所对4个村（居）内育龄妇女进行免费生殖健康查体。2018年计生奖扶对象新增43人，共有农村奖扶395人。特扶共9人，其中死亡（失独家庭）特扶6人，伤残（子女伤残家庭）特扶3人，全部录入奖扶和特扶系统。（张翔）

【社会保障】2018年，民政劳保站工作坚持“以民为本，为民解困”的工作宗旨，开展民政救助工作，解决辖区内孤寡老人、重病重残等弱势群体基本生活问题，对辖区群众因灾、因病等出现紧急困难时及时实施临时救助。2018年，街道全年救助低保对象109人、失地农民240人，发放救助金约56万元；救助特困对象38人发放救助金额19万元；开展临时救助205人15万元；医疗救助9人次50000元；救灾救济118户50000元。全年累计发放各类救助资金共计约100万元。落实残疾人两项补贴对象92人、年发放补贴金额70000元；为11名残疾人申报康复器具11套；为4名残疾人落实托养服务等；为110名高龄老人申报发放补贴85000元；为4名失能老人发放补贴9000元；为2户困难群众申报危房改造资金40000元、为1户困难对象申报住房补贴2200元等等。嘉山街道有现、退役军人205人，其中优抚对象76人(老复员军人2人、带病回乡军人5人、参战军人17人、年满60岁退役士兵52人)，全年为上述人员及时足额发放优抚金28万元，为困难退役军人申报困难救助5人次4000元；为205名现、退役军人进行信息采集，建立档案。（张翔）

【三产服务业】2018年，街道全面落实干部联产包企责任，帮助企业解决用工、用水、用电、搬迁、公交线路调整等方面诉求20余件。发展第三产业，为企业生产生活提供便利环境，完成个转企12家，申报规模以上服务业企业3家。街道区内形成“五纵五横”棋盘式路网，2号、5号、6号、8号公交车驶经辖区内各主要路段；团湖288套公租房投入使用；嘉山实验学校小学与幼儿园吸纳附近居民和务工人员的子女就近上学；科瑞鸿泰新建康乐福医养中心开业；引进三湘和达物流园、宝达酒店、中设新城、鑫嘉城4S店和刘聋子餐馆等一批商贸服务综合体，启动长山湖公园一期、团湖公园建设。（张翔）

津市高新技术产业开发区

【概况】津市高新技术产业开发区位于津市市城市南部，东邻澧水，西接二广高速。于2005年启动建设，规划面积18.96平方公里，建成面积达近9平方公里。园区水路交通便利，空间布局合理，基础设施完善，产业特色鲜明。

2018年，高新区围绕“工业立市、产业兴城”战略目标，把握“工业经济主战场、产业发展主阵地”这一定位，全力驱动招商引资、项目建设、产业服务“三驾马车”，各项工作取得一定成效。94家规上企业完成工业总产值224.27亿元，同比增长16.56%；规模工业企业入库税金1.71亿元，同比增长13.77%；完成规模工业增加值44.88亿元，同比增长7.7%。新开工亿元项目11个，基础设施投入8.5亿元，建设标准化厂房21.47万平方米(含盘活厂房)，新增规上企业12家，有高新技术企业17家，主要指标进入常德第一方阵。（程颖）

【招商引资】2018年，共引进项目17个，协议引资总额达30.8亿元，其中过亿元项目10个(含5亿元项目1个、10亿元项目1个)。高端液晶中间体项目、热电联产中心项目等一批优质项目落地。“二次招商”方面，引进好德管业、津玉铸造、吉人住工等一批实力投资者入驻闲置资产，17家闲置低效企业相继盘活。盘活工作成为常德亮点，并被凤凰网、新湖南网等媒体转发点赞。（程颖）

【产业项目扎实推进】2018年，绿达米粉、力鼎体育用品、嘉一食品、津玉铸造、吉人住工等9家企业实现快速投产。重点项目强力推进，溢多利系列康捷生物正式试生产，科益新生物、格瑞生物工期倒排，进度提速；大新颜料、鑫嘉源化工等进展顺利。新签项目建设有序，经世新材料、宁能热电、嵘鑫风管、汇海饲料、荣祺食品等按计划进度推进。（程颖）

【园区配套建设】2018年，(团湖桥)概况项目位于常德津市工业园，为津市高新区规划重点性工程，主体为津市高新区周家铺路团湖桥，为了保证桥梁顺接至胥家湖路，桥梁起终点各设置一段接线，桥梁跨越规划建设为公园的团湖。团湖桥桥型方案桥梁上部结构采用5×30预应力简支T梁，下部结构采用圆柱式墩，桩柱式台，墩台采用桩基础，桥长157.16米，单边桥面宽度为3.00米(人行道+非机动车道+护栏)，车行道宽度为15.5米，共21.5米宽。主要工程内容有：道路、排水、桥梁、管涵等。周家铺路北延伸线道路工程：该工程南起龙岗路，北至丝绢路，路段长1299.87米，道路红线宽度25米，两侧建筑后退红线宽度各5米，规划道路总宽度为35米，采用单幅路形式，水泥砼高级路面。主要工程内容为：道路、雨水、污水、海绵设施、给水建设等完成土建；污水管网铺设加速。城内垸防洪防涝工程管网(盖板涵)配套工程位于津市高新区，主要涉及龙岗路、娄星路、孟姜女大道、中联大道、创业路、新城路污水管网建设及沿路企业污水接入，总长度8200米。项目由津市嘉山实业有限公司出资建设，湖南天鹰建设有限公司承建，总投资约1400万元。项目于2018年10月17日开工建设，预计2019年6月完成建设任务。项目建成后将进一步完善污水排放、收集系统，为园区企业提供更为完善的基础设施配套。实现园区企业全覆盖；过渡期蒸汽管网完成施工图设计，年底启动建设；工业污水处理厂投入使用，固废处理中心签订战略合作协议；中小企业孵化园综合楼投入使用，功能配套得到完善；创新创业园运行良好，实训中心迎接生物机电等200余名学生入企实习，人力资源市场举办9场(/次)招聘会，缓解30余家企业用工需求，电商产业园吸引20余家电商企业入驻，承办60余场次大中型会议和各类培训。（程颖）

【低效企业盘活】出台一批政策，让盘活工作有动力。先后制定《帮扶工业企业十条》《关于进一步加快盘活闲置

津市高新区2018年1—12月部分签约工业项目情况表

序号	企业名称	协议项目名称	项目负责人	签约对象	投资金额（万元）	签约时间	协议征地（亩）
1	湖南好德塑胶科技发展有限公司	PE、PVC管材生产加工项目	陈敏周	高新区管委会	10000	2018.1.8	60
2	湖南经世新材料有限公司	液晶材料、OLED材料、新型电子材料及中间体生产项目	康杰 李卫红	津市人民政府	54000	2018.3.27	250
3	湖南津玉铸造有限公司	机械加工铸造项目	高克松	津市人民政府	13000	2018.4.28	200
4	湖南夏盛酶技术有限公司	年产5000吨生物酶建设项目	杜仲平	高新区管委会	22000	2018.5.7	100
5	湖南吉人住工装配式建筑有限公司	装配式建筑生产线项目	姚朝辉	高新区管委会	15000	2018.6.20	53
6	常德津市宁能热电有限公司	津市高新区热电联产项目	任学斐	津市人民政府	100000	2018.6.24	120
7	湖南引航生物科技有限公司	生物酶催化及酶发酵项目	谢新开	津市人民政府	30000	2018.7.18	182
8	常德市汇海饲料有限公司	年产23万吨环保型配合饲料项目	蒋云中	高新区管委会	12000	2018.8.28	52
9	常德天盛电化有限公司	360T/d等级低温液态空气分离项目	唐正平 徐仁龙		12400	2018.9	天盛公司内
10	泉州荣祺食品有限公司	年产12000吨蔄果深加工项目	杨荣辉	高新区管委会	10000	2018.10.11	33

2018年津市高新区投产项目

序号	公司名称	项目名称	投资额（万元）	签约时间	征地面积
1	湖南常德浪力食品饮料有限公司	年产200万桶五加仑桶装暨5000万瓶纯净水生产线项目	2000	2017.5.26	20亩
2	津市市绿达米粉有限公司	年产750万公斤米粉及米面项目	1200	2017.6.5	12.5亩
3	湖南嘉一食品有限公司	年产5000吨脱水蒜片项目	12000	2017.10.31	竞买华弘公司资产
4	湖南灵猫食品科技有限公司	年产100吨食品级添加剂肉桂酸分装项目	6000	2017.11.2	租标厂3758平方米
5	湖南力鼎体育用品有限公司	年产300万双运动鞋鞋底项目	2000	2017.11.8	竞买乔锐公司资产
6	津市市新华机械制造有限责任公司	汽车配件和农业机械生产经营	6000	2017.11.20	租属嘉山实业的津佳厂房3535平方米
7	湖南津玉铸造有限公司	机械加工铸造项目	13000	2018.4.28	竞买鑫嘉城资产200亩
8	湖南林喜纸业再生资源有限公司	废旧纸品回收	800	2018.4.27	2249平方米租钰兴
9	湖南吉人住工装配式建筑有限公司	装配式建筑生产线项目	30000	2018.6.	竞买原朝宏资产

低效企业、的实施意见（试行）》等文件，为抓好盘活工作提供政策动力。从降低破产成本出发，针对破产企业实际困难，在法律框架内最大限度实行费用减免。税收方面，对破产企业欠税以法院受理日为时间节点进行核算，依法免征承受破产企业抵偿债务的土地、房屋权属债权人（包括破产企业职工）的契税，对企业职工一次性安置费免征个人所得税。收费方面，减免特殊困难企业的资产评估费、审计费和诉讼费等，企业破产和闲置资产处置本级行政事业性收费予以免征，同时中介机构破产清算服务费按下限的30%收取。从激励重组盘活出发，设立1000万元产业发展资金，重点支持重大并购重组、盘活存量低效企业等工作。对破产企业资产拍卖税款、闲置低效企业协议转让过程中涉及的税款，以其实际缴纳税收的地方留成金额的80%为基数，从产业发展资金中分别对转让方和受让方进行奖励。此外，为解决园区闲置房产的问题，对选择在园区范围内购房的征拆安置户或年纳税100万元以上的连续在岗超过5年的企业员工，由市财政给予5万元/户的补贴。对市属国有公司在园区范围内收购的闲置资产，企业或个人租用其

门面从事三产服务业经营的，三年内一律免收租金。完善两大机制，让盘活工作有主力。闲置低效企业的盘活牵涉广、难度大，需要完善的机制来凝聚起各方力量。一方面是牵头包保机制。主要领导身先士卒，亲自担任盘活工作领导小组组长，同时明确由市“四大家”领导班子成员，每人牵头包保一家闲置低效企业，搭建专门工作班子，摸清企业的生产经营、项目投资、土地厂房使用、债券债务、法律诉讼、拖欠税费、职工安置等情况，“一企一册”建立闲置低效企业“户口档案”，并专职负责协调解决企业破产过程中资产处置、招商引资、项目建设等事项，“一对一” 开展精准服务，形成了“比一比、赛一赛”的浓厚工作氛围。另一方面是督导调度机制。除在市委常委会议与政府常务会议设置固定议题以外，市委书记和市长分别逢双月、单月对盘活工作进行专题调度，研究盘活重点、难点问题、议定下一步工作计划，对排名靠后、进度偏缓的，由相关市领导、部门负责人在会上作解释说明，进一步压实了领导责任。同时，由推新领导小组牵头，采取“3+X”模式进行月调度，“3”是指固定 3 个内容：盘活企业的运行状况、服务企业工作情况、上月工作完成情况及次月工作安排。“X”是临时需要上会议题，由领导小组成员单位提出，报领导小组组长、常务副组长审定后上会。突出三大方式，让盘活工作有效力。结合调查摸底工作，对闲置低效资产的形成原因进行汇总分析，采取三种有效方式分类盘活。一是服务帮活一批。对尚能维持正常经营的半停产企业，协调相关部门抓好融资及生产要素保障工作，引导企业积极向上争取政策和资金支持。如 2017 年，民营企业中沃汽配因负债上亿，缺乏资金流动，生产处于半停产亏损状态，年产值仅 3000 万元，濒临破产，为让企业恢复生命力，一方面牵线搭桥，为其担保贷款 3000 万元，另一方面委托龙头企业中联车桥代管，为其代加工增值，使其原料有保障，产品有销路，仅前三季度就实现销售收入 6200 万元，入库税收达 530 万元。二是破产重组一批。对完全失去自我发展能力、扭亏无望、资不抵债的闲置企业，按照一个企业进驻一个清算处置工作组的方式，及时进行破产清算或重组。同时，也鼓励企业积极包装闲置资产项目，从关联行业入手，主动走出去对接邀请“同链”企业实地考察，通过项目“嫁接”“联姻”等方式，激活“休眠”土地和厂房。如华弘科技整体资产由湖南嘉一食品成功竞买，投资过亿新上年产 5000 吨脱水蒜片项目，新增产值 1.5 亿元 / 年；乔锐纺织由湖南力鼎体育用品竞买，新建年产 300 万双运动鞋鞋底项目，从签订协议到投产建设期不足 100 天，解决 300 余人的就业问题。三是收回储备一批。结合园区和企业发展需求，对部分优质闲置资产，经评估后由市属平台公司出资回购，进行综合开发利用。如鑫洲汽配多年未实质性开工，后由市属平台公司收回，打造为集实训基地、互联网产业园、人力资源市场于一体的创新创业园；科凌新能源由于资金链断裂成为“烂尾”工程，由平台公司回购后，对现有规划建筑加以利用，形成标准化厂房、办公、生活配套 3 个功能区，办公区主要是对办公楼装修改造，用于新入园企业集中办公，生活配套区主要是将公租房改造后用于企业职工居住，标准化厂房区主要是结合企业扩产需求，定制建设厂房后进行出租。（程颖）

【**涉企服务**】2018 年，组建冰冻期志愿车队，义务接送近千人次园区企业职工；开通园区夜间公交线，解企业职工、社区居民夜间出行不便的难题；首次举办园企“青春有约，缘聚高新”联谊活动，搭建交流平台，激发青年员工活力；签订园区突发性供水配送协议，保障园区企业特殊情况生活用水；与工信部二级机构开展合作，编制完成三大主导产业规划；按照年初制定的联产帮企方案，被帮扶企业无论是生产、生活、学习，帮扶部门要全程参与，了解企业的生产生活状况，关注企业的工作动态，解决企业遇到的困难和阻力，并执行一周一汇总、一月一上报、一年一考评。设立高新区企业服务中心，有 5 名工作人员。整理编印《企业“最多跑一次”服务指南》，“企业不出园办成园区事” 成为现实。（程颖）

【**土地处置与社会发展**】2018 年，按照省国土资源厅湘国土资办发在〔2017〕年 224 号文件要求，2018 年要完成空闲土地盘活总量的 50%以上。至 12 月全面完成园区空闲土地清理汇总工作，涉及企业 26 家，面积约 1597 亩。高新区请示市委市政府，将对企业空闲的土地进行有偿收回或盘活，收回致远汽配 46 亩、嘉山实业 154.3 亩土地使用权（其中 25 亩供给嵘鑫风管、70 亩与 50 亩未供地块一起供给宁能热电）黄瑞新材料 50 亩供给汇海农牧、岳阳鲁良新元 33 亩已转嵘祺食品、华弘科技 57.9 亩破产盘活、鑫洲汽配 94.7 亩被嘉山实业收购，部分建设创业园，剩余 60 亩供好德管业。娄星纺织四期动工建设、欣龙无纺二期动工建设。（程颖）

【**党风建设**】2018 年，平台建设承载有力。全面完成村（社区）综合服务平台建设。街道便民服务中心、园区党群活动服务中心先后建成并投入使用。街道、村（社区）视频会议系统，智慧民生信息系统等智慧党建系统设施设备投入使用，党务、政务下沉有序开展，党员群众的生活活动更加便利。非公党建亮点迭出。“两新”党建公积金”作用进一步放大，企业累计使用党建公积金开展主题党日活动 20 余次，党组织感召力、号召力进一步提升。按照“三区一校七室” 标准打造园区党群活动服务中心。全面开展非公党建示范点建设，全年建成非公党建示范点 15 个。党员作用发挥明显。大力开展党员志愿者服务活动，村（社区）党员在秸秆禁烧巡逻、征地拆迁、“无上访村（社区）”巩固等工作中积极发声，积极作为，有效维护街道稳定，树立党员良好形象。紧紧围绕党风廉政建设“两个责任”，明确职责定位，聚焦中心任务，不断提升党风廉政建设和反腐败工作水平，切实履行好监督执纪职能，为园区各项工作提供纪律保障。（程颖）

津市市西毛里湖水环境保护管理办法

第一章 总 则

第一条 为加强西毛里湖水源保护，保障饮用水安全，根据《中华人民共和国环境保护法》《中华人民共和国水污染防治法》《中华人民共和国水法》《湖南省饮用水水源保护条例》《常德市饮用水水源环境保护条例》等法律法规的规定，特制定本办法。

第二条 本办法所称的西毛里湖水环境范围是指我市行政区域内沿西毛里湖周边集雨范围区内入湖的沟港、湖汊以及流入西毛里湖的所有径流等。

第三条 沿西毛里湖的各镇人民政府负责本辖区内水环境保护工作，并组织宣传保护。

第四条 市人民政府环境保护部门对西毛里湖水环境保护行使监督管理职责，定期进行监测并向社会公布，并负责查处污染水环境的违法行为。

第五条 市人民政府水行政主管部门负责做好防治水土流失工作，查处造成水土流失和侵占水域、滩地等违法行为。

第六条 市住建、卫生、财政、农业、林业、国土资源、公安、交通运输、市场监督管理、旅游、民政、畜牧等部门根据各自职责，协助做好西毛里湖水环境保护工作。

第七条 一切单位和个人都有保护西毛里湖水环境的义务，有权对污染和破坏西毛里湖水环境的单位和个人进行检举和控告。由市人民政府对保护西毛里湖水环境做出突出贡献的单位和个人给予奖励。

第二章 西毛里湖水质标准与保护

第八条 西毛里湖饮用水水源保护区分为一级保护区、二级保护区和准保护区；水质标准要求总体水质保持在国家《地表水环境质量标准》Ⅲ类，一级饮用水源保护区水质达到Ⅱ类。

第九条 在饮用水水源准保护区内，禁止下列行为：

1.新建、扩建对水体污染严重的建设项目，改建增加排污量的建设项目；

2.排放、倾倒工业废渣、垃圾和其它废弃物；

3.使用毒鱼、炸鱼等办法进行捕捞；

4.从事围湖造田、围库筑坝等破坏水体的活动；

5.法律法规禁止的其他污染水体的行为。

第十条 在饮用水水源二级保护区内，禁止下列行为：

1.新建、改建、扩建排放污染物的建设项目；

2.设置油库、加油站；

3.设置畜禽养殖场、养殖小区；

4.设置装卸垃圾、油类、砂石及其他有毒有害物品的码头；

5.设置排污口；

6.从事取土、采砂、采矿等可能造成水土流失的活动；

7.经营餐饮业；

8.养殖珍珠，沤制黄麻；

9.从事网箱、拦网、投饵、投肥等养殖活动；

10.破坏护岸林、水源涵养林、湿地以及相关植被；

11.建造坟墓；

12.丢弃、掩埋动物尸体；

13.本办法第九条列举的行为。

在饮用水水源二级保护区内，已经建成的排放污染物的建设项目，由市人民政府责令限期拆除或者关闭。

第十一条 在饮用水一级保护区内，禁止下列行为：

1.新建、改建、扩建与供水设施和保护水源无关的建设项目；

2.停泊与保护水源无关的船舶；

3.从事农作物种植，畜禽养殖、旅游、游泳、垂钓或者其他可能污染饮用水水源的活动；

4.本办法第十条列举的行为。

在饮用水水源一级保护区内，已经建成的与供水设施和保护水源无关的建设项目，由市人民政府责令限期拆除或者关闭。

第十二条　任何单位和个人不得将西毛里湖水域发包、出租或者转让给他人从事本办法禁止的活动。

第三章　监督管理

第十三条　西毛里湖水源保护区内新建建设项目，规划国土资源等部门在核准选址、定点手续前，应当征求环境保护部门和水行政主管部门的意见。

第十四条　供水单位应当开展日常巡查，受理群众关于饮用水水源污染事件的举报，发现污染、可能污染饮用水水源的行为或者水质异常时，应立即采取措施，并及时报告环境保护和水行政主管部门。

第十五条　市环保、住建、农业、渔业等部门应当加强西毛里湖流域环境综合整治，完善各镇生活废水、生活垃圾处理设施建设，防止生活废水等污染物流入西毛里湖。

第十六条　市农业行政部门应当加强农业面源污染防治，采取工程和技术措施，防止农业生产面源污染物污染西毛里湖水环境。

第十七条　市林业主管部门应当对西毛里湖水环境区域内林木、野生动植物加强保护和管理，维护生态平衡。

第十八条　毛里湖国家湿地公园管理处、沿西毛里湖各镇应高度重视保护区生态建设和水土保持工作，加强湿地保护和修复工作。

第十九条　市公安机关应当配合相关部门加强水环境保护执法力度，及时惩处破坏水环境的违法行为。

第四章　法律责任

第二十条　有下列情形之一的，市政府及相关部门对直接负责的主管人员和其他直接责任人员，给予行政处分：

（一）未按照规定设置地理界标、警示标志、隔离防护设施、视频监控的；

（二）未履行饮用水水源巡查、水质监测职责的；

（三）将饮用水水源保护区内的水域发包、出租或者转让给他人从事本条例禁止的行为的；

（四）未及时依法处置饮用水水源污染事故的；

（五）违反本条例规定批准建设项目、准予经营行为的；

（六）未对违法行为依法实施行政处罚的；

（七）其他玩忽职守、滥用职权、徇私舞弊的行为。

第二十一条　损毁、涂改或者擅自移动界标、警示标志、隔离防护设施、视频监控的，由市环境保护主管部门或市水行政主管部门责令停止违法行为，赔偿损失，情节严重的，由公安机关依法处理。

第二十二条　有下列行为之一的，由市环境保护主管部门责令停止违法行为，处20万元以上50万元以下的罚款；并报经市人民政府批准，责令拆除或者关闭：

（一）在饮用水水源准保护区内新建、扩建对水体污染严重的建设项目，或者改建建设项目增加排污量的；

（二）在饮用水水源二级保护区内新建、改建、扩建排污口、油库、加油站等排放污染物的建设项目的；

（三）在饮用水水源一级保护区内新建、改建、扩建与供水设施和保护水源无关的建设项目的。

第二十三条　违反本办法第九条规定，按照下列规定处理：

（一）设置排污口的，由市人民政府责令限期拆除，处20万元以上50万元以下罚款。逾期不拆除排污口的，强制拆除，所需费用由违法者承担，并处50万元以上100万元以下罚款；

（二）排放、倾倒工业废渣、垃圾或者其他废弃物的，由市环境保护主管部门责令停止违法行为，限期采取治理措施，消除污染，处2万元以上10万元以下的罚款。情节严重的，处10万元以上20万元以下的罚款；

（三）使用毒鱼、炸鱼等方法进行捕捞的，由市渔业主管部门没收违法所得，处2万元以上5万元以下的罚款；

（四）从事围湖造田、围库筑坝等破坏水体活动的，由水行政主管部门责令停止违法行为，限期清除障碍，处2万元以上5万元以下的罚款。

第二十四条　违反本办法第十条规定的，按照下列规定处理：

（一）设置畜禽养殖场、养殖小区的，由市环境保护主管部门责令停止违法行为，处20万元以上50万元以下的罚款，并报经市人民政府批准，责令拆除或者关闭；

（二）设置装卸垃圾、油类、砂石及其他有毒有害物品的码头的，由市环境保护主管部门责令限期拆除，并处5万元以上10万元以下的罚款；

（三）从事取土、采砂、采矿等可能造成水土流失的活动的，由市水行政主管部门责令停止违法行为，采取补救措施，没收违法所得，对个人处1万元以下的罚款，对单位处10万元以上20万元以下的罚款；

（四）在水域上经营餐饮业的，由市环境保护主管部门责令停业，拒不停业的，没收用于经营餐饮业的设施、工具等财物，可以并处3万元以上10万元以下的罚款；

（五）从事投饵、施肥等养殖活动的，由市环境保护主管部门会同相关部门责令停止违法行为、采取补救措施；情节较轻的，处警告或者500元以上5000元以下的罚款；情节较重的，处5000元以上5万元以下的罚款；

（六）破坏护岸林、水源涵养林、湿地或者相关植被的，由市林业主管部门责令停止违法行为，采取补救措施；情节严重的，可以并处1万元以上10万元以下的罚款；

（七）建造坟墓的，由民政部门责令限期改正；

（八）丢弃、掩埋动物尸体的，由市水行政主管部门责令改正。

第二十五条　违反本办法第十一条规定，停泊与保护水源无关的船舶、从事农作物种植、畜禽养殖或者组织旅游、游泳、垂钓等可能污染饮用水水体的，由市环境保护主管部门会同相关部门责令停止违法行为，处2万元以上10万元以下的罚款。个人游泳、垂钓或者从事其他可能污染饮用水水体的活动的，由市环境保护主管部门责令停止违法行为，处300元以上500元以下的罚款。

第二十六条　违反本办法规定，在饮用水水源保护区内，从事网箱、拦网养殖或者养殖珍珠、沤制黄麻的，由市环境保护主管部门责令停止违法行为；造成水体污染的，由市环境保护主管部门依照《中华人民共和国环境保护法》《中华人民共和国水污染防治法》实施处罚；在饮用水水源一级保护区内从事上述活动的，处3万元以上10万元以下的罚款。

第二十七条　违反本办法规定，构成犯罪的，依法追究刑事责任。

第五章　附　则

第二十八条　本办法由市政府授权市环保局负责解释，自印发之日起施行。

津市市人民政府办公室
关于印发《津市市突发公共卫生事件应急预案》的通知

各镇人民政府、街道办事处，高新区管委会，市直有关单位：

《津市市突发公共卫生事件应急预案》已经市政府同意，现印发给你们，请认真贯彻落实。

津市市人民政府办公室

2018 年 1 月 15 日

目　　录

津市市突发公共卫生事件应急预案

1.总　　则

1.1 编制目的

为有效预防、及时控制和消除突发公共卫生事件及其危害，指导和规范各类突发公共卫生事件的应急处理工作，保障公众身体健康与生命安全，维护正常的社会秩序，特制定本预案。

1.2 工作原则

预防为主、常备不懈。提高全社会防范突发公共卫生事件发生的意识，落实各项防范措施，做好人员、技术、物资和设备的应急储备工作。对各类可能引发突发公共卫生事件的情况要及时进行分析、预警，做到早发现、早报告、早处理。

统一领导、分级负责。根据突发公共卫生事件的范围、性质和危害程度，对突发公共卫生事件实行分级管理。在市政府统一领导下，各有关部门按照预案规定，在各自的职责范围内做好突发公共卫生事件应急处理的有关工作。

依法规范、及时反应。完善突发公共卫生事件应急预案体系，为突发公共卫生事件应急处理工作提供系统、科学的制度保障。市政府、市卫生计生部门要按照相关法律、法规和规章的规定，对突发公共卫生事件和可能的突发公共卫生事件作出快速反应，及时、有效开展监测、报告和处理工作。

依靠科学、加强合作。充分尊重和依靠科学，重视开展防范和处理突发公共卫生事件的科研和培训，为突发公共卫生事件应急处理提供科技保障。各有关部门和单位要通力合作、资源共享，要广泛组织公众参与突发公共卫生事件的应急处理。

1.3 编制依据

《中华人民共和国传染病防治法》；

《中华人民共和国国境卫生检疫法》；

《中华人民共和国食品安全法》；

《中华人民共和国职业病防治法》；

《突发公共卫生事件应急条例》；

《国内交通卫生检疫条例》；

《国家突发公共卫生事件总体应急预案》；

《湖南省突发公共卫生事件应急预案》；

《津市市突发公共事件总体应急预案》。

1.4 适用范围

本预案适用于在本市行政区域内突然发生，造成或者可能造成社会公众健康严重损害的重大传染病疫情、群体性不明原因疾病、重大食物和职业中毒以及自然灾害、事故灾难或社会安全事件引起的严重影响公众健康的突发公共卫生事件的应急处理工作。

2.突发公共卫生事件的分级和确认

根据突发公共卫生事件性质、危害程度、涉及范围及相关法律法规的规定，突发公共卫生事件划分为特别重大（I 级）、重大（II 级）、较大（III 级）、一般（IV 级）四级，依次用红色、橙色、黄色和蓝色进行预警。

2.1 特别重大突发公共卫生事件（I 级）

有下列情形之一的为特别重大突发公共卫生事件（I 级）：

（1）肺鼠疫、肺炭疽在本市发生疫情并有扩散趋势；

（2）发生传染性非典型肺炎、人感染高致病性禽流感病例，并有扩散趋势；

（3）本市发生群体性不明原因疾病，并有扩散趋势；

（4）发生新传染病、我国尚未发现的传染病发生或传入，并有扩散趋势；或发现我国已消灭传染病重新流行；

（5）发生烈性病菌株、毒株、致病因子等丢失事件：

（6）周边省份和地区发生特大传染病疫情，并出现输入性病例，严重危及我市公共卫生安全的事件；

（7）国务院卫生计生部门认定的其他特别重大的突发公共卫生事件。

2.2 重大突发公共卫生事件（II 级）

有下列情形之一的为重大突发公共卫生事件（II 级）：

（1）在本市范围内，一个平均潜伏期内（6 天）发生 5 例以上肺鼠疫、肺炭疽病例，或相关联的疫情波及 2 个以上区、县、市；

（2）发生传染性非典型肺炎、人感染高致病性禽流感疑似病例；

（3）腺鼠疫发生流行，在本市范围内一个平均潜伏期内多点连续发病 20 例以上，或流行范围波及 2 个及以上区、县、市；

（4）霍乱在本市范围内流行，一周内发病 30 例以上；或疫情波及其他区、县市，有扩散趋势；

（5）乙类、丙类传染病疫情一周内发病水平超过前 5 年同期平均发病水平 2 倍以上，或疫情波及 2 个区、县、市；

（6）我国尚未发现的传染病发生或传入，尚未造成扩散；

（7）发生群体性不明原因疾病，波及我市及其他区、县、市；

（8）发生重大医源性感染事件；

（9）预防接种或群体性预防性用药出现人员死亡；

（10）一次食物中毒人数超过 100 人并出现死亡病例，或出现 10 例以上死亡病例；

（11）一次发生急性职业中毒 50 人以上，或死亡 5 人及以上；

（12）境内外隐匿运输、邮寄烈性生物病原体、生物毒素造成我市人员感染或死亡的；

（13）省级以上卫生计生部门认定的其它重大突发公共卫生事件。

2.3 较大突发公共卫生事件（III 级）

有下列情形之一的为较大突发公共卫生事件（III 级）：

（1）发生肺鼠疫、肺炭疽病例，一个平均潜伏期内病例数未超过 5 例（含 5 例），流行范围在本市范围内；

（2）腺鼠疫发生流行，在本市范围内，一个平均潜伏期内连续发病 10 例（含 10 例）以上，或流行范围波及 2 个以上区、县、市；

（3）霍乱在本市范围内发生，一周内发病 10~29 例，或疫情波及 2 个以上区、县、市；

（4）在本市范围内，一周内乙、丙类传染病发病水平超过前 5 年同期平均发病水平 1 倍以上；

（5）在本市范围内发现群体性不明原因疾病；

（6）一次食物中毒人数超过 100 人，或出现死亡病例；

（7）预防接种或群体性预防性服药出现群体性反应或不良反应；

（8）一次发生急性职业中毒 10~49 人，或死亡 4 人以下；

（9）地级以上卫生计生部门认定的其它较大突发公共卫生事件。

2.4 一般突发公共卫生事件（IV 级）

有下列情形之一的为一般突发公共卫生事件（IV 级）：

（1）腺鼠疫在本市区域内发生，一个平均潜伏期内病例数未超过 10 例（含 10 例）；

（2）霍乱在本市区域内发生，一周内发病 9 例以下（含 9 例）；

（3）一次食物中毒人数达 30–99 人，未出现死亡病例；

（4）一次发生急性职业中毒 9 人（含 9 人）以下，未出现死亡病例；

(5)市人民政府卫生计生部门认定的其它一般突发公共卫生事件。

2.5 突发公共卫生事件的确认

市卫生计生部门接到突发公共卫生事件报告后，立即组织突发公共卫生事件专家咨询委员会到现场调查核实，进行科学分析和初步评估，提出应急处理方案，未被省级突发公共卫生事件专家委员会确认为突发公共卫生事件的传染病疫情、食物中毒、职业中毒等由市卫生计生部门负责调查处理。一般公共卫生事件、较大突发公共卫生事件由常德市级卫生计生部门负责组织专家进行确认；重大突发公共卫生事件由省级卫生计生部门负责组织专家进行确认；特别重大突发公共卫生事件由国家卫生计生部门与省人民政府联合组织专家进行调查确认。

3.应急组织机构及职责

3.1 应急指挥机构

成立市突发公共卫生事件应急领导小组，负责领导、指挥全市突发公共卫生事件应急处理工作。组长由市政府分管副市长担任，副组长由市政府办分管副主任和市卫计局局长担任，成员由市委宣传部、市监察局、市发改局、市卫计局、市教育局、市科技工信局、市公安局、市财政局、市住建局、交通运输局、市发改局、市畜牧兽医水产局、市林业局、市药工质局、市旅游外侨局、市民政局、市环保局、市水务局、市安监局、市人社局、市爱卫办、市妇联、团市委等有关部门和单位的负责人分管组成。

突发公共卫生事件应急领导小组职责：

(1)负责全市和辖区内突发公共卫生事件应急处理工作的统一领导、统一指挥。

(2)领导小组成员单位在领导小组的统一领导下，按照职能分工各负其责，做好职责范围内和领导小组临时交办的工作。

3.2 其他成员单位及其职责

市纪律检查委员会：负责调查处置突发公共卫生事件中的违规违纪、失职渎职行为，追究有关人员的责任。

市委宣传部：负责协调指导相关新闻媒体机构按照指挥部确定的口径做好突发公共卫生事件应急处置的新闻宣传工作，避免引起社会恐慌，加强突发公共卫生事件应急处置的宣传报道，加强正面引导、危机心理干预和防病知识普及。

市发改局：负责突发公共卫生事件应急所需的基础设施建设项目的立项审批，维护市场秩序，保持物价稳定。

市财政局：负责及时筹集、解决突发公共卫生事件应急处置所需经费，确保突发公共卫生事件应急处理所需的设备、器材、药品等经费及时拨付。

市卫计局：负责组织制定突发公共卫生事件防控技术方案；负责组织突发公共卫生事件的调查与处置；组织实施应急医疗救治工作和各项预防控制措施，报送疫情信息和发布预警等级；并进行督导检查；开展专业技术人员培训，配合宣传部门对公众进行健康教育和提供医学咨询服务；根据疫情发展态势和严重程度向市政府提出疫情处置所需费用及物资计划和方案；根据预防控制工作需要，依法提出隔离、封锁有关地区的建议。

市教育局：负责教育系统突发公共卫生事件控制措施的组织实施，加强对在校学生、教职工的应急处置知识宣传教育及自我防护工作。

市公安局：做好法制宣传，严厉打击违法犯罪活动，维护社会稳定。做好突发公共卫生事件区域的治安管理，协助卫生行政部门做好流行病学调查，落实各项隔离措施。

市食药工质局：加强对市场经营秩序的管理，严厉打击非法经营活动，维护正常的市场秩序。负责餐饮行业食品卫生监督管理工作；组织开展餐饮单位食品安全事故的查处，做好应急救援工作的组织协调和配合；负责应急处置药品、医疗设备和器械生产等环节的监督和管理。

市科技工信局：根据突发公共卫生事件需要，及时组织科技力量协作攻关，支持对突发公共卫生事件预防控制、临床治疗、实验室检验等各项科学研究，并负责突发公共卫生事件中的通信保障工作。

市民政局：做好突发公共卫生事件的社会捐赠资金、物品的接收，负责赈灾资金和物资的筹集、发放及管理工作，做好受灾群众的紧急转移、安置工作，对困难群众实行社会救助。督促殡仪馆按照有关规定做好传染病患者遗体的运送和火化工作。

市环保局：负责组织环境质量监测，指导环境污染的防控与处置工作，开展环保执法，维护环境安全。

市交通运输局：对乘坐交通工具的人员进行交通检疫、查验工作，防止传染病通过交通工具传播。优先安排疫区紧缺物资的运送和人员疏散，做好疫区的交通管理工作。

市人社局：负责对在突发公共卫生事件应急处置工作中做出突出贡献的单位和个人按有关规定进行表彰，并会同有关部门落实好参与突发公共卫生事件应急处理工作人员的工伤待遇政策。

市安监局：负责危险化学品安全生产监督管理、工矿商贸生产经营单位作业场所(煤矿除外)职业卫生监督检查工作。

市住建局：负责落实建筑工人疾病预防控制措施，配合有关部门做好突发公共卫生事件中安全等相关工作。

市畜牧兽医水产局：组织做好家畜家禽疫病的防治工作，开展与人类接触密切的家畜家禽的人畜共患传染病的监测和管理工作。

市林业局：负责组织开展野生动物疫源疫病的监测和管理工作。在突发公共卫生事件发生期间组织专家分析和提出有关野生动物活动范围和趋势等预警信息。

市旅游外侨局：负责全市旅行社等单位开展突发公共卫生事件应急处置宣传教育工作，提高个人防护能力和健康意识，认真做好突发公共卫生事件预防和处置工作；在突发公共卫生事件应急期间，组织好旅游团队的宣传、登记，防止突发公共卫生事件在海内外旅游团队中和跨地区传播扩散及涉外涉侨工作。

市爱卫办:组织全社会开展爱国卫生运动工作,开展除“四害”(病媒生物防治)活动。

市水务局:做好突发公共卫生事件期间排水、污水处置的监测管理工作。

其他有关部门根据突发公共卫生事件处理的需要,做好突发公共卫生事件应急处理紧急物资的进口、救济物资发放、接收或分配捐赠、污染扩散的控制、相关管理措施的制定以及省突发公共卫生事件应急处理指挥部交办的相关工作等。

任何单位和个人都应当积极配合、支持突发公共卫生事件应急处理专业机构进行现场调查处理、采样、技术分析、检验以及应急处理技术指导等工作,不得以任何理由拒绝或妨碍工作开展。

3.3 突发公共卫生事件应急处理日常管理机构(市卫生应急办公室)职责

市突发公共卫生事件应急领导小组下设办公室,地点设在市卫计局,承担市突发公共卫生事件应急领导小组的日常工作。

市突发公共卫生事件应急领导小组办公室下设疫情控制、医疗救护、物资保障、专家咨询等工作组,成员由我市医疗卫生单位相关专家组成,分别承担情况调查、现场控制、扩散预防、医疗救治和后勤保障等项工作。

市卫生应急领导小组办公室职责:

(1)组织开展全市突发公共卫生事件的医疗救护与防病工作。

(2)负责建立相关人员、物资、技术等保障机制,统一调配。

(3)协调与市人民政府有关部门及其他单位的关系,保证在上级卫生计生部门和我市突发公共卫生事件应急领导小组统一指挥下高效、有序地进行卫生救护与防病工作。

(4)向上级卫生计生部门和我市突发公共卫生事件应急领导小组及时汇报有关信息,与市人民政府有关部门交流信息。

(5)协同市人民政府其他部门做好突发公共卫生事件医疗救护与防病的其他相关工作。

(6)起草突发公共卫生事件医疗救护与防病的预案和实施方案及有关工作计划;组织收集与分析相关信息,提出对突发公共卫生事件进行预警和现场处理建议。

(7)督促建立全市突发公共卫生事件医疗救护与防病的信息交流网络,保证信息畅通。

(8)组织人员培训、物资储备、后勤保障、社会动员等相关工作。

(9)负责与新闻单位沟通,使各新闻媒体能够主动配合医疗救护和防病工作。

(10)对全市突发公共卫生事件现场处置进行评价,并提出改进措施。

3.4 临时现场指挥部职责

(1)临时现场指挥部是市突发公共卫生事件应急领导小组委派的临时组织,事发地政府(部门)要服从指挥部的统一指挥,按照属地管理的原则,积极做好现场的应急工作。

(2)负责事发现场所在区域外急救药品、器材、后勤物资、人员的统一调配。

(3)对现场处置工作进行指导和检查评价。

(4)及时向上级领导机构反馈信息,根据事态发展和上级要求提出调整现场工作策略的建议。

(5)负责组织卫生防病的社会动员,争取群众支持。

3.5 应急处理专业技术机构职责

(1)各级医疗单位要做好应付各种突发公共卫生事件的病房、药品、器材等储备工作,开辟专门病房负责收治伤员和病人,并按要求对病人进行隔离。急救系统要积极做好现场救护的各项准备工作。

(2)疾病预防控制机构要做好突发公共卫生事件的技术鉴定工作,特别是做好流行病学监测、现场调查、现场防病处置、毒物毒性鉴定、实验室检测等各项工作。本级疾控机构不能做出鉴定或检测的,要及时送交上级疾控机构处理。

(3)市卫生计生监督机构要依据相关的卫生法律法规做好生活饮用水、公共场所、传染病等的卫生监督工作。在突发公共卫生事件发生时,督促各项卫生强制性措施的落实。

3.6 组织机构框架图

4.突发公共卫生事件的监测、预警与报告

4.1 监测

4.1.1 在现有监测系统的基础上扩展监测范围和疾病监测种类。

对未纳入常规监测系统的相关疾病纳入监测系统管理。对鼠疫、霍乱、非典型性肺炎等实行重点管理。

4.1.2 设立公共卫生综合监测点,制定监测管理制度。

在日常监测的同时,针对不同地区不同季节,加强对多发病、有可能爆发流行疾病的重点监测。当出现不明原因疾病、常见病治疗无效或效果不良、疾病发病或死亡增多等异常现象时进行监测报告。

4.1.3 建立健全并完善现有监测系统,对各种法定报告传染病实行网络直报。

加强对医疗卫生单位特别是基层医疗机构的管理,建立突发公共卫生事件报告系统,明确报告的责任和义务,严格按照有关要求开展工作,以利于尽早发现和识别突发公共卫生事件。加强疫情监测分析和交流,建立疫情分析报告制度和突发公共卫生事件信息通报制度,对监测资料认真汇总分析,及时发现并通报异常现象,引起关注并及早采取防治措施,预防和减少突发公共卫生事件的发生。

4.1.4 对当地有化学毒品储存和运输的厂矿、企业,易造成环境污染及人体危害和社会恐慌的重要场所进行卫生学评价,对可能出现的情况进行预测,做好相应的应急准备。

4.2 疫情分析预测

4.2.1 法定报告传染病与突发公共卫生事件预测

(1)市疾病预防控制中心负责我市法定报告传染病与突发

公共卫生事件监测分析工作,向市卫计局定期或不定期报告分析情况。

(2) 根据接到的传染病疫情以及监测预警的相关信息,综合各方面情况,按周、月、年做出我市的法定报告传染病与突发公共卫生事件分析报告。

4.3 预警

市卫计局根据医疗机构、市疾病预防控制中心、市卫生计生综合监督执法局所提供的监测信息,按照公共卫生事件的发生、发展规律和特点,及时分析其对公众身心健康的危害程度,可能的发展趋势,及时依次用红色、橙色、黄色和蓝色表示特别重大、重大、较大和一般四个预警级别预警。

4.4 报告

4.4.1 责任报告单位和个人

各级医疗卫生机构、突发公共卫生事件发生单位及与群众健康有密切关系的机构或单位为突发公共卫生事件的责任报告单位。疾病预防机构负责对疫情报告的检查指导。凡执行职务的医疗保健人员、疾病预防控制人员、卫生监督人员和个体开业医生均为责任报告人。上级主管部门负责对有关单位报告责任履行情况进行检查评估。

4.4.2 报告程序和时限

责任报告人除按常规疫情报告、疾病监测及其他常规监测系统规定要求进行报告外,对发现的各种公共卫生异常现象要以最快方式向所在地疾病预防控制机构报告,疾病预防控制机构接到报告后,要对报告内容的可靠性进行初步审核。如不能排除突发公共卫生事件,应在45分钟内向市卫生计生部门和上级疾病预防控制机构报告。当地卫生计生部门在接到相应报告后,经初步审核认为可能是或确认为突发公共卫生事件后,在45分钟内向市政府和上级卫生计生部门报告。

医疗卫生机构和有关单位发现突发公共卫生事件后,在网络直报的同时,应当在45分钟内向疾病预防控制机构报告。疾病预防控制机构接到报告后,要立即组织调查核实。当初步判断为突发公共卫生事件时,要立即通知相应机构开展调查处置,并报告当地卫生计生部门和上级疾病预防控制机构。卫生计生部门接到报告后应当在45分钟内向本级政府报告,并同时向上级卫生计生部门报告。

4.4.3 报告内容

报告内容包括:发生或者可能发生传染病暴发、流行,发生或者可能发生不明原因群体性疾病,发生传染病菌种、毒种丢失、外泄,发生或者可能发生重大食物中毒和职业中毒,多例相同症状不明原因死亡等有关情况。

突发公共卫生事件分为首次报告、进程报告和结案报告。要根据事件的严重程度、事态发展和控制情况及时做出事件进程报告。

(1)首次报告。紧急情况下,对于未经调查确认的突发公共卫生事件或存在隐患的相关信息来源、危害范围、事件性质的初步判定和已采取或拟采取的主要措施。首报可先对基本事实(即发生的时间、地点、性质、情况、结果)做客观、简明的报告,然后再及时、准确、深入续报详细的情况。

(2)进程报告。应根据事件发生、发展情况,每小时、每天、每周或不定时报告事件进程。

(3)结案报告。事件基本终止后,市卫计局做出结案报告,逐级上报。主要内容:事件发生发展经过、人员伤亡情况、事件原因性质、采取的措施、经验与教训等。

4.5 信息发布与通报

(1)市卫计局是全市法定传染病疫情和突发公共卫生事件信息发布的部门,经省级卫生行政主管部门批准后可对外公布信息。

(2)市卫计局应当及时向本行政区域内的疾病预防控制机构和医疗机构通报传染病疫情以及监测、预警的相关信息。接到通报的疾病预防控制机构和医疗机构应当及时告知本单位的有关人员。

(3)畜牧局和疾病预防控制机构,应当及时互相通报动物间和人与人之间发生的人畜共患传染病疫情以及相关信息。

5.突发公共卫生事件的应急响应和终止

5.1 应急响应原则

发生突发公共卫生事件后,市人民政府及有关部门按照分级响应原则,采取相应措施实施应急处置。同时,遵循突发公共卫生事件发生发展规律,结合实际情况和预防控制工作的需要,及时调整预警和反应级别,控制事态,减少危害和影响,突发公共卫生事件应急处置要采取边调查、边处置、边抢救、边核实的方式,采取有效措施控制事态发展。

5.2 突发公共卫生事件的分级响应

5.2.1 一般或较大突发公共卫生事件应急响应

(1)市卫生计生部门应急响应。一般或较大突发公共卫生事件发生后,市卫生计生部门应迅速组织实施现场流行病学调查,致病、致残人员的救治,传染病人及其密切接触者的隔离,采集环境生物样品,消毒处理等紧急控制措施,及时向市人民政府及上一级市卫生计生部门报告调查处理情况。

(2)市人民政府应急响应。市人民政府接到卫生计生部门的调查报告和应急处理方案后,立即组织有关部门协助卫生计生部门做好疫情信息收集,组织相关人员疏散安置,依法进行疫区的确定与封锁、隔离和舆论宣传工作;保证突发公共卫生事件应急处理所需经费,医疗救治和预防所需防护设备、药品、医疗器械等物资的供应。

(3)上级卫生计生部门应急响应。常德市卫生计生部门及时组织突发公共卫生事件应急处置机动队对突发公共卫生事件进行初步评估判定,指导督促当地开展突发公共卫生事件应急处理工作,及时调集应急物资和设备。同时,向常德市人民政府建议,使各有关区域和部门进入应急准备状态,做好突发公共卫生事件应急处理准备工作。

5.2.2 重大突发公共卫生事件应急响应

在省突发公共卫生事件应急指挥部的统一领导和指挥下,

常德市人民政府组织协调开展突发公共卫生事件应急处置工作。

(1)常德市卫生计生部门应急响应。常德市卫生计生部门应迅速组织应急卫生救治队伍和相关技术人员到达突发公共卫生事件现场,进行采样与检测、流行病学调查与分析,组织实施医疗救治、传染病人及其密切接触者隔离、人员疏散等控制措施,同时分析突发公共卫生事件的发展趋势,提出应急处理工作建议,及时向省卫生计生部门和上一级政府报告有关情况,并积极配合上级部门完成突发公共卫生事件的调查处理工作。

(2)常德市人民政府应急响应。市突发公共卫生事件应急领导小组负责突发公共卫生事件应急处理的领导和指挥。组织有关部门根据突发公共卫生事件应急处理的需要,紧急调用和征集有关人员、物资、交通工具以及相关设施、设备,进行现场隔离、疫区的确定与封锁,保证应急处理所需的物资、经费,组织相关部门协助卫生行政部门进行病人及其密切接触者的隔离、伤员救治和人员疏散,做好舆论宣传工作。

5.2.3 特别重大突发公共卫生事件应急响应

在国家突发公共卫生事件应急指挥部的统一领导和指挥下,常德市人民政府组织协调开展突发公共卫生事件的应急处置工作。

(1)常德市卫生计生部门应急响应。常德市卫生计生部门负责组织和协调各方面工作,及时派出专业技术人员赴现场开展流行病学调查,组织落实医疗救治和各项预防控制等措施;配合上级专业机构对不明原因的突发公共卫生事件开展病因查找、病人诊断、治疗等工作,检查督导基层组织对突发公共卫生事件应急处理措施的落实,及时调整和整合卫生资源。

(2)常德市政府应急响应。常德市政府突发公共卫生事件应急领导小组统一领导和指挥全市突发公共卫生事件应急处理工作,组织协调调集社会力量,开展突发公共卫生事件的应急处理工作。

5.3 突发公共卫生事件应急响应的终止

突发公共卫生事件应急响应的终止需符合以下条件:突发公共卫生事件隐患或相关危险因素消除,或末例传染病病例发生后经过最长潜伏期无新的病例出现。

一般突发公共卫生事件应急响应的终止由本市卫生计生部门组织专家进行分析论证,提出终止建议,报请市人民政府或其突发公共卫生事件应急领导小组批准后实施,并向上级卫生计生部门报告。

较大突发公共卫生事件应急响应的终止由常德市卫生计生部门组织专家进行分析论证,提出终止建议,报常德市人民政府或市突发公共卫生事件应急领导小组批准后实施,并向省卫生计生部门报告。

重大突发公共卫生事件应急响应的终止由省卫生计生部门组织专家进行分析论证,提出终止建议,报省级人民政府或省突发公共卫生事件应急处理指挥部批准后实施,并向国务院卫生计生部门报告。

特别重大突发公共卫生事件应急响应的终止由国务院卫生计生部门组织国家有关专家进行分析论证,提出终止建议,报国务院或全国突发公共卫生事件应急处理指挥部批准后实施。

上级人民政府、卫生计生部门要根据下级人民政府卫生计生部门的请求,及时组织专家对突发公共卫生事件应急响应终止的分析论证提供技术指导和支持。

5.4 突发公共卫生事件的后期处置

5.4.1 后期评估

突发公共卫生事件结束后,市卫生计生部门应在本级政府的领导下,组织有关人员对突发公共卫生事件的处理情况进行评估,评估内容主要包括事件概况、现场调查处理概况、患者救治情况、所采取措施的效果评价、应急处理过程中存在的问题和取得的经验,评估报告上报本级政府和上一级政府卫生计生部门。

5.4.2 抚恤和补助

有关部门对因参与应急处置工作致病、致残、死亡的人员,按照国家有关规定,给予相应的补助和抚恤,对参加应急处置一线工作的专业技术人员,要根据工作需要制定合理的补助标准,给予补助。

5.4.3 征用物质、劳务补偿

突发公共卫生事件应急工作结束后,市人民政府要组织有关部门对应急处置期间紧急调集、征用有关单位、企业、个人的物资和劳务进行评估,给予合理补偿。

6.现场处置

6.1 处置原则

统一领导,分级指挥,各司其职,密切协作,快速反应,高效处置,最大限度减少突发公共卫生事件对公众健康的危害和影响。

6.2 现场处置职责与分工

6.2.1 指挥机构

突发公共卫生事件发生后,在本市突发公共卫生事件应急领导小组的统一领导下,由临时现场指挥部负责现场处置、救护的全面工作。

6.2.2 执行机构

突发公共卫生事件处置工作组(队)承担现场处置工作任务,包括现场调查、现场污染物处理、标本采集、环境消毒、病人救护和转运与隔离等,负责临时现场指挥部交办的其他工作任务。

6.2.3 医疗救护机构

突发公共卫生事件发生后,凡就近的医疗机构要组织医护人员及时到达现场,并参加医疗救护。参加医疗救护工作的单位和个人,到达现场后应当立即向临时现场指挥部报到,并接受统一指挥和调遣。

6.2.4 支持机构

卫生计生部门、疾病预防控制和医疗卫生机构是现场处置的支持机构。在现场指挥部领导下，做好人员、物资调配，病区建立与隔离以及病人的后续治疗；严重污染区外围的消杀灭工作；社会动员，群防群治；监测和后续处理等工作任务。

6.2.5 各部门的相互配合

临时现场指挥部应积极向市政府汇报，与所在地镇（街道）及相关部门密切配合，必要时进行疫区封锁等处理工作。

6.3 工作程序

6.3.1 现场处置工作程序

（1）快速调查确定可能病因，对可能的生物、毒素因子进行分类，确定疫区和目标人群。

（2）根据自然环境因素确定可能的污染范围，及时做好病人救治、转移和人群疏散工作，对事件的危害程度和潜在危害进行判定，开展健康教育和社会动员，群防群治，尽可能减少危害。

（3）对救护人员、疾病预防控制人员和物资的需求做出评估和调用。

（4）经过事件紧急处理，疫情消除后，进行后续监测，直至消除危害。

6.3.2 医疗救护工作程序

（1）视伤亡情况设置伤病员分检处。

（2）对现场伤亡情况及事态发展做出快速、准确评估，包括：突发公共卫生事件发生的时间、地点、伤亡人数及种类；伤员主要的伤情、采取的措施及投入的医疗资源；急需解决的医疗救护问题。

（3）指挥、调遣现场及辖区内各医疗救护力量。

（4）向临时现场指挥部汇报有关情况并接受指令。

（5）在现场医疗救护中，依据受害者的伤病情况，按轻、中、重、死亡分类，分别以“红、黄、蓝、黑”的伤病卡作出标志（伤病卡以 5×3cm 的不干胶材料做成），置于伤病员的左胸部或其它明显部位，便于医疗救护人员辨认并采取相应的急救措施。

（6）现场医疗救护过程中，本着先救命后治伤、先治重伤后治轻伤的原则，将救治的伤员的血型、伤情、急救处置、注意事项等逐一填写伤员情况单，并置于伤员衣袋内。

6.3.3 伤病员运送工作程序

伤病员经现场检伤分类、处置后，要根据病情向就近的医疗机构分流。伤病员分流原则如下：

（1）接受伤病员的医疗机构，由临时现场指挥部按照就近、有效的原则指定。

（2）伤病员现场救治的医疗文书要一式二份，及时向临时现场指挥部报告汇总，并提交给接纳伤病员的医疗机构。

（3）临时现场指挥部指定的医疗机构必须无条件收治分流伤病员。

（4）运送伤病员途中需要监护的，由现场医疗救护指挥部派医护人员护送。

（5）伤病员运送至医疗机构后，由收治医疗机构按急诊急救工作程序处置。收治医疗机构要成立专门的组织负责伤病员救治工作。

6.3.4 现场情况报告程序

由现场最高指挥人员负责向上级报告现场情况，以保证上报信息准确可靠。

6.4 新闻宣传与信息发布

临时现场指挥部要及时向市突发公共卫生事件应急领导小组报告工作及疫情情况，由领导小组指定机构和人员按照有关程序向媒体发布信息，减少社会恐慌，维护社会稳定。其他任何个人未经授权不得对外公布相关信息。

6.5 技术措施与后勤保障

6.5.1 技术措施

现场处置的技术措施参照市卫计局有关技术方案执行。

6.5.2 后勤保障

多方协作，统一调配，统一指挥，快速、准确、高效配合现场工作。

6.5.3 现场通讯

建立运行良好的通讯网络，提高信息传播效率，准确通报信息。

7.突发公共卫生事件应急保障

7.1 组织保障

市卫生计生部门要建立健全高效、统一的组织保障体系，各类医疗卫生机构及人员必须对突发公共卫生事件的危害性和可能性给予充分的认识，必须从维持社会稳定的大局出发，以维护广大人民群众的根本利益为己任，建立健全相应的领导体系和应急反应体系。在思想上、组织体系上做好突发公共卫生事件的应对准备。

7.2 物资保障

各镇人民政府（街道办事处）及其有关部门根据卫生计生部门提出的计划，建立处理突发公共卫生事件的物资储备。物资储备种类包括：药品、疫苗、医疗设备和器材、快速检验检测技术和试剂、传染源隔离及卫生防护的用品和应急设施。各级卫生计生行政部门要根据实际，科学制定储备计划。各种药品、疫苗、试剂、防护用品等要及时更新；各种器械、设备要经常调试，确保突发公共卫生事件处置的及时有效。

7.3 经费保障

市人民政府要保障突发公共卫生事件应急基础设施建设经费，财政部门按规定落实突发公共卫生事件应急处理专业技术机构的财政补贴政策和突发公共卫生事件应急处置所需经费。

7.4 技术保障

7.4.1 突发公共卫生事件专家咨询委员会

市卫生计生部门负责建立突发公共卫生事件专家咨询委员会，为指挥决策提供专业咨询。专家咨询委员会由预防医学、临床医学、检验、行政管理等各方面的专家组成。其职责是：了解掌握国内外突发公共卫生事件应急处理的相关知识和信息，提供咨询服务；综合评估突发公共卫生事件，预测其发展趋势，提出启动和终止实施预案的建议；指导、调整和评估应急处理措施，参与突发公共卫生事件的总结评估并提交评估报告。

7.4.2 应急医疗卫生队伍

市卫生计生部门建立一支由疾病预防控制、医疗、卫生监督三部分专业人员组成的突发公共卫生事件应急处理常备的机动队伍，随时能够处置突发公共卫生事件，参与和指导基层医疗卫生等机构开展突发公共卫生事件应急处理工作。其主要职责是：(1)开展现场流行病学调查、检测检验、突发公共卫生事件的分析、评估和上报；(2)协助和指导突发公共卫生事件现场救援、转运和后续治疗；(3)督导各项现场应急处理措施的落实；(4)开展突发公共卫生事件应急处理的业务培训和咨询等。突发公共卫生事件应急处理的常备队伍应当每年至少进行一次专门的培训和演练。

7.4.3 医疗救治体系

加快突发公共卫生事件医疗救治体系建设，逐步形成以紧急救援中心、综合医院、传染病医院(感染科)为主体的医疗救治体系，承担突发公共卫生事件的医疗救治任务。市卫计局指定急救机构(包括院前急救机构和院内急救机构)、综合医院、传染病专科医院(或指定具备传染病防治条件和能力的医疗机构承担传染病防治任务)、后备医院组成全市医疗救治网络，负责突发公共卫生事件医疗救治工作。

7.5 通讯与交通保障

应急处置工作组(队)根据实际工作需要配备通讯设备和交通工具。

7.6 法律保障

各镇人民政府(街道办事处)和有关部门要严格执行国务院第 376 号令公布施行的《突发公共卫生事件应急条例》等法律、法规和规章，并根据本预案要求，严格履行职责，确保责任落实。对履行职责不力，造成损失和不良影响的，要追究有关当事人的责任。

7.7 社会公众的宣传教育

市人民政府组织有关部门利用广播、电视、报纸、互联网、手册等多种形式，对社会公众广泛开展突发公共卫生事件应急知识的普及教育，宣传卫生科普知识，指导群众以科学的行为和方式对待突发公共卫生事件。

8.预案管理

8.1 应急预案制定

本预案由市政府授权市卫计局负责制定并负责解释

8.2 应急预案修订

本预案应根据突发公共卫生事件的形势变化和实施中发现的问题及时进行修订、补充，由市卫生计生部门负责，并报市政府批准。

9.附　　则

9.1 名词术语

重大传染病疫情是指某种传染病在短时间内发生、波及范围广泛，出现大量的病人或死亡病例，其发病率远远超过常年的发病率水平。

群体性不明原因疾病是指在短时间内，某个相对集中的区域内同时或者相继出现具有共同临床表现患者，且病例不断增加，范围不断扩大，又暂时不能明确诊断的疾病。

重大食物和职业中毒是指由于食品污染和职业危害的原因而造成的人数众多或者伤亡较重的中毒事件。

新传染病是指全球首次发现的传染病。

我国尚未发现传染病是指埃博拉、猴痘、黄热病、人变异性克雅氏病等在其他国家和地区已经发现，在我国尚未发现过的传染病。

我国已消灭传染病是指天花、脊髓灰质炎等传染病。

9.2 预案实施时间

自发布之日起实施，由津市市人民政府印发的《津市市突发公共卫生事件应急预案》(津政办发〔2012〕22 号)同时废止。

附件：

津市市突发公共卫生事件应急处置机动队

队　长：	彭　逆				
副队长：	文　杰	邹　杰	张智洋		
临床组：					
组　长：	彭　逆				
副组长：	邹　杰	鲁艳军	李丙元	汤　亮	
成　员：	周绍新	郭文进	张献红	汤泽峰	朱传银
流调组：					
组　长：	孟　成				
成　员：	金爱华	万贤珍	赵　瑾		
检验组：					
组　长：	汤　亮				
成　员：	钟菊香	毛先美	何　维		
消毒组：					
组　长：	韩绍楚				
成　员：	冯铁虎	王　翔	毛绍进		
后勤保障组：					
组　长：	朱淑兰				
成　员：	袁　宇	张业梅	唐庆波		

津市市重大传染病疫情预防控制应急预案

目　录

1.总　则

1.1 目的

为有效预防和控制重大传染病疫情的发生和流行，指导和规范重大传染病疫情的应急处置工作，保护广大人民群众的生命与健康，维护社会稳定和经济发展，特制定本预案。

1.2 工作原则

预防为主。坚持“预防为主”的卫生工作方针，按照“早发现、早报告、早诊断、早隔离、早治疗”的传染病防治原则，提高警惕，加强监测，及时发现病例，采取有效的预防与治疗措施，切断传播途径，有效控制重大传染病疫情在本市的传播和蔓延。

依法防控。根据有关法律法规，结合重大传染病疫情的流行特征，在采取预防控制措施时，对留院观察病例、疑似病例、临床诊断病例及实验室确诊病例依法实行隔离治疗；对疑似病例、临床诊断病例及实验室确诊病例的密切接触者依法实行隔离和医学观察。

及时处置。对留院观察病例、疑似病例、临床诊断病例及实验室确诊病例，做到“及时发现、及时报告、及时治疗、及时控制”。同时，对疑似病例、临床诊断病例及实验室确诊病例的密切接触者及时采取隔离控制措施，做到统一、有序、快速、高效。

1.3 编制依据

《中华人民共和国传染病防治法》及其《中华人民共和国传染病防治法实施办法》《中华人民共和国突发事件应对法》《突发公共卫生事件应急条例》《中华人民共和国国境卫生检疫法》《津市市突发公共卫生事件应急预案》等。

1.4 适用范围

本预案适用于在本市区域内发生的符合突发公共卫生事件的传染病疫情预防控制工作。

2.组织体系

2.1 指挥组织

市人民政府成立《津市市重大传染病疫情预防控制应急工作领导小组》，由市人民政府分管副市长担任组长，市人民政府办公室分管副主任和市卫计局局长担任副组长，市委宣传部、市卫计局、市财政局、市教育局、市科技工信局、市公安局、市食药工质局、市民政局、市交警大队、市人社局、市交通运输局、市商务粮食局、市畜牧兽医水产局、市林业局、市环保局、市安监局、市发改局、市爱卫办、市旅游外侨局为成员单位。领导小组主要职责是贯彻落实传染病疫情突发事件应对法律、法规，分析研究部署全市重大传染病疫情预防控制工作，指导有关单位制定与组织实施各类传染病疫情应急预案；指挥、组织和协调全市的重大传染病疫情应急工作,决定和组织实施本预案。

2.2 领导小组成员单位职责

市委宣传部:根据市重大传染病疫情预防控制工作小组要求,组织指导新闻单位按有关规定正确引导舆论,宣传防控措施,报道相关事件信息与处置工作;配合做好群众防治知识宣传工作。

市卫计局:负责制定预防和控制重大传染病疫情的各项技术方案;负责确定监测点及监测网络,及时掌握事件动态;负责组建专家组;组建、培训应急机动队伍和医疗急救队伍,做好患者的调查和救治工作;对现场进行卫生处置和卫生监督,提出并落实控制措施;开展健康教育,保护易感人群;必要时,提请市人民政府对疫区采取疫情紧急控制措施。

市公安局:及时封锁指挥部指定区域,依法落实强制隔离措施,负责做好疫点、疫区现场的治安管理、处置与疫情有关的突发事件,维护社会稳定。

市交警大队:搞好交通疏导,保障疫情处理车辆、人员迅速抵达疫区。

市财政局:确保市级应对重大传染病疫情所需资金,落实各项应急物资专款,拨付应由人民政府承担的突发事件病人的应急诊疗费用。

市教育局:负责各级各类学校(含托幼机构)传染病防控工作,认真落实学生晨午检、因病缺勤病因追查与登记报告制度,防范传染病在学校(托幼机构)内发生传播;组织开展学校及托幼机构环境整治和健康教育活动;负责落实学校内重大传染病疫情的预防控制措施。

市科技工信局:支持开展重大传染病疫情应急相关科学技术研究,根据实际情况需要组织科研力量开展应急防治技术科研攻关。

市交通运输局:配合做好对乘坐公路、水路交通工具人员进行的交通检疫、查验工作,防止传染病通过交通工具传播;承担全市处置重大传染病疫情所需医疗救护设备、救治药品、医疗器械等应急处理物资的紧急运输任务,确保运送应急处理物资的车辆及时到位。根据领导组织统一部署,在管辖范围内的高速公路收费站依法设置检疫哨卡,实施交通检疫措施。

市商务粮食局:负责协调组织有关生活必需品的储备、调度、投放管理等工作。

市旅游外侨局:负责制订全市旅游行业处置重大传染病疫情工作标准和措施,组织做好对外经贸活动人员和旅游团的宣传、登记、观察工作,根据主要客源国疫情信息做好对出境旅游团队的警示,防止传染病疫情通过旅游途径扩散。

市食药工质局:负责消费环节食品卫生许可和食品安全监督管理;负责全市处置重大传染病疫情所需医疗救治药品、医疗器械的质量监督,维护药品、医疗器械生产经营正常秩序,依法打击各种违法行为,确保医疗救治药品、医疗器械安全有效。依法开展对处置重大传染病疫情所需物资的市场监管,把好市场准入关,维护正常的市场流通秩序;负责流通领域食品质量监管。负责对药品、医疗器械以外的其他应急物资的产品质量监督检查,负责生产领域食品质量监管。

市畜牧兽医水产局:负责组织动物疫情的监测、调查、控制、扑灭与应急工作,负责做好与人类接触密切的动物相关传染病的监测和管理工作,及时通报相关信息。做好活禽养殖企业和个人本底调查,配合开展畜禽养殖、运输、屠宰、储藏等环节可疑暴露者的健康监测与健康教育等工作。

市林业局:负责做好与人类接触密切的野生动物相关疾病的监测和管理工作。

市发改局:贯彻执行中央、省下发的各项价格干预措施和紧急干预措施,负责对重大传染病疫情发生时期市场价格的监督管理和市场药品及相关商品的价格监测,严格控制物价上涨,并对市场价格政策的执行情况进行监督检查,严厉查处各种价格违法行为。

市环保局:负责组织环境质量监测和环境保护监督,维护环境安全;负责调查处理环境污染事件。

市民政局:做好对重大传染病疫情发生期间社区居民的安置工作;视情况组织、指导有关部门和社会团体开展社会捐助工作;负责符合条件的困难群众的生活救助工作和医疗救助。

市人社局:按相关政策做好困难地区、困难群众的医疗救助工作。

市安监局:依法对生产经营单位执行有关安全生产的法律、法规和国家标准或者行业标准的情况进行监督检查;对检查中发现的事故隐患,及时处理。

市爱卫办:大力开展爱国卫生运动,做好清洁卫生、“除四害”和环境消毒工作。

各镇人民政府(街道办事处):发动、组织、协调本行政区域内有关单位与人员参与辖区内重大传染病疫情应急工作;配合协助市级工作组和有关部门做好事件调查处置、后勤保障、信息上报、善后处理及恢复生产生活秩序等工作;开展有关传染病防控知识宣传,提高群众预防保健意识和能力;发动、组织群众开展爱国卫生运动,改善生活环境;积极组织改水、改厕,改善饮用水卫生条件,实现污水、垃圾和粪便的无害化处理。

2.3 日常管理机构

市卫计局设立津市市重大传染病疫情预防控制应急办公室,负责重大传染病疫情预防控制的日常管理工作。

2.4 疫情处理专业技术机构

2.4.1 医疗机构

主要负责病人的现场抢救、运送、诊断、治疗、医院内感染控制,检测样本采集,配合进行病人的流行病学调查。

2.4.2 疾病预防控制机构

主要负责重大传染病疫情报告,现场流行病学调查及现场应急处理,开展病因检测,加强疾病和健康监测,开展健康教育,保护易感人群。

2.4.3 卫生计生监督执法机构

主要负责对疫情发生地的环境卫生以及医疗卫生机构的

疫情报告、医疗救治、传染病防治等工作进行执法监督。

3.监测、预警

3.1 监测

3.1.1 完善现有监测网络

完善现有三级监测网络，提高监测系统数据分析能力。市疾病预防控制中心（一级）；各监测点医疗机构、乡镇卫生院和社区卫生服务中心（二级）；社区卫生服务站和村卫生室（三级）；加强疫情监测分析和交流，及时发现通报异常现象，引起关注并及早采取预防治疗措施。

3.1.2 设置监测点

根据重大传染病疫情的流行特征及防治工作需要，突发传染病疫情防控应急预案启动后，本市所有镇卫生院、社区卫生服务中心以上的综合性医疗机构为重大传染病疫情的监测点医疗机构，按疫情发展需要，可适时调整监测点的设置。

3.1.3 监测信息报告

各监测点医疗机构要根据重大传染病疫情的疾病分类及诊断标准开展病例监测，每日定时报告监测情况及收治病人的动态情况，执行“零报告”制度。其他医疗机构要按照重大传染病疫情的疾病分类及诊断标准，开展病人筛选，发现有可疑症状的病人要及时向市疾病预防控制中心报告。市疾控中心要及时对各医疗机构报告的监测信息进行调查、核实、汇总、分析，并将有关情况及时向市卫计局和市疾控中心报告。市卫计局在必要时应组织专家对有关信息进行评估，对发生的事件趋势进行预测，并向市人民政府和常德市卫计委报告。

3.2 预警

3.2.1 预警级别划分

按照重大传染病疫情的潜在危险程度和可能的发展趋势，实行红色（Ⅰ级）、橙色（Ⅱ级）、黄色（Ⅲ级）、蓝色（Ⅳ级）四级预警。

红色（Ⅰ级）预警：预计将要发生符合特别重大突发公共卫生事件的传染病疫情，疫情即将发生，事态正在蔓延。

橙色（Ⅱ级）预警：预计将要发生符合重大突发公共卫生事件的传染病疫情，疫情即将发生，事态正在逐步扩大。

黄色（Ⅲ级）预警：预计将要发生符合较大突发公共卫生事件的传染病疫情，疫情已经临近，事态有扩大的趋势。

蓝色（Ⅳ级）预警：预计将要发生符合一般突发公共卫生事件的传染病疫情，疫情即将临近，事态可能会扩大。

3.2.2 预警级别的确定

蓝色预警由市突发公共卫生事件应急委员会确定，并报请市人民政府确定；黄色预警由市突发公共卫生事件应急委员会报请常德市人民政府确定；橙色预警由市突发公共卫生事件应急委员会报请省人民政府确定；红色预警由市突发公共卫生事件应急委员会报告省人民政府，由省人民政府确定或报请国务院确定。法律、法规对预警级别的确定另有规定的，依照相关规定执行。

3.2.3 预警级别的发布

预警级别确定后，由市人民政府确定对外发布内容；对直接涉及公众利益或需要公众广泛参与应对突发公共卫生事件的预警信息由市人民政府及时通过广播电视、网络、短信等渠道广泛发布。

3.2.4 预警的变更与解除

预警的变更与解除由原确定机构决定，原确定机构应密切关注事件进展情况，根据事态的发展，按照有关规定由市政府通过电视和网络等公共媒体适时调整预警级别并发布或解除警报信息。

4.应急响应

4.1 传染病疫情分级

根据重大传染病疫情的性质、危害程度、涉及范围，重大传染病疫情分为符合特大突发公共卫生事件的传染病疫情（Ⅰ级）、符合重大突发公共卫生事件的传染病疫情（Ⅱ级）、符合较大突发公共卫生事件的传染病疫情（Ⅲ级）、符合一般突发公共卫生事件的传染病疫情（Ⅳ级）四个级别。

特大突发公共卫生事件的传染病疫情（Ⅰ级）

（1）在本市行政区域内，一个平均潜伏期内发生 10 例以上肺鼠疫、肺炭疽病例。

（2）发生传染性非典型肺炎、人感染高致病性禽流感病例，并有扩散趋势。

（3）发生新传染病或我国尚未发现的传染病发生或传入，并有扩散趋势，或发现我国已消灭的传染病重新流行。

（4）发生烈性病菌株、毒株、致病因子等丢失事件。

（5）相邻区域以及地区发生特大传染病疫情，并出现输入性病例，严重危及我市公共卫生安全事件。

（6）国务院卫生计生部门认定的其它特别重大传染病疫情。

重大突发公共卫生事件的传染病疫情（Ⅱ级）

（1）在本市行政区域内，一个平均潜伏期内发生 5 例以上肺鼠疫、肺炭疽病例。

（2）腺鼠疫发生流行，在本市行政区域内，一个平均潜伏期内连续发病 20 例以上。

（3）发生传染性非典型肺炎、人感染高致病性禽流感疑似病例。

（4）霍乱在本市行政区域内流行，1 周内发病 30 例以上。

（5）乙类、丙类传染病在 1 周内发病水平超过前 5 年同期平均发病水平 2 倍以上。

（6）我国尚未发现的传染病发生或传入，尚未造成扩散。

（7）发生重大传染性医源性感染事件。

（8）省级以上卫生计生部门认定的其它重大传染病疫情。

较大突发公共卫生事件的传染病疫情（Ⅲ级）

（1）发生肺鼠疫、肺炭疽病例，在本市行政区域内，一个平均潜伏期内病例数未超过 5 例。

（2）腺鼠疫发生流行，在本市行政区域内，一个平均潜伏期内连续发病 10 例以上。

(3)霍乱在本市行政区域内发生,1周内发病10~29例。

(4)一周内在本市行政区域内,乙、丙类传染病发病水平超过前5年同期平均发病水平1倍以上。

(5)常德市级以上卫生计生部门认定的其它较大传染病疫情。

一般突发公共卫生事件的传染病疫情(Ⅳ级)

(1)霍乱在本市行政区域内发生,1周内发病9例以下。

(2)腺鼠疫在本市行政区域内发生,一个平均潜伏期

内病例数未超过10例。

(3)动物间发生人畜共患传染病爆发或流行,出现人间病例。

(4)本市卫生计生部门认定的其它一般传染病疫情。

4.2 疫情报告

重大传染病疫情发生后,各医疗机构、采供血机构、卫生计生监督机构、预防、保健机构及其工作人员必须按照《中华人民共和国传染病防治法》和《突发公共卫生事件应急条例》规定的报告时限和程序进行报告。市卫生计生部门在接到重大传染病疫情报告后要迅速组织有关人员进行调查与核实,并在规定时限内向市人民政府和常德市卫生计生部门报告。

4.3 评估

市卫生计生部门组织相关专业技术人员成立重大传染病疫情专家评估委员会,对重大传染病疫情调查结果进行评估,初步判定重大传染病疫情的级别,并将有关情况及时报告市人民政府和常德市卫生计生部门。

4.4 疫情信息监测和处理

各监测点医疗机构及市疾病预防控制中心要开展重大传染病疫情的监测和报告,及时对重大传染病疫情医学观察病例数、疑似病例数、临床诊断病例数、实验室确诊病例数、疑似转为临床诊断病例数、死亡病例数、治愈病例数、仍隔离治疗数、排除病例数、排除疑似病例数有关信息进行收集、汇总、分析、评估,实行日报告和零报告制度。有关情况要同时报告市卫计局和常德市疾病预防控制中心。

4.5 流行病学调查

流行病学调查工作由市疾病预防控制中心负责,必要时请求上级疾病预防控制中心技术支持,流调工作原则上要由两名流调专业人员共同完成。流调信息要及时向收治病人医院反馈,为临床诊断和治疗提供参考。

调查时,要追踪调查该病例的所有密切接触者,掌握密切接触者与病人的关系、与病人接触的时间、地点、接触方式等,并做好记录,同时报请市人民政府实施隔离医学观察。

流行病学调查的质量控制和评价由市卫生计生监督综合执法局和市疾病预防控制中心负责。

4.6 隔离治疗和医学观察

监测点医疗机构对留院观察病例要就地隔离治疗,疑似病例及临床诊断病例由定点医疗机构进行隔离治疗。

对疑似病例、临床诊断病例、实验室确诊病例的密切接触者,要实行隔离医学观察。

4.7 消毒处理

医院门诊、急诊、病房和放射科、转运病人的专用救护车、病人住所、公共场所等的消毒处理工作按照有关消毒规定执行。

4.8 疫点、疫区确定及控制措施

疫点、疫区的确定及采取的控制措施按照《中华人民共和国传染病防治法》等有关法律法规执行。

4.9 医疗救治

在重大传染病疫情发生时,应当立即开展医疗救治工作。建立医疗救治调度指挥中心和专门医疗救治网络,确保病人及时得到接诊、收治和转运,全力救治重症病人,提高治愈率,降低病死率。

4.9.1 监测点和非监测点医疗机构

监测点医疗机构或非监测点医疗机构发现不能排除为重大传染病疫情的病例或疑似病例时,应立即请市疾病预防控制中心进行现场流行病学调查。不能排除可疑的,由市疾病预防控制中心和定点医疗机构专家进行调查会诊。经会诊认为是重大传染病疫情的疑似病例、临床诊断病例和实验室确诊病例的,由市120急救中心专用救护车转送至定点医疗机构隔离治疗;经会诊认为是留院观察病例的,监测点医疗机构就地隔离治疗,非监测点医疗机构由市120急救中心专用救护车将病人转送定点医疗机构隔离治疗。

4.9.2 定点医疗机构

市人民医院为重大传染病疫情的定点医疗机构,主要收治重大传染病疫情的疑似病例、临床诊断病例和实验室确诊病例。同时参与组成专家组负责全市重大传染病疫情的会诊工作。

根据疫情的发展,市卫生计生部门可随时指定有条件的医疗机构为扩充的定点医疗机构,被指定的定点医疗机构必须按要求设置床位及其它必备设施。

4.9.3 诊治及出院标准

对重大疫病的临床诊断标准、推荐治疗方案和出院标准,应当按照国务院卫生行政主管部门制定的有关规定执行。

4.9.4 疫情动态报告

定点医疗机构收治重大传染病疫情疑似病例、临床诊断病例和实验室确诊病例后,病人救治情况要向市疾病预防控制中心进行日报告;病人病情发生明显变化时,要随时报告。

监测点医疗机构收治重大传染病疫情留院观察病例后,也要按上述方式向市疾病预防控制中心进行日报告和随时报告。

4.10 应急结束

如重大传染病疫情的末例病例发生后经过最长潜伏期无新发病例出现,可以终止应急反应。符合特大和重大突发公共卫生事件的传染病疫情报请省卫生计生部门组织专家进行分析论证,提出终止应急反应的建议,报省人民政府或省级突发公共卫生事件应急指挥部批准后实施,并向国务院卫生计生部门报告。

符合较大突发公共卫生事件的传染病疫情报请常德市卫生计生部门组织专家进行分析论证，提出终止应急反应的建议,报常德市人民政府或常德市突发公共卫生事件应急指挥部批准后实施,并向省卫生计生部门报告。

符合一般突发公共卫生事件的传染病疫情,由市卫计局组织专家进行分析论证,提出终止应急反应的建议,报请市人民政府或市突发公共卫生事件应急指挥部批准后实施,并向常德市卫生计生部门报告。

5. 保障措施

5.1 经费保障

市财政局要划拨专款保障重大传染病疫情预防控制所需药物、医疗器械、消毒药械、应急物资准备以及病人诊断、治疗、医学观察等有关费用。医保部门要协助落实参保病人在诊断、治疗、医学观察期间的医疗费用。

5.2 强制隔离措施

在对病人、病原携带者、疑似病人隔离治疗、对密切接触者医学观察时,若病人、病原携带者、疑似病人、密切接触者拒绝合作的,应参照《中华人民共和国传染病防治法》第三十九条的规定,由公安部门协助有关单位采取强制隔离措施。

5.3 技术保障

市科技工信局、市卫计局要组织各方力量,集中技术优势,广泛开展重大传染病疫情病因学、流行病学、临床治疗、实验室检测等方面的科学研究工作,评估不同干预和处置方案,技术的效果,研究针对不同高危人群的防治方案。开展中医、中药以及中西医结合治疗传染病的研究,探索临床治疗新方法。

5.4 物资保障

市发改局、市卫计局、市食药工质局等单位应编制物资储存明细表,建立物资储备库,储备库着重储备个体防护装备,现场工作人员预防性药品,现场样本采集、保存装备,现场快速鉴定、检测装备和试剂、现场消杀灭装备及药品、医疗救治装备与药品、采样车、消杀车、病原微生物检测车等以及卫生应急队伍交通工具等装备和物资。发生突发事件后,市人民政府可以根据疫情需要,依法征用社会物资,并在发生疫情区域内统筹使用。

5.5 队伍保障

市卫计局要成立针对传染病疫情事件的应急处置工作队,成员由流行病学、临床救护、急诊医学、卫生监督、实验室检验、消杀灭、后勤保障等方面专家和训练有素的工作人员组成。应急处理队伍要经常开展业务培训、实习演练,不断增强应急处置能力。

5.6 通信保障

市卫计局、市科技工信局、市广播电视台等通信部门要加强工作配合;建立健全应急通信、应急广播电视保障体系、保障应急状态下的指挥交通联络、为突发事件的监测预警、信息共享、辅助决策、协调调度等提供技术支持。

5.7 交通运输保障

市交通运输部门要建立应急保障体系,突发事件发生后要开设应急救援“绿色通道”,保证紧急情况下传染病疫情应急交通工具的优先安排、优先调度、优先放行。市公安局等部门要根据处置需要,对事发现场及相关通道实行交通管制,保障救援工作顺利开展。

6.预案管理

6.1 预案制定:本预案由市人民政府授权市卫计局负责制定。

6.2 预案修订:本预案应根据《津市市突发公共卫生事件应急预案》的有关规定结合重大传染病疫情的形势变化和实施中发现的问题及时进行修订、补充,由市卫生计生部门负责,并报市人民政府批准。

7.预案实施时间

自发布之日起实施。由津市市人民政府印发的《津市市重大传染病疫情预防控制预案》(津政办发〔2012〕21 号)同时废止。

津市市人民政府办公室关于印发《津市市推进农作物秸秆禁烧和综合利用工作实施方案》的通知

各镇人民政府、街道办事处，高新区管委会，市直及驻津各相关单位：

现将《津市市推进农作物秸秆禁烧和综合利用工作实施方案》印发给你们，请认真贯彻落实。

津市市人民政府办公室

2018 年 4 月 10 日

津市市推进农作物秸秆禁烧和综合利用工作实施方案

为深入推进大气污染防治，切实改善空气质量，根据《中华人民共和国大气污染防治法》《湖南省大气污染防治条例》《湖南省大气污染防治专项行动方案（2016—2017）》（湘政办发〔2016〕33 号）和《常德市推进农作物秸秆禁烧和综合利用工作实施方案》（常政办发〔2018〕4 号）精神，结合我市实际，现就推进秸秆禁烧和综合利用工作，制定如下实施方案：

一、总体目标

按照“政府主导、属地管理、突出重点、疏堵并举、源头防控、公众参与”的原则，坚持秸秆禁烧与综合利用相结合，全面防控与重点督查相结合，政策扶持与产业推动相结合，加快构建秸秆禁烧和综合利用长效机制，努力实现“禁烧区内杜绝秸秆露天焚烧现象，全市秸秆综合利用率 85%以上”的目标。

二、工作任务

（一）构建综合利用体系。根据我市农业生产实际，借力循环农业，大力推进秸秆肥料化、饲料化、燃料化、基料化和原料化利用，着力构建以秸秆肥料化为主，其他形式利用为补充的多途径利用格局。探索政府购买服务等新型服务方式，鼓励扶持各类现代农业新型经营主体发展秸秆综合利用项目，逐步形成“村（社区）+ 农机合作社 + 农户”的还田机制和“利用企业 + 转运中心 + 村（社区）+ 农户”的收储利用机制。（责任单位：市农业局，各镇人民政府、街道办事处）

（二）大力推进秸秆还田。秸秆直接还田是最经济便捷的秸秆利用方式。农机部门要严格制定津市市收割机作业准入条件，在津市范围内销售的收割机必须加装秸秆切割粉碎装置，对于不具备秸秆粉碎还田功能的收割机不得下田作业。积极争取农机购置补贴资金，重点优先补贴半喂入式收割机、灭茬机、粉碎还田机、旋耕埋草机、田间打包机等秸秆综合利用机具。加大农机手培训力度，推广普及农作物低茬收割、秸秆粉碎还田和秸秆快速腐熟还田等实用技术。2018 年在我市进行水稻秸秆快速腐熟还田示范，每镇示范 5000 亩。（责任单位：市农业局、市财政局、市农机化局，各镇人民政府、街道办事处）

（三）鼓励实施综合利用。加快建设秸秆收储体系，建立以企业为龙头，收储服务组织为依托，市场运作、农户参与的秸秆打捆、收储和物流体系。大力培育秸秆综合利用市场主体，鼓励发展秸秆加工企业。凡从事秸秆综合利用、年消耗本市秸秆量 5000 吨以上的企业，每年奖补 30 万元（由常德市级和本市财政各承担 50%），优先申报常德市“双百工程”予以奖励扶持。鼓励社会资本参与秸秆综合利用，对秸秆利用量大、辐射带动面广、表现突出的企业和个人，每个（人）奖励 2 万元。对秸秆进行捡拾、切割、打捆、压块、粉碎、加工等工序的电费，按照农业生产用电电价收取。积极推动秸秆利用科技创新和加工转化再利用，市科技创新专项资金向秸秆综合利用技术研究和设备开发予以倾斜，积极支持秸秆综合利用新技术试验。（责任单位：市农业局、市财政局、市科技工信局、国网津市供电公司，各镇人民政府、街道办事处）

（四）加快转运中心建设。按照“合理布局、划片收储、集中转运、规模利用”的思路，大力扶持秸秆收储转运服务组织发展，加快建立规范的秸秆储存场所。相邻的几个村居设立简易秸秆收储点，每个镇扶持建设 2 个集秸秆打包、收储、转运等功能于一体的秸秆转运中心，积极依托秸秆转运中心就地组织开展加工利用。2018 年新建的秸秆转运中心并开展秸秆收储 500 吨以上的，每个奖励 5 万元。秸秆收储设施用地尽量利用存量建设用地、空闲地、废弃地等，原则上按设施农用地管理，属于城市规划区内的，按建设用地依法依规办理审批手续。（责任单位：市农业局、市环保局、市国土资源局、市交通运输局、市交警大队，各镇人民政府、街道办事处）

（五）加大教育宣传。充分利用各种新闻媒体，大力宣传农作物秸秆露天焚烧的危害性及加强禁烧工作的重要性。广泛开展形式多样的宣传教育活动，通过张贴告示、悬挂横幅、入户宣传、出动宣传车等，进行立体式循环宣传，教育和引导农民形成禁烧习惯，构建政府主导、部门联动、农民群众参与的工作格局，推动全社会支持和参与秸秆禁烧工作。（责任单位：市农业

局、市环保局、市广播电视台,各镇人民政府、街道办事处)

(六)强化禁烧执法监督。由农业、环保、公安等部门组成联合检查组不定期对秸秆禁烧工作开展督导检查,对发现的火点和田间黑斑进行详细记录,特别对全市"第一把火",要从严从重从快处罚。市农业局、各镇(街)设立举报电话,对举报露天焚烧秸秆行为的人员,一经核实,由市农业局或举报火点所在地镇(街)给予举报人奖励(同一地点不重复奖励),具体奖励办法由市农业局根据实际情况自行确定。(责任单位:市农业局、市环保局、市公安局,各镇人民政府、街道办事处)

三、保障措施

(一)加强组织领导。市农村工作领导小组领导开展秸秆禁烧和综合利用工作,市农业局负责全市秸秆禁烧和综合利用的日常工作。各镇(街)要高度重视秸秆禁烧和综合利用工作,制定相应工作方案,保障秸秆禁烧及综合利用工作有序开展,确保实现全市禁烧目标。

(二)强化属地管理。根据《津市市人民政府关于禁止露天焚烧秸秆的通告》(津政发〔2017〕23号)精神,全市行政区划范围为禁烧区,各镇(街)负责属地秸秆禁烧和综合利用,严格落实市级领导包镇(街)、镇(街)干部包村(社区)、村(社区)干部包组包农户的包保责任制,形成责任明确、上下联动的禁烧工作机制。

(三)加大经费投入。市财政和市农业局每年安排秸秆禁烧和综合利用资金136万元,主要用于秸秆还田示范、镇(街)奖补、新建收储点奖补、秸秆利用企业奖补、社会资本参与奖励和禁烧工作的宣传发动、日常巡查等工作。

(四)严格考核奖惩。把秸秆禁烧和综合利用工作纳入对镇(街)绩效考核范围。市农业局和市环保局分夏秋两季对各镇(街)当季秸秆禁烧工作情况督导检查,年底对各镇(街)秸秆禁烧和综合利用工作情况总结评价,进行考核排位和评比奖补。年度内秸秆禁烧和综合利用工作名列一、二名的镇,市财政分别给予5万元、3万元的奖补;对前一、二名的街道,市财政分别给予2万元、1万元的奖补。对秸秆禁烧不力、未完成目标任务的镇(街)及有关单位进行通报批评,并对相关责任人进行约谈和问责;对规模经营主体(种粮大户、家庭农场、农民合作社等)在其流转经营的土地上焚烧秸秆的,取消其项目扶持资格;对因焚烧秸秆出现严重环境污染事件和交通安全事故,造成人员伤亡和财产损失的,依法依规追究责任。

津市市人民政府办公室关于印发《津市市损害经济发展环境责任追究办法(试行)》的通知

各镇人民政府、街道办事处,高新区管委会,市直及驻津各单位:

《津市市损害经济发展环境责任追究办法(试行)》已经市人民政府同意,现印发给你们,请认真贯彻执行。

津市市人民政府办公室

2018年5月7日

津市市损害经济发展环境责任追究办法(试行)

第一章 总 则

第一条 为进一步优化经济发展环境,保障经济社会持续、健康、平稳发展,根据《中华人民共和国公务员法》《中华人民共和国行政许可法》《中华人民共和国行政处罚法》等法律法规及相关规定,结合我市实际,制定本办法。

第二条 本办法适用于全市各级党的机关、人大机关、行政机关、政协机关、审判机关、检察机关及其所属部门和机构,以及经授权、委托具有公共事务管理职能的组织及其工作人员。

人民团体、事业单位、国有及国有控股企业及其工作人员,机关聘用人员、借调人员参照本办法执行。

第三条 本办法所称损害经济发展环境行为,是指各级机关及其工作人员违反有关法律、法规、规章、政策,不履行或不正确履行职责,损害企业和其他市场主体合法权益,给我市经济发展环境造成不良影响和不利后果的行为。

第二章 追责情形

第四条 违反行政许可和行政审批的有关规定,有下列情形之一的,应当追究责任:

(一)对符合法定条件行政审批、行政服务申请故意不办理,或借故拖延、推诿不按规定时限办理,或人为设置障碍,歧视、刁难服务对象的;

(二)在行政相对人申请办理行政审批时,不实行一次性告知的;

(三)擅自增加行政审批事项、自行更改审批事项要素、增加审批环节或时限、变相实施已取消或转变管理方式的行政审批事项的;

(四)擅自设立收费项目,提高收费标准,扩大收费范围的;

(五)对不符合法定条件的申请人准予行政许可或者超越法定职权作出准予行政许可决定的;

(六)应当纳入政务中心办理的行政许可审批事项拒不纳入,或者已纳入但行政审批的主要程序、环节仍在原单位办理的;

(七)其它违反行政审批的有关规定,损害相对人合法权益的。

第五条 违反减轻企业负担的有关规定,有下列情形之一的,应当追究责任:

(一)利用职权指定中介服务,强制企业出资参加各种评比、研讨、培训等活动及各类学会、协会、研究会等社团组织的;

(二)违反企业意愿,直接或变相向企业强买强卖产品,以协商等形式向企业收取各种名义赞助费,或向企业摊派,强制企业捐赠捐献、报销各种费用的;

(三)将法定的无偿服务变为有偿服务向企业收取咨询、信息、检测等各种费用,或实施法定有偿服务项目时只收费不服务的;

(四)对惠企降费减负政策未及时落实,或附加条件索取好处才落实的;

(五)其它违反规定,加重企业负担的。

第六条 违反行政执法的有关规定,有下列情形之一的,应当追究责任:

(一)违反涉企检查备案制的相关规定对企业乱执法、乱检查,干扰企业正常生产秩序的;

(二)未按行政处罚自由裁量权标准对企业乱罚款的,或不履行有关处罚审批手续,不开具合法票据的;

(三)涉企收费中擅自改变征收范围、标准,不开具合法票据,或者只征收不服务、少服务的;

(四)利用职务上的便利,索取或收受企业财物,或者将收缴的财物据为己有的;

(五)无行政执法主体资格或法定依据以及未按规定出示证件实施行政执法的;

(六)违反法定权限、条件和程序实施行政执法,损害企业合法权益的;

(七)其它违反规定,实施行政执法的。

第七条 除第四条至第六条之外,其他损害经济发展环境的行为。

第三章 责任追究方式和责任划分

第八条 责任追究的方式:

(一)责令限期整改;

(二)责令书面检查;

(三)诫勉谈话;

(四)通报批评;

(五)调整工作岗位、待岗、解聘、辞退;

(六)停职、免职、责令辞职;

(七)法律、法规、规章规定的其他方式。

以上追究方式可以单独适用,也可合并适用;构成违法违纪的,依法依纪追究法律、纪律责任。

第九条 责任划分:

(一)经领导班子集体研究作出的决策、决定与法律、法规和上级规定相抵触,损害经济发展环境的,由主要领导承担主要责任,参与决策的其他领导人员承担次要责任;

(二)经领导人员批准作出的决策、决定与法律、法规和上级规定相抵触,损害经济发展环境的,由领导人员承担主要责任,承办人员承担次要责任。但由于承办人员的故意行为致使领导人员决策失误的,由承办人员承担主要责任,领导人员承担次要责任;

(三)由于工作人员的故意或者过失,损害经济发展环境的,由工作人员承担责任。但造成严重后果和重大影响的,由工作人员承担主要责任,领导人员承担次要责任。

第十条具有本办法所列损害经济发展环境的行为,有下列情形之一的,应当从重从严处理:

(一)拒不承认错误,不及时采取补救措施的;

(二)同时具有本办法所列损害经济发展环境两种(含两种)以上行为的;

(三)两次(含两次)以上被检举、控告且查证属实的;

(四)干扰、阻碍责任追究调查的;

(五)弄虚作假、隐瞒事实真相的;

(六)与违法违纪人员相互勾结,包庇、纵容、协从其违法违纪行为,或者为其充当保护伞的;

(七)阻扰全市重点工程建设的;

(八)法律、法规、规章另有规定的。

第十一条违反本办法规定,应当追究责任的,根据问题的性质和管辖权限,由主管部门、任免机关或纪检监察机关按规定权限和程序处理;构成犯罪的,移交司法机关处理。

第四章 申诉控告

第十二条 被责任追究的单位或者个人,享有陈述权、申辩权;对责任追究不服的,可以依照有关规定提起申诉和控告。

第十三条 被责任追究的个人或单位在申诉期间,不停止责任追究决定的执行。

第十四条违反本办法规定所获得的经济利益,应当收缴或者责令退还;对所获得的非经济利益,按照有关规定予以纠正。

第五章 附 则

第十五条 市优化经济发展环境工作领导小组负责对损害经济发展环境行为实施责任追究的组织领导和监督协调,市优化办承担具体工作任务。

第十六条 本办法由市政府授权市优化办负责解释,自发布之日起施行。

津市市人民政府
关于开展砂石码头、堆场整治的通告

为落实中央环保督察及省委、省政府关于环洞庭湖生态环境专项整治要求，维护河道管理秩序，保障河道行洪安全，保护水生态环境，按照《中华人民共和国防洪法》《中华人民共和国土地管理法》《中华人民共和国港口法》《中华人民共和国航道法》《中华人民共和国内河交通安全管理条例》《中华人民共和国河道管理条例》等法律法规的规定，市人民政府决定依法开展砂石码头、堆场整治。现将有关事项通告如下：

一、整治时间为通告发布之日起至 2018 年 6 月 30 日。

二、整治范围为澧水津市大桥至澧水石龟山大桥澧水沿岸河道管理范围内的所有砂石码头、堆场(含临时转运点、砂石加工厂及其附属设施、设备)。

三、自通告发布之日起，所有整治范围内的砂石码头经营业主应于 2018 年 6 月 10 日前将现有堆放的砂石及附属设施设备从河道范围内自行转移至符合规划、用地、环保等相关要求的场所。

四、自通告发布之日起，所有砂石码头经营业主应停止新增砂石存放量。

五、在砂石及附属设施设备转移过程中，严禁破坏河道河床、堤防原貌，严禁丢弃任何污染水体、损毁破坏生态的废弃物。

六、在规定时间内未完成砂石及附属设施设备转移的，由水务、环保、国土、交通、海事、公安等相关部门依法严肃处理。情节严重的，依法追究刑事责任。在砂石码头、堆场被依法关停取缔后，凡非法从事砂石经营活动的，相关职能部门将依法依规从严查处。对煽动、组织和实施暴力抗法行为的，由司法机关依法进行处置，构成犯罪的，依法追究刑事责任。任何单位、组织或个人发现违反本通告的行为，可依法举报（举报电话：0736—4212955）。

七、本通告自发布之日起施行。

津市市人民政府

2018 年 5 月 7 日

津市市人民政府
关于进一步降费减负促进工业企业健康平稳发展的通知

各镇人民政府、街道办事处，高新区管委会，市直和驻津各有关单位：

为贯彻落实开放强市产业立市战略，进一步降低企业成本，促进工业企业健康平稳发展，振兴实体经济，根据上级要求，结合津市实际，现将有关事项通知如下：

一、进一步降低工业企业要素成本

(一)降低用气成本

在津市长燃燃气有限公司新开户且年度实际用气量在 50 万立方米以下的工业企业，其主干管网设施建设费按标准的 50%收取；新开户且年度实际用气量在 50 万立方米以上的工业企业，其主干管网设施建设费全免。入户工程管网设施建设费按价格主管部门文件执行。

(二)降低用电成本

用电服务实行“一厂一策”，在优化基本电费缴纳方式、提高功率因数、用好用活峰谷电价政策等方面提供个性化服务，推广企业专变电社会化委托服务。

对园区符合产业政策的规模工业企业，每年 1 月由企业自行向市科技工信局(电力执法大队)提出申请，市科技工信局负责组织财政、供电公司等部门共同认定并公示后，由市财政对生产用电同比增量部分(10 万千瓦时以上)给予 0.03 元 / 千瓦时的用电奖励，并向上申报常德市财政 0.03 元 / 千瓦时的配套奖励。对新投产的园区规模工业企业，由市财政对投产后第一年的年生产用电量(10 万千瓦时以上)给予 0.03 元 / 千瓦时的用电奖励，并向上申报常德市财政 0.03 元 / 千瓦时的配套奖励。

(三)降低用水成本

对因大量蒸发、蒸腾等原因造成排水量低于用水量 20%以上的工业企业，每年 1 月由企业自行向市住建局提出申请，市住建局负责组织财政、环保、自来水公司等部门共同认定并公示后，按企业实际排水量计征污水处理费；对产品以水为主要原料的企业，仍按其用水量计征污水处理费。

工业企业建设施工临时排水、基坑疏干排水已安装排水计量设备的，按计量设备显示的量值计征污水处理费；未安装排水计量设备或者计量设备不能正常使用的，按施工规模定额征收污水处理费。

（四）降低用地成本

推广工业用地“长期租赁”、“先租后让”、“租让结合”等弹性供应方式，年租金不超过租赁签约时该地块出让评估价的2%，但不得低于该地块征拆成本每年应付的利息。

依法利用存量房产、土地资源建设文化创意、科技创新、众创空间、研发设计等新产业、新业态的项目，可在5年内继续按原用途和土地权利类型使用土地。在工业园区投资建设研发、信息服务、工业设计等生产性服务业的，参照工业用地价格执行。

工业用地出让竞买保证金应不低于总价的20%。对新出让土地，签订土地出让合同后1个月内必须缴纳出让价款的50%，余款要按合同约定及时缴纳，最迟付款时间不得超过一年。

在符合规划和安全生产的前提下，对在现有厂区内翻建生产性用房或加层建造多层厂房用于生产的，不再增收土地价款。

对高新区（新区）范围内达到工业项目建设用地控制指标的企业，每年1月向市高新区提出申请，市高新区负责组织财政、审计、国土、住建、地税、发改、科工等部门共同认定并公示后，其实缴城镇土地使用税新增留成部分，由市高新区财政分局安排困难和激励扶助资金补助给企业。

（五）降低用工成本

支持高新区新进企业纳入打捆申报养老保险缴费优惠费率过渡试点。从批准试点之日起，新进企业按当年过渡试点费率缴纳养老保险费，以后每年提高1个百分点，逐步过渡到规定的统一缴费费率。

鼓励市职教集团、工业企业共建实训基地，培养技工人才。对参加就业技能培训，取得职业资格证书或等级证书的5类人员，经市财政、人社部门认可，给予一定标准的职业培训补贴。

二、进一步降低工业企业融资成本

（一）加大过桥资金支持

鼓励市津鑫投资发展有限公司开展中小微工业企业过桥资金服务，并保证80%以上资金用于工业企业，工业企业使用过桥资金的时间原则上不得超过1个月，过桥资金月利率应不高于常德市收费标准。

（二）加大信用贷款支持

支持我市加入常德市中小微工业企业信用贷款风险资金池，市财政在常德市风险资金池建立后，根据本市企业信用贷款需求合理确定出资入股金，帮助工业企业开展信用贷款。

鼓励专门服务机构与政府性担保机构、银行开展三方合作，参照常德模式搭建无抵押信用贷款平台，该类平台为本市工业企业提供信用贷款发生代偿时，由市财政给予年度工业企业贷款代偿总额10%的补贴，最高不超过100万元，用于企业共担风险的补偿。

（三）加强融资担保支持

常德财鑫融资担保有限公司为本市工业企业提供的担保费率不得高于1.8%。

三、进一步降低工业企业技术改造成本

鼓励企业技术改造。严格落实《湖南省工业企业技术改造税收增量奖补试行办法》（湘财企〔2017〕17号），对获得省级奖补的工业企业，由市财政局、市高新区财政分局分别按照1:1的比例配套奖补。

工业企业年内新增生产性设备投资额达到200万元以上的（含200万元，剔除各级财政补助部分），由市财政按新增设备投资额的2%给予企业一次性奖励，最高不超过100万元。

鼓励企业研发、生产自主创新产品，对2017—2019年工业企业发明专利申请给予0.4万元/件的资助，所需资金从津市科技成果转移转化示范县专项资金中列支。

四、进一步降低工业企业制度性交易成本

（一）实施行政审批提速行动

推行重点工业企业项目审批绿色通道制度，实行批前指导、容缺受理、限时办结。深化项目代理工作，对业主自愿委托的工业项目，实行审批手续全程代办。探索推行行政审批告知承诺制，对能够通过事后监管予以纠正且不会产生严重后果的行政审批事项（环境影响评价、规划选址、用地预审等法律和行政法规明确规定为核准前置条件的除外），行政审批机关可告知企业审批条件，企业业主以书面形式承诺，并在规定期限内提交相关审批材料，确保项目建成前办结全部审批手续。

（二）大力规范行政执法

严格落实涉企检查备案制度，全面推行“双随机、一公开”监管，避免重复检查、多头检查，防止检查过多过滥。实施重大行政处罚备案制，对企业给予5万元以上罚款和吊销许可证、执照及责令停产停业等行政处罚，依法报市政府法制办备案。

（三）保障企业的中介服务自主选择权

法律法规明确要求开展的中介项目，由企业自主选择中介机构，行政机关不得指定。行政机关在行政管理活动中，对依法设立的各中介机构出具的证明文件应当同等对待。编制行政审批所需申请文本等工作，企业可按照要求自行完成，也可自主委托中介机构开展，行政机关不得干预。行业主管部门要加强行业管理，对不讲职业操守、违反诚实守信原则的中介机构实施黑名单管理并建立退出机制，其提供的证明文件不得再作为有效依据。

（四）健全企业减负监督举报机制

完善企业举报机制，由市优化办受理有关加重企业负担的各类举报，对企业举报的问题实施清单交办查处机制。

五、其他事项

高新区、市发改局、市科技工信局、市财政局等单位每年须为企业向上争资争项1亿元以上。

市法院每半年帮助企业开展一次专题执行活动,维护企业合法权益,解决企业胜诉判决案件执行难的问题。

本通知自公布之日起施行。市政府现行的相关各项扶持政策与本通知一并执行,并按照“从高从优不重复”的原则落实。各级各部门务必严格兑现落实,相关情况单独列入年度目标考核。

津市市人民政府

2018年6月22日

津市市人民政府
关于严禁非法取土的通告

为进一步加强我市土地利用管理,切实规范取土用地行为,促进土地资源可持续利用,有效保护耕地和生态环境,根据《中华人民共和国土地管理法》《中华人民共和国矿产资源法》《中华人民共和国水土保持法》等法律法规规定,市人民政府决定依法打击非法取土用地行为,现将有关事项通告如下:

一、在我市行政区划范围内拟取土的单位和个人,必须由市国土资源局、市林业局等相关行政部门依法办理审批手续,未经取土审批的单位和个人,不得取土。各镇人民政府(街道办事处)及市国土、林业、公安、环保、文物等职能部门应积极履职,强化对取土用地行为的监督管理,依法打击非法取土行为。

二、任何单位和个人不得以各种名义取得土地后,进行私自倒卖黏土,从中谋取利益,一经发现依法进行严厉打击。

三、自本通告发布之日起,我市行政区域内所有非法取土的单位和个人,必须立即停止非法行为,并恢复土地原状。对拒不停止非法取土行为或不及时恢复土地原状的,依据相关法律法规,予以处罚,并严肃追究相关人员责任;涉嫌犯罪的,依法移送司法机关追究其刑事责任。

四、在行政执法巡查或投诉举报中,发现有国家工作人员参与非法取土或占地行为的,相关部门将严格依法依规移送纪检部门介入调查处理;涉嫌犯罪的,依法移送司法机关追究其刑事责任。

五、通告自发布之日起施行。

津市市人民政府

2018年7月3日

津市市人民政府关于印发《津市市养殖水域滩涂规划（2018—2030）》的通知

津政发〔2018〕33 号

各镇人民政府、街道办事处，高新区管委会、市直及驻津相关单位：

《津市市养殖水域滩涂规划（2018—2030）》已经市人民政府同意，现印发给你们，请认真遵照执行。

津市市人民政府

2018 年 7 月 27 日

津市市养殖水域滩涂规划(2018-2030)

第一章　总　　则

第一节　前　言

近年来，津市市在迈向渔业现代化的进程中面临着资源约束趋紧，环境污染严重，生态系统退化等诸多因素的制约和挑战，亟待结合全市经济发展和生态保护需要。为加快渔业转型升级，促进津市市渔业健康、可持续发展，在科学评价水域滩涂资源禀赋和环境承载力的基础上，合理布局水产养殖生产，稳定基本养殖水域，保障渔民合法权益，保护水域生态环境，确保有效供给安全、环境生态安全和产品质量安全。现根据国家农业部《养殖水域滩涂规划》编制工作规范和《养殖水域滩涂规划》编制大纲要求，结合本市实际，编制《津市市养殖水域滩涂规划(2018－2030)》(以下简称《规划》)。

第二节　编制依据

一、相关法律

《中华人民共和国渔业法》《中华人民共和国水法》《中华人民共和国环境保护法》《中华人民共和国水污染防治法》等。

二、相关法规

《中华人民共和国渔业法实施细则》《中华人民共和国水污染防治法实施细则》《湖南省环境保护条例》《常德市饮用水水源环境保护条例》等。

三、部门规章

《湖南省贯彻落实〈水污染防治行动计划〉实施方案(2016—2020 年)》(湘政发〔2015〕53 号)、湖南省人民政府办公厅关于印发《洞庭湖生态环境专项整治三年行动计划（2018—2020 年）》的通知（湘政办发〔2017〕83 号）等。

四、规范文件

《中共中央国务院关于加快推进生态文明建设的意见》(中发〔2015〕12 号)、《国务院关于印发水污染防治行动计划的通知》(国发〔2015〕17 号)、《农业部关于加快推进渔业转方式调结构的指导意见》(农渔发〔2016〕1 号)、《农业部关于印发〈养殖水域滩涂规划编制工作规范〉和〈养殖水域滩涂规划编制大纲〉的通知》(农渔发〔2016〕39 号)、《湖南省人民政府办公厅关于规范水库渔业利用加强水库水质保护的意见》(湘政办发〔2016〕31 号)等。

第三节　目标任务

一、规划期限

规划期限从 2018 年至 2030 年。

二、规划目标

到 2024 年，全市渔业基础设施得到显著改善，水产品质量安全水平显著提高，渔业现代化技术水平显著提高，渔业生态环境得到显著改善。

到 2030 年，天然水域全部实现人放天养，养殖水域全面实现生态养殖，水生生物资源养护和修复能力显著增强，形成产出高效、产品安全、资源节约、环境友好的现代渔业发展新格局。

到 2030 年，全市渔业总产量达 4.5 万吨，渔业总产值突破 70000 万元，渔民人均纯收入比 2016 年翻两番。

三、重点任务

1.优化养殖空间布局

根据《规划》要求，稳定基本养殖水域，严格按照“三区”空间布局合理开展养殖生产。稳定池塘养殖，调减湖泊水库养殖，发展稻田综合种养和多层次立体养殖，鼓励观赏型休闲养殖。

2.转变养殖发展方式

积极推广良种和新品种，调减结构性过剩品种，大力发展适销对路的名特优品种、高附加值品种、低消耗低排放品种，提高养殖综合效益。积极发展大水面生态增养殖、工厂化循环水养殖、池塘工程化循环水养殖、稻田综合种养等健康养殖模式。重点引导、鼓励和支持废水处理、循环用水等节水减排环保设施设备的升级改造。推动制定养殖废水排放强制性标准，加强养殖技术创新和运用，逐步实现养殖废水达标排放。

3.推进产业链延伸拓展

积极发展以垂钓、水族观赏、渔事体验、科普教育等多种休闲业态为特色的休闲渔业,建设美丽渔村。扶持壮大渔业龙头企业,培育渔民专业合作组织、生产经营大户、家庭渔场和产业联合体等新型经营主体,建立多种形式的利益联结机制,提高渔业组织化程度。推动养殖、捕捞、加工、物流业等一二三产业相互融合、协调发展,延伸产业链、提高价值链。

4.确保渔业产品安全

壮大渔业执业兽医队伍,加强水生动物防疫系统实验室能力建设,强化水生动物防疫站职能。严格加强对渔药生产和经营的监管,严厉打击非法伪劣产品流入养殖环节。加强质量安全监督执法,加大水产品质量安全监督抽查和风险隐患排查力度,扩大监测覆盖面。推进水产品质量安全可追溯体系建设。

5.强化资源环境保护

完善渔业生态环境监测网络体系,强化渔业水域生态环境监测,定期公布渔业生态环境状况。全面定期开展调查、监测和评估,查清水生生物分布区域、种群数量及结构。加强水生生物自然保护区、水产种质资源保护区建设和管理,切实保护产卵场、索饵场、越冬场和洄游通道等重要渔业水域。积极开展水生生物增殖放流,加强监测和效果评估。按照“谁开发谁保护、谁受益谁补偿、谁损害谁修复”的原则,建立健全渔业生态补偿机制。

6.提升支撑保障能力

强化渔政、水产原良种体系、水生动物疫病防控体系、养殖池塘标准化、渔业安全生产、质量安全监管、执法监控和取证等设施装备建设。加快实施“互联网 + 现代渔业”行动,搭建渔业大数据平台,推广应用“可视、可测、可控”的渔业物联网、病害远程诊断、质量安全追溯和资源养护体系,普及渔船安全信息通信设备,提高渔业渔政信息化水平。

第四节　基本原则

——坚持科学规划、因地制宜的原则。根据水域滩涂承载力评价结果和水产养殖产业发展需求,形成本市养殖水域滩涂开发利用和保护的总体思路,合理布局水产养殖生产,制定不同类型水域滩涂使用管理的具体措施,科学编制规划。

——坚持生态优先、底线约束的原则。科学开展水域滩涂利用评价,保护水域滩涂生态环境,明确区域经济发展方向,合理安排产业发展空间,坚持走生产发展、生活富裕、生态良好的文明发展之路。将饮用水水源地、自然保护区和水产种质资源保护区等重要生态保护或公共安全“红线”和“黄线”区域作为禁止或限制养殖区,设定发展的底线。

——坚持合理布局、转调结合的原则。科学划定养殖区域,明确禁止养殖区和限制养殖区。将宜养水域、滩涂纳入养殖区域,稳定基本养殖水域。稳定淡水池塘养殖,调减湖泊水库养殖,发展生态健康养殖,支持设施养殖向工厂化循环水方向发展,发展稻田综合种养和多层次立体养殖,鼓励观赏型休闲养殖,引导信息化智能养殖,实现养殖水域滩涂的整体规划、合理储备、有序利用、协调发展。

——坚持总体协调、横向衔接的原则。将《规划》放在本市整体空间布局的框架下考虑,规划编制与《津市市土地利用总体规划》相协调,同时注意与城市、交通、港口、旅游等其他相关专项规划相衔接,避免交叉和矛盾,充分发挥水域滩涂的生态系统服务功能,促进区域经济协调发展。

第五节　规划范围

规划范围为津市市行政区域内全部的水域滩涂,包括已经进行水产养殖开发利用和目前尚未开发利用但适于水产养殖开发利用的所有(全民、集体)水域和滩涂。

第二章　养殖水域滩涂利用评价

第六节　水域滩涂承载力分析

一、水域滩涂资源状况

津市市 (东经 111° 46'~112° 40', 北纬 29° 11'30"~29° 39'40")位于澧水下游,涔、澹、道三水汇合处,是洞庭湖的重要节点城市之一,有“江南明珠、九澧门户”之美誉。全境南北极长 48.8 公里,东西极宽 24.0 公里,总面积 558 平方公里。

津市市属武陵山余脉向洞庭湖盆地过渡地带,地形以澧水为天然分界线,澧水西南岸为武陵山余脉,东北岸为长江中下游平原的边地,整个地势由南向东北倾斜。地表差异升降明显。北部为澧阳平原,地势平坦,河湖纵横。南部沿南、西、北边缘地带为丘陵岗地,呈“E”字形结构。东部边缘与洞庭平原相接,大小湖泊串珠密布。境内有大小湖泊 21 个,河流 11 条,水库 28 座,水塘 8038 口。养殖水域面积共计 141368.24 亩,其中,池塘 44012.44 亩、湖泊 77428 亩、水库 6370 亩、河沟 10206 亩,其他 3295.8 亩。此外,76 公里的澧水干流横贯全市。南部的西毛里湖是典型的溪水湖,包括毛里湖、西湖、杨坝垱、哑河四个部分,总面积 49.15 平方公里,流域面积达 387.63 平方公里,其中毛里湖 28.02 平方公里、西湖 11.97 平方公里、哑河 6.58 平方公里、杨坝垱 2.58 平方公里。

二、自然气候条件

津市市境内属中亚热带向北亚热带过渡的季风湿润气候区,四季分明,干湿明显,气候温和,日照充足,无霜期长。全年主要风向为北偏东,年平均气温 16.6℃,年平均日照 1770.6 小时,≥15℃间隔日数为 185 天, 无霜期 272 天, 月均降雨量 30.2~191.0mm,年平均降雨量 1164.26mm。鱼类生长期为 241 天,最佳生长期为 143 天。境内养殖水域水质总体良好,无异色、异臭和异味,水面无明显油膜或浮沫,PH 值为 6.5~8.5,溶氧量为大于 5.0mg/L。

三、水生生物资源状况

津市境内养殖水域浮游植物共 6 门 45 属 65 种,其中绿藻门种类最多,共 23 属 35 种,镰形纤维藻、双对栅藻为优势种;蓝藻门 10 属 14 种,微小色球藻、绿色颤藻、史氏棒胶藻为优势种;硅藻门 6 属 8 种,优势种为肘状针杆藻、钝脆杆藻;隐藻门、甲藻门、裸藻门种类较少, 分别有 1 属 2 种、2 属 3 种、3 属 3 种。细胞密度在 5.66 × 106~4.32 × 107ind./L 之间,平均 1.67 ×

107ind./L。生物量在 1.84~4.46mg/L 之间，平均 4.83mg/L。

浮游动物共 4 门 21 种。轮虫类种类最多，为 12 种，其中曲腿龟甲轮虫、裂足臂尾轮虫和对棘同尾轮虫为优势种；原生动物 5 种；枝角类和桡足类较少，各 2 种，剑水蚤为优势种。丰度在 2.22×103~1.62×104ind./L 之间，平均 1.57×104ind./L。生物量在 1.84~4.46mg/L 之间，平均 2.65mg/L。

底栖生物共计 48 种，隶属于 3 门 6 纲 10 目 20 科 40 属。其中，环节动物门 2 纲 2 目 2 科 4 属 6 种；软体动物门 2 纲 3 目 8 科 13 属 19 种；节肢动物门 2 纲 6 目 10 科 22 属 23 种。

水生植物总 46 种，隶属于 3 纲 20 目 40 属，分为沉水植物、挺水植物、浮叶植物和漂浮植物四种生态型。其中双子叶植物种类最多，12 目、17 科、20 属、22 种；单子叶植物次之，6 目、9 科、17 属、21 种；蕨类植物最少，仅 2 目、3 科、3 属、3 种。

鱼类共计 94 种，隶属于 8 目 19 科 60 属。其中鲤形目鱼类最多 3 科 40 属 59 种，鲇形目鱼类 5 科 8 属 17 种，鲈形目 6 科 7 属 13 种。此外，鲟形目、鲱形目、鲑形目、颌针鱼目和合鳃鱼目各 1 科 1 属 1 种。太湖新银鱼、散鳞镜鲤、斑点叉尾鮰和鲈鱼为引进种。

养殖水域的鲢鱼产力在 27.72~136.46kg/hm^2 之间，平均为 88.72kg/hm^2；鳙鱼产力在 26.44~356.63kg/hm^2 之间，平均为 159.25kg/hm^2。此外，有机碎屑和细菌提供的鱼产力在 47.89~228.38kg/hm^2 之间，平均 129.98kg/hm^2。合计鲢鳙鱼产力为 143.69~685.13kg/hm^2，平均 371.95kg/hm^2，折合 24.80 公斤 / 亩。

四、水域环境状况

根据《地表水环境质量标准》(GB3838—2002)，全市水环境质量总体保持稳定。澧水总体水质为优，18 个省控以上断面水质均达到地表水环境质量 III 类标准。澧水支流道水水质均达到地表水环境质量 III 类标准。西毛里湖水质类别为 III 类，水质处于中营养水平。

全市水质的污染种类包括总氮、氨氮、总磷和 COD 等，其中总磷是主要的污染种类。水域污染的来源主要有 5 个：工业、农业面源、畜禽养殖、生活污水和内源负荷。工业污染主要来源于菱果食品加工。农业面源污染主要指农业施用的化肥，包括氮肥、磷肥、钾肥以及复合肥。畜禽养殖污染主要来自于未经处理后直接排放的畜禽养殖废物。生活污水主要来自乡镇未经处理的生活废水。内源污染主要是长期投肥投饵养殖过程中沉积在沉积物中未被充分利用的氮磷等营养物质。

五、水域滩涂承载力评价

规划期限内，稻田综合种养、多层次立体养殖和工厂化循环水养殖将得到快速发展，但池塘和湖泊水库仍将是水产养殖的主要水域。池塘重点以吃食性鱼类养殖为主，而湖泊水库则重点以滤食性鲢鳙人放天养为主。对于池塘养殖，随着健康养殖技术的创新和强制性达标排放标准的出台与执行，池塘鱼产力将进一步提高，且不会对水域环境造成污染。对于湖泊水库养殖，大量理论研究和实践探索均证实，以鲢鳙人放天养为主的净水渔业模式是消除水体藻类水华，确保水质安全的重要的技术措施，也是水体氮、磷输出的有效方式之一。因此，我市湖泊水库养殖应逐步建立基于鱼产力的鲢鳙放养规模。

第七节 水产养殖产业发展分析

一、水产养殖发展现状

全市养殖鱼类主要包括青鱼、草鱼、鲢、鳙、黄鳝、乌鳢、泥鳅等。甲壳类养殖种类主要有罗氏沼虾、南美白对虾等；贝类种类主要是三角帆蚌、河蚌、田螺等；其他种类包括中华鳖、乌龟、蛙类、珍珠等。

养殖水体主要包括池塘、湖泊水库和稻田三种。池塘养殖模式主要包括轮捕轮放、特色品种池塘专养等方式；湖泊水库养殖模式主要有大水面放养和大水面增殖两类；稻田综合种养是近几年来呈现快速发展趋势的一种综合养殖模式，主要包括稻虾共养、稻鱼共养等类型。

2016 年，全市水产养殖总产量为 25603 吨，占渔业总产量的 92.3%，养殖总产值达 37560 万元，加工产量 1600 吨，产值 8000 万元，流通产量 15600 吨，产值 20000 万元，休闲渔业产值 3300 万元。

二、区域经济发展方向及水产养殖前景预测

津市市(东经 111° 46'—112° 40'，北纬 29° 11'30"—29° 39'40")位于澧水下游，涔、澹、道三水汇合处，是湘西北重要水陆运输枢纽，洞庭湖的重要节点城市之一，湖南省六大良港之一，交通运输条件十分优越，渔业作为农业的支柱产业之一，在全市的国民经济中占有重要的一席之地。

湿润温和的气候、充足的日照时间、较长的鱼类生长期、丰富的养殖水域面积，多样的养殖水域类型，良好的水域环境质量，充足的饵料生物资源和丰富的天然鱼类资源均为津市市渔业的快速发展奠定了坚实的基础。

水产养殖业是我国农业重要的组成部分，随着经济社会的快速发展，民众对高档优质水产品的需求将进一步的增加。在捕捞产量持续下滑的趋势下，水产养殖必将成为保障水产品供应的主要渠道。今后一段时期内，在加快推进生态文明建设为社会发展理念的新时代背景下，除提供优质水产品外，渔业对生态环境的调节功能和对社会的文化功能等生态系统服务功能将得到更为优越的发展契机和广阔的发展空间。休闲渔业和净水渔业作为重要的服务功能载体，也必将展现巨大的发展潜力。

第八节 养殖水域滩涂开发总体思路

总体思路：坚持因地制宜，合理布局，按照建设生态文明的发展思路，大力发展生态养殖模式，推广健康养殖技术，支持休闲渔业、观赏渔业等新型渔业产业，全面推进“两减两提三转”(“两减”即减轻捕捞强度、减少养殖排放；“两提”即提高渔民收入、提升质量安全水平；“三转”即由注重产量增长转到更加注重质量效益，由注重资源利用转到更加注重生态环境保护，由注重物质投入转到更加注重科技进步)，构建自然环境和谐、基础设施完备、多产业发展的环境友好型现代水产养殖业格局。

第三章　养殖水域滩涂功能区划

第九节　功能区划概述

根据津市市养殖水域滩涂开发总体思路及境内各水域的实际情况,将津市市水域滩涂划分为禁止养殖区、限制养殖区和养殖区三个功能区域。

第十节　禁止养殖区

一、禁止养殖区域

禁止养殖区域包括境内所有外河,即澧水、道水、涔水、澹水;湖南省环境保护厅关于常德市蒙泉水库等110处饮用水源地划定为饮用水水源保护区的函(湘环函〔2014〕676号)所划定的津市市的所有饮用水水源地所在水域,具体包括西毛里湖、古堰水库、烂泥湾水库、龙泉堰水库、朱亮桥水库、东冲水库、庹家峪水库。

二、禁止养殖区管理

1.禁止从事网箱、拦网、投肥、投饵等养殖活动。规范开展“人放天养”的生态增殖。

2.依照《湖南省湿地保护条例》规定,在毛里湖国家湿地公园范围内确定禁渔区和禁渔期,禁渔区、禁渔期经公告后,依法、依规严格执行。

3.健全渔业资源调查评估制度,全面定期开展调查、监测和评估,查清水生生物分布区域、种群数量及结构。加强水产种质资源保护区建设和管理,切实保护产卵场、索饵场、越冬场和洄游通道等重要渔业水域。积极开展水生生物增殖放流,加强监测和效果评估。

4.大力推广以鱼控草、以鱼控藻等净水模式,在湖泊水库、城市景观水系等公共水域,因地制宜开展以滤食性鱼类为主的“放鱼养水”活动,促进以渔净水,改善水域水质和环境。

第十一节　限制养殖区

一、限制养殖区域

限制养殖区域包括西毛里湖(西湖、西毛里湖、哑河、杨坝垱)水域外延100米范围内的所有水域;除禁止养殖区域的饮用水水源地外的所有河流、湖泊、水库等天然水域,具体包括清远观水库、长山水库、胡家湾水库、彭家裕水库、姜家裕水库、八方坪水库、黄金堰水库、金盆水库、姚家峪水库、仙峰裕水库、中堰水库、联合水库、稍公堰水库、竹壁堰水库、南山水库、长堰水库、跃进水库、余家桥水库、杨家堰水库、长湾水库、周家湾水库、刘家湾水库、胥家湖、易家垱、张家垱、朱家垱、肖家湖、谢家湾、谢家堰、冲柳高水、陈家汊、友谊湖、内八宝湖、超英大堰、柏林大堰、王家嘴、宋家坪垱、田珍湖、鸭公咀、杨家汊、大潭溪、同心湖。

二、限制养殖区管理

1.禁止从事投肥投饵养殖。适度发展基于水体环境承载力和养殖容量的生态健康养殖,防止造成水域的环境污染。具体的养殖水域、面积、种类和密度等,报请市畜牧兽医水产局批准后并严格遵守执行。

2.在限养区域内进行水产养殖的应采取污染防治措施,污染物排放不得超过国家和地方规定的污染物排放标准。污染物排放超过国家和地方规定的污染物排放标准的,限期整改,整改后仍不达标的,由本级人民政府及相关部门负责限期搬迁或关停。

第十二节　养殖区

一、养殖区

禁止养殖区和限制养殖区以外的所有水域滩涂均为养殖区,主要包括池塘养殖区等。

二、养殖区管理

1. 养殖区内符合规划的养殖项目,应当科学确定养殖密度,合理投饵、使用药物,防止造成水域的环境污染,养殖生产应符合《水产养殖质量安全管理规定》的有关要求。

2.完善全民所有养殖水域、滩涂使用审批,健全使用权的招、拍、挂等交易制度,推进集体所有养殖水域、滩涂承包经营权的确权工作,规范水域滩涂养殖发证登记工作。

3.加强渔政执法,查处无证养殖,对非法侵占养殖水域滩涂行为进行处理,规范养殖水体滩涂开发利用秩序,强化社会监督。

第四章　保障措施

第十三节　加强组织领导

各镇、街道,西湖渔场要加强对《规划》实施工作的组织领导,把《规划》实施摆在现代渔业建设工作的首要位置,贯穿于渔业发展的全过程,全力保障《规划》导向作用的发挥。市畜牧兽医水产局负责《规划》落实情况的监督管理,各水域责任单位和辖区所在镇、街道要结合本区域实际,制定工作方案,明确目标任务,严格执行落实。

第十四节　强化监督检查

《规划》是养殖水域滩涂使用管理的基本依据,养殖水域滩涂使用管理要严格依据规划开展,严格限制擅自改变养殖水域滩涂使用用途的行为。在规划范围外,不得新建及改扩建养殖项目。其它生态保护或工程建设项目等占用规划内养殖水域滩涂的,必须征求市人民政府同意后,按照有关要求对规划进行修订后实施,造成养殖生产者经济损失的应依法给予补偿。

市畜牧兽医水产局要完善养殖水域滩涂使用审批,并加大水产养殖管理的执法力度,根据调查登记和养殖证核发的进展情况,有针对性地组织安排养殖管理执法大检查,切实维护养殖者的合法权益,推动养殖证制度的完善。

第十五节　完善生态保护

完善水域渔业生态环境监测网络体系,强化渔业水域生态环境监测,定期公布渔业生态环境状况。完善水域突发污染事故快速反应机制,健全渔业水域污染事故调查处理制度,科学评估渔业损失,依法进行调查处理。按照“谁开发谁保护、谁受益谁补偿、谁损害谁修复”的原则,建立健全渔业生态补偿机制。与省内外高校和科研院所的合作,通过在典型和重点水域开展生态养殖新模式、节能减排新技术的试点示范,充分发挥现代科技对渔业的引领和支撑作用，逐步提高科技对渔业的贡献率。

第十六节　其他保障措施

一是加强宣传教育，各相关部门应通过电视、报纸、微信等开展多形式的宣传活动，切实加大对《规划》的宣传力度，形成良好的社会氛围，提高《规划》执行的自觉性；二是深化基层水产技术推广体系改革与建设，各镇、街道，西湖渔场应进一步完善基层机构设置，逐步建立五有（有完善的管理体制、有规范的运行机制、有精干的人员队伍、有稳定的经费保障、有必要的工作条件）的基层水站技术推广机构；三是加大资源保护力度，进一步加强渔政管理，重点打击电、毒、炸鱼等非法捕捞行为，继续抓好新版养殖证发放和惠农政策落实工作。

第五章　附　　则

第十七节　本水域滩涂养殖规划自公布之日起实施。

第十八节　本规划如与国家有关法律法规和管理规定相冲突的，按有关法律法规和管理规定办理。

第十九节　本规划图件为津市市养殖水域滩涂规划图（详见附件），本规划图与文本具有同等效力。

津市市人民政府办公室

2018 年 7 月 27 日印发

附件：津市市养殖水域滩涂规划图

津市市养殖水域滩涂规划图

津市市政府投资项目工程变更信息公开管理暂行办法

第一章 总 则

第一条 为加快推进我市政府投资项目工程变更信息公开工作,根据《国务院办公厅关于推进重大建设项目批准和实施领域政府信息公开的意见》(国办发〔2017〕94号)、《国务院办公厅关于推进公共资源配置领域政府信息公开的意见》(国办发〔2017〕97号)和《湖南省人民政府办公厅关于推进公共资源配置领域政府信息公开的实施意见》(湘政办发〔2018〕34号)等相关文件要求,结合本市实际,特制定本办法。

第二条 本办法适用于本市行政区域内由政府审批或核准的,对经济社会发展、民生改善有直接、广泛和重要影响的政府性投资项目工程变更信息公开管理工作。

第三条 本办法所称政府投资项目,是指使用下列资金进行建设的项目:

(一)本级财政预算资金;

(二)上级专项补助资金;

(三)政府债务性资金;

(四)通过我市国有公司所投资的资金;

(五)以PPP方式引进的,政府付费、可行性缺口补贴的资金;

(六)其他政府性资金。

第四条 本办法所称工程变更,是指政府投资项目在实施过程中发生的合同工作内容的增减、合同工程量的变化、因地质原因引起的设计更改、根据实际情况引起的结构物尺寸、标高的更改、合同外的任何工作等。

第二章 公开原则及责任主体

第五条 按照"谁实施、谁公开"的原则,项目工程变更按照相关规定审批完成后,由项目建设单位负责对相关信息予以公开。

第六条 按照"谁报送、谁负责"的原则,项目工程变更信息的真实性由信息报送单位负责。

第七条 按照"公开为常态、不公开为例外"的原则。政府投资项目实施过程中产生的工程变更信息,要严格按照相关规定,及时予以公开。

第三章 公开内容

第八条 除涉及国家秘密、商业秘密和个人隐私及其他依法不予公开的内容外,凡属政府投资项目实施过程中产生的工程变更的信息均应及时向社会公布,以提升项目实施的透明度和效率,保障人民群众合法权益。

项目工程变更引起的单项工程造价增加额度在伍万元以上的或累计工程造价增加额度超过工程项目总造价10%以上的信息,必须按要求予以公开。

第九条 政府投资项目工程变更信息,应重点公开以下三个方面的内容:

(一)项目概况:包括项目建设规模、投资规模、勘察单位、设计单位、建设单位、监理单位、施工单位、合同工期等。

(二)变更情况:包括变更原因、变更依据、变更内容。

(三)变更结果:包括工程量增减及工程费用变化等情况。

第四章 公开方式

第十条 充分发挥政府网站第一平台作用,在市政府网站和各单位网站及时发布相关信息,积极利用政务公开栏、政务微博微信、新闻媒体、政务客户端等拓宽信息公开渠道。项目建设单位可利用现场公示、网站公布等多种渠道对项目工程变更信息进行公开,方便公众查询和社会监督。

第五章 监督考核

第十一条 项目建设单位应将政府投资项目工程变更信息公开工作纳入全年重点领域信息公开工作计划,每年将工程变更信息公开工作情况报市政务公开主管部门,并在政府信息公开年度报告中公布,接受社会公众、新闻媒体的监督。

第十二条 市政府将政府投资项目工程变更信息公开工作纳入政务公开工作绩效考核范围,对未按照相关规定和要求履行公开职责的,进行通报批评。

第六章 附 则

第十三条 本办法未规定事项,按上级有关规定执行。

第十四条 本办法自发布之日起施行。

津市市人民政府办公室

2018年8月10日印发

津市市人民政府办公室
关于公布津市市群众和企业到政府办事“最多跑一次”事项清单(第一批)的通知

各镇人民政府、街道办事处,高新区管委会,市直及驻津有关单位:

为进一步转变政府职能,深化“放管服”改革,按照群众和企业到政府办事“只进一扇门”、“最多跑一次”的改革目标,经市人民政府同意,现将第一批466项“最多跑一次”事项予以公布。

各有关单位要按照“最多跑一次”改革要求,优化办事流程,简化办事程序,压缩办事时限,确保改革落地见效。

津市市群众和企业到政府办事“最多跑一次”事项清单表(第一批)

序号	单位名称	项目序号	事项名称	到现场次数	实现路径	备注
1	市金融办	1	小额贷款公司一般股权转让审核(审核转报)	只跑一次	快递送达	
		2	小额贷款公司设立、重大变更与终止方案审核(审核转报)	只跑一次	快递送达	
		3	小额贷款公司董事长、总经理任职资格审核(审核转报)	只跑一次	快递送达	
		4	小额贷款公司重大股权转让审核(审核转报)	只跑一次	快递送达	
		5	小额贷款公司其他创新业务审核(审核转报)	只跑一次	快递送达	
		6	小额贷款公司注册资本变更审核(审核转报)	只跑一次	快递送达	
2	市发改局	7	企业投资项目核准	只跑一次	快递送达	
		8	政府投资项目审批	只跑一次	快递送达	
		9	工程建设项目招标范围、招标方式、招标组织形式核准	只跑一次	快递送达	
		10	企业投资项目备案	只跑一次	网上办理	
3	市教育局	11	各类贷学金、助学金审核发放	一次不跑	其他	
		12	教师资格认定	只跑一次	快递送达	
		13	民办学校筹设审批(含学历教育、学前教育、自学考试及其他文化教育的民办学校)	只跑一次	快递送达	
		14	民办学校设立审批(含学历教育、学前教育、自学考试及其他文化教育的民办学校)	只跑一次	快递送达	
		15	民办学校分立审批(含学历教育、学前教育、自学考试及其他文化教育的民办学校)	只跑一次	快递送达	
		16	民办学校合并审批(含学历教育、学前教育、自学考试及其他文化教育的民办学校)	只跑一次	快递送达	
		17	民办学校变更审批(含学历教育、学前教育、自学考试及其他文化教育的民办学校)	只跑一次	快递送达	
		18	民办学校终止审批(含学历教育、学前教育、自学考试及其他文化教育的民办学校)	只跑一次	快递送达	
		19	省级优秀教师评选表彰(推荐)	一次不跑	其他	
		20	教学成果奖	一次不跑	其他	
		21	优秀教师、教育工作者的表彰奖励	一次不跑	其他	
		22	市级“三好学生”表彰	一次不跑	其他	
		23	省特级教师推荐	一次不跑	其他	
		24	民办学校设置专业、开设课程、选用教材备案	一次不跑	其他	
		25	民办教育机构出资人要求取得合理回报的比例备案	只跑一次	当场即办	

序号	单位名称	项目序号	事项名称	到现场次数	实现路径	备 注
4	市科技工信局	26	科技成果登记	只跑一次	网上预审、一次办结	
		27	省级科技企业孵化器申报推荐	只跑一次	网上预审、一次办结	
		28	省级国际科技合作基地的申报推荐	只跑一次	网上预审、一次办结	
		29	省科学技术奖励的申报推荐	只跑一次	网上预审、一次办结	
		30	省专利奖申报推荐	只跑一次	当场即办	
		31	省级科技创新平台申报推荐	只跑一次	网上预审、一次办结	
		32	省市联合基金项目申报推荐	只跑一次	网上预审、一次办结	
		33	常德市科技创新发展专项资金项目推荐	只跑一次	网上预审、一次办结	
		34	供电营业区申报	只跑一次	快递送达	
		35	电力设施保护区内进行可能危及电力设施安全的作业审批	只跑一次	快递送达	
5	市农业局	36	兽医职业注册	只跑一次	快递送达	
		37	主要农作物商品种子生产许可	只跑一次	快递送达	
		38	农作物种子经营许可	只跑一次	快递送达	
		39	动物诊疗许可	只跑一次	快递送达	
		40	农药经营许可	只跑一次	快递送达	
		41	拖拉机驾驶培训资格许可	只跑一次	快递送达	
		42	兽药经营许可	只跑一次	快递送达	
		43	生鲜乳收购许可	只跑一次	快递送达	
		44	生鲜乳准运证明核发	只跑一次	快递送达	
		45	种畜禽生产经营许可	只跑一次	快递送达	
		46	动物防疫条件合格证核发	只跑一次	快递送达	
6	市商务粮食局	47	粮食收购许可审批事项	只跑一次	当场即办	
7	市公安局	48	金融机构营业场所、金库安全防范设施建设方案审批及工程验收	只跑一次	快递送达	
		49	第一类易制毒化学品运输许可证	一次不跑	全程电子化	http://hn.hnncc.com
		50	机动车驾驶证换证	只跑一次	当场即办	
		51	机动车登记	只跑一次	快递送达	
		52	中华人民共和国往来港澳通行证及签注	只跑一次	快递送达	
		53	大陆居民往来台湾通行证及签注	只跑一次	快递送达	
		54	中华人民共和国护照	只跑一次	快递送达	
		55	机动车车主和机动车驾驶人信息变更	只跑一次	当场即办	
		56	信息系统保护等级选定或者审定情况备案	一次不跑	快递送达	
		57	机动车驾驶证审验	只跑一次	当场即办	

序号	单位名称	项目序号	事项名称	到现场次数	实现路径	备　注
8	市民政局	58	社会团体名称预先核准	只跑一次	网上预审、一次办结	
		59	社会团体成立登记	只跑一次	网上预审、一次办结	
		60	社会团体变更登记	只跑一次	网上预审、一次办结	
		61	社会团体注销登记	只跑一次	网上预审、一次办结	
		62	民办非企业单位成立登记	只跑一次	网上预审、一次办结	
		63	民办非企业单位变更登记	只跑一次	网上预审、一次办结	
		64	民办非企业单位注销登记	只跑一次	网上预审、一次办结	
		65	基金会设立登记	只跑一次	网上预审、一次办结	
		66	基金会变更登记	只跑一次	网上预审、一次办结	
		67	基金会注销登记	只跑一次	网上预审、一次办结	
		68	社会团体年度检查	只跑一次	网上预审、一次办结	
		69	民办非企业单位年度检查	只跑一次	网上预审、一次办结	
		70	基金会年度检查	只跑一次	网上预审、一次办结	
		71	社会团体有关事项备案	只跑一次	网上预审、一次办结	
		72	民办非企业单位有关事项备案	只跑一次	网上预审、一次办结	
		73	基金会有关事项备案	只跑一次	网上预审、一次办结	
		74	民办非企业单位名称预先核准	只跑一次	网上预审、一次办结	
		75	基金会名称预先核准	只跑一次	网上预审、一次办结	
9	市司法局	76	法律援助审批	只跑一次	当场即办	
		77	律师执业年度考核结果的备案	只跑一次	快递送达	
		78	法律职业资格备案	一次不跑	全程电子化	http://sfj.changde.gov.cn/
		79	司法考试报名资格确认	一次不跑	全程电子化	http://sfj.changde.gov.cn/
10	市财政局	80	对非营利性组织免税资格和公益性社会团体、群众团体税前扣除资格的认定	只跑一次	当场即办	
11	市人社局	81	特殊工时制度审批	只跑一次	快递送达	
		82	举办民办职业技能培训机构审批	只跑一次	快递送达	
		83	灵活就业人员参保缴费	只跑一次	当场即办	
		84	生育保险待遇核准支付	只跑一次	当场即办	
		85	工伤保险待遇核准支付	只跑一次	当场即办	
		86	企业离退休(退职)人员基本信息及待遇变更核定	只跑一次	当场即办	
		87	企业职工基本养老保险参保人员丧葬补助金和一次性抚恤金支付审核	只跑一次	当场即办	
		88	企业职工基本养老保险参保人员达到法定退休年龄前死亡丧葬补助金和一次性抚恤金支付审核	只跑一次	当场即办	
		89	企业职工基本养老保险参保人员达到法定退休年龄不符合按月领取养老金条件个人账户储存额一次性支付审核	只跑一次	当场即办	
		90	机关事业单位养老保险参保人员丧葬补助金和一次性抚恤金支付审核	只跑一次	当场即办	
		91	失业保险待遇申领及核准	只跑一次	当场即办	
		92	医疗保险外地就医费用报销	只跑一次	快递送达	
		93	创业带动就业补贴申领	只跑一次	当场即办	
		94	企业离退休人员养老金领取资格认证、异地居住企业离退休人员养老金领取资格认证	只跑一次	快递送达	
		95	用人单位社会保险缴费核定	只跑一次	当场即办	
		96	用人单位社会保险参保登记	只跑一次	当场即办	
		97	参保单位工伤保险费率核定	只跑一次	当场即办	
		98	基本医疗保险转外就医登记	只跑一次	当场即办	
		99	大病特药登记备案	只跑一次	当场即办	
		100	异地安置的登记备案	只跑一次	当场即办	
		101	基本医疗保险关系转入审核	只跑一次	当场即办	
		102	医保关系转出审核	只跑一次	当场即办	
		103	企业经济性裁减人员方案的报告	只跑一次	当场即办	

序号	单位名称	项目序号	事项名称	到现场次数	实现路径	备　注
12	市国土资源局	104	采矿权延续许可	只跑一次	快递送达	
		105	采矿权变更许可	只跑一次	快递送达	
		106	抵押权注销登记	只跑一次	当场即办	
		107	耕地开垦费征收	只跑一次	当场即办	
		108	矿产资源储量评审备案	只跑一次	快递送达	
13	市环保局	109	非核与辐射建设项目环境影响评价登记表网上备案	一次不跑	全程电子化	http://202.103.114.13:8901/REG
		110	辐射类建设项目环境影响评价登记表网上备案	一次不跑	全程电子化	http://202.103.114.13:8901/REG
		111	建设项目竣工环境保护验收(固废、噪声)	只跑一次	快递送达	
		112	建设项目竣工环境保护验收(大气、水)	一次不跑	全程电子化	http://47.94.79.251/
		113	防治污染设施的拆除或闲置许可(噪声、固废)	只跑一次	快递送达	
14	市住建局	114	以划拨方式提供国有土地使用权的建设项目选址意见书核发	只跑一次	网上预审、一次办结	
		115	建设工程规划类许可证核发	只跑一次	网上预审、一次办结	
		116	乡村建设规划许可证核发	只跑一次	网上预审、一次办结	
		117	城市规划区内建设工程的竣工验收	只跑一次	网上预审、一次办结	
		118	建设用地(含临时用地)规划许可证核发	只跑一次	网上预审、一次办结	
		119	提出建设用地出让地块的位置、使用性质、开发强度等规划条件	只跑一次	网上预审、一次办结	
		120	房地产开发企业资质认定(二级以上房地产开发资质认定由省住建厅负责)	只跑一次	快递送达	
		121	建筑工程施工总承包资质三级(延续)	只跑一次	当场即办	
		122	建筑工程施工许可证核发	只跑一次	当场即办	
		123	建筑工程施工许可证变更、延续、注销	只跑一次	当场即办	
		124	履带车、铁轮车和超重、超高、超长车辆在城市道路(桥梁)上行使审批	只跑一次	当场即办	
		125	占用挖掘城市道路及敷设、架设各类市政管线、杆线等设施审批	只跑一次	快递送达	
		126	因工程建设需要拆除、改动、迁移供水、排水与污水处理设施审核	只跑一次	快递送达	
		127	燃气经营许可证核发	只跑一次	快递送达	
		128	建筑施工特种作业人员资格证书注销	只跑一次	当场即办	
		129	城市排水许可证核发	只跑一次	快递送达	
		130	燃气经营者改动市政燃气设施审批	只跑一次	快递送达	
		131	权限内城市古树名木迁移审批	只跑一次	快递送达	
		132	建设工程施工合同备案、建设工程竣工结算备案	只跑一次	当场即办	
		133	工程建设项目自行招标备案	只跑一次	当场即办	
		134	工程建设项目招标文件备案	只跑一次	当场即办	
		135	建设工程质量安全监督手续办理	只跑一次	当场即办	
		136	建筑起重机械安拆、告知及使用登记	只跑一次	快递送达	
15	市水务局	137	开发建设项目水土保持方案审批(报告书)	只跑一次	快递送达	
		138	取水许可(申请、延续、变更)	只跑一次	快递送达	
		139	占用农业灌溉水源、灌排工程设施审批	只跑一次	快递送达	
		140	洪水影响评价审批	只跑一次	快递送达	
		141	河道范围内采砂等生产作业许可	只跑一次	快递送达	
		142	洞庭湖区河道、湖泊、洲滩的开发利用	只跑一次	快递送达	

序号	单位名称	项目序号	事项名称	到现场次数	实现路径	备注
16	市林业局	143	林木种子生产、经营许可证核发	只跑一次	快递送达	
		144	建设项目使用林地及在林业部门管理的自然保护区建设审核	只跑一次	快递送达	
		145	森林植物检疫证签发	只跑一次	快递送达	
		146	国家二级、省重点保护陆生野生动物驯养繁殖许可审核	只跑一次	快递送达	
		147	野生动植物及其产品经营许可审核	只跑一次	快递送达	
		148	林木采伐证核发	只跑一次	快递送达	
		149	木材运输证核发	只跑一次	当场即办	
		150	植被恢复费收缴	只跑一次	当场即办	
		151	移植古树名木(城市除外)审批	只跑一次	快递送达	
		152	林业技术服务费收缴	只跑一次	当场即办	
		153	运输携带国家二级和省重点保护野生动植物及其产品出县境审批	只跑一次	快递送达	
17	市文体广新局	154	经营高危险性体育项目许可	只跑一次	网上预审、一次办结	
		155	文化体育广电新闻出版类社会团体登记(设立、变更、注销)的前置审查	只跑一次	快递送达	
		156	文化体育广电新闻类民办非企业单位登记(设立、变更、注销)前置审查	只跑一次	快递送达	
		157	文艺表演团体申请从事营业性演出活动的审批	只跑一次	快递送达	
		158	举办其他营业性演出审批	只跑一次	快递送达	
		159	娱乐经营许可证核发	只跑一次	快递送达	
		160	互联网上网服务营业场所设立审批	只跑一次	快递送达	
		161	互联网上网服务营业场所变更审批	只跑一次	快递送达	
		162	电影放映经营许可证核发(内资)	只跑一次	快递送达	
		163	内部资料性出版物准印证核发(连续性内部资料)	只跑一次	快递送达	
		164	内部资料性出版物准印证核发(一次性内部资料)	只跑一次	快递送达	
		165	企业从事包装装潢和其他印刷品印刷经营活动审批	只跑一次	快递送达	
		166	音像制作单位设立审批	只跑一次	快递送达	
		167	音像制作单位变更审批	只跑一次	快递送达	
		168	设立出版物零售单位或从事出版物零售业务审批	只跑一次	快递送达	
		169	出版物零售单位或从事出版物零售业务的变更审批	只跑一次	快递送达	
		170	个人从事其他印刷品印刷经营活动审批	只跑一次	快递送达	
		171	加工贸易项下光盘进出口审核	只跑一次	快递送达	
		172	文化体育广电新闻出版类社会团体年检初审	只跑一次	快递送达	
		173	开展连续性内部资料出版物准印证核验	只跑一次	快递送达	
		174	出版物发行企业或者从事出版物发行业务的单位年度核验	只跑一次	快递送达	
		175	对报刊出版物的审读、审听、审看	只跑一次	快递送达	
		176	著作权纠纷调解	只跑一次	快递送达	
		177	电影放映单位变更名称、地址、法定代表人(主要负责人)或终止放映经营活动备案	只跑一次	快递送达	
		178	《图书期刊印刷委托书》备案	只跑一次	当场即办	
		179	主办出版物展销活动的备案	只跑一次	快递送达	
		180	文化体育广电新闻出版类民办非企业单位年检初审	只跑一次	快递送达	
		181	个体演员、个体演出经纪人的备案	只跑一次	快递送达	
		182	设立和变更演出场所经营单位的备案	只跑一次	快递送达	
		183	公共文化体育设施的备案	只跑一次	快递送达	
		184	举办同一演出项目跨地区营业性演出活动备案	只跑一次	快递送达	
		185	印刷业经营者变更名称、法定代表人或者负责人、住所或者经营场所,或者终止印刷经营活动备案	只跑一次	快递送达	
		186	包装装潢和其他印刷品印刷企业年度核验	只跑一次	快递送达	
		187	《电影放映经营许可证》年检	只跑一次	快递送达	
		188	非国有市级文物保护单位、未核定为文物单位的不可移动文物转让、抵押或者改变用途备案	只跑一次	网上预审、一次办结	
		189	博物馆举办陈列展览备案	只跑一次	网上预审、一次办结	

序号	单位名称	项目序号	事项名称	到现场次数	实现路径	备 注
18	市卫计局	190	医师执业许可	只跑一次	当场即办	
		191	医师执业许可(变更)	只跑一次	当场即办	
		192	医师执业许可(注销)	只跑一次	当场即办	
		193	母婴保健专项技术服务许可(机构审批)	只跑一次	快递送达	
		194	母婴保健专项技术服务许可(人员许可)	只跑一次	当场即办	
		195	母婴保健专项技术服务许可(机构变更)	只跑一次	当场即办	
		196	母婴保健专项技术服务许可(机构注销)	只跑一次	当场即办	
		197	母婴保健专项技术服务许可(人员注销)	只跑一次	当场即办	
		198	设置医疗机构审批	只跑一次	快递送达	
		199	医疗机构执业许可(变更)	只跑一次	快递送达	
		200	医疗机构执业许可(校验)	只跑一次	快递送达	
		201	医疗机构执业许可(注销)	只跑一次	当场即办	
19	市城管执法局	202	城区临时占用街道两侧和公共场地审批	只跑一次	当场即办	
		203	城市建筑垃圾处置审批	只跑一次	快递送达	
		204	从事城市生活垃圾经营性清扫、收集、运输、处理服务审批	只跑一次	快递送达	
		205	关闭、闲置、拆除生活垃圾的设施场所核准	只跑一次	快递送达	
		206	城市大型户外广告设置审批	只跑一次	快递送达	
20	市旅游外侨局	207	旅行社设立分社、服务网点备案	只跑一次	网上预审、一次办结	
		208	归侨、华侨子女、归侨子女考生身份确认	只跑一次	当场即办	
		209	华侨回国定居审批	只跑一次	其他	
		210	华侨、归侨和侨眷身份认定	只跑一次	当场即办	
21	市食药工质局	211	第二类医疗器械经营备案	只跑一次	当场即办	
		212	有限公司设立登记	只跑一次	全程电子化	http://gsj.changde.gov.cn/
		213	有限公司变更登记	只跑一次	全程电子化	http://gsj.changde.gov.cn/
		214	有限公司注销登记	只跑一次	全程电子化	http://gsj.changde.gov.cn/
		215	分公司设立登记	只跑一次	全程电子化	http://gsj.changde.gov.cn/
		216	分公司变更登记	只跑一次	全程电子化	http://gsj.changde.gov.cn/
		217	分公司注销登记	只跑一次	全程电子化	http://gsj.changde.gov.cn/
		218	非公司企业法人开业登记	只跑一次	全程电子化	http://gsj.changde.gov.cn/
		219	非公司企业法人变更登记	只跑一次	全程电子化	http://gsj.changde.gov.cn/
		220	非公司企业法人注销登记	只跑一次	全程电子化	http://gsj.changde.gov.cn/
		221	营业单位及非法人分支机构开业登记	只跑一次	全程电子化	http://gsj.changde.gov.cn/
		222	营业单位及非法人分支机构变更登记	只跑一次	全程电子化	http://gsj.changde.gov.cn/
		223	营业单位及非法人分支机构注销登记	只跑一次	全程电子化	http://gsj.changde.gov.cn/
		224	企业集团组建登记	只跑一次	全程电子化	http://gsj.changde.gov.cn/
		225	企业集团变更登记	只跑一次	全程电子化	http://gsj.changde.gov.cn/
		226	企业集团注销登记	只跑一次	全程电子化	http://gsj.changde.gov.cn/
		227	股权出质设立登记	只跑一次	全程电子化	http://gsj.changde.gov.cn/
		228	股权出质变更登记	只跑一次	全程电子化	http://gsj.changde.gov.cn/
		229	股权出质注销登记	只跑一次	全程电子化	http://gsj.changde.gov.cn/
		230	股权出质撤销登记	只跑一次	全程电子化	http://gsj.changde.gov.cn/
		231	商标注册申请受理	只跑一次	全程电子化	http://gsj.changde.gov.cn/
		232	企业集团修改章程备案	只跑一次	全程电子化	http://gsj.changde.gov.cn/
		233	公司备案(设立分公司备案,公司董事、监事、经理备案,联络员备案)、公司章程修改备案	只跑一次	全程电子化	http://gsj.changde.gov.cn/
		234	增加营业执照副本	只跑一次	全程电子化	http://gsj.changde.gov.cn/
		235	换发、补发营业执照	只跑一次	全程电子化	http://gsj.changde.gov.cn/
		236	企业简易注销登记	只跑一次	全程电子化	http://gsj.changde.gov.cn/
		237	企业迁移登记	只跑一次	全程电子化	http://gsj.changde.gov.cn/
		238	企业报送年度报告	只跑一次	全程电子化	http://gsj.changde.gov.cn/
		239	企业书式档案查询	只跑一次	全程电子化	http://gsj.changde.gov.cn/
		240	企业名称预先核准	只跑一次	全程电子化	http://gsj.changde.gov.cn/

序号	单位名称	项目序号	事项名称	到现场次数	实现路径	备注
21	市食药工质局	241	企业名称变更核准	只跑一次	全程电子化	http://gsj.changde.gov.cn/
		242	药品零售连锁企业门店药品经营 - 变更	只跑一次	快递送达	
		243	药品零售连锁企业门店药品经营 - 换发	只跑一次	快递送达	
		244	药品零售连锁企业门店药品经营 - 补证	只跑一次	快递送达	
		245	药品零售质量管理规范(GSP)认证 - 变更	只跑一次	快递送达	
		246	药品零售质量管理规范(GSP)认证 - 换发	只跑一次	快递送达	
		247	药品零售质量管理规范(GSP)认证 - 补证	只跑一次	快递送达	
		248	特种设备使用登记	只跑一次	当场即办	
		249	第三类医疗器械(零售)经营许可	只跑一次	当场即办	
		250	食品生产加工小作坊许可 - 核发	只跑一次	快递送达	
		251	食品生产加工小作坊许可 - 变更	只跑一次	快递送达	
		252	食品生产加工小作坊许可 - 延续	只跑一次	快递送达	
		253	食品生产加工小作坊许可 - 补办	只跑一次	快递送达	
		254	食品生产加工小作坊许可 - 注销	只跑一次	快递送达	
		255	食品经营许可 - 新办	只跑一次	快递送达	
		256	食品经营许可 - 变更	只跑一次	快递送达	
		257	食品经营许可 - 延续	只跑一次	快递送达	
		258	食品经营许可 - 补证	只跑一次	快递送达	
		259	食品经营许可 - 注销	只跑一次	快递送达	
		260	个人独资企业设立登记	只跑一次	全程电子化	
		261	个人独资企业变更登记	只跑一次	全程电子化	
		262	个人独资企业注销登记	只跑一次	全程电子化	
		263	个人独资企业分支机构设立登记	只跑一次	全程电子化	
		264	个人独资企业分支机构变更登记	只跑一次	全程电子化	
		265	个人独资企业分支机构注销登记	只跑一次	全程电子化	
		266	个体工商户开业登记	只跑一次	全程电子化	
		267	个体工商户变更登记	只跑一次	全程电子化	
		268	个体工商户注销登记	只跑一次	全程电子化	
		269	农民专业合作社设立登记	只跑一次	全程电子化	
		270	农民专业合作社变更登记	只跑一次	全程电子化	
		271	农民专业合作社注销登记	只跑一次	全程电子化	
		272	个人独资企业分支机构设立、变更、注销后备案	只跑一次	全程电子化	
		273	农民专业合作社备案登记	只跑一次	全程电子化	
		274	小餐饮经营许可 - 核发	只跑一次	快递送达	
		275	小餐饮经营许可 - 变更	只跑一次	快递送达	
		276	小餐饮经营许可 - 延续	只跑一次	快递送达	
		277	小餐饮经营许可 - 补办	只跑一次	快递送达	
		278	小餐饮经营许可 - 注销	只跑一次	快递送达	
		279	企业信用信息查询	只跑一次	全程电子化	
		280	市场主体信息公示联络员备案登记	只跑一次	全程电子化	
		281	非公司企业法人备案登记	只跑一次	全程电子化	
		282	农民专业合作联社设立登记	只跑一次	全程电子化	
		283	农民专业合作联社变更登记	只跑一次	全程电子化	
		284	农民专业合作联社注销登记	只跑一次	全程电子化	
		285	动产抵押设立登记	只跑一次	全程电子化	
		286	动产抵押变更登记	只跑一次	全程电子化	
		287	动产抵押注销登记	只跑一次	全程电子化	
		288	普通合伙企业设立登记	只跑一次	全程电子化	
		289	普通合伙企业变更登记	只跑一次	全程电子化	
		290	普通合伙企业注销登记	只跑一次	全程电子化	
		291	普通合伙企业备案登记	只跑一次	全程电子化	
		292	普通合伙企业分支机构设立登记	只跑一次	全程电子化	
		293	普通合伙企业分支机构变更登记	只跑一次	全程电子化	
		294	普通合伙企业分支机构注销登记	只跑一次	全程电子化	

序号	单位名称	项目序号	事项名称	到现场次数	实现路径	备 注
22	市安监局	295	权限内危险化学品经营许可证核发	只跑一次	快递送达	
		296	对报告重大事故隐患或者举报安全生产违法行为的有功人员的奖励	一次不跑	全程电子化	http://ajj.changde.gov.cn/
		297	职业病危害项目申报	只跑一次	当场即办	
		298	烟花爆竹经营(零售)许可证核发	只跑一次	快递送达	
23	市人防办	299	拆除、改造、报废人防工程审批	只跑一次	快递送达	
		300	拆除、改造、报废人防通信设施审批	只跑一次	快递送达	
		301	权限内单独修建人防工程的竣工验收备案	只跑一次	快递送达	
		302	结建式人防工程施工图备案	只跑一次	当场即办	
		303	结建式人防工程竣工验收备案	只跑一次	当场即办	
		304	人防工程建设及地下空间开发利用项目施工图备案	只跑一次	当场即办	
		305	人防工程建设及地下空间开发利用项目竣工验收备案	只跑一次	当场即办	
		306	新建民用建筑防空地下室易地建设审批	只跑一次	当场即办	
24	市档案局	307	重点建设项目档案验收	一次不跑	电子邮件或快递送达	
		308	对档案工作有贡献的单位或个人的奖励	一次不跑	电子邮件或快递送达	
25	市公积金管理部	309	职工提取公积金审批	只跑一次	当场即办	
		310	单位办理住房公积金缴存、变更、注销登记、个人免缴与降低比例或者缓缴的审核	只跑一次	全程电子化	http//zfgjj.changde.gov.cn/
		311	个人住房公积金缴存金额、还贷明细查询及政策咨询	只跑一次	当场即办或网上办理	
26	市税务局	312	实名信息采集	只跑一次	当场即办	
		313	自然人、纳税人信息采集	只跑一次	当场即办	
		314	扣缴税款登记(代扣代缴个人所得税)	只跑一次	当场即办	
		315	扣缴税款登记(代扣代缴非个人所得税)	只跑一次	当场即办	
		316	存款账户账号报告	只跑一次	当场即办	
		317	财务会计制度及核算软件备案报告	只跑一次	当场即办	
		318	跨区域涉税事项报告	只跑一次	当场即办	
		319	跨区域涉税事项报验	只跑一次	当场即办	
		320	跨区域涉税事项反馈	只跑一次	当场即办	
		321	定期定额户停(复)业报告	只跑一次	当场即办	
		322	增值税一般纳税人登记	只跑一次	当场即办	
		323	选择按增值税小规模纳税人纳税	只跑一次	当场即办	
		324	增值税一般纳税人选择简易计税方法计算缴纳增值税	只跑一次	当场即办	
		325	欠税人处置不动产或大额资产报告	只跑一次	当场即办	
		326	纳税人合并分立情况报告	只跑一次	当场即办	
		327	发包、出租情况报告	只跑一次	当场即办	
		328	印有本单位名称发票核定	只跑一次	当场即办	
		329	发票票种核定	只跑一次	当场即办	
		330	增值税专用发票(增值税税控系统)最高开票限额审批(10万元以下)	只跑一次	当场即办	
		331	增值税税控系统专用设备初始发行	只跑一次	当场即办	
		332	增值税税控系统专用设备变更发行	只跑一次	当场即办	
		333	增值税税控系统专用设备注销发行	只跑一次	当场即办	
		334	发票领用	只跑一次	当场即办	
		335	发票退回	只跑一次	当场即办	
		336	代开增值税发票(不包含转让取得的不动产和其他)	只跑一次	当场即办	
		337	代开增值税发票(其他个人出租不动产)	只跑一次	当场即办	
		338	红字增值税专用发票信息表的开具	只跑一次	当场即办	
		339	发票验旧	只跑一次	当场即办	
		340	增值税发票存根联数据采集	只跑一次	当场即办	
		341	发票认证	只跑一次	当场即办	
		342	海关完税凭证数据采集	只跑一次	当场即办	
		343	发票缴销	只跑一次	当场即办	

序号	单位名称	项目序号	事项名称	到现场次数	实现路径	备　注
26	市税务局	344	发票挂失、损毁报备	只跑一次	当场即办	
		345	丢失被盗税控专用设备处理	只跑一次	当场即办	
		346	增值税一般纳税人申报	只跑一次	当场即办	
		347	增值税小规模纳税人(非定期定额户)申报	只跑一次	当场即办	
		348	增值税预缴申报	只跑一次	当场即办	
		349	航空运输企业年度清算申报	只跑一次	当场即办	
		350	烟类应税消费品消费税申报	只跑一次	当场即办	
		351	酒类应税消费品消费税申报	只跑一次	当场即办	
		352	成品油消费税申报	只跑一次	当场即办	
		353	小汽车消费税申报	只跑一次	当场即办	
		354	电池消费税申报	只跑一次	当场即办	
		355	涂料消费税申报	只跑一次	当场即办	
		356	其他类消费税申报	只跑一次	当场即办	
		357	车辆购置税申报	只跑一次	当场即办	
		358	居民企业所得税月(季)度预缴纳税申报(适用查账征收)	只跑一次	当场即办	
		359	居民企业所得税月(季)度预缴纳税申报(适用核定征收)	只跑一次	当场即办	
		360	居民企业所得税年度纳税申报(适用查账征收)	只跑一次	当场即办	
		361	居民企业所得税年度纳税申报(适用核定征收)	只跑一次	当场即办	
		362	居民企业清算企业所得税申报	只跑一次	当场即办	
		363	非居民企业所得税季度纳税申报(适用据实申报)	只跑一次	当场即办	
		364	非居民企业所得税季度纳税申报(适用核定征收)及不构成常设机构和国际运输免税申报	只跑一次	当场即办	
		365	非居民企业所得税年度纳税申报(适用据实申报)	只跑一次	当场即办	
		366	非居民企业所得税年度纳税申报(适用核定征收)及不构成常设机构和国际运输免税申报	只跑一次	当场即办	
		367	自然人纳税人个人所得税自行纳税申报	只跑一次	当场即办	
		368	生产、经营纳税人个人所得税自行纳税申报	只跑一次	当场即办	
		369	房产税申报	只跑一次	当场即办	
		370	城镇土地使用税申报	只跑一次	当场即办	
		371	土地增值税纳税申报(从事房地产开发的纳税人预征适用)	只跑一次	当场即办	
		372	耕地占用税申报	只跑一次	当场即办	
		373	资源税申报	只跑一次	当场即办	
		374	契税申报	只跑一次	当场即办	
		375	印花税申报	只跑一次	当场即办	
		376	车船税申报	只跑一次	当场即办	
		377	烟叶税申报	只跑一次	当场即办	
		378	环境保护税申报	只跑一次	当场即办	
		379	城市维护建设税申报	只跑一次	当场即办	
		380	废弃电器电子产品处理基金申报	只跑一次	当场即办	
		381	文化事业建设费申报	只跑一次	当场即办	
		382	教育费附加和地方教育附加申报	只跑一次	当场即办	
		383	社会保险费缴费申报	只跑一次	当场即办	
		384	残疾人就业保障金缴费申报	只跑一次	当场即办	
		385	定期定额个体工商户申报	只跑一次	当场即办	
		386	定期定额个体工商户分月(季)汇总申报	只跑一次	当场即办	
		387	委托代征申报	只跑一次	当场即办	
		388	扣缴车船税申报	只跑一次	当场即办	
		389	扣缴非居民企业所得税申报	只跑一次	当场即办	
		390	扣缴个人所得税申报	只跑一次	当场即办	
		391	代扣代缴文化事业建设费申报	只跑一次	当场即办	
		392	代扣代缴证券交易印花税申报	只跑一次	当场即办	
		393	代扣代缴、代收代缴报告	只跑一次	当场即办	

序号	单位名称	项目序号	事项名称	到现场次数	实现路径	备 注
26	市税务局	394	出口退(免)税预申报	只跑一次	当场即办	
		395	财务会计报告报送	只跑一次	当场即办	
		396	申报错误更正	只跑一次	当场即办	
		397	关联申报	只跑一次	当场即办	
		398	国别报告	只跑一次	当场即办	
		399	成本分摊协议副本报送	只跑一次	当场即办	
		400	增值税优惠备案	只跑一次	当场即办	
		401	消费税优惠备案	只跑一次	当场即办	
		402	车辆购置税优惠备案	只跑一次	当场即办	
		403	非居民企业享受税收协定待遇办理	只跑一次	当场即办	
		404	个人所得税优惠备案	只跑一次	当场即办	
		405	非居民个人享受税收协定待遇办理	只跑一次	当场即办	
		406	房产税优惠备案	只跑一次	当场即办	
		407	城镇土地使用税优惠备案	只跑一次	当场即办	
		408	土地增值税优惠备案	只跑一次	当场即办	
		409	耕地占用税优惠备案	只跑一次	当场即办	
		410	资源税优惠备案	只跑一次	当场即办	
		411	契税优惠备案	只跑一次	当场即办	
		412	印花税优惠备案	只跑一次	当场即办	
		413	车船税优惠备案	只跑一次	当场即办	
		414	城市维护建设税优惠备案	只跑一次	当场即办	
		415	环境保护税优惠备案	只跑一次	当场即办	
		416	教育费附加优惠备案	只跑一次	当场即办	
		417	企业年金、职业年金计划报告	只跑一次	当场即办	
		418	股权激励或以技术成果投资入股递延纳税报告	只跑一次	当场即办	
		419	出口退(免)税备案	只跑一次	当场即办	
		420	集团公司成员企业备案	只跑一次	当场即办	
		421	融资租赁企业退税备案	只跑一次	当场即办	
		422	边贸代理出口备案	只跑一次	当场即办	
		423	出口企业放弃退(免)税权备案	只跑一次	当场即办	
		424	出口企业申请出口退税提醒服务	只跑一次	当场即办	
		425	非居民企业股权转让适用特殊性税务处理的备案	只跑一次	当场即办	
		426	服务贸易等项目对外支付税务备案	只跑一次	当场即办	
		427	跨境应税行为免征增值税备案	只跑一次	当场即办	
		428	完税证明开具	只跑一次	当场即办	
		429	开具个人所得税完税证明	只跑一次	当场即办	
		430	《非居民企业汇总申报企业所得税证明》开具	只跑一次	当场即办	
		431	丢失增值税专用发票已报税证明单开具	只跑一次	当场即办	
		432	《车辆购置税完税证明》补办	只跑一次	当场即办	
		433	《车辆购置税完税证明》更正	只跑一次	当场即办	
		434	《资源税管理证明》开具	只跑一次	当场即办	
		435	存量户纳税人初次申领增值税普通发票(发票用量25份以下且单份发票最高开票限额不超过10万元)	只跑一次	当场即办	
		436	存量户纳税人初次申领机动车销售统一发票、二手车销售统一发票(发票用量25份以下且单份发票最高开票限额不超过100万元)	只跑一次	当场即办	

序号	单位名称	项目序号	事项名称	到现场次数	实现路径	备　注
26	市税务局	437	存量户纳税人初次申领增值税电子普通发票、增值税普通发票(卷票)(发票用量100份以下且单份发票最高开票限额不超过1万元)	只跑一次	当场即办	
		438	存量户纳税人初次申领普通发票(定额发票、医疗发票)	只跑一次	当场即办	
		439	存量户纳税人初次申领增值税专用发票(发票用量25份以下且单份发票最高开票限额不超过10万元)	只跑一次	当场即办	
		440	非初次申领增值税普通发票、机动车销售统一发票、二手车销售统一发票、增值税电子普通发票、增值税普通发票(卷票)、增值税专用发票	只跑一次	当场即办	
		441	非初次申领发票普通发票(定额发票、医疗发票)	只跑一次	当场即办	
		442	发票退回重新领用	只跑一次	当场即办	
		443	税控专用设备丢失、被盗后更换	只跑一次	当场即办	
		444	税控专用设备损毁后更换	只跑一次	当场即办	
		445	税控专用设备丢失、被盗、损毁后注销	只跑一次	当场即办	
		446	代开增值税专用发票当月作废重开(未认证)	只跑一次	当场即办	
		447	代开增值税专用发票冲红重开	只跑一次	当场即办	
		448	代开增值税普通发票当月作废重开	只跑一次	当场即办	
		449	代开增值税普通发票跨月冲红重开	只跑一次	当场即办	
		450	建筑安装业一般纳税人申报	只跑一次	当场即办	
		451	建筑安装业小规模纳税人申报	只跑一次	当场即办	
		452	房地产业一般纳税人申报	只跑一次	当场即办	
		453	房地产业小规模纳税人申报	只跑一次	当场即办	
		454	银行业一般纳税人申报	只跑一次	当场即办	
		455	保险业一般纳税人申报	只跑一次	当场即办	
		456	广告业、娱乐业一般纳税人申报	只跑一次	当场即办	
		457	广告业、娱乐业小规模纳税人申报	只跑一次	当场即办	
		458	行政事业单位申报	只跑一次	当场即办	
		459	自然人二手房(住房)买卖	只跑一次	当场即办	
		460	自然人二手房(非住房)买卖	只跑一次	当场即办	
		461	家庭财产分割(夫妻房产更名)	只跑一次	当场即办	
		462	房屋产权继承/遗赠	只跑一次	当场即办	
		463	特定关系的房产赠与	只跑一次	当场即办	
27	市房管局	464	公共租赁住房实物配租和租赁补贴	只跑一次	电话通知	
		465	商品房预售许可证办理	只跑一次	快递送达	
		466	房改房维修基金使用审核	只跑一次	当场即办	

津市市人民政府办公室

2018年9月14日